JIEXI NIANJIAN

揭西年鉴

2020

《揭西年鉴》编纂委员会 编

方志出版社
Publishing House of Local Records

图书在版编目（C I P）数据

揭西年鉴.2020 /《揭西年鉴》编纂委员会办公室编.
-- 北京：方志出版社，2020.9
ISBN 978-7-5144-4422-3

Ⅰ.①揭… Ⅱ.①揭… Ⅲ.①揭西县—2020—年鉴
Ⅳ.①Z526.54

中国版本图书馆CIP数据核字(2020)第206606号

揭西年鉴（2020）

编　　者：《揭西年鉴》编纂委员会
责任编辑：顾　洁

出 版 者：方志出版社
地址　北京市朝阳区潘家园东里９号（国家方志馆4层）
邮编　100021
网址　http://www.fzph.org
发　　行：方志出版社图书经销中心
电话（010）67110500
经　　销：各地新华书店
印　　刷：揭阳市榕城区榕文印刷厂

开　　本：889×1194　　1/16
印　　张：28.25
字　　数：759千字
版　　次：2020年9月第1版　　2020年9月第1次印刷
印　　数：001～600册

ISBN　978-7-5144-4422-3　　定价：200.00元

《揭西年鉴》编纂委员会

名誉主任：刘端雄
主　　任：魏洁林
常务副主任：翁育慧
副　主　任：吴国栋　李勇豪
执行副主任：林少红
委　　员（以姓氏笔画为序）：

王冬青　王喜发　王朝辉　贝平波　刘文烽　刘桂山
巫丽琼　李文涛　李庆裕　李焕然　李新健　李潮新
杨一帆　杨少波　杨文银　杨　华　吴少纯　吴谦慎
吴锦山　邹锐豪　汪伟富　汪浩源　张子发　张保才
张美仁　张美胜　张　斌　陈纪华　陈国富　陈　峰
陈森峰　林　平　林吉新　林绪杰　林武忠　林国胜
林俊槐　林奕魏　高锐华　黄志生　彭剑彪　温仲明
温贵明　温美娜　温惠祥　蔡远良　蔡远辉　蔡晓松
廖文伟

《揭西年鉴》编辑部

主　　编：林少红
副　主　编：陈玉华　彭上华
编　　辑：杨春莉　张卓勇　邓　智
校　　对：黄志涛

编 辑 说 明

一、《揭西年鉴》以马克思列宁主义、毛泽东思想、邓小平理论、“三个代表”重要思想、科学发展观、习近平新时代中国特色社会主义思想为指导，坚持辩证唯物主义和历史唯物主义的立场、观点和方法，系统、翔实地反映全县社会经济文化的基本面貌及发展概况，为读者了解和研究揭西提供资料。

二、《揭西年鉴》采用分类编辑法。主要内容设类目、分目、次分目、条目四个结构层次，以条目为表现内容的基本形式。不同层次的标题，在字体、字号和版式设计上都有明显的区别，书中的“条目”一般标题最多，统一用黑体字加【】号表示，个别“条目”内容较多，则分段表述。

三、《揭西年鉴（2020）》所刊内容为2019年1月1日至12月31日全县社会经济文化发展情况。全书设置特辑、大事记、揭西概况、党政机关、民主党派、群众团体、法治、军事、经济监督管理、财政·税务、金融业、农业和农村经济、工业、商品流通·对外贸易、交通运输·邮政业、信息业、城乡建设·生态环境、旅游业、教育·科技、文化·传媒、卫生·体育、社会生活、乡镇（街道）建设、人物、统计资料、文献·文件、附录27个类目。

四、《揭西年鉴（2020）》稿件由县直各有关单位、各乡镇（街道）提供，经年鉴编辑部进行编辑和初审，后由年鉴编委会领导终审定稿。文内所用数据为各单位提供，因统计口径不一，有的数据可能不一致，使用时以县统计局公布的数据为准。数字、标点运用等，一律按国家的有关规定执行。计量单位使用法定计量单位，文中提到的计量单位“亩”，非法定计量单位，1公顷等于15亩。

五、《揭西年鉴（2020）》配备双重检索系统：书前刊有目录，书后配有索引。索引采用主题分析法，款目按汉语拼音字母顺序排列。

目 录

图片特辑

特 辑

大事记

揭西概况

党政机关

民主党派

群众团体

法　治

军　事

经济监督管理

财政　税务

金融业

农业和农村经济

工 业

商品流通 对外贸易

交通运输　邮政业

信息业

城乡建设　生态环境

旅游业

教育 科技

文化　传媒

卫生　体育

社会生活

乡镇（街道）建设

人　物

统计资料

文献 文件

附 录

揭西数字·2019

- 土地总面积1347平方千米
- 年末户籍总人口98.28万人
- 年末常住总人口85.79万人
- 人口自然增长率7.67‰
- 地区生产总值231.76亿元
- 第一产业增加值40.22亿元
- 第二产业增加值77.04亿元
- 第三产业增加值114.50亿元
- 第一、第二、第三产业构成17.4：33.2：49.4
- 人均地区生产总值2.70万元
- 农村居民人均可支配收入1.25万元
- 规模以上工业总产值171.35亿元
- 固定资产投资总额87亿元
- 社会消费品零售总额152.46亿元
- 外贸出口总额6070万美元
- 地方公共财政预算收入4.70亿元
- 地方公共财政预算支出49.74亿元
- 税收收入3.09亿元
- 林地面积8.48万公顷
- 森林覆盖率58.4%
- 耕地面积1.94万公顷
- 粮食播种面积2.94万公顷
- 粮食总产量17.6万吨
- 金融机构各项存款余额295.97亿元
- 城乡居民储蓄存款余额200.65亿元
- 各项贷款余额120.38亿元
- 全年接待游客1341.30万人次
- 旅游收入78.87亿元
- 全县用电量13.29亿千瓦时
- 工业用电量7.82亿千瓦时
- 客运量38万人次
- 客运周转量1.02亿人千米
- 省级非物质文化遗产代表性项目7个
- 医院、卫生院拥有床位1987张

河婆协贤桥前交通大圆盘（李运生　摄）

揭 西

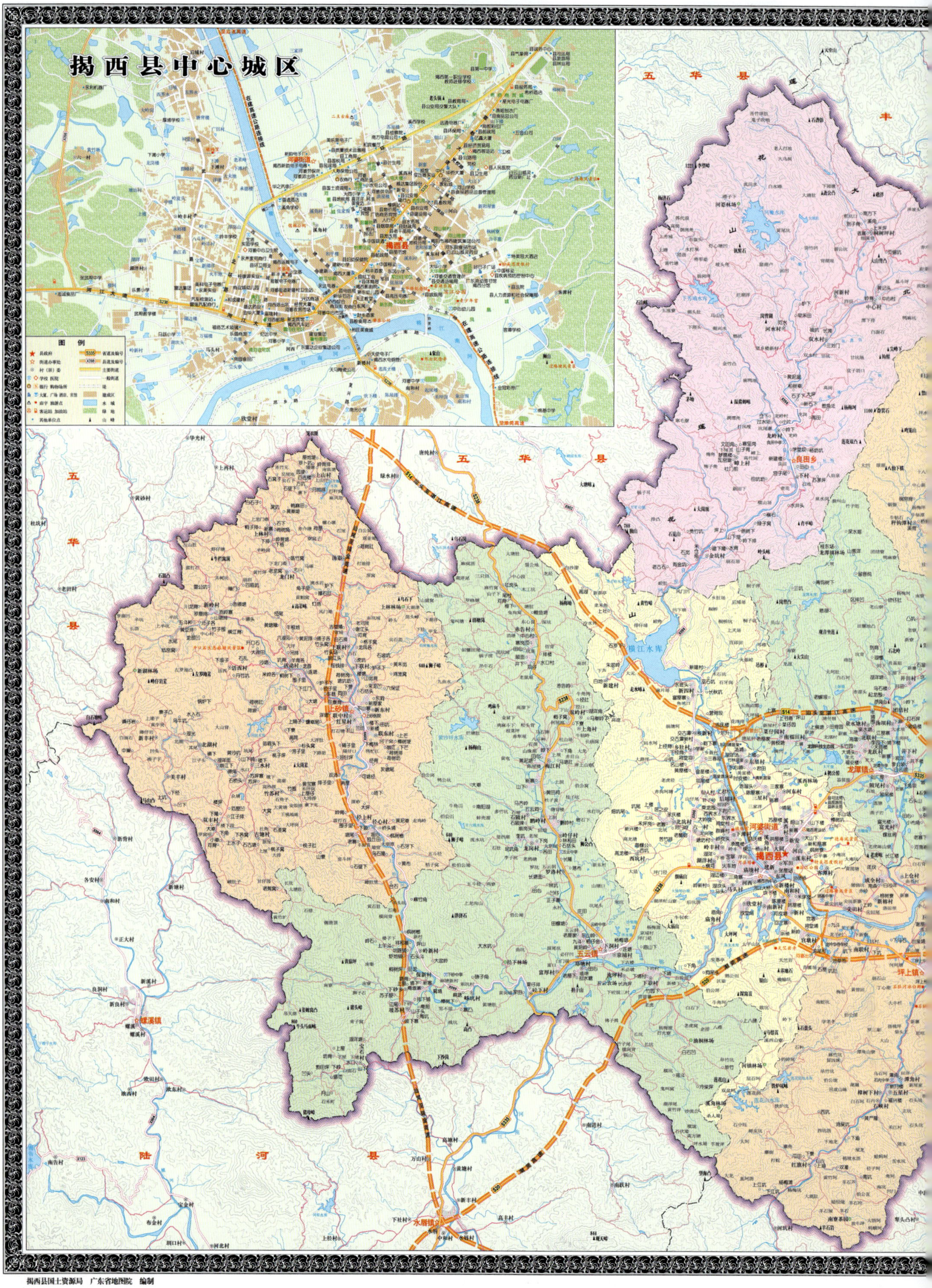

揭西县国土资源局　广东省地图院　编制

地 图

审图号：粤S(2014)103号 2014年10月

年度荣誉

2019年，揭西县获评“国家农产品质量安全县”“中国天然氧吧”“省级慢性病综合防控示范区”称号，入选首批广东省全域旅游示范区和第九届广东省县（市）域旅游综合竞争力“十强”。京溪园镇被评为首批广东省旅游风情小镇；金和镇山湖村、棉湖镇南门里社区被评为首批广东省文化和旅游特色村。

2019年11月，揭西县被农业农村部授予“国家农产品质量安全县”称号　（县农业农村局　供稿）

2019年7月18日，揭西县获2019年度“中国天然氧吧”称号 （李维照　摄）

2019年11月，揭西县入选第九届广东省县（市）域旅游综合竞争力“十强” （县文广旅体局　供稿）

2019年12月，京溪园镇被评为首批广东省旅游风情小镇 （京溪园镇　供稿）

2019年9月，金和镇山湖村、棉湖镇南门里社区被评为首批广东省文化和旅游特色村 （县文广旅体局　供稿）

棉湖镇南门里社区云湖古桥（林英俊　摄）

金和镇山湖村庆祝中华人民共和国成立70周年花坛
（县委宣传部　供稿）

揭西县庆祝中华人民共和国成立70周年

2019年，揭西县丰富庆祝活动载体和内容，拓宽宣传渠道，举办形式多样文体活动，活跃城乡群众文化生活，庆祝中华人民共和国成立70周年。全年开展庆祝中华人民共和国成立70周年活动100多场次。

2019年10月1日，揭西县在县城文化广场举行庆祝中华人民共和国成立70周年升旗仪式　（李运生　摄）

2019年10月16日，县文广旅体局在大华小学举办庆祝中华人民共和国成立70周年图片展 （县委宣传部 供稿）

北环一路两侧插彩旗，灯柱悬挂国旗、灯笼庆祝中华人民共和国成立70周年

（县委宣传部 供稿）

2019年10月1日，由县消防大队队员担任的护旗手护旗入场（李运生 摄）

2019年4月15日，揭西县农村生活污水处理设施建设PPP项目第一批26个农村污水处理站开工仪式在凤江镇凤南行政村青龙村举行 （李维照 摄）

2019年8月22日，县委理论学习中心组在县机关大院附楼四楼会议室举办《习近平新时代中国特色社会主义思想学习纲要》宣讲报告会 （县委宣传部 供稿）

2019年9月28日，揭阳市全域旅游工作现场会在揭西县京溪园镇召开　　（郑楚藩　摄）

2019年12月16日，揭西县城道路升级改造（二期）暨污水处理厂及配套管网（三期）工程开工仪式在河婆街道南和村举办　　（县委办　供稿）

大洋国际生态旅游度假区（李运生　摄）

全域旅游

2016年11月，揭西县入选第二批国家全域旅游示范区创建单位。自创建以来，揭西县践行“绿水青山就是金山银山”发展理念，加强党政统筹，制定扶持激励政策，建立健全旅游联合执法机制，优化提升旅游交通道路，建立旅游公共服务体系，逐步形成全域“村村是景点、处处是景区、人人是导游”局面，通过全域旅游创建促进全县经济社会发展。2019年，揭西县举办梅花节、冰雕美食文化节、茶旅文化节、水舞狂欢节、红色之旅千人徒步、潮客粤菜师傅乡厨大赛等多个大型旅游活动；12月，揭西县入选首批“广东省全域旅游示范区”。

2019年1月18日，广东·揭西首届冰雕美食文化节启动仪式在京溪园镇京明温泉度假村举行
（李维照　摄）

2019年4月6日，广东揭西首届茶旅文化节在大洋国际生态旅游度假区举办

（风　林　摄）

2019年5月18日，广东揭西首届国际水舞狂欢节在黄满寨瀑布旅游区举行。图为群众进行泼水娱乐活动

（李维照　摄）

竞赛第一名——棉湖镇湖东龙舟队 （李维照 摄）

龙舟竞赛

2019年，揭西县弘扬中华优秀传统文化，推进“三江”水环境综合治理工作，提升民俗活动亲和力和影响力。5月22日，揭西县在榕江南河河婆段举办“榕江杯”端午龙舟竞赛活动，活动为期半天，共有8支队伍参赛。棉湖队、河婆队、五云队荣获前三名。

龙舟队行进中（李维照 摄）

五色彩烟开场　　　　（李维照　摄）

比赛中的龙舟队　　　　（李运生　摄）

千人徒步活动纪念奖章

小朋友参加徒步活动

千人徒步

2019年6月23日，以“潮风客韵·缘梦揭西 不忘初心·继续前行”为主题的2019广东揭西火炬村红色之旅千人徒步活动在南山镇火炬村举行。1000多名徒步爱好者参加活动，重温革命历史记忆，体验揭西红色文化。徒步爱好者从火炬村龙跃学校出发，沿途经过潮汕人民抗征队后方医院旧址、军事法庭旧址等革命旧址，全程12千米。

徒步队伍行进中

中国人民解放军闽粤赣边纵队第二支队老战士后代代表参加徒步活动

工作人员为顺利完成徒步活动的参赛者颁发奖状

（本版相片风林　摄）

2019年9月27日，庆祝中华人民共和国成立70周年暨广东揭阳首届潮客粤菜师傅乡厨厨艺邀请赛文艺晚会在揭西县京溪园镇举办

潮客粤菜师傅乡厨厨艺邀请赛

2019年9月28日，广东揭阳首届潮客粤菜师傅乡厨厨艺邀请赛在揭西县京明茶园举办。揭阳市揭东区、普宁市、揭西县、惠来县、榕城区、空港经济区、揭阳产业园7个县（市、区）选派21支队伍参赛。揭西县京明温泉度假村代表队获金奖，揭西县河婆希桥大酒店代表队、榕城区揭阳捷和职业技术学校代表队获银奖，揭西县金福来酒店代表队、普宁市康莱酒店代表队、揭东区锡场百味原家常菜代表队获铜奖。

邀请赛比赛现场

金奖，揭西县京明温泉度假村代表队作品：紫气东升

银奖，河婆希桥大酒店代表队作品：明月金丝球

铜奖，揭西县金福来酒店代表队作品：宫廷秘制骨

群众参加邀请赛

（本版相片李维照　摄）

国家AAAA级旅游景区——京明温泉度假村（李运生 摄）

景区景点

2019年，揭西县国家AAAA级旅游景区2个、AAA级旅游景区1个，国家级森林公园1个，省级旅游度假区1个，20个乡村旅游示范点。

国家级森林公园——大北山国家森林公园（李维照 摄）

国家AAAA级旅游景区、广东省地质公园、广东省国民休闲旅游示范单位——黄满寨瀑布旅游区（风林 摄）

国家AAA级旅游景区——大洋国际生态旅游度假区 （风林　摄）

揭阳市第一高峰——李望嶂 （李运生　摄）

生态宜居美丽乡村

2019年，揭西县树立“两山”（绿水青山就是金山银山）理念，主动对接粤港澳大湾区生态要求，坚持在保护中发展、在发展中保护，完善城乡生活污水处理设施建设，实施水质提升工程，推进美丽乡村建设。金和镇山湖村被评为“广东美丽乡村特色村”，棉湖镇鲤鱼沟村入选全国乡村治理示范村，南山镇火炬村被评为广东省第一批“红色村”党建示范工程，坪上镇石内片、龙潭镇关山村等一批乡村景观成为该地旅游“网红点”。

良田乡桐树坪村村貌（李维照 摄）

龙潭镇关西村龙鳞水坝
（李维照　摄）

坪上镇瓜田村（李运生　摄）

山湖村村标（李理　摄）

金和镇山湖村

山湖村，位于金和镇东部，是省定贫困村、省重点旅游扶贫村、揭阳市精准扶贫示范村和新农村建设示范点，也是国务院扶贫办确定的全国196个、广东5个贫困村定点观测点之一。山湖村33公顷天然湖环绕乡村，素有“水上莲花”之称，173公顷耕地环湖延展，可谓“一水抱村流，山湖若碧玉”。2019年，辖区面积4.5平方千米，水域面积53公顷（其中天然湖面积33公顷），有7个自然村，总户数1238户、人口7244人。山湖村采取EPC（工程总承包）模式组织实施新农村建设，基本完成雨污分流、村巷道硬底化、水岸同治、穿衣戴帽、村标指引、绿满家园、垃圾日清、自来水供水、戏台广场、环湖路等重要节点项目以及省级新农村连片整治项目，村级生活污水处理站于2018年投入使用。至年底，帮扶单位广东省交通集团先后投资约1500万元建成西门路桥、集中供水、生态停车场、党建教育基地、公共服务中心（游客服务中心）等项目。是年，获评“广东省美丽乡村特色村”。

山湖村（李运生　摄）

荷池　　　　　　　　　　　　　　　　　　（李维照　摄）

文化广场　　　　　　　　　　　　　　　　（李维照　摄）

山湖村茶馆——问潮茶舍　　　　（李　颖　摄）

火炬村村标（李运生　摄）

南山镇火炬村

火炬村，位于南山镇东北部，是广东省红色村，2018年被省委组织部列入“红色村”党建示范工程。1947年，潮汕人民抗征队在火炬村以北约10千米大北山天宝堂诞生。1948年5月，潮汕人民抗征队潮汕支队指挥部由大北山迁至火炬村。火炬村内有潮汕人民抗征队司令部、后勤部、兵工厂、武器弹药存放仓库、潮汕军政法庭、看守所及后方医院等旧址。2019年，火炬村辖区面积4.8平方千米，有3个自然村共437户1877人；火炬村党支部党员61人，其中预备党员1人。火炬村坚持党建引领，优化完善规划设计，推动“红色村”党建示范工程建设。规划建设党建示范村第三期工程项目12个，完成中心广场、宣誓广场、村标、双拥广场、首期水系整治、红色研学基地、三线改造、路灯、池塘围栏绿化、穿衣戴帽等项目建设。推进中小河流治理工程（二期）项目灰寨河（南山段）治理工程，完成河道清淤疏浚工作。至年底，投入500多万元完成司令部、后勤部、兵工厂、军政法庭、弹药库、后方医院、北山楼等革命旧址修复工作。

揭西火炬村红色研学基地　　（李运生　摄）

火炬村革命历史展示厅　　（李运生　摄）

潮汕人民抗征队军政法庭旧址——应升公厅
（李运生　摄）

宣誓广场　　（李运生　摄）

双拥广场（李运生　摄）

河堤建设　　　　（李维照　摄）

整治后的河道　　　　（李运生　摄）

柏油路村道和穿衣戴帽　　　　（何丽珊　摄）

鲤鱼沟村村标（棉湖镇　供稿）

棉湖镇鲤鱼沟村

鲤鱼沟村，位于棉湖镇北部，是省定贫困村，先后获“全国乡村治理示范村”“广东省革命老区村”“广东省卫生村”“儿童之家省级示范点”“揭阳市十大美丽乡村”“揭西县党建示范村”等荣誉称号。2019年，辖区面积2.95平方千米，全村386户1833人。鲤鱼沟村科学开展乡村提升规划，广泛征求村民意见，推进社会主义新农村和生态宜居美丽乡村示范村建设。至年底，投入资金1400万元，全面完成“三清三拆”、雨污分流、集中供水、水岸同治、民居外立面整饰等重点工作，配套新建公厕、综合文化中心、文化广场等设施。推动产业发展，统筹扶贫资金198.18万元，发展资产项目及特色产业项目，利用村前贡山洋截洪堤下5.33公顷农田打造观光园游玩旅游产业项目，带动贫困户增收。

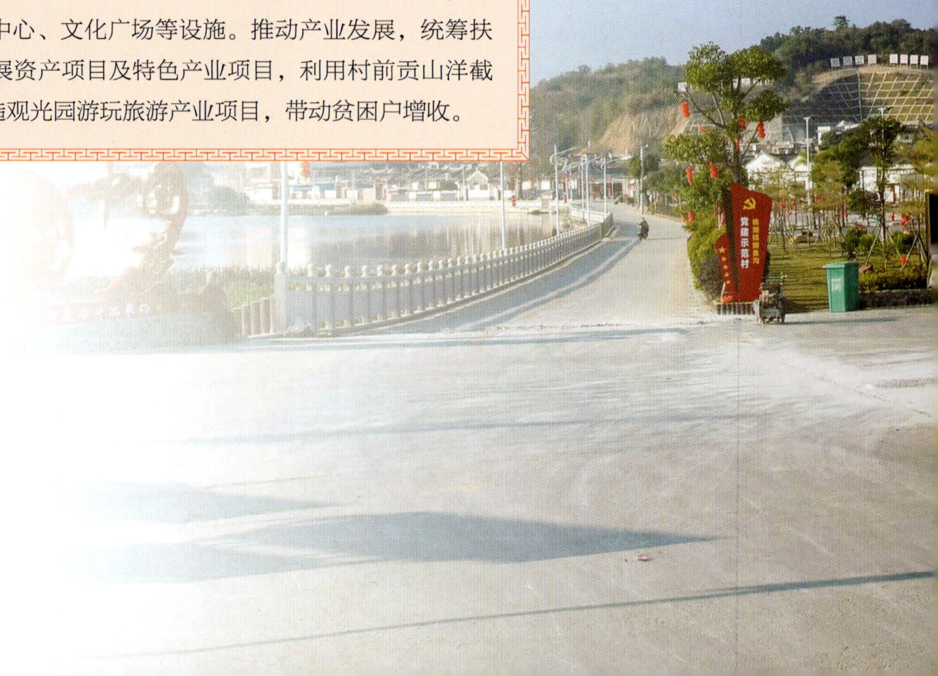

住房风貌整治（棉湖镇　供稿）

文化广场（棉湖镇　供稿）

鲤鱼沟村（李运生　摄）

村道硬底化　（棉湖镇　供稿）

文化公园　（棉湖镇　供稿）

鲤鱼沟村村貌 （李维照 摄）

鲤鱼沟村湿地（棉湖镇 供稿）

庙角夜色（河婆街道 供稿）

河婆街道庙角村

庙角村，位于河婆街道西南部，是省定贫困村，先后获“广东名村”“广东省卫生村”等荣誉称号。2019年，辖区面积4.37平方千米，有3个自然村共336户1500多人。广东省第六批文物保护单位——三山国王祖庙，坐落于该村。庙角村坚持以党建为引领，全面实施乡村振兴战略，统筹产业、土地、旅游、环境、公共设施配套等规划融合，将新农村建设与三山国王祖庙规划设计相衔接，全域开展农村人居环境整治，打造“美丽乡村+美丽山水田园+特色文化底蕴”宜居宜业宜游生态美丽乡村。至年底，庙角村投资1500多万元，先后实施休闲公园、星级厕所等新农村建设项目18个；打造以池塘为主的生态景观池，并计划开展夏日采莲和休闲垂钓等文娱活动。12月28日，庙角村举办客家山歌对唱表演、快闪《我和我的祖国》、乡村舞蹈队表演、开展“美丽庙角”摄影活动、送春联等活动，展示美丽乡村建设主题。

庙角村村貌（李维照 摄）

客家山歌对唱表演 （李维照　摄）

送春联 （李维照　摄）

快闪《我和我的祖国》 （李颖　摄）

环湖骑行　　（河婆街道　供稿）

村民走在新建设的村道上　　（河婆街道　供稿）

放学回家路上　　（河婆街道　供稿）

村民菜园归来　　（河婆街道　供稿）

精准扶贫

2019年，揭西县加强产业扶贫，完善帮扶产业项目基础设施建设，鼓励贫困户入股企业参加各种宣传推介活动，拓宽销售渠道。全年投入资金2.5亿元，实施产业帮扶项目198个，带动贫困劳动力就业128人。累计实施到户帮扶事项2.06万个、到人帮扶事项8万个。

采摘青榄——揭西县灰寨天鹅湖青榄种植基地

揭西县顺合种养专业合作社种植的大洋番薯

广东蓝天果蔬农业科技开发有限公司研发的萝卜干

揭西县乡姆种养专业合作社生产的部分产品

2019年11月29日，揭西县刘氏蜂业有限公司参加第十届广东现代农业博览会

2019年8月23—26日，揭西县丰农蔬菜种植专业合作社在广州国际展览中心参加广东脱贫攻坚展览

揭西县龙盛种植专业合作社（种植砂糖橘、皇帝柑、年橘）
（本版相片县农业农村局 供稿）

教　育

2019年，揭西县推动基础教育优质均衡发展，推进麻雀学校撤并工作，加强教育现代化建设。全年教育经费总投入15.36亿元；全县各类学校389所，在校学生及幼儿12.43万人。棉湖中学校长杨洪生被评为全国优秀工作者，张武帮中学老师扶祥发被评为全国优秀教师。

2019年5月8日，五云镇育英小学举办朗读比赛

2019年7月17日，棉湖二中合唱团参加揭阳市“百歌颂中华”歌咏比赛选拔赛

2019年11月12日，县教育局在钱坑中学组织开展校园消防安全演练活动

2019月11月20日，张武帮中学举办建校27周年校庆活动

2019年12月4日，金和镇世乔小学师生在山湖村开展环湖冬季长跑活动

（本版相片县教育局 供稿）

2019年12月6日，河婆中学举办校园文化节活动。图为学生绘画作品

2019年12月31日，县中心幼儿园开展“欢乐零距离，让爱动起来”亲子活动

（本版相片县教育局　供稿）

揭西县开展“不忘初心、牢记使命”主题教育活动

2019年7月18日，揭西县委印发《揭西县关于开展“不忘初心、牢记使命”主题教育前期筹备工作方案》，成立县委“不忘初心、牢记使命”主题教育领导小组，领导小组下设办公室，成立10个巡回指导组，提前做好全县主题教育前期各项工作。9月17日，县委召开“不忘初心、牢记使命”主题教育工作会议，把主题教育作为一项重大政治任务抓紧抓实抓好。县4套领导班子、17个乡镇（街道）、60个县直单位参加第二批主题教育，涉及基层党组织1463个，党员3.31万人，参与覆盖面100%。

落实第一责任人责任，全程紧跟主题教育各项工作任务。县委主题教育办及时推进主题教育各项任务；县委派出10个指导组，抽调正科级以上干部担任组长，加强对各乡镇（街道）、各单位开展主题教育督促指导。组织召开县委指导组业务培训会、研判会4次，制定《县委派出指导组指导工作清单》和周提醒工作清单，建立常态化提醒机制；利用新闻媒体、微信公众号、工作简报等载体对主题教育开展情况进行宣传。在县广播电台、电视台开设《守初心担使命　推进全面从严治党访谈》《发扬斗争精神　提高斗争本领访谈》等专栏8个。主题教育开展以来，全县刊发主题教育简报30期，电视台采、制、播主题新闻117条。

组织全县广大党员干部开展集中学习和个人自学以及基层党支部书记集中轮训。发挥县内红色教育资源优势，组织党员干部到广东省红色村南山镇火炬村、大北山革命历史纪念馆等党性教育基地接受红色洗礼、传承“红色基因”。主题教育期间，县委先后召开6次县委常委会议学习中央及省委、市委关于主题教育相关部署要求。县四套班子开展6个专题交流研讨，开展专题学习40场次，参与人数476人次；各领域党支部组织党员集中学习4344场次，参加学习6.81万人次。组织党员开展主题教育《应知应会》答题活动389场次，参加活动6725人次。面向离退休干部职工党员及年老体弱党员开展“送学上门”活动531次，参与送学党员干部3095人次；各级举办专题培训189期，受训人数7561人次，其中党支部书记2489人次，实现党支部书记培训全覆盖；全县各级党组织开展革命传统教育553场次。

确定10个方面、20个课题进行调研，由县党政主要领导牵头，其他县领导具体抓落实，各乡镇（街道）、各单位结合实际开展调研；县委带头把事关全县经济社会发展、事关群众利益、事关基层党的建设等问题，进行合理分工，把调研选题落实到班子成员。县四套领导班子成员对全县318个村（社区）进行全覆盖走访，广泛听取基层党组织、党员群众意见建议；在深入调研，撰写调研报告基础上，各级领导班子召开调研成果交流会。在调查研究基础上，主要领导带头讲党课，班子成员到分管领域和基层讲党课，将调研成果转化为解决问题的具体行动。主题教育期间，全县各级领导干部讲授专题党课1163场次。

坚持把“改”字贯穿始终，通过设立征求意见箱、发放征求意见表等途径，在全县范围内广泛征求意见建议；班子成员结合征求意见情况，从思想、政治、作风、能力、廉政五个方面进行深刻剖析，明确整改方向和重点。在“不忘初心、牢记使命”主题教育中开展“三学四重五查”系列主题党日活动。县四套班子建立“一台账”78项，检视问题48个，制定整改措施102项。县四套班子成员检视问题268个，制订整改措施388项。全县2.81万名党员对照检视问题并形成清单2.81万份，列出问题2.87万个，制定整改措施2.88万项；县委领导班子带头开展对照党章党规找差距，对照“18个是否”一项一项查找检视问题，查摆问题233个。对照民主生活会要求，县委班子查摆24条，形成个人对照检视剖析材料，梳理出个人问题170个，全部逐一制定整改措施。民主生活会上收集个人批评意见128条；全年各领域党支部组织党员开展志愿服务2485场次，参与党员1.94万人次。组织党员为身边群众办实事好事2263件，参与党员1.27万人次。

强化村（社区）党组织书记队伍建设，落实县级联审机制；出台《关于深化我县教育体制机制改革的实施意见》，推动全县教育体制机制改革；制订《揭西县农村党组织与村民委员会、村民小组、集体经济组织、村务监督委员会“小微权力清单”规范运行工作方案》，加强村级权力运行监督。主题教育以来，完成科级干部任免11批，选优配强县直单位和乡镇（街道）领导班子399人次，其中提拔84人次，交流调整315人次；纪检监察机关排查扶贫领域腐败和作风问题线索49条，立案26件，处分26人，移送司法机关3人。查处形式主义、官僚主义问题共45个，问责66人；受理违反中央八项规定精神问题7个，问责7人，其中给予党纪政务处分6人。公开通报典型案例5宗10人。

制订《揭西县10个专项整治工作方案》，明确由县纪委监委、县委办公室、县委组织部、县委政法委、县委巡察办、县农业农村局6个单位牵头，对标对表查找问题落实整改，细化整改问题67条，明确整改措施176项；抓好10项专项整治，各牵头单位根据县委10个专项整治工作方案，分别制定《专项整治工作任务清单》，逐一列出整治措施，推进专项整治。至年底，完成整治措施158项，开展整治措施18项。为集中整顿软弱涣散基层党组织，县四套领导班子成员对全县318个村（社区）进行全覆盖走访，通过县委常委会讨论研究确定在主题教育期间集中整顿软弱涣散村（社区）党组织16个。

主题教育开展以来，全县各党委（党组）落实第一议题制度，采取集中学习研讨形式，列出具体专题深入学习。通过学习、对照党章党规找差距，广大党员增强树牢“四个意识”、坚定“四个自信”、做到“两个维护”思想自觉、政治自觉和行动自觉。通过革命传统教育、学习先进典型故事、形势政策教育，促进党员干部忠诚履职。通过对照检视问题，自我整改革新，全县各级领导干部担当实干意识、方法、能力均得到提升。主题教育以来，县四套班子共检视突出问题268条，制定整改措施388条，问题全部完成整改，并转为常态化工作。各级领导干部通过走一线、跑基层、查民生，深化对“为人民服务”宗旨体会，增进党群干群关系。通过学党章党规、学典型案例、观看警示教育纪录片、参观警示教育基地，广大党员干部自觉守好底线、筑好防线。全年全县各级党员领导干部开展谈话提醒336人次，谈话函询11件（次），对干部队伍出现的个别人员利用职务之便谋私利现象，及时提醒、及时整改。

（李焕然　庄园园）

揭西县举办庆祝中华人民共和国成立70周年系列活动

2019年，是中华人民共和国成立70周年。揭西县围绕构建“一园两区”（打造粤东后花园，推动形成以县城为中心、大北山为腹地的生态发展区和以棉湖为中心、电线电缆产业园为依托的产城融合发展区）新格局目标，强化组织领导，落实工作责任，推进各项庆祝中华人民共和国成立70周年活动开展。

举办形式多样文体活动。1月18日，在京明温泉度假村举办广东·揭西首届冰雕美食文化节。2月1日，在樱山花谷景区举办广东揭西第二届中国樱花节活动。4月6日，在五经富镇举办“潮风客韵　缘梦揭西　茶韵飘香多彩大洋”首届茶旅文化节。5月18日，在黄满寨瀑布旅游区举办揭西首届水舞狂欢节。6月22—23日，在南山镇火炬村举办2019广东揭西火炬村红色之旅千人徒步活动。10月1日，在县城文化广场举行庆祝中华人民共和国成立70周年升旗仪式。全年开展庆祝中华人民共和国成立70周年各活动100多场次；举办征文征集活动。4月9日，印发《关于做好“我和我的祖国”征文征集活动的通知》，5月16日，印发《关于开展“中国梦·美丽揭西”征文征集的通知》，在全县范围内开展征集活动，收集作品110部（件）；开设专题专栏。县广播电视台开设“永远跟党走”“新农村建设”“壮丽70年，奋斗新时代”等专题专栏，进行系列报道，全年播出系列报道142条。从9月下旬起，在电视台上转播中央、省、市庆祝节日，并播放报道全县各项庆祝活动，全年滚动刊播宣传标语、宣传画3多万条，布置宣传标语、宣传画2000多处；对全县户外广告进行全面检查，对内容过时、破旧损坏广告进行更新撤换，全年更新大型户外宣传牌120多处；在主次干道、主要公共场所、灯柱悬挂国旗、布设彩旗，全县布设彩旗3万多面，布设各种花坛景观30多处。

（杨一帆　刘育权）

揭西县树立“两山”理念 打造生态发展示范区

揭西县生态环境优越、山清水秀，是揭阳市重要的生态屏障和水源涵养地。2019年，按照揭阳市委六届七次全会精神，揭西县要打造生态发展示范区，主动对接大湾区生态要求，点面结合、串珠成链打造国家全域生态旅游目的地。揭西县迅速组织召开县委常委会（扩大）会议传达贯彻落实市委六届七次全会精神，对全县推进打造生态发展示范区作出具体安排部署，明确发展思路，立足功能定位，树牢“绿水青山就是金山银山”理念，坚持在保护中发展、在发展中保护，共抓大保护，不搞大开发，更好地保护揭西良好的生态环境与绿水青山，以“生态之美”美“揭西之美”。

揭西县把生态环境保护作为首要任务，推进国家全域旅游示范区创建工作，抓好电线电缆产业园建设，做优做强特色农业，加快产业转型升级步伐。实施全县环保基础设施建设三年行动计划，加快推进城乡生活污水处理PPP项目，制定和实施更加严格的行业和项目准入产业政策，强化工业面源、农业面源污染执法监管，重拳打击违法排污企业，加强山地、丘陵、森林资源保护，抓好沿河、沿溪生态系统保护与修复。2019年，县委、县政府主要领导多次到水源地、污水处理厂及重点工业企业等重要区域开展调研，听取环境保护有关工作汇报，及时研究解决存在问题，推动全县生态环境质量持续好转；成立工作领导小组，建立“县委领导、政府负责、部门联动”全域旅游发展工作机制和全域旅游工作联席会议制度，将全域旅游发展工作成效纳入各级各部门年度目标考核责任体系，严格贯彻落实《关于加快旅游产业发展的意见（修订）》《创建国家全域旅游示范区工作实施方案》等综合性政策文件，高位推进创建工作；成立电线电缆产业园管委会，制定《揭西县电线电缆产业园管理委员会职能配置、内设机构和人员编制规定》，园区管理服务机制正式运行。主动对接大湾区产业建设，抓好电线电缆产业园建设，围绕电线电缆主导产业，加快推进园区污水处理厂、园区综合服务中心等配套设施建设；加强农产品品牌建设，做好“三品一标”认证工作，推进农村集体产权制度改革试点和农村土地流转试点工作；做好企业培育、科技创新和“两化融合”工作。

2019年，揭西县被中国气象服务协会授予2019年度“中国天然氧吧”称号，被农业农村部命名国家农产品质量安全县，成为首批7个广东省全域旅游示范区之一和广东省“旅游综合竞争力十强县”。全年新（扩）建3个污水处理厂，新铺截污管网25.4千米；第一批3个镇区（上砂镇、五云镇、大溪镇）污水处理厂建设接近完成，首批14个农村污水处理站动工建设，完成管网铺设49.3千米；实施龙潭镇黄竹溪等4个水质提升工程，9条劣质水体整治取得初步成效；关停乱排污企业24家，立案查处企业环境违法行为为41宗。京溪园镇获评首批广东省旅游风情小镇，金和镇山湖村、棉湖镇南门村（社区）获评广东省文化和旅游特色村，成功举办广东揭阳首届潮客粤菜师傅乡厨厨艺邀请赛等活动。基本完成电线电缆产业园进园西路主体工程，新引进电线电缆企业2家，计划总投资2.76亿元。揭西茶叶产业园确定为省级现代农业产业园，五经富镇、良田乡被评为省级“一村一品、一镇一业”专业镇，大洋茶业山格拉乌龙茶获得省名牌产品，累计获省名牌产品32个、绿色食品14个、有机认证产品13个。小天使电子电器公司被省认定为高新技术企业，累计4家；白云山制药厂成功申报“物联网智能协同制造”项目；组织申报省级工程技术研究中心1家，成功组建市级工程技术研究中心1家。

（李旭林　陈育青）

揭西县机构改革工作全面实施

2019年，根据党和国家机构改革总体要求，结合揭西县实际，拟定并上报《揭西县机构改革方案》。1月28日，广东省委批复《揭西县机构改革方案》；3月4日，县委召开中国共产党揭西县第十一届委员会第六次全体会议，县委主要负责人就《揭西县机构改革方案》向全会作说明，并对全县深化机构改革工作进行动员部署。改革后，全县共设置县级党政机构34个，其中县委工作机构8个、县政府工作部门26个。

3月15日，揭西县召开县级机构改革培训工作会议，就县级机构改革相关工作开展培训，推动全县改革任务落实落地。组织部部长对全县机构改革进行再动员部署。县委编办、县委组织部、县财政局等职能部门负责人对“三定”规定、人员转隶、资金资产、档案管理等方面作专题辅导；3月25日，涉改部门“三定”规定经县委深化机构改革工作领导小组第五次会议和县委十一届第84次常委会议审议通过。是日，印发涉改部门“三定”规定。

2019年3月15日，揭西县县级机构改革培训工作会议在县机关大院附楼四楼召开
（县委编办　供稿）

根据《广东省关于市县机构改革的总体意见》《广东省承担行政职能事业单位改革试点方案》和《揭西县机构改革方案》精神和要求，结合全县实际，制订《揭西县承担行政职能事业单位改革实施方案》，5月21日，经县委深化机构改革工作领导小组同意并印发。改革后，事业单位不再承担行政职能，涉改县直事业单位由456个调整为425个，撤销31个。

（杨谦谋　张师院）

揭西县加强农村人居环境整治

2019年，揭西县开展农村垃圾处理、村容村貌提升、农村污水处理、农村厕所革命、畜禽粪污染治理、“三清理三拆除三整治”。

成立农村人居环境综合整治领导小组，由县委实施乡村振兴战略领导小组统一指挥，实行党政一把手挂帅主抓，靠前指挥，分管副县长具体抓工作机制。各乡镇（街道）成立专项行动领导小组，全面压实责任，以网格化管理方式，落实乡镇（街道）领导包村，镇村干部区域包干，形成县、镇、村三级负责，县直部门分工负责、协调联动工作格局。

以金和镇山湖村、棉湖镇鲤鱼沟村、大溪镇井美村、塔头镇旧住村等基础较好村作为示范村，提高整治标准，打造清拆工作示范亮点，推动清拆工作全面开展。加强舆论宣传，营造浓厚社会氛围。以新闻播报、发放传单、张挂横幅、广播、微信网媒等形式，高频率、高密度宣讲党中央实施乡村振兴战略、新农村建设及人居环境整治等文件精神及相关政策。

揭西县农业农村局、交通局、水利局、住建局、自然资源局等县直相关部门依据各自部门职责，强化部门联动，开展以道路沿线、水路沿线“三清三拆”专项行动，以及畜禽养殖业污染综合整治行动，全面清理道路红线内违章建筑、违法占道行为，解决道路两侧“脏乱差”现象，全面整治侵占江河湖泊违法违规建设等问题，依法依规推行集中圈养。2019年，清拆危旧房、废弃猪牛羊栏、露天厕所、乱搭乱建共5.81万宗，面积202万平方米；清拆国省道县道红线内红线外乱搭乱建、违法广告招牌等1516宗；清理河湖管理范围内突出问题141宗；拆除畜禽养殖场（户）舍2432家，栏舍面积共38.86万平方米。坚持边拆除边绿化，边整改边提升，绿化美化乡村128个，建设庭院示范绿化148户，绿化镇村道路350千米；加快推进农村生活污水处理，统筹资金3.26亿元，全面启动207个面上村雨污分流、农村生活污水处理PPP项目等相关工程建设，全县完成雨污分流建设自然村597个，竣工率55.3%。14个乡镇污水处理厂和24个村级污水处理站全面进入动工建设阶段；建立完善户收集、村集中、镇转运、县处理的生活垃圾收运处理体系，落实门前“三包”责任制以及卫生保洁常态化机制，全县自然村全部配备卫生保洁队伍，生活垃圾日产日清；推进农村“厕所革命”，建成或改造标准化公厕141座，卫生户厕普及率100%，全面完成农村卫生户厕改造建设；全面改善农村公路交通条件，投入资金7627万元，完成“农村四好公路”建设66.72千米。

揭西县党政主要领导、分管领导坚持每周不少于2次到清拆一线督导，推进工作。17个市县联合督查小组，对乡镇（街道）开展专项督查，严格按照标准开展督查验收，逐村过关。县乡村振兴领导小组成立6个核查小组，开展随机抽查，督办问题整改。各乡镇（街道）加大奖惩问责力度，压实村实施主体责任，以严肃追责问责倒逼各村主动抓落实。

（杨华　林小君　彭志松）

揭西县被农业农村部命名“国家农产品质量安全县”

2019年，揭西县坚持以习近平新时代中国特色社会主义思想为指导，将创建国家农产品质量安全县作为县委县政府“五城同创”工作重要任务来抓，全力开展各项创建工作。2017年—2019年，揭西县农产品抽检质量安全合格率99%，未发生农产品质量安全事故，群众安全意识增强，对农产品质量安全满意程度提高。2019年10月19日，揭西县被农业农村部命名“国家农产品质量安全县”。

揭西县将创建国家农产品质量安全县工作列为县重点工作，并作为县委县政府重点推进“五城同创”重要工作任务；按照创建标准，制订出台《揭西县创建国家农产品质量安全县实施方案》《揭西县进一步加强农产品质量安全专项整治方案》，将农产品质量安全监管纳入国民经济和社会发展规划；将农产品质量安全工作经费列入财政预算，安排专项经费用于农产品质量安全监管、检测、执法等工作；加强宣传，提高民众农产品质量安全意识及氛围。2019年，发放宣传资料6580份和肥料18吨，接受群众咨询1329人次，出动宣传车57台次，在县电视台播放宣传标语、宣传片146次；在《揭阳日报》宣传报道6次。

明确责任主体和配合单位，将农产品质量工作纳入对乡镇（街道）和创建成员单位年度绩效考核；加强落实地方政府负总责、监管部门各负其责、生产主体为第一责任人责任体系。县政府与乡镇（街道）和有关部门签订《揭西县创建国家农产品质量安全县责任书》，责任落实到位；建立督查通报制度，县委、县政府、县人大2018年、2019年对全县17个乡镇（街道）和相关部门创建工作进行跟踪和督促检查，及时通报督查结果，责令存在问题单位限期整改。

落实生产经营单位主体责

2019年11月26日，县农业农村局到五云镇石陂村开展“新时代文明实践志愿服务——科技兴村”主题咨询宣传活动。活动现场向农户发放生物有机肥、红火蚁防控药物等农资以及宣传资料和宣传图册

（县农业农村局　供稿）

任，督促农产品生产企业、农民专业合作社100%落实生产记录、质量承诺和人员培训制度，严格执行禁限用农兽药管理、农药安全间隔期等规定；以品牌建设带动农业标准化建设，主要农产品企业标准入户率100%。全县累计获省名牌产品32个，绿色认证14个，有机认证产品12个；建立生产经营主体“黑名单”制度。对生产经营者违法违规行为一经查实，依法公开其违法信息，列入“黑名单”，筑牢农产品质量安全防线；组织揭西县企业参加博览会和农产品交易会，推介揭西县优质农产品。

完善执法监管体系，成立农业执法大队，乡镇成立监管站，每个行政村配备监管员，构建县镇村三级监管体系；净化生产经营环境，开展以“三清三拆三整治”为主题环境大清理行动，推进农村人居环境综合整治；加大执法力度，加强农业投入品生产经营监管，采取依法防治、群防群控，有效防控非洲猪瘟、高致病性禽流感、口蹄疫等重大疫病发生，立案查处违法违规案件6宗，结案6宗，罚没金额8万元。

规范管理，加大对农业投入品经营者规范管理，对无证经营者坚决予以取缔。种养殖企业100%开展产品上市前自检或委托检测；加强农产品质量安全监测，定期对县域生产经营主体进行监督检测，狠抓终端环节检疫，杜绝病害肉上市，未发现药物残留超标和违法使用“瘦肉精”、苏丹红等化合物行为；健全农产品质量安全监管体系，明确各农产品监督管理部门职责，建立和完善县、镇、村、基地纵向到底、横向到边农产品质量安全监管服务体系；探索完善创新制度机制，逐步开展信用档案建设，纳入平台管理。

（杨华　林小君　彭志松）

揭西县获评2019年度“中国天然氧吧”称号

2019年7月18日，2019年“中国天然氧吧”创建发布会在北京钓鱼台国宾馆举行，揭西县凭借优良的自然环境、深厚的人文底蕴、悠久的历史文化和丰富的旅游资源等优势，获评“中国天然氧吧”称号。

揭阳市委市政府、揭西县委县政府高度重视“中国天然氧吧”创建工作，于2018年12月29日成立领导小组和工作小组，制订《揭西县创建“中国天然氧吧”实施方案》，各方协调、相互配合，推进创建工作。有机整合全县山水、田园、森林、气候、温泉、三山国王文化、潮风客韵和革命老区等旅游元素，发掘高质量生态旅游憩息资源，突出生态旅游特色，打响生态旅游品牌，推动绿色产品和生态服务资产化，让绿色产品、生态产品成为生产力，使生态环境优势转化为经济社会发展优势。

通过创建申报、初步审核、实地复核、客观评价、专家初审及终审等环节，经中国气象服务协会审定，揭西县符合创建的各项要求和标准，获得“中国天然氧吧”荣誉称号。

揭西县是国家级生态保护与建设示范区，地处亚热带季风气候区，常年气候温和，雨量适中，光照充足，四季宜耕，多年平均气温22.0℃，平均降雨量2058.1毫米；冬无严寒，夏无酷暑，人居环境气候舒适度“舒适”月份6个月，全年均为适游期；空气质量6项指标全面达标，空气优良天数全年占比97.4%；全境空气负氧离子资源丰富，生态监测站测得空气平均负氧离子浓度均超1000个/立方厘米，部分测点2000个/立方厘米，高值区2.32万个/立方厘米；地表水环境良好，饮用水源、河流、水库水质符合国家Ⅰ类、Ⅱ类标准；全县森林覆盖率58.8%，植被覆盖率76.2%，有国家级森林公园1个，是广东省“一核一带一区”新发展格局中粤东唯一作为生态保护屏障的区域。

（县气象局）

揭西县入选首批“广东省全域旅游示范区”

揭西县是国家生态保护与建设示范区、中国天然氧吧，广东省扶贫重点县、山区县，属海陆丰革命老区，也是广东省旅游特色县、广东省县级文明城市和广东省卫生县城，素有“南国绿宝石”“粤东后花园”美誉。2019年，揭西县旅游接待1341.30万人次，比2018年（下同）增长12.4%；其中过夜接待385.40万人次，增长13.1%；旅游总收入78.87亿元，增长15.0%。12月，揭西县入选首批“广东省全域旅游示范区”。

揭西县践行“绿水青山就是金山银山”发展理念，加强党政统筹，创新体制机制，丰富供给体系，完善基础设施，提升公共服务，逐步形成全域“村村是景点、处处是景区、人人是导游”局面，通过全域旅游创建促进全县经济社会发展。至年底，全县建成国家AAAA级旅游景区2个、国家AAA级旅游景区1个，国家级森林公园1个，省级旅游度假区1个，20个乡村旅游示范点，以及一批旅游融合示范项目；黄满寨旅游区通过创国家AAAAA级旅游景区省级景观质量评估，向文化和旅游部提出申请。

在创建工作中，揭西县编制出台《揭西县全域旅游发展规划》《揭西县全域旅游宣传营销策划全案》《土地利用总体规划调整完善方案》等全局性、战略性规划蓝图，成立旅游专家智库，聘请12名知名旅游专家为旅游发展顾问。成立工作领导小组，建立“县委领导、政府负责、部门联动”的全域旅游发展工作机制和全域旅游工作联席会议制度；出台《关于加快旅游产业发展的意见（修订）》《创建国家全域旅游示范区工作实施方案》等综合性政策文件，县财政每年安排2000万元以上旅游发展专项资金，支持旅游基础设施建设和产业发展；以“1+3”创新模式，成立全省首个县级旅游数据中心以及旅游市场监督管理所、旅游警察大队、旅游巡回法庭，建立健全旅游联合执法机制。投入1.15亿元，改造提升旅游公路4条；投入150万元，设置旅游交通导向标识牌37块。建立旅游公共服务体系，投入近亿元建设旅游集散中心、游客服务中心和旅游驿站，形成覆盖重点景区（点）、交通站（场）等游客集中场所的旅游服务网络体系；推进厕所革命，投入1000多万元，新（改）建旅游厕所65个；开展文明旅游和志愿服务，在主要景区和休闲街区设置游客服务中心（驿站）和学雷锋志愿服务站点60个。

整合黄满寨瀑布旅游区、京明温泉度假村2个优质核心景点资源，打包创建国家AAAAA级旅游景区。投资4亿多元规划建设国内规模最大的盘古文化园；投资1.1亿元完成大洋国际生态旅游度假区升级改造工程，创建国家AAAA级旅游景区。开发利用潮客文化、山水风光等乡村特色资源，打造金和镇山湖村、京溪园镇樱山花谷、龙潭镇关山村等一批乡村旅游示范点，加快推进良田旅游特色小镇、坪上万梅谷特色小镇等乡镇特色化建设。是年，京溪园镇入选首批“广东省旅游风情小镇”，金和镇山湖村和棉湖镇南门里社区被省文化和旅游厅认定为广东省文化和旅游特色村，龙潭镇关山村成为“网红”景点。依托“中国天然氧吧”及京明温泉度假村、大北山中药园、县中医院等资源，发展“旅游+康养”产业，打造生态康养体验圈。高标准规划建设南山火炬“红色村”党建示范工程和大北山革命历史纪念馆、棉湖战役东征军指挥部旧址等，打造红色文化精品旅游线路。丰富夜间旅游，重点打造县城滨江公园、两河四岸景观带、棉湖云湖公园、特色餐饮街等休闲娱乐场所。

强化宣传推介，坚持“季季有节庆、乡乡有活动”，组织举办擂茶擂台赛、梅花节、樱花节、三山国王文化交流、潮汕美食节、国际登高邀请赛、茶旅文化节、红色之旅千人徒步活动、潮客粤菜师傅乡厨大赛等活动；投入超过1000万元开展全媒体宣传，在广东卫视和东莞市、深圳市、汕头市、汕尾市、潮州市、梅州市等地方电视台投放广告，组团赴福建省、江西省等地宣传推介；与珠三角城市签订战略合作框架协议，参加海峡旅游博览会、广东旅游产业投融资对接会等。

（陈　燕　何丽珊）

广东揭阳首届潮客粤菜师傅乡厨厨艺邀请赛在揭西县京明茶园举办

2019年9月27—28日，揭阳市人民政府在揭西县京明茶园举办广东揭阳首届潮客粤菜师傅乡厨厨艺邀请赛。该次邀请赛由揭阳市人民政府和黑龙江省大兴安岭地区行政公署联合主办，揭西县人民政府和大兴安岭地区漠河市人民政府联合承办，邀请广东省文化和旅游厅领导、揭阳市四套班子主要领导、大兴安岭地区行署及漠河市相关领导、揭阳市辖各县（市、区）党政主要领导、市直有关单位主要负责人、市辖各县（市、区）旅游工作分管领导，以及旅游界、新闻媒体、外出乡贤等各界嘉宾，参加人数超过2500人。

9月6日，揭西县举办广东揭阳首届潮客粤菜师傅乡厨厨艺邀请赛揭西初赛，从17支队伍中评选出3支优胜队伍代表揭西县参加28日全市厨艺邀请赛。其他县（市、区）也分别推选代表队参加28日比赛。

9月24日，揭西县委、县政府在县政府附楼会议室召开“广东揭阳首届潮客粤菜师傅乡厨厨艺邀请赛暨全市全域旅游工作现场会”新闻发布会。《南方日报》、揭阳新闻网、揭阳电视台等十多家媒体记者和县旅游协会、县摄影家协会代表受邀参加。

9月28日，揭阳市揭东区、普宁市、揭西县、惠来县、榕城区、空港经济区、揭阳产业园7个县（市、区）选派21支队伍参加全市厨艺邀请赛。每支参赛队伍需制作两道菜肴：指定菜和创意菜，其中指定菜式为手工鱼丸。来自潮客片区的厨师齐聚一堂，各展厨艺；各色潮客风味珍馐同台亮相，争先夺目。最终，比赛决出金奖1名、银奖2名、铜奖3名，以及优胜奖若干。其中，揭西县京明温泉度假村代表队获金奖，揭西县河婆希桥大酒店代表队、榕城区揭阳捷和职业技术学校代表队获银奖，揭西县金福来酒店代表队、普宁市康莱酒店代表队、揭东区锡场百味原家常菜代表队获铜奖。

（陈　燕　何丽珊）

2019年9月6日，广东揭阳首届潮客粤菜师傅乡厨厨艺邀请赛揭西初赛在揭西县京溪园镇举办　（风林　摄）

大事记

1月

12日，“万梅绽放　美丽坪上”广东揭西第三届梅花节启动仪式在坪上镇潭角村举行。

是日，揭西县坪上镇和中恒源投资集团、揭西三山投资有限公司签订揭西万梅谷文化特色小镇《战略合作框架协议》。

是日，“2018南粤慈善盛典”荣誉颁奖晚会在广东省英德市连江镇连樟村举行，揭西县副县长、金和镇山湖村驻村队长钟汉宏获“年度扶贫贡献人”奖，山湖村村民张美红、陈益武获“年度脱贫奋进人”奖。

15日，揭西县召开“中国天然氧吧”申报创建工作会议。

17日，揭阳市人大常委会组织华侨代表到揭西县金和镇山湖村调研美丽乡村建设工作。

18—19日，广东·揭西首届冰雕美食文化节在京明温泉度假村举办。

20日，黑龙江省大兴安岭地区松岭区区长黄志富、加格达奇区林业局局长周勇一行到揭西县开展调研活动。

22日，中国共产党揭西县第十一届委员会第五次全体会议在县委党校人民会堂召开。会议贯彻落实中共十九大精神和十九届历次全会以及中央经济工作会议精神，学习贯彻省委十二届六次全会和市委六届六次全会精神，回顾总结2018年工作，部署2019年工作。

25日，中国共产党揭西县第十一届纪律检查委员会第四次全体会议在县委党校召开。会议学习贯彻中共十九大和十九届二中、三中全会精神，学习贯彻习近平总书记在十九届中央纪委三次全会上的重要讲话和视察广东重要讲话精神、省纪委十二届四次全会、市纪委六届四次全会和县委十一届五次全会精神，回顾2018年全县纪检监察工作，总结中共十九大以来全县纪检监察工作经验体会，部署2019年工作任务。

28日，揭西县城污水处理厂及配套管网二期工程举行通水仪式并投入使用。

2月

1日，广东揭西第二届中国樱花节开幕式在京溪园镇樱山花谷景区举行。

7日，揭西县体育局、县乒乓球协会联合举办2019年凤凰城“迎春杯”乒乓球赛。

8—9日，揭西县体育局、县象棋协会联合举办“直通杯”第一届象棋锦标赛。

20日，揭西县组织收看广东省推进实施乡村振兴战略工作电视电话会议。

26日，揭西县召开县委常委（扩大）会议，会议听取各乡镇（街道）党（工）委书记及县直工委、县“两新”组织党工委书记述职并进行评议。

是月，揭阳市扫黑除恶办公室在揭西县城好日子广场举办揭阳市扫黑除恶专项斗争成果图片展。

是月，揭西县法治文化主题公园被广东省司法厅、省文化旅游厅、省普法办评为省级“法治文化主题公园”和全省“十佳法治文化主题公园”。

3月

1日，揭西县组织收听收看全国、省推进“大棚房”问题专项清理整治行动电视电话会议。

4日，中共揭西县委十一届委员会第六次全体会议在县机关大院附楼召开。会议由县委常委会主持。县委有关领导作关于《揭西县机构改革方案》说明和关于机构改革工作的专题讲话。会议审议通过《中国共产党揭西县第十一届委员会第六次全体会议决议（草案）》。

是日，揭西县十届人大常委会召开第二十次会议。会议表决通过接受县人大常委会个别组成人员和个别县人大代表辞呈。讨论补选官楚生等11人为县十届人大代表候选人，并由龙潭镇等9个镇依照法定程序做好县人大代表的补选工作。会议讨论并原则通过县人大常委会工作报告。

5日，广东省交通运输厅调研揭阳交通公路工作座谈会在揭西县召开。会议听取揭阳市、普宁市、惠来县和揭西县交通基础设施建设工作情况汇报。

18日，受广东省文化和旅游厅委托，东莞市文化广电旅游体育局副局长王旭辉率检查组到揭西县检查村级综合性文化服务中心建设工作。

是日，揭西县组织收看收听全省、全市传达贯彻习近平总书记重要讲话精神暨学习全国“两会”精神干部大会电视电话会议。县四套班子领导成员参加收看收听活动。

是日，揭西县十届人大常委会召开第二十一次会议。会议传达学习习近平总书记重要讲话精神暨全国“两会”精神，研究讨论决定召开县十届四次会议有关事项，听取和审议代表变动情况和补选代表资格审查报告。县人大常委会副主任及常委会组成人员共19人出席会议。

是日，揭阳市委专项巡察组启动巡察揭西县村（社区）党组织工作。

21日，揭西县召开贯彻落实省环保1号令暨决战决胜推进会。会议由代县长部署2019年全县生态环境保护决战决胜年工作。县人民政府与各乡镇（街道）人民政府（办事处）签订责任书。

25—27日，中国人民政治协商会议揭西县第十届委员会第四次会议在县城希桥酒店深圳酒楼三楼召开。会议应到委员241人，实到232人。会议听取并审议通过政协揭西县第十届委员会常务委员会工作报告；听取并审议通过政协揭西县第十届委员会常务委员会关于十届三次会议以来提案工作情况报告（书面）；列席揭西县第十届人民代表大会第四次会议，听取和讨论县人民政府工作报告及有关报告；审议通过政协揭西县第十届委员会第四次会议决议；选举林俊伟、翁育慧为政协揭西县第十届委员会常务委员会副主席，李旭辉、邓进仕、黄少龙为政协揭西县第十届委员会常务委员会委员。

26—28日，揭西县第十届人民代表大会第四次会议在县委党校人民会堂召开。大会听取和审议2018年县政府工作报告、县人大常委会工作报告、县人民法院工作报告、县人民检察院工作报告，审查并批准《揭西县2018年国民经济和社会发展计划执行情况与2019年计划草案的报告》《揭西县2018年预算执行情况与2019年预算草案的报告》。会议依法选举魏洁林为揭西县人民政府县长，陈统将为揭西县第十届人大常委会副主任，李建航、杨和快、张赐荣、陈新伟、黄俊琳为揭西县第十届人大常委会委员。表决通过《揭西县第十届人民代表大会社会建设委员会组成人员人选名单》。

4月

2日，揭西县召开县委常委（扩大）会议。会议传达学习市委书记李水华到揭西县调研指示精神和全省安全生产工作视频会议精神以及《中共广东省人民政府关于贯彻落实〈粤港澳大湾区发展规划纲要〉的实施意见》文件精神。

是日，揭西县组织收听收看2019年中央一号文件宣讲报告电视电话会议。

4日，广东省清明节期间森林防火第四督导组、省交通运输厅副厅长杨俊波一行到揭西县检查森林防火工作。

是日，揭西县召开县政府党组学习（扩大）会议。会议由县长主持，传达学习习近平总书记在全国两会上重要讲话精神。县政府党组成员出席会议。

6日，广东揭西首届茶旅文化节在大洋国际生态旅游度假区举行启动仪式。

10日，揭西县棉湖华侨医院与中山大学眼科中心举行“远程协作转诊与技术培训单位”揭牌仪式。

11日，揭西县举行烈属、军属和退役军人等家庭悬挂光荣牌动员会暨启动仪式。

12日，揭西县召开开展违法用地图斑集中整治专项行动工作会议，部署专项整治行动。

15日，揭西县农村生活污水处理设施建设PPP项目第一批26个农村生活污水处理站在凤江镇凤南行政村青龙村举行开工仪式。

22日，揭西县启动社区矫正电子手环定位监管系统项目。县司法局与揭西移动分公司举行社区矫正电子手环定位监管系统项目合作签约仪式。

24—25日，揭西县举办正科级主要领导干部学习贯彻《粤港澳大湾区发展规划纲要》专题研讨班。

28日，揭阳市自然资源“六项”专项工作现场会在揭西县召开。各县（市、区）政府（管委会）分管负责人、自然资源主管部门主要负责人，市自然资源局领导班子和有关工作组负责人，“六项”专项工作督查组成员等参加现场会。

30日，揭西县组织收听收看纪念五四运动100周年大会实况。县委、县政府有关领导参加收听收看活动。

5月

7日，广东省人民政府组织检查组到揭西县京棉路东塔大桥和棉湖镇、河婆街道拆违现场等地检查河湖“清四乱”和“五清”专项行动工作。

7—8日，揭西县在县委党校举办县管干部学习贯彻《粤港澳大湾区发展规划纲要》专题研讨班（第一期）。

9日，揭阳市生态环境局揭西分局举行揭牌仪式。

10日，揭西县十届人大常委会召开第二十二次会议。会议分别听取和审议县政府关于地方政府债务限额情况报告、关于县本级社保基金收支管理情况报告、环境状况和环境保护目标完成情况报告等；表决通过相关人士任免事项。县人大常委会有关领导及县人大常委会组成人员共24人参加会议。

16日，揭西县与新希望六和股份有限公司举行意向投资建设现代农业项目签约仪式。

18日，广东揭西首届国际水舞狂欢节开幕仪式在黄满寨瀑布旅游区举行。

22日，2019揭西县“榕江杯”端午龙舟竞赛活动在榕江南河河婆段举行。竞赛活动分为22人龙舟500米直道竞速赛和传统龙舟巡游两个环节。

是月，揭西县钱坑大夫祖祠、棉湖战役东征军指挥部旧址2处文保单位被广东省人民政府确定为第九批广东省文物保护单位，全县省级文物保护单位增至7处。

6月

11日，中华慈善总会望长珍项目负责人陈海燕率队到揭西县开展关爱革命老区特困户爱心捐赠活动，向县慈善总会捐赠爱心救助款100万元。

14日，揭西县县长率队到榕江南河主干流域开展巡河活动，并调研流域内龙潭河上苍断面、灰寨河小陂洋断面、凤江莪萃入河口、棉湖电排等重点河涌整治和考核断面水质情况。

17日，揭西县召开县委常委会议。传达学习《中共中央关于在全党开展“不忘初心、牢记使命”主题教育的意见》，研究部署相关工作。

22日，揭西县组织收听收看广东省三防工作电视电话会议，学习贯彻习近平总书记关于防汛抗旱和减灾救灾工作重要批示精神。

23日，广东揭西火炬村红色之旅千人徒步活动在南山镇火炬村举办，1000多名徒步爱好者参加活动。

24日，揭西县举行“广东省革命老区村”挂牌启动仪式。县委领导分别到挂钩点参加挂牌启动仪式。

25日，揭西县组织收听收看全国“放管服”改革优化营商环境电视电话会议，并部署相关工作。

28日，揭西县组织收听收看广东省打好污染防治攻坚战工作推进电视电话会议。

是日，揭西县举行2019年广东扶贫济困日捐赠仪式。县四套班子成员带头捐款，活动当天筹集善款228万元。

7月

1日，揭西县退役军人服务中心举行挂牌仪式。

4日，揭西县召开涉土违法违规整治工作推进会。县四套领导班子成员、县人民法院院长、县人民检察院检察长、县纪委副书记、各乡镇（街道）党（工）委书记等出席会议。

是日，揭西县举办首届国家机关“谁执法谁普法”履职报告评议活动。

9日，广东省地方志办公室党组成员、副主任丘洪松率队到揭西县南山镇火炬村调研地方志工作。

11日，揭西县召开县政府党组学习（扩大）会议，传达贯彻习近平总书记在中央政治局第十五次集体学习会议上的重要讲话精神和《中共广东省委关于做好〈习近平新时代中国特色社会主义思想学习纲要〉学习宣传宣讲工作的通知》文件精神。

是日，揭西县举行高新技术企业授牌仪式，白云山威灵药业有限公司等3家企业获授“高新技术企业”牌匾。

12日，揭西县召开县委常委会，学习贯彻广东省委书记李希在省委人大工作会议上的讲话精神，传达惠来县暨粤东新城建设推进大会精神。

16日，揭西县召开重点项目建设暨环境保护工作会议。

16—19日，揭阳市扶贫工作调研组到揭西县调研脱贫攻坚工作。

18日，广东省农业农村厅副巡视员刘付启荣率调研组到揭西县开展农村生活垃圾分类专题调研。

是日，揭西县获“中国天然氧吧”称号。

21日，揭西县第一届中小学生足球比赛在棉湖中学举行开幕仪式。比赛日期从21—28日，为期8天。

24日，揭西县开展“八一”“双拥”慰问活动。县领导率拥军慰问团分别走访慰问驻揭部队官兵。

25日，揭西县组织收听收看全省第三季度防范重特大生产安全事故暨消防工作视频会议。

是日，揭西县组织收听收看全国推进健康中国行动电视电话会议。

是日，广东省委宣传部组织中央、省级、市级媒体记者组成采访团到揭西县开展老区苏区振兴发展大型主题采访活动。

26日，揭西县十届人大常委会举行第二十三次会议。县人大常委会副主任和委员共26人出席会议。会议传达学习习近平总书记对地方人大及其常委会工作重要指示精神和栗战书委员长在同全国省级人大常委会秘书长交流座谈时的讲话精神；听取县税务局关于2019年上半年税收征管情况报告；听取和审议县政府关于2019年上半年计划执行情况报告；听取和审议县政府关于2019年上半年预算执行情况报告。

是日，揭西县召开打击侵犯知识产权和制售假冒伪劣商品工作会议。

是日，揭西县组织收听收看全国、省、市安全生产电视电话会议。

27日，揭阳市委统战部组织调研组到揭西县调研农村人居环境整治工作。

是日，“梦想益行者——碧桂园阳光公益徒步活动”在揭西县举行。来自揭阳各地和周边县区500余名徒步爱好者参加活动，全程10千米。

29日，揭西县客家志愿者协会举行揭牌仪式暨成立大会。县工商联、县民政局、团县委、河婆街道相关负责人参加活动。

是日，国家林草局驻广州森林资源监督专员办党组成员、副巡视员王琴芳率队到揭西县督导森林执法专项行动。

30日，揭西县召开征兵工作会议。

8月

4日，中央农村工作领导小组办公室秘书局一级巡视员江文胜率调研组到揭西县调研党建引领建设美丽乡村和揭阳市三农培训中心工作，调研组先后到金和镇山湖村、棉湖镇鲤鱼沟村实地考察。

7日，广东省工商联党组成员、副主席陈昆率调研组到揭西县开展“不忘初心、牢记使命”主题教育专题调研活动。揭阳市委统战部、县委统战部负责人等参加活动。

11日，揭阳市委副书记、代市长张科率队到揭西县调研。调研组先后实地考察广药集团白云山制药揭西生产基地、县城横江河、北部新城、金和镇山湖村、棉湖污水处理厂。

12—25日，揭西县图书馆举办首期少儿书画展，书画展以“翰墨飘香、童心溢彩”为主题，向中小学生征集150多幅优秀作品参展。

13日，揭西县召开“三清三拆”工作会议，通报全县阶段来“三清三拆”工作情况，部署下一步工作。

14日，揭阳市医疗保障局、市社会保险基金管理局联合在揭西县举办医疗保险智能监控及审核工作业务培训会。

14—18日，揭西县组织考察团赴浙江省，先后实地考察杭州市、金华市、湖州市3个市、4个县（市、区）11个不同类型村庄，学习新农村建设工作经验。

16日，广东省司法厅厅长曾祥陆率调研组到揭西县调研基层司法行政工作。

22日，揭西县委理论学习中心组在县机关大院附楼四楼会议室举办《习近平新时代中国特色社会主义思想学习纲要》宣讲报告会。

26日，大型现代潮剧《大国赤子》巡演活动在揭西县委党校举行。

30日，揭西县召开县委人大工作会议。

是月，揭西县原创舞蹈《客家妹子》获2019广东省群众艺术花会（少儿艺术）铜奖。

是月，广东仲恺农业工程学院何香凝艺术设计学院实践教学基地在揭西大北山革命历史纪念馆挂牌。

9月

6日，揭西县召开落实中央、省环保督察反馈问题整改工作推进会，通报中央、省环保督察反馈问题整改工作进展情况，并部署下阶段工作。

9日，揭西县召开教育基金会筹备工作领导小组全体成员第一次会议。

17日，揭西县召开“不忘初心、牢记使命”主题教育领导工作会议。

19日，揭西县召开红色革命遗址普查工作会议，传达贯彻上级有关工作文件精神，部署红色革命遗址普查工作。

24日，揭西县召开“不忘初心、牢记使命”主题教育集中学习研讨开班动员会。

25日，揭西县金和镇山湖村获评由广东省委农办、省农业农村厅与南方报业传媒集团共同发起、主办的“寻找乡村振兴排头兵——首届广东十大美丽乡村、广东美丽乡村精品路线”活动“广东美丽乡村特色村”称号。

27日，庆祝中华人民共和国成立70周年暨广东揭阳首届潮客粤菜师傅乡厨厨艺邀请赛文艺晚会在揭西县京溪园镇京明温泉度假村举办。

28日，揭阳市全域旅游工作现场会在揭西县京溪园镇召开，揭阳市委书记叶牛平出席会议并作讲话。

是日，由揭阳市人民政府、黑龙江省大兴安岭地区行政公署主办、揭西县人民政府、大兴安岭地区漠河市人民政府承办的广东揭阳首届潮客粤菜师傅乡厨厨艺邀请赛在京明茶园举办。广东省文化和旅游厅副厅长曾晓峰，市委书记叶牛平，市委副书记、市长张科和大兴安岭地区漠河市有关领导参加活动。

2019年8月14日，揭阳市（揭西县）医疗保险智能监控及审核工作业务培训会议在揭西县举办　（县医保局　供稿）

29日，揭西县十届人大常委会召开第二十四次会议。

10月

1日，揭西县在县城文化广场举行庆祝中华人民共和国成立70周年活动。

15日，广东省“户外劳动者工会爱心驿站”落户揭西，揭西县总工会和中国建设银行揭西支行负责人为广东省“户外劳动者工会爱心驿站”揭牌。

17日，揭西县召开创建广东省食品安全示范县标准及评价细则任务分解工作会议，明确创建示范县具体任务，推动创建广东省食品安全示范县工作。

18日，广东省市场监督管理局携手碧桂园集团共建揭西县大溪镇大东村美丽乡村项目在大东村举行启动仪式。省市监管局一级巡视员翁永卫、省扶贫基金会理事长赵松峰等有关领导参加活动。

19日，揭西县被农业农村部命名“国家农产品质量安全县”。

23日，揭西县举办打赢脱贫攻坚战省定贫困村干部专题培训班。县省定贫困村党组织书记、第一书记、大学生村官、脱贫示范户、贫困村致富带头人共160人参加培训。

24日，揭西县召开书记专题会。会议听取县生活污水处理设施整县打包PPP项目建没、县城污水处理厂三期管网配套工程、棉湖镇区道路升级改造工程建设、县电线电缆产业园西路建设进展情况及交通、水利、卫生等重点项目进展情况汇报。

25日，揭西县召开农村饮水安全工程工作会议。

29日，揭西县棉湖华侨医院住院综合大楼举行开业仪式。

是日，揭西县召开2019年相对贫困人口相对贫困村退出机制实施方案专题培训会。

是月，《揭西年鉴（2018）》获得第六届全国地方志优秀成果(年鉴类)县区级综合年鉴一等年鉴、广东省县区级综合年鉴一等年鉴。

11月

1—2日，揭西县委举办“不忘初心，牢记使命”主题教育专题培训班。

8日，揭西县在棉湖镇云湖公园广场举行“防范火灾风险、共建美好家园”2019全县119消防安全宣传月活动启动仪式。

是日，揭西县组织收听收看全省森林防灭火工作电视电话会议。

9日，水利部原副部长、中国生态文明研究与促进协会副会长翟浩辉率专家组及有关领导到揭西县调研河长制、湖长制落实和智慧水利发展工作。揭阳市水利局、市生态环境局负责人参加活动。

12日，揭西县召开全面依法治县委员会2019年第一次全体会议。会议审议并通过《县委全面依法治县委员会工作规则》《县委全面依法治县委员会协调小组工作规则》《县委全面依法治县委员会办公室工作规则》《县委全面依法治县委员会调研工作规定和督查工作实施办法》《揭西县推进全面依法治县行动方案》和2019年全面依法治县工作要点。

是日，揭西县召开县委外事工作委员会2019年第一次会议。会议审议并通过《中共揭西县委外事工作委员会工作规则》《中共揭西县委外事工作委员会办公室工作细则》《揭西县2019年外事工作要点》。

14日，九三学社中央专职副主席、中国工程院院士丛斌率调研组到揭西县棉湖镇鲤鱼沟村、金和镇山湖村调研脱贫攻坚、乡村振兴工作。

是日，揭西县十届人大常委会召开第二十五次会议。会议传达学习贯彻中共十九届四中全会精神；会议听取和审议全县关于扫黑除恶工作情况专项报告，听取县人民检察院检察长所作的关于公益诉讼工作情况报告。县公安局局长、县人民法院代院长、县人民检察院检察长、县扫黑除恶办负责人，部分乡镇人大主席、人大代表、和县人大机关副科级以上干部列席会议。

是日，揭西县召开社会主义新农村建设工作汇报会。

15日，揭西县举办2019年度退役军人欢迎仪式暨全员适应性培训班。

17日，揭阳市生态宜居美丽乡村示范村建设现场推进会在揭西县举行。

19日，揭西县召开宣传文化工作会议，学习贯彻中共十九届四中全会精神，总结全县宣传文化工作，部署下阶段工作。

20日，揭西县组织收听收看第二十次广东民政电视电话会议。

22日，揭西县组织收听收看全国安全生产电视电话会议。

是日，揭西县召开国土空间总体规划编制工作动员会。贯彻落实揭阳市关于国土空间总体规划编制工作会议精神，介绍全县国土空间总体规划编制背景和推进情况，研究部署有关工作。

23日，由广东省文化和旅游厅主办、县文化广电旅游体育局承办的2019广东省公共文化服务“三百工程”进基层——百场群文精品演出在县城文化广场举办。

是日，揭西县在大北山国家森林公园举办首届广东省森林文化周活动。

26日，由团市委、市教育局、市少工委联合举办的全市“不忘初心，牢记使命”少先队辅导员培训班在揭西县委党校开班。团市委、市教育局、市少工委、县有关单位负责人参加活动。

是日，广东省第七指导组组长、省应急管理厅副厅级干部章云龙率队到揭西县检查“奋战50天　全年保平安”安全生产重点攻坚工作。

28日，广东省疾控中心副主任林立丰率调研组到揭西县调研省级慢性病综合防控示范区创建工作。

29日，揭西县委宣传部、县普法办、县教育局、县司法局、团县委在县一中联合举行“宪法教育大课堂”“宪法在我心中”、“12·4”国家宪法日宣传周系列宣传主题教育活动启动仪式。

12月

2日，揭西县举行凤江污水处理厂竣工通水仪式。

3日，揭西县召开2020年全县财政预算编制改革工作会议，对2020年全县财政预算编制改革工作进行动员部署。

5日，揭阳市2019年“百名法学家百场报告会”法治宣讲活动在揭西县举行。

是日，广东省政协常委方健宏率调研组到揭西县开展民主监督调研工作。

6日，广东省“双拥”工作领导小组办公室专职副主任刘卫党率省创建“双拥”模范县第二检查组到揭西县检查“双拥”模范县创建工作。

是日，揭西县河婆中学庆祝89周年校庆暨教育发展促进会颁奖大会。

7日，揭西县组织收听收看全省脱贫攻坚工作电视电话会议。

是日，由广东省中西医结合学会主办，广东省中西医结合会基层与社区工作委员会、骨质疏松症专业委员会、县中医医院承办的“南粤医者情·健康基层行”爱心公益活动（第五站）在县中医医院举行启动仪式。

8日，揭阳市委副书记、市长张科率队到揭西县检查森林防火灭火工作。

11日，揭西县召开道路交通安全工作联席会议。

12日，揭西县委理论中心组举办学习中共十九届四中全会精神专题宣讲报告会。县四套领导班子成员，县人民法院代院长、县人民检察院检察长等参加会议。

是日，广东省交通集团党委副书记、工会主席洪军率队到揭西县金和镇山湖村调研扶贫工作。

14日，揭西县组织收听收看揭阳市美丽乡村工作推进会。

16日，揭西县举行县城道路升级改造（二期）暨污水处理厂及配套管网（三期）工程开工仪式。

18日，揭西县组织收听收看全省生猪屠宰保障肉品质量安全工作电视电话会议。

19日，广东省林业局副巡视员魏冰率队到揭西县检查森林防火灭火工作。

20日，马来西亚霹雳州和丰河婆同乡互助会参访团到揭西县开展参访交流活动。

26日，揭西县召开建筑领域安全生产工作会议。

27日，揭西县十届人大常委会召开第二十六次会议。会议传达学习贯彻12月6日中共中央政治局会议和中央经济工作会议精神，听取和审议县政府关于县十届人大四次会议代表建议办理情况报告，听取和审议并通过县政府关于2019年预算调整情况报告。县人大常委会有关领导和常委会组成人员共24人出席会议。

28日，惠州市揭西商会举行成立庆典暨第一届监理事就职典礼。

（县地方史志办）

基本概况

【建置沿革】 揭西县主要地域原属揭阳。秦汉三国属南海郡。晋咸和六年（331年）属东官郡。东晋义熙九年（413年）属义安郡之海阳县。南朝宋、齐、梁、陈建制不变。隋开皇十一年（591年）属潮州。唐代因袭之。北宋宣和三年（1121年），揭西地域隶属潮州辖之揭阳县。南宋绍兴二年（1132年）并入海阳，绍兴八年（1138年）复建揭阳县，均仍隶属潮州。元至元十六年（1279年），属潮州路。明洪武二年（1369年），属潮州府。清沿明制，仍属潮州府。民国3年（1914年），揭西主要地域隶属广东潮循道辖之揭阳县。民国14年（1925年），隶属于东江行政委员会。民国17年（1928年），隶属于东江善后委员公署。民国21年（1932年），隶属东区绥晋委员公署。民国25年（1936年），隶属于广东省第五区行政督察专员公署。民国36年（1947年），隶属于广东省第六区行政督察专员公署。民国38年（1949年）初，隶属于广东省第八区行政督察专员公署。

1949年10月，中华人民共和国成立，揭西主要地域随揭阳县隶属潮汕专员公署。1952年隶属粤东行政公署。1956年隶属汕头专员公署。1965年7月19日，国务院第157次会议决定，划出揭阳的良田、河婆、坪上、龙潭、灰寨、五经富、京溪园、钱坑、金和、塔头、东园、凤江12个人民公社和棉湖镇，陆丰县的上砂、五云2个人民公社，共14个人民公社和1个镇、153个行政村，建置揭西县，成立揭西县人民政府，隶属汕头专员公署。

1965年10月，河婆人民公社划出河婆镇。1966年2月，灰寨人民公社划出前锋、北溪、上寮、火炬、大新、南山、西友、分水、称钩潭、杨梅坪10个生产大队，增设南山人民公社。全县辖15个人民公社和2个镇。

1975年2月，经上级决定，划普宁县贡山、湖西、四乡3个生产大队归揭西县棉湖镇管辖。1976年9月，钱坑人民公社划出大园、大东、大岭埔、渔梁、井新、溪新、井美7个生产大队，增设大溪人民公社；是年10月，五经富人民公社划出大洋大队，增设大洋人民公社；良田人民公社划出岸洋、桐树坪、中心、河新、双水、河水6个生产大队，增设西田人民公社。至此，全县辖18个人民公社和2个镇。

1983年10月，撤销人民公社，将原公社改为区公所。隶属不变。全县辖18个区公所和2个镇、283个行政村。是年10月，实行市领导体制，揭西县人民政府从此隶属汕头市人民政府。1986年12月，改区体制为乡、镇制。由原五云区分设五云镇和下砂乡，原河婆区与河婆镇合并，称河婆镇。全县有16个镇、4个乡。

1991年12月，揭西县隶属揭阳市管辖。

2003年6月，良田乡、西田乡合并为良田乡。是年12月，五云镇、下砂乡合并为五云镇；五经富镇、大洋乡合并为五经富镇；全县辖16个镇和1个乡。

2006年5月31日，撤销河婆镇设河婆街道。

2019年，全县辖1个乡、15个镇、1个街道。

（县地方史志办）

【自然地理】 位置　揭西县位于广东省东部，揭阳市西部，潮汕平原西北部，榕江南河中上游。东连揭阳产业转移工业园，南邻普宁市，西南接汕尾市陆河县，西北与梅州市五华县为邻，北与梅州市丰顺县接壤。

范围和面积　揭西县位于北纬23° 18'53" 至23° 41'13"，东经115° 36'22" 至116° 11' 15" 之间，北回归线横贯县境。县域面积1347平方千米，东西长51千米，南北宽36.6千米。

地貌　揭西县地处莲花山支脉大北山南麓，地势自西北向东南逐渐倾斜。地貌主要有山地、丘陵、平原三大类型，其中山地占62%，丘陵占24%，平原占14%。西北部群山绵延60多千米，海拔1000米以上山峰6座，最高峰李望嶂海拔1222米。中部丘陵起伏，多为矮山。东南部平原坦展，海拔在20米以下，最低海拔3米。从土地利用现状分布看，农用地分布垂直地带性特征明显，耕地连片分布于东南部潮汕平原区、沿交通干线布局在狭长的山间河谷地区中；园地主要分布于丘陵山区；林地主要集中于大北山区及南阳山区。

（张朋辉　彭志怀）

【气候特点】 揭西县属南亚热带季风气候，气候湿润，温暖多雨，光热充足。夏季日照时间长、高温多雨，冬季少雨；春季常有低温阴雨，夏季雷电多发，冬季霜期短。2019年全年平均气温22.6℃，较历年平均偏高0.8℃；极端最高气温37.4℃，极端最低气温5.0℃。全年降雨总量2084.8毫米，比历年偏多20.9毫米。全年日照总时数1837.0小时，比历年偏多88.3小时。

（黄培枫　金立远　李晓桃）

【资源物产】 矿产资源　揭西县矿产资源种类繁多，主要分布在县境的北部、西部及中部，多呈断续零星分布。2019年，全县金属矿产有钨、锡、铜、铋、钼、铅、锌、钴，贵重金属矿产有金、银；稀有金属矿产有铍、铌、钽及稀土矿，其他金属矿产有水晶、黄铁矿、钾长石、瓷土。

土地资源　揭西县域土地特征与广东省大部分土地特征相近，县域面积1347平方千米，土地利用空间结构基本合理。根据2018年土地变更调查数据，全县农用地占土地总面积83.3%（其中耕地17.3%，园地7.3%，林地68.8%，其他农用地和少量牧草地6.6%），建设用地占土地总面积8.8%，未利用地占7.9%。根据《全国第二次土壤普查技术规程》制定的分类系统，全县土壤划分为水稻土、黄壤、赤红壤、潮砂泥土4个土类、8个亚类、29个土属、51个土种。全县耕地利用结构大致分灌溉田、望天田、水浇地、旱地和菜地5类，有机质含量平均1.6%，属四级。

（张朋辉　彭志怀）

水资源　揭西县境内河流纵横，水系发达，流域控制面积在100平方千米以上的河流有：干流榕江南河，一级支流龙潭水、上砂水、石肚水、横江水、五经富水，二级支流灰寨水。干流、支流总长260千米，总控制集雨面积2984平方千米。揭西县受南亚季风气候影响，雨量充沛，多年平均降雨量2235毫米，多年平均地表水资源量18.9亿立方米，多年平均地下水资源量4亿立方米，全县水资源总量19亿立方米。是年，全县人均水资源量2215立方米。

（李庆裕　李巧波）

【环境质量】 2019年，揭西县生态环境质量保持稳定。主要流域榕江南河监测断面保持在Ⅱ类水质标准以内，饮用水水源地水质达标率100%；城市环境空气质量总体保持良好，可吸入颗粒物、二氧化硫、二氧化氮年平均值均达国家空气环境质量二级标准；区域环境噪声和交通环境噪声等效声值平均值均达声环境功能指标要求。

（刘讯涛　林灿豪）

【人口】 2019年，揭西县总户数28.21万户，户籍总人口98.28

万人，比2018年减少4421人。其中男性51.05万人、女性47.23万人；非农业人口30.76万人，占总人口的31.3%。全县10万人以上的乡镇（街道）有河婆街道和棉湖镇。是年，全县迁入1.19万人，迁出2.36万人；全县出生人数1.16万人，死亡人数4105人，相抵增加7541人。全县人口自然增长率7.7‰。

（吴　骥　林松鑫）

【方言】 揭西县有潮汕方言和客家方言两种不同的语言。潮汕方言也称“潮州话”“潮汕话”“学佬话”，潮汕话18个声母，61个韵母，8个声调，保留着许多现代汉语所没有的古语音、古字音、古词汇和古声调；客家方言与古汉语同出一源，有许多共同之处，21个声母，75个韵母，6个声调，保留着许多古汉语词汇、丰富多彩的熟语和特殊的语法特点、特殊词汇和单音节词。境内方言有客家话、潮汕话。其中操客家话的有上砂镇、五云镇、良田乡、坪上镇、河婆街道、龙潭镇、南山镇、灰寨镇、京溪园镇、五经富镇10个乡镇（街道）的居民，占全县人口57%。操潮汕话的有棉湖镇、钱坑镇、金和镇、凤江镇、大溪镇、塔头镇、东园镇7个乡镇的居民，占全县人口43%。揭西县操客家话与操潮汕话相连接壤的村庄，人们长期以来毗邻而居，在长期的交往中，居民两种方言皆会讲，比如京溪园镇曾大寮村、大鹿村，灰寨镇东联乔上村、金星乌犁村，东园镇黎宅埔村，塔头镇鹅毛溪村、大园村等。

（县地方史志办）

【民族】 揭西县人口主要以汉族为主，有极少数的少数民族人口。2019年，全县主要有壮族、苗族、土家族、瑶族、黎族、侗族、布依族、彝族、满族、仡佬族、哈尼族、傈僳族、藏族、维吾尔族、毛南族、畲族、俄罗斯族、白族、回族、独龙族、水族21个少数民族，户籍人口1795人，主要来源于婚嫁。

（县委统战部）

【宗教】 揭西县宗教有天主教、基督教、佛教。其中，天主教于1820年传入揭西县；基督教于1868年传入揭西县。2019年，揭西县有宗教团体4个，分别是揭西县天主教爱国会、揭西县佛教协会、揭西县基督教三自爱国会、揭西县基督教协会；登记在册宗教活动场所57处，筹备设立宗教活动场所1处；全县宗教教职人员42人，信教群众3.9万人。

（县委统战部）

【历史文化】 揭西县是广东省革命老区之一。大革命时期，周恩来带领东征军在棉湖打响中外闻名的“棉湖战役”；土地革命时期，党领导的工农红军在大北山开辟革命根据地，红军第十一军在这一带建立苏维埃政权；抗日战争时期，中共潮汕地下组织在大北山周围建立广泛的秘密活动据点，是广东人民抗日游击队韩江纵队活动基地；解放战争时期，潮汕地委把大北山作为潮汕军事斗争的中心战略据点。

揭西县有着悠久的历史文明，河婆街道象山、北坑岗、玉峰顶，五云镇鸡麻斗，坪上镇赤岭埔，五经富镇虎尾崇，金和镇石牛埔和棉湖镇贡山等地，曾出土夏、商、周、先秦石器。赤岭埔出土过秦代五岭戍卒的墓葬及兵器。从隋代起，揭西县便是巾山、明山、独山三山文化的发源地。

揭西县是一个文物大县，在全国第三次文物普查中，揭西县登记447处不可移动文物点。2019年，揭西县有文物保护单位55处（其中省级7处、市级9处、县级39处）。诸如棉湖镇郭氏大楼、大溪镇井新古寨、灰寨镇乐善处民居、良田乡允庄楼等，都是潮汕民居的精品。

揭西县保存着大量非物质文化遗产，省级项目有三山国王祭典、大溪宗祠祭典、锣鼓标旗、木偶戏、灯谜等7个。市级项目有擂茶、炒茶制作技艺等22个。

（县地方史志办）

【揭西名片】 揭西县风光秀丽、旅游资源丰富，先后获得“国家绿化先进县”“广东省国民休闲旅游示范县”“广东省商务生态旅游示范区”“广东绿色名县”“国家级生态保护与建设示范区”等称号。2019年，揭西县获评“中国天然氧吧”，首批广东省全域旅游示范区，第九届广东省县（市）域旅游综合竞争力“十强”；京溪园镇被评为首批广东省旅游风情小镇；金和镇山湖村、棉湖镇南门里被评为首批广东省文化和旅游特色村（社区）。

2019年揭西生态旅游名片一览表

表1

授予时间	被授予单位	称号	授予单位
2006年	粗坑村	广东省最美丽乡村示范点	广东省旅游局
2008年	揭西县	广东省旅游特色县	广东省旅游局
2009年	京明温泉度假村	国家AAAA级旅游景区	广东省旅游景区质量等级评定委员会
2011年	揭西县	广东省旅游综合改革示范县	广东省人民政府
2012年	揭西县	广东商务生态旅游示范区	揭阳市政府、广东省旅游局
2014年	黄满寨瀑布旅游区	国家AAAA级旅游景区	广东省旅游景区质量等级评定委员会
2014年	京溪园镇	“广东省旅游名镇”	广东省旅游协会
2015年	揭西县	广东省旅游创新发展十强县	广东旅游竞争力评价研究中心、广东智慧旅游发展中心、广州大学（中法）旅游学院
2015年	粗坑村	中国乡村旅游模范村	国家旅游局
2015年	广东大北山旅游度假区	全国“十佳红色旅游景区”	中国红色文化研究会、中国红色旅游专业委员会
2015年	京明温泉度假村	广东省首批养生旅游示范区	广东省旅游局
2015年	京明温泉度假村	广东省中医药养生旅游示范基地	广东省旅游协会、广东省养生文化协会
2016年	京明温泉度假村	广东游学旅游示范基地	广东省旅游协会
2016年	揭西县	第二批“国家全域旅游示范区”创建单位	国家旅游局
2016年	揭西县	首批“省级全域旅游示范区”创建单位	广东省旅游局
2017年	大洋国际生态旅游度假区	国家AAA级旅游景区	揭阳市旅游景区质量等级评定委员会
2017年	大北山旅游度假区	首批“广东省旅游度假区”	广东省旅游局
2018年	樱山花谷	广东省休闲农业与乡村旅游示范点	广东省农业农村厅、广东省文化和旅游厅
2019年	揭西县	首批“广东省全域旅游示范区”	广东省文化和旅游厅
2019年	揭西县	第九届广东省县（市）域旅游综合竞争力“十强”	广东旅游竞争力评价研究中心、广东智慧旅游发展中心
2019年	京溪园镇	首批“广东省旅游风情小镇”	广东省文化和旅游厅
2019年	金和镇山湖村	首批“广东省文化和旅游特色村”	广东省文化和旅游厅
2019年	棉湖镇南门里	首批“广东省文化和旅游特色村”	广东省文化和旅游厅

（陈　燕　何丽珊）

【行政区划】　2019年，揭西县完成与普宁市、揭东区，汕尾市陆河县，梅州市五华县、丰顺县行政区域界线联合检查工作。至年底，辖上砂镇、五云镇、良田乡、坪上镇、河婆街道、龙潭镇、南山镇、灰寨镇、京溪园镇、五经富镇、大溪镇、钱坑镇、金和镇、棉湖镇、东园镇、塔头镇。全县有1个乡，1个街道，15个镇；280个村民委员会，38个社区居委会。

2019年揭西县行政区划表

表2

乡镇	村居委数	村委会、居委会名称
上砂镇	22	上山、汤菴、龙门、上联、下联、新东、联东、联中、红星、径心、径上、活动、活西、新岭、三水、北湖、双丰、竹苏、古塘、新丰、美丰、上林；
	1	居委：社前
五云镇	20	保新、坡苏、宝石、岭新、岽坑、赤告、双岭、梅江、鹏岭、石陂、岭仔、龙江、罗洛、下洞、京埔、富厚、砼下、郑塘、流坪、下硿；
	1	居委：新圩
良田乡	10	金坑、下村、龙岭、嶂上、岸洋、桐树坪、中心、河新、双水、河水；
	1	居委：良田
河婆街道	26	新建、新四、乡肚、乡新、北坑、西坑、六一、后埔、下滩、岭丰、湖洋、庙垅、马头、庙角、欣堂、南新、新楼、南和、宫墩、溪角、河东、三星、东星、溪西、溪东、客潭；
	9	居委：建新、东风、河山、新村、大同、河西、军田、宝塔、新安
坪上镇	19	红旗、石峡、樟树下、潭角、坪上、东南村、连城、员东、四新、四和、湖光、五联、员西、上仓、五星、成全、新榕、南联、尖田；
	1	居委：坪新
龙潭镇	15	菜仔园、南福田、龙跃、泉水塘、北联、团结、井田、关山、汤坝、龙东、井下、双龙、陂尾、富光、高田；
	1	居委：新圩
南山镇	18	西友、分水、前锋、榕光、北河、北溪、南山、南河、新联、大新、火炬、上寮、关西、归善、称沟潭、石结到、洋梅坪、罗京水；
	1	居委：道南
灰寨镇	16	河五、向阳、上角、后联、新图、新宫林、溪背圩、老宫林、灰龙、三坝、东联、后洋、南洋、柑坑、金星、马路；
	1	居委：灰寨圩
京溪园镇	13	粗坑、九礤、甲溪、新洪、长滩、大岭下、岭溪、上陇、员墩、新联、美德、大鹿、曾大寮；
	1	居委：京溪园
五经富镇	26	龙山、文联、陈江、建二、建一、第八、第七、第六、第五、第四、第三、第二、第一、营盘、中和、朝阳、恒星、联和、联南、泮坑、新和、五新、新安、中联、新仓、新其；
	2	居委：长潭、陂头
塔头镇	14	阔园、阔西、塔头、新园、龙光、潭新、潭溪、旧住、锦龙、大丰、新溪、山寮、保西、顶埔；
	1	居委：塔头
东园镇	10	桃围、玉湖、东桥园、联丰、赤岩、古福、月湄、炉清、后寮、三犁；
	1	居委：东联
凤江镇	15	东光、东丰、东新、阳南、阳西、凤西、凤南、凤北、鸿西、花寨、赤新、洪湖、鸿新、莪萃、鸿江；
	1	居委：桥头
棉湖镇	14	四乡、湖西、新湖、厚埔、上浦、甲埔、境潭、下浦、考溪、贡山、鲤鱼沟、贡东、新厝陂、玉石；
	13	居委：竹园内、解放路、米街、方围、桥头、南门、道江、花园、湖滨、云湖、东新、兴中、岭南

续表2

乡镇	村居委数	村委会、居委会名称
金和镇	13	金光、金园、金新、金溪、仙坡、南山头、南山尾、和南、和西、和东、杜塘、山湖、河内；
	1	居委：金埔
钱坑镇	13	月翁、大茶石、钱东、钱西、红光、钱北、、顶联、长三水、白石、南光、钱南、埔龙尾、竹园内；
	1	居委：老圩
大溪镇	16	金星、庆光、赤寨、大光、后洋、大岭埔、星光、井美、大东、新园、杨林、金光、井新、大园、坎头、新楼；
	1	居委：大溪圩

（曾子光　张　健）

经济建设

【概况】　2019年，揭西县实现地区生产总值231.76亿元，比2018年（下同）增长3.7%。第一产业增加值40.22亿元，增长5.2%；第二产业增加值77.04亿元，增长3.3%；第三产业增加值114.50亿元，增长3.4%。固定资产投资87亿元，增长14%。社会消费品零售总额152.46亿元，增长7.3%。地方一般公共预算收入收入4.7亿元，下降10.6%；其中，税收收入3.09亿元，下降14.4%。城乡居民人均可支配收入1.56万元，增长9.5%。

【经济稳步增长】　2019年，揭西县成立电线电缆产业园管委会，园区管理服务机制正式运行；进园西路主体工程基本完工，加快建设各项配套设施，新引进电线电缆企业2家。投入技术改造资金8.3亿元，新认定高新技术企业1家，累计4家；获评省科技型中小企业2家，组建市级工程技术研究中心1家，新增规上工业企业5家、限上商业企业6家。成功创建粤东地区首个“中国天然氧吧”，成为首批七个广东省全域旅游示范区之一和广东省“旅游综合竞争力十强县”；京溪园镇获评首批广东省旅游风情小镇和“广东省休闲农业与乡村旅游示范镇”；圆满举办广东揭阳首届潮客粤菜师傅乡厨厨艺邀请赛暨全市全域旅游工作现场会等活动。金和镇山湖村、棉湖镇南门里社区获评首批广东省文化和旅游特色村。全年完成规模以上工业增加值40.66亿元，比2018年（下同）增长4.6%。农业总产值67.24亿元，增长5.6%。旅游接待总人数1341.30万人次，增长12.3%；旅游总收入78.87亿元，增长15%。外贸出口总额6070万美元，下降3.0%。

【重点项目建设】　2019年，揭西县完成固定资产投资87亿元，比2018年（下同）增长14%。优化交通环境，推进汕湛高速揭西东段、兴汕高速揭西段、高速公路出入口综合整治、国道G235线径下桥、国道G238线坪上桥改造等项目建设，县道五黄线路面改造工程和五经富镇过境公路新建工程接近完成，建设“四好农村路”66.72千米，改造通村道路41.49千米。完善水利设施，基本完成中小河流治理一期工程，动工建设塔头拦河闸重建工程、瓠杓岭引榕灌区节水配套改造项目。完成老虎坷垃圾填埋场扩容升级和棉湖镇湖西路、兴华路道路改造等市政项目建设。

【县城基础建设】　2019年，揭

西县完善基础设施建设，改善人居环境。加快推进县城新自来水厂项目建设；完成县城两河四岸毓秀二期三期工程、县城道路升级改造二期工程、县城温泉路升级改造工程建设；县城污水处理厂扩容提质及配套管网工程建成通水运行。

【农村工作推进】 2019年，揭西县农业总产值67.24亿元，比2018年（下同）增长5.6%。实施“百村示范、千村整治”工程，打造一批美丽乡村建设示范点；加快发展坪上镇供港蔬菜、大溪镇淮山、塔头镇冬瓜等一批农特产品。金和镇山湖村被评为“广东美丽乡村特色村”，棉湖镇鲤鱼沟村入选全国乡村治理示范村，樱山花谷景区被评为“广东省休闲农业和乡村旅游示范点”，南山镇火炬村被列为省第一批“红色村”党建示范工程，坪上镇石内片、龙潭镇关山村等一批乡村景观成为当地旅游观光“网红点”。是年，揭西县获评“国家农产品质量安全县”称号；揭西茶叶产业园确定为省级现代农业产业园；五经富镇、良田乡被评为2019年省级“一村一品、一镇一业”专业镇；新增市级农业龙头企业2家，累计获省名牌产品32个、绿色食品14个、有机认证产品13个。

【体制改革深化】 2019年，揭西县深化体制改革，推进机构改革，提升行政效能。完成县级政府机构改革，调整政府工作部门6个，撤销县直事业单位31个。加强法治政府建设，统筹推进“放管服”改革，全面优化营商环境，落实减税降费政策，为企业减免税费1.97亿元。

（陈俊汉　李春汛）

政治文明建设

依法治县

【概况】 2019年，揭西县健全法治体制机制，完善法治建设基础，加强法治意识建设，丰富法治文化，拓宽法治宣传渠道，把法治创建各项要求体现到业务工作和日常管理中，全面推进法治建设工作。全县通过省考评验收法治镇（街道）17个，通过省考核验收省级民主法治村（社区）318个。

【法治意识】 2019年，揭西县学习宣传习近平总书记全面依法治国新理念、新思想、新战略重要论述，把习近平新时代中国特色社会主义思想作为普法工作思想旗帜、理论指导和根本遵循。推动各级党委（党组）中心组开展专题学习，特别是宪法专题学习，健全领导干部学法制度，把宪法法律列入县委常委会、县人大常委会党组和县政府党组会议或全体会议、常务会议学习内容；强化宪法法律知识和宪法法律意识教育，推动落实宪法法律作为公务员初任培训、任职培训等培训必修课，将宪法等法律作为国家工作人员学法考试必考内容；采取措施，抓好全县领导干部学法工作各项任务落实。

【法治建设】 2019年，揭西县优化依法治县机构，按照法治建设各项标准和规则，推动全县法治建设。3月，县委全面依法治县委员会办公室设立在县司法局；5月，县司法局完成内设机构职能调整，由县司法局法治建设股兼负责县委全面依法治县办日常工作。县委全面依法治县委员会办公室严格对照省考评办法和考核标准，按照市委全面依法治市办要求，抓好考评各项指标、任务，建立一套完善台账资料，推进法治建设考评工作。

【法治机制】 2019年，揭西县健全完善“谁执法谁普法”工作机制，发挥引领示范作用，强化各单位普法工作责任。召开首届国家机关“谁执法谁普法”履职报告评议会。6月至7月，开展对县人民检察院、县教育局、县市场监督管理局（原工商局职能部分）、县烟草专卖局4个具有执法司法权，与保障民生、维护稳定密切相关普法责任部门作为首届国家机关“谁执法谁普法”履职报告评议对象，采用座谈了解、实地察看、查阅资料、问卷调查、履职报告等形式，对4个单位普法责任制情况展开全面考察评议，推动形成部门分工负责、各司其职、齐抓共管大普法工作格局。

【法治文化】 2019年，揭西县整合法治教育、法治宣传、法治文化与传统文化、行业文化、社区文化等，多措并举，促进法治建设服务人民群众，提高全县基层法治化水平，强化社会治理基础。开展“送法进乡村（社区）、送法进企业、送法进校园、助力乡村振兴”等宣传活动，并要求驻村律师每个季度讲好法治课，调动干部群众学习宣传教育积极性，提高干部群众法治意识，形成全民守法浓厚氛围。全年县普法办下发普法手册9大类共7万多本，全县25个法治宣传栏更新内容4次。

（林俊槐　陈丹晓）

依法行政

【概况】 2019年，揭西县依法履行政府职能，深化行政审批制度改革，加强依法行政能力建设，规范执法单位执法工作，健全政府法律顾问制度，推行行政执法三项制度，推进全面依法行政。全年审查备案部门规范性文件3件；办理行政决策合法性审查140件。

【依法行政能力建设】 2019年，揭西县加强行政执法队伍建设，提升全体行政执法人员法律意识、实操能力和业务素养，规范行政执法行为。严格规范公正文明执法，强化对行政权力制约和监督，推行行政执法三项制度；开展行政复议与应诉工作，加强行政应诉队伍能力建设，健全行政应诉工作机制。全年组织全县38个单位共400多人参加行政执法培训，组织全县184名行政执法人员参加2019年度行政执法人员法律综合网上考试。

2019年7月10日，全县行政执法人员业务培训班开班动员会在县委党校举办
（县司法局　供稿）

【行政审批制度改革】 2019年，揭西县优化行政审批运行机制，完善政务服务平台建设，加强政府法制机构自身建设，推动行政审批制度改革，提升政务服务效率。全面落实做好“放管服”改革工作，完成全县规范性文件清理工作。是年，审查备案部门规范性文件3件。

【依法行政保障】 2019年，揭西县健全依法行政体制机制，规范依法行政程序，强化行政执法程序构建，加大对行政执法监督力度，搭建多元化工作平台，拓宽法律顾问服务内容，充分发挥县政府法律顾问在政府涉法事务尤其是重大行政决策、推进依法行政中作用，创新主动与法律顾问交流模式，从源头规范行政行为，加快推进依法行政工作进程。全年办理行政决策合法性审查140件。

（林俊槐　陈丹晓）

政务公开

【概况】 2019年，揭西县健全政务公开管理体制，加强政务信息公开监督和依申请公开工作业务指导，完善政府网站建设，拓宽信息公开领域，依法推进政务公开各项工作，提升政府信息公开效率，提高便民利民服务水平。全年主动公开各类政府信息6939条。

【政府信息公开】 2019年，揭西县规范政府信息公开制度，强化政务信息公开工作措施，完善行政管理体制，推进政府信息公开年度重点工作落实。发挥网站载体作用，落实决策公开、执行公开、管理公开、服务公开、结果公开，规范全县依申请公开系统运行和依申请答复工作，全面公开权力清单和责任清单，实行动态管理。着重公开群众关心21项热点信息；制定出台《关于进一步加强政府信息公开工作的通知》《揭西县人民政府办公室关于印发揭西县2019年政务公开工作要点的通知》等文件。全年主动公开各类政府信息6939条。其中，通过揭西县人民政府门户网站主动公开信息639条；通过揭西县政府信息公开目录系统主动公开政府信息3342条；通过揭西县重点领域信息公开专栏主动公开信息638条；通过揭阳日报、揭西电视台、政务微信等媒体主动公开各类信息2320条（期）。

【信息公开平台建设】 2019年，揭西县健全政府门户网站建设，强化资源整合和平台集约，丰富和完善网站栏目、内容，加大信息资源数据库开发力度。网站设立领导信箱、揭西动态、国内外要闻、通知公告等主要栏目，加大县内外新闻和大事、要事报道力度，突出休闲农业、文化旅游、养老养生生态产业等信息宣传，全年发布各类信息639条；深化重点领域信息公开内容，完善信息公开目录系统、重点领域信息公开专栏等平台建设，规范全县依申请公开系统运行，推行“互联网+政务”，推动政府信息平台服务优化和水平提升。

（林凯涛　陈少旭）

精神文明建设

【概况】 2019年，揭西县精神文明建设工作以习近平新时代中国特色社会主义思想为统领，学习贯彻习近平总书记关于精神文明建设重要论述，培育和践行社会主义核心价值观，推动全国县级文明城市提名城市创建工作，推进新时代文明实践中心（所、站）建设，开展文明城市、文明镇街、文明村居创建活动。在2019年文明城市年度复检中，人民群众对开展文明城市创建活动成效满意率95.6%；龙潭镇、棉湖镇2个镇获“揭阳市2016—2018年度文明镇街”称号；大溪镇井美村、河婆街道庙角村等20个村（社区）获“揭阳市2016—2018年度文明村（社区）”称号；县市场监管局、县政务服务数据管理局获“揭阳市2016—2018年度文明单位”称号。

【社会主义核心价值观宣传】 2019年，揭西县全面加强社会主义核心价值观宣传工作，把核心价值观融入市民公约中、社会主义核心价值观宣传教育融于文艺表演之中，深化核心价值观培育和践行工作。广播电视黄金时段开辟专题专栏，通过文字、图片、视频等方式，宣传阐释社会主义核心价值观。全年印制《揭西县市民文明手册》5万份；利用广播电视刊播公益广告6781条次；利用“揭西发布”“文明揭西”微信公众号，推送社会主义核心价值观“24个字”（富强、民主、文明、和谐、自由、平等、公正、法治、爱国、敬业、诚信、友善）1343条次。

【群众性精神文明创建】 2019年，揭西县深化群众性精神文明创建活动，开展各项文明共建活动，推进文明社会风尚行动，加强群众文明素质教育引导，促进公民文明素质和城市文明程度提高。金和镇山湖村被评为“广东美丽乡村特色村”、棉湖镇鲤鱼沟村入选全国乡村治理示范村、南山镇火炬村被列为省第一批“红色村”党建示范工程。组织开展“庆新春”、“庆五一”、庆祝中华人民共和国成立70周年、中国共产党成立98周年暨“揭西美·潮客情”等群众文艺晚会25场次；篮球、乒乓球、羽毛球等比赛和各类全民健身系列展示活动20场次。以县图书馆、县文化馆、县博物馆为依托，开展送文化进基层活动150场次。建设新时代文明实践中心（所、站）示范点44个，组建志愿者服务队伍413支，开展文明实践活动278场次，服务群众4.23万人。

【公民思想道德教育】 2019年，揭西县深化社会公德、职业道德、家庭美德、个人品德建设，弘扬新乡贤文化，开展“贤德揭阳　揭阳进贤”宣传实践活动，树立社会主义核心价值观践行者、示范者、引领者。推荐塔头镇吴文狮为广东省“南粤楷模”候选人，已牺牲“扫黑除恶先锋”林金城为全国道德模范候选人，上砂镇庄小夸、棉湖镇陈展新等为“南粤新乡贤”候选人。发挥家庭在推动党风廉政建设中特殊作用，于5月25日在县委党校召开“当好廉内助　守住幸福门”主题活动，全县正科级以上主要领导干部配偶参加活动。参与“寻找2019揭阳最美家庭”活动，温硕玲、李喜玉、陈淑芬、温俊香4个家庭荣获“揭阳市最美家庭”，其中温硕玲家庭获“揭阳市十大最美家庭”。11月28日，在棉湖中学举办揭西县第十四届“成人节”活动，1600多名学生参加宣誓仪式。

【未成年人思想道德建设】 2019年，揭西县推进未成年人思想道德建设，开展“法治进校园”教育活动，创建五云中学等8所省级毒品预防教育示范学校，禁毒志愿服务队进村委（社区）宣传18次，举办法制副校长法治专题讲座106场次。推进乡村学校少年宫建设全覆盖，规划建设5个县级乡村学校少年宫。开展“新时代好少年”宣传评选活动，叶家铭、林婉佳2人被授予揭阳市2019年度“新时代好少年”荣誉称号。开展文明校园创建工作，全县15所中小学校被评为“揭阳市文明校园”，70所中小学校被评为“揭西县文明校园”。依托儿童之家、妇女之家、社区家长学校等阵地，开展家庭教育进村（社区）系列活动7场次。

【志愿服务】 2019年，揭西县弘扬奉献、友爱、互助、进步志愿精神，服务于文明创建、全域旅游推介、乡村振兴战略、脱贫攻坚等工作，开展多形式志愿活动。定期开展“百局齐行动　助创文明城”“一局一路口”文明志愿服务活动，参与人数2.17万人次。春运期间，在高速公路出入口开展“文明出行　情满旅途”便民服务活动，为春节返乡务工青年等提供手机充电、简易维修工具、便药，赠送方便面、牛奶、面包、水等服务。3月11日，以“弘扬雷锋精神　共建绿色家园”为主题，在灰寨镇开展揭西青少年义务植树活动；3月19日，在县城文化广场举办“健康直通车”便民义诊活动，服务人次500多人；全年举行“水岸同治”志愿服务活动4场次，参与活动约80人次。

（林冬花　刘育权）

社会建设

【概况】 2019年，揭西县加强民生保障，促进基层民主，优化公共服务，完善社会管理，强化社会治理。推进村务公开民主管理，培育发展各类社会组织，加强组织规范化建设。全年享受最低生活保障6489户、2.05万人，城镇和农村低保标准分别提高到743元和541元；累计2.88万相对贫困人口脱贫出列，54个相对贫困村达到出列标准。是年，揭西县获评“省级慢性病综合防控示范区”。

【民生保障】 2019年，揭西县投入民生资金42.7亿元，占一般公共预算支出85.9%。深化教育体制机制改革，落实教师绩效工资制度，撤并“麻雀学校”27所，公办幼儿园和普惠性幼儿园在园幼儿占比94.8%。开展爱国卫生运动和全国卫生县城创建工作，获评“省级慢性病综合防控示范区”。建成棉湖华侨医院综合楼、县医疗急救指挥中心、8家标准化乡镇卫生院和88家村卫生站，基本完成县人民医院和妇幼保健综合楼建设，完成钱坑镇敬老院升级改造工程。建成3个乡镇示范文体广场、3个体育场地示范点和73个行政村（社区）综合性文化服务中心。是年，县工商联获全国“五好”县级工商联称号；全县享受最低生活保障6489户、2.05万人，城镇和农村低保标准分别提高到743元和541元；累计2.88万相对贫困人口脱贫出列，退出率99.8%；54个相对贫困村达到出列标准，退出率80%。

【社会建设成绩】 2019年，揭西县集中开展涉土违法违规整治专项行动，落实以控规单元规范土地征收整合供给，改善城镇规划布局。加强安全生产、货运超载治理、应急管理、三防、森林防火工作，没有发生较大以上安全生产事故，2019年度安全生产责任制考核全市第一；纵深推进扫黑除恶专项斗争，严厉惩治违法犯罪行为，群众安全感、满意度调查全市排名第一。

（陈俊汉　李春汛）

【基层治理机制】 2019年，揭西县创新基层治理体制机制，健全基层党组织领导、村（居）民委员会负责、各类主体共同参与工作协调机制，加强农村社区社会组织党建工作指导，强化村（居）务公开民主管理，发挥基层党组织政治引领作用，提升基层服务能力水平。出台《揭西县关于加强和完善城乡社区治理的实施意见》《揭西县关于加强乡镇政府服务能力建设的实施意见》，健全和完善乡村治理体制机制。10月，通过直接到村座谈了解、看现场、查资料等方式对全县17个乡镇（街道）、34个村（居）委会村（居）务公开民主管理工作情况进行检查，推进各乡镇（街道）做好1个村（居）务公开民主管理示范村（居）建设工作。是年，全县所有村（居）委会完成城乡社区协商制度建设。

（曾子光　张　健）

【平安揭西】 2019年，揭西县4所学校获得“揭阳市平安校园”称号，1个宗教场所获得市级“平安宗教活动场所”称号。是年，在全市2018年综治工作（平安建设）考核中获得90.17分，列全市建制县区第三名；塔头镇被市委命名为全市创建“最安全稳定、最公平公正、法治环境最好”优秀镇；凤江镇、龙潭镇被县委命名为全县“最安全稳定、最公平公正、法治环境最好”优秀镇。

（林和新　张燕婷）

生态文明建设

【概况】 2019年，揭西县健全生态文明建设体制机制，加强生态价值观念宣传，培育绿色发展方式，推进重点行业和重点区域大气污染治理，抓好森林资源管护，增强生态文明建设系统性、整体性、协同性。全年建设10个生活饮用水源保护区标准化工程；完成森林碳汇重点生态工程造林项目930公顷；落实减排项目15个，化学需氧量减排1181.74吨、氨氮减排315.79吨。

【城乡生态环境建设】 2019年，揭西县完成10个生活饮用水源保护区标准化工程建设，增加围网4.9万米。基本完成棉湖污水处理厂扩容提质及二期管网配套工程，开工建设龙潭镇黄竹溪、金和镇金鲤桥头等水质提升工程，完成全县城镇170千米、农村2060千米污水收集管网建设任务，精准纳污12.6万户。关停“散乱污”企业24家，立案查处企业环境违法行为41宗。推进畜禽养殖业污染综合整治工作，拆除禁养区各类养殖场（户）1318个，拆除整治栏舍面积17.73万平方米。全面落实河长制，“省考”“市控”断面水质稳定达标，饮用水源水质达标率100%；空气质量6项指标全面达标，全年空气质量优良天数占比97.4%。守住林地红线，森林覆盖率58.4%。全面推进“五路绿化”“五边清污”“三清三拆三整治”和农村“厕所革命”。是年，坪上镇石峡村、京溪园镇大鹿村、南山镇火炬村、大溪镇井美村、东园镇月湄村、棉湖镇鲤鱼沟村、金和镇山湖村、钱坑镇钱东村获评第二批“国家森林乡村”。

（陈俊汉　李春汎）

【林业生态建设】 2019年，揭西县重点生态工程建设有森林碳汇重点生态工程和高速公路生态景观林带建设工程。全年完成森林碳汇重点生态工程造林项目930公顷，其中：人工造林800公顷、封山育林130公顷。社会造林874.6公顷，森林抚育4866公顷。建设绿化美化乡村35个，其中，精准扶贫省级示范村35个。生态景观林带建设任务13.1千米、面积53.46公顷，完成种植13.3千米、面积53.53公顷。

【林业生态保护】 2019年，揭西县加强林地监督管理，全年办理征占用林地手续7宗，林地面积15.42公顷，其中临时占用林地2宗，面积5.11公顷；永久征占用林地5宗，面积10.31公顷。依法强化森林采伐限额管理，全年办理林木采伐证152份，采伐蓄积3.38万立方米，采伐材积2.50万立方米，采伐面积576.22公顷。开展爱护野生动物的宣教活动，发放《国家重点保护陆生野生动物》图谱及宣传册。

【森林资源保护管理】 2019年，揭西县贯彻落实森林采伐管理的有关法律法规和采伐技术规程规范要求，强化源头管理。执行森林采伐限额制度和凭证采伐、凭证运输制度。是年，办理林木采伐证152份，采伐蓄积3.38万立方米，采伐面积576.22公顷。

【义务植树】 2019年，揭西县开展“五河毓秀、五路绿化、建设美丽揭西”为主题造林绿化活动。3月11日至4月10日，共举行4次集中性义务植树活动。是年，参加义务植树56.98万人，植树171.12万株，其中种植香樟、相思、阴香、秋枫、黄花风铃木等树种98.01万株，抚育管护、自然保护、认种认养、设施修建、捐资捐物和志愿服务折算73.11万株。

（温仲明　李婉玫）

【节能降耗】 2019年，揭西县调整经济结构，降低能源消耗强度、减少主要污染物排放总量、合理控制能源消费总量。全县全社会能源消耗总量（等价值）为83.27万吨标准煤。分产业能源消费情况：第一产业能源消费3.45万吨标准煤，第二产业能源消费32.63万吨标准煤，第三产业能源消费26.44万吨标准煤，居民生活用能为20.75万吨标准煤，分别占全社会能源消费总量4.1%、39.2%、31.8%、24.9%。是年，全县万元地区生产总值能耗0.38吨标准煤，比2018年下降3.5%。与“十三五”期间相比年均下降3.4%，完成102.0%。

（张优欣　林洁漫）

【污染减排】 2019年，揭阳市生态环境局揭西分局依托“结调减排、工程减排、管理减排”三大减排体系，开展减排攻坚战，探索减排新路径，在措施上推陈出新，在项目挑选上做细做精，落实减排项目15个，实现化学需氧量减排1181.74吨、氨氮减排315.79吨。

【大气污染治理】 2019年，揭西县对全县大气污染防治实施统一调度和督查，保障各项措施得到落实。加强城市扬尘治理、淘汰燃煤小锅炉、VOCs（挥发性有机化合物）整治、餐饮油烟治理、秸秆禁烧、机动车污染防治等方面工作，城市环境空气质量总体保持良好。

（刘讯涛　林灿豪）

中国共产党揭西县委员会

综　述

【县委机构改革概况】 2019年，揭西县委按照广东省委批复同意的《揭西县机构改革方案》，通过组建县监察委员会、加强和优化县委决策议事协调机构、加强县委职能部门统一归口协调管理职能和优化有关县委工作机关等措施，推进机构改革，建立健全和优化县委对重大工作领导体制机制。改革后，设置党委机构8个，其中，纪检监察机关1个，工作机关7个（县委办公室、县委组织部、县委宣传部、县委统一战线工作部、县委政法委员会、县委机构编制委员会办公室、县委巡察工作领导小组办公室）。

【重要会议】 **中国共产党揭西县第十一届委员会第五次全体会议** 2019年1月22日，中国共产党揭西县第十一届委员会第五次全体会议在县委党校人民会堂召开，会议高举习近平新时代中国特色社会主义思想伟大旗帜，全面贯彻落实中共十九大精神和十九届历次全会以及中央经济工作会议精神，贯彻落实习近平总书记对广东重要讲话和重要批示精神，认真学习贯彻省委十二届六次全会和市委六届六次全会精神，回顾总结2018年工作，部署2019年工作。会议由县委常委会主持，县委书记代表县委常委会作工作报告。十一届县委委员、候补委员出席会议；不是县委委员、候补委员的县人大常委会、县政府、县政协领导，县纪委常委、县监委委员，县委巡察办主任，各巡察组组长，县直（含上级垂直管理）副科级以上单位主要负责人，各乡镇（街道）党（工）委书记、乡镇长（办事处主任），各村（社区）书记列席会议。

中国共产党揭西县第十一届委员会第六次全体会议 2019年3月4日，中国共产党揭西县第十一届委员会第六次全体会议在县机关大院附楼四楼会议室召开，会议以习近平新时代中国特色社会主义思想为指导，学习贯彻习近平总书记关于深化党和国家机构改革重要论述，学习贯彻习近平总书记视察广东重要讲话和在庆祝改革开放40周年大会上重要讲话精神，学习贯彻中共十九大和十九届二中、三中全会、省委十二届五次全会以及市委六届五次全会精神，全面贯彻落实中央、省委、市委关于深化地方机构改革决策部署，对全县深化机构改革工作进行动员部署。会议由县委常委会主持，县委书记代表县委常委会作关于《揭西县机构改革方案》说明和关于机构改革工作专题讲话。十一届县委委员、候补委员出席会议；不是县委委员、候补委员的县人大常委会、县政府、县政协领导，县纪委常委、县监委委员，县委巡察办主任，各巡察组组长，县直（含上级垂直管理）副科级以上单位主要负责人，各乡镇（街道）党（工）委书记、乡镇长（办事处主任）列席会议。

揭西县全面加强党的领导和党的建设工作推进会 2019年3月21日，揭西县全面加强党的领导和党的建设工作推进会在县机关大院附楼四楼会议室召开，会议学习贯彻习近平总书记关于加强党的领导和党的建设重要论述，总结2018年全县全面加强党的建设工作和创建新时代揭西党建品牌工作，部署2019年全县全面加强党的领导和党的建设工作。会议由县长主持，参会人员有县委常委，县直单位主要负责人、分管政工或办公室负责人，各乡镇（街道）党（工）委书记、组织委员，县委组织部副科级以上干部。

揭西县2019年清明节期间森林防火工作会议 2019年3月27日，揭西县2019年清明节期间森林防火工作会议在县机关大院附楼四楼会议室召开，会议部署2019年特别是清明节期间森林防火工作。会议由县长主持，参会人员有县四套班子领导成员，县人民法院院长、县人民检察院检察长，县纪委副书记，县直（含上级垂直管理）局以上单位主要负责人，各乡镇（街道）党（工）委书记、乡镇长（街道办主任）及分管林业工作负责人，县消防大队大队长、县公安局治安大队大队长、各基层派出所所长、县林业局中层以上干部。

揭西县集中开展涉土违法违规整治专项行动动员会 2019年4月23日，揭西县集中开展涉土违法违规整治专项行动动员会在县委党校人民会堂召开，会议落实揭阳市驻镇巡村工作推进会暨开展涉土违法违规整治专项行动会议精神，动员全县开展涉土违法违规整治专项行动，依法整治涉土违法违规突出问题。会议由县长主持，参会人员有县四套班子领导成员，县人民法院院长、县人民检察院检察长，县纪委副书记，市委第三巡察组组长，市委专项巡察组组长，县直（含上级垂直管理）副科级以上单位主要负责人，县委办、县政府办有关副主任，各乡镇（街道）党（工）委书记、乡镇长（街道办主任）及分管自然资源管理工作的负责人，派出所长，各村（社区）书记、主任，县自然资源局股级以上干部、各基层所负责人。

全县新农村建设工作培训大会 2019年6月24日，揭西县新农村建设工作培训大会在县委党校人民会堂召开，会议学习浙江新农村建设经验，研究部署全县新农村建设有关工作。参会人员有县四套领导班子成员，县人民法院院长、县人民检察院检察长，县纪委副书记，各乡镇（街道）党政及人大班子成员，驻村组长，各行政村书记，县直（含上级垂直管理）正科级局以上单位主要负责人，全县新农村建设工作指导组成员。

全县畜禽养殖业污染综合整治工作会议 2019年6月28日，揭西县畜禽养殖业污染综合整治工作会议在县委党校人民会堂召开，会议学习贯彻习近平生态文明思想，分析全县畜禽养殖清理整治工作存在突出问题，研究部署综合整治工作。会议由县长主持，参会人员有县四套领导班子成员，县人民法院院长、县人民检察院检察长，县纪委副书记，各乡镇（街道）党（工）委书记、乡镇长（办事处主任）、分管农业农村工作的负责人，自然资源管理所、村镇办、兽医站负责人，各行政村（居委会）书记、主任，县直（含上级垂直管理）正科级局以上单位主要负责人，县委各巡察组组长、派驻纪检组组长，县农业农村局班子成员及相关业务人员。

揭西县重点项目建设暨环境保护工作会议 2019年7月16日，揭西县重点项目建设暨环境保护工作会议在县机关大院附楼四楼会议室召开，会议学习贯彻市委关于中央和省环境保护督察整改暨环保基础设施建设推进会精神，研究部署全县重点项目建设及环境保护工作。参会人员有县四套领导班子成员，县人民法院院长、县人民检察院检察长，县纪委副书记，县直（含上级垂直管理）正科级局以上单位主要负责人，各乡镇（街道）党（工）委书记，乡镇长（办事处主任），县委办、县政府办、县卫生健康局、县城管执法局、县水利局、县住建局、县自然资源局、县发改局、县交通运输局、县工信科技局、揭阳市生态环境局揭西分局班子成员。

揭西县委人大工作会议 2019年8月30日，揭西县委人大工作会议在县机关大院附楼四楼会议室召开，会议贯彻落实省委、市委人大工作会议精神，总结全县人大工作经验，部署进一步加强和改善党委对人大工作的领导工作。会议由县委书记主持，参会人员有县领导，县人大常委会领导班子成员，县人民法院院长、县人民检察院检察长；县人大常委会其他组成人员，县人大机关副科级以上干部，县委有关部委办、县直有关单位主要负责人，各乡镇（街道）党（工）委主要负责人、人大主席、街道人大工委主任。

全县公安工作会议 2019年8月30日，揭西县公安工作会议在县机关大院附楼四楼会议室召开，会议学习贯彻习近平总书记关于加强新时代公安工作的重要讲话和全国、全省、全市公安工作会议精神，全面系统总结全县公安工作取得的成绩和积累的成功经验，分析此前公安工作面临的形势任务，部署加强新时代揭西公安工作。参会人员有县领导，县人民法院院长、县人民检察院检察长；县委有关部委办、县直有关单位主要负责人，各乡镇（街道）党（工）委主要负责人、分管政法副书记，县公安局班子成员、各所队（室）所长（主任）、教导员。

揭西县教育工作大会 2019年9月10日，揭西县教育工作大会在县委党校人民会堂召开，会议学习贯彻习近平总书记关于教育发展重要论述和全国、全省、全市教育工作会议精神，通报、布置全县教育工作情况。会议由县长主持，参会人员有县四套领导班子成员，县人民法院院长、县人民检察院检察长，县纪委副书记，各乡镇（街道）党（工）委书记、乡镇长（办事处主任）、分管教育工作的负责人，县直（含上级垂直管理）正科级局以上单位主要负责人，县委各巡察组组长、派驻纪检组组长，县教育局班子成员及各股室负责人，揭西县“2019年揭阳优秀教师”、揭西县2018—2019学年度优秀教师，各教育组组长、县教育局直属单位负责人、各完全中学正副校长、小学校长、幼儿园园长，县委教育工作领导小组全体成员，商会代表。

县委“不忘初心、牢记使命”主题教育工作会议 2019年9月17日，揭西县委“不忘初心、牢记使命”主题教育工作会议在县机关大院附楼四楼会议室召开，会议学习贯彻习近平新时代中国特色社会主义思想，贯彻落实省委“不忘初心、牢记使命”主题教育第一批总结暨第二批部署会议精神、市委“不忘初心、牢记使命”主题教育工作会议精神和市委《关于开展“不忘初心、牢记使命”主题教育的实施方案》要求，部署全县“不忘初心、牢记使命”主题教育工作。会议由县长主持，参会人员有县四套领导班子成员，县人民法院院长、县人民检察院检察长，县纪委副书记，各乡镇（街道）党（工）委书记，上砂镇、京溪园镇镇长，良田乡乡长，各乡镇（街道）组织委员，县直（含上级垂直管理）正科级局以上单位主要负责人及分管领导，县委“不忘初心、牢记使命”主题教育领导小组及办公室、指导组全体成员。

全县“不忘初心、牢记使命”主题教育警示教育大会 2019年10月14日，揭西县“不忘初心、牢记使命”主题教育警示教育大会在县委党校人民会堂召开，会议强化党章党规党纪教育和警示教育，引导党员领导干部树牢“四个意识”、坚定“四个自信”、坚决做到“两个维护”，牢记初心使命，永葆清正廉洁的政治本色。会议由县委书记主持，参会人员有县四套领导班子成员，县人民法院院长、县人民检察院检察长，县纪委副书记，各乡镇（街道）领导班子成员，县直正科级局以上单位班子成员及其他正、副科级干部（含非领导职务），上级垂直管理部门和县各民主党派主要负责人。

【重大决策】 **污染防治攻坚战** 2019年1月9日，中共揭西县委办公室、揭西县人民政府办公室印发《揭西县打好污染防治攻坚战三年行动计划（2018—2020年）》，全面加强全县生态环境保护，坚决打好污染防治攻坚战，加快推进生态文明建设。

乡村振兴 2019年1月15

日，中共揭西县委、揭西县人民政府印发《关于推进乡村振兴战略的实施意见》，按照“3年取得重大进展、5年见到显著成效、10年实现根本改变”要求，全面实施乡村振兴战略，主要实施产业兴村、生态兴村、文明兴村、组织兴村、平安兴村、补齐基础设施短板、脱贫攻坚、体制机制创新、人才培育工程等行动计划，为2035年乡村振兴取得决定性进展、2050年实现全面振兴奠定基础。

机构改革 2019年3月4日，中共揭西县委、揭西县人民政府印发《揭西县机构改革方案》，贯彻落实中央和省确定的改革目标和任务要求，推进机构职能优化协同高效，构建系统完备、科学规范、运行高效机构职能体系，促进各方面改革有机衔接、协调联动，发挥改革整体效应，为推动形成揭西“一园两区”新格局提供体制机制保障。

基层党组织建设 2019年7月15日，中共揭西县委印发《中共揭西县委关于规范基层党组织建设完善运行保障机制提升组织力的实施方案》，全面落实党的基层组织建设三年行动计划，通过推进基层党组织标准化规范化建设、加强村（社区）“两委”干部队伍建设、实施“头雁”工程、从严从实加强党员队伍建设、加强村级阵地建设、构建村级力量统筹调配机制、建立健全绩效考核机制、加强基层党组织建设保障等措施，规范村（社区）基层党组织建设，完善运行保障机制。

【重要活动】 2019年揭西县“榕江杯”端午龙舟竞赛活动 2019年5月22日，揭西县在榕江南河河婆段举办2019年揭西县“榕江杯”端午龙舟竞赛活动，竞赛为期半天，共有8支队伍参赛。参加活动的有县四套领导班子成员、县人民法院院长、县人民检察院检察长、县纪委副书记，市直单位有关领导，县直（含上级垂直管理）正科级局以上单位主要负责人，各乡镇（街道）乡镇长（办事处主任）。

广东揭阳首届潮客粤菜师傅乡厨厨艺邀请赛暨全市全域旅游工作现场会 2019年9月27日，揭西县在京明温泉度假村举办广东揭阳首届潮客粤菜师傅乡厨厨艺邀请赛暨全市全域旅游工作现场会，活动从27日持续至28日。参加活动的有黑龙江省大兴安岭地区行署及漠河市相关领导，广东省文旅厅领导、揭阳市四套班子主要领导、各县（市、区）党政领导、各县（市、区）旅游工作分管领导，以及旅游界、新闻媒体、外出乡贤等各界嘉宾。

烈士纪念日公祭烈士活动 2019年9月30日，揭西县开展公祭烈士活动，缅怀革命烈士的丰功伟绩，弘扬烈士精神，主会场在河婆象山革命烈士纪念亭，参加活动的有县四套领导班子成员，县人民法院院长、县人民检察院检察长，县纪委副书记，县直（含上级垂直管理）正科级局以上单位主要负责人。县公安局、县法院、县检察院、县武装部、县武警中队、县城管执法局、县消防救援大队等相关代表，烈属代表和老战士代表，河婆街道办机关干部，河婆中学师生代表、少先队员。分会场为有革命烈士纪念亭（碑）的乡镇（街道）同时举行公祭活动。

【综合调研】 2019年，揭西县委政研部门制订印发《关于围绕学习贯彻党的十九届四中全会精神开展“深调研”工作方案》等文件，开展为基层减负、推进国家全域旅游示范区创建、加强信访工作3项综合调研，撰写报送具有时效性、全局性、预测性综合信息。

【督查工作】 2019年，揭西县委督查部门围绕县委重大决策和重要工作部署，推进落实县委十一届五次全会部署重点工作任务、“谋振兴·百日百项大行动”重点工作重大项目、“两清”（五水清漂、五边清污）大检查整治行动、深化揭西县教育体制机制改革工作、县公安工作大会精神、新农村建设督查等中心工作，采取科学措施开展督促检查，推动全县各项工作任务落实。全年督查部门督查督办事项85件（其中，市委主要领导指示指示件28件），办结率100%；印发《揭西督查》4期，专项督查通报（包括通报表扬或批评）25期次，形成汇报材料及表格162份。

【全面深化改革】 2019年，揭西县推进全县改革工作向纵深发展。7月15日，召开县委全面深化改革委员会第一次会议，传达学习习近平总书记7月5日在深化党和国家机构改革总结会上重要讲话精神，审议通过《中共揭西县委办公室关于印发县委全面深化改革委员会专项小组成员名单的通知》《中共揭西县委全面深化改革委员会工作规程》等文件。县委改革办制定《中共揭西县委办公室关于印发县委全面深化改革委员会专项小组成员名单的通知》《中共揭西县委全面深化改革委员会工作规程》《中共揭西县委全面深化改革委员会专项小组工作规程》《中共揭西县委全面深化改革委员会办公室工作制度》《揭西县贯彻党的十九大报告重要改革举措实施规划（2018—2022年）》《中共揭西县委全面深化改革委员会2019年改革工作安排》等文件，经县委全面深化改革委员会审议同意后，印发全县组织实施。

【信息保密】 2019年，揭西县提高保密工作依法行政能力，完善保密规章制度体系，加强关键技术岗位涉密人员脱密期管理、涉密人员离岗离职管理和身份信息保护，开展保密宣传教育工作，组织征订2020年度《保密工作》杂志，做好2019年度高（中）考和县人社局公开招聘组织、民政、卫生等事业单位工作人员试卷保密工作。

（李旭林　陈育青）

【县委理论学习中心组】 2019年，县委理论学习中心组集中学习18次，各地各单位理论学习中心组集中学习1800场次；先后邀请广东省保密局装备中心副主任谢旭东、揭阳职业技术学院讲师林颖、市委宣传部副部长梁细亮等为全县科级及以上领导干部授课。开展理论宣讲工作，组织百姓宣讲团、十九届四中全会宣讲团深入基层宣讲160场次。组织全县3万多名党员注册使用“学习强国”学习平台，提高学习上线率和活跃度。突出县委理论中心组学习示范引领作用，结合“三学三推”“不忘初心、牢记使命”系列主题教育活动等工作，县领导干部做表率、带头学，联系各乡镇（街道）、县直单位辅导中共十九届四中全会精神以及开展习近平新时代中国特色社会主义思想为主的集中辅导学习。

（杨一帆　陈勋照）

2019年4月24日，揭西县在县机关大院附楼四楼举办县委理论学习中心组学习会，学习《粤港澳大湾区发展规划纲要》内容　（县委宣传部　供稿）

组织工作

【概况】 2019年，揭西县委组织部（简称县委组织部）推进县委“三学三推”党建主题活动，开展第二批“不忘初心、牢记使命”主题教育和“大山深处党旗飘”活动，深化模范机关创建活动；推进村级党群服务中心和“红色村”党建示范工程建设，抓好党建示范镇村建设，牵头制订《“小微权力清单”规范运行工作方案》；加强党员教育管理，开展“挂牌亮户先锋行”活动，严格落实发展党员政治审查制度，实行有关近亲属申报备案制。至年底，全县党员总数3.3万人，党组织1477个，其中基层党委33个、党总支部120个、党支部1324个。是年，新发展党员395人。

【领导班子建设】 2019年，县委组织部把配强配齐全县各单位领导班子作为机构改革首要任务，聚焦人岗相适、结构优化、激发活力目标任务，优化干部资源配置，推进干部调整工作。在充分做好前期研判工作基础上，坚持先配强正职再配好副职思路，分期分批统筹考虑全县各单位领导班子调整配备；根据事业需求、工作需要和干部条件，选优配强乡镇（街道）领导班子，做好干部“交流”文章。全年完成科级干部任免11批399人次，其中提拔84人次，交流调整315人次。

【基层党组织建设】 2019年，县委组织部强化基层党组织建设，推动规范化建设。开展“不忘初心、牢记使命”主题教育，把学习教育、调查研究、检视问题、落实整改贯穿始终，推进各项工作任务落实落地；深化“三学三推”党建主题活动，加快推进“三清三拆三整治”、新农村建设等各项工作；深化模范机关创建，开展“机关党建走在前”活动；开展“大山深处党旗飘”活动，提升边远山区农村基层党组织组织力；推进村（社区）党群服务中心建设，推动新一轮基层党组织规范化、标准化建设升级；抓好党建示范镇村建设，突出抓党建促扶贫，以点带面促进示范村整体提升；推进“红色村”党建示范工程建设，打造党员红色教育基地；集中整顿16个软弱涣散基层党组织，落实领导“包镇走村”制度；深化农村干部队伍建设，实施党组织书记“头雁”工程，全面推行“三个一肩挑”。建立后备干部信息名册，统一建立1839个在职“两委”干部档案；建立“小微权力清单”规范运行机制，制订《“小微权力清单”规范运行工作方案》。

【直接联系群众制度】 2019年，揭西县明确乡镇（街道）驻村（直联）干部工作职责，强化责任追究，推进驻点直接联系群众工作。对工作履职不到位的驻村（直联）干部落实责任追究，督促驻村（直联）干部主动履职。推进县直单位副科级以上干部和乡镇（街道）工作人员到驻点村开展驻村工作，协助村推进“三清三拆三整治”、以及新农村建设雨污分流、生活垃圾处理等各项工作。发挥省定贫困村第一书记和党建指导员积极作用，助推乡村振兴发展。全年向全县67个省定贫困村重新选派第一书记和党建指导员，向其他213个行政村和38个社区选派党建指导员。

【党员队伍建设】 2019年，县委组织部坚持党章规定的党员标准，始终把政治标准放在首位，调控发展党员数量和结构。至年底，全县党员3.3万人。全年全县新吸收预备党员395人，其中发展35岁以下党员297名，占发展总数75.2%；女党员137名，占发展总数34.7%；发展大学专科学历以上党员209名，占发展总数52.9%；发展大学本科学历以上党员99名，占发展总数25.1%；发展在岗职工党员177名，占发展总数44.8%；发展农牧渔民党员218名，占发展总数55.2%。

【干部培训管理】 2019年，县委组织部坚持政治引领，强化能力提升，严格培训管理，加强阵地建设，落实长效机制，精准对焦、精确研究、精细组织干部教育培训工作。开展学习贯彻《粤港澳大湾区发展规划纲要》专题培训班6期，培训1655人。开展学习贯彻中共十九届四中全会精神专题培训班4期，培训739人。联合县直党务组举办县基层党务工作者及2019年县直单位确定发展对象培训班，培训160人。联合公务员组举办2018年新录用进入县直单位公务员（含参公管理）初任培训班，培训93人。联合扶贫办举办打赢脱贫攻坚战帮扶干部专题培训班2期，培训343人。结合镇街党校建设，利用镇街党校开展党员教育培训，开展培训32场次，培训党员干部2589人次。

【干部监督】 2019年，县委组织部执行新修订《党政领导干部选拔任用工作条例》，落实《干部选拔任用工作监督检查和责任追究办法》，对全县2014年以来选人用人工作进行全面自查，提高选人用人质量和水平。坚持“以实干论英雄，凭实绩用干部”鲜明导向，结合“干事创业精气神不够，患得患失，不担当不作为，斗争精神不强等问题”专项整治，推动干部发扬斗争精神，提高斗争本领，大胆提拔使用敢担当有作为的干部，对不适应基层工作、工作思路混乱、不敢担当、精神状态差的领导干部坚决进行调整。全年提拔使用26名表现优秀的乡镇（街道）干部，调整3名履职不到位、工作成效一般的乡镇党政正职工作岗位。严格执行任职回避制度，对11名涉及回避人员及时进行调整。规范国家工作人员和村（社区）“两委”班子成员因私出国（境）管理，严格做好出国（境）证件集中管理和审批工作。

【干部人事制度改革】 2019年，县委组织部根据新修定《中华人民公务员法》《公务员职务与职级并行规定》《公务员职务与职级并行制度实施方案》《广东省实施公务员职务与职级并行制度工作方案》《揭阳市实施公务员职务与职级并行制度工作方案》，制定《揭西县实施公务员职务与职级并行制度工作方案》，按照文件规定要求，6月份完成公务员职级套转1265人；全年完成公安机关职级晋升272人。

【公务员管理】 2019年，县委组织部加强公务员队伍管理工作。8月召开全县公务员工作会议，开展推行公务员职务与职级并行制度业务培训，县直各单位分管领导、人秘股长，各乡镇组织委员、组宣办主任共160多人参会。全年新招录公务员150人，其中乡镇（街道）招录121人、公安机关招录29人；11月完成公务员登记112人，其中新招录公务员登记46人、机构改革转隶人员66人；12月完成公务员统计和信息采集2242人、工资统计2279人。

【老干部工作】 2019年，县委组织部联合出台《关于提高离休干部护理费标准的通知》，把全县离休干部护理费标准从600元提高到3000元每月，标准从2019年1月开始执行。6月19日，县老干部大学第五届办学结业，该届开设歌咏、舞蹈、书法、绘画4个专业7个班，聘请授课老师47人次，报名学习230多人次，完成课程并结业176人，完成部分课程修业41人，优秀学员54人。10月17日，县委组织部联合县中医院在县老干部第一服务中心为离休干部开展义诊和健康咨询，举办“中风预防及康复科普”讲座，参加讲座老干部180人。10月31日，县委组织部对县关心下一代工作委员会成员作出调整，县人大常委会原副主任蔡育明任关工委主任、县人大常委会原副主任温金华任关工委副主任。11月29—30日，县关工委在五经富大洋云顶茗茶叶专业合作社（揭阳市农村创业青年培训基地）举行揭西县第24期农村创业青年培训班，培训班主题为“农村创业青年全域旅游专题培训”，参加学员80多人。

2019年10月17日，县委组织部联合县中医院在县老干部第一服务中心为离休干部开展义诊和健康咨询，举办“中风预防及康复科普”讲座。图为开展科普讲座现场

（县委组织部　供稿）

【人才工作】 2019年，县委组织部贯彻落实创新驱动发展战略，支持全县企事业单位赴省内外知名高校招聘引进急需紧缺高学历人才。全年全县引进硕士6名、急需紧缺人才10名，新增高级职称专业技术人才70名。发挥博士工作站在实施人才强县战略和创新驱动发展战略中的重要作用，柔性引进博士4名、硕士1名，主任医师2名、副主任医师3名。12月，举办人才优先发展工作培训班，考察学习借鉴发达地区经济社会发展与交流组织人才工作先进经验。

（李焕然　庄园园）

宣传工作

【概况】 2019年，揭西县宣传思想文化工作以习近平新时代中国特色社会主义思想为引领，学习贯彻中共十九大和十九届二中、三中、四中全会精神，贯彻落实党委（党组）意识形态责任制工作，完善媒体建设，强化舆论引导，加强基层文化建设，组织开展文艺创作，推进“五城同创”（全国县级文明城市提名城市、国家卫生县城、国家森林城市、国家生态文明建设示范县、全国平安建设先进县活动）工作。全年开展中共十九届四中全会精神宣讲29场次；建成新时代文明实践中心（所、站）示范点44个，组织开展文明实践活动278场次；开展各类送文化进基层活动150场次。是年，组织开展全民健身日体育节千人“禁毒杯”新春篮球赛、广东揭西首届“榕江杯”端午龙舟竞赛、“承瀚杯”象棋公开赛等全县性大中型体育比赛活动；编纂出版《广东民间故事全书 揭阳·揭西卷》。

【机构改革及职能配置】 2019年，揭西县委宣传部（简称县委宣传部）是县委主管全县意识形态方面工作职能部门，为正科级单位。改革后，对外加挂县新闻出版局（县版权局）、县互联网信息办公室牌子；新增加出版和版权管理职能，负责新闻出版、版权行政管理工作，承担电影发行、放映单位和业务监督管理工作，组织指导电影公共服务，指导协调全县性电影活动。县委宣传部内设人秘组、理论组、网信和新闻组、宣传文艺组、出版和版权管理组5个组。行政编制11名，设部长1名，由县委常委兼任；副部长3名（不含兼职），县文明办主任、县新闻出版局（县版权局）局长、县互联网信息办公室主任由副部长兼任，县文明办副主任1名（副科级）。正股级领导职数5名，副股级领导职数1名。暂保留后勤服务人员数2名。

【理论学习】 2019年，揭西县组织开展领导讲学、专家理论辅导、基层宣讲等多种学习活动。12月26日，成立县委学习贯彻中共十九届四中全会精神宣讲团，选调9名政治素质强、政策理论水平高领导干部、理论工作者到机关、企业、校园、农村、社区开展中共十九届四中全会精神29场次，受众5000多人次。组织全县党员注册使用“学习强国”学习平台，全县学习强国APP党员上线人数2.27万人，覆盖率67.5%。

【舆论引导】 2019年，揭西县创新载体宣传，强化舆论内容引导。以“揭西发布”“文明揭西”微信公众号和揭西政府网为载体，联合县内重点民营新媒体推出系列线上线下活动。“揭西发布”“文明揭西”微信公众号，全年编辑推送信息2199条、浏览量3万余次、点赞1万余次。围绕庆祝中华人民共和国成立70周年，开展文艺会演、专题展览等主题活动100多场次；在主次干道、主要公共场所，利用灯柱等悬挂国旗3万多面，布设各种庆祝花坛景观37处。做好新时代文明实践中心建设，打造融思想引领、道德教化、文化传承等多种功能于一体的基层综合平台，全年建成新时代文明实践中心（所、站）示范点44个，组织开展文明实践活动278场次，服务群众4.23万人。

【对外宣传】 2019年，揭西县抓好宣传引导，统筹内外宣传，策划《壮丽70年·奋斗新时代》《不忘初心、牢记使命》《新机构、新职责、新面貌》等69个专栏，全年广播、电视播出新闻1.65万条次，公益标语和广告3.06万条次。向中央台和省、市台上送新闻493条。其中：送市台新闻493条、转送省台新闻5条，中央台3条，其中，省台播出3条、市台播出208条。做好户外宣传，更新大型户外宣传牌120多处。开展广东乡村微视频征集活动，报送微视频13条，其中《舌尖上的美味——擂茶》《鸿江侯氏朱家教拳》《走进潮剧下乡》3条获广东乡村微视频大赛三等奖。

【网络宣传管理】 2019年，揭西县全面加强网络宣传管理。1月15日，制订出台《关于印发〈揭西县网络内容建设工程实施方案〉的通知》，加强网络内容建设、舆论引导和舆论管控，实行24小时在线监测、确保舆情早发现、早处置。形成互联网热点78期，专报9期。上报网络舆情信息182条，查处网上寻衅滋事案3宗，刑事拘留3人。查处网络谣言案4宗，行政处罚4人。查处网上涉爆恐案2宗，行政处罚2人。组织召开全县新媒体负责人座谈会13场次，学习《中华人民共和国网络安全法》《互联网新闻信息服务管理规定》等法律法规，强化对各类网络平台法律约束。

【基层文化】 2019年，揭西县推进文化强县工作。完成73个行政村（社区）综合性文化服务中心完善提升建设工作，发挥基层综合性文化服务中心服务作用。推进十项民生实事工程，完成五云镇、南山镇、凤江镇3个镇示范文体广场建设。县图书馆、县文化馆、县博物馆开展“文化和遗产日”“博物馆日”“流动文化馆、图书馆、博物馆”等各类送文化进基层活动150场次。完成博物馆红色资源展厅建设工作，免费开放，接待5000余人次。组织开展“庆新春”“庆五一”、庆祝中华人民共和国成立70周年中国共产党成立98周年暨“揭西美·潮客情”等群众文艺晚会25场次；组织县潮剧演艺中心赴潮阳、汕头等地开展潮剧交流演出80场次。8月26日，大型现代潮剧《大国赤子》全市巡演活动在县委党校举行。申报钱坑大夫祖祠、棉湖战役东征军指挥部旧址2处为第九批省级文保单位，全县省级文保单位增至7处。

【文艺创作】 2019年，揭西县引导和扶持群众开展各类文艺活动。2月18日，编纂出版《广东民间故事全书 揭阳·揭西卷》，该卷收录整理揭西民间神话、传说、故事、笑话等共220多篇。县委宣传部选派县教育局教研员邹芯参加“时代新人说——我和祖国共成长”演讲比赛，获全市第一名；县文广旅体局选送棉湖第二中学合唱团、县老干部大学合唱团参加“我和我的祖国——广东省第十三届‘百歌颂中华’歌咏活动”合唱比赛，其中棉湖第二中学合唱团获揭阳选拔赛铜奖；少儿舞蹈《客家妹子》获2019年广东省群众艺术花会（少儿艺术）铜奖。开展“不忘初心、牢记使命”主题征文活动，获市征文比赛优秀奖3篇。

【群众文化】 2019年，揭西县丰富群众文体生活，体育场地免费或低收费开放率100%，社区15分钟健身圈覆盖率94%。新增龙舟、跆拳道、户外运动3个体育单项协会；举办三级社会体育指导员培训班，完成三级社会体育指导员培训272人。组织开展全民健身日体育节千人“禁毒杯”新春篮球赛、广东揭西首届“榕江杯”端午龙舟竞赛、“承瀚杯”象棋公开赛等全县性大中型体育比赛活动。

2019年8月26日，大型现代潮剧《大国赤子》全市巡演活动在揭西县委党校举行
（李运生 供稿）

【爱国主义教育】 2019年，揭西县弘扬爱国主义精神，开展爱国主义教育。开展“青春心向党 建功新时代”纪念五四运动100周年系列活动，4月24日，在县城滨江公园举行纪念五四运动100周年暨青春快闪活动；4月30日，在南侨中学举办纪念五四运动100周年暨主题团日活动；9月20日，在革命老区南山镇火炬村开展“我和我的祖国”揭西青少年爱国主义教育活动；10月24日，在良田乡岸洋小学举办“幸福厨房”揭牌仪式暨青少年爱国主义教育活动；国庆期间，大北山革命历史纪念馆组织开展“不忘初心、牢记使命”主题教育红色革命精神传承活动、重温入党誓词活动71批次、2000多人次。

（杨一帆 杨旭辉 刘育权）

统一战线

【概况】 2019年，中国共产党揭西县委员会统一战线工作部（简称县委统战部）加强多党合作和政治协商，强化港澳台交流联系，做好侨务工作，推进海外统战工作，依法开展宗教工作，加强新修订《宗教事务条例》宣传和培训，引导非公有制经济人士自觉履行社会责任、参与光彩事业。至年底，全县民主党派3个；县域内少数民族（散居）21个，户籍人口1795人；宗教团体4个，登记在册宗教活动场所57处，筹备设立宗教活动场所1处，教徒3.9万人；台资企业2家；归侨约1100人，旅居海外侨胞及港澳台同胞100多万人；商协会14个，异地商会有深港揭西商会、珠海揭西商会、清远揭西商会、广东省揭西商会、旅深揭西乡亲经济促进会、东莞市揭西商会等。

【机构改革及职能配置】 2019年，根据《揭西县机构改革方案》，县委统战部统一管理民族宗教、侨务、台港澳事务工作，原县外事侨务局侨务、港澳事务管理行政职能划入县委统战部，对外加挂县台港澳事务局、县侨务局牌子。原县委台湾工作办公室更名为县委台港澳工作办公室，仍在县委统战部挂牌。县民族宗教事务局列入县政府工作部门序列，不计入机构限额。按照《中共揭西县委统一战线工作部职能配置、内设机构和人员编制规定》，县委统战部是县委主管全县统一战线工作职能部门，正科级单位，内设人秘组、联络组、民族宗教组、台港澳工作组、侨务工作组五个职能组。核定行政编制14名，其中设部长1名（由县委常委兼任不占编制），副部长3名（不含兼职），县民族宗教事务局局长、县委台港澳工作办公室主任（县台港澳事务局局长）、县侨务局局长由副部长兼任。正股级领导职数5名，副股级领导职数1名，暂保留后勤服务人员数3名。

（王填德　陈漫纯）

【多党合作和政治协商】 2019年，县委统战部支持完善民主党派加强自身建设，强化党外代表人士队伍建设。加强与民主党派联络协商，定期召开民主党派主委会，拓宽统一战线民主协商渠道；推进党外干部提高参政议政意识，是年，提名政协揭西县第十届委员会委员增补人选1人、常委增补人选1人。

【党外干部队伍建设】 2019年，县委统战部加强党外干部队伍建设，强化党外干部理论培训，组织党外干部参与考察调研、社会服务等实践活动。至年底，揭西县党外领导干部（副科级以上）任职情况：县人大常委会副主任1人，副县长1人，县政协副主席3人，县人大常委1人，副镇长3人，其他岗位4人。

（林运标　曾　立）

【民族工作】 2019年，揭西县加强民族团结工作，完善流动少数民族服务体系建设，开展外来流动少数民族基本情况摸查，建立动态工作台账，对少数民族群众进行民族政策和国家有关政策法规宣传教育，引导少数民族信教群众到合法登记宗教活动场所。至年底，全县少数民族（散居）21个，户籍人口1795人。

【宗教工作】 2019年，揭西县依法强化宗教事务管理和抵御境外宗教渗透工作，加强宗教教育，健全宗教事务管理，完善宗教团体、宗教活动场所管理建设，整治违规建设、使用寺庙乱象，依法惩治违法宗教活动、查处假冒教职人员、保护信教群众合法权益，引导宗教界开展公益活动。开展"宗教政策法规学习月"活动和揭阳市"平安宗教活动场所"创建活动，推进国旗、宪法和法律法规、社会主义核心价值观、中华优秀传统文化"四进"宗教活动场所，基督教顶埠堂被评为揭阳市"平安宗教活动场所"；开展学习贯彻习近平新时代中国特色社会主义思想及关于宗教工作重要讲话、重要指示批示和新修订《宗教事务条例》。至年底，全县有宗教团体4个；登记在册宗教活动场所57处，筹备设立宗教活动场所1处；全县各宗教活动场所为社会公益福利事业支出129.8万元。

（林运标　蔡少鹏）

【港澳台工作】 2019年，揭西县加强与港澳台同胞联络联谊，利用和发挥三山国王祖庙资源优势，做好涉台工作，推动揭西县与港澳台地区在经济、文化、科技等领域交流合作。全年邀请和接待港澳同胞2批、158人次；港澳同胞捐赠教育事业和社会事业项目120万元；接待台湾三山国王宫庙谒祖进香团16个、852人次，民间团体4个、129人次。

联络交流　2019年，揭西县加强与港澳台同胞交流合作。4月14日，中国台湾乡镇市民代表参访团到揭西县参访交流。5月15—17日，县侨联主席随市侨联赴港开展联络联谊工作。9月19—27日，揭西县第一职业技术学校邹东君参加“广东省中等职业学校带头人赴香港培训”研修活动；10月11—13日，县委统战部部长率团参加中国香港九龙揭阳同乡总会永远荣誉会长林兴识公祭仪式和追悼会。11月8日，中国台湾台中市沙鹿保安宫到揭西县开展三山国王文化交流活动，举办“三山国王文化与两岸民众心灵契合”交流研讨会。11月9日，协助中国台湾新竹县庄氏宗亲一行到上砂镇寻根祭祖。11月15日，中国台湾潮汕社团到揭西县参访交流。12月2日，中国台湾台南市海峡两岸交流协会到揭西县广东省对台交流基地开展交流活动。

提供服务　2019年，揭西县做好港澳台侨企业服务。帮助港澳台资企业解决实际问题，维护港澳台资、港澳台属企业合法权益。全年来信2批、2人次，接访2人次，来电咨询1次，全部进行回复并协调处理。其中，4月，调查解决揭西县东大洋旅游发展有限公司与五经富镇新其村物权保护纠纷案，拆除违法建筑物并进行土地整理。9月，收到香港同胞张壮足反映河婆街道下滩村祖屋问题来信，及时提出处理意见并转有关部门调处。

（王填德　何志云）

【侨务工作】　2019年，揭西县侨务局依法维护归侨、侨眷和海外侨胞合法权益，做好归侨侨眷和海外侨胞来信、来电、来访工作，受理、管理及监督华侨华人捐赠款物。全年受理海外侨胞、归侨侨眷来信来访4批13人次，及时提出处理意见并转有关部门调处，跟进调处情况；办理归侨身份证明2批、2人次；办理华侨回国定居2批、2人次；接受华人华侨捐赠4万元，其中捐助教育事业项目2宗4万元。

（张文生　杨派雄）

2019年7月26日，揭阳市各民主党派、知联会、新阶联到揭西县开展农村人居环境整治专题联合调研活动　（县委统战部　供稿）

【光彩事业】　2019年，县委统战部协同县工商联组织广大非公经济人士及企业发展光彩事业，扶弱济困、助学帮残，支持社会公益。全年募集资金约3500万元，揭西县非公经济企业向揭西县慈善总会捐赠约1750万元；深港揭西商会青年委员会向县图书馆捐赠1600余册图书，价值约8万元；广东圣丰集团有限公司和明日之星教育基金会向向揭西县捐赠价值约50万元教学物资一批。

（王填德　陈漫纯）

机构编制

【概况】　2019年，揭西县委机构编制部门贯彻落实深化地方机构改革决策部署，优化政府组织结构，提升编制资源使用效能，推进全县机构改革工作；依法推进事业单位登记管理，加强机构编制管理工作，开展控编、减编等工作专项督查。是年，编制形成《揭西县机构改革方案》，设置县级党政机构34个；编制形成《揭西县承担行政职能事业单位改革实施方案》，事业单位不再承担行政职能，涉改县直事业单位由456个调整为425个，撤销31个。

【机构改革】　2019年，揭西县委机构编制部门部署一系列专题调研活动，深化认识、摸清县情、找准对策，加强与上级部门沟通联系，多次就方案政策口径、框架内容、文稿体例、规范用语等向市机构改革办请示报告，拟定并上报《揭西县机构改革方案》。1月28日，广东省委批复《揭西县机构改革方案》，3月4日召开中国共产党揭西县第十一届委员会第六次全体会议，会议通过并印发《揭西县机构改革方案》。改革后，设置县级党政机构34个，其中县委工作机构8个、县政府工作部门26个。3月25日，涉改部门“三定”规定经县委深化机构改革工作领导小组第五次会议和县委十一届第84次常委会议审议通过，县委书记签批同意印发涉改部门“三定”规定；根据《广东省关于市县机构改革的总体意见》《广东省承担行政职能事业单位改革试点方案》和《揭西县机构改革方案》精神和要求，结合全县实际，制定《揭西县承担行政职能事业单位改革实施方案》，5月21日，经县委深化机构改革工作领导小组同意并印发。改革后，事业单位不再承担行政职能，涉改县直事业单位由456个调整为425个，撤销31个。

【行政机构编制管理】 2019年，揭西县委机构编制部门创新机构编制管理，建立科学合理编制调配机制，优化用编结构，统筹管理各类机构编制资源。完善全县机构编制实名制管理，做到及时更新。根据上级部门要求，制定机构编制问题整改台账，分类指导推进问题整改。

【事业机构编制管理】 2019年，揭西县委机构编制部门深化事业机构编制管理，加强标准化建设，强化事业单位法人服务和监管，规范编制管理程序。在保持全县中小学教职员总编制8855名不变前提下，实行动态调整、总量管理，重新核定全县中小学幼儿园教职员编制；根据深化医疗卫生体制改革精神，结合提升县级公立医院服务能力建设水平和医疗业务发展实际，在保持县卫生健康局所属事业单位人员总编制不变情况下进行调整，优化医疗卫生事业单位人员结构。

【事业单位登记管理】 2019年，揭西县委机构编制部门依法推进事业单位登记管理，做好事业单位法人初始登记、变更、注销以及证书补领日常管理工作。对所属事业单位年度报告上网提交进行监管，避免因取消年检后出现监管漏洞。根据中央、省、市关于“三证合一”（组织机构代码证、税务登记证、事业单位法人证）管理要求，做好机关群团统一社会信用代码登记和事业单位法人证书登记工作。加强对事业单位法人事中事后监督管理，组织人员对多个事业单位开展事业单位法人公示信息抽查，主要核实事业单位法人登记事项、年度报告等公示信息是否规范、准确、真实。全年事业单位法人初始登记设立2个，变更登记146个，撤销5个，证书补领5个；颁发机关群团统一社会信用代码46本，事业单位法人证书152本。

（杨谦谋　张师院）

县直机关党建

【概况】 2019年，中国共产党揭西县直属机关工作委员会（简称县直属机关）强化党组织建设，健全党员队伍管理，严把发展党员质量关，加强县直机关党规党纪、党风廉政建设。3月，县直属机关并入县委组织部，保留县直属机关工作委员会牌子，内设县直党务组。至年底，县直属机关系统基层党组织310个，其中基层党委15个，党总支部23个、党支部272个；党员6001人。

【党组织管理】 2019年，县直属机关加强党组织管理，强化思想武装，规范党务工作程序。结合“不忘初心，牢记使命”主题教育和县委“三学三推”党建主题活动，组织机关党员干部学习党的理论知识；在县直单位开展“模范机关走在前”主题活动，发挥机关党建示范和引领作用；检查指导各单位党务工作，抓好县直机关党组织的成立和换届选举工作。是年，县直（机关）党委成立12个，党总支部成立6个，党支部成立24个，县直党总支部换届15个，党支部换届200个。

【党员培训与发展】 2019年，县直属机关规范党员发展程序，严把发展党员质量关，加强党务工作者和发展对象培训，强化考察培养工作。全年举办党务工作者培训班2期，参加培训人员200

多人次；发展对象培训班2期，参加培训发展对象70多人，全部合格；吸收预备党员72人，预备党员转正80人。

【党风廉政建设】 2019年，县直属机关抓好机关党风廉政建设，加强对党员教育和管理，增强执纪问责力度。对违反党纪的党员，坚持实事求是、从严治党原则进行处置，坚持纪严于法、纪在法前。县直机关全年上报县纪委处分党员28人，其中党内警告11人，党内严重警告12人，撤销党内职务1人，留党察看2人，开除党籍2人。

（刘淑君　刘道精）

县委巡察工作

【概况】 2019年，揭西县委巡察机构深化巡察体制改革，强化巡察队伍建设，压实党委巡察主体责任，推进巡察全覆盖，推动巡察与派驻监督、乡镇街道纪（工）委工作协同并进。3月25日，县委印发《中共揭西县委巡察领导小组办公室职能配置、内设机构和人员编制规定》，保留县委原有3个巡察组，增设2个巡察组，增加行政编制10人，编制共19人。全年完成3轮常规巡察。

【县委常规巡察】 2019年，揭西县委巡察机构推进县委常规巡察工作。围绕党的政治建设、思想建设、组织建设、作风建设、纪律建设和反腐败斗争，开展县委常规巡察和巡察整改落实专项督查，推动巡察反馈问题整改落地落实。全年完成十一届县委第五、六、七轮共3轮常规巡察，巡察5个乡镇、17个县直单位和1个国有企业，第五、六轮巡察发现问题线索473条，反馈被巡察单位整改问题313条，移交县纪委监委进一步调查线索105条，移交县委组织部进一步调查线索11条。

2019年12月10日，揭西县委巡察干部和镇、村干部到五经富镇第三村走访查看违法建筑控停工作　（县委巡察办　供稿）

【村级巡察全覆盖】 2019年，揭西县委巡察机构配合揭阳市委驻镇巡村专项巡察组完成全县村级巡察。3月，揭阳市委驻镇巡村专项巡察组对全县318个村（社区）进行全覆盖巡察，县委巡察机构抽调多名骨干力量配合工作，并与县委办、县公安局、县卫计局、县委党校等部门协调合作，做好市委专项巡察组在揭西县巡视巡察期间后勤保障、出行保障和生活保障等工作，配合市委第三巡察组及16个专项巡察组完成对揭西县村级巡察全覆盖工作。

（县委巡察办）

政策研究

【概况】 2019年，揭西县委政研部门围绕经济社会发展、全面深化改革、产业发展、社会管理等事关全县发展大局的重点问题，开展调查研究，形成有情况、有问题、有分析、有建议的调查报告，为县委科学决策提供参考依据。全年完成调研课题6项、调研报告及材料11篇。

【专题调研】 2019年，揭西县委政策研究室围绕县委、县政府重点调研课题，组织协调各有关部门共同开展调查研究，主要开展基层减负落实情况、全面推进国家全域旅游示范区创建、城乡生活垃圾管理、村居雨污分流建设等6项专题调研，形成《关于开展为基层减负落实情况专题调研情况报告》《揭西县开展全面推进国家全域旅游示范区创建调研情况汇报》《揭西县城乡生活垃圾管理调研情况汇报》《揭西县开展全年村居雨污分流建设调研情况汇报》等调研报告及材料11篇。

（李旭林　陈育青）

党校工作

【概况】　中国共产党揭西县委员会党校（简称县委党校）强化党委领导责任，整合师资资源，突出精准化培训，推进干部教育培训和思想理论建设。全年举办主体班14期，培训党员领导干部和管理人员2474人次；开展中共十九届四中全会精神宣讲和辅导活动9场次，听讲人数1750多人次。

【干部培训】　2019年，县委党校举办主体班14期，培训党员领导干部和管理人员共2474人次。4月底至5月，举办学习贯彻《粤港澳大湾区发展规划纲要》专题研讨班6期，其中揭西县正科级主要领导干部班1期120人次，揭西县县管干部班3期共600人次，揭西县“两新”组织、国有企业书记班1期120人次，揭西县村（社区）党组织书记班1期318人次。6月，举办揭西县2018年度新录用公务员初任培训班1期93人次。7月，举办揭西县基层党务工作者培训班1期160人次。8月，举办揭西县打赢脱贫攻坚帮扶干部专题培训班1期161人次。10月，举办打赢脱贫攻坚战省定贫困村干部专题培训班1期170人次。12月，举办学习贯彻中共十九届四中全会精神专题研讨班4期共732人次，其中揭西县正科级主要领导干部研讨班1期130人次、县管干部研讨班3期602人次。

【专题宣讲和辅导】　2019年，县委党校配合县委宣传部开展各项专题宣讲和辅导活动。12月，县委宣传部组织开展中共十九届四中全会精神宣讲活动，县委党校派出2名骨干教师到棉湖镇、五经富镇等8个乡镇和县佛教协会，开展宣讲活动9场次，听讲人数1750多人次。

【教学创新】　2019年，县委党校创新教学方式方法，加强教育管理，科学制定年度培训计划，明确培训工作目标任务，推进全年培训工作计划开展；突出党的理论和党性教育，抓好马克思主义基本理论教学，加强中国特色社会主义理论教学研究和习近平总书记系列重要讲话精神、中共十九大精神、十九届四中全会精神、习近平新时代中国特色社会主义思想等重要内容学习培训，强化理想信念、党章党规重点党性教育；精心设置培训班次，分层分类组织干部参加学习培训，扩大培训覆盖面；优化培训方式，改进教学手段，运用现代信息技术手段开展教学活动，建立专家教授、相关业务部门领导干部到党校授课制度，变“独家讲”为“众家讲”，综合运用讲授式、研讨式、案例式、体验式等方式开展教学；建立培训档案制度、考勤制度、班主任跟班点名制度，做到严以治学。

（张燕豪　张五星）

党史研究

【概况】　2019年，揭西县史志办（简称县史志办）挖掘红色资源，开展全县革命遗址普查，做好地方党史资料整理、图书编纂工作，加强党史学习和宣传教育，围绕红色革命旧址保护开发利用开展专题研究。是年，组织编写出版《潮汕人民抗征队诞生地——火炬村》。

【革命遗址普查】　2019年，县史志办制订《揭西县革命遗址普查工作方案》，在全县开展革命遗址普查工作，搜集整理档案和历史资料，组织专人到各乡镇（街道）开展田野调查。9月20日，揭西县在县机关大院附楼四楼召开红色革命遗址普查工作会议。至年底，初步摸查革命遗址和红色交通（情报）站162处，其中革命遗址120处、红色交通（情报）站42处。

【地方党史编纂】　2019年，县史志办配合县委创建“红色村”党建示范工程，打造揭西县“红色村”党建品牌，开发地方党史资源，传承红色基因，讲好红色革命故事，组织编写《潮汕人民抗征队诞生地——火炬村》。全书分五章，记述解放战争时期揭西地域特别是火炬村为潮汕全境解放所作历史贡献史实，重点介绍潮汕人民抗征队建立和发展壮大过程、解放战争时期中共潮汕党组织在揭西地域召开的重要会议和设立重要机构等。

【党史专题研究】 2019年，县史志办对全县革命遗址普查工作开展调研，专题研究红色革命旧址保护开发利用情况。10月17—18日，分别赴钱坑镇、南山镇开展调研，实地考察中共揭阳委机关旧址、潮汕军政法庭旧址及潮汕人民抗征队司令部、后勤部旧址等，了解火炬村“红色村”建设情况，与有关乡镇干部开展座谈并提出工作建议。

【党史宣传教育】 2019年，县史志办加强党史学习，立足地方党史研究成果和资源，推动党史宣传教育工作。结合“不忘初心、牢记使命”主题教育，向全县有关单位、各乡镇（街道）提供《中国共产党揭西地方史第一卷》《中国共产党广东省揭西历史第二卷（1949—1978）》《潮汕人民抗征队诞生地——火炬村》等，向龙跃小学等学校赠送有关党史书籍，加强揭西地方党史宣传，助力全县开展党史学习教育。

（彭上华 张卓勇）

揭西县人民代表大会

【概况】 2019年，揭西县第十届人民代表大会常务委员会组成人员27人，其中主任1人，副主任5人，委员21人。县人大设社会建设委员会，县人大常委会设选举联络人事任免、教育科学文化卫生、城乡建设环境与资源保护、华侨宗教外事、财政经济、法制、农村农业7个工作委员会。全年县人大常委会召开常委会会议8次，听取和审议“一府两院”（县人民政府、县人民法院、县人民检察院）工作报告19项；审查政府议案2个，作出决定4项、决议1项；开展执法检查2次；任命和决定任命国家机关工作人员89人，免职37人，接受辞职14人；开展各类视察调研活动13项。全县各级人民代表大会17个，其中县人民代表大会1个、乡镇人民代表大会16个，街道人大工作委员会1个。各级人大代表1440人，其中全国人大代表1人，省人大代表3人，市人大代表44人，县人大代表262人，乡镇人大代表1130人。

【重要会议】 **县十届人大第四次会议** 2019年3月26—28日，揭西县第十届人民代表大会第四次会议在县委党校人民会堂召开。出席会议代表256人。大会听取和审议2018年县政府工作报告、县人大常委会工作报告、县人民法院工作报告、县人民检察院工作报告，审查并批准《揭西县2018年国民经济和社会发展计划执行情况与2019年计划草案的报告》《揭西县2018年预算执行情况与2019年预算草案的报告》。大会决定设立揭西县第十届人民代表大会社会建设委员会。依法选举魏洁林为揭西县人民政府县长；依法选举陈统将为揭西县第十届人大常委会副主任；依法选举李建航、杨和快、张赐荣、陈新伟、黄俊琳为揭西县第十届人大常委会委员；依法通过揭西县第十届人民代表大会社会建设委员会组成人员名单，陈新伟为主任委员，李建航、杨和快为副主任委员，刘如娟、林少英为委员。

县十届人大常委会第十九次会议 2019年1月4日，揭西县第十届人大常委会第十九次会议在县人大常委会会议室召开。出席会议24人，会议接受周伟、黄锐亮、蔡少松、温俊香辞去揭阳市第六届人大代表职务；依法选举魏洁林、陈家鹏为揭阳市第六届人民代表大会代表。

县十届人大常委会第二十次会议 2019年3月13日，揭西县第十届人大常委会第二十次会议在县人大常委会会议室召开。出席会议19人，会议就县人大常委会许可对个别县十届人大代表采取强制措施问题作说明；接受蔡育明辞去揭西县人大常委会副主任职务；接受蔡琼珍、彭伟明、林伟哲、蔡喜生辞去揭西县人大常委会委员职务。

县十届人大常委会第二十一次会议 2019年3月20日，揭西县第十届人大常委会第二十一次会议在县人大常委会会议室召开。出席会议19人，会议讨论决定召开县十届人大四次会议有关事项，听取和审议代表变动情况和补选代表的代表资格审查报告。会议决定任命吴国栋为揭西县人民政府办公室主任，决定任命王喜发、邹锐豪等19人为县政府各组成局局长。

县十届人大常委会第二十二次会议 2019年5月10日，揭西县第十届人大常委会第二十二次会议在县人大常委会会议室召开，出席会议24人。会议审议县政府提请的《揭西县2018年地方政府债务限额情况报告》议案，决定同意该报告，批准揭西县2018年地方政府债务限额为15.93亿元。听取和审议县政府关于2018年县本级社保基金收支管理情况报告；首次听取和审议县政府关于全县环境状况和环境保护目标完成情况报告。免去陈少华揭西县人民法院审判员、审判委员会委员、院长职务，决定任命周旭茂为揭西县人民法院副院长，决定周旭茂为代理院长。

县十届人大常委会第二十三次会议 2019年7月26日，揭西县第十届人大常委会第二十三次会议在县人大常委会会议室召开，出席会议26人。会议听取县税务局关于2019年上半年税收征管情况报告，听取和审议县政府关于2019年上半年计划执行情况和2019年上半年预算执行情况报告。决定免去钟汉宏揭西县人民政府副县长职务。

县十届人大常委会第二十四次会议 2019年9月29日，揭西县第十届人大常委会第二十四次会议在县人大常委会会议室召开，出席会议25人。会议听取县政府《关于推进脱贫攻坚和乡村振兴工作情况的报告》《关于揭西县2018年财政决算的报告》《关于2018年度县本级预算执行和其他财政收支的审计工作报告》，会议结合审议审计工作报告，对揭西县2018年财政决算报告进行审查，决定批准《关于揭西县2018年财政决算的报告》。

县十届人大常委会第二十六次会议 2019年12月27日，揭西县第十届人大常委会第二十六次会议在县人大常委会会议室召开，出席会议24人。会议听取和审议县政府关于县十届人大四次会议代表建议办理情况以及县政府关于2019年预算调整情况报告；接受张远辉辞去揭西县人大常委会副主任职务。

【重大事项讨论决定】 2019年，县人大常委会把落实县委重要工作安排与发扬民主、严格依法办事结合起来，按照讨论决定重大事项规定，听取和审议县政府关于2018年度本级预算执行情况和其他财政收支审计工作报告；对2018年地方政府债务限额情况报告和2018年财政决算报告进行审议并作出相应决议决定；审查批准2019年度县级财政预算调整方案，保障全县重点项目、民生事业资金需求。

【人事任免】 2019年，县人大常委会贯彻落实县委人事安排意图和县委机构改革工作部署，坚持党管干部原则与人大依法行使选举任免权相统一，依法做好人事选举任免工作。对拟任命人员落实任前法律知识考试、颁发任命书等制度，组织新任命人员进行宪法宣誓，增强国家机关工作人员宪法意识、责任意识和公仆意识。全年任命、决定任命国家机关工作人员89人次，免去、决定免去职务37人次。

【人大监督】 2019年，县人大常委会组织开展经济运行、乡村振兴、脱贫攻坚、生态环境保护、重点项目建设、宪法法律执行情况等监督工作。配合上级人大调研人居环境整治和2018年度环境状况和环境保护目标完成情况；听取和审议县政府关于2018年度环境状况和环境保护目标完成情况报告；听取和审议县政府2018年县本级社保基金收支管理情况报告。调研基础教育和基层医疗卫生建设情况，听取和审议县政府关于扫黑除恶、乡村振兴和脱贫攻坚以及基层卫技人才队伍建设情况工作报告。

【调研视察】 2019年，县人大常委会围绕县委中心工作和人民群众普遍关注热点难点问题，组

2019年11月26日，县人大常委会组织部分市、县人大代表视察揭西县重点项目建设。图为代表们在县城新自来水厂视察 （蔡常伟 摄）

织各级人大代表开展年中专题调研、年终集中视察、代表小组活动。组织人大代表视察中小河流贡山溪棉湖段治理工程、棉湖污水处理厂建设情况。开展“更好发挥人大代表作用”主题活动，推进“五级”代表层级联系常态化，全县1156名代表参加主题活动，收集意见建议65件，走访选民群众711人。

【代表工作】 2019年，县人大常委会按照省人大常委会工作部署，突出“重在深化推进”要求，开展“推进县乡人大工作年”活动，到乡镇检查《广东省乡镇人民代表大会工作条例》落实情况，跟踪督促用好省下达乡镇人大工作和建设经费，指导乡镇人大开好一年两次人代会和代表活动等工作。规范全县17个乡镇（街道）代表中心联络站名称、组织管理、活动内容、工作制度、意见处理等工作；因地制宜推进坪上镇南联村、钱坑镇钱东村2个村级代表联络站示范点建设，为代表履职构建“新阵地”。

【执法检查】 2019年，县人大常委会开展《揭阳市生活垃圾管理条例》和《宗教事务条例》执法检查，听取县人民检察院关于公益诉讼工作情况报告，开展规范性文件备案审查工作，对县政府及其职能部门报备的规范性文件进行合法性审查，全年备案审查规范性文件35件。

【议案建议与督办】 2019年，县人大常委会落实常委会领导牵头督办代表建议工作机制，通过抓好重点建议督办、听取办理情况报告、实地查看办理成果、邀请代表参与督办等举措，推动代表建议办理落到实处，提升代表建议办理实效。至年底，县十届人大四次会议期间收到16件代表建议全部办结，并将结果逐一答复代表。

2019年揭西县十届人大四次会议代表建议汇总表

表3

领衔代表	建议标题	承办单位
庄进财	关于兴汕高速上砂出口至镇区段道路拓宽改造的建议	县交通运输局 上砂镇
彭志响	关于要求立项建设五云过境公路的建议	县交通运输局 五云镇
邓何元	关于解决北山路安全隐患及列入县管道路的建议	县交通运输局 南山镇
李永平	关于要求对G235线灰寨镇河五村路段增设道路交通安全设施及警示牌的建议	县交通运输局 灰寨镇
林俊华	关于改造升级迎宾大道，提升钱坑城镇化水平，推进建设旅游乡镇的建议	县交通运输局 钱坑镇
林群书	关于要求改造建设金和镇金南公路的建议	县交通运输局 金和镇

续表3

领衔代表	建议标题	承办单位
林焕文	关于要求支持凤江镇阳夏堤路建设的建议	交通运输局 凤江镇
刘汉阳	关于要求对县城露天排污沟铺设水泥板面的建议	县城市管理和综合执法局 河婆街道
蔡素凤	关于要求对县城区部分道路升级改造的建议	县城市管理和综合执法局 河婆街道
张克俭	关于修复河婆街道横北线排水灌溉渠道水利工程的建议	县水利局 河婆街道
陈瑞明	关于要求建设新楼村南和村榕江南河堤排灌站的建议	县水利局 河婆街道
黄少明	关于坪上镇上仓大桥下游建设拦水坡的建议	县水利局 坪上镇
刘锦勇	关于修建龙潭镇横龙线工程的建议	县水利局 龙潭镇
吴婵雄	关于塔拦灌区改造工程的建议	县水利局 塔头镇
吴谦慎	关于要求揭西县兴道中学归还棉湖镇作为公共文化活动中心的建议	县教育局
吴启列	关于要求增设东园镇邮储网点的建议	邮政集团揭西分公司

（黄志生　蔡常伟　蔡志龙）

揭西县人民政府

综　述

【县政府机构改革概况】 2019年，揭西县严格按照中央、省关于机构改革文件要求，加强行政审批监督，转变政府职能、理顺职责关系，优化组织结构，推动县级政府机构改革工作，提升行政效率。全年调整政府工作部门6个，撤销涉改县直事业单位31个。

【县政府常务会议】 十届县政府第四十六次常务会议　2019年1月16日，代县长在县政府612会议室主持召开十届县政府第四十六次常务会议，传达学习《揭西县海陆丰革命老区政策要点》，全国、省、市安全生产工作电视电话会议精神，学习《揭阳市安全生产巡查工作制度》。讨论研究关于揭西县2019年森林碳汇重点生态工程造林项目建设、棉湖镇棉湖大道路面修补工程资金、解决国管水利工程应急抢险资金、揭西县两河四岸象山拦河坝至两南桥堤段整治工程建设用地费用等问题。会议审议《县委十一届五次全会经济工作讲话》《揭西县人民政府重大决策出台前向县人民代表大会常务委员会报告规定（试行）》《广东省揭西县国家森林城市建设总体规划（2017—2026年）》《揭西县创建国家森林城市工作方案》《揭西县国家森林城市建设实施方案》。

十届县政府第四十七次常务会议　2019年1月29日，代县长在县政府612会议室主持召开十届县政府第四十七次常务会议，讨论研究关于揭西县城温泉路升级改造工程、揭西县棉湖镇棉西公路建设工程项目资金、揭西县乡村振兴战略（农村雨污分流工程建设）县级配套资金、乡镇（街道）2018年度税收增量考核奖励结算奖补资金、揭西县城道路升级改造、省道S228线揭西新洪村至张厝段路面改造、棉湖镇区道路升级改造、揭西县“8·27”强降雨水利水毁工程修复抢险救灾资金计划安排、省道S224线揭西段路面改造工程配套资金、京棉公路交通安全隐患治理资金、2018年中央国有贫困林场扶贫资金等有关问题。会议审议《揭西县河湖及水利工程划界确权工作实施方案》《揭西县县域乡村建设规划》《揭西县坪上镇高速公路出入口辐射区控制性详细规划（修改）》《揭西县城东部商贸城地区控制性详细规划修改论证报告》《揭西仙径山——禅·生态文化旅游区旅游发展总体规划（2018—2027）》。

十届县政府第四十八次常务会议 2019年3月15日，代县长在县政府612会议室主持召开十届县政府第四十八次常务会议，讨论研究关于揭西县城道路升级改造二期工程建设、建设县道X097（京梅线）、县道X099（径上线）绿化工程、御龙湾小区揭西县第一建筑工程公司国有建设用地挂牌转让、紧急解决防控非洲猪瘟消毒药经费、新增县城区环境卫生综合服务路段、揭西县国省道绿化补植工程项目等有关问题。会议审议《政府工作报告》《揭西县2018年国民经济和社会发展计划执行情况与2019年计划草案的报告》《揭西县2018年预算执行情况和2019年预算草案的报告》《揭西县贯彻落实省环保1号令及决战决胜年实施方案》《揭西县2019年省级生态公益林效益补偿资金下达方案》《揭西县2017年国有农用地基准地价成果》《揭西县2017年度第一批次土地征收补偿工作方案》《揭西县2017年度第一批次城镇建设用地征地补偿安置方案》《揭西县2019年度国有建设用地储备计划》《揭西县2019年度国有建设用地供应计划》《揭西县2019年度“三旧”改造实施工作方案》《揭西县2019年度批而未供闲置土地处置实施工作方案》《揭西县金和镇石牛埔原镇政府旧办公址“三旧”改造项目改造方案》《揭西县河婆街道樟树坑村地段国有建设用地使用权出让方案》《揭西县棉湖镇物流园控制性详细规划》《揭西县城西部城区、南部城区控制性详细规划》《揭西县生活污水处理设施整县打包PPP项目镇级污水处理厂选址论证报告》。

十届县政府第四十九次常务会议 2019年4月4日，县长在县政府612会议室主持召开十届县政府第四十九次常务会议，传达学习《关于揭东区住建局办理业务敷衍塞责办事拖拉等典型问题的通报》《关于切实做好扬言类信息及时处置工作坚决防止出现涉访个人极端事件的通知》《广东省大型群众性活动安全管理办法》，讨论研究关于揭西县棉湖镇镇区道路升级改造二期工程建设、揭西县卫生创强首期投资项目债务、县城污水处理厂及配套管网三期工程、实施凤江镇内河涌水质提升项目建设、将相关PPP项目服务费纳入县财政年度预算计划、开展揭西县东园镇土地利用总体规划（2010—2020年）有条件建设区使用方案（桃围村、四联村）编制、建立县商品房存量房网签备案系统专项资金、配合省建工集团开展2019年度揭西县垦造水田工作经费等有关问题，会议审议《揭西河婆互通至县城主干道绿化配套工程建设方案》《揭西县金和镇原镇政府旧办公址国有建设用地使用权协议出让方案》《揭西县河婆街道岭丰村地段国有建设用地使用权出让方案》《兴宁至汕尾高速公路五华至陆河段项目（揭西段）土地征收补偿工作方案》《揭西县上砂镇红星村、径上村、径心村、联东村、联中村、上联村、汤輋村、下联村经济联合社征地补偿安置方案》《揭西县五云镇保新村、岽坑村、富厚村、硿下村、岭新村、坡苏村经济联合社征地补偿安置方案》《揭西县2018年度地质灾害隐患点治理工作实施方案》《揭西县龙潭镇井下村土地利用规划（2018—2020年）》。会议部署关于信息报送、重点项目、安全生产财税和经济指标等相关工作。

十届县政府第五十次常务会议 2019年4月12日，县长在县政府612会议室主持召开十届县政府第五十次常务会议，会议部署全域旅游、新农村建设、进一步做好非法牛蛙养殖清理取缔工作，会议讨论研究关于启动揭西中园新城项目征地工作、揭西中园新城项目征地费用、2019年公立医院综合改革中央补助资金分配方案、钱坑镇、大溪镇等地段三宗国有建设用地使用权出让方案、东园镇月湄村传统村落保护发展项目资金、县商品房存量房网签备案系统专项资金等有关问题。会议审议《2017年退役士兵重点对象安置工作方案》《西气东输三线闽粤支干线（广州—潮州段）工程（揭西县段）土地征收补偿工作方案》。

十届县政府第五十一次常务会议 2019年5月8日，县长在县政府612会议室主持召开十届县政府第五十一次常务会议，传达学习全国、省、市廉政工作会议精神、全省脱贫攻坚工作现场推进会精神、全市质量强市和食品安全工作推进会精神、市纪委关于4起违反中央八项规定精神典型问题的通报等上级有关文件和会议精神，讨论研究关于政府购买社会救助服务加强基层经办服务能力、调整揭西县自来水价格并实行居民阶梯水价制度、继续推行扶贫小额贷款工作、揭西县2015年度高标准基本农田建设项目工程质保金的问题、揭西县人民医院外科综合楼一至四楼天花吊顶修缮工程的问题等有关问题。会议审议《揭西县食品安全治理行动方案（2018—2020年）》《揭西县第五批县级非物质文化遗产名录》《揭西县2018年地方政府债务限额情况报告》《揭西县211个面上村“三清三拆三整治”专项资金分配方案》。

十届县政府第五十二次常务会议 2019年5月23日，县长在县政府612会议室主持召开十届县政府第五十二次常务会议，会议传达5月15日全市无偿献血约谈工作会精神，讨论研究关于国有揭西县天宝堂林场职工安置、将供水设施、供电设施、进场道路等市政配套设施建设纳入PPP项目总投资、榕江南河象山拦河坝至潮惠高速连接线左岸河道清淤项目、揭西县乡道Y553线（甲粗线）水毁修复工程建设、揭西县乡道Y516线（南大公路）水毁修复工程建设、揭西县棉湖华侨医院住院综合大楼配电房工程变更增量、揭西县人民医院住院综合楼配套项目（医用气体、对讲安装工程）建设变更增量、揭西县人民医院住院综合楼附属工程（出入口道路、污水处理站）变更增量、揭西县财政账务一体化平台升级改造资金、国家农业综合开发项目质保金、调整优化棉湖镇三宗供而未建地块规划设计条件等有关问题。审议《关于加快推进全县退役军人服务保障体系建设的实施方案》《揭西县东园镇总体规划（2015—2035）（修改）》《揭西县中园新城控制性详细规划》《揭西县（县城）东部商贸城溪西片区控制性详细规划（修改）》《揭西县（县城）东部商贸城控制性详细规划（修改）》《揭西县通保化工有限公司三旧改造单元控制性详细规划》《揭西县钱坑镇高速公路出入口辐射区控制性详细规划（修改）》《揭西县五经富镇虎峰小学控规单元规划图》《关于揭西县山湖村旅游服务中心选址变更的论证报告》。

十届县政府第五十三次常务会议 2019年6月13日，县长在县政府612会议室主持召开十届县政府第五十三次常务会议，会议传达6月10日广东省污染防治攻坚战治理技术、装备、服务展示交流对接会精神讨论研究关于省道S228线（原县道X094五黄线）水毁修复工程项目建设、轮换县级储备粮、2019年揭西县公开招聘卫生健康事业单位专业技术人员、采购揭西县人民医院信息中心机房设备及配套安装项目、采购揭西县棉湖华侨医院住院综合大楼医用洁净系统及安装项目、采购揭西县棉湖华侨医院住院综合大楼医疗设备、采购揭西县棉湖华侨医院数字化信息系统、采购揭西县棉湖华侨医院住院综合大楼病床及办公家具、采购揭西县医疗急救指挥中心救护车辆及车载医疗设备项目、全县人居环境整治建设生态宜居美丽乡村资金、收回金和镇山湖麻厂国有土地使用权、县福利院土地确权、县环卫局偿还“创文”工作债务等有关问题。审议《揭西县乡镇寄宿制学校建设专项规划（2019—2021）》《揭西县涉农资金统筹整合实施方案（试行）》《揭西县2019年涉农资金分配及任务安排方案》《揭西县生猪定点屠宰设置规划实施方案》《揭西县进一步加强畜禽养殖业污染综合整治行动工作方案》《揭西县2019年35个省定贫困村乡村绿化美化补助资金分配方案》。

十届县政府第五十四次常务会议 2019年7月11日，县长在县政府612会议室主持召开十届县政府第五十四次常务会议，会议传达全省防汛救灾工作视频会议、全市三防工作会议精神、全省打好污染防治攻坚战工作推进会精神、上级有关违建别墅问题清查整治专项行动会议及批示精神。讨论研究关于解决机关事业单位养老保险降费基金缺口和2019年调整退休人员基本养老金增资资金、实施工伤保险征缴工作、建设揭西县塔头拦河闸重建工程、建设揭西县2019年省级森林碳汇林抚育项目、开展揭西县福利中心建设前期工作、创建揭西县生态宜居美丽示范村、省道S228线揭西新洪村至张厝段公路配套工程纳入原路面改造项目合并实施建设、国道G235线五云镇径下桥改造工程征地拆迁、开展全县城镇土地定级与基准地价更新工作、划拨兴宁至汕尾高速公路五华至陆河段项目（揭西段）工程建设用地、揭西县霖田高级中学学生宿舍楼项目工程款、开展揭西县龙潭黄竹溪内河涌水质提升工程前期工作、棉湖镇云湖水系东、西支流水质改善提升工程、2019年度全县防汛器材物资专项资金等有关问题。会议审议《揭西县机关事业单位职业年金征缴工作方案》《揭西县创建示范县涉农整合资金分配方案》《揭西县精准扶贫开发资金项目（第十二批）》《2019年中小学校舍维修改造长效机制省级补助资金和县配套资金分配方案》《关于开展畜禽养殖污染综合整治的通告》《2019年揭西县危房改造补助资金分配方案》。

十届县政府第五十五次常务会议 2019年7月30日，县长在县政府612会议室主持召开十届县政府第五十五次常务会议，会议传达市纪委办《关于对2起落实市委市政府决策部署执行不力问题的通报》精神。会议研究关于启动大北山革命历史纪念馆红色革命遗址保护利用工程前期工作、2019年增配教师、拆除重建揭西县第二华侨中学综合楼、启动棉湖镇上浦村污水收集管线工程项目前期工作、揭西县凤江镇内河涌水质改善提升项目（一期）工程建设、启动榕江南河揭西县金和段（金里片区）水质保护工程前期工作、揭西县各建制镇集中式生活饮用水源保护区标准化设置工程建设、公布揭西县公共服务用地基准地价成果、拨还原东园中洲工业园区征地报批费用和征地留用地折算货币补偿费用、樟树坑村地段土地征收出让及留用地安置成本和土地储备金、调整2019年部分土地储备债券资金用途、大溪镇镇区道路升级改造项目建设、开展棉湖、凤江、坪上三镇堤围整治工程前期工作、开展县城两河四岸毓秀工程（四期）前期工作、万里碧道县中心城区及棉湖镇、凤江镇项目修建性详细规划编制经费、解决莲花山水库除险加固工程结算余款、解决黄沙坪水库除险加固工程结算余款、解决部分水库移民专项资金、移交揭西县城横江河左岸景观配套工程维护管理工作、揭西县瓠杓岭引榕灌区节水配套改造项目、揭西县村卫生站公建规范化建设资金及统一采购村卫生站基本设备和标识标牌、2019年度病媒生物防制服务专项经费、县人民医院精神康复科改造工程、县城北环一路改造工程项目变更建设内容、揭西县城道路升级改造二期工程变更建设内容、实施樟树坑控规单元规划道路工程设计及地质勘察、完善配套揭西县电线电缆产业园投资服务中心、退役军人事务局机关及退役军人服务中心办公用房改造工程项目、将揭西县良种场高田村民委员会的管理体制划纳入揭西县龙潭镇人民政府管理、揭西县党委系统信息化建设分级保护方案、补充招聘村（社区）党群服务中心专职人员。会议审议《揭西县乡村学校少年宫建设项目方案》《揭西县东园镇中洲村（中园新城）地段二宗国有建设用地使用权出让方案》《揭西县电线电缆生态产业园三宗国有建设用地使用权出让方案》《揭西县钱坑镇钱坑大桥东北侧地段国有建设用地使用权出让方案》有关情况汇报，原则同意经县土地管理委员会审议通过《揭西县东园镇中洲村（中园新城）地段二宗国有建设用地使用权出让方案》《揭西县电线电缆生态产业园三宗国有建设用地使用权出让方案》《揭西县钱坑镇钱坑大桥东北侧地段国有建设用地使用权出让方案》《揭西县县城新建自来水厂供水管道征用地工作方案》《2019年第二批中央补助公立医院综合改革资金分配方案》《揭西县促进小微工业企业上规模及中小微企业货款贴息专项资金使用方案》。

十届县政府第五十六次常务会议 2019年8月13日，受县长委托，县委常委、常务副县长在县政府612会议室主持召开十届县政府第五十六次常务会议，传达学习贯彻代市长张科调研揭西讲话精神，讨论研究关于2020年新增债券需求、启动揭西县城两河三岸景观工程建设前期工作、启动棉湖镇镇区道路升级改造工程（三期）前期工作、规划建设棉湖镇北部新城项目（二期）、解决龙潭镇电子科技业用地等有关问题。会议审议《揭西县金和镇E-03单元（鱼苗场片区）控制性详细规划》等7个控制性详细规划及210个行政村村庄规划。

十届县政府第五十七次常务会议 2019年8月21日，受县长委托，县委常委、常务副县长在县政府612会议室主持召开十届县政府第五十七次常务会议，传达学习市纪委办《关于4起危房改造领域违纪违法典型案例的通报》精神，讨论研究关于解决机关事业单位财政负担人员职业年金个人缴交部分资金、规划建设县城东部商贸城（二期）、规划建设龙潭高田康养商住区项目、规划建设金和基地场商住项目等有关问题。

十届县政府第五十八次常务会议 2019年8月28日，受县长委托，县委常委、常务副县长在县政府612会议室主持召开十届县政府第五十八次常务会议，讨论研究关于2020年新增债券需求（第二批）、启动揭西县城榕江南河右岸堤路综合整治工程建设前期工作、启动揭西县城横江河下段堤路综合整治工程建设前期工作、启动揭西县城广德生态区建设工程（一期）前期工作、启动揭西县棉湖镇沿江路综合整治工程建设前期工作、启动揭西县五经富河饮用水源保护工程（一期）前期工作有关问题。

十届县政府第五十九次常务会议 2019年9月3日，县长在县政府612会议室主持召开十届县政府第五十九次常务会议，会议传达学习省、市防台风工作会议精神、揭阳市污染防治攻坚战工作调度会精神、全国稳定生猪生产保障市场供应电视电话会议精神，会议听取关于省扶贫和乡村振兴专项审计工作情况、关于农村雨污分流建设情况、关于农村卫生站建设情况汇报，讨论研究关于开展县道X096新大线金和桥改建工程前期工作、启动揭西县城两广场改造工程建设前期工作、钱坑镇敬老院升级改造建设项目、建设揭西县政务服务平台集约化改造提升项目、揭西县2016年省级现代农业“五位一体”示范基地项目资金等有关问题。会议审议《关于深化我县教育机制体制改革的实施意见（送审稿）》《揭西县文化馆图书馆总分馆制建设实施方案》《揭西县高速公路出入口征地拆迁工作实施方案》。

十届县政府第六十次常务会议 2019年9月25日，县长在县政府612会议室主持召开十届县政府第六十次常务会议，传达全省第四季度防范重特大生产安全事故暨消防及秋冬季森林防灭火工作会议、全市宣传文化工作会议精神，讨论研究关于揭西县城道路升级改造二期工程建设、县公安局业务技术用房增加建设规模、揭西县棉湖镇镇区道路升级改造二期工程建设、开展省道S508线揭西上砂至砼下段路面改造工程前期工作、建设揭西县河婆街道庙角村党群服务中心、招聘政府专职消防员、开展揭西县2020年度标定地价体系建设及集体建设用地、集体农用地基准地价制订工作、揭西县城两河四岸堤防整治工程前期工作经费、“三清三拆”工作经费、2020年专项债券资金需求（第三批）、潮客粤菜师傅乡厨厨艺邀请赛暨全市全域旅游工作现场会筹办经费、启动揭西县棉湖华侨医院门诊医技楼改建工程项目前期工作、启动揭西县人民医院精神康复大楼项目前期工作、揭西县棉湖华侨医院住院综合大楼医疗设备等相关问题。会议审议《揭西县财政性资金投资建设项目管理办法》《揭阳天然气管道工程揭西段征用地（含临时用地）补偿实施方案》《揭阳天然气管道工程揭西段征用地（含临时用地）补偿标准及工作经费方案》《揭西县党政领导干部安全生产责任制实施细则》《揭西县人民政府关于严禁露天焚烧的通告（草案）》《关于进一步加强和规范土地管理的若干意见（修订）》《揭西县2019年度第一批次土地征收补偿工作方案》《揭西县2019年度第二批次土地征收补偿工作方案》《揭西县2019年度第三批次土地征收补偿工作方案》《关于揭西县2018年财政决算的报告》《揭西县2019年中央财政农业生产和水利救灾（农作物病虫害防治）资金项目实施方案》《揭西县2018年省级生态公益林分区域差异化效益补偿资金下达方案》《2019年省级生态公益林分区域差异化效益补偿资金下达方案》《揭西县关于鼓励民宿（农家乐）发展的实施意见（试行）》《揭西县关于旅游厕所评级奖励实施方案（试行）》《关于开发公益性岗位安置就业困难人员和建档立卡贫困户家庭成员就业的意见》。

十届县政府第六十一次常务会议 2019年10月29日，县长在县政府612会议室主持召开十届县政府第六十一次常务会议，传达全市2019年第三季度经济形势分析会精神、揭阳市污染防治攻坚战工作第三季度调度会精神、进一步做好清理拖欠民营企业中小企业账款工作全国电视电话会议精神，听取加强财政专项资金管理、加快财政支出进度、审计报告征求意见书初步反馈情况汇报、养老保险清算、扩面征缴、未成年人思想道德建设情况、迎接省级文明城市2019年度复检测评工作、2020年城乡基本医疗保险参保工作情况汇报，讨论研究揭西县2019—2020年农村公路安全生命防护工程建设、揭西县城污水处理厂及配套管网三期工程建设、揭西县黄竹溪龙潭段水质提升工程建设、棉湖镇北部片区集污管网工程（一期）建设、榕江南河揭西县金和段（金里片区）水质保护工程建设、揭西县人民医院外电源配套工程、基层派出所业务用房建设、启动河长制考核断面水质监测工作、明确揭西贝斯达医院项目征地拆迁补偿标准及下拨剩余征地拆迁补偿款、开展揭西县永久基本农田整改补划及储备区划定工作、拨付乡镇（街道）违法用地图斑拆除整改工作补助经费、拨付补充耕地核查整改资金、揭西县“一村一品、一镇一业”申报项目、解决原由财政代扣但未做实机关事业单位养老保险个人缴费资金、增加年度公安业务经费、揭西县河婆中学部分固定资产处置、将国道G238线甬莞高速河婆出口至坪上镇东南村路段路灯照明用电及日常维护等纳入县路灯管理所统一管理、补录村（社区）党群服务中心专职人员、补充招聘警务辅助人员、招聘县统计局信息处理中心工作人员、招聘县消费者权益保护委员会工作人员等有关工作。会议审议《揭西县特困供养人员护理工作实施方案》《揭西县老虎坷垃圾填埋场垃圾处理运营方案》《揭西县塔头拦河闸重建工程征地拆迁工作方案》《广东省中小河流治理（二期）组建项目公司框架协议》《揭西县2019年度地质灾害隐患点治理工作实施方案》《揭西县棉湖镇第二华侨中学控规单元》《揭西棉湖镇创贤房地产花园路宗地设计指标调整论证报告》《揭西棉湖镇湖坡建设大龙秋A宗地设计指标调整论证报告》《揭西棉湖镇泰利贤地产大龙秋宗地设计指标调整论证报告》《2019年教育发展专项资金（推进教育现代化及农村义务寄宿制学校建设用途）学前教育发展资金（第一批）分配方案》《揭西县2019年省财政补齐人均公共文化财政支出短板奖补资金分配方案》。

十届县政府第六十二次常务会议 2019年11月11日，县长在县政府612会议室主持召开十届县政府第六十二次常务会议，传达学习全市精准脱贫攻坚会议、市加强自然资源执法工作会议精神，讨论研究关于解决东园中学工程款、揭西县职业技术学校教学楼修缮及室外配套工程建设、揭西县职业技术学校教学楼修缮及室外配套工程建设、将县财政收回的专项存量资金安排用于卫生创强基础建设项目、揭西县榕江南河两岸整治第三期工程建设内容调整、规划建设原坎头中学商住区项目、揭西县金和镇山湖村北门、北星桥改造工程项目建设、置换南山镇道南圩门牌2208号公产房并拆除作为道路用地、建设揭西县坪上镇坪红路改造二期工程、开展揭西县大北山旅游公路（南大公路）路面改造工程前期工作、开展揭西县黄满寨旅游公路（甲粗线）路面改造工程前期工作、调整揭西县中小河流治理（二期）项目法人单位、上报2020年省级专项资金县项目库项目预备入库等有关问题。会议审议《揭西县精准扶贫精准脱贫产业扶贫资金使用管理实施细则》《揭阳市揭西县茶叶产业园省级现代农业产业园财政资金使用方案》《揭西县发放原民办教师和原代课教师生活困难补助的工作方案》《2019年中小学校舍维修改造中央追加资金分配方案》《2019年中央支持学前教育发展资金预算（扩大学前教育资源奖补资金）分配方案》《揭西县县级政务信息化项目建设管理办法（试行）》《揭阳机场至揭西县机场客运快线合作协议补充协议》《揭西县棉湖镇新湖村湖坡大道西侧地段国有建设用地使用权出让方案》《揭西县东园镇土地利用总体规划（2010—2020年）有条件建设区使用方案（桃围村）》。

十届县政府第六十三次常务会议 2019年11月28日，县长在县政府612会议室主持召开十届县政府第六十三次常务会议，传达学习全国安全生产电视电话会议、第二十次广东民政会议精神，讨论研究关于明确全县新农村项目建设不须收取村镇基础设施配套费、省道S228线（原县道X094五黄线）排水边沟改造工程项目建设、开展省道S239线揭西钱坑至金和段改建工程前期工作、开展省道S239线揭西坪上至钱坑段路面改造工程前期工作、开展钱坑镇中心大道改建工程前期工作、揭西县龙潭镇菜仔园生态旅游路工程项目建设、揭西县金和镇山湖村跨越仙福湖东侧重建桥、东南侧重建桥工程项目建设、县城公厕建设第一期工程、解决东园镇中洲村老人文化活动中心（综合文化活动中心）建设资金、开展建设揭西县教师发展中心培训大楼前期工作、河婆中学科学楼、瑞安教学楼、图书馆改造项目、揭西县妇幼保健计划生育服务中心（县妇幼保健院）住院综合大楼医疗设备配套采购项目、揭西县妇幼保健计划生育服务中心（县妇幼保健院）住院综合大楼医用洁净系统设备配套采购项目、揭西县人民医院住院综合楼办公家具采购项目、批准采购揭西县医疗急救指挥中心救护车辆及车载医疗设备项目（二期）、省道S335改线公路用地划拨和收回有关事项、收回揭西县鱼苗场闲置土地使用权、收回京溪园等6个粮所共8宗土地使用权、继续安排偿还基础设施欠款、报送2020年新增债券需求（第四批）、调整2017—2019年度部分政府债券用途、加快财政支出进度资金安排计划、收回原统筹省定贫困村创建社会主义新农村省级补助资金用于全面推进207个非省定贫困村农村雨污分流工程建设部分资金、拨付2016年度省级地质灾害防治专项资金等有关工作。会议审议《西藏新好科技有限公司生猪产业化项目投资框架协议书》《揭西县金和镇山湖村旅游景区总体规划》《揭西县人民政府关于揭阳天然气管道工程揭西县境内建设用地控制区的通告（草案）》《揭西县金叶发展公司关于追缴违规发放奖金、补贴的实施方案》。

十届县政府第六十四次常务会议 2019年12月11日，县长在县政府612会议室主持召开十届县政府第六十四次常务会议，传达学习习近平总书记关于应急管理、安全生产重要批示指示和省有关文件，省、市森林防灭火工作会议，全省脱贫攻坚工作现场推进会议精神，讨论研究关于揭西县两河四岸象山拦河坝至两南桥堤段整治工程变更增量项目、调整《揭西县金和镇总体规划（2015—2035年）》、优化良田乡粮所（龙岭村）用地规划条件、对全县政务服务网络传输线路服务项目进行政府采购、拨付自然资源执法工作经费、揭西县棉湖华侨医院固定资产报废处置、揭西县“一村一品、一镇一业”申报项目等有关问题。会议审议《揭西县北部（养老院片区）控制性详细规划》《揭西县龙潭镇井下片区控制性详细规划》《揭西县灰寨镇粮所控规单元规划》《揭阳市揭西县国土空间开发保护现状评估报告》。

十届县政府第六十五次常务会议 2019年12月26日，县长在县政府612会议室主持召开十届县政府第六十五次常务会议，传达学习《广东省涉农资金统筹整合领导小组办公室关于印发深化涉农资金统筹整合改革实施意见的通知》、全省生猪屠宰场保障肉品质量安全工作视频会、全省生活垃圾分类工作推进会、全市清理整治违建别墅专项行动工作会议精神，讨论研究征收潮惠高速公路河婆出口左边九斗山用地、启动河婆街道樟树坑地段CD0111—01地块代建道路以及防护绿地征地拆迁工作、2019年度县级政府性基金年终决算资金安排、安排2017—2019年度省级农业转移人口市民化奖励资金、加快财政支出进度资金安排计划（第二批）、申报2020年度再融债券资金、揭西县第七次全国人口普查经费列入年度部门预算、拨付七个地段国有建设用地出让成本、中央财政扶贫资金项目和揭西县精准扶贫开发资金项目计划（第十三批）、2019年度“以奖代补”发放资金缺口、揭西县福利中心部分房屋建筑物处置、交接原揭西县环境保护局资产、揭西县莪萃大桥东园镇连接线（一期）改造工程建设、揭西县霖田高级中学修建围墙、校门维修及采购安装学生宿舍、食堂配套设备设施项目、县城温泉路升级改造工程增加供水管道改造项目、揭西县人民医院医疗设备采购项目、揭西县足球场地设施建设等工作。会议审议《揭西县国土空间总体规划（2020—2035年）编制工作方案》《揭阳市揭西县燃气专项规划（2019—2035）》《揭西县京溪园镇原粮所国有建设用地使用权出让方案》《揭西县金和镇原粮所国有建设用地使用权出让方案》《揭西县2019年度第五批次土地征收补偿工作方案》《省道S228线揭西新洪村至张唇段路面改造及配套工程征地拆迁工作方案》《关于2019年度财政预算调整情况的报告》。

【县长办公会议】 2019年，揭西县召开县长办公会议28次。会议主要研究开展环保、森林防火、村卫生站公建规范化建设、机关事业单位养老保险基金清算、揭西农商行经营发展和防风险，专题研究揭西县内河涌水质改善提升项目建设、揭西万梅谷文化小镇建设、县人民医院周边区域道路建设、2019年度土地储备债券资金、揭西县城道路升级改造二期工程西堤路段拆迁、县城道路升级改造二期工程建设资金、财政资金拨付、县城东部新城供电线路迁改、开展违法用地图斑集中整治专项行动、金和镇山湖麻厂建设用地确权、规划、出让，有关财政资金安排、危房改造、五云镇区违法违规建设整治查处、全县水污染防治、现代农业产业园建设、有关财政资金拨付，申报市级现代农业产业园、农鲜产品、农特产品、特色农庄项目，供水管理职责及县自来水公司管理职责交接协调、五云镇下砂段堤围加固工程建设补助。

【县政府工作会议】 2019年，揭西县召开县政府工作会议36次。会议主要研究全县中小河流治理工程质量管理、国土资源管理、水利重点项目建设、棉湖污水处理项目二期工程建设、农村饮水安全工程等工作；部署全面攻坚劣V类国考断面行动暨国考断面达标攻坚信息调度、“小产权房”等违法用地、建设查处整治、“大棚房”问题专项清理整治、精准扶贫精准脱贫、登革热防控、落实中央和省环保督察反馈问题整改、违建别墅问题清理整治、雨污分流工程建设暨危房改造、2019年环境污染整治重点项目建设、雨污分流工程建设暨危房改造、2018年度卫片违法图斑整改、县城新水厂建设、金和镇违法建设。

【政务督查】 2019年，揭西县信息督查组围绕全县重点项目建设、创文创卫、城乡生活垃圾收运处理、环境综合整治、农村人居环境治理等重大决策部署和中心工作，及时开展督查，适时反馈结果。全年督办省市交办件12件，全部完成办结；开展县委县政府重点工作督查49次，全部完成办结。

【支前工作】 2019年，揭西县创新支前工作方式，丰富支前工作内容和举措，围绕强军目标，推进支前工作，提升支前综合保障能力。健全相关制度，强化责任意识，明确支前工作内容；完善后勤保障，提供强力后盾。八一建军节，组织走访慰问驻地及周边部队，春节前夕召开军政座谈会，交流感情，增进友谊。

（张新明　曾八喜　吴家嘉）

政务服务

【概况】 2019年，揭西县政务服务数据管理局（简称县政数局）深化“放管服”改革，强化政务大厅便民服务设施建设，推进审批服务“马上办、网上办、就近办、一次办”，宣传推广“粤省事”“粤商通”移动服务平台，做好“12345”市民热线工单分发处理工作，推进“数字政府”改革建设各项工作。完成全县政务服务平台集约化提升改造项目，完成县直部门涉及机构改革政务服务事项目录调整工作。全年揭西县政务服务中心受理各类行政审批事项18.53万项，其中承诺期内办结18.51万项，办结率99.8%；网上办事大厅受理1.35万件，办结率99.9%；5个分中心（县人社分中心、交警大队分中心、司法分中心、残联分中心、广播电视台分中心）受理15.06万件，承诺期内办结15.06万件，办结率99.9%。

【机构改革及职能配置】 2019年3月11日，揭西县政务服务数据管理局正式挂牌，是新组建政府工作部门，为正科级单位。整合原揭西县人民政府综合政务服务管理办公室职能和相关机构政务数据资源管理利用职能，组建揭西县政务服务数据管理局。县政数局设置3个内设机构：人秘股（热线管理股）、政务服务股、数据管理股；管理事业单位1个：揭西县信息服务中心（加挂揭阳市“12345”市民服务热线揭西分发处理中心和揭西县政务服务中心）。揭西县政务服务数据管理局核定行政编制7名，暂保留后勤服务人员数2名；揭西县信息服务中心核定事业编制10名，暂保留保安、保洁政府购买人员5名、揭阳市“12345”市民服务热线揭西分发处理中心政府购买人员4名、一门式综合服务窗口政府购买人员10名。

【政务服务管理】 2019年，县政数局加强政务服务管理，将政务办事大厅工作情况纳入岗位职责考核；在政务大厅各窗口和5个分中心开展争创“党员先锋岗”“党员示范窗口”活动。全县进驻中心办事大厅县直（含上级垂直管理）窗口单位30个，办理事项涉及全县民生民计847项；全年评出“文明窗口”和“优秀分中心”8个、“服务明星”20人、“党员示范窗口”8个、“党员先锋岗”8人。

【网上审批服务】 2019年，县政数局完成机构改革后县直部门权力清单梳理及标准化录入工作，加快推进全县“互联网+监管”系统建设，利用“数字广东”改革成果，推广“粤省事”“粤商通”等政务服务小程序应用，拓宽服务渠道。推广“粤省事”微信小程序，超额完成市下达推广任务规定注册人数，居全市第二位。全年完成全县32个县直单位1850项权力清单梳理及标准化，其中政务服务事项1378项，监管类事项472项，事项标准化完成率99%。是年，网上全流程办理率56.1%，网上申办事项中，实现零次跑动办结事项63.2%，到现场一次办结事项34.8%。

【县政府门户网站】 2019年，县政数局加强县政府门户网站日常管理，完成县政府门户网站集约化工作，强化信息准确安全，及时发布更新信息，做好各单位公告公示发布工作。全年发布信息4614条次，其中信息公开目录信息更新3342条次，政务动态信息更新268条次，概况类信息更新1条次。

【政务服务系统建设】 2019年，县政数局推进“放管服”工作，深化“一门式一网式”政府服务模式改革，配合相关单位完善不动产登记机制，推进不动产登记综合窗口改革，县自然资源局、县税务局等进驻中心大厅单位按要求实现不动产交易、缴税、登记“一窗受理”。改进工作方法，优化大厅配套设施，通过调整窗口、增设母婴室、邮政便民寄送窗口等为企业和群众提供“一站式”政务服务环境。

【“数字政府”建设】 2019年，揭西县推进“数字政府”改革建设各项工作。完成县级权力清单和政务服务事项梳理、标准化和数据录入上传等基础性工作。研究制订《揭西县县级政务信息化项目建设管理办法（试行）》，对县政务信息化项目建设实施集约化管理。健全一体化在线政务服务平台建设，推行“网上办”，将行政许可和公共服务事项“应上尽上、全程在线”，提高网上办事比例，完成揭西县政务服务平台集约化改造提升项目，对辖区内县、17个乡镇（街道）、318个村（居）三级平台按照省市统一标准和要求进行集约化改造提升。

【“12345”市民服务热线】 2019年，揭西县加强“12345”市民服务热线平台建设，规范服务热线工作流程，强化监督、考核机制。机构改革后重新确定“12345”市民服务热线成员单位70个，覆盖全县17个乡镇（街道）和53个县直单位。根据各单位新职能，通过加强培训，做好热线工单分发、协调、回复、督办。全年处理揭阳市“12345”市民服务热线派发工单4122件，办结3784件，办结率92%。

（张子发　谢昭萍　杨贵玉　陈文彬）

信　访

【概况】 2019年，揭西县信访局（简称县信访局）健全完善信访工作责任体系，完善信访工作机制，强化信访法制宣传，规范信访工作秩序。全年受理信访总量861批次，比2018年减少185批次。县一级信访总量302批次，比2018年减少73批次，其中群众来访101批次、群众来信109件、网上信访92件。

【来访接待】 2019年，县信访局健全来访接待制度，完善群众来访接待平台建设，强化责任落实督导，加强工作作风建设，增强服务意识，提高来访接待服务水平。深化接待平台设施建设，改善窗口面貌，接谈人员秉承热情文明接待理念，做好来访群众信访工作；接待场所为来访群众提供纸张、雨伞、纸杯、饮用水等服务设施；接待窗口建立卫生保洁制度。全年接待群众来访101批次、群众来信109件。

【网络办信】 2019年，县信访局落实网上办信各项规章制度，规范信访事项网上办理工作程序，推进信访事项网上办理各项工作。及时做好信访事项受理、转送、交办以及协调、指导等工作，信访事项涉及多个职能部门的，由主办单位牵头办理、统一答复，并做好解释疏导工作；实行办结前“5天催办、3天督办”机制，群众诉求得到及时答复和解决；改进信访工作考核体系和强化结果运用，对违反有关规定的予以严肃追责，树立“谁制造问题、谁承担责任、谁受到追究”工作导向。

【领导干部接访和下访】 2019年，县信访局实行领导干部接访下访常态化机制，根据实际情况制定县四套班子领导成员接访日安排表，将领导干部下访包案化解信访突出问题与“不忘初心、牢记使命”主题教育相结合，开展县、镇领导班子成员、县直部门主要领导“包案件、解难题”活动，按照相关原则和工作要求，推动案结事了、事心双解。

【信访问题和积案专项治理】 2019年，县信访局强化信访问题源头治理，推进矛盾化解攻坚工作。县信访局综合分析2018年以来群众信访量、到省进京上访量及同比和其他信访各项工作等情况，将五经富镇、京溪园镇列为信访工作重点乡镇（街道），制订《揭西县开展重点地区信访问题专项治理工作方案》，通过信访突出问题排查化解、信访问题会商研判、领导干部接访下访等措施，强化督查问责，落实专项治理工作。五经富镇、京溪园镇按照县方案要求，采取措施，化解一批突出信访问题；五经富镇实行直联领导包干制，“一案一组”，集中力量化解各类信访事项，及时将矛盾化解在基层。

【信访督查】 2019年，县信访局成立专项督查组，到基层督导检查信访事项办理情况和信访积案化解情况，要求各乡镇（街道）、单位在信访事项化解工作中落实“三到位一处理”（诉求合理解决到位、诉求无理思想教育到位、生活困难帮扶救助到位，行为违法依法处理）工作原则，解决群众合理诉求；多次召开重点案件专题研判会，全面了解案件情况，分析化解重难点，研究解决方法，推动解决一批重点信访案件。10月

2019年10月10日，揭阳市信访局工作人员和县信访局工作人员到大溪镇开展信访积案督查工作　（县信访局　供稿）

10日，揭阳市信访局工作人员和县信访局工作人员到大溪镇开展信访积案督查工作。全年县信访局开展信访督查24次。

【信访调研】 2019年，县信访局重点关注到省进京上访事项、信访积案等化解工作，针对信访矛盾化解攻坚战、信访积案化解情况、到省进京上访问题等方面开展调研，梳理基本情况，总结存在问题，深入剖析原因，提出解决建议和措施，为维护群众合法权益、妥善化解矛盾纠纷提供参考依据。全年开展信访调研3次。

【信访信息报送】 2019年，县信访局加强信访信息报送工作。制定《揭西县信访局信息分析报送工作制度》；实行信访动态“每周一报、每月一报”，对每周、每月信访基本情况进行总结，分析研判重点信访问题，制定周报、月报并报送县委、县政府及县主要领导。

（蔡远良　林　潭）

外　事

【概况】 2019年，揭西县坚持以习近平外交思想为指导，制定县委外事工作委员会工作规则及其办公室工作细则，建立健全相关工作制度，规范外事工作机构运作。加强因公出行和签证管理工作，规范因公出国（境）管理程序。深化对外合作交流，强化涉外安全工作，完善外事管理，提升外事干部队伍综合素质和能力本领。

【外事管理】 2019年，揭西县强化党对外事工作统筹管理，严格执行外事工作纪律，建立健全统一领导、归口管理、分级负责、协调配合外事工作体制，加强外事干部队伍建设，强化交流合作，探索涉外工作新渠道、新载体，推动外事工作理论创新和实践创新。

（李旭林　陈育青）

中国人民政治协商会议揭西县委员会

【概况】 2019年，中国人民政治协商会议揭西县委员会（简称县政协）履行政治协商、民主监督、参政议政职能，加强督办提案办理，开展专题视察和调研，做好政协联谊工作，完善政协文史资料。全年召开政协委员全体会议1次，常委会议4次，主席会议9次，专委会议6次；开展专题调研1次，专题视察8次，撰写并提交视察调研、考察报告2篇。至年底，县政协收到提案12件，全部如期办理落实。是年，县政协委员241人。

【机构改革及职能配置】 2019年，县政协组建县政协农业和农村委员会。主要负责宣传党和国家以及省、市和县农业农村方面方针政策和法律法规，就“三农”问题开展调查研究，提出意见、建议和提案，团结和联系农业和农村界委员反映社情民意，更好为新农村建设服务。

【县政协重要会议】 2019年3月25—27日，县政协第十届第四次会议在县城河婆希桥酒店深圳酒楼三楼召开。会议应到委员241人，实到232人。会议听取并审议通过政协揭西县第十届委员会常务委员会工作报告；听取并审议通过政协揭西县第十届委员会常务委员会关于十届三次会议以来提案工作情况报告（书面）；列席揭西县第十届人民代表大会第四次会议，听取和讨论县人民政府工作报告及有关报告；补选政协揭西县第十届委员会常务委员会部分组成人员；审议通过政协揭西县第十届委员会第四次会议决议。

【政治协商】 2019年，县政协加强广泛多层协商议政，为推进全县各项工作提出意见建议。3月，在县政协十届四次会议中，把县委十一届五次、六次全会提出新战略定位和工作思路作为协商议政目标方向，通过小组讨论、联组讨论、界别讨论等多种形式，组织委员围绕全县改革稳定和发展重要问题进行整体协商；6月，组织经济委员会委员参加“检察护航民企发展”对口协商；8月，组织县政协主席会议围绕《关于深化揭西县教育机制体制改革的实施意见》（征求意见稿）进行重点协商；11月，组织教科文卫体委员会围绕全县卫生健康体制机制改革问题进行对口协商；县政协领导班子成员列席县委常委会议和县政府常务会议，提出建议意见，推进全县各项工作开展。

【民主监督】 2019年，县政协贯彻落实《中共中央关于加强和改进人民政协民主监督工作的意见》和省委、市委实施意见，完善监督机制，深化民主监督工作。县政协参与并配合省政协“对标三年取得重大进展硬任务扎实推动乡村振兴”民主监督调研活动，为全县脱贫攻坚、农村人居环境整治献计出力。选派委员参与对县直有关单位党风政风评议工作，参与对县卫健局、县民政局、县自然资源局、县住建局、县文广旅体局、县市监局等党风政风评议回头看工作。

【调研视察】 2019年，县政协组织政协委员开展专题调研视察9次。7月，开展全县农业农村工作专题视察，先后视察龙潭镇“三清三拆三整治”、南山镇禽畜养殖业污染综合整治及南山镇火炬村党建示范村工程创建情况；10月，开展全县卫生健康综合改革专题调研，向县委报送《关于深化我县卫生健康综合改革专题调研报告》。协同省、市政协分别就社会主义新农村建设情况、推进全县“一村一品、一镇一业”发展、旅游文化产业发展、完善县城城市规划管理、创建国家全域旅游示范区、黑臭水体治理、脱贫攻坚及乡村振兴等问题进行专题调研视察。

【提案办理】 2019年，县政协组织政协委员、各专门委员会、各民主党派和各人民团体参与相关提案办理，围绕县委中心工作及反映人民群众关心热点问题，加强与各承办单位联络沟通，研究部署提案工作，采取专项检查、带案视察、重点跟踪、提办人协商、办后评议等形式加强督办。全年县政协收到提案12件，全部如期办理。

【联谊工作】 2019年，县政协组织人员前往马来西亚开展旅游项目合作洽谈活动，到北京市、上海市、重庆市、广州市、深圳市等地参加外出乡贤座谈会，参加惠州揭西商会成立庆典暨第一届理、监事就职典礼；组织人员参与调研四川省、重庆市、云南省、江西省、湖北省以及广东省广州市、深圳市、珠海市、东莞市、惠州市等地委员企业，了解经营情况，通报全县社会经济发展情况；协助香港揭阳市各级政协委员联谊会回乡进行新农村建设视察活动。

【文史工作】 2019年，县政协继承和发扬亲历、亲见、亲闻优良传统，围绕改革开放历程、港澳台特色、侨乡优势三方面深入挖掘具有鲜明揭西特色的政协文史资料，发挥“存史、资政、团结、育人”作用，出版《乡情》2期和《揭岭诗词》2期，寄送旅外乡亲《乡情》4000多份。

2019年7月31日，县政协组织市、县政协部分委员开展农业农村工作专题视察。图为在南山镇火炬村视察广东省“红色村”党建示范村工程创建工作情况
（县政协 供稿）

2019年揭西县政协十届四次会议委员提案情况表

表4

提案题目	提案人	承办单位
关于进一步解决停车难的建议	林坤平等	棉湖镇、县城市管理和综合执法局
关于科学规划解决县城停车难的建议	蔡更松等	县城市管理和综合执法局
关于县城北环一路特美思到希桥路段两侧人行道修整的提案	许越成等	县城市管理和综合执法局
关于加强学校周边寄餐园管理的建议	徐文亮等	县市场监督管理局、县教育局
关于加强我县农村公共厕所建设和卫生管理的建议	黄远清等	县住房和城乡建设局
关于棉湖镇实验学校湖富岭路段实行限时单行的建议	杨晓君等	县交警大队
关于高速公路出入口红灯允许右转的意见建议	杨一帆等	县交警大队
关于在汕湛高速县城出口和龙潭出口安装红绿灯的建议	刘吉属等	县交警大队
关于扩大揭西边远山区信号覆盖面的提案	彭志向等	县工业信息化和科技局
关于鼓励外省市企业到揭西设立分公司的建议	姚海英等	县工业信息化和科技局
关于加强我县农村学校教育资源调配的建议	李少辉	县教育局
关于鼓励金融行业给予企业融资支持的提案	姚海英等	县金融办

（陈　峰　张俊赢）

纪检监察

【概况】 2019年，揭西县纪检监察机关加强党风廉政建设，推进作风建设，强化队伍自身建设，开展警示教育活动，多举措深化纪检监察工作。是年，县纪检监察机关纪检监察干部63人，派驻机构6个；全县各乡镇、街道全部设立纪（工）委，配备纪（工）委书记17人、副书记14人。全年县纪检监察机关受理信访举报624件（次），比2018年（下同）增长3.5%；排查扶贫领域腐败和作风问题线索77条，立案37件，处分37人，移送司法机关3人。排查涉黑涉恶线索90条，查结85条；运用“四种形态”处理1003人次；查处违反中央“八项规定”6件6人。

【重要会议】 2019年1月25日，中国共产党揭西县第十一届纪律检查委员会第四次全体会议在县委党校召开，会议学习贯彻中共十九大和十九届二中、三中全会精神，学习贯彻习近平总书记在十九届中央纪委三次全会上的重要讲话和视察广东重要讲话精神、省纪委十二届四次全会、市纪委六届四次全会和县委十一届五次全会精神，回顾2018年全县纪检监察工作，总结中共十九大以来全县纪检监察工作经验体会，部署2019年工作任务。县委书记出席会议并作讲话，县委常委、纪委书记、监委主任主持会议，并代表县纪委常委会作工作报告。县四套领导班子成员，县人民法院院长、县人民检察院检察长，其他副处级以上干部；县纪委委员，县纪委监委副科级以上干部；上级垂直管理的部门和县各民主党派主要负责人；各乡镇街道、县直单位领导班子成员及其他正、副科级干部共750多人参加会议。

【廉政建设】 2019年，揭西县纪检监察机关健全党风廉政建设责任制，发挥纪委监督职能，强化监督执纪问责，严肃查处侵害群众利益不正之风和腐败问题，推进廉政建设。全年运用“四种形态”（党内关系要正常化，批评和自我批评要经常开展，让咬耳扯袖、红脸出汗成为常态；党纪轻处分和组织处理要成为大多数；对严重违纪的重处分、作出重大职务调整应当是少数；而严重违纪涉嫌违法立案审查的只能是极少数）处理1003人次，其中运用第一种形态，约谈函询、批评教育670人次（占66.8%）；运用第二种形态，给予轻处分、组织调整263人次（占26.2%）；运用第三种形态，给予重处分、重大职务调整47人次（占4.7%）；运用第四种形态，处理严重违纪违法涉嫌职务犯罪以及给予因其他犯罪被判刑人员开除党籍、开除公职23人次（占2.3%）。

【作风建设】 2019年，揭西县纪检监察机关加强明察暗访，加大整治“四风”（形式主义、官僚主义、享乐主义和奢靡之风）力度和通报曝光力度，整治为官不为，督查落实中央八项规定及其实施细则精神，深挖细查各种隐形变异“四风”问题，对违反“六大纪律”、涉土违法违规和违反中央八项规定精神等17宗典型案例进行全县通报，促进各级领导干部改进作风、担当作为。全年组织明察暗访142场次，发现问题13个，问责8人，通报6次；查处违反中央“八项规定”精神问题6件6人。查处为官不为问题76件，处理76人；公开曝光违反纪律党员干部42人。

【违法违纪案件查处】 2019年，揭西县纪检监察机关保持反腐高压态势，坚持有案必查、有贪必肃、有腐必惩，以零容忍态度，重拳出击，惩治腐败。深化扶贫领域腐败和作风问题专项治理，建立扶贫领域腐败和作风问题优先办理机制；严肃查处涉黑涉恶腐败和“保护伞”问题；推动涉土违法违规专项整治行动。全年全县纪检监察机关受理信访举报624件（次），比2018年（下同）增长3.5%；处置问题线索398件（次）；立案303件，增长44.3%，其中科级干部22人；处分328人，增长58.5%；留置3件3人，移送司法机关8人，挽回经济损失930.46万元。排查扶贫领域腐败和作风问题线索77条，立案37件，处分37人，移送司法机关3人。排查涉黑涉恶线索90条，查结85条，其中，涉黑恶腐败和“保护伞”立案19件、20人，处分18人，移送司法机关6件、7人。涉土违法违规立案22件，处分22人。

【警示教育】 2019年，揭西县纪检监察机关加强廉政警示教育，深化以案说法清源，坚持及时谈话提醒。10月14日，揭西县“不忘初心、牢记使命”主题教育警示教育大会在县委党校人民会堂召开，全县副科级以上干部700多人参加，组织县镇村三级干部参观警示教育图片展，开展“守初心担使命，推进全面从严治党”主题电视访谈活动，开展“当好廉内助、守住幸福门”家庭助廉主题活动，把警示教育、党性教育和家风家教有机结合，强化全县党员干部遵规守纪、廉洁奉公的思想自觉和行动自觉；深入剖析腐败案件中暴露出来带有普遍性、规律性问题，及时发出监察建议书3份，责成有关部门吸取教训。对李某军等5宗留置案制作成警示教育片，教育引导全县党员干部从中汲取教训，算清违纪违法成本账；抓早抓小，对苗头性、倾向性问题早提醒、早纠正，对336名党员干部开展谈话提醒。在敏感时期、关键节点，向全县副科级以上领导干部、村书记主任发送廉政短信8万多条次。

（李俊杰　陈智成）

民主党派

中国民主同盟揭西县支部委员会

【概况】 2019年，中国民主同盟揭西县支部委员会（简称民盟揭西支部）加强思想建设和组织建设工作，开展参政议政和社会服务活动。全年开展大型思想教育、理论学习4场次，学习盟史盟章、民盟中央、民盟广东省委、揭阳市委会有关会议精神以及习近平新时代中国特色社会主义思想、中共十九大精神、习近平总书记关于粤港澳大湾区建设重要论述等内容。至年底，民盟揭西支部盟员11人，其中公务员2人、事业干部1人、教师5人、医生1人、文艺界2人；硕士学历1人、学士学历2人、本科学历2人，大专学历6人；平均年龄44岁。

【组织建设】 2019年，民盟揭西支部加强组织建设，开展“不忘合作初心，继续携手前进”主题教育活动，定期开展组织生活，增强组织凝聚力。10月3日，召开支部专题学习会，传达学习《民盟揭阳市委会开展“不忘合作初心，继续携手前进”主题教育活动方案》，学习习近平总书记在全国教育大会上重要讲话精神和在看望参加全国政协十三届二次全会文化艺术界、社会科学界委员时重要讲话精神，学习《民盟中央主席丁仲礼寄语新中国成立70周年》等内容。11月2日，联合民盟梅州市职业技术学校支部到揭西县大北山革命历史纪念馆、金和镇山湖村开展主题教育活动。11月23日，组织骨干盟员到南山镇火炬村开展红色教

2019年11月2日，民盟揭西支部联合民盟梅州市职业技术学校支部到揭西县大北山革命历史纪念馆开展“不忘合作初心，继续携手前进”主题教育活动　（蔡常伟　摄）

育。12月7—8日，组织盟员到梅州市“八一”起义军三河坝战役纪念园、叶剑英故居进行现场教学活动，参观五华县足球特色小镇建设，与民盟梅州市职业技术学校支部进行交流学习。

【参政议政】 2019年，民盟揭西支部履行参政党职能，聚焦群众关心热点难点问题，开展调研，形成提案建议。1月，县委开展2018年度县党政领导班子民主生活会会前征求意见，支部主委蔡常伟提出“加强研究我省颁布的《海陆丰革命老区振兴发展纲要》，大力争取海陆丰革命老区优惠政策在揭西县落地落实，推动老区经济社会振兴发展”建议；揭阳市政协六届三次会议召开前夕，支部盟员吴少杰向民盟揭阳市委员会提交《关于加强农村“厕所革命”的建议》。11月9日，组织骨干盟员到汕尾市陆河县水唇镇调研乡村振兴、新农村建设、客家文化传承情况。

【社会服务】 2019年，民盟揭西支部加强社会服务理论研究工作，完善社会服务理论体系建设，健全工作机制，提升社会服务工作组织化、专业化程度。11月23日，组织骨干盟员到东园镇月湄村开展帮扶慰问活动，走访16户贫困户，送去大米、食用油和慰问金，总值8000多元。

（蔡常伟　王贵清）

中国民主促进会揭西县支部委员会

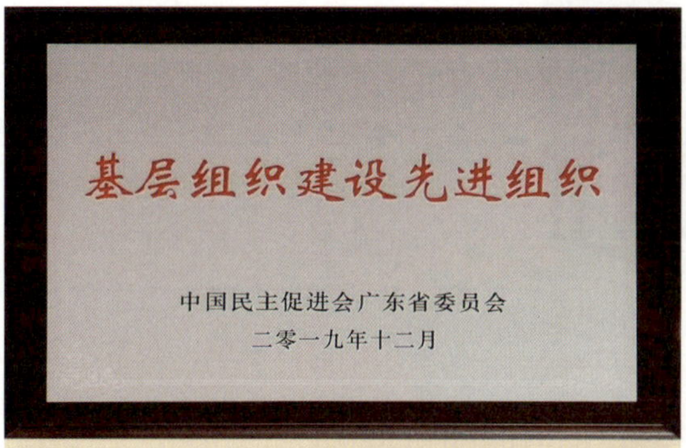

（民进揭西县支部　供稿）

【概况】 2019年，中国民主促进会揭西县支部委员会（简称民进揭西县支部）强化思想建设，加强组织建设，提升参政议政工作针对性和时效性，做实社会服务活动。全年开展大型思想教育、理论学习12场次，学习贯彻中共十九届四中全会、民进十四届三中全会、民进广东省八届十次常委会议和中共揭阳市委政协工作会议精神等。至年底，支部成员9人，成员有公务员3人、教师3人、医生1人、社会人士2人。是年，民进揭西县支部被中国民主促进会广东省委员会评为“基层组织建设先进组织”；民进揭西县支部会员黄鹤君创办的“揭西信息网”被揭阳市文明办、市委网信办评为2018—2019年度“揭阳市文明网站创建工作先进单位”。

【组织建设】 2019年，民进揭西县支部强化政治引领，完善组织工作体系，推进基层组织标准化、制度化建设，增强组织活力。8月11日，支部全体会员在县委统战部四楼会议室召开选举会议，会议增补温伟东为民进揭西县支部副主委。12月，民进揭西县支部被中国民主促进会广东省委员会评为“基层组织建设先进组织”。

【参政议政】 2019年，民进揭西县支部履行参政党职能，扩大参政议政工作参与面，做好参政议政各项工作。参加县委统战部组织协商会、征求意见会、座谈会，并提出相关意见和建议。全年提交《关于加强我县农村公共厕所建设和卫生管理的建议》《关于进一步推进和巩固创文成果，构建“绿色和谐新揭西”的建议》《关于加强学校周边寄餐园管理的建议》3个政协议案，从全县经济、教育、卫生等方面建言献策。

【社会服务】 2019年，民进揭西县支部整合内外资源，发挥组织优势，开展社会服务活动。参加全县“创建全国县级文明城市提名城市”工作，组织会员参与文明交通指挥和清扫县城卫生死角活动；6月28日，民进揭西县支部会员代表到五经富镇泮坑村开展“七一”走访慰问老党员活动，为泮坑村离退休老党员送上慰问金。

（蔡育群　罗成伟）

中国农工民主党揭西县支部委员会

2019年12月7—8日，县农工党参加农工党揭阳市委会组织到福建省龙岩市长汀县开展的“不忘合作初心，继续携手前进”主题教育活动。图为在长汀县中央苏区松毛岭战役纪念碑前开展相关活动　（李运生　摄）

【概况】　2019年，中国农工民主党揭西支部（简称县农工党）加强党建和规范内务管理工作，提高履职工作实效和水平，优化社会服务。全年开展思想教育、理论学习6场次，学习农工党中央、农工党广东省委、揭阳市委有关会议精神以及习近平新时代中国特色社会主义思想等内容。至年底，支部成员34人，其中公务员5人、文教医疗界25人、社会人士4人；成员任职县领导1人（刘小电，揭西县人民政府副县长）、人大代表2人、政协委员5人；支部成员文化水平大专以上文化98%，高级职称人员10%；县农工党主委刘小电。

【组织建设】　2019年，县农工党加强理论学习，规范组织工作程序，落实领导班子及全体党员工作例会制度，强化人才培训，严把新党员准入关，组织支部全体党员交流学习。12月7—8日，参加农工党市委组织在福建省举行“不忘合作初心，继续携手前进”主题教育活动，全县25名农工党员参加培训班学习。

【参政议政】　2019年，县农工党深化参政议政、建言资政能力，强化民主监督，开展各项调查研究，鼓励支持党员参政议政。关注教育、医疗等民生热点难点问题。到基层开展送医疗公益活动，调研全县慈善事业情况，征集社情民意；通过人大议案、政协提案，向农工党市委提交意见建议。是年，向市、县政协提交大会发言材料共5篇，向市、县人大提交议案共6件。

【社会服务】　2019年，县农工党强化资源整合，提升社会服务工作能力，优化社会服务方式。推进对留守老人、儿童关爱关怀，推动精准扶贫、精准脱贫工作。是年，开展社会服务活动6次；县农工党为扶弱济困、支持社会公益投入资金8000元，投入人力30多人次。

（刘小电　黄志华）

揭西县总工会

【概况】 2019年，揭西县总工会（简称县总工会）深化工会改革创新，加强工会组织建设，完善劳模管理，强化女工服务和困难帮扶，推进职工文化建设。4月，广东电网揭阳揭西供电局有限责任公司曾庆超获“广东省五一劳动奖章”，河婆中学张小燕获“广东省五一巾帼奖”；9月，中国建设银行股份有限公司揭西支行、揭西县人民医院被揭阳市总工会评为“揭阳市先进职工之家”，广东揭西农村商业银行股份有限公司河婆支行工会小组、中国邮政集团公司广东省揭西县五经富支局被揭阳市总工会评为“揭阳市先进职工小家”；11月，中国电信集团工会揭西县委员会被广东省总工会命名为“广东模范职工之家”，国家税务总局揭西县税务局洪彦哲被广东省总工会命名为“广东省优秀职工之友”。

【工会组织】 2019年，县总工会加强组织领导，健全工会组织运转机制，规范工会换届组建程序，加强行政事业单位工会规范化建设，对已建立工会组织企业进行查漏补缺，完善体制建设，强化基层工会组织基础建设。完成揭阳市总工会布置年度任务，新民主建会4家，发展会员1000人，实现更大范围工会组织覆盖与工会工作覆盖。

【女工服务和困难帮扶】 2019年，县总工会了解职工诉求，做优女职工互助关爱行动，推进职工服务中心建设；开展“送温暖”“送清凉”“金秋助学”等活动，慰问困难企业和困难职工，推动落实帮扶和助学政策，做实做细困难帮扶工作。10月，与中

2019年7月16日，县总工会在县妇幼保健计划生育服务中心工程施工现场开展“关爱劳动者，高温送清凉”活动 （县总工会 供稿）

国建设银行股份有限公司揭西支行联合打造“户外劳动者工会爱心驿站”，为环卫工人、快递员、站岗交警等户外劳动者提供饮水、临时休息等爱心服务，到揭西县龙马环卫环境工程有限公司开展“不忘初心、牢记使命”主题教育暨关爱职工送健康进企业活动。全年中央、省财政资金医疗生活救助贫困职工42人，“金秋助学”资助困难职工25人，春节“送温暖”慰问困难职工140人。

2019年2月18日，县总工会在县城文化广场举行“庆元宵·爱揭西”竞猜灯谜活动（县总工会 供稿）

【劳模管理】 2019年，县总工会建立完善劳模管理服务机制，规范劳模服务管理工作，推行劳模精细化管理服务方式。强化宣传，弘扬劳模精神、劳动精神和工匠精神，激励各级劳模立足本职岗位，发挥模范带头作用。4月，组织劳模到县人民检察院开展参加开放日活动；7月，组织全国劳模2人、省级劳模26人到县人民医院进行健康体检；10月，组织省级劳模3人到省劳模疗养基地进行疗养。是月，在白云山威灵药业有限公司开展劳模工匠进企业宣讲活动。12月，对全国困难劳模2人、省级困难劳模21人发放专项补助资金和生活困难补助金。

【职工文化建设】 2019年，县总工会开展丰富文体活动，推进职工文化建设。2月，在县城文化广场举办职工迎春晚会、春节象棋友谊赛、灯谜会；3月，在县委党校举办学习贯彻中国工会十七大会议精神暨基层工会业务培训班，全县各乡镇（街道）基层工会，实行税务代收工会经费企业基层工会主席、负责工会财会人员约90人参加培训；4月，举办“中国梦·劳动美”庆“五一”文艺晚会、基层工会职工乒乓球赛和羽毛球赛，组织职工参加市总工会“学习强国”专题知识竞赛活动，县总工会代表队获优秀奖；6月，在县城文化广场进行“传承销烟精神·健享无毒生活”禁毒主题宣传，在白云山威灵药业有限公司开展禁毒预防宣传教育活动，营造社会关心、支持、参与禁毒工作浓厚氛围。9月，在河婆街道湖洋村举办庆祝中华人民共和国成立70周年暨慰问农民工、外来工文艺晚会。

2019年揭西县获市级以上先进单位和工作者一览表

表5

获奖名单	荣誉称号	获奖时间	授予单位
曾庆超	广东省五一劳动奖章	2019.4	广东省总工会
张小燕	广东省五一巾帼奖	2019.4	广东省总工会
洪彦哲	广东省优秀职工之友	2019.11	广东省总工会
中国电信集团工会揭西县委员会	广东省模范职工之家	2019.11	广东省总工会

（张优产 韩少师）

中国共产主义青年团揭西县委员会

【概况】 2019年，中国共产主义青年团揭西县委员会（简称团县委）加强青少年工作，强化青年志愿者服务，开展青联活动，做好扶贫助学工作，推动共青团各项工作。至年底，全县共青团员（14—28周岁）1.69万人；团组织1118个，其中基层团委31个、团（总）支部33个；少先队中队933个，大队132个，少先队员2.73万人；配备专职团干部9人，兼职团干部1110人。全县注册志愿者总人数3.5万人。

【青少年工作】 **公益助学** 2019年，团县委开展“展翅计划——广东大学生就业创业能力提升行动”，发布机关事业单位实习岗位47个；通过2019年广东大学生志愿服务山区计划（希望乡村教师计划）平台，为金和镇、良田乡、五云镇、棉湖镇、东园镇5个乡镇、7所小学对接13名志愿者，自9月开始进行支教志愿服务，为期1年。

青少年禁毒宣传教育 2019年，团县委联合县禁毒办、县教育局等部门开展青少年禁毒宣传教育活动。5月15日，在河婆中学开展以“珍爱生命·远离毒品”为主题的禁毒宣传活动；6月3日，在龙潭中学开展“青春无毒·人生无悔”禁毒宣传活动；6月22日，在县城文化广场开展以“健康人生，绿色无毒”为主题的“6·26”国际禁毒日宣传暨百人环城徒步活动；6月24日，在县第一中学开展以“争创全国禁毒示范城市，共享绿色无毒健康人生”为主题的“6·26”国际禁毒日暨防火禁毒进校园活动。

阵地建设 2019年，团县委加强阵地建设，改善青少年成长成才环境。3月12日，联合中国移动揭西分公司在灰寨镇东联小学为全县第9个“青年移动书屋”举办揭牌仪式；10月24日，在良田乡岸洋小学为全县第6个“幸福厨房”举办揭牌仪式。

【青联活动】 2019年，团县委开展各项青联活动。4月24日，组织各线条青年在县城滨江公园开展“青春心向党 建功新时代”揭西共青团纪念五四运动100周年暨青春快闪活动；4月30日，在金和镇南侨中学举办“青春心向党 建功新时代”揭西共青团纪念五四运动100周年暨主题团日活动。6月27日，在县第一职业技术学校开展揭西共青团习近平总书记在纪念五四运动100周年大会上重要讲话精神宣讲走进青年活动；9月20日，组织团干、团员、少先队员，在南山镇火炬村开展“我和我的祖国”揭西青少年爱国主义教育活动；10月24日，在良田乡岸洋小学举办“开展主题教育 助力精

2019年4月24日，团县委组织各线条青年在县城滨江公园开展“青春心向党 建功新时代”揭西共青团纪念五四运动100周年暨青春快闪活动 （团县委 供稿）

准扶贫”——揭西共青团“幸福厨房”揭牌仪式暨青少年爱国主义教育活动。11月28日，在棉湖镇棉湖中学开展“青春心向党 建功新时代”揭西县第十四届“成人节”活动。

【少先队工作】 2019年，团县委组织基层团委书记和少先队（总）辅导员共12人次参加省级培训、7名镇（街道）少先队总辅导员参加市级培训。开展创优争先活动，8月，推荐河婆街道东风小学叶家铭、金和镇和西小学罗佳桐两位学生任中国少年先锋队广东省第七次代表大会代表。是年，蔡安妮等4名学生获“广东省优秀少先队员”称号；灰寨镇灰寨小学少先队大队一（3）中队获评“广东省少先队红旗中队”；钱坑镇钱坑小学少先队大队获评“广东省少先队红旗大队”；塔头镇塔头小学大队部等4个大队获“揭阳市少先队红旗大队”称号；叶家铭获第十八届“揭阳市十佳少先队员”称号；蔡博霖等29名学生获“揭阳市优秀少先队员”称号；林雪娇等4位老师获“揭阳市优秀少先队辅导员”称号；庄学钧等12名学生获揭阳市第四届“最美南粤少年”称号。

【青年志愿者服务】 2019年，团县委发动、组织、带领青年志愿者先后服务2019年揭西县“榕江杯”端午龙舟竞赛活动、2019广东揭西“火炬村”红色之旅千人徒步活动、广东揭阳首届潮客粤菜师傅乡厨厨艺邀请赛暨全市全域旅游工作现场会活动等大型活动，全年开展志愿服务活动2000人次；开展“河小青”护河志愿行动，集中开展“水岸同治”志愿服务统一行动日活动，组织志愿者们到全县各地开展河岸卫生清理志愿服务活动，全年举行“水岸同治”志愿服务活动4场次，约80人次参与活动；开展学雷锋全民志愿服务行动月系列活动。3月8日，联合各乡镇（街道）团委、中学（中职）团委，面向农村留守儿童等群体，开展学雷锋关爱慰问活动，送去文具礼包300套；3月11日，以“弘扬雷锋精神 共建绿色家园”为主题，组织青年志愿者到灰寨镇开展2019年度揭西青少年义务植树活动；3月19日，联合县人民医院团支部在县城文化广场举办揭西县青年志愿者“健康直通车”便民义诊活动。12月16日，组织近80名农村青年学员参加揭西共青团2019年“领头雁”农村青年人才培训班，助力精准脱贫攻坚，加强“领头雁”农村青年致富带头人培养力度。春运期间，联合县志愿者协会、汕湛分公司揭西收费站，在高速公路出入口开展志愿服务活动，为春节返乡务工人员提供手机充电、简易维修工具、便药，赠送方便面、牛奶、面包、水等服务。

【扶贫助学】 2019年，团县委做好扶贫助学工作。1月29日，联合团揭西农商行委员会在灰寨镇后洋村开展“青春情暖·团暖冬日——揭西共青团慰问困难群体活动”，为贫困户送去大米、油、春联等慰问品及慰问金，为其中4名在读小学生送上学习用品。3月，通过“希望工程”助学金平台为113名贫困学生发放助学金3.17万元。5月，通过“青联爱心助学”为全县50名贫困户小学生争取每人1000元助学金，该款项直接汇入学生填报账户。10月，通过“希望工程”助学金平台为20名建档立卡户学生争取到每人1000元助学金。6月，组织发动全县各乡镇（街道）、各中小学开展“全城行动·一块助学”公益募捐活动，募集善款6.3万元，全部汇入揭阳市大学生发展基金会账户，支持全市贫困学子完成学业；8月，联合县教育局带领东莞揭西商会大朗分会一行到10名贫困学生家中走访，为每个学生家庭送上慰问金和慰问品。是年，通过大学生发展基金会助学平台，为全县33名2019年被全日制本科公办院校录取的贫困学子争取到每月200元助学补贴直至大学毕业。

（李凌思　沈蔚珍）

揭西县妇女联合会

【概况】 2019年，揭西县妇女联合会（简称县妇联）完善妇女基层组织建设，提升妇女就业创业服务，加强家庭文明建设，维护妇女儿童合法权益，办好妇女儿童民生实事，推进妇联各项工作。是年，揭西县人民检察院未成年人检察工作办公室获广东省“巾帼文明岗”称号；揭西县乡姆种养合作社获得“广东省巾帼创业示范基地”称号；温硕玲等4个家庭获“揭阳市最美家庭”称号，其中温硕玲家庭获“揭阳市十大最美家庭”称号；塔头镇吴文狮家庭获广东省“最美潮人家庭”称号。

【重要会议】 2019年3月5日，揭西县妇联九届七次执委（扩大）会暨纪念“三八”国际劳动妇女节109周年经验交流会在县委附楼三楼召开，全县17个乡镇（街道）分管妇联工作领导及妇联主席、县妇联九届执委委员、县直有关单位妇委会主任及妇女工作负责人、县总工会女职工委员会主任、先进集体（个人）代表等80多人参加会议，先进代表在会上作经验交流。

【主要活动】 2019年，县妇联培养和宣传新时期妇女先进典型，“三八”期间在县电视台开辟“巾帼风采”栏目，利用新闻媒体宣传各项先进典型4名，展现各行各业妇女先进风采。5月9日，县妇联、县税务局、县文明办在县税务局联合举办“感恩母亲 感恩祖国”庆祝中华人民共和国成立70周年诗歌朗诵活动，弘扬中华民族敬老孝亲传统美德。

【妇女组织建设】 2019年，县妇联推进妇女组织建设。第三期5个省级“妇女之家”示范点项目建设通过评估。8月，县妇联党支部完成换届，黄俊琳当选县妇联支部书记；12月，黄俊琳、温美娜、王玲娜当选为广东省妇女第十三次代表大会代表并出席会议。至年底，全县乡镇（街道）妇联17个，县直线条妇委会8个（党政群、宣传、经信、住建、农业、教育、卫健、政法）、村（社区）妇联318个。

【妇联就业创业服务】 2019年，县妇联加强妇女就业创业扶持力度，强化服务提升，推动妇女就业创业工作。动员各级妇联开展“乡村振兴 巾帼行动”，带动农村妇女创业增收、解决妇女家门口就业。县妇联、县财政局和县农商行联合开展妇女小额贴息贷款项目，全年为12名妇女提供贴息贷款。联合县农业农村局，开展“美丽庭院”创建活动，推荐3个家庭为市“美丽庭院”。是年，揭西县乡姆种养合作社获得“广东省巾帼创业示范基地”称号。

【家庭文化建设】 2019年，县妇联完善家庭文化建设工作机制，加强宣传推介，强化典型家庭培植，推动家庭文化纵深建设。县纪委、县委组织部、县妇联在全县党员干部家庭中联合开展“清风进我家”家庭助廉主题教育活动，通过宣传党风廉政法律法规知识，开展家庭助廉系列活动，发挥“廉内助”在党风廉政建设中的作用。5月25日，在县委党校召开“当好廉内助 守住幸福门”主题活动，全县正科级以上主要领导干部配偶参加活动。参与“寻找2019揭阳最美家庭”活动，温硕玲等4个家庭获“揭阳市最美家庭”称号，其中温硕玲家庭获“揭阳市十大最美家庭”称号；塔头镇吴文狮家庭获广东省“最美潮人家庭”称号。组织开展“弘扬家国情 礼赞新时代”主题家风家教宣传活动，报送20多篇抒发爱国情和养育恩文稿。

【妇女儿童民生实事】 2019年，县妇联推进家庭教育进村

（社区），开展各项亲子活动，帮扶困难妇女儿童。依托儿童之家、妇女之家、社区家长学校等阵地，以加强社会主义核心价值观教育为重点，开展家庭教育进村（社区）系列活动7场，参与活动人数近千人。10月17—18日，在河婆街道新楼村、南新村、岭丰村开展“闪光的足迹”主题爱国主义教育活动；开展庆祝“六一”节及亲子阅读活动。4月27日，县妇联在塔头镇里厝寮村儿童之家组织开展“悦读伴成长·书香润万家”亲子阅读活动。5月31日，在宝塔实验学校举行“喜迎六一　祝福祖国”活动，并开展亲子活动；配合县卫健部门宣传农村妇女“两癌”免费检查工作，开展农村“两癌”免费检查宣传暨健康知识讲座，发放宣传单，为1名患“两癌”贫困妇女争取省级援助资金。协助省市妇联、人寿保险公司，为全县1万多名省定贫困村妇女购买保险。动员“巾帼文明岗”所在单位女干部职工、巾帼致富带头人与贫困妇女儿童结对帮扶。5月10日，在河婆街道慰问3名困难妇女。5月28日，在钱坑镇人民政府举办揭阳市妇联、揭阳市儿童福利会为全县困难儿童捐款仪式并发放助学金，捐款额10万元，惠及困难儿童200名。

【妇女儿童权益维护】 2019年，县妇联加强与县公检司法部门横向联系，推动妇女儿童权益问题落实。围绕“法治新征程　服务在身边”主题，开展“倾听妇女心声　关护妇女权益”主题“12338”热线妇联主席接听日活动，全年接待妇女来信来访5宗，协调解决来信来访妇女5宗；加大禁毒预防宣传教育工作力度，提高广大妇女群众识毒、禁毒、防毒意识。6月18日，县妇联、县总工会、白云山威灵药业有限公司在白云山威灵药业有限公司联合开展“健康人生　绿色无毒”主题“6·26”国际禁毒日暨禁毒预防宣传教育活动。10月26日，在金和镇山湖村、金溪村开展“珍惜生命，远离毒品”“不让毒品进我家”主题禁毒宣传活动，发放宣传资料2000多份。

（黄俊琳　林燕玲）

2019年5月31日，县妇联、县教育局在宝塔实验学校举行“喜迎六一　祝福祖国”活动　（县妇联　供稿）

揭西县科学技术协会

【概况】 2019年，揭西县科学技术协会（简称县科协）加强科普工作规划，构建科普基础设施体系，丰富宣传载体、拓宽宣传渠道，强化做好科普示范社区和科普示范基地创建工作。实施全民科学素质行动计划；利用“科技进步活动月”“食品安全生产周”“全国科普日”等主题开展系列活动。全年发放科普书籍及其他宣传资料2万多份，接待群众咨询1000人次，组织科普志愿者集中开展科普志愿服务活动8场次。是年，全县有科普志愿者100人。

2019年5月31日，“科普大篷车走基层”巡展活动在河婆街道宝塔实验学校举办（陈美云 摄）

【科普工作】 2019年，县科协坚持把全民科学素质建设放在中心工作重要位置，牵头实施《揭西县全民科学素质行动计划纲要实施方案（2016—2020）年》，推动全民科学素质整体水平提升；组织开展“科技、卫生、文化三下乡”“科技进步活动月”“全国科普日”等科普活动，联合县委宣传部、县工信科技局、县卫健局、县农业农村局、县林业局、县水利局、县气象局、县食安办等有关部门开展科普宣传系列活动；5月31日，由广东科学馆、揭阳市科协、市科技局、县科协等单位主办，河婆街道教育组、五云镇教育组等共同承办“科普大篷车走基层”巡展活动在县城宝塔实验学校和五云镇下洞小学举行，向青少年普及科技知识；组织参加揭阳市举办“时代新人说——我和祖国共成长”演讲大赛，县科协推送揭西县中心幼儿园老师张嘉敏、五云下洞小学老师黄晓春两位选手分别获得演讲大赛二、三等奖。全年向广大群众发放科普书籍及其他宣传资料2万多份，接待群众咨询1000人次，组织科普志愿活动8场次。

【科普示范基地】 2019年，县科协完善科普基础设施，加强科普示范社区和科普示范基地申报创建工作，对科普e站、科普示范基地、科普示范社区和科普教育基地强化管理和指导。全年申报科普中国落地应用e站建设项目1个。广东樱山花谷农庄有限公司成功申报省级科普教育基地。至年底，全县被命名为市级科普示范基地或社区10个；省级科普示范基地或社区3个。

【培训与服务】 2019年，县科协健全培训体系，加强科普人才队伍建设。以科普e站、科普示范基地、农村党员培训基地和乡镇党校等为阵地，争取相关部门配合，聘请专业技术人员对农民进行实用技术知识培训。10月17日，县科协联合县农业农村局在五经富镇开展揭西县第十七届学术活动月活动，并举办茶叶病虫害绿色防控和农药减量控害技术培训班，邀请揭阳市农业农村局植保站站长、推广研究员侯平扬为种茶专业户讲解茶叶病虫害预防与控制、农药安全使用与减量控害技术，县农业农村局农业科技推广服务中心高级农艺师丘杏红讲解利用物理防控病虫害原理、方法，申报各种食品认证需要条件和程序等。

（陈美云）

2019年10月17日，揭西县第十七届学术活动月活动在五经富镇开展。图为市、县农业专家在调查太阳能杀虫灯诱杀茶园害虫效果　（陈美云　摄）

揭西县文学艺术界联合会

【概况】　2019年，揭西县文学艺术界联合会（简称县文联）开展多项文艺活动，组织文艺创作和文艺交流活动。县文联设文学、美术、民间文艺、戏剧、书法、摄影、音乐、硬笔书法8个协会，总会员426人。11月17日，揭西县书法家协会完成换届工作。是年，出版《北山文艺》《广东民间故事全书揭阳·揭西卷》《揭西书画作品集》《美丽揭西诗文集》《许为邦书画作品集》《设色映日荷花》《扇画技法——工笔荷花》。

【文艺活动】　2019年，县文联与协会联合开展多项文艺活动。1月15—29日，县委宣传部、县文联与市、县书法家协会等单位联合开展“我们的中国梦——文化进万家”送春联下乡惠民活动，送出春联和“福”字1.37万幅；2月18日，县委宣传部、县文联、县文广新局在县文学艺术馆举办“中国梦·幸福揭西”书画作品展暨《广东民间故事全书揭阳·揭西卷》首发式；10月，大北山革命历史纪念馆组织开展“不忘初心、牢记使命”主题教育红色革命精神传承活动，参加活动单位110多个，参与人数2000多人次；11月17日，揭西县书法家协会举行第二次代表大会，民主选举产生第二届书法家协会理事会和主席团成员，黄士东当选为主席，丘德昌当选为名誉主席。

【文艺创作】　2019年，县文联加强文艺创作规划，强化文艺创作生产引导，发挥基层优势，推动高质量文艺作品创作。是年，公开出版《北山文艺》《广东民间故事全书揭阳·揭西卷》《揭西书画作品集》《美丽揭西诗文集》《许为邦书画作品集》《设色映日荷花》《扇画技法——工笔荷花》；曾文达草书作品入选全国第十二届书法篆刻作品展。

【文艺交流】　2019年，县文联组织开展多项艺术交流活动。1月15日，省文联、市文联、县委宣传部和县文联联合在五经富镇联和村举办“我们的中国梦——文化进万家”文艺惠民演出；3月28日，县委宣传部、县文联组织艺术家和美术爱好者与中国硬笔书法协会理事、惠州市硬笔书法家协会主席吴鸿发一行进行艺术交流笔会和座谈会；4月7日，由县委宣传部、县文明办、县文联联合主办，县书协、美协、作协联合承办，京明温泉度假村、广东揭西之光文化传播有限公司联合协办“我们的节日——己亥清明”暨“美丽揭西·京明雅集——三月三诗词书画笔会”活动在京明温泉度假村京明度假村茶艺馆举行；8月7日，县文联主席邓演杰出席广东省文学艺术界联合会第八次代表大会；10月1日，由县委宣传部、县文明办、县文联联合在县文学艺术中心举办庆祝中华人民共和国成立70周年——“中国梦·美丽揭西”书画摄影作品展及书画笔会；10日14日，广东省基层文联工作推进会在深圳宝安召开。县文联与广州市文联、深圳市文联、韶关市文联等8家单位作经验交流发言，全省42家单位进行书面交流；根据《关于印发〈关于拍摄制作“初心·使命”微电影微视频的工作方案〉的通知》文件要求，县文联完成主题为“红旗招展　绿色崛起”微电影——《光荣大北山》拍摄；11月17日，由县委宣传部、县文联主办“不忘初心、牢记使命”美丽揭西书画笔会在拿督李志明文学艺术中心举行。

2019年10月1日，“中国梦·美丽揭西”书画摄影作品展及书画笔会在县文学艺术中心举办
（县文联　供稿）

2019年揭西县县级以上古村落一览表

表6

村落名称	所属乡镇（街道）	级别	获得时间	颁奖单位
钱西村	钱坑镇	省级	2015.2	广东省文学艺术界联合会、广东省民间文艺家协会
井美村	大溪镇	省级	2015.2	广东省文学艺术界联合会、广东省民间文艺家协会
新宫林村	灰寨镇	省级	2015.2	广东省文学艺术界联合会、广东省民间文艺家协会
粗坑村	京溪园镇	省级	2015.2	广东省文学艺术界联合会、广东省民间文艺家协会
南门里	棉湖镇	省级	2015.2	广东省文学艺术界联合会、广东省民间文艺家协会

2019年揭西县大北山革命历史纪念馆获市级以上称号一览表

表7

单位名称	级别	获得称号	获得时间	颁奖单位
大北山革命历史纪念馆	省级	广东省公安消防部队思想教育基地	2008.5	广东省公安消防部队
	市级	揭阳市爱国主义教育基地	2008.10	中共揭阳市委 揭阳市人民政府
	市级	揭阳市干部教育培训实践基地	2010.8	中共揭阳市委组织部 中共揭阳市委党校
	市级	揭阳市廉政教育基地	2011.8	中共揭阳市纪委 揭阳市监察局

续表7

单位名称	级别	获得称号	获得时间	颁奖单位
大北山革命历史纪念馆	省级	广东省中共党史教育基地	2013.12	中共广东省委党史研究室
	省级	广东省爱国主义教育基地	2014.12	广东省精神文明建设委员会 中共广东省委宣传部
	省级	广东省爱国主义教育基地2015十个先进单位	2015.12	中共广东省委宣传部
	国家级	2015年十佳红色旅游景区	2016.1	中国红色旅游专业委员会
	省级	中国人民武装警察部队广东省部总队 革命传统教育基地	2016.12	中国人民武装警察部队广东省部总队
	省级	广东省国防教育基地	2017.11	中共广东省宣传部 广东省国防教育领导小组
	市级	揭阳市首批市级党员教育基地	2019.9	中共揭阳市委组织部

（杨锦玲　邱信娴）

揭西县残疾人联合会

【概况】　2019年，揭西县残疾人联合会（简称县残联）强化残疾人信息动态管理，推进残疾人就业保障，开展残疾人康复服务和扶残助困工作。是年，办理二代残疾人证2057份，其中视力残疾者114人、听力残疾者134人、言语残疾者102人、肢体残疾者971人、智力残疾者269人、精神残疾者351人、多重残疾者116人。

【残疾人康复服务】　2019年，县残联完善康复硬件设施，实施残疾人精准康复服务。依托县人民医院、中医院、妇幼保健院和明康眼科医院常态化开展“爱心助残”白内障复明手术活动，为312名白内障患者实施免费手术；为20名肢体缺失残疾人进行假肢适配安装；为80名住院精神病患者提供康复救助30万元；为6236名持证重度残疾人签约家庭医生；为县内有需求97名残疾人

2019年7月23—26日，揭西县基层残疾人专职委员培训班在县残联原办公大楼六楼多媒体室举办　（县残联　供稿）

发放轮椅、坐便椅和助听器等辅具125件，投入专项资金约53万元，采购452件辅具进村入户发放给379名残疾人。全年为残疾人发放辅具577件，惠及476名残疾人。

【残疾人信息动态管理】 2019年，县残联加强残疾人信息动态管理，完善需求信息数据动态管理。9月3—6日，在县残联多功能室举办四期动态更新工作培训班，培训信息采集工作人员，培训结束后，分散到各户进行持证残疾人基本信息采集工作。11月初，更新社区登记表318个，采集率100%；更新持证残疾人信息登记1.39万人，入户1.32万人，电话调查319人，入户率97.6%。按时上报相关数据，全县残疾人采集率100%，社区采集率100%，APP采集1.35万人，APP采集率100%，提前完成省要求“全面推广动态更新工作实时更新机制和手持终端采集信息”任务。是年，完成全县“2019年全国残疾人基本服务状况和需求信息数据动态更新工作”任务。

【残疾人就业保障】 2019年，县残联推行残疾人安置就业，加强职业技术培训，推进残疾人就业保障。根据省、市有关残疾人就业保障金征缴办法，经县委、县政府同意，配合县税务部门分时段、分部门向全县各机关、团体、企（事）业单位征收2018年度残疾人就业保障金，全县105家用人单位共安置残疾人169人。联合县人力资源和社会保障局组织开展以“就业帮扶 真情相助，不让一个困难群众掉队”为主题的就业援助月专项活动，深入残疾失业人员家庭，宣传介绍残疾失业人员登记认定条件援助活动具体内容和有关政策等信息，活动走访残疾登记失业人员家庭4户，登记失业残疾人员20人，组织残疾人专场招聘会2次。7月，举办全县基层残疾人专职委员培训班，全县335名残疾人专职委员参加培训；12月，举办残疾人农村实用技术培训班，培训100名残疾人。

【残疾人扶残助困】 2019年，县残联完善建档立卡残疾人办证程序，加强贫困重度残疾人家庭基础设施建设，加大对残疾人大学生扶助，开展扶残送温暖活动。对符合残疾评定标准又有办证愿望尚未办理残疾人证的建档立卡残疾人，联合县卫健局，组织县人民医院残疾评定专家为建档立卡贫困残疾人办理残疾人证；对个别出门极其困难的疑似残疾人到户评定。根据贫困重度残疾人各户不同特点确定无障碍改造项目，尽量满足个人不同需要，如改造无障碍卫生间，加装扶手、坡道，送康复床、轮椅等。5月上旬按平均每户5000元标准，投入改造资金150万元，完成棉湖镇、凤江镇、东园镇、塔头镇、金和镇、钱坑镇、大溪镇、京溪园镇8个镇300户贫困重度残疾人家庭无障碍改造工作。全年组织慰问贫困残疾人512人次、发放慰问金11.55万元；扶助30名贫困学前教育残疾儿童30人，发放助学金3万元；为10名残疾人大学生发放助学金11.5万；为146名残疾人解决办证难问题。

（蔡小燕　叶秀琴）

揭西县归国华侨联合会

【概况】 2019年，揭西县归国华侨联合会（简称县侨联）加强组织建设，创新侨界参政议政工作载体平台，推进为侨服务体系建设，维护归侨侨眷及海外侨胞合法权益，做好联络接待、海外联谊、关心侨界群众等工作。至年底，全县归侨1063人，海外侨胞110万人，主要集中在马来西亚、印度尼西亚、泰国、越南等东南亚国家。是年，灰寨镇侨联获“广东省侨界贡献奖”称号。

【组织建设】 2019年，县侨联加强对基层侨联组织业务指导，重点解决基层侨联组织发展不平衡等问题，按照《揭西县侨联改革任务实施方案》《揭阳市侨联关于在全市全面推进“党建带侨建”工作的实施方案》要求，加大基层侨联资金投入，完善基层侨联场地等配套建设。12月29—31日，广东省第十一次归侨侨眷代表大会在广州市召开，县侨联副主席刘少方以揭阳代表团成员身份出席会议。是年，灰寨镇侨联获“广东省侨界贡献奖”称号。

【侨界参政议政】 2019年，县侨联优化侨界参政议政工作平台，组织开展调查研究活动，收集研究涉侨重点、热点问题。主要调研服务地方经济发展和改善民生问题，侨界代表参与或提出4个议案，被列为揭西县政协2019年提案。整合侨捐设施和资源，加强党委和政府与捐赠者沟通，提高侨界代表对侨捐项目利用效率，特别是侨捐学校整合发展，强化小学配置和功能发挥。

【为侨服务】 2019年，县侨联全年收到涉及海外寻亲、困难救助等来信来访4宗，解决处理4宗，办结率100%；为侨办实事、做好事5宗。发放贫困归侨扶贫救助补助资金19.19万元，帮扶54人次，帮助困难归侨解决基本生活、看病就医、因祸因灾造成生活困难等问题，其中为37名纳入城乡最低生活保障的特困归侨发放特困归侨生活补助金11.1万元，为6名纳入地方政府精准扶贫而未纳入低保的困难归侨发放困难归侨生活补助金1.8万元，为11名申请临时救助金困难归侨发放救助补助金6.29万元。

【海外侨团接待】 2019年，县侨联接待6个海外侨团共119人次。主要接待访问揭西县侨团有：1月9—11日，马来西亚富达集团董事长、拿督斯里张吉平率“马来西亚投资合作项目洽谈访问团”一行8人，进行投资合作项目洽谈活动；5月13—15日，新加坡河婆集团署理会长韩业保率“揭西探亲团”一行23人，进行文化、旅游交流活动；5月28—30日，马来西亚沙巴州河婆同乡会会长蔡翼存率“探亲考察代表团”一行36人，开展文化教育、科技工艺、经济贸易、饮食文化、生态旅游等交流活动，并于5月29日到县侨联开展交流座谈会；6月9—12日，马来西亚三达集团董事主席、世界留台校友会联谊总会长拿督李子松及马来西亚马六甲州民政党州委李港率“揭西寻根之旅访问团”一行30人，开展交流活动。

（彭绍兴　蔡创忠）

2019年5月29日，马来西亚沙巴州河婆同乡会会长蔡翼存率“探亲考察代表团”一行36人到揭西县开展文化交流活动

（县侨联　供稿）

揭西县工商业联合会

【概况】 2019年，揭西县工商业联合会（简称县工商联）健全完善“两个健康”（非公有制经济健康发展和非公有制经济人士健康成长）工作体系，发挥工商联职能作用，推进诚信建设和公益事业，加强联络交流，强化非公有制经济企业党建工作，促进民营经济健康发展。至年底，县工商联会员568人，其中新发展会员40人；执委会成员单位92个。全县非公有制企业190家，组建党组织169家（单独建立党组织39家、建立联合党支部1家），党员总数348人。是年，县工商联获“全国‘五好’县级工商联”和“全国工商联民营企业调查点工作示范单位”称号。

【参政议政】 2019年，县工商联协助推荐8名工商联界人士为县政协委员；指导非公有制人士参政议政，加强调查研究，提出更多有质量、有价值意见和建议，形成《关于要求立项建设五云过境公路的议案》《关于凤江镇排渠沟渠污染影响村民生活、请求整治的议案》议案2条。是年，县工商联会员担任各级人大代表15人，其中市人大代表7人、县人大代表8人；担任各级政协委员23人，其中市政协委员4人、县政协委员19人。

【诚信建设】 2019年，县工商联加强守法诚信教育，加大对守信行为宣传力度，引导非公有制企业增强信用意识，促进企业诚信建设。以守法诚信为重点开展以“不忘创业初心、接力改革伟业”为主题理想信念教育实践活动，引导非公有制经济人士牢固树立守法诚信意识；落实促进市场公平竞争维护市场正常秩序相关规章制度，全年36家企业参与诚信守法经营。

【光彩、公益事业】 2019年，县工商联贯彻落实市委、市政府推进“万企帮万村”行动决策部署，引导非公经济人士参与该行动，全县20家会员企业参与“万企帮万村”活动；倡导企业参与光彩公益事业。全年全县社会乡贤、非公有制经济人士支持家乡公益事业捐款约3500万元；县工商联开展“圣丰助学——助力教育信息化”公益捐赠活动，6月，为67所中、小学校捐赠教学软件1340套、平板电脑105台、文房四宝640套、3D打印机2台，价值50多万元。

【联络交流】 2019年，县工商联发挥异地商会作用，推进与各地、各单位联络交流活动。5月18日，惠州市揭阳商会到揭西县开展访问考察交流活动；6月21日，县工商联组织召开民营企业家座谈会，开展《学习贯彻落实习近平总书记在民营企业座谈会上的重要讲话精神》专题辅导；6月21日，县工商联、县税务局联合举办落实减税降费政策座谈会暨《关于大力支持服务民营企业发展壮大合作框架协议》签订仪式，建立县减税降费工作联系会议制度；6月27日，深港揭西商会青年委员会访问团一行53人到揭西县开展青年创业交流活动；8月19日，县工商联接待深港揭西商会常务副会长林鹏德一行，共同推进全县“万企帮万村”行动工作落实。

（黄劲松　刘巧明　李裕明）

法　治

政法委及综治

【概况】 2019年，揭西县委政法委（简称县委政法委）深化平安法治建设，加强社会治安综合治理，推进扫黑除恶专项斗争和各项社会矛盾纠纷专项治理，强化执法监督，拓宽社会治安治理宣传渠道，推动全县法治工作。10月，完成中华人民共和国70周年大庆维稳安保任务；11月，县委政法委组织全县政法系统干警在县机关大院附楼参加揭阳市2019年“百名法学家百场报告会”揭西法治宣讲报告会。根据广东省第三方调查结果，在揭阳市5个建制县（市、区）中，2019年揭西县群众安全感、政法工作满意度、扫黑除恶知晓率均排名第一，“平安创建”知晓率、扫黑除恶满意率均排名第二。全年化解列入省市县三级台账重大社会矛盾9宗；公安机关破获刑事案件419宗；县人民检察院依法提起公诉372件591人；县人民法院受理各类案件2551件，办结2403件；全县侦破恶势力犯罪集团3个，破涉恶案件414宗，查封、冻结、扣押涉案资产（涉黑恶案件）1149.31万元，查处涉黑恶腐败和“保护伞”7件、7人，给予党纪政务处分8人。

【机构改革及职能配置】 2019年，揭西县撤销县社会治安综合治理委员会办公室、县维护社会稳定工作领导小组办公室、县委防范和处理邪教问题领导小组办公室；原与县委政法委合署办公的县国家安全领导小组办公室划归县委办、县委全面依法治县工作领导小组办公室划归县司法局、县打击走私领导小组办公室划归县公安局。县委政法委核定行政编制15名，工勤编制3名。内设机构5个：人秘组、维稳组、综治组、反邪教工作组、执法监督组。

【社会治安综合治理】 2019年，县委政法委强化社会治安综合治理，推进网格化管理，加强严重精神障碍患者救治监护补助工作。全县17个乡镇（街道）配齐配强政法委员（由17个镇街党委副书记兼任），负责对各镇街政法综治工作具体领导，强化党对政法工作领导。完成全县17个镇（街）综治信访维稳中心和318个村级综治中心升级改造。全县配备807名网格员，网格化管理覆盖率100%。落实经费保障，建立网格员激励机制，按照网格员发现、处置、上报的有效事件量实行以奖代补，全年发放奖金29.88万元；完成17个乡镇（街道）严重精神障碍患者救治监护补助资金申报及监护责任补偿保险投保工作，全年实发监护补助资金385.73万元。至年底，全县未发生严重精神障碍患者肇事肇祸案（事）件。

【维稳工作】 2019年，揭西县政法机关以中华人民共和国成立70周年维稳安保为主线，完善维稳工作机制，开展政治安全专项行动，推进社会矛盾问题专项治理工作，落实重点利益诉求群体、涉稳重点人教育稳控，做好敏感节点维稳安保工作。至年底，全县排查出列入省市县三级台账重大社会矛盾9宗，全部化解。

2019年12月20日，县扫黑除恶专项斗争领导小组办公室在县城好日子广场举办“2019年揭阳市扫黑除恶专项斗争成果图片展” （县委政法委 供稿）

【严打整治】 2019年，揭西县以“扫黑除恶”“飓风2019”等专项行动为主要工作任务，重点惩治涉毒、涉盗抢、涉电诈、涉黑恶、涉假、涉黄赌、涉食药环、涉交通违法等违法犯罪行为。全年全县公安机关破获刑事案件419宗，抓获犯罪嫌疑人667人；捣毁各类犯罪团伙26个，抓获团伙成员109人；抓获吸毒人员81人。县人民检察院受理审查逮捕案件446件636人，依法批准逮捕案件395件563人；受理移送审查起诉案件434件704人，受理移送审查起诉件数比2018年（下同）增长14.6%、人数增长20.2%；依法提起公诉372件591人。县人民法院受理各类案件2551件，办结2403件，增长2.9%和1.7%，结案率94.2%。

【扫黑除恶专项斗争】 2019年，揭西县全面贯彻落实中央、省、市扫黑除恶专项斗争工作部署，加大涉恶违法犯罪惩治力度，丰富扫黑除恶宣传内容和载体，推进扫黑除恶专项斗争工作。开展“众剑行动”红袖章集中巡查活动以及红袖章巡查关键点打卡活动，县四套领导班子每周分别到各自挂钩乡镇（街道）督导“众剑行动”工作，全县各乡镇（街道）、各单位“众剑行动”每次出动人数7400人以上，警力约480人；拓宽宣传渠道，利用微信、微博等新媒体平台和标语、板报等媒介开展扫黑除恶宣传，全年在公共场所设立LED显示屏200多处，印发应知应会手册及活页等2.4万份，发放标语海报11.8万份，悬挂宣传横幅425条，工作流程图120幅，发送公益短信500万条。县广播电视台开设“扫黑除恶专项斗争”电视访谈栏目，每晚在揭西新闻前后滚动播放扫黑除恶宣传片和“中央决定、扫黑除恶、众剑行动、拔根务尽”十六字标语，对10种涉黑恶犯罪出台举报奖励制度，设立举报电话，在全社会营造扫黑除恶浓厚氛围。全年全县侦破恶势力犯罪集团3个，涉恶团伙16个，套路贷团伙1个；破涉恶案件414宗，刑拘187人，逮捕170人；抓获各类逃犯210人；查封、冻结、扣押涉案资产（涉黑恶案件）1149.31万元。查处涉黑恶腐败和“保护伞”7件、7人，移送司法机关2件、2人。

【执法监督】 2019年，县委政法委健全部门协调机制，推动健全执行联动机制，深化执法监督。加强行政执法和刑事司法相衔接工作，发挥全县“两法衔接”（指行政执法与刑事司法衔接）工作牵头主体作用，加强公安、检察院、法院之间协作配合，推动检察机关履行对行政执法机关法律监督，完善“两法衔接”制度建设，部署信息共享平台建设相关工作，推动涉嫌犯罪案件移送和监督；支持县人民法院巩固“基本解决执行难”成果，帮助解决执行联动机制建立、运作过程中遇到的重大问题，推进执行难专项活动开展；支持县人民法院、县人民检察院依法独立公正行使审判权、检察权，坚守防止冤假错案底线，防止或纠正冤假错案。

【反邪教宣传】 2019年，县委政法委推进无邪教创建活动工作。发挥新媒体宣传优势，利用“揭西发布”等公众号发送反邪教知识；以县“乡乡乐起来”文艺汇演、县教育局开展第二课堂等活动为载体，推进反邪教警示教育到校园、进课堂、上讲台、入社区。全年印制反邪教宣传资料8000份，发放系列挂图500多张。

（林和新　张燕婷）

法治政府建设

【概况】 2019年，揭西县依法履行政府职能，深化行政执法体制改革，提高法律法规执行和政策措施实施规范化水平，加强行政应诉和行政复议工作，强化对行政权力监督制约，完善行政复议规范化建设和政府信息主动公开基本目录制度，强化审查、及时评估、动态清理提升行政规范，化解社会矛盾纠纷，推进法治政府建设。全年受理行政复议案件21件；开展专题调研3次、督察1次。是年，完成全县38个执法单位对广东省行政执法信息公示平台数据采集系统录入工作。

【依法履行政府职能】 2019年，揭西县坚持党委对法治政府建设领导，建立定期研究法治政府建设工作会议制度，加强法治政府建设督察和考核工作。召开1次委员会会议，强化对法治政府建设各项工作安排部署；县政府常务会议先后对法治政府建设工作进行专题研究，县政府党组会议专题听取法治政府建设工作进展情况汇报；严格落实法治政府建设年度报告制度，各部门将法治政府建设列入年度工作要点。全年开展专题调研3次、督察1次。

【完善依法行政体系】 2019年，揭西县加强行政执法规范化建设，严格实行行政执法人员持证上岗和资格管理制度；落实行政执法责任制和行政执法“三项制度”（行政执法公示制度、行政执法全过程记录制度、行重大行政执法决定法制审核制度），开展重点领域行政执法专项检查等执法检查活动，及时发现、纠正违法和不当行政执法行为；健全依法行政制度体系建设，完善调研论证、征求意见、合法性审查和集体讨论决定相结合行政决策机制。

【行政执法监督】 2019年，揭西县健全行政执法监督体制，建立常态化监督制度，强化行政执法责任追究，推进行政执法监督规范化建设。坚持对执法人员实行持证上岗，组织21个单位共194名执法人员参加揭西县2019年行政执法人员综合法律知识网上考试；组织全县各乡镇（街道）、各部门主要领导、分管领导和执法行政人员进行全面法律法规培训，38个执法单位共400多人参加培训；完成全县38个执法单位对广东省行政执法信息公示平台数据采集系统录入工作，与“双随机、一公开”监管平台相结合，依托省市场监管平台和大数据分析系统，强化事前公开、规范事中公示、加强事后公开，提高监管效能。

【规范性文件备案与审查】 2019年，揭西县做好规范性文件备案审查工作，严格落实规范性文件有效期制度，根据省、市工作要求，全面清理行政审批事项中不合法、不合理以及主要为规避部门责任要求办事群众提供各种证明、佐证材料，凡是没有法律法规依据的证明一律取消。全年审查部门规范性文件3件。

【行政复议与应诉工作】 2019年，揭西县完善行政复议工作机制，畅通行政复议渠道，依法、依程序做好行政复议和行政应诉工作，维护行政机关依法行政权威和当事人合法权益。对重大案件首次实现开庭审理，增强案件审理透明度，提高案件审理质量。全年受理行政复议案件21件。

（林俊槐　陈丹晓）

公　安

【概况】　2019年，揭西县公安机关（简称县公安机关）深化公安改革工作，加强公共安全管理和社会治安治理，完善户政、流动人口管理，强化网络监管，加大违法犯罪惩治力度，推动“智慧新警务”，开展“粤警行动计划”“扫黑除恶”“飓风2019”等专项行动，以中华人民共和国成立70周年和澳门回归祖国20周年两个重大庆典活动安保为主线，维护社会稳定，推动全县公安工作高质量发展。全年破刑事案件417宗，刑事拘留667人，提请逮捕549人，移送起诉637人，捣毁各类犯罪团伙26个（涉恶团伙16个），抓获团伙成员109名。全年没有发生群体性事件和影响大的刑事治安案事件。是年，5个单位被上级记功，12位民警被上级记三等功；群众安全感和群众对公安工作及扫黑除恶满意度经第三方考评均获全市第一名。

【治安管理】　2019年，县公安机关加强辖区巡逻防控工作，排查重点领域、人员聚集场所治安隐患，加大“黄赌毒”、涉爆涉枪、制假贩假等违法犯罪惩治力度，整治突出治安问题。全年开展演练活动1次；全县查处治安案件350宗，处罚各类违法犯罪嫌疑人447人（其中，执行行政拘留308人），查处吸毒违法行为人81人，强制隔离戒毒41人。

2019年1月16日，县公安局组织开展公安机关警务实战和治安综合治理巡逻演练活动
（县公安局　供稿）

【户政管理】　2019年，县公安机关严格审批程序，完善户籍管理，规范工作流程，加强流动人口、重点人员、出租屋管理工作，落实便民举措，提升户政管理服务水平。全面落实户籍简易办证手续，利用DNA比对技术，为多年未入户群众入户并办理身份证明。全年通过省内一站式办理户口迁移6.55万人次；受理居民身份证省内异地申请44人；办理二代居民身份证8.98万份，临时身份证4071份，为31名无户口人员办理入户。

【公共安全管理】　110接报警　2019年，揭西县公安局指挥中心接报警服务台接受报警求助、受理群众警务投诉、报送公安信息、参与社会公共求助等，及时妥善处置各类报警案件、突发性事件和群众求助事项，全年接报有效警情1.74万宗，其中刑事警情737宗、治安警情709宗、交通事故警情4566宗、灾害事故警情177宗、求助警情5152宗、举报警情551宗、投诉9宗、其他警情5497宗。

公共安全　2019年，县公安机关完善平安揭西视频监控、Wi-Fi热点信息采集设备、建设网安作战平台、电子围栏基础建设，加大智慧新警务建设，购置310部移动警务终端手机配备到民警中（在岗民警覆盖率90%）；加大数据信息采集工作力度，全年采集各类大数据信息约124万条，利用大数据破案355宗；完成十三五社会治安视频监控建设规划选址及方案制订工作。启动南山镇、龙潭镇、凤江镇派出所修缮工程，推动公安派出所“强基工程”。

重点单位物品排查管控　2019年，县公安机关加强辖区内涉爆物品、枪支弹药等危险物品清查工作和易燃易爆场所摸排工作，逐一登记造册，把辖区内油站等重点企业列为重点部位，定期开展巡查，及时排除安全隐患。牵头相关单位在全县开展打击“黑油站”专项行动，全年查处“黑油站”34个，立行政案件31宗，行政拘留32人，扣押成品油1.82吨；立刑事案件3宗，刑事拘留4人，扣押成品油8.99吨。

【道路交通安全管理】　2019年，县公安交警部门完成河婆街道北环一路（过境公路）下滩路口，县卫健局路口，坪上高速出口，凤江高速出口，金和高速出口，棉湖镇过境公路湖西路口、仙耘路口、道江路湖西十字路口、兴中十字路口和南门头十字路口交通信号灯验收工作并投入使用，提升道路交通科技化、规范化、有序化管理水平。加强重点车辆监管和道路安全隐患排查，加大醉驾、酒驾、毒驾、无证驾驶、超速、超载、摩托车电动车加装遮阳伞、无戴安全头盔等交通违法行为查处力度。全年查处重点交通违法3.1万宗（酒驾224宗，醉驾31宗；无戴头盔6373宗，超载423宗，超限超高184宗，违停1.35万宗）。通过电视、报纸和微信公众号等媒介发布宣传标语及案例，广泛宣传文明交通共建共享等内容，加强现场宣传和发动农村道路交通整治“两员两站”[镇（街道办）交管站、农村交通安全劝导站、专职交通安全员、交通安全协管员]宣传。

【监所安全管理】　2019年，揭西县看守所、拘役所和戒毒所各1所，围绕“铁桶工程”建设工作，完善看守所、拘役所和戒毒所硬件设施，全面提升监区安全系数。县看守所月均关押各类人员418人次，拘役所月均关押各类人员29人次，戒毒所月均关押各类人员57人次。

【出入境管理】　2019年，县公安局加强出入境管理，优化服务措施，深化“放管服”工作。在县政务服务中心设置出入境服务窗口；加强智慧办证厅建设，在县政务服务中心、公安局门口、棉湖派出所、五经富派出所设置出入境智慧办证厅；加强警群合作，强化情报研判，加大对“三非”（非法入境、非法居留、非法就业）外国人可能聚集的出租屋、旧民房以及就业的工厂排查力度，及时发现妨害国（边）境管理违法犯罪线索，实现“监测、预警、防范、打击”一体化，对妨害国（边）境管理违法犯罪活动进行严厉打击。是年，查获“三非”外国人员68人，遣送“三非”外国人员61人，限制活动范围3人。

【网络监管】　2019年，县公安机关网监部门加强网上侦察情报，完善技术手段建设，打击网上违法犯罪，强化安全监察管理工作。严格网络和信息安全管理，加强网站备案管理，督促责任网站开办者落实网站备案并完善网上布警情况；加强对互联网上网服务营业场所管理，落实网吧相关管理制度；加强网络巡查工作，重点整治网络谣传、网络赌博、网络诈骗等网络违法犯罪活动。全年清理整治网上违法有害信息57条，落地查证400人；通报重点网站整改23家，督促120家经营场所加强网络安全；上报全县重点人涉网上信息2000篇。是年，县网警大队主侦办刑事案件5宗刑拘20人，查处网络寻衅滋事案件3宗刑拘3人；查处网络谣言案件4宗，处罚4人。

【刑事侦查】　2019年，揭西县刑侦部门加大力度组织“飓风2019”专项和扫黑除恶专项斗争攻坚战。1月，在揭阳市公安局支持指导下，县刑侦大队联合镇郊派出所，5小时内侦破“1·4”绑架案一宗，成功解救被绑人质1人，先后抓获犯罪嫌疑人4人，缴获作案车辆2辆及作案工具一批。全年立刑事案件878宗，破案417宗［破获强奸案件10宗（破获年前案件2宗）、故意伤害案件27宗（破获年前案件12宗）、两抢一盗案件129宗]；捣毁各类犯罪团伙26个（涉恶团伙16个），抓获团伙成员109人。

【经济犯罪侦查】 2019年，县公安机关经侦部门开展护航金融“利剑行动”和“排雷行动”，严密排查、及时预警并稳控化解涉经济不稳定因素，严厉惩治损坏人民群众利益和危害社会经济发展的涉金融违法犯罪行为。9月，县经侦大队利用智慧新警务破获一宗涉嫌虚开发票、虚开增值税专用发票、用于抵扣税款案，抓获犯罪嫌疑人2人，涉案金额9亿元，涉及全国14省49个城市300多家企业。全年侦破各类经济案件24宗，抓获违法犯罪嫌疑人51人，涉案价值12.34亿元。

【禁毒工作】 2019年，县公安机关发挥党政主导、部门联动、群众参与禁毒新机制，强化全民禁毒工程，提升制贩毒惩治效能，加大对吸毒人员查处收戒，推进打击毒品违法犯罪工作。加强禁毒宣传，抓好“6·27”青少年禁毒教育宣传和“8·31”社区

2019年1月31日至2月1日，县公安局开展春节前统一清查行动暨2019年第一次追逃统一清查行动。图为县公安局工作人员对县内一处娱乐场所进行全面清查

（县公安局 供稿）

戒毒和社区吸毒康复建设，提升青少年识毒、拒毒、防毒意识。全年侦破涉毒案件7宗，逮捕犯罪嫌疑人9人，查处吸毒人员81人，毛发检测982份。

【禁赌与扫黄】 2019年，县公安机关对涉黄赌违法犯罪行为保持严打高压态势，发挥“众剑行动”红袖章巡查工作机制，加强辖区清查工作；收集检查群众举报线索，认真落实核查，耐心经营，严厉惩治涉黄赌违法犯罪行为。4月，棉湖派出所在棉湖镇湖东村查获一赌博窝点，抓获涉案人员20人（其中刑拘9人、行拘11人）。11月，在市公安局统一部署下，抽调120多名警力，成立“10·20”专案组，分赴6省、10个市破获以陈某程为首传播淫秽物品团伙，抓获团伙成员21人。全年侦破涉黄赌案件20宗，刑拘犯罪嫌疑人117人。

【扫黑除恶】 2019年，县公安机关完善组织领导，深入开展线索核查摸排工作，利用市委组织开展加强基层政权建设专项巡查工作，全面摸查农村涉农、涉土地问题，深挖村霸，对涉黑恶案件进行耐心经营，严厉惩治。3月，县刑侦大队联合河西派出所侦破“3·14”甬莞高速持枪抢劫案，抓获以张某洋为首涉黑团伙成员9人，缴获枪支1支，子弹2发，作案车辆1辆；抓获涉嫌非法经营犯罪嫌疑人5名，作案车辆2辆，缴获涉案物品一批，冻结涉案物资32万元。全年核查涉

2019年4月9日上午，揭西县在凤江镇凤江中学开展创建省级毒品预防教育示范校学习交流工作会议

（县公安局 供稿）

黑恶线索90条，捣毁涉黑恶团伙16个，抓获团伙成员74名，涉案25宗。

【流动人口管理】 2019年，县公安机关治安大队牵头各派出所全面摸清全县流动人口数量，监督出租屋业主、旅馆管理员落实旅客入住实名登记。各派出所加强辖区“一标三实”（“一标”：房屋建筑标准地址；“三实”：实有人口、实有房屋和实有单位）基础信息采集工作，做好实有人口管理和公安大数据基础工作；县治安、交警等部门加强大数据信息采集，完善大数据信息，提升智慧新警务服务惩治违法犯罪行为能力。是年，全县流动人口登记总数6336人，其中男性5243人、女性1093人。

【专项行动】 2019年，县公安机关坚持“以打开路，以打促安”工作思路，开展“粤警行动计划”“扫黑除恶”“飓风2019”等专项行动，重点惩治涉毒、涉盗抢骗、涉电诈、涉黑恶、涉假、涉黄赌、涉食药环、涉交通违法等违法犯罪行为，营造严打高压态势。是年，各项公安考核工作在全市综合排名第2名。

（吴　骥　林松鑫）

【消防管理】 2019年，揭西县消防救援大队（简称县消防大队）接处警294次（含增援），出动消防车775辆次，消防人员3775人次，抢救及疏散人员68人，保护财产价值8656万元。成功处置大北山“5·15”抢险救援，解救17名被困群众。10月1日，揭西县在县城文化广场举行庆祝中华人民共和国成立70周年升旗仪式，县消防大队担任护旗手和升旗手，完成升旗任务。是年，朱振西家庭被广东省消防救援总队评为“南粤消防最美家庭”、韦杰恒被揭阳市消防救援支队评为“最美消防员”；1人被广东省消防救援总队评为优秀共产党员，1人被揭阳市消防救援支队评为优秀党务工作者，大队党委被揭阳市消防救援支队评为先进基层党组织。

执勤训练 2019年，县消防大队主动对标国家队、主力军标准，树立“全员练、全员比、全员考”训练导向。县消防大队充分利用现有资源组织李振平、李燕凯、郑永龙等取得相关专业资质认证及外聘专业教练开展高空救援技术培训、无人机驾驶技术培训、通信技术培训、驾驶员车辆维护保养技能培训及水域救援技能培训。推行“无预案”双盲演练模式，每月组织开展临设火场灾情演练，完成全年灭火及抢险救援工作任务。全年开展演练158次，修订完善重点单位预案38份，供水能力测试52次。是年，县消防大队分别在揭阳市消防救援支队冬训考核、全年大练兵考核中取得第一名；被广东省消防救援总队评为全员岗位练兵先进大队；河婆消防救援站在广东省消防救援总队组织的粤东片区比武中取得第二名，朱振西入选广东总队“火焰蓝”比武集训队；县消防大队被广东省消防救援总队评为执勤训练先进大队，河婆消防救援站被揭阳市消防救援支队评为基层建设先进单位。

消防监督 2019年，县消防大队坚持依法治火、铁腕整治不放松。加强基层网格化管理，开展人员密集场所、易燃易爆场所、商场市场、高层建筑等专项行动，联合政府、职能部门、公安派出所、村居，开展群防群治各类专项整治，推进基层消防安全工作，全面优化社会消防安全环境。创新开展“预先开设防盗

2019年5月15日，县消防大队到南山镇救援被山洪围困17名群众

（县消防大队　供稿）

网逃生口”行动，搭建校园消防安全教育平台，完成各项消防安保任务。是年，县消防大队被广东省消防救援总队评为安全工作先进单位。

消防宣传 2019年，县消防大队创新方式，建立立体宣传模式，运用各类新媒体和平台宣传消防知识，加强消防灭火演练、开放消防站、消防逃生体验等宣传培训，开展消防宣传活动。立体宣传模式消防灭火演练延深到居民小区、工业园，覆盖30多个社区，开展灭火演练180多次；消防逃生参与体验人数近千人。向群众免费派发《中华人民共和国消防法》《消防知识手册》及家庭火灾逃生等消防宣传资料6000多份。组织社会单位和社区群众开展消防安全培训135次，开放消防站36次，开展消防志愿者行动26次。

后勤保障 2019年，县消防大队加强经费投入，完善全体指战员基础生活设施，加强器材装备熟悉训练，推进提高后勤保障能力。县消防大队全年地方财政预算稳定增长；改造执勤车库、训练塔、篮球场、大门、党建文化长廊，美化营区面貌；升级心理疏导室和心理宣泄室；购置配备个人防护装备等各类器材装备。是年，张浩杰代表揭阳市消防救援支队参加广东省消防救援总队装备比武获得全省单项第二名。

服务地方 2019年，县消防大队深化志愿服务。与蓝海豚公益志愿服务队揭西支队共建，向儿童福利院捐赠奶粉和礼品，参与扶贫济困捐款。主动服务驻地，以全县争创文明卫生城市为契机，组建青年志愿服务队，组织清洗道路路面30多千米，开展交通指挥志愿服务14次。是年，县消防大队被揭阳市共青团续评为“市级青年文明号”，被市科学技术协会评为“市科普教育基地”。

（李振平）

检 察

【概况】 2019年，揭西县人民检察院（简称县人民检察院）深化司法体制改革，全面履行检察职能，强化法律监督，纵深推进扫黑除恶专项斗争，做好公益诉讼工作。全年依法批准逮捕563人，依法提起公诉591人；不捕75人，不诉29人；提出抗诉3件9人；监督立案5件，监督撤案1件，追诉遗漏罪行13件；受理公益诉讼案件10件，其中行政公益诉讼7件，刑事附带民事公益诉讼3件。

【刑事检察】 2019年，县人民检察院依法履行批捕、起诉职能，严厉打击危害公共安全、故意伤害、“两抢一盗”、黄赌毒等严重刑事犯罪。全年受理审查逮捕各类刑事犯罪嫌疑人636人，比2018年（下同）增长19.7%，依法批准逮捕563人；受理审查起诉各类刑事犯罪嫌疑人704人，增长20.2%，依法提起公诉591人。其中，起诉危害公共安全犯罪69人、故意伤害犯罪30人、“两抢一盗”犯罪87人、黄赌毒犯罪117人、寻衅滋事犯罪34人、聚众斗殴犯罪13人。纵深推进扫黑除恶专项斗争，起诉涉恶案件9人。

【诉讼监督】 2019年，县人民检察院强化刑事立案、侦查、审判监督，提前介入、引导公安机关侦查取证28件，监督公安机关立案5件、监督撤案1件，发出《侦查活动监督通知书》5份、《纠正违法通知书》11份，追诉遗漏罪行13件；不批捕75人，不起诉29人；提出量刑建议388人，法院采纳364人，提出抗诉3件9人。召开公、检、法、司联席会议，落实认罪认罚从宽程序，11月份起适用率70%以上。强化刑事执行监督，受理羁押必要性审查案件9件，提出建议变更强制措施4件，被采纳4件；承办揭阳

2019年12月17日，司法救助当事人向县人民检察院捐赠锦旗　（陈玉琼　摄）

市人民检察院交办初查职务犯罪线索1件；移送公安管辖案件线索1件；向县公安局发出《纠正违法通知书》2份；向看守所提出监所检察建议1份；到县司法局检察社区矫正187人次；到县人民法院财产刑执行集中检察1次，督促刑庭向执行局移送执行33件，执行到位金额24.8万元；到县人民医院强制医疗执行巡回检察2次。

【公益诉讼】　2019年，县人民检察院推进公益诉讼工作，保护国家利益和社会公共利益，促进行政机关依法行政。办理全市首例行政公益诉讼案件、全省涉案金额最大刑事附带民事公益诉讼案件等一批案件。全年受理公益诉讼案件10件，其中行政公益诉讼7件，发出诉前检察建议6份，提起诉讼1件，判决生效1件；刑事附带民事公益诉讼3件，提起诉讼3件，判决生效3件；督促修复被污染、损毁山地、林地424.53亩（28.3公顷），追偿环境治理费用6349万元。

【控告申诉检察】　2019年，县人民检察院严格落实“群众来信件件有回复”制度，做到“7日内程序回复、3个月内办理过程或结果答复”，全年办理群众控告申诉（举报）来信35件，接待来访群众21件；推进国家司法救助与脱贫攻坚工作深入融合，针对因案致贫、因案返贫，提供司法救助3件3人。

【阳光检务】　2019年，县人民检察院加大检务公开力度，拓宽宣传渠道，强化外部监督制约。通过“两微一端”平台、南方号和揭西县人民检察院门户网站不定时向社会公开检务信息，每周发布开庭信息，拓宽检务公开深度和广度；向县委汇报党组工作情况，向人大常委会专题汇报公益诉讼工作；举办“检察开放日”活动3场次，邀请人大代表、政协委员、劳动模范、师生代表、民营企业家等零距离监督检察工作；制作公益诉讼微视频入选全国第四届检察新媒体创意大赛。全年通过案件信息公开网公开案件程序性信息762条，发布重要案件信息56条、生效法律文书251份，处理辩护与代理申请事项148个，为律师提供查询服务755次。

【未成年人检察】　2019年，县

2019年3月4日，良田中学师生在县人民检察院参观未成年人法治教育基地（刘俞炜　摄）

人民检察院落实最高人民检察院“一号检察建议”，履行职责促进学校完善各项预防性侵制度，与县教育局联合制定《揭西县人民检察院 揭西县教育局关于监督落实高检院“一号检察建议”及教育部相关制度文件专项工作的实施方案》；检察长和副检察长分别担任河婆中学、揭西县第一中学、良田中学法治副校长并上台授课；以县人民检察院未成年人法治教育基地为依托，开展“禁毒专题”法治宣传，接待辖区内学校师生3批次。全年涉未成年人案件批准逮捕34人，不批捕6人；提起公诉35人，不起诉7人；封存犯罪记录21人。

【两法衔接】 2019年，县人民检察院完善“两法衔接”（行政执法与刑事司法衔接机制）工作机制，提升行政执法人员行权用权规范化、法治化水平。全年在“两法衔接”信息共享平台审查行政处罚案件13件，监督行政机关向公安机关移送案件1件，后该案被公安机关立案。

【司法体制改革】 2019年，县人民检察院推进司法体制改革和内设机构改革，向上级上报《揭西县人民检察院内设机构改革工作实施方案》，将原有12个内设机构整合成8个，并按新模式稳步运行。落实司法责任制，入额院领导直接办理各类案件62件。

（林剑如　李　萍）

法　院

【概况】 2019年，揭西县人民法院（简称县人民法院）依法履行审判职能，深化司法改革，强化诉前调解，完善审判监督管理，规范司法公开，推进法院各项工作开展。加强队伍建设，选举产生县人民法院机关党委第一届委员会及其下设14个党支部，完善劳动合同制司法辅助人员配备和管理，落实公务员职务与职级并行改革和工资统发。全年受理各类案件2551件，比2018年（下同）增长3.0%，其中新收各类案件2431件，增长5.1%；结案2403件，增长1.7%，结案率94.2%，解决涉案标的金额4.06亿元。

【诉前调解】 2019年，县人民法院强化诉前调解意识，健全诉讼调解联动机制，加强专业化调解平台及调解队伍建设，引导分流纠纷，推动案件诉前调解。在原有家事案件调解室和律师调解工作室基础上，新设道路交通事故纠纷调解室和调解点（棉湖镇），与县总工会联合挂牌成立劳动争议诉调对接工作室，特邀调解员2名。遵循调解优先原则，对适合调解程序案件，转由相关调解工作室处理，化解纠纷在诉前。全年调解工作室处理诉前调解案件50件。

【刑事审判】 2019年，县人民法院依法惩治刑事犯罪，适用认罪认罚从宽制度，完善刑事速裁程序运行机制，严惩抢劫、故意

2019年4月23日，县人民法院公开开庭审理王某洲等五名被告人涉嫌寻衅滋事罪、非法拘禁罪一案　（蔡佳贤　摄）

伤害等暴力犯罪和贪污贿赂等职务犯罪；落实扫黑除恶巡视整改意见，坚决“打伞断网”“打财断血”，实现存案清零。审结原县城市规划局局长李某军滥用职权罪、受贿罪、贪污罪案；审结张某等27人传播淫秽物品牟利罪案；审结恶势力犯罪集团王某洲等人寻衅滋事罪、非法拘禁罪案；审结被告人黄某赐、辜某颂等人犯非法采矿罪、寻衅滋事罪、危险驾驶罪案。全年受理案件386件，结案367件，结案率95.1%，其中审结认罪认罚案件101件，占审结案件总数27.5%。

2019年6月5日，县人民法院对一土地承包经营权出租合同纠纷案件采取强制清退执行措施，打响全市法院“南粤执行风暴2019”专项行动第一枪　（蔡佳贤　摄）

【民商事审判】　2019年，县人民法院依法审理合同纠纷、婚姻家庭、继承纠纷、侵权责任纠纷、物权纠纷等各类民事案件，妥善审理涉县农商行不良金融债权案件，案件实行全程调解、全心调解、全力调解；强化释法答疑工作，加强裁判文书说理，促使当事人服判息诉；推进落实民事案件证据保全工作，完成首例民事案件证据保全，依法维护当事人权益。全年受理民事案件1678件，结案1591件，结案率94.8%，解决诉讼争议标的2.39亿元；民事案件调解、撤诉率31.7%；民事一审服判息诉率94.3%。

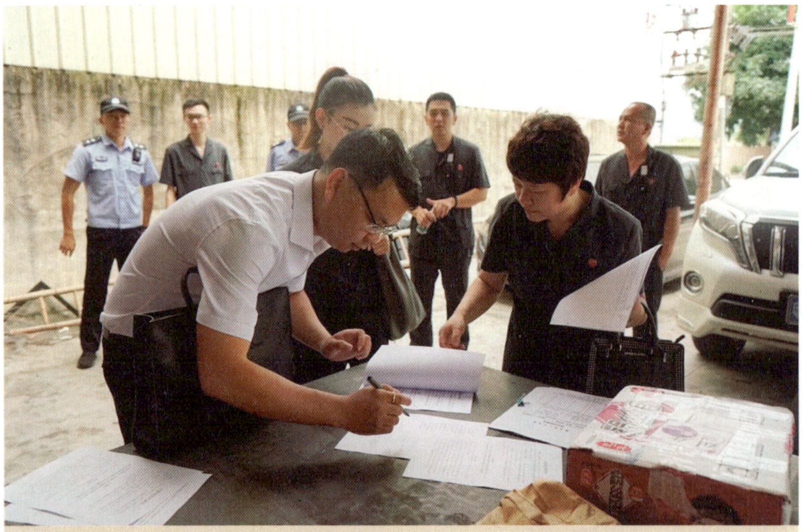

2019年7月1日，县人民法院依法受理申请人吴某彬证据保全申请，对某处房屋涉案现场及涉案起重吊机采取证据保全措施。该案是揭西县人民法院首例证据保全案件　（蔡佳贤　摄）

【司法执行】　2019年，县人民法院强化攻坚执行，加大规避、抗拒执行行为惩戒力度，兑现合法胜诉权益，开展“南粤执行风暴2019”专项行动，巩固“基本解决执行难”成果。全年受理案件487件，结案445件，执结率91.4%，执结标的1.67亿元；拘留被执行人7人，移送拒执罪1宗2人，强制清退房产1次。

【审判监督】　2019年，县人民法院完善审判监督管理机制，深化内部监督管理，强化外部监督制约；完善“四类案件”（涉及群体性纠纷，可能影响社会稳定的；疑难、复杂且在社会上有重大影响的；与本院或者上级法院的类案判决可能发生冲突的；有关单位或者个人反映法官有违法审判行为的）识别监管制度，推行全流程无纸化网上办案，实现审判监督管理全程网上运行、全程留痕；推进落实人民陪审员制度，逐案发放廉政监督卡，及时主动向县委、人大报告工作中重大问题、重要情况，加强人大代表、政协委员联络沟通工作。全年人民陪审员陪审各类案件750件，陪审率99.2%。是年，新任命55名人民陪审员。

【司法公开】 2019年，县人民法院完善司法公开流程和管理机制，坚持主动公开、依法公开、规范公开，加强司法公开平台建设。依托智慧法院，深化诉讼服务信息公开，开展庭审活动直播，推进审判流程公开、裁判文书公开、执行信息公开。全年受理对外委托评估和鉴定案件56件；办理调档查阅500余次；应上网裁判文书全部上网；通过互联网庭审直播案件188件。

【深化司法改革】 2019年，县人民法院深化立案改革，推进内设机构改革和人员分类管理。完善网上立案平台、移动诉讼服务平台建设，推行自助立案、网上立案、跨域立案。全年接收网上立案申请102件，平均审核通过率60%，成功协作跨域立案1宗，作为管辖法院接收跨域立案3宗。完成内设机构改革，精简机构5个，设审判业务部门6个，分别为立案庭（诉讼服务中心）、刑事审判庭、民事审判庭、综合审判庭、执行局、审判管理办公室（研究室），司法行政部门2个，分别为政治部（机关党委、督察室）、综合办公室（司法警察大队）。

【参与社会管理】 2019年，县人民法院完善失信惩戒机制，落实"一处失信、处处受限"，保障当事人合法权益，依法对失信被执行人在特定行业准入、融资信贷、高消费等方面采取限制措施，促进社会信用体系建设；推动依法行政和社会依法治理，加强与公安、环保、国土、教育、卫生、工商等部门联系沟通，健全重点领域纠纷依法处置机制，推进县级不动产系统对接地方点对点查控系统；开展普法宣传工作，普及宪法法律知识，参与对青少年罪犯社区矫正工作，预防青少年犯罪。全年发布失信被执行人信息286人次，限制高消费368人次；向有关机关、行业协会等发送司法建议11份。

（沈胜辉　蔡佳贤）

司法行政

【概况】 2019年，揭西县司法行政机关做好依法治县办各项日常工作，广泛开展普法宣传教育，加强行政执法监督，完善监管体系、提高防控能力，发挥司法所、社区矫正等部门职能作用，强化矛盾纠纷预防化解能力建设，推进基层治理法治化，推动公共法律服务体系建设。全县乡镇（街道）司法所17个；律师事务所3家，公证处1家；法律援助机构1家。执业律师6人；公证员2人；专职人民调解员17人。全年接受法律咨询4096人次，办理法律援助案件410件；办结各类公证业务1236件；排查矛盾纠纷423宗，预防纠纷61宗；调解纠纷1755宗，成功调解1747宗；累计接收社区矫正人员1040人，累计解除社区矫正人员877人。

【机构改革及职能配置】 2019年，揭西县司法局（简称县司法局）为县政府工作部门，正科级单位。3月12日，加挂中共揭西县委全面依法治县委员会办公室，根据改革方案，县司法局统筹协调法治建设，整合行政执法、刑事执行、公共法律服务等职能。按照"三定方案"（部门主要职责，内设机构、人员编制及领导职数规定方案）规定，县司法局设置6个行政办公室：秘书股、法治建设股、法制股、社区矫正股、法律服务股、政治工作办公室，17个正股级派出机构（基层司法所），1个事业单位：揭西县公证处，1个直属行政单位：揭西县法律援助处。核定政法专项编制64名。

【律师工作】　2019年，县司法局加强对律师工作管理，开展法律服务，做好常年法律顾问、民事代理和刑事辩护等工作，合理配置法律服务资源，推动全县“一村（社区）一法律顾问”工作向纵深发展。广东联建律师事务所在县司法局挂牌成立驻村（社区）法律顾问办公室，指派律师驻点揭西，负责联建所驻点揭西日常工作，提供全方位、系统化、个性化法律服务。全年全县村（社区）顾问律师接受群众咨询3744人次，开展法律宣讲活动1252场，参与调解纠纷18件，出具各类法律专业意见73份，提供法律援助1次，其他法律服务4次；助力开展脱贫攻坚活动1次，开展企业法治体检1次，为贫困户开展捐资助学和捐资扶贫活动1次。

【公证工作】　2019年，揭西县公证部门提升窗口服务功能，落实便民举措，严格规范公证程序，严抓公证质量，及时办理继承公证、委托工作、亲属关系证明、出生证明、无犯罪记录证明等公证业务。全年办结各类公证业务1249件，其中国内案件987件（港澳台83件）、国外案件262件。

【法律援助】　2019年，县司法局法律援助处强化法律援助网络体系建设，加强对法律援助规范化建设指导，加大宣传力度，组织实施政府法律援助民生工程，采取多种措施扩大法律援助覆盖面，以未成年人、妇女、农民工等特殊群体为法律援助工作重点对象，推进法律援助各项工作开展。全年接受法律咨询352人次，办理法律援助案件410件，其中刑事案件385件、民事案件25件。

2019年7月4日，揭西县首届国家机关“谁执法谁普法”履职报告评议会在县司法局A栋三楼会议室举行　（县司法局　供稿）

【基层司法行政】　2019年，县司法局加强司法所建设，规范基层人民调解组织法制化、制度化、规范化建设，推进机关干部下沉司法所工作，发挥基层司法所职能作用，提升基层司法行政整体工作水平。按照“及时发现、及时分析、及时介入、及时教育、及时调解”工作要求开展人民调解工作，最大限度缩小对辖区内不安定因素。至年底，排查矛盾纠纷423宗，预防纠纷61宗；调解纠纷1755宗，成功调解1747宗，调解率99.5%。

【社区矫正】　2019年，县司法局落实监管措施，做好社区矫正工作，开展社区矫正“驻在式补短板”专项督查活动和“百日攻坚专项活动”，定期对司法所工作情况进行督查，严格落实管理。实施电子手环定位监控，每月开展社区矫正服刑人员集中教育活动，对社区服刑人员进行思想教育、改造，避免因矫正对象情况掌握不及时而引发重新违法犯罪情况。全年县社区矫正中心举办全县社区矫正集中教育会12次。至年底，在册社区服刑人员163人；累计接收社区矫正人员1040人，累计解除社区矫正人员877人，累计调查评估112宗，累计远程会见220宗。

【普法和法治宣传】　2019年，县司法局增强普法合力建设，落实普法责任制，定期开展普法活动，将法治教育、法治宣传、法治文化与传统文化、行业文化、社区文化等进行整合，促进法治建设有效服务人民群众。召开全县首届国家机关“谁执法谁普法”履职报告评议会，带动各部门分工负责、各司其职、齐抓共管大普法工作格局；开展宪法宣传教育活动和群众性法治文化活动。全年发放普法手册9大类共7万多本、全县25个法治宣传栏更新内容4次。

（林俊槐　陈丹晓）

军 事

揭西县人民武装部

【概况】 2019年，揭西县人民武装部（简称县人武部）落实党管武装工作各项制度，加强人民武装力量建设，规范战备训练运行机制，发挥县国防动员委员会综合协调作用，创新后备力量训练方法，履行揭西军事机关职责，服务地方发展建设，完成征兵工作。开展“条令月”学习活动，严防涉军敏感问题发生，严格执行禁酒令，全年未发生重大违规违纪问题。

【战备训练】 2019年，县人武部正规战备训练秩序，落实战备制度。坚决落实主席训令，聚焦纠治和平积弊，把备战打仗作为第一要务，摆上中心位置。修订完善作战训练、应急处突、日常战备3类方案，明确民兵战备值班分队，整治战备库室，补充相关物资器材；采取自训与参加上级训练相结合开展县人武部机关训练，提高军事综合素质。1月，组织干部、职工及专武干部开展摩托化机动和徒步行军训练；4月至8月，多次组织民兵应急分队应对山火、洪涝、台风备勤，提升遂行多样化任务能力；6月，组织民兵骨干参加揭阳军分区抗洪抢险技能培训，组织基干民兵骨干开展抗洪抢险集训；10月，组织县民兵应急连进行集训；11月至12月，联合县委组织部对基层武装部部长开展资格认证考核工作。

【国防动员和后备力量建设】 2019年，县人武部突出国防动员主责主业，加强国防后备力量建设，推动国防动员创新发展。健全完

2019年1月23日，县人武部在河婆街道开展徒步行军训练　（县人武部　供稿）

善县国防动员组织领导体系，调整完善领导机构和工作机构，规范运行机制，发挥县国防动员委员会职能作用；抓实国防动员潜力数据统计，按照上级部署连续组织国防动员潜力数据调查，采集相关数据，并对重点潜力数据进行核查；推进民兵调整改革，调整完善县民兵调整改革领导小组以及民兵队伍结构和规模。

【征兵工作】 2019年，县人武部加强组织领导，强化征兵宣传引导工作，严把质量关。1月至6月，到全县高中开展征兵宣传，在各乡镇（街道）和县城人流密集处悬挂横幅60多条，组织基层武装部到各村（居）委张贴宣传海报315张，发放宣传册9000份；7月至10月，征兵工作按照开设体检站、应征青年体检、政治考核、审批定兵、新兵交接和起运以及新兵回访流程实施，完成兵员征集任务。

【拥政爱民】 2019年，县人武部加强与地方政府、人民群众联系，参加地方政府组织各项活动，促进军民融合发展。组织参与植树、广东扶贫济困日捐款、烈士公祭日以及庆祝中华人民共和国成立70周年升旗仪式、应急救援、执勤维稳等活动；与钱坑镇白石村建立结对帮扶，协助抓好党建工作，投入资金改善该村贫困户生活条件。

（毛建中　蔡晋元）

武警揭西中队

【概况】 2019年，武警揭西中队（简称中队）坚持依法治军、从严治军方针和党对武警部队绝对领导，加强政治能力训练，强化执勤战备训练，支援地方建设，按纲建队水平稳步提升。是年，中队被武警广东省总队表彰为基层建设先进中队；12名官兵被武警揭阳支队表彰为“优秀基层官兵”，1名战士荣立“三等功”，3名义务兵转改为警士。

【安全保卫】 2019年，中队加强计算机使用管理，结合实际做好防间保密工作，突出手机使用管理，严查网上非法借贷、网络赌博；抓好安全隐患治理，强化在外人员管控；开展季节性事故预防工作，邀请县气象局对中队进行防雷检测和维修防雷设施，针对驻地天气变化，提前谋划，做好抢险救援准备。

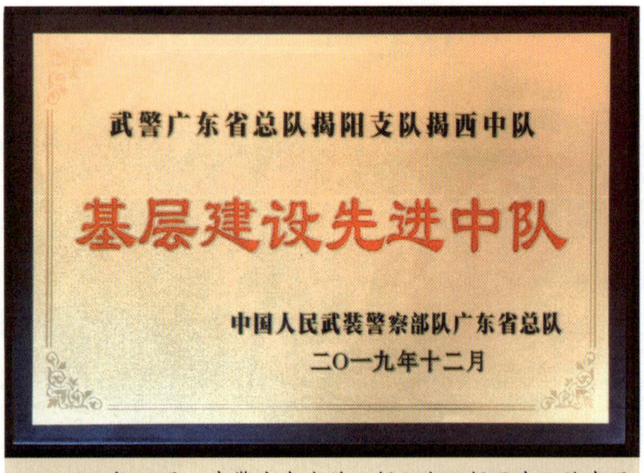

2019年12月，武警广东省总队揭阳支队揭西中队被中国人民武装警察部队广东省总队表彰为基层建设先进中队
（武警揭西中队　供稿）

【执勤与战备训练】 2019年，中队加强执勤与战备训练，提高应急力量联动处置能力。坚持把执勤工作作为“饭碗”工程，在重大节日、敏感时期，采取边训练边执勤、边查勤边教方法，对战士进行执勤战备教育，增强官兵对执勤工作重要性认识，牢固树立居安思危意识。中队严格落实《执勤规定》《执勤设施建设标准》，坚持以从严治勤为切入点，狠抓执勤制度落实，推进完成各项任务。

【支援地方建设】 2019年，中队继承和发扬人民军队优良传统，开展军民共建和拥政爱民活动，全力支援地方建设。参与地方生态文明建设；开展“把驻地当故乡，视人民为父母”等“双拥”活动；参加“学雷锋”活动；走访慰问孤寡老人；在大灾大难面前，中队官兵及时抢救受灾群众生命财产。

（孙庆锋　彭建）

人民防空

【概况】 2019年，揭西县加强人防工程审批和质量监督，强化综合防护能力，完善人防工程建设，利用横联、标语等方式进机关、进学校、进社区、进企业宣传人防知识。全年举行防空警报试鸣1次。

【人防工程】 2019年，揭西县人防办严把审批报建关、质量监管关，强化现场监督，推进“结建”工作；完善防空警报系统建设，加强防空警报设备维护管理。8月28日，揭西县举行防空警报试鸣。

（张新明　曾八喜　吴家嘉）

优抚安置

【概况】 2019年，揭西县退役军人事务局（简称县退役军人事务局）落实退役军人优抚安置政策制度，优化接收安置体系，加强待遇保障体系，开展“双拥”工作。全年为5550名抚恤补助对象发放抚恤补助金，为457户优待义务兵家庭发放优待金；办理城乡退役士兵自主就业手续197人，发放城乡退役士兵自主就业一次性补助金552万元；慰问优抚对象6170多人，慰问资金80多万元。

【机构改革及职能配置】 2019年3月11日，揭西县退役军人事务局正式挂牌成立，是新组建的政府工作部门，为正科级单位。6月30日，揭西县退役军人服务中心正式挂牌成立，为公益一类正股级事业单位。按照“三定方案”规定，县退役军人事务局设置3个内设机构：人秘股、优抚股、安置股，2个事业单位：揭西县退役军人服务中心和揭西县军队离退休干部管理所。核定行政编制8名，事业编制13名。县退役军人事务局主要负责全县退役军人的移交安置、就业创业、教育培训、医疗养老、拥军优属、褒扬先进、权益维护等工作。

【军转干部安置】 2019年，揭西县推进军转安置工作改革，健全军转安置工作领导责任制，完善退役军官安置制度，拓宽安置渠道，解决企业退休、在职、下岗军转干部工资待遇问题。是年，根据《关于调整困难企业军转干部春节慰问金标准的通知》文件精神，对全县困难企业军转干部192人春节节日慰问金进行调整，每人增加春节节日慰问金800元。

【优待抚恤】 2019年，揭西县执行国家抚恤补助标准，提高优抚对象生活水平，保障优抚对象合法权益。开展悬挂光荣牌工作，为退役军人和其他优抚对象悬挂光荣牌1.7万块；组织信息采集工作，设立信息采集点，采集退役军人和其他优抚对象1.8万人。全年为5550名抚恤补助对象发放抚恤补助金；2019年度揭西县城乡义务兵家庭优待发放标准1.14万元/每人，为457户优待义务兵家庭发放优待金521万元。

【退役士兵安置】 2019年，揭西县完善退役士兵服务保障体系，加强退役士兵安置工作，强化退役士兵职业技能培训。开展以政府安排工作方式退出现役的退役士兵办理社会保险接续工作，至年底，全县社保接续录入退役士兵1875人；全年参加职业技能培训退役士兵32人；接收2018年冬季退役士兵197人，办理城乡退役士兵自主就业手续197人，发放城乡退役士兵自主就业一次性补助金552万元，自主就业率100%；重点安置对象1人。

【“双拥”工作】 2019年，揭西县加强基层拥军服务组织，强化“双拥”宣传工作和军地沟通协调，细化“双拥”各项工作任务。以纪念中华人民共和国成立70周年为契机，组织开展“双拥”宣传活动，利用电视、广播等媒体在全县范围内宣传人民军队为祖国解放事业和建设事业所作贡献、优抚对象在各自工作岗位上为社会建设所作努力和“双拥”工作先进事迹。在春节、八一建军节等重大节日期间，县党政主要领导和各乡镇（街道）党政组织慰问团走访慰问驻揭部队和优抚对象，全年慰问驻揭部队慰问金60多万元；慰问优抚对象6170多人，慰问金80多万元。

2019年11月14—17日，揭西县退役士兵欢迎仪式暨全员适应性培训班动员大会在京溪园镇举行（县退役军人事务局　供稿）

【揭西县退役军人服务中心】 2019年6月30日，揭西县退役军人服务中心正式挂牌成立，为公益一类正股级事业单位，设置来访接待、政策咨询、权益保障、帮扶救助、就业指导5个窗口，提供“一站式”“窗口式”、标准化、规范化综合服务。县退役军人服务中心建立健全各项服务管理机制和退役军人服务保障体系，完善就业创业扶持、走访慰问、帮扶解困、信访接待、权益保障等服务机制，协助做好退役军人权益保障、移交安置、就业创业、帮扶解困、优待抚恤等工作，维护退役军人合法权益。加强痕迹化管理，来人诉求有登记，解决问题有登记，反映情况有登记，并做好整理、归档、保存；强化对镇、村级服务站工作人员思想政治、政策业务等方面培训，监督服务站工作开展。指导乡镇（街道）、村级服务站做好光荣牌悬挂工作，为退役军人和其他优抚对象悬挂光荣牌1.7万块。5月21日，发布《关于揭西县开展以政府安排工作方式退出现役的退役士兵办理社会保险接续工作的公告》，并将社保接续相关公告和政策解读以通知形式抄送各单位部门，至11月13日，接收符合安置政策退役士兵递交社保接续申请表1899份，上传录入、审核1899份。全年为5550名抚恤补助对象发放抚恤补助金，为457户优待义务兵家庭发放优待金；办理城乡退役士兵自主就业手续197人，发放城乡退役士兵自主就业一次性补助金552万元；慰问优抚对象6170多人，慰问资金80多万元。

（温小林　许洁妮）

经济体制改革

【概况】 2019年，揭西县科学编制年度经济和社会发展计划，坚持以供给侧结构性改革为主线，推进国资改革，推动重点项目建设，深化农业供给侧结构性改革，推动实施乡村振兴战略，构建推动经济高质量发展体制机制。

（县发改局）

【供给侧结构性改革】 2019年，揭西县深化供给侧结构性改革，坚持去产能、去库存、去杠杆、降成本、补短板，加快建设现代化经济体系。严防“地条钢”死灰复燃，加快闲置土地处置力度，规范房地产市场，深化工程建设项目审批制度改革。坚持以建设数字中国、智慧社会为导向，按照国家推进“互联网+政务服务”、加快政务信息系统整合共享和实施政务信息化工程建设规划等工作部署，推进“数字政府”改革建设，形成社会经济发展实时监管平台。

（县财政局　县政数局　县市监局）

【国有企业改革】 2019年，揭西县推进国资改革，实现县属国有“僵尸企业”全部出清，提高国有资本配置效率，促进国有经济结构优化。完善国资办组织构架，以管资本为主推动国资监管职能转变，制定实施出资人监管全责清单。

（县财政局）

【投融资体制改革】 2019年，揭西县坚持把推动重点项目建设作为扩大投资、拉动经济、改善民生的主抓手，千方百计稳投资稳增长，加快重大项目谋划和补短板力度，依托国家重大建设项目库，建立健全政府投资项目储备库，整合各类政务审批系统，推行数据共享和并联审批，按照系统化、专业化、精准化的原则落实政府投资年度计划。发挥金融机构作用，深化金融体制改革，增强金融服务实体经济能力，健全现代化金融监管体系。

（县发改局）

【农村综合改革】 2019年，揭西县深化农业供给侧结构性改革，推动实施乡村振兴战略。加快《揭西县实施乡村振兴战略规划（2018—2022年）》编制，7月23日，县委、县政府召开乡村振兴战略规划编制工作会议并印发《揭西县实施乡村振兴战略规划（2018—2022年）编制工作调研方案》，9月11日完成《揭西县实施乡村振兴战略规划（2018—2022年）（初稿）》编制工作；新农村建设全面推进。生态宜居美丽示范县、示范镇和30个示范村建设全面推进，64个省定贫困村和5

个省级连片示范主体村集中供水、雨污分流、垃圾处理、村级公共服务站等项目基本完成建设。建成一批新农村建设示范点，金和镇山湖村被评为“广东省美丽乡村特色村”、棉湖镇鲤鱼沟村入选全国乡村治理示范村、南山镇火炬村被列为省第一批“红色村”党建示范工程。城乡人居环境有效提升，全县20户以上1188个自然村完成“三清三拆三整治”，全部配备卫生保洁员，基本实现生活垃圾日产日清。

（县农业农村局）

发展规划

【概况】 2019年，揭西县发展和改革局（简称县发改局）负责研究全县国民经济和社会发展战略、推进全县经济体制改革、招商引资及管理重大项目建设、价格监管等工作，研究分析经济社会发展的热点、难点问题。全县实现地区生产总值231.76亿元，比2018年（下同）增长3.7%；地方一般公共预算收入4.7亿元，下降10.6%；固定资产投资总额87亿元，增长14%；规模以上工业增加值40.66亿元，增长4.6%；农林牧渔业总产值67.24亿元，增长5.6%；社会消费品零售总额152.46亿元，增长7.3%。

【发展规划编制】 2019年，县发改局对全县经济运行情况进行监测、调研、预测和分析，科学编制年度经济和社会发展计划。3月，完成《揭西县国民经济和社会发展计划》编制，组织监督检查，开展经济调研，科学分解各项经济社会发展指标；4月，完成《揭西县人民政府办公室关于印发揭西县2019年主要经济社会预期目标及分工监测运行方案的通知》编制。

【重点项目建设】 2019年，揭西县省、市重点项目36个，续建项目21个，新开工项目15个，计划总投资256.71亿元，年度计划投资33.28亿元，完成投资28.10亿元，完成投资比例84.4%。其中完成年度投资计划21个，完工12个。

2019年揭西县列入省级5个重点项目一览表

表8

项目名称	计划总投资（亿元）	2019年完成投资（亿元）	进度情况
揭西县棉湖污水处理项目二期工程	0.74	0.74	1. 厂区，二沉池、高效沉淀池、纤维转盘滤池、氧化沟、储泥池、中间提升泵房及其他建筑单体的土建工程和设备安装，累计完成投资100%； 2. 配套外管网累计26千米
揭西县生活污水处理设施整县打包PPP项目	1.5	1.5	第一批建设项目上砂镇、五云镇、大溪镇区污水处理厂正在全力加快厂区主体工程施工，大溪镇完成75.2%，上砂镇完成75.6%，五云镇完成80.1%。第二批建设项目龙潭镇、坪上镇、东园镇、钱坑镇（南部、北部）5个镇区污水处理厂全面开工，加快厂区基础施工，龙潭完成59.8%，坪上完成54.9%，东园完成31.7%，钱坑南完成51.6%，钱坑北完成33%。管网累计完成47.46千米。村级污水处理站确定选址84个，开工4个

项目名称	计划总投资（亿元）	2019年完成投资（亿元）	进度情况
揭西县妇幼保健计划生育服务中心（县妇幼保健院）住院综合楼、门诊大楼、医技楼	0.5	0.5	完成住院综合大楼主体工程建设，进行内外墙砌砖等二次装修工程建设和主要设备采购以及科室的深化设计装修工程建设
揭西县城新建自来水厂工程	0.8	0.8	完成厂区围墙、送水泵房和办公楼，清水池、过滤池、取水泵房和污泥处理设施等基础混凝土浇筑工程
揭西县万梅谷文化小镇	1.5	1.41	总规各方面完善中，进行指挥部建设和小镇区域的河道清淤整治工作，完成石内路口至石砄电站路段“白改黑”。（白改黑是道路建筑用语，指的是水泥路面改为沥青路面）

2019年揭西县列入市级36个重点项目一览表

表9

项目名称	计划总投资（亿元）	2019年完成投资（亿元）	进度情况
揭西县道X094五黄线（K0+000—K16+000）路段改建工程	0.3	0.3	国、省道平交口环岛、两侧绿化、预制砼侧石、砌筑护坡、防撞墙、盖板边沟、砼路面两侧加宽完成
揭西县黄满寨景区换乘中心	0.3	0.26	完善黄满寨换乘中心周边道路
揭西县棉湖镇湖西路道路改造工程	0.16	0.16	完工
揭西县棉湖镇兴华路道路改造工程	0.14	0.14	完工
潮惠高速灰寨出口至揭西县电线电缆产业园连接线工程	0.37	0.32	1. 部分路段开始铺设混凝土路面； 2. 推进新桥梁铺设桥面准备工作，进行桥桩监测； 3. 推进挡土墙及增设涵洞的基础工作
揭西县城乡公交一体化	0.8	—	完成揭西县城乡公共交通一体化调研工作，进入全面编制阶段，结合实际情况对中期规划进一步调整
揭西县2019—2020生命防护工程	0.3	0.3	完成项目前期工作，正式开工建设。完成2019年度建设目标任务
揭西县良田乡Y585线西下段公路改建工程（一期）	0.11	0.11	完成
揭西县五经富镇过境公路新建工程	0.11	0.11	基本完成，等待验收
揭西县金和新龙公路改建工程	0.2	0.19	完成主线6.7千米路基、小桥、涵洞建设，进行透水层建设；支线3.8千米进行路基清障及路基、涵洞建设
揭西县坪上镇坪红公路改建工程	0.07	0.09	项目全面完工
揭西县城温泉路升级改造工程	0.15	0.1	完成K0+420—K0+847段的排污、雨水管道的铺设及供水管的安装；完成K0+420—K0+847段的平方米的4%水泥稳定石屑的铺设及5%水泥稳定级配碎石路基的敷设，共2989平方米；抓紧铺设K0+420—K0+847段的路沿石和人行道砖

续表9

项目名称	计划总投资（亿元）	2019年完成投资（亿元）	进度情况
揭西县棉湖污水处理项目二期工程	0.74	0.74	项目完成一、厂区，二沉池、高效沉淀池、纤维转盘滤池、氧化沟、储泥池、中间提升泵房及其他建筑单体的土建工程和设备安装，累计完成投资100%；二、配套外管网累计26千米
揭西县生活污水处理设施整县打包PPP项目	5.47	1.5	第一批建设项目上砂镇、五云镇、大溪镇区污水处理厂，正在全力加快厂区主体工程施工，大溪镇完成75.2%，上砂镇完成75.6%，五云镇完80.1%。第二批建设项目龙潭镇、坪上镇、东园镇、钱坑镇（南部、北部）5个镇区污水处理厂全面开工，正在加快厂区基础施工，龙潭镇完成59.8%，坪上镇完成54.9%，东园镇完成31.7%，钱坑南完成51.6%，钱坑北完成33%。管网累计完成47.46千米。村级污水处理站确定选址84个，开工4个
揭西县城污水处理厂配套管网三期工程	0.3	0.03	项目县政府批复、发改立项、图纸设计、预算编制、招标等前期工作已经完成，并于12月16日举行开工仪式，正式动工
揭西县2019年森林碳汇林重点生态工程建设项目	0.13	0.13	全面完成造林种植任务面积800公顷。当年抚育完成面积800公顷。通过项目质量验收和上级核查
揭西县老虎坷垃圾填埋场扩容升级工程	0.3	0.3	完成所有工程建设项目，并于5月17日组织验收
揭西县石肚河（坪上段）中小河流治理工程	0.24	0.42	全部完工
揭西县妇幼保健计划生育服务中心（县妇幼保健院）住院综合楼、门诊大楼、医技楼	0.49	0.49	完成住院综合大楼主体工程建设，进行内外墙砌砖等二次装修工程建设和主要设备采购以及科室的深化设计装修工程建设
揭西县人民医院住院综合楼	0.35	0.35	主体结构建设完成
揭西县棉湖华侨医院住院综合大楼	0.1	0.1	完成
揭西县骨伤科医院（五经富中心卫生院）住院综合大楼	0.3	0.27	主体结构完成，砌体工程和水电安装也全部完成，一至十层内墙装修完成，十一层内外墙正在施工，完成总工程量的91%
揭西贝斯达医院建设工程	1	0.67	进行挡土墙、护坡建设；办理部分土地征地、土地上报审批工作
揭西县黄满寨旅游区、京明度假村景区联创5A提升项目	1.5	1.54	推进盘古文化园三期配套工程建设
广东揭阳大北山生态旅游产业园	2.6	2.6	京明生态城、度假区升级改造工程、景区配套设施建设和道路维修改造工程建设

续表9

项目名称	计划总投资（亿元）	2019年完成投资（亿元）	进度情况
揭西县电线电缆产业园	1.5	1.5	1.园区新开工建设总投资2898.66万元的揭西县电线电缆产业园进园西路，完成路基填土压实工程，完成旧桥的拆除工作和新桥梁基础桥墩工程，正在推进挡土墙及增设涵洞的基础工作 2.推进园区污水处理厂工程，完成勘探和设计工作，正在推进图审、财审工作； 3.推进完善配套园区投资服务中心工程，完成勘探设计工作，推进图审、财审工作； 4.引进深圳讯道实业股份有限公司和雅的科技有限公司两家电线电缆企业，完成土地出让，现阶段应服务好企业，做好新出让地块的地表清理工作，让企业尽快落户园区
揭西县鑫昌顺电子科技有限公司半导体电子基材智能研发生产基地	1.2	1.1	建设一栋办公楼，一栋宿舍楼，投产1条半导体电子基材智能研发生产线，安装完成第2条生产线，建设第2条生产线配套设施
揭西县大北山中药园	0.3	0.3	基本完成
揭西县大洋国际生态度假区升级改造工程	2	2.07	1.完善VI导示系统，VI设计公司第一版设计修正中，儿童乐园规划设计图改版中 2.景区整体规划设计委托单位规划设计，在修改方案中 3.马术表演场地平整完毕，马棚投入使用 4.景区主干道两侧观赏花卉苗培育中 5.两个旅游厕所施工建设在收尾中 6.鱼池、泳池，瓷砖铺设完成，绿植和草坪重新种植完成 7.移动网络布线完成 8.文化纪念馆装修合同签订，材料回库中 9.发电机房改造升级中，完成50% 10.练习场防撞隔离栏、景区主干道反光镜安装完毕 11.教育基地升级改造，设计规划中 12.茶文化休息体验区，设计规划中
揭西县城新建自来水厂工程	0.8	0.81	完成厂区围墙、送水泵房和办公楼，清水池、过滤池、取水泵房和污泥处理设施等基础混凝土浇筑工程
揭西县64个省定贫困村创建社会主义新农村示范建设工程及连片整治示范工程	6	6.3	各乡镇（街道）共229个自然村，雨污分流、巷道硬底化、集中供水项目同步建设，动工有229个，其中210个竣工
揭西县河婆新城续建工程	2	2	项目完工
揭西县万梅谷文化小镇	1.5	1.41	总规各方面正在完善中，正在进行指挥部建设和小镇区域的河道清淤整治工作，完成石内路口至石硖电站路段“白改黑”
揭西县榕江南河两岸整治工程	0.21	0.24	基本完工（不包括双江交汇区），办理增加、变更工程政府审批手续及工程竣工验收准备工作
揭西县大溪镇金溪润园住宅小区	1.06	1	进行四幢商品房十五楼建设
建设揭西县各建制镇集中式生活饮用水源保护区标准化设置工程	0.19	0.18	项目于9月21日开工，完成总工程量的93.2%，其中北山水库等5个饮用水源保护区围网工程完成，其余正在有序推进

【投资项目审批与管理】 2019年，县发改局规范和加快全县投资项目行政审批管理，推进简政放权。全年审批投资项目188个，其中：权限内审批项目130个，备案项目58个，计划总投资53.08亿元；强化项目管理，对工程项目的招标投标活动依法依规实施指导、协调和监督，全年核准招投标项目132个。

重点项目情况 2019年，揭西县省重点项目有5项，总投资31.64亿元，2019年投资计划5.03亿元；市重点项目有36项，总投资256.70亿元，2019年投资计划33.27亿元；县重点项目104项（含36个省、市重点项目和4个预备项目），总投资346.74亿元，2019年投资计划51.30亿元。是年，省重点项目完成投资4.94亿元，占全年投资计划98.3%，项目全部开工，开工率100%；市重点项目完成投资28.10亿元，占全年投资计划84.4%，开工项目35项，开工率97.2%；县重点项目完成投资35.28亿元，占全年投资计划68.8%，开工项目80个，项目开工率76.9%，完成年度投资计划36个，未开工项目24个（含3个预备项目）。

中央预算内投资项目情况 2017-2018年中央预算内投资项2个，揭西县人民医院住院综合楼项目总投资1.25亿元，下达中央预算内投资2000万元，累计完成投资1.25亿元；揭阳市揭西县第二人民医院住院综合大楼建设项目总投资1.01亿元，下达中央预算内投资2000万元，累计完成投资1.01亿元。

投资项目审批情况 2019年，县发改局办理审批项目130项，备案项目58项，批准总投资53.08亿元；强化项目管理，对工程项目的招标投标活动依法依规实施指导、协调和监督，全年核准招投标项目132个。

（张优欣　林洁漫）

物　价

【概况】 2019年，揭西县发展和改革局（简称县发改局）深化价格改革，完善价格调控，创新价格监管，优化价格服务，重点围绕调整自来水价格、改革农业水价、清理涉企收费三方面工作。全年减免涉企行政事业性收费项目22项，减轻企业负担约2000万元；开展价格认定业务438宗。

【价格调控】 2019年，揭西县受非洲猪瘟疫情等因素影响，猪肉价格明显上涨，带动食品价格涨幅较大。根据揭阳市《关于进一步完善揭阳市社会救助和保障标准与物价上涨挂钩联动机制的通知》，当居民消费价格指数（CPI）单月同比涨幅达到3.5%或CPI中食品价格单月同比涨幅达到6%时，启动社会救助和保障标准与物价上涨挂钩联动机制。县发改局联合县民政局、财政局和人社局等部门于6月起启动价格补贴联动机制，对城市和农村低保对象、享受国家定期抚恤补助的优抚对象、特困对象、领取失业保险金人员发放价格临时补贴，发放价格临时补贴667.61万元。

【价格改革】 **自来水价格** 2019年，县发改局为推进揭西县建立阶梯式水价，促进节约用水，简化用水分类，制订《调整揭西县自来水价格并实行居民阶梯水价制度方案》，自6月1日起实施。调整后居民用水实行阶梯水价制度。阶梯用水量第一级水量为30吨以下（含30吨）每月每户，第二级水量为30吨以上至40吨（含40吨）每月每户，第三级水量为41吨每月每户以上。

揭西县自来水公司调整后自来水标准为居民用水第一级水价1.70元/立方米，第二级水价2.55元/立方米，第三级水价5.10元/立方米；非居民用水2.60元/立方米；特种行业用水3.00元/立方米；趸售用水1.30元/立方米。揭西县第二自来水厂调整后的标准为居民用水第一级水价2.20元/立方米，第二级水价3.30元/立方米，第三级水价6.60元/立方米；非居民用水2.70元/立方米；特种行业用水3.70元/立方米；趸售用水1.80元/立方米。

农业水价 2019年，揭西县为做好农业水价综合改革工作，建立健全农业水价形成机制，促进农业节水和农业可持续发展，建立推进农业水价综合改革工作部门间联席会议制度，由联席会议成员负责抓好农业水价综合改革各项任务落实。完成瓠杓岭引榕灌区渠首取水计量设施建设任务，完成南乌等其他6宗中型灌区渠首计量设施的建设工作；完成重点中心灌区取水许可证发放，实现用水计划等日常监督管理和按照市要求基本完成小型水利工程改革任务；完成重点中型灌区取水许可证发放和基本完成小型水利工程改革任务。

【收费管理】 **清理涉企收费** 2019年2月，县发改局在全县开展涉企收费清理规范工作，及时落实国家、省、市停征免征的收费项目，清理收费单位乱收费行为。根据国家、省发改部门相关减费政策文件要求，共减免涉企行政事业性收费项目22项，是年，减轻县企业负担约2000万元。

物业服务收费 2019年8月1日起，揭西县规范物业服务收费，执行以下规定：取消政府指导价范围内物业服务收费标准备案管理；垃圾和余泥渣土清运费实行市场调节价；装修保证金（押金）不列入政府定价管理事项；规范出入证押金（或工本费）。

墓园服务收费 2019年7月1日起，调整钱坑镇钱东村曾厝场公益墓园服务收费标准。墓穴费（含安葬费）调整为每平方米1716元（每穴3.3平方米），护墓管理费调整为每年每平方米36.4元，墓碑石费（含刻字、安放费）由双方自愿协商确定。

【价格监督】 **市场价格监测** 2019年，县发改局在全县建立价格监测点5个，配备专兼职监测员5名，重点做好粮油、肉禽蛋、鲜菜、食盐、肥料等价格动态监测与监管，及时跟踪、采集、分析、预测。在节日期间，增加监测频次，随时关注重要生活必需品市场价格变化情况。

收费监管 2019年，县发改局采用多项措施，规范收费行为，为供给侧结构性改革营造良好收费环境。实施收费清单动态调整机制，及时在县政府网站向社会公布，并进行动态调整，接受社会监督；完善收费单位年度报告制度，加强事中事后监管。对各执收单位在涉及收费项目、标准、范围有变动的，督促收费单位按时规范报告收费情况，及时更新收费项目，根据《关于进一步加强行政事业性收费事中事后监管的通知》《广东省发展改革委关于规范经营服务性收费的通知》，组织有关单位按时完成2018年度、2019年度行政事业性和经营服务性收费情况报告工作。

收费目录清单 2019年8月，揭西县把依法合规设立的收费项目纳入清单并主动公布，形成5份清单，分别为《揭西县全国性行政事业性收费目录清单》《揭西县省定行政事业性收费目录清单》《揭西县国家和省定涉企行政事业性收费目录清单》《广东省政府定价的经营服务性收费目录》《揭西县县级政府定价的经营服务性收费目录清单》，共37个收费项目。

【价格认定】 2019年，县发改局规范价格认定行为，增强风险防患意识，遵守价格认定操作规程和工作守则，增加办事透明度。是年，开展价格认定业务438宗，价格认定标的约2000万元，为司法机关办案提供依据，维护社会稳定。

（张优欣　林洁漫）

国有资产管理监督

【概况】 2019年，揭西县国有资产管理办公室（简称县国资办）贯彻落实中央关于供给侧结构性改革，按照省、市国有“僵尸企业”出清重组及政企脱钩的决策部署，完成各项工作任务。全县县属国有企业38家，县属国有资产总额11.15亿元。全年县国有“僵尸企业”出清重组27家。全年安全生产零事故。

【资本运营】 2019年，揭西县国有企业38家，正常营运7家：县金叶发展公司、县自来水公司、县汽车运输总公司、县小水电公司、县储备粮管理中心、县国有资产经营公司和县铭达飞企业管理有限公司。县属国有资产总额11.15亿元，负债总额5.47亿元，所有者权益5.68亿元。其中，纳入国有资本经费预算管理2家，分别为揭西县小水电公司和揭西县金叶发展公司，国有资本经营预算收入为1744万元。其中，小水电公司上缴承包费253.53万元，金叶公司上缴利润1437.48万元、上缴租金52.47万元。

【企业产业结构调整】 2019年，县国资办加强国有资产管理，防止国有资产流失，摸清、梳理分布在县政府办、宣传部、工信局、国资办、水利局、交通局、文化广电旅游体育局、粮食局、林业局、农业农村局，商业集团、物资总公司、二轻联社、供销社等单位国有资产。摸查结果显示，占地面积68.76万平方米，274宗；房屋面积23.11万平方米，408宗。是年，全县国有“僵尸企业”出清重组27家（出清关停企业21家，出清特困企业6家）。剩余29家关停企业和5家特困企业合计34家未完成出清工作。

【国资监管】 2019年，县国资办贯彻执行国家有关国有资产管理工作的法律、法规和政策，履行国有资产管理职能，防止国有资产流失。县国资办严把县属国有企业产权转让、交易各个环节，要求所有国有股权转让、交易必须依法依规进入法定交易市场，减少国有产权在交易过程中出现违纪违法行为，把握出资人职责定位，明确国资监管边界，推进国资监管机构职能转变。

（刘政章）

统　计

【概况】 2019年，揭西县统计局（简称县统计局）做好基础统计工作，完成常规统计调查，开展第四次全国经济普查，加强经济运行监测分析，推进依法统计，做好资料发布。全年完成全县301个普查区、426个普查小区普查登记工作；编印《揭西信息快报》9期650份。

【基础工作】 2019年，县统计局抓好常规统计工作，为全县GDP核算提供基础数据。完成农业、工业、商业、服务业、固定资产投资、能源、科技和劳动工资等涉及全县经济社会各领域的常规统计调查；执行2018年年报及2019年定报统计制度，落实各统计专业调查任务，做好月报、季报和年报工作；开展城乡一体化住户调查，推进城乡一体化住户调查电子记账工作，分批举办6期电子记账业务培训，做好全县13个调查点，130户调查户调查工作；开展双随机执法检查工作，组织统计执法检查人员对全县25家企业进行“双随机一公开”统计执法检查；加强统计法治建设，开展统计法律法规宣传教育，组织开展“12·4”全国法制宣传日和“12·8”《中华人民共和国统计法》颁布实施纪念日活动，通过电视、LED显示屏、横联、发放宣传资料等形式，宣传《中华人民共和国统计法》《统计法实施条例》《全国经济普查条例》；开展第十届“中国统计开放日之广东”活动。

2019年9月24日，县统计局组织召开全县工业统计工作会议　（县统计局　供稿）

【第四次全国经济普查登记工作】　2019年，县统计局开展第四次全国经济普查，抓好动员部署、培训指导、普查登记、数据质量、普查宣传等工作。全年培训约300人次，完成全县301个普查区、426个普查小区普查登记工作任务。

【资料发布】　2019年，县统计局向县委、县政府及有关部门提供统计信息和咨询服务，定期向社会公众发布全县国民经济和社会发展情况的统计信息。全年编印《揭西信息快报》9期650份；编写经济运行情况11篇。

【信息化建设】　2019年，县统计局加强统计信息网络建设和管理，提高整个统计信息网络运行质量和工作效率，指派专人负责统计信息化建设日常工作，协助做好各乡镇统计站及企业联网直报系统的电脑调试及程序安装等工作，推进统计联网直报工作按时按质完成。

（林吉新　温丽霞）

审　计

【概况】　2019年，揭西县审计局（简称县审计局）全年审计和审计调查单位完成9个，占项目计划数100%，审计查出主要问题金额4.06亿元（违规金额74万元，管理不规范金额4.05亿元），发现非金额计量问题16个，审计发现侵害人民群众利益100万元，审计处理处罚74万元（应归还原渠道资金74万元），提交审计信息出具审计报告和专项审计调查报告8篇，提出审计建议4条，提交审计信息简报8篇。

【财政金融审计】　本级预算执行和决算草案审计　2019年，揭西县促进规范预算管理和财政体制改革，提高财政资金使用效益。县审计局于2月20日至5月27日对县财政局2018年度预算执行和其他财政收支及决算草案情况进行就地审计。从审计情况看，2018年度揭西县财政工作完成县十届人大三次会议审议通过和批复调整的年度预算收支任务，实现预算收支平衡。2018年度揭西县预算执行和其他财政收支总体情况良好，财政收支管理基本规范。在财政运行过程中，存在县内经济增长缺乏新引擎、收入增量不足、收入增长主要来源于历史存量、税源大户企业少等问题，预算支出资金来源82.4%靠上级补助收入等被动因素仍然存在。

延伸审计　2019年，县审计局结合审计全覆盖要求，根据相关法律法规，按照法定审计程序，采用审查、了解、询问、分析、对比等方法，县审计局对2018年度负责人离任（或任中时间长）的县外事侨务局、县市场物业管理局、县档案局、县妇女联合会4个单位2018年度及各自任期内财务收支情况进行延伸审计。

部门预算执行审计　2019年，县审计局对揭西县棉湖中学2018年度财政预算执行和其他财政收支情况进行送达审计。审计查出支出决算数据不实科目共10个，调整金额108.59万元。该校在执行国家现行财经法规及建设项目管理等方面存在违规发放津补贴、决算报表数据不实、施工合同未按规定约定工程质量保证金等问题。

财政决算审计　2019年，县审计局对河婆街道办事处2018年财政决算情况进行就地审计。从审计结果看，该办在财务管理方面，内控制度基本健全，费用支出审批报账手续基本齐全，会计核算符合《行政单位会计制度》要求。发现存在问题有：未及时收取电站承包款、未及时使用中央专项资金、无须再安排使用的专项资金未及时缴回财政等。

【经济责任审计】　2019年，县审计局加强经济责任审计，推进领导干部经济责任审计，突出对领导干部特别是“一把手”，以及重点部门和重点岗位、重点人和重点事的权力责任监督。重点审计任期履职情况，检查经济指标完成情况、财政收支情况和效益性、重大决策情况等。紧扣“经济责任”，把领导干部贯彻执行中央和省重大决策部署、重大经济决策、重大财政资金安排使用、重大投资建设项目管理和廉政等情况作为审计重点，关注领导干部权责与权力运行。是年，完成经济责任审计项目3个。

【重大政策落实跟踪审计】　2019年，根据年初审计项目计划安排，按照揭阳市审计局统一部署，县审计局派出审计调查组于2月15日至5月15日，对揭西县落实国家和省支持实体经济发展有关政策措施情况进行审计调查，重点关注2018年以来全县实体经济扶持政策总体落实情况、政府部门和大型国有企业清理拖欠民营企业中小企业账款工作落实情况、降低用能成本政策落实情况、降费减负政策落实情况，依法独立实施审计调查并出具审计调查报告。

【审计整改】　2019年，揭西县重视对审计查出问题整改工作。县政府每年向县人大常委会汇报县级预算执行和其他财政收支审计工作前，县长听取审计局局长专题汇报。大部分审计发现问题，均得到及时整改。12月，县审计局向县人大常委会报告审计发现问题的整改情况。整改问题有：部分非税收入未解缴国库造成少列财政预算收入，项目资金未及时拨付用款单位影响项目资金到位率；非税收入未及时解缴

2019年9月20日，揭西县审计局在三楼视频会议室开展业务培训活动
（陈燕鹏　摄）

国库；以前年度项目资金未及时拨付用款单位。促成县财政部门与用款单位一道加强项目进度管理，提高预算执行到位程度；揭西县新时期精准扶贫精准脱贫预脱贫对象中尚有无劳动能力贫困户279户、455人未纳入低保五保政策性保障，扶贫开发资金使用率较低、产业扶贫开发项目推进缓慢，303名县外就读建档立卡贫困学生未能按规定享受惠民资助，合作协议未约定风险补偿的分担比例，合作协议约定的贷款对象、贷款授信额度不合规等问题，审计立即责成县直有关单位、各乡镇人民政府（街道办）针对抽查发现的问题认真整改，确保精准扶贫精准脱贫政策措施落到实处，提出切实履行主体责任，加强相关部门与扶贫部门协调，数据共享，精准落实等建议意见，并得到采纳，专门出台《揭西县精准扶贫精准脱贫产业扶贫资金使用管理细则》。

【内部审计】 2019年，县审计局加大对内审机构业务指导和培训，完善内部审计制度，规范内部审计工作。是年，全县内部审计机构24个，专职、兼职内部审计人员123人，其中：专职机构1个，专职内审人员7人；乡镇农村集体经济审计站17个，审计人员94人。完成审计项目18个，其中：财务收支审计14个，经济责任审计4个。提出被采纳的意见和建议18条。

（汪伟富　陈燕鹏）

市场监督管理

【概况】 2019年，揭西县市场监督管理局（简称县市场监管局）贯彻执行部门法律法规、规章政策和标准规范，深化商事登记制度改革，强化事中事后监管，全力保障食品药品、特种设备、工业产品质量安全，维护市场经济秩序，守护市场安全环境，保护消费者合法权益。全年新发展各类市场主体4080户；检查电线电缆企业133家次，检验检测机构8家次；受理食品药品审批事项1191件；检查餐饮单位2590家次。

【机构改革及职能配置】 2019年3月12日，揭西县市场监督管理局（加挂揭西县知识产权局）正式挂牌，整合原市场监管、食药监、知识产权、价格监督检查、反垄断等职能。县市场监管局设置10个内设机构：人秘股、综合协调股、登记注册股、信用监管股、知识产权股、产品质量股、食品安全股、药品安全股、特种设备安全股、执法大队，6个派出机构：河婆市场监管所、棉湖市场监管所、五经富市场监管所、灰寨市场监管所、金和市场监管所、凤江市场监管所，1个事业单位：揭西县消费者权益保护委员会（揭西县“12315”投诉举报中心），核定行政编制100名（其中行政编制55名、行政执法编制45名）。

【企业登记】 2019年，县市场监管局推进“多证合一”、“证照分离”和企业注销便利化改革，推行全程电子化商事登记；全面压缩企业开办时间，企业开办全流程不超过3个工作日；推行企业登记实施实名验证，遏制冒用他人身份证信息办理公司登记违法行为。是年，全县新发展各类市场主体4080户，累计2.40万户，累计换发“多证合一”营业执照1.45万户，核发全程电子化商事登记营业执照4户，准予简易注销登记的企业90户。是年，引导个体工商户升格为私营企业73户，引导个人独资企业转型升级为有限公司10户。

【市场主体监管】 市场主体年报　2019年，县市场监管局根据《企业信息公示暂行条例》规定，采取互联网、短信、电话、上门走访等方式提醒市场主体进行年报，督促指导其依法履行法定义务，推进2018年度市场主体年报公示工作。2018年度，全县各类企业年报率91.4%，农民专业合作社年报率84.4%，个体工商户年报率82.3%。加强经营异常名录和严重违法失信企业名单管理。是年，依法将262户企业、42户农专社列入经营异常名录，3281户个体户标记为经营异常状态，10户企业列入严重违法失信名单。做好企业（含农专社）信用修复工作，依法移出经营异常名录企业54户、农专社9户。

“双随机 一公开”监管工作 2019年，县市场监管局根据上级文件要求，结合《企业公示信息抽查暂行办法》《个体工商户年度报告暂行办法》和《农民专业合作社年度报告公示暂行办法》等法律法规规定，对照《广东省市场监督管理局随机抽查事项清单（第一版）》，开展抽查工作，并依法将抽查结果通过国家企业信用信息公示系统（广东）予以公示。是年，省、市两级市场监管局通过广东省“双随机一公开”综合监管平台下发抽查任务检查企业34户（含市属企业），市市场监管局委托定向抽查企业4户，县市场监管局不定向随机抽查企业53户、个体户562户、农专社7户，双随机定向抽查“保健”市场企业8户。

【集贸市场管理】 2019年，县市场监管局开展集贸市场开办者办理注册登记宣传工作，引导市场开办者进行注册登记，县内经认定8个商品交易市场均落实注册登记。牵头相关单位推进集贸市场标准化改造，确定上砂综合市场作为升级改造重点市场，是年，该市场完成升级改造并投入使用。

【商标管理】 2019年，县市场监管局实施商标品牌战略，加大商标宣传、帮扶和指导力度，引导市场主体提高商标注册、运用、管理、保护意识，贯彻落实好中共十九大报告提出“倡导创新文化，强化知识产权创造、保护、运用”要求，加大商标品牌培育和知识产权保护，严厉打击商标侵权违法行为，维护商标权利人合法权益。是年，全县新增注册商标2941件，累计注册商标1.41万件，累计有效广东省著名商标1件；查处假冒商标案3宗，罚没4.3万元。

【广告管理】 2019年，县市场监管局以《中华人民共和国广告法》和《互联网广告管理暂行办法》为依据，以食品、保健食品、房地产等领域互联网广告为主要监管对象，开展虚假违法广告整治工作，严肃查处发布虚假违法广告行为。开展2018年度广告业统计工作，全县应参加统计户数35户，按时填报统计报表35户，全县统计率100%。

【合同管理】 2019年，县市场监管局按照上级关于开展2018年度广东省“守合同重信用”企业公示活动有关通知精神，在全县范围内开展2018年度“守合同重信用”企业申报公示活动，鼓励和引导企业加强合同和信用管理，促进企业信用体系建设，营造诚实守信、公平竞争营商环境。是年，全县申报2018年度“守合同重信用”企业57户，其中，新申报企业1户，通过审核进入公示阶段54户。

【产品质量监管】 2019年，县市场监管局依法对生产许可证获证企业、电线电缆行业、重点产品和检验检测机构进行监督检查，开展流通领域销售来源不明产品行为专项清查行动，做好国家、省和市监督抽查不合格企业处理工作。是年，检查电线电缆企业133家次（发出责令改正通知书2份），其他企业17家次，批发零售门店204家（下达责令改正违法行为通知书136份），检验检测机构8家次，对16家上级监督抽查不合格企业进行后处理；全县电线电缆企业新申请3C证书88张，累计有效3C证书443张，新增获得质量体系认证5家企业，累计获得质量体系认证33家企业。加快推进全县道路货运车辆检验检测改革，推进机动车检验检测机构同时具备“三检合一”资质，实现货运车辆年检、年审和环检“三检合一”，实行“一次上线、一次检验、一次收费”，降低货运经营者检验检测费用负担。至年底，辖区内3家机动车检验检测机构均获得“三检合一”相关资质。

【标准化管理】 2019年，县市场监管局实施广东省企业产品和服务标准自我声明公开和监督制度，落实企业标准化主体责任，推广应用“企业标准信息公共服务平台”。是年，全县20家企业上报31项标准（其中国家标准6个、行业标准2个、企业标准23个），涵盖32种产品。广东省揭西县质量技术监督检测所（简称县检测所）做好代办商品条码窗口服务工作，及时跟踪企业申办及到期续展情况，全年办理商品条码新注册系统成员19家，续展系统成员105家。

【计量监管】 2019年，县市场监管局围绕“国际单位制（SI）根本性飞跃”主题开展第20个世界计量日宣传活动，到加油站、眼镜制配等行业进行计量宣传，组织计量技术检测机构开展“实验室开放日”活动。开展关系民生、眼镜制配场所等计量专项监督检查，检查相关企业29家。开展2019年计量单位使用情况专项监督抽查，检查9家单位，发现1家使用非法定计量单位并责令其改正。开展能效水效标识产品专项监督检查，抽查销售企业11家，覆盖能效水效产品9类63个规格。推进诚信计量工作，引导31家企业签订《诚信计量承诺书》。

【特种设备安全监察】 2019年，县市场监管局全面履行特种设备安全监察职能，开展特种设备隐患排查和专项整治工作，确保辖区特种设备使用安全。是年，出动监察人员241人次，检查使用、安装、检测单位71家次，检查特种设备82台次，排查消除隐患53处，发出特种设备安全监察指令书2份。多次召开会议对全县气瓶安全监管改革工作进行再动员再部署，组织开展气瓶充装单位安全专项检查，与各气瓶充装单位签订《气瓶充装单位安全管理承诺书》。

【技术检测】 2019年，县检测所抓好民生计量免费检定惠民工作，对全县集贸市场与基层医疗卫生单位3963台计量器具进行强制免费检定，其中各类秤：2970台件、血压计991个、压力表2台。全年免征企业检定计量器具6146台，其中检测分析电子天平：213台、架盘天平：783台、加油机：408台（枪）、各类秤：1378台（件）、砝码：2192个、压力表：591个、地称：8台、温度箱：421台、各类尺：70台（件）、酸度计：25台、分光光度计：28台、旋光仪29台。

【食品药品经营审批】 2019年，县市场监管局做好行政许可审批工作，加强对食品药品生产经营单位业务指导，公平、公正严格把好申报资料关和现场审核关，从源头上把好食品药品行业准入关。全县食品生产小作坊登记证持证单位85家，是年，新增6家，注销1家（其中注销的1家升级为食品生产企业）；食品经营持证单位4194家（其中食品经营单位2280家，餐饮、小餐饮共1914家），是年，核发、变更食品经营许可证1060家，注销食品经营许可证101张；药品经营持证单位174家，通过GSP认证158家，双网药店10家，是年，新增7家，注销（含双网）26家。全年政务中心服务窗口受理审批事项1191件，所有审批事项均在承诺期限内办结，受理窗口被评为政务服务文明窗口。

【特殊药品监管】 2019年，县市场监管局加强含特殊药品复方制剂监管，以零售药店是否按要求进行销售和登记和是否存在超量、多次购买的情况为检查重点开展特殊药品复方制剂专项检查，并要求药品经营单位加强自律和自查，检查过程中未发现违法违规行为。

【食品生产安全监管】 2019年，县市场监管局对食品生产企业实行风险等级分级分类管理，强化日常监管和重点监管，督促企业落实原料进货查验、生产过程控制、出厂检验、销售台账等制度，重点检查企业超范围超限量使用食品添加剂和食品中非法添加非食用物质等违法违规行为，并针对肉制品、酒类、果冻、饮料、蜜饯、炒货食品等重点产品开展专项整治行动，及时排查食品生产安全风险隐患，确保食品生产安全。全年巡查食品生产企业418家次，食品相关产品生产企业23家次，发出责令改正通知书7份，约谈食品生产企业及食品相关产品生产企业36家。做好食品生产加工小作坊登记证登记发证和日常监管工作，规范小作坊生产经营行为，是年，新增6家，注销1家（其中注销的1家升级为食品生产企业）。

【食品经营市场安全监管】 2019

年，县市场监管局开展婴幼儿配方乳粉专项治理，要求全县114家婴幼儿配方乳粉经营户登录广东省智慧食药监云平台录入相关婴幼儿配方乳粉产品进销信息，实现婴幼儿配方乳粉全程溯源管理。做好食品、食用农产品抽检快检工作，是年，抽检食品1339批次，合格率98.7%，快速检测食用农产品1.27万批次（其中82批次蔬菜、2批次水产品快检不合格），合格率99.3%。对食品经营单位落实索证索票、进货查验等各项制度、从业人员持健康证上岗进行全面检查，持续推进农村食品安全综合治理，针对校园及其周边食品经营户开展“三无食品”“五毛食品”专项整治，开展食盐、茶叶市场专项检查，加强食品、保健食品欺诈和虚假宣传整治力度，规范食品市场经营秩序。全年检查食品经营单位3078家次，发出责令改正通知书18份，落实整改家数18家。

【食品餐饮安全监管】 2019年，县市场监管局对全县餐饮服务食品安全实行监督量化分级管理，全县持证餐饮服务单位1914家，量化分级评定的有1914家（A级41家、B级402家、C级1471家），应量化分级率100%。推进餐饮服务单位“明厨亮灶”建设工作，全县1705家餐饮单位实现“明厨亮灶”。开展春秋季学校（幼儿园）食堂专项检查，联合县教育局对全县142所学校（幼儿园）食堂进行食品安全全覆盖检查。推进高考考点食堂“提A计划”，6月联合教育局对霖田高级中学食堂进行检查，督促霖田高级中学落实整改，完善食堂硬件设施，提升量化等级。加强网络订餐监管，约谈美团、饿了么等网络订餐第三方平台主要负责人，要求第三方平台落实主体责任，审查入网经营者资质。完成元旦、春节、中秋、国庆等重大节日、两会、高考、揭阳首届潮客粤菜师傅乡厨厨艺邀请赛等十余次重大活动和21次农村聚餐食品安全保障工作。开展健康食堂、餐厅创建工作，完成6家健康食堂、5家健康餐厅创建目标。全年检查餐饮单位2590家次，下发监督意见书180份，落实整改家数180家。

2019年2月1日，县市场监管局执法人员开展春节节前食品安全检查
（县市场监管局　供稿）

【盐政执法】 2019年，县市场监管局将食盐质量纳入食品安全日常监管，以主副食品加工企业、零售商店、公共食堂等为重点区域开展食盐安全执法检查，重点检查食盐经营者主体资格是否合法，经营行为是否规范，采购食用盐是否从正规渠道购入，食品经营户是否落实采购索票、台账登记等食品安全管理制度等情况，规范食盐市场秩序，确保群众食盐质量安全。全年检查各类涉盐生产经营单位5418家次（其中：食品加工用盐单位642家次，副食品经营单位2518家次，餐饮服务单位2258家次），全县合格碘盐覆盖面100%，合格碘盐覆盖率98.3%。组织开展流通环节食用盐抽检工作，抽检食盐产品9批次，检验合格9批次，合格率100%。依托日常监管和“3·15”消费者权益日、“5·15”防治碘缺乏病日、食品安全宣传周等宣传普及碘缺乏病防治知识，提高公众对碘缺乏病防治认识，树立科学补碘、健康生活理念。

【消费者权益保护】 2019年，县市场监管局及时受理、处理、反馈消费者投诉举报，做到热情接待、依法调处、及时办结，严格遵守各项规章制度，依照相关法律法规完成转办督办工作，全力维护消费者合法权益。是年，受理投诉举报1524宗，办结1524宗，办结率100%。揭西县消费者权益保护委员会（揭西县“12315”投诉举报中心）于3月15日联合县烟草局等相关部门在坪上垃圾场对收缴假冒伪劣产品进行公开集中销毁，震慑制假售假违法行为，倡导经营者诚信经营。

2019年6月27日，县食安办联合县发改局等13个单位在县城文化广场开展2019年食品安全宣传周活动　（县市场监管局　供稿）

【市场监管宣传】　2019年，县市场监管局落实普法宣传教育责任，坚持将普法宣传教育融入到日常工作和执法办案全过程，增强经营主体法律意识、法律素质，引导经营主体合法经营。充分利用“3·15”国际消费者权益保护日、“5·20”世界计量日、“4·26”知识产权日、食品安全宣传周、安全用药月、质量月、安全生产月等主题宣传活动，广泛宣传市场监督管理法律法规和业务知识。加大食品药品安全宣传力度，普及食品药品知识，提高消费者食品药品安全意识和自我保护能力。全年印发各类宣传资料、宣传手册、宣传海报共3万余份，电视台播放“3·15”、食品药品、产品质量、知识产权等宣传共20多天次。督促企业熟知法律法规，动员企业相关人员530余人次参加食品安全标准培训会、《药品管理法》宣贯会议和《医疗器械不良事件监测和再评价管理办法》学习培训班。

【执法监督】　2019年，县市场监管局立足市场监管部门职能，强化食品药品、特种设备、工业产品质量安全监管，加大对关系国计民生的重要工业产品和消费者反映强烈的日用消费品执法打假力度，加强对合同、网络商品交易、价格市场监管，严厉惩治传销，查处无证无照经营、虚假违法广告、假冒伪劣和侵犯注册商标专用权、不正当竞争等各种违法经营行为，保证人民群众饮食用药和消费安全，促进市场经济秩序健康发展。是年，清理无照经营2447户，引导办照2425户，立案吊销涉嫌未办理税务登记个体户841户；查处各类案件129宗（食品案件69宗，药品案件20宗，普通商品违法违规案件7宗，无证无照经营33宗），总罚没216.33万元；捣毁金和镇一个涉嫌生产加工“假冒商标”窝点，案值200多万元，并移送公安机关调查处理。开展产品抽查检测工作，并依据抽检结果进行后处理工作，全年抽查电线电缆、复混肥料、服装、车用油共68批次（其中国家总局抽查电线电缆13批次、毛巾10批次，省局抽查复混肥料5批次、服装10批次，市局抽查车用油30批次），抽检药品100批次。

2019年揭西县“广东省著名商标”一览表

表10

商标名称	产品	公司名称	到期期限
梦尔丝	毛巾	揭西县礼兴达纺织有限公司	2019.5.5

2019年揭西县3C认证获证企业一览表

表11

企业名称	认证证书号	产品名称及单元	认证机构名称
揭西县棉湖环球电器电源线厂	2019010101258639	电线组件	中国质量认证中心
揭西县棉湖雅思博电器加工场	2019180201012258	延长线插座	威凯认证检测有限公司
揭西县棉湖联工电器厂	2019180201012257	延长线插座	威凯认证检测有限公司
揭西县棉湖巨力电线电缆厂	2019180201012189	移动式插座	威凯认证检测有限公司
广东胜杯电线电缆有限公司	2019010105257099	聚氯乙烯绝缘无护套电线电缆	中国质量认证中心
揭西棉湖东舟电器厂	2019180201011982	移动式插座	威凯认证检测有限公司
揭西棉湖东舟电器厂	2019180201011920	移动式插座	威凯认证检测有限公司
揭西棉湖东舟电器厂	2019180201012102	移动式插座	威凯认证检测有限公司
揭西棉湖东舟电器厂	2019180201012379	移动式插座	威凯认证检测有限公司
揭西县棉湖雅缆电线电缆厂	2019010105244594	聚氯乙烯绝缘聚氯乙烯护套电缆	中国质量认证中心
揭西县美科电子电器厂	2019010813241007	数码钢琴	中国质量认证中心
揭西县棉湖尚美家电器厂	2019180201011279	延长线插座	威凯认证检测有限公司
揭西县棉湖镇亿隆电线厂	2019010105215623	聚氯乙烯绝缘无护套电线电缆	中国质量认证中心
揭西县奔星电线电缆厂	2019010105223333	聚氯乙烯绝缘无护套电线电缆	中国质量认证中心
揭西县明江电线厂	2019010105223336	聚氯乙烯绝缘软电缆电线	中国质量认证中心
揭西县家家知电器有限公司	2019180201010659	延长线插座	威凯认证检测有限公司
揭西县棉湖宏钦电线厂	2019010105215585	聚氯乙烯绝缘软电缆电线	中国质量认证中心
揭西县新韵电子电器有限公司	2019010813207538	电钢琴	中国质量认证中心
广东足芯电缆实业有限公司	2019010104206209	橡皮绝缘电焊机电缆	中国质量认证中心
揭西县力申家用电器有限公司	2019010708196665	智能扫地机器人（具有吸尘器功能）	中国质量认证中心
揭西县力申家用电器有限公司	2019010708196664	智能扫地机器人（具有吸尘器功能）	中国质量认证中心
广东德源亨电缆实业有限公司	2019010105193451	聚氯乙烯绝缘软电缆电线	中国质量认证中心
揭西县新韵电子电器有限公司	2019010813209989	电钢琴	中国质量认证中心
揭西县信团电线电缆厂	2019010105240039	聚氯乙烯绝缘软电缆电线	中国质量认证中心
广东足芯电缆实业有限公司	2019010104206210	橡皮绝缘电焊机电缆	中国质量认证中心
揭西县佐康电线电缆厂	2019180201009346	延长线插座	威凯认证检测有限公司
揭西县凤江大成电线厂	2019010105177612	聚氯乙烯绝缘软电缆电线	中国质量认证中心
揭西县凤江大成电线厂	2019010105177613	聚氯乙烯绝缘无护套电线电缆	中国质量认证中心
揭西县棉湖穗东电线电缆厂	2019010105181803	聚氯乙烯绝缘无护套电线电缆	中国质量认证中心
揭西县棉湖穗东电线电缆厂	2019010105181802	聚氯乙烯绝缘软电缆电线	中国质量认证中心
揭西县鹏源电线电缆厂	2019010105181805	聚氯乙烯绝缘软电缆电线	中国质量认证中心
揭西县鹏源电线电缆厂	2019010105181806	聚氯乙烯绝缘无护套电线电缆	中国质量认证中心
揭西县凤江盈胜电器厂	2019010105180956	聚氯乙烯绝缘无护套电线电缆	中国质量认证中心
揭西县九隆电线电缆厂	2019010105211507	聚氯乙烯绝缘无护套电线电缆	中国质量认证中心

续表11

企业名称	认证证书号	产品名称及单元	认证机构名称
广东足芯电缆实业有限公司	2019010104177614	通用橡套软电缆电线	中国质量认证中心
揭西县坪上兆源电子电器厂	2019010807161512	电源适配器	中国质量认证中心
揭西县雅网电线电缆厂	2019010105150906	聚氯乙烯绝缘无护套电线电缆	中国质量认证中心
揭西县雅网电线电缆厂	2019010105150905	聚氯乙烯绝缘聚氯乙烯护套电缆	中国质量认证中心
揭西县雅网电线电缆厂	2019010105150904	聚氯乙烯绝缘软电缆电线	中国质量认证中心
揭西县雅牌电器有限公司	2019180201008059	延长线插座	威凯认证检测有限公司
揭西县广亿电线电缆厂	2018010204143563	用于冷条件下Ⅱ类设备的2.5A 250V连接器	中国质量认证中心
揭西县广亿电线电缆厂	2018010204145232	用于冷条件下Ⅰ类设备的2.5A 250V连接器	中国质量认证中心
揭西县棉湖巨力电线电缆厂	2019180201008087	单相两极带接地不可拆线插头	威凯认证检测有限公司
揭西县京溪园立诚电器厂	2019180201009813	延长线插座	威凯认证检测有限公司
广东足芯电缆实业有限公司	2019010104177618	通用橡套软电缆电线	中国质量认证中心
揭西县广亿电线电缆厂	2019010201214986	单相两极不可拆线插头	中国质量认证中心
揭西县广亿电线电缆厂	2019010201214983	单相两极带接地不可拆线插头	中国质量认证中心
揭西县德祥电线电缆有限公司	2019010105180198	聚氯乙烯绝缘无护套电线电缆	中国质量认证中心
广东足芯电缆实业有限公司	2019010104180209	通用橡套软电缆电线	中国质量认证中心
广东足芯电缆实业有限公司	2019010104180210	通用橡套软电缆电线	中国质量认证中心
揭西县德祥电线电缆有限公司	2019010105180197	聚氯乙烯绝缘软电缆电线	中国质量认证中心
揭西县棉湖航舟电器厂	2019010201200809	转换器（带电源适配器）	中国质量认证中心
揭西县棉湖航舟电器厂	2019010201200727	转换器	中国质量认证中心
揭西县凤江镇顺营电线电缆厂	2019010105150923	聚氯乙烯绝缘无护套电线电缆	中国质量认证中心
揭西县源盛发电线电缆厂	2019010201167701	单相两极带接地不可拆线插头	中国质量认证中心
广东华能达电器有限公司	2019010709173549	电吹风	中国质量认证中心
揭西县棉湖锦生塑料加工厂	2019010101238924	电线组件	中国质量认证中心
揭西县凤江镇得城电线电缆厂	2019010105244595	聚氯乙烯绝缘无护套电线电缆	中国质量认证中心
揭西县凤江鸿程电线厂	2019010105245883	聚氯乙烯绝缘软电缆电线	中国质量认证中心
广东新荔湾电缆有限公司揭西分公司	2019010105210889	聚氯乙烯绝缘无护套电线电缆	中国质量认证中心
广东新荔湾电缆有限公司揭西分公司	2019010105194357	聚氯乙烯绝缘无护套电线电缆	中国质量认证中心
广东新荔湾电缆有限公司揭西分公司	2019010105194358	聚氯乙烯绝缘软电缆电线	中国质量认证中心
揭西县新韵电子电器有限公司	2019010813208217	电子琴	中国质量认证中心
揭西县新韵电子电器有限公司	2019010813208214	电子琴	中国质量认证中心
广东威潜电缆实业有限公司	2018010105139306	聚氯乙烯绝缘无护套电线电缆	中国质量认证中心
揭西县新韵电子电器有限公司	2019010813200650	电子琴	中国质量认证中心

续表11

企业名称	认证证书号	产品名称及单元	认证机构名称
揭西县新韵电子电器有限公司	2019010813185020	电子琴	中国质量认证中心
揭西县新韵电子电器有限公司	2019010813185884	电子琴	中国质量认证中心
揭西县新韵电子电器有限公司	2019010813230046	电子琴	中国质量认证中心
揭西县凤江盈胜电器厂	2019010105158448	聚氯乙烯绝缘软电缆电线	中国质量认证中心
广东科兴宇电缆实业有限公司	2019010105218374	聚氯乙烯绝缘无护套电线电缆	中国质量认证中心
揭西县源盛发电线电缆厂	2019010105165105	聚氯乙烯绝缘软电缆电线	中国质量认证中心
揭西县宏合电线电缆厂	2019010105221239	聚氯乙烯绝缘软电缆电线	中国质量认证中心
揭西县棉湖双灿电器厂	2019180201011537	延长线插座	威凯认证检测有限公司
揭西县棉湖广注电器厂	2019180201011924	延长线插座	威凯认证检测有限公司
揭西县棉湖广注电器厂	2019180201010356	延长线插座	威凯认证检测有限公司
揭西县棉湖广注电器厂	2019180201010545	延长线插座	威凯认证检测有限公司
揭西县棉湖广注电器厂	2019180201008049	延长线插座	威凯认证检测有限公司
揭西县棉湖广注电器厂	2019180201011803	延长线插座	威凯认证检测有限公司
揭西县棉湖广注电器厂	2019180201011921	延长线插座	威凯认证检测有限公司
揭西县棉湖广注电器厂	2019180201011922	延长线插座	威凯认证检测有限公司
揭西县棉湖广注电器厂	2019180201008009	延长线插座	威凯认证检测有限公司
揭西县棉湖广注电器厂	2019180201009814	延长线插座	威凯认证检测有限公司
揭西县棉湖广注电器厂	2019180201011666	延长线插座	威凯认证检测有限公司
揭西县棉湖广注电器厂	2019180201011923	延长线插座	威凯认证检测有限公司
揭西县棉湖广注电器厂	2019180201009298	延长线插座	威凯认证检测有限公司
揭西县棉湖富佳达电线厂	2019010105212875	聚氯乙烯绝缘无护套电线电缆	中国质量认证中心

（蔡远辉　庄雪婷）

安全生产监督

【概况】 2019年，揭西县安全生产委员会办公室（简称县安委办）促进安全监管各项工作开展，引导企业落实安全生产主体责任，签订《安全生产承诺书》，增强企业法人负责人安全意识，加大安全投入，改善安全环境，增强员工安全意识，加强重点领域安全生产工作，建立安全生产委员会“双主任”制度，调整安委会成员，紧抓安全生产工作。强化安全生产法制建设，把安全生产培训工作纳入县委党校培训计划。全年排查整治各类隐患3332项，落实整改2939项；组织应急救援演练7场。

【机构改革及职能配置】 2019年3月揭西县应急管理局正式挂牌成立，是揭西县人民政府正科级工作部门，下设人秘股、应急指挥股、预防股、减灾救援股、综合协调股、安全监管股、执法大队七个内设机构，设行政编制16名和行政执法专项编制8名，其中设局长1名，副局长3名，正股级领导职数7名，副股级领导职数4名。主要负责应急管理工作，指导全县各乡镇（街道）各部门应对安全生产类、自然灾害类等突发事件和综合防灾减灾救灾工作；负责安全生产综合监督管理和工矿商贸行业安全生产监督管理工作；组织编制县应急体系建设、安全生产和综合防灾减灾规划；统筹全县应急预案体系建设，建立完善事故灾难和自然灾害分级应对制度；建立统一的应急管理信息系统；统筹应急救援力量建设，统一指挥协调全县各类应急专业队伍应对突发灾害事件等。

【专项整治】 2019年，县安委办落实《关于印发揭西县持续推进七类重点行业领域安全生产专项整治行动方案的通知》加强危险化学品和烟花爆竹安全专项整治，重拳打击危险化学品和烟花爆竹非法经营行为。是年，排查整治各类隐患3332项，落实整改2939项，打击违法违规行为2.91万起，停产整顿企业12家，取缔黑油点8个，没收烟花爆竹185件，行政处罚50.35万元，刑事拘留3人，治安拘留32人，曝光违法典型案例28个。

【安全生产基础工作】 2019年，县安委会印发《关于印发揭西县2019年“安全生产月”和“安全生产万里行”活动方案的通知》，开展“安全生产月”各项活动。7月4日，在县应急管理局五楼会议室召开揭西县工矿商贸行业安全生产隐患大排查大整治工作会议，传达贯彻市有关工矿商贸行业安全生产隐患排查工作会议精神，部署工作，对有关业务进行培训。

【应急救援】 2019年，揭西县加强安全、消防设施建设，通过组织全县危险化学品、非煤矿山（采石场）、城镇燃气行业、县城污水处理厂安全生产应急演练等措施，强化应急救援能力。全年组织应急救援演练7场，近1100人参加。

【宣传教育】 2019年，县安委会通过组织河婆街道办、县应急管理局、消防救援大队、县供电公司和市场监督管理局等部门在县城文化广场开展安全生产宣传服务咨询日活动，通过设置展台展板、发放宣传资料、主动接受群众咨询等形式，广泛宣传安全生产法律法规、安全生产知识、应急救援知识和家庭用电常识等，营造“防风险、除隐患、遏事故”良好社会氛围，提升人民群众安全意识；通过县电视台、气象短信和横联标语等载体，以播放安全生产公益广告、发送安全生产警示信息和展示警示标语等方式加大宣传力度。在“安全生产月”活动中，全县共出宣传栏42栏，宣传横幅63条，公益广告3818则，新闻报道42条，发送手机短信23.8万条，发放宣传资料7.68万份。

（刘桂山　林悦君）

2019年6月14日，县应急管理局在灰寨镇金戈加油站开展生产安全事故自救互救知识与技能培训
（县应急管理局　供稿）

财政　税务

财　政

【概况】　2019年，揭西县财政局（简称县财政局）坚持稳中求进工作总基调，攻坚克难，推进财政各项工作任务完成。全年县内一般公共预算收入4.70亿元，比2018年（下同）下降10.6%。其中：税收收入3.09亿元，下降14.4%；非税收入1.62亿元，下降2.3%。全县一般公共预算支出49.74亿元，增长3.2%。

【财政收入】　2019年，揭西县财政总收入57.24亿元，增长2.1%。其中：上级补助收入43.68亿元，地方一般公共预算收入4.70亿元，2018年结转收入4.30亿元，地方政府新增债券收入0.5亿元，调入资金1.66亿元，调入预算稳定基金2.4亿元。县内一般公共预算收入4.7亿元，为年初预算的84.7%，短收8532万元，比2018年收入5.26亿元减收5585万元，下降10.6%，其中：税收收入3.09亿元，为年初预算3.93亿元的78.5%，短收8451万元，比2018年收入3.61亿元，减收5203万元，下降14.4%；非税收入1.6154亿元，为年初预算1.6235亿元的99.5%，短收81万元，比2018年收入1.65亿元减收382万元，下降2.3%。

【财政支出】　2019年，县财政总支出52.29亿元，为年初预算的121.8%，为调整预算数52.20亿元的100.2%，比2018年增长5.9%。其中：一般公共预算支出49.74亿元，增长3.2%；上解支出2.05亿元，地方政府债券转贷还本支出4930万元；调出资金32万元。

【财政管理】　严格控制、压实一般性财政支出　2019年，县财政根据中央及省财政工作会议精神，牢固树立过“紧日子”思想，严格执行压减一般性支出政策，除重点和刚性必保支出外，对因公出国（境）、公务接待、公务用车、会议、培训、差旅等一般性支出一律按照不低于5%比例压减。盘活各类存量资金和存量国有资产、预算执行中按照能省则省原则，从严控制财政资金拨付，已经列入预算基本支出依据国家规定予以保障，项目支出严格按照项目进度、合同约定和规定程序拨付，对不具备实施条件、项目进度缓慢以及预计难以支出项目，一律不安排支出。

落实中央“八项规定”，严控“三公”经费支出　2019年，县财政对各行政事业单位的经费支出，按程序审核，对照中央“八项规定”严格控制一般性支出，确保年内“三公”经费只减不增。全县涉及单位77个，包含县本级60个单位和17个乡镇（街道办）。是年，会议费及“三公”经费财政拨款支出共1416.31万元，比2018年1433.5万元下降2%。其中：会议费420.84万元，比2018年会议费440.84万元下降4.5%；因公出国（境）费6.47万元，比2018年4.68万元增加38.3%；无公车用车购置费用；公务用车运行维护费442万元，比2018年公务用车运行维护费480万元下降7.9%；公务接待费547万元，比2018年公务接待费507.98万元下降7.7%。是年，“三公”经费按年初预算执行，支出数未超过预算数。

【财政监督】 2019年，县财政重点检查惠民惠农补贴资金“一卡通”资金使用情况、抽查全县4个单位“三公”经费使用情况、开展“小金库”专项抽检和会计信息质量检查等工作，通过监督检查，发现存在问题和潜在工作不足，责令迅速作出整改，达到以查促改预期效果。建立专项监督管理长效机制，促进财政资金在财政部门和各预算单位形成安全的运行机制。

【财政改革】 **全面实施预算编制改革** 2019年，县财政局调整预算编制模式，按照《中华人民共和国预算法》规定，对接省市预算编制的规范操作，采取县财政与各预算单位“二上二下”互动编制审核模式，将原有县财政代列预算的模式予以调整，采用市财政预算软件编制模式进行系统化网络化编列预算；完善预算编制内容，增加编列政府采购预算和基建项目预算，将预算编制短板彻底补齐；规范预算编制标准，县财政局发文布置2020年部门预算，列明预算编制原则和各项编制标准，明确基本支出、项目支出编列口径和资金来源情况，使各预算单位编列预算有据可依、有度可量。

推进公务卡制度执行 2019年，县财政局在2012年县直公务卡改革基础上，全面推开公务卡改革，实现所有零余额账户预算单位全覆盖，开设公务卡824张，其中县直557张，乡镇267张。纳入公务卡结算使用目录指引全部公务活动，需通过公务卡强制结算，确保各项政府部门、预算单位财政财务活动公开透明、有据可查。

推动县公车改革和使用管理工作 2019年，县财政局联合县发改局对全县党政机关保留车辆313辆，拍卖成交车辆71辆，报废注销车辆55辆进行核实清理自查，发现存在不符合保留范围车辆27辆；拍卖成交的71辆中有15辆未在公车系统中过户；应报废55辆公车中有9辆未在公车系统上注销、7辆仍未办理报废手续。县财政局落实对未在公务用车网上办公系统注销及过户的车辆所属单位办理相关手续、通知各用车单位按照规定对车改保留车辆建立一车一档，实行单位核算。是年，在公务用车网上办公系统办结业务17件。

【财政支农】 2019年，县财政加大投入，倾斜“精准扶贫”“实施乡村振兴战略”“涉农资金统筹整合”等领域，全年农口线条投入总额5.43亿元，为实施乡村振兴战略及精准扶贫工作提供资金保障。支持林业可持续发展，安排生态营造林资金4096万元，用于碳汇林植被与抚育、古村公园、乡村绿化、道路绿化等；加快现代农业建设，实施“一村一品、一镇一业”项目24个，共投入资金2400万元。扶持24个农业种养合作社、粮食生产功能区划定与建设、农产品质量安全检测、高标准粮田建设、基层农技推广补助等，投资农业生产发展资金7351万元；支持农业防灾减灾体系建设，投入动物疫病防控专项资金450万元，购置防汛物资及无人机等，共投入资金150万元；支持水利建设，安排水利建设中小河流治理资金9476万元，整治河长88.9千米，中小河流整治基本完成；塔头拦河闸重建工程开工建设，该工程总投资1.2亿元，至年底，投入工程资金2500万元；投入资金488万元，对榕江南河揭西段水浮莲及漂浮物进行定期打捞。

【政府采购管理】 2019年，全县申报政府采购单位涉及项目326宗，申报采购总金额5.52亿元（公开招标金额2.08亿元，竞争性谈判1.37亿元，竞争性磋商1.47亿元，其他采购方式采购金额6091.34万元），其中：新农村建设项目93宗合计1.91亿元，大额采购项目1.06亿元，其他采购项目2.56亿元。

【信息化建设】 2019年，县财政局负责管理及维护国库支付管

2019年揭西县财政收支执行情况表

表12　　单位：万元

预算科目	年初预算数	累计数		为年初预算数（%）	为同期数（%）	预算科目	年初预算数	累计数		增减额	为预算数%	为同期数%
		本期	2018年同期					本期	2018年同期			
一、税收收入小计	39340	30889	36092	78.5	85.6	一、一般公共服务	40737	39280	27687	11593	96.4	141.9
（一）工商税收	33300	26904	30833	80.8	87.3	二、国防支出	281	176	214	-38	62.6	82.2
1. 增值税	15626	12334	13983	78.9	88.2	三、公共安全支出	13317	15002	12338	2664	112.7	121.6
2. 共享税留成	7591	4538	7515	59.8	60.4	四、教育支出	107461	100221	92198	8023	93.3	108.7
3. 其他税收	10083	10032	9335	99.5	107.5	五、科学技术支出	1119	383	659	−276	34.2	58.1
（二）耕地占用税	1600	1427	—	89.2	—	六、文化旅游体育与传媒支出	5935	10143	7315	2828	170.9	138.7
（三）契税	4440	2558	5259	57.6	48.6	七、社会保障和就业支出	87139	107053	87744	19309	122.9	122.0
二、非税收入小计	16235	16154	16536	99.5	97.7	八、卫生健康支出	34859	93795	90990	2805	269.1	103.1
1. 专项收入	3013	2306	2790	76.5	82.7	九、节能环保支出	13353	19563	17729	1834	146.5	110.3
2. 行政性收费收入	5501	4756	5705	86.5	83.4	十、城乡社区支出	23625	7243	14322	-7079	30.7	50.6
3. 罚没收入	7460	8188	7770	109.8	105.4	十一、农林水支出	41074	66127	91434	−25307	161.0	72.3
4. 国有资本经营收入	31	—	32	—	—	十二、交通运输支出	8702	9196	20667	-11471	105.7	44.5
5. 国有资源（资产）有偿使用收入	230	542	239	235.7	226.8	十三、资源勘探信息等支出	665	433	1875	−1442	65.1	23.1
6. 其他收入	—	254	—	—	—	十四、商业服务业等支出	1032	359	1978	-1619	34.8	18.1
7. 政府住房基金收入	—	108	—	—	—	十五、自然灾害海洋气象等支出	6136	9379	6488	2891	152.9	144.6
						十六、住房保障支出	11217	11418	4359	7059	101.8	261.9
						十七、粮油物资储备支出	2067	2569	1584	985	124.3	162.2
						十八、其他支出	6880	194	137	57	2.8	141.6
						十九.债务付息支出	2777	2832	2459	373	102.0	115.2
						二十、债务发行费用支出	—	6	10	-4	—	60.0
						二十一、金融支出	9	15	—	15	166.7	—
						二十二、灾害防治及应急管理支出	2173	1995	—	1995	91.8	—
一般公共预算收入合计	55575	47043	52628	84.6	89.4	一般公共预算支出合计	410558	497382	482187	15195	121.1	103.2

理系统、非税收入管理系统、行政事业资产管理信息系统、农村财务监督平台、账务一体化系统、财政支撑平台、公务卡系统、动态监控系统、财政资金实时在线联网监督系统、市县项目管理系统共计10个系统。2019年新上线市县项目管理系统，方便管理全县项目的申报和审核，对公务卡系统、账务一体化系统进行一次较大的升级，全年投入新系统建设和系统维护资金共96万元。

（高锐华　林庆辉　刘政章）

税　务

【概况】 2019年，国家税务总局揭西县税务局（简称县税务局）组织税费收入27.24亿元，比2018年（下同）增长42.71%。县级收入3.09亿元，下降14.42%。社保费收入18.35亿元，增长113.58%。全县正常户1.46万户，其中一般纳税人946户，小规模纳税人1.37万户。

【征收管理】 2019年，县税务局开展房地产行业专项清理排查工作，组建工作组对全县所有在售楼盘开展清理和纳税辅导，经排查入库税款1026.23万元；开展采石场及混凝土行业税收辅导，查补税费1002.84万元；开展房、土两税纳税主体实地核查，查补税费844.55万元；加强对环保税、印花税、耕地占用税以及“一税两费”清理工作，共查补税费1708.65万元；开展用电量大户核查评估工作，组建工作组对用电量与申报收入不匹配的企业进行纳税评估，查补税费538.8万元；及时跟进重点建设项目税收管理，对104个重点建设项目设置台账，及时掌握重点建设项目进展情况；加强“砂土石”委托代征管理，挖潜税收增收潜力；做好对“问题楼盘”落实情况的跟踪以及土地征收拍卖的跟踪管理工作。是年，土地拍卖征收相关税款1579.17万元。

【税收收入】 2019年，县税务局组织税收收入8.57亿元，比2018年（下同）下降18.4%。其中中央级收入3.79亿元，下降19.9%；省级收入1.69亿元，下降21.5%；县级收入3.09亿元，下降14.4%，组织社保费收入18.35亿元，增加9.76亿元，增长113.6%。其中：企业养老保险3.31亿元，减少2.81亿元，减少45.9%。其他费3186万元。

【电子税务】 2019年，县税务局下发金三系统减税降费相关模块操作指引，跟踪系统升级以及完善电子税务局涉及减免税功能，重点排查第三方电子发票平台收费、涉企软件（含数字证书）收费、涉税中介服务收费情况以及是否存在其他乱收费行为。

【依法治税】 2019年，县税务局按期召开领导小组会议，推进普法教育和执法工作，形成会议记录，编印会议纪要，为税收法治建设各项工作开展提供组织保障；集成税收执法相关工作内容，发挥税收执法公示平台记录和监督职能，做好税收执法全过程记录，打造“阳光税务”。

【纳税服务】 2019年，县税务局通过增加导税服务岗工作人员、精简办税流程，将纳税人需办理的各项涉税事宜，统一归并到办税服务厅办理或受理，实行纳税人信息电子化采集，减少重复报送资料的繁琐，提高办事效率；开展预约服务、反向预约服务、延时服务、错峰服务等措施，全天候办理涉税业务；制定《国家税务总局揭西县税务局2019年“便民办税春风行动”工作内容分工与时间进度安排表》，按要求落实13项措施，55条工作事项；做好纳税人走访工作。组织纳税人座谈会6场次。实际走访847户，派出纳税服务“轻骑队”人员20人次，为纳税人提供服务超过180人次，帮助解决各类涉税问题22个；制订《2018年度全省纳税人满意度调查揭西县税务局整改方案》，针对存在问题，提出9项整改措施，确保整改任务落实到岗到人；召开纳税人满意度工作推进会，促进纳税人满意度整改措施分解任务落实。

【税收宣传】 2019年，县税务局围绕“落实减税降费　促进经济高质量发展”税宣主题，向进驻政务中心的出入境大队、工商行政管理局、农商行等单位的窗口人员介绍减税降费政策；联合轮迹俱乐部组成税收宣传骑行队，环保骑行助力税宣；通过“村村通”系统以及广播电台播放减税降费政策，扩展宣传面；在农村客运车上设置“减税降费宣传篮”，向乘客们发放“减税降费大礼袋”，让减税政策“搭上”农村客运；联合邮政储蓄银行开展“税务蓝”携手“邮政绿”系列活动；开展“挥毫书税情　浓墨助税宣”现场书画创作活动，将传统文化与减税降费创新性地结合在一起；通过开展“税宣进校园　点亮税收梦”活动，以学生为载体，开展普法“六进”（进机关、进乡村、进社区、进学校、进企业、进单位）活动。

（黄晓东　陈　琳）

2019年4月20日，揭西县税务局在棉湖镇云湖公园举办“‘税月邮你’挥毫书税情，浓墨助税宣”现场书画创作税宣活动

（陈琳　摄）

综　述

【概况】 2019年，揭西县人民政府金融工作办公室（县金融办）坚持贯彻落实新发展理念，深化金融供给侧结构性改革，探索完善地方金融服务体系，增强金融支持地方经济能力，加强金融机构管理，惩治涉金融违法犯罪行为，开展金融政策宣传和金融知识普及，提高防范化解金融领域风险能力，维护辖区金融生态稳定。全县金融业以银行、保险、证券为主，有银行业机构6家、保险机构5家、证券机构1家、小额贷款公司1家。

【银行业】 2019年，揭西县银行业金融机构6家，分别是中国银行股份有限公司揭西县支行、中国农业银行股份有限公司揭西县支行、中国工商银行股份有限公司揭西县支行、中国建设银行股份有限公司揭西县支行、中国邮政储蓄银行股份有限公司揭西县支行和广东揭西农村商业银行股份有限公司。是年，银行业金融机构本外币各项存款余额295.97亿元，比年初（下同）增加28.41亿元，增长8.4%；本外币各项贷款余额120.38亿元，增加5.91亿元，增长5.2%。

【证券业】 2019年，揭西县有证券机构营业部1家，为广发证券股份有限公司揭阳揭西证券营业部，提供A股B股买卖、期货IB、融资融券、融易通、简约通、沪港通、深港通、新老三板，以及个股期权等经纪业务；提供IPO、城投债、中小企业私募债等企业金融服务；提供保本浮动收益凭证、收益宝、金快线、新睿利、多添利、国债回购、新客专享、信托等类固收产品与权益类基金产品；股权融资、股权质押业务、约定式购回等类货款业务。至年底，新开户0.42万户，累计客户2.93万户，累计交易量423.83亿元；融资融券总维持担保比例354.3%。

【保险业】 2019年，揭西县有保险机构5家，分别是中国人民财产保险股份有限公司揭西支公司、中国人寿保险股份有限公司揭西县支公司、中国平安财产保险股份有限公司揭阳市揭西支公司、中国平安人寿保险股份有限公司揭阳中心支公司、中华联合财产保险股份有限公司揭阳中心支公司揭西营销服务部。全年实现保费收入2.84亿元，比2018年减少0.18亿元，降低6%。

（叶俊宏　黄梓洪）

金融业监管

中国人民银行揭西县支行（国家外汇管理局揭西县支局）

【概况】 2019年，中国人民银行揭西县支行（简称人行县支行）履行基层央行职责，加强金融风险监测，维护金融稳定，提升金融服务，贯彻落实国家稳健货币政策，加强外汇管理，支持县域经济持续健康发展。至年底，全县银行业金融机构6家，各银行机构各项存款余额295.97亿元（其中储蓄存款余额200.65亿元），比年初增长8.4%，（其中储蓄存款比年初增长4.5%），各项贷款余额120.38亿元，比年初增长5.2%。

【金融服务】 征信管理 2019年，人行县支行为方便市民查询个人征信记录，1月1日起在支行办公楼一楼布放自助查询机1台。加强征信系统建设，开展诚信进企业、旅游景区、学校活动等各类宣传活动8场次。对辖区银行业金融机构开展征信信息安全巡查工作，及时发现和处置征信信息安全隐患，防范征信信息泄露风险，保护信息主体合法权益。是年，受理企业征信查询42次，受理个人征信查询4066人次。

账户管理 2019年，人行县支行依法依规抓好人民币账户管理工作。按照《中国人民银行行政许可实施办法》等有关规定，办理人民币账户开、销户行政许可。4月28日起，正式取消企业银行账户许可工作，对辖内银行进行指导和监督，加强取消企业银行账户督导工作。至年底，全辖区银行办理开户1257户、销户485户、变更人民币账户715户。

经理国库 2019年，人行县支行完成国库核算业务，确保国库资金安全。做好财政性国库资金收纳划拨清算工作，及时准确收纳辖区征收机关缴纳的财政性资金，确保财政性资金按照预算属性准确及时入库，办理国库集中支付业务，按时足额拨付各类专项财政预算拨款，严格审核办理退更免业务。全年办理财政预算收入13.57万笔，总额64.10亿元，支出1.43万笔，总额57.69亿元；至年底，县财政库存6.52亿元，办理预算收入退付业务907笔，总额0.80亿元，其中出口退税0.72亿元。做好国库资金运行分析工作，根据揭西县各项财政性资金收支存运行情况，及时分析国库资金运行特点，报政府分管领导和相关部门，提供决策依据。

【支付清算】 规范化管理 2019

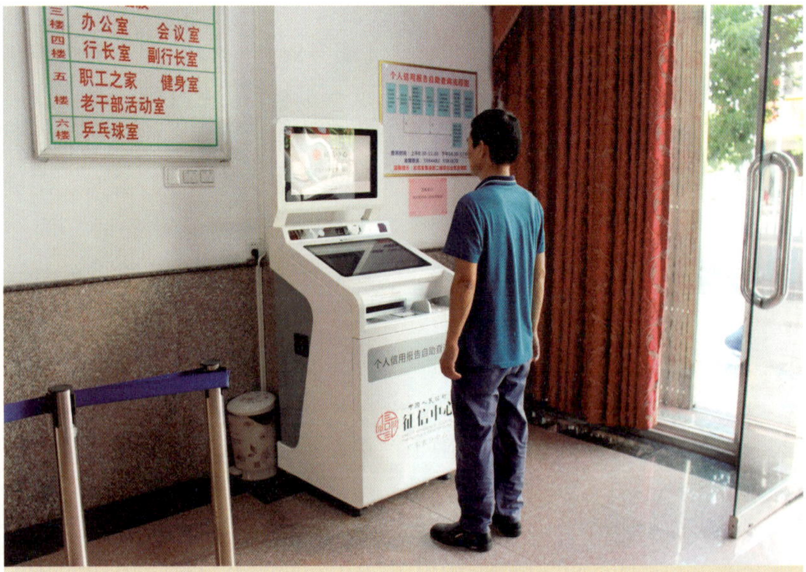

2019年1月1日起，中国人民银行揭西县支行在支行办公楼一楼大厅布放个人征信自助查询机 （人行县支行 供稿）

年，人行县支行加强支付清算工作，规范会计，确保汇路畅通。参加ACS（中央银行会计核算数据集中系统）系统培训，确保ACS系统正常运行。全年ACS系统发出业务308笔，总额6.43亿元，其中支付往来业务47笔，总额11.28亿元；财政性存款业务109笔，金额合计14.74亿元。考核揭西农商行存款准备金36笔，总额4579.40亿元。季度计息23笔，总额0.23亿元。

农村支付环境改善　2019年，人行县支行组织支付结算宣传4场次，累计设立助农取款服务点308个，金融服务全覆盖辖区280个行政村，发生助农取款3.10万笔，总额0.07亿元；查询业务1.25万笔；转账13.50万笔，总额0.96亿元；其他叠加金融支付服务业务1.70万笔，总额0.01亿元。

【货币信贷】　2019年，人行县支行落实“梁柱”企业帮扶措施，组织辖区各金融机构加强与企业沟通协调，做好融资帮扶工作，辖区银行机构向12家“梁柱”企业提供贷款，贷款余额为0.83亿元。全年下调金融机构人民币存款准备金率3次，对揭西农商行累计下调存款准备金率4.5个百分点。开展深化民营和小微金融服务“访百万企业助实体经济”专项行动，辖区银行业金融机构任务数2633家，任务完成度102%，走访2088家，走访率52%，发放贷款企业36家，总额0.23亿元，辖区走访任务超额完成。落实金融精准扶贫工作，是年，辖区银行业金融机构向精准扶贫户贷款422户，余额0.15亿元。

【货币管理】　2019年，人行县支行严抓货币管理，强化反假币及新版人民币宣传工作；配合上级行加强对辖区银行业金融机构现金管理、反假币、残钞兑换工作。9月下旬，联合县公安局，组织辖区银行业金融机构在县城文化广场开展2019年揭西县反假货币暨新版人民币知识宣传活动，通过向群众发放宣传册，讲解新版人民币与旧版人民币的区别，引导群众在日常生活中要关注反假货币动态，增强反假意识，提高自身防假和反假能力。全年开展反假币宣传9场次。

【外汇管理】　2019年，国家外汇管理局县支局强化外汇监管，加强贸易外汇资金流动监测，做好货物贸易统计分析工作，落实“贸易外汇收支企业名录”管理，提高国际收支申报时效性和质量。加强事中事后监管，提高对系统提示的重点监测企业现场核查力度，完成对县辖重点监测企业外汇业务的非现场核查171家次，惩治异常外汇资金流动和各类违法违规行为，促进外贸业务健康发展。联合中国银行、农业银行实地调研重点服务企业，推进“诚信兴商宣传月”活动开展，做好“数字外管”微信服务号宣传，运用新上线的政务服务网上办理系统和“互联网+监管”系统，提供更加高效便捷的服务，提升窗口服务水平。是年，辖内银行结汇0.38亿美元，比2018年（下同）增长17.9%，售汇金额0.05亿美元，降低18.5%。

2019年揭西县金融机构存贷款情况表

表13　　单位：亿元

类别	各项存款			各项贷款		
	年底余额	比年初		年底余额	比年初	
		增减额	增幅（%）		增减额	增幅（%）
全县金融机构合计	295.97	28.42	10.6	120.38	5.91	5.2
国有独资商业银行小计	96.99	3.27	3.5	27.59	4.32	18.6
农村商业银行	137.65	12.59	10.1	89.10	1.37	1.6
邮政储蓄银行	54.80	11.08	25.3	3.70	0.22	6.3

（林振群　侯汉林）

银行机构选介

中国工商银行股份有限公司揭西支行

【概况】 2019年，中国工商银行股份有限公司揭西支行（简称县工行）围绕工作中心，做好存贷款和服务工作，拓展用户，扩展资产业务；做好理财产品营销，优化金融服务；有揭西支行营业部和棉湖支行2个营业机构，自助银行3个，人员36人。至年底，各项存款余额19.53亿元，各项货款余额5.07亿元，国际业务结算量624万元，中间业务收入559万元。

【存储业务】 2019年，县工行主要开办活期存款、定期存款、定活两便、通知存款、协定存款、结构性存款等存款业务；外汇存款包括活期和定期存款。至年底，各项存款余额19.53亿元，比年初（下同）增加0.98亿元。其中储蓄存款余额16.76亿元，减少0.23亿元；对公存款余额2.77亿元，增加0.28亿元。

【信贷业务】 2019年，县工行主要开办小企业法人抵押贷款、项目贷款、网贷通、住房按揭贷款、个人消费贷款、个人抵押经营贷款、汽车分期付款、信用小额贷款等信贷业务。落实国家普惠金融政策，宣传、营销“税易通”“银政通”“经营快贷”普惠金融新产品，解决县内大部分小企业缺乏抵押物难题，支持小微企业发展。重点做好小企业贷和个人住房贷款业务等资产业务。至年底，各项贷款余额5.07亿元，比年初（下同）增加2.47亿元。其中对公贷款（含项目贷款小企业贷款）余额2.30亿元，增加2.21亿元；个人贷款余额2.77亿元，增加0.79亿元。

【中间业务】 2019年，县工行主要开办汇兑、银行汇票、托收承付、委托收款、代发工资等支付结算业务。做好网银、融e平台、手机银行推广工作。代发工资单位39个，代发客户总数3430户；手机银行总数4.80万户，比年初增加1.16万户。至年底，中间业务收入559万元。

【国际业务】 2019年，县工行主要开办外币储蓄、跨境汇款、结售汇、代理退税、信用证、进口代付、出口信保融资、出口发票融资等国际业务。至年底，国际业务结算量719万美元，结售汇768万美元。

【理财业务】 2019年，县工行主要开办保险、基金、人民币理

2019年3月15日，中国工商银行揭西支行在营业大厅开展“消费者权益日”宣传活动
（县工行　供稿）

2019年中国工商银行揭西支行主要业务经营情况表

表14　　　　单位：万元

项目	余额	比年初+－	备注
存储业务	195313	+9767	
各项贷款	50740	+24652	
中间业务	559	—	其中：个人结算13 灵通卡38 代理基金53 代理保险21 代收代付4 代理国债4 理财业务92 个人账户管理费9 外汇及其他1 电子银行服务81 私银理财54 电子商务165 贵金属24
国际业务（万美元）	1487	—	结算719万美元 结售汇768万美元
理财业务	69749	—	其中：基金10953 保险570 理财产品40412 私银9541 国债1721 银保通5872 分行特色产品680

财、国债等理财业务。是年，理财销售总额6.97亿元，比年初（下同）减少3.41亿元，下降32.9%。其中基金1.10亿元，保险570万元，理财产品4.04亿元，私银0.95亿元，国债0.17亿元，银保通0.59亿元，分行特色产品0.07亿元。

（李绪杨　彭伟城　方淑藩）

中国农业银行股份有限公司揭西县支行

【概况】　2019年，中国农业银行股份有限公司揭西县支行（简称农行揭西县支行）坚持“创新求变、实干兴行”工作总基调，夯实存款基础，加大信贷投放，服务“三农”（农村、农业、农民）。是年，辖属营业网点7个、离行式自助网点1个、ATM自助设备28台，惠农通服务点110个，覆盖全县行政村。至年底，各项存款余额40.78亿元，各项贷款余额16.13亿元。

【存储业务】　2019年，农行揭西县支行主要开办人民币存款和外汇存款等存款业务。人民币存款业务包括活期、整存整取、零存整取、整存零取、存本取息、定活两便、协定存款和通知存款等。外汇存款业务包括活期、7天通知存款和定期存款等。是年，本外币各项存款余额40.78亿元，比2018年增加2.67亿元，增长7.0%。其中：储蓄存款35.55亿元，对公存款5.23亿元。

2019年6月14日，农行揭西县支行在县城人民文化广场协办2019年“6·14”信用记录关爱日宣传活动　（农行揭西县支行　供稿）

【信贷业务】 2019年，农行揭西县支行主要开办中小企业贷款、住房按揭贷款、农村个人经营贷款、农户小额贷款、汽车分期贷款、家装分期贷款等信贷业务。至年底，本外币各项贷款余额16.13亿元，比2018年（下同）增加1.27亿元，增长8.6%。其中：个人贷款余额10.42亿元，增加1.36亿元，增长15.0%；法人贷款余额5.71亿元，减少0.09亿元，下降1.6%。

【中间业务】 2019年，农行揭西县支行主要开办代收代付、代发工资等支付结算业务；推出军人信用卡、尊师信用卡、诗意生活信用卡等系列信用卡；开通网上银行、掌上银行、手机信使等电子银行业务；办理代理保险、第三方存管、基金、贵金属、理财、债券等业务。全年中间业务收入2224.08万元，比2018年增加274.92万元，增长14.1%。

【国际结算业务】 2019年，农行揭西县支行主要开办国际结算、跨境人民币结算、结售汇等国际业务。国际业务收入4.01万元，比2018年减少9.68万元。其中，对公国际结算收入0.02万元，对公结售汇业务收入3.99万元。

【理财业务】 2019年，农行揭西县支行主要开办保险、基金、人民币理财、国债等理财业务。全年，销售保险产品8892.26万元，基金产品6779.74万元，人民币理财产品20.09亿元，国债产品2943.61万元。

【发展支农业务】 2019年，农行揭西县支行发展支农业务，强化惠农通取款服务点渠道建设，为农户提供小额取现、转账结算、代收代扣等基础金融服务；围绕农业龙头企业、专业市场、供销合作社、特色产业、金融扶贫等重点领域，推进互联网金融服务“三农”“一号工程”，加强惠农e商、e贷工作。至年底，惠农e贷贷款余额1.50亿元，惠农e商商户结存数1513户，交易额6.95亿元；投放扶贫小额贷款144户，投放金额458.6万元，支持产业带动扶贫项目2个，贷款金额9350万元，带动贫困户24户。

（李少群　杨凤茹）

2019年中国农业银行揭西县支行主要业务完成情况表

表15　　单位：亿元

项目	余额	比2018年增长（%）
存款余额	40.78	7.0%
其中：储蓄存款余额	35.55	2.9%
对公存款余额	5.23	47.7%
贷款余额	16.13	8.6%
其中：个人贷款余额	10.42	15.0%
法人贷款余额	5.71	-1.6%

中国银行股份有限公司揭阳揭西支行

【概况】 2019年，中国银行股份有限公司揭阳揭西支行（简称县中行）重点做好存款、贷款、营业收入、客户服务、内控合规等工作，推进扩规模增效益，控风险保质量，提升市场竞争力。至年底，各项存款余额（含表内理财）14.50亿元，其中存款13.64亿元，理财0.86亿元；各项贷款4.11亿元，存贷比28.4%；实现营业净收入3066万元，比2018年（下同）增加243万元，增长8.6%，其中非息收入781万元，增长33.5%；完成国际结算量2750万美元。

【存储业务】 2019年，县中行主要开办人民币存款和外汇存款等存款业务。人民币存款有活期、整存整取、零存整取、整存零取、存本取息、定活两便、协定存款和通知存款、“大额存单”“养老宝”和“中银易商”。外汇存款有活期、7天通知存款、定期存款。是年，人民币各项存款余额13.64亿元，比2018年（下同）增加1.96亿元。其中人民币储蓄存款余额10.96亿元，人民币企业存款余额2.52亿元。外币储蓄存款余额231万美元，折人民币0.16亿元。年末各项存款日均余额2.67亿元，增加3.13亿元，增长32.8%。

【信贷业务】 2019年，县中行主要开办公司贷款、中小企业贷款、住房按揭贷款、个人投资经营贷款、抵（质）押循环贷款和信用循环贷款、“教育通宝”“惠农通宝”“文化通宝”“科技通宝”和中银e贷等中小企业贷款业务，新增“专精特新”企业支持贷款业务。至年底，各项人民币贷款余额4.11亿元，比2018年（下同）减少1400万元，降低3.3%。其中个人贷款余额2.96亿元，增加3500万元，增长13.4%；中小企业授信支持贷款1.15亿元，减少4910万元，降低29.9%。全年投放贷款2.52亿元，中小企业授信支持贷款1.29亿元，住房按揭贷款1.23亿元。年末日均贷款余额1.52亿元，减少814万元，降低5.1%。

【中间业务】 2019年，县中行主要开办转账结算、国际国内汇兑、POS、网上支付等结算业务；推出长城系列信用卡；开通网银手机银行业务；办理第三方存管业务、理财业务、代理保险业务和代理基金业务；办理手机银行业务。是年，中间业务收入781万元，比2018年增加195.90万元，增长33.5%。

【国际结算业务】 2019年，县中行主要开办资本金结汇和结售汇等国际结算业务。是年，国际结算、贸易结汇2750万美元，其中贸易结汇2750万美元，比2018年增加1350万美元；开立外汇账户1户，累计开立外汇账户38户，销户7户。

【理财业务】 2019年，县中行主要开办代理保险、代理基金、人民币理财等理财业务。是年，销售代理保险产品1190万元，比2018年（下同）增加1068万元，增长875.4%；销售代理基金2182万元，增加2069万元，增长1831.0%；销售人民币理财产品0.86亿元，增长218.5%。

【普惠金融】 2019年，县中行加大对中小企业支持力度，根据中国银行股份有限公司广东省分行制定的5+1授信行业，结合当地市场情况，重点抓好“科技通宝”、“惠农通宝”等业务，拓展符合“普惠金融”口径的目标客户，加强与相关部门联络，及时获取客户信息，利用“南粤行”现场评审活动储备客户。储备客户有广东雅林食品有限公司、广东飞鹅包装彩印有限公司、广东万泰塑胶科技有限公司等，为上述规模以上企业发放贷款1800万元。

（杨晓莉　贝建锋）

2019年中国银行股份有限公司揭阳揭西支行主要业务经营情况表

表16　　单位：万元、万美元

项目	余额	比2018年同期增额	增幅（%）
营业收入	3066	243	8.6
中间业务收入	781	195.9	33.5
各项存款	136400	22300	19.5
贷款	41100	-1400	-3.3
国际结算	2750	1350	96.4
保险销售	1190	1068	875.4
基金销售	2182	2069	1831.0
人民币理财	8600	5900	218.5

中国建设银行股份有限公司揭西支行

【概况】 2019年，中国建设银行股份有限公司揭西支行（简称县建行）改革创新，服务乡村振兴，固守转型阵地，以公带私，公私融合；坚持风险管理，提升合规与风险管理能力。是年，被揭阳市建行评为党风廉政建设先进单位；一季度被中国建设银行总行评为“乡村振兴、裕农惠民”裕农通业务百佳县支行；县总工会在揭西县域唯一“户外劳动者工会爱心驿站”落户县建行。全县设置县建行和建行揭阳棉湖支行2个营业机构，员工34人；24小时自助银行5个，ATM机14台，智慧机8台;。至年底，一般性存款余额23.21亿元，贷款余额3.96亿元，中间业务收入1255万元。

2019年10月16日，县总工会在揭西县域唯一“户外劳动者工会爱心驿站”落户建行
（张永贵　摄）

【存储业务】　2019年，县建行主要开办活期存款、定期存款、通知存款、大额存单、智能存款等人民币存款业务和外币存款业务。至年底，一般性存款余额23.21亿元，比年初（下同）减少2.19亿元。其中企业存款10.24亿元，减少2.64亿元；个人存款余额12.97亿元，增加0.45亿元。

【信贷业务】　2019年，县建行主要开办抵押快贷、云税贷、小微快贷、科技信用贷、速贷通、成长之路、大中型贷款等企业类贷款和中个人住房按揭贷款、个人快贷、个人助业贷款、信用卡分期等个人类贷款。至年底，各项贷款余额3.96亿元，比年初（下同）增加7222万元，增长22.6%。其中企业贷款1.15亿元，增加4549万元；个人贷款2.81亿元，增加2673万元。

【中间业务】　2019年，县建行主要开办人民币结算、移动支付等支付结算业务；推出代理政府债券、保险兼业代理、结售汇、贵金属、信用卡、电子银行业务；办理第三方存管业务、理财业务、代理业务。是年，中间业务收入1255万元。

【金融科技】　2019年，县建行发挥金融科技在提升管理效率和获客能力作用，复制全省优秀案例，重点移植复制支付场景、电子卡业务、大型或连锁商户生态、溯源系统等应用拓展案例，构建移动支付生态；强化数据运用能力，结合利用现有工商数据和行内数据进行数据挖掘实践，探索以客群、产品、渠道、频率等开展一系列项目，提升数据价值创造水平。是年，建设河山菜市场、下滩菜市场、大同菜市场移动支付商圈和凤凰新城5个无感支付停车场。

（杨永良　蔡海滨）

2019年建行揭西支行主要业务经营情况表

表17　　　　单位：亿元

项目	余额
存款余额	23.21
其中：个人存款余额	12.97
企业存款余额	10.24
贷款余额	3.96
中间业务收入	0.13

中国邮政储蓄银行股份有限公司揭西县支行

【概况】　2019年，中国邮政储蓄银行股份有限公司揭西县支行（简称县邮储银行）服务“三农”、创新农村金融产品和服务模式，支持地方经济建设。至年底，全县储蓄网点18个、电子汇兑网点2个，布放ATM（自动取款机）及CRS机（自动存取款机）37台，布放商易通固话支付设备113台，建设助农取款服务点67个。

【存储业务】　2019年，县邮储银行主要开办人民币存款和外币存款等存储业务。人民币存款有活期、整存整取、零存整取、整存零取、存本取息、定活两便、协定存款和通知存款；外币存款包括外币活期存款和外币定期存款。至年底，人民币各项存款余额54.79亿元，比2018年（下同）增加11亿元，增长25.1%。其中个人存款余额40.27亿元，增加4.74亿元，增长13.3%；单位存款余额14.52亿元，增加6.26亿元，增长75.7%。

【信贷业务】 2019年，县邮储银行主要开办小额贷款、扶贫小额贷款、家庭农场（专业大户）贷款、极速贷、消费信用贷款、住房按揭贷款、汽车按揭贷款、个人商务抵押贷款、小企业法人抵押贷款、科技贷、电贷通、小微易贷、快捷贷、税贷通、E捷贷、邮薪贷、邮享贷等信贷业务。至年底，发放各项贷款2.85亿元，各项贷款余额4.44亿元，比2018年（下同）增加0.39亿元；总不良贷款金额（含信用卡）108.37万元，总贷款（含信用卡）不良率0.2%，处于较低水平。

【中间业务】 2019年，县邮储银行主要开办转账结算、国内汇兑、商易通、网上支付结算、代收代付等支付结算业务；推出中国邮政储蓄银行信用卡普卡、金卡、生肖卡、EMS联名卡、全币种卡等系列信用卡，结存卡量1.44万张；开通网上银行、手机银行等电子银行业务，网上银行结存户数12.78万户、手机银行结存户数15.25万户；发行ETC粤通储值卡1003张；办理第三方存管业务、理财业务、代理保险业务等。

【国际业务】 2019年，县邮储银行主要开办外币储蓄、跨境汇款、结售汇、代理退税、信用证、进口代付、出口信保融资、出口发票融资、外币流动资金贷款等国际业务。是年，公司外汇结售汇33.83万美元，比2018年（下同）减少8.56万美元；个人结售汇业务全年结售汇28.23万美元，减少1.32万美元。

【理财业务】 2019年，县邮储银行主要开办人民币理财、保险、基金、国债、贵金属等理财业务。是年，销售保险产品

2019年6月18日，县农业农村局、县邮储银行与南山镇人民政府在南山镇南山村联合开展农业安全生产万里行暨金融服务三农宣传活动 （县邮储银行 供稿）

2019年中国邮政储蓄银行股份有限公司揭西县支行主要业务经营情况表

表18 单位：亿元

项目	余额	比2018年增长%
存款余额	54.79	25.1%
其中：储蓄存款余额	40.27	13.3%
对公存款余额	14.52	75.7%
各类理财产品余额	6.90	2.3%
贷款余额	4.44	9.6%
其中：个人贷款余额	3.70	6.3%
法人贷款余额	0.74	19.0%

9025.33万元，比2018年（下同）减少235.67万元；销售开放式基金1909.86万元，减少2872.14万元；销售人民币理财产品14.22亿元，减少6.41亿元；销售国债245.34万元，减少216.16万元；销售贵金属28.54万元，减少60.33万元。

【普惠金融】 金融扶贫 2019年，县邮储银行投放各项贷款2.85亿元，其中2.12亿元投放于农户、商户及小微企业经营性贷款；发放扶贫小额贷款11笔，金额52万元，发放扶贫小额贷款100笔，金额455万元。

便民惠民服务 2019年，县邮储银行设立助农取款服务点67个，覆盖全县所有乡镇（街道）；提供经办及资金代收缴服务，承担全县城乡居民养老保险全流程服务。至年底，城乡居民保险服务34.91万人，代缴城乡居保费2496.09万元。

金融知识宣传 2019年，县邮储银行结合网点阵地宣传，组织开展金融消费者权益日、金融知识进校园、支付结算宣传、防范非法集资、防范电信网络新型违法犯罪、远离校园不良网络借贷、诚信道德教育和征信知识普及教育、金融知识万里行、金融宣传普及月、“行长接待日”活动、反洗钱专题等金融宣传活动40多场次，提高广大群众金融意识。

（田育斌　庄静云）

广东揭西农村商业银行股份有限公司

【概况】 2019年，广东揭西农村商业银行股份有限公司（简称揭西农商行）坚持“服务三农、服务中小微企业、支持地方经济发展”市场定位，打造现代化社区银行，在业务创新发展、服务提质提效上精益求精，满足中小微企业和城乡居民金融服务需求，在普惠金融、精准扶贫工作中发挥金融主力军作用。至年底，全县营业网点51个，布放ATM（自动取款机）及CRS（自动存取款机）51台，布放POS机733台；开通手机银行户、网上银行9.50万户；设立银行助农取款服务点102个；发放社保卡51.69万张，激活社保卡29.92万张。

【存储业务】 2019年，揭西农商行主要开办活期、整存整取、零存整取、整存零取、存本取息、定活两便、协定存款和通知存款等人民币存款业务。至年底，人民币各项存款余额137.65亿元，比年初（下同）增加12.59亿元，增长10.1%。其中，个人存款余额108.62亿元，增加8.54亿元；单位存款余额29.03亿元，增加4.05亿元。

【信贷业务】 2019年，揭西农商行主要开办企易贷、悦农e贷、薪易贷、妇女创业贷、个人小额担保贷款、楼宇按揭贷款、农户小额信用贷款、扶贫小额贷款、个人经营性贷款、个人消费贷款、流动资金贷款等信贷业务。重点投放涉农贷款资金，主要扶持农、林、牧、渔等地方特色行业，服务农村经济建设。至年底，人民币各项贷款余额89.09亿元，比年初增加1.37亿元，增长1.57%。是年，发放贷款2594笔5.38亿元，其中经营类贷款发放557笔1.58亿元；消费类贷款发放2037笔3.80亿元。全年新发放贷款不良率为零。

2019年11月23日，揭阳银保监分局与揭西县农商银行在县城文化广场联合开展金融消费者权益保护宣传教育暨普惠金融宣传活动　（揭西农商行　供稿）

揭西农商行坚持信贷投放与支农支小定位相契合，践行普惠金融，服务地方实体经济，完成普惠型小微企业“两增两控”［“两增”即单户授信总额1000万元以下（含）的小微企业贷款增速不低于各项贷款增速，贷款户数不低于年初水平。“两控”即合理控制小微企业贷款资产质量水平和贷款综合成本］指标。以党建为引领建立服务“三农”（农村、农业、农民）、小微企业长效工作机制，适应新形势下农村金融工作新需求。贯彻落实精准扶贫政策，6月4日，揭西农商行与揭西县农业农村局签订新的《扶贫贷款业务合作协议》，全年发放扶贫小额贷款74笔，金额296万元，存量76笔，余额300.5万元；财政贴息50笔5.25万元，同时完成扶贫小额贷款“一增长一覆盖”（保持扶贫贷款增长及覆盖所有乡镇。）指标。是年，新发放50万元以下小额贷款4.14亿元。

2019年广东揭西农村商业银行股份有限公司主要业务经营情况表

表19　　　　单位：亿元

项目	余额	比2018年增长%
存款余额	137.65	10.07
其中：储蓄存款余额	108.62	8.61
对公存款余额	29.03	15.89
贷款余额	89.09	1.56
其中：个人贷款余额	3.04	173.21
法人贷款余额	86.05	-0.64

【中间业务】　2019年，揭西农商行主要开办转账结算、国内汇兑、POS、网上支付等支付结算业务；推出银行借记卡普卡；开通网上银行、手机银行等电子银行业务；办理第三方存管业务、代理业务。是年，中间业务收入847.87万元，比上年增加641.84万元，增长322.5%。

【金融创新】　2019年，揭西农商行加大手机银行、网上银行、悦农e付收银台、云闪付APP、ETC等电子金融推广运用。网上银行存量6.62万户，比2018年（下同）新增3.16万户，增长91.1%；手机银行存量9.78万户，新增3.70万户，增长60.9%；悦农e付收银台存量1.49万户，新增0.37万户，增长32.9%；云闪付APP推广1.06万户；ETC申请数量6360户。

（张　勇　陈仕荣　李永威）

保险公司选介

【中国人寿保险股份有限公司揭西县支公司】　2019年，中国人寿保险股份有限公司揭西县支公司（简称中国人寿揭西支公司）在全县设1个支公司和4个营销服务部。主推“国寿福”保险，承保1389件，保费收入450万元；全年为合同指定的100种重大疾病和30种特定疾病提供保障1.77亿元。团险业务主推“银龄安康”保险，承保65周岁以上客户10.5万人，提供意外身故保障3.15亿元、意外医疗保障2099万元。至年底，总保费收入1.06亿元，其中长期险保费收入9755万元，短期险保费收入875万元；赔款支出642万元。

（刘　文　张　晖）

【中国人民财产保险股份有限公司揭西支公司】　2019年，中国人民财产保险股份有限公司揭西支公司（简称中国人民财产公司揭西支公司）内设1个综合部、4个业务部，外设棉湖营业部和五经富营销服务部2个营销服务部。主要经营机动车辆保险、财产保险、货物运输保险、责任保险、信用保险、船舶保险、意外伤害保险、短期健康保险、工程保险、产品责任保险、雇主责任保险、公众责任保险、校园方责任险、信用保证保险、能繁母猪保险、生猪保险、水稻保险、政策性农村住房保险、补充医疗保险等险种。是年，总保费收入5419万元，其中机动车辆保险保费4696万元，商业非车险保费723万元；赔款支出2548万元。

（黄喜辉　王定荣）

【中国平安人寿保险股份有限公司揭阳中心支公司揭西营业部】 2019年，中国平安人寿保险股份有限公司揭阳中心支公司在揭西县设有经营网点2个：揭西营业部和河婆营销服务部。在中国银行、中国农业银行设有代理保险网点。至年底，揭西网点员工250人，其中保险营销员人数246人；提供人寿、意外、健康保险产品，涵盖生存、养老、疾病、医疗、身故、疾病等多种保障范围。是年，实现总保费7448.52万元，其中首年投保保费1982.66万元，续期保费5465.86万元；寿险总保费5048.64万元，其中首年投保保费1068.85万元，续期保费3979.79万元；赔款总支出550.04万元，其中理赔支出443.22万元，生存给付106.82万元。

（许林伟　陈燕淳）

【中国平安财产保险股份有限公司揭阳市揭西支公司】 2019年，中国平安财产保险股份有限公司揭阳市揭西支公司（简称中国平安财产揭西支公司）完成从营销部到支公司转型。前线渠道有综拓渠道、新渠道、车商渠道、创展服务部，后线岗位有市场岗、综合岗、客服岗和理赔岗。主要经营企业财产损失保险、家庭财产损失保险、短期健康保险、意外伤害保险、建筑工程保险、安装工程保险、货物运输保险、机动车辆保险、船舶保险、能源保险、法定责任保险、一般责任保险、保证保险、信用保险等险种。代理国内外保险机构检验、理赔、追偿及其委托的其他有关事宜。全年总保费收入4161万元，其中首年投保保费收入550万元，续期保费收入2600万元；赔款支出1700万元，退保金50万元，满期给付80万元。

（许嘉超　李树芬）

【中华联合财产保险股份有限公司揭阳市揭西支公司】 2019年，中华联合财产保险股份有限公司揭阳市揭西支公司（简称中华联合财产揭西支公司）主要经营企业财产保险、家庭财产保险、建筑工程保险、安装工程保险、货物运输保险、机动车辆保险、船舶保险、飞机保险、航天保险、核电站保险、能源保险、法定责任保险、一般责任保险、保证保险、信用保险、种植业保险、养殖业保险等险种，及上述保险业务的再保险业务；经营个人意外伤害保险、团体意外伤害保险、个人短期健康保险、团体短期健康保险等险种。是年，实现总保费收入800万元，其中机动车辆保险保费640万元，财产保险及人身意外保险保费160万元。

（黄俊荣　蔡友君）

2019年中国平安财产保险股份有限公司揭阳市揭西支公司保费收入与承保理赔情况表

表20　　　　单位：万元

保费收入	赔付支出	简单赔付率
4161	1700	40.8%

证券公司选介

2019年6月26日，“走近科创，你我同行”投资者教育年度专项活动在广发证券揭西营业部二楼会议厅举办　　（邓秀丽　摄）

2015-2019年广发证券揭西营业部客户数量一览表

表21

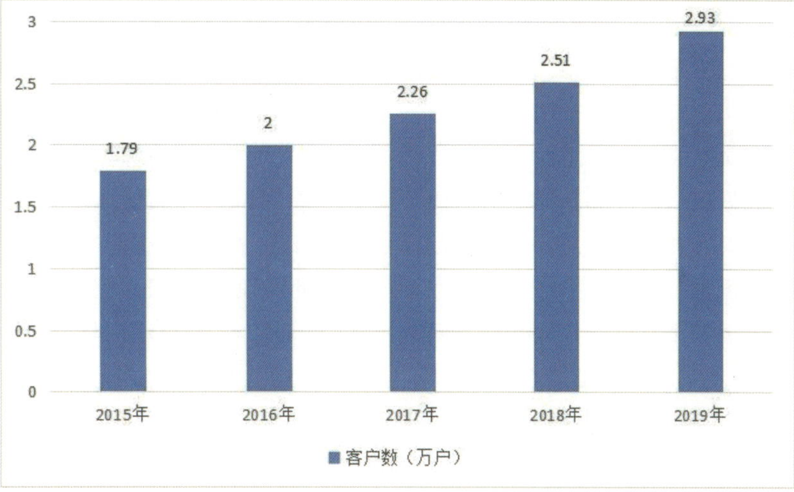

【广发证券股份有限公司揭阳揭西证券营业部】 2019年，广发证券股份有限公司揭阳揭西证券营业部（简称广发证券揭西营业部）提供A股B股买卖、期货IB、融资融券、融易通、简约通、沪港通、深港通、新老三板，以及个股期权等经纪业务；提供IPO、城投债、中小企业私募债等企业金融服务；提供保本浮动收益凭证、收益宝、金快线、新睿利、多添利、国债回购、新客专享、信托等类固收产品与权益类基金产品；股权融资、股权质押业务、约定式购回等类货款业务。至年底，新开户0.42万户，营业部累计客户2.93万户，累计交易量423.83亿元。营业部融资融券总维持担保比例354.3%。广发证券揭西营业部践行广发证券企业社会责任，落实证券风险管控措施，开展主题为“走近科创，你我同行”的投资者教育年度专项活动，员工通过朋友圈转发科创板信息，利用互联网平台扩大宣传面，做好投资者教育工作，提升投资者风险意识，帮助投资者树立理性投资理念，保护投资者权益。是年，揭西营业部总经理方少光带领工会成员到揭西县坪上镇四新小学开展助学兴教活动，赠送学习用品，鼓励学生努力学习、健康成长。是年，广发证券揭西营业部加强内控管理，加大合规管理力度，开展优质服务活动，提升客户满意度。全年业务运营安全无事故。

（方少光　邓秀丽）

农业和农村经济

综　述

【概况】 2019年，揭西县打造山区特色现代农业，加快农村综合改革，实施精准扶贫、乡村振兴工作，促进农业发展、农民增收。全年完成农林牧渔业总产值67.24亿元，比2018年增长5.6%。全县农作物种植面积4.13万公顷，粮食种植面积2.94万公顷，总产17.6万吨。其中水稻种植面积1973公顷，总产量11.5万吨；薯类种植面积8110.4公顷，总产量25.2万吨；大豆种植面积264.9公顷，总产量1128吨；其他粮食作物种植面积2878.7公顷。

【机构改革及职能配置】 2019年3月25日，揭西县农业农村局（简称县农业农村局）正式挂牌。根据《揭西县机构改革方案》不再保留县农业局，将县农业局（县委农村工作办公室）职责，以及县发展和改革局的农业投资项目、县财政局的农业综合开发项目、县国土资源局的农田整治项目、县水务局农田水利建设项目管理职责，相关机构的水产、畜牧、果蔬管理行政职能整合，组建揭西县农业农村局，加挂揭西县扶贫开发办公室牌子，县委农村工作办公室设在县农业农村局。

县农业农村局根据揭西县委办公室、揭西县人民政府办公室《关于印发〈揭西县农业农村局主要职责内设机构和人员编制规定〉的通知》，新组建农业农村局机关内设7个股：人秘股、乡村振兴股、生产股、经济管理股、畜牧水产股、农田建设股、执法大队；核定行政编制26名，行政执法专项编制8名。

县农业农村局根据中共揭西县机构编制委员会《关于印发〈揭西县农业农村局所属事业单位调整方案〉的通知》内设3个副科级公益一类事业单位：揭西县扶贫开发服务中心，核定事业编制5名；揭西县农业科技推广服务中心，核定事业编制25名；揭西县农业农村综合服务中心，核定事业编制20名。下设3个正股级公益二类事业单位：揭西县良种场，核定事业编制13名；揭西县种畜实验场，核定事业编制3名，揭西县鱼苗场，核定事业编制13名。

【农业供给侧结构性改革】 2019年，揭西县加快农业供给侧改革，稳定粮食生产，确保粮食安全；发挥资源优势，壮大茶叶、冬瓜、淮山、蔬菜、青榄特色产业，打造茶叶产业园建设；发展畜牧水产规模化养殖，增加肉、禽、蛋、鱼的供应；发展生态农业，促进种植业、养殖业和水产业绿色可持续发展，构建优质、高产、高效、生态、安全现代农业体系。

【农村经济体制改革】 2019年，揭西县推进农村土地流转试点，制定《揭西县农村土地流转试点镇创建实施方案》。龙潭镇为省级农村土地流转试点镇，东园镇为市级试点镇。是年，全县土地流转面积累计5073.47公顷；揭西县农业农村局制订《揭西县农村集体产权制度改革试点工作方案》呈县委县政府审定印发并报市农业农村局审核批复；统筹做好前期宣传与培训准备工作，是年，召开专题培训班6场次，共培训工作人员615人次。

【农业科技创新】 2019年，揭西县加强农业科技创新平台建设，提升农业科技自主创新能力，全县建设省级现代农业科技创新中心1家（广东省蓝天果蔬农业科技开发有限公司）。全县农业项目获市科技进步一等奖1项，市科技进步二等奖1项，县科技进步一等奖1项。做好化肥使用零增长工作，调整化肥使用结构，改进施肥方式，实施精准施肥。加强农村实用人才培训工作，培育有文化、懂技术、会经营的新型农民，举办新型职业农民培训班1期，培训农民100人。

【农田建设】 2019年，揭西县健全规划和资金统筹机制，推进高标准农田建设。全年建设高标准农田933.33公顷，投资总额2100万元，项目建设分布于上砂镇、龙潭镇、南山镇、灰寨镇、京溪园镇、钱坑镇、塔头镇、凤江镇8个乡镇，涉及41个行政村。

【农业产业园】 2019年，揭西县完善农业产业园工作机制，加大支持保障力度，推进农业产业园发展。是年，揭西县茶叶产业园项目被省农业农村厅确认为2019年第二批省级现代农业产业园，项目总投资2.02亿元，以五经富镇、京溪园镇、南山镇为核心区，引领全县茶叶产业健康发展。

【发展特色产业】 2019年，揭西县发掘资源优势，打造茶叶、冬瓜、淮山、蔬菜、青榄特色产业。

茶叶产业 揭西县茶叶产业主要分布五经富镇、南山镇、良田乡和京溪园镇4个乡镇，占全县90%以上。有108家登记在册与茶叶生产有关的农民专业合作社。茶叶生产从业人员2万人。

冬瓜产业 揭西县冬瓜种植面积466.67公顷，年产量3.14万吨，年总产值约5028万元。主要在塔头镇、东园镇以农民家庭种植为主，除销售外，也用于加工成冬瓜丁糖制品。

淮山产业 淮山种植以大溪镇为主，种植面积220公顷，其中大东村种植46.67公顷。该镇农民根据市场需求，错开种植期，实现周年供应。产品以农民自种自销为主，以本地销售居多。

蔬菜产业 揭西县蔬菜规模种植主要在坪上镇、龙潭镇、棉湖镇。坪上湖光供港蔬菜基地占地80公顷，经营主体是揭西鸿锦优质蔬菜有限公司。

青榄产业 揭西县青榄种植面积2666.67公顷，年产量2万吨，主要在钱坑镇、灰寨镇等，灰寨镇马路村三棱榄种植面积106.67公顷，钱坑镇金山双品三棱榄获有机认证。

【“一镇一品”工程】 2019年，揭西县推进实施“一镇一品”工程。全县有26家新型农业经营主体被确定为“一村一品”项目实施主体，涵盖茶叶、玉米、水果、竹笋、药材等产业。10月，五经富镇、良田乡被省农业农村厅认定为“一村一品、一镇一业”专业镇。

【农业产业化】 2019年，揭西县农业龙头企业13家，其中省级农业龙头企业2家，市级农业龙头企业11家；新增农民专业合作社16家，累计283家，其中省级示范社4家，市级示范社5家；市级认证家庭农场2家；10月，广东大洋茶业有限公司的山格拉乌龙茶获广东省名牌产品，累计获广东省农业名牌32个；揭西县合盛源种养专业合作社的柚子获绿色食品认证，累计获绿色食品认证15个，有机认证产品13个。

【农产品质量安全监督】 2019年，揭西县加大检测力度，对全县农产品生产基地、农贸市场的农产品进行有效检测，检测蔬菜、水果样品1289个，合格率99.7%，未出现农药超标现象，未发生农产品质量安全事故。落实国家农产品安全县创建工作，强化农产品质量检测与监管工作，10月，通过农业农村部审定，揭西县被评为国家农产品质量安全县。

【农机管理】 2019年，揭西县农机购置共使用中央补贴资金26.49万元。享受农机购置补贴的农户117户，企业4家；补贴农机具129台（套），其中微耕整机103台，旋耕机8台，轮式拖拉机5台，履带式联合收割机1台，遥控飞行喷雾机1台，增氧机11台。县农业农村局加强农机安全监督管理工作，抓好拖拉机上牌入户管理，全年办理农机入户6台。

【强农惠农政策】 2019年，揭西县落实强农惠农政策，提高农民种粮积极性，促进粮食生产稳定，保护耕地地力不降低。全年落实中央财政耕地地力保护补贴（农业“三项补贴”）总资金2551.35万元，补贴面积2.01万公顷。

【种植业政策性保险】 2019年，揭西县落实国家农业保险政策，与中华联合财产保险公司、国家气象部门等机构联合，落实水稻病虫害、自然灾害等保险、果树蔬菜自然灾害保险，是年，参保水稻3329公顷。全县参加政策性岭南特色水果种植保险的香蕉种植户6户，参保面积79.45公顷。

【农作物重大病虫害防治】 2019年，县农业农村局贯彻“预防为主、综合防治”植保方针，发出《农作物病虫情报》10期4000份。5月，出现一种新型害虫草地贪夜蛾危害，对甜玉米种植区造成严重影响。县农业农村局按照“绿色植保”理念要求，在全县推广杀虫灯、粘虫板、性诱剂、释放寄生蜂防控技术，举办培训班、现场观摩及科技咨询活动，共发放科技宣传资料3000份，培训350人次。建立水稻、玉米、茶叶等绿色防控示范基地，完成绿色防控覆盖率36.5%，统防统治覆盖率36.7%。开展53.33公顷水稻统防统治示范区、53.33公顷草地贪夜蛾应急防控示范区，由飞防服务队开展植保无人机飞防服务。

【农村集体“三资”管理】 2019年，揭西县推进农村“三资”管理，全县进入镇级“三资”交易平台进行交易项目790宗，成交额2.13亿元。推进农村公益事业建设，年度评审核定符合奖补项目74个，下拨财政奖补建设资金1004万元。

【农业执法】 2019年，县农业农村局加强农业行政执法力度，提高农业执法能力，强化法规政策宣传。全年出动打假宣传车15辆次，出动人数339人次，发放宣传材料9000份；检查店档286间次，立案查处违法违规案件3宗，结案3宗，罚没金额1万元。

【精准扶贫】 2019年，揭西县推进脱贫攻坚各项工作，精准施策，全县相对贫困人口9935户、2.88万人，其中9920户、2.87万人实现脱贫退出，退出率99.8%；54个相对贫困村达到出列标准，实现有序退出，退出率80%。

兜底保障政策 2019年，揭西县纳入兜底保障无劳力贫困户4781户、6788人；政府统一购买养老保险贫困户1.41万人，领取养老保险金7790人；政府统一购买医疗保险贫困户9935户、2.88万人，医疗报销4118人次，报销

2019年10月9日，县农业农村局、五经富镇人民政府、县顺合种养专业合作社在五经富镇举办茶叶绿色防控现场观摩会 （县农业农村局 供稿）

资金3117万元；落实2018年秋—2019年秋学年教育生活补助学生1.64万人次，发放资金2684万元；完成61户建档立卡贫困户危房改造任务。

产业帮扶　2019年，揭西县投入资金2.5亿元，实施产业帮扶项目198个，带动贫困劳动力就业128人。实施到户帮扶事项2.06万个、到人帮扶事项8万个；发放以奖代补、提供生产资料和生产工具奖补资金1697万元，受益贫困人口1.11万人，激发贫困户脱贫内生动力；发放小额贷款279户1070.28万元，解决贫困户发展生产融资难问题。

就业脱贫工程　2019年，揭西县安排公益性岗位44个，累计通过护林、保洁、保安等公益性岗位安置贫困劳动力就业202人。创建7个“扶贫车间”和1个“扶贫工作坊”，解决21户难以外出就业的贫困人员就近就业。举办2019“南粤春暖”暨“精准扶贫”专场招聘会，652人与企业达成就业意向。开展技能培训帮扶，121名建档立卡对象实现技能晋升培训获得资格证书，发放贫困劳动力技能培训补助资金32.19万元。全县建档立卡劳动力人数1.03万人，其中务工就业8989人，就业率87%，稳定就业人数7836人，稳定就业率87%。

美丽乡村建设　2019年，揭西县按照省委、省政府实施“千村示范、万村整治”工程部署，坚持规划、设计、建设“一张蓝图”，以打造100个美丽示范村为重点，以点带面，全力推进美丽乡村建设。投入各级财政资金9.01亿元，加快推进64个贫困村新农村和5个省级新农村连片主体村人居环境整治，“垃圾日清、污水处理、村道硬化、水岸同治、绿满家园、人畜分离、旧屋修缮、新屋戴帽”等项目建设。统筹省级涉农资金1.29亿元，启动生态宜居美丽示范县创建，新增建设17个省补示范村（每个村省补500万元）、13个自办示范村和灰寨镇马路村，规划打造6条美丽乡村精品线路，打造以金和镇山湖村、棉湖镇鲤鱼沟村、南山镇火炬村等为代表一批美丽乡村示范点。是年，金和镇山湖村被评为“广东美丽乡村特色村”，棉湖镇鲤鱼沟村入选全国乡村治理示范村，南山镇火炬村被列为省第一批“红色村”党建示范工程，乡村景观建设成为“网红点”。

扶贫济困日活动　2019年，揭西县组织开展“6·30”扶贫济困日活动，接收捐款232万元。全县11家企业参与“万企帮万村”活动。扶贫济困日活动帮助贫困户发展生产，解决生活困难，帮助贫困村发展经济，从根本上摆脱贫困，走上勤劳致富道路。

（杨　华　林小君　彭志松）

种植业

【概况】　2019年，揭西县优化升级农业产业结构，优化粮食和经济作物种植结构，加强粮食作物和经济作物生产。全县农作物种植面积4.13万公顷，粮食种植面积2.94万公顷，经济作物种植面积2715公顷，蔬菜种植面积8293.2公顷。

【粮食生产】　2019年，揭西县按照“稳定面积、主攻单产、优化结构、增加效益、提升能力”工作思路，稳步发展粮食生产。是年，粮食种植面积2.94万公顷，总产量17.6万吨。其中水稻种植面积1973公顷，总产量11.5万吨；薯类种植面积8110.4公顷，总产量25.2万吨；大豆植面积264.9公顷，总产量1128吨；其他粮食粮食作物种植面积2878.7公顷。

【经济作物及蔬菜水果茶叶生产】　2019年，揭西县经济作物种植面积2715公顷。其中甘蔗种植面积205.6公顷，总产量1.06万吨；花生种植面积1918.8公顷，总产量8581吨；其他经济作物种植面积590.6公顷。蔬菜种植面积8293.2公顷，总产量33.27万吨；水果种植面积7501.4公顷，总产量8.96万吨；茶叶种植面积2708公顷，总产量1.24万吨。

（杨　华　林小君　彭志松）

林　业

【概况】　2019年，揭西县推进乡村绿化美化、森林进城围城、生态景观林带、森林碳汇四大林业重点生态工程建设。全年完成绿化美化村庄35个，景观林带建设里程13.3千米，造林面积1674.6公顷，中幼龄林抚育4866公顷，封山育林3366.67公顷。是年，全县林业用地8.48万公顷，其中有林地6.86万公顷，疏林地860.79公顷，灌木林地4190.68公顷，未成林地3728.25公顷，无立木林地3615.5公顷。森林蓄积量321.35万立方米，森林覆盖率58.4%。

【机构改革及职能配置】　2019年，揭西县整合县林业局行政职能，以及原县国土资源局、县住房和城乡建设局、原县水务局等部门的自然保护区、风景名胜区、自然遗产、地质公园管理职责，重新组建县林业局，由县自然资源局统一领导和管理。县林业局设置4个内设机构：人秘股、生态修复股、资源管理股、科教产业股，核定行政编制13名。

【林业产业】　2019年，揭西县国有林场全面做好护林防火工作，全县林场零山火发生；完成油桐林场、天宝堂林场2018年贫困林场扶贫项目工程建设工作，做好油桐林场、天宝堂林场公路硬底化资金申报工作；开展国有林场小水电基本情况调查工作。广东大北山国家级森林公园接待游客1.4万人次，各类旅游收入315.8万元（度假村独立核算）。

【生态保护修复】　2019年，揭西县加强林地监督管理，全年办理征占用林地手续7宗，林地面积15.42公顷，其中临时占用林地2宗，面积5.11公顷；永久征占用林地5宗，面积10.31公顷。依法强化森林采伐限额管理，全年办理林木采伐证152份，采伐蓄积3.38万立方米，采伐材积2.50万立方米，采伐面积576.22公顷。开展爱护野生动物的宣教活动，发放《国家重点保护陆生野生动物》图谱及宣传册子。

【野生动植物种质保护】　2019年，县林业局结合“世界野生动植物日”、广东省“鸟节”、“爱鸟周”等在全县开展为期两周的宣传活动，分别在城区广场、公园等公共场所及全县17个乡镇（街道）所在地的集贸市场、餐馆、酒楼等发放宣传资料共3000余份。县林业局联合森林公安分局，组织开展专项执法检查行动，集中打击破坏野生动物资源违法犯罪活动，加大执法监管力度，采用连续多次检查与随机明察暗访相结合方式，对全县养殖、经营场所、宾馆饭店、交通运输要道等进行检查，对违法运输、经营野生动物行为进行查处，对违法养殖经营给予严厉惩治和取缔。加大力度对自然保护地、林场、野生动物栖息地巡护，严厉惩治非法捕猎。

【森林灾害防治】　**森林病虫害防治**　2019年，揭西县落实森林病虫害防治目标责任，加强国家级森林病虫害中心测报点工作，巩固林业有害生物防治工作成效，加强对松材线虫、薇甘菊和松突圆蚧等主要病虫害的预测预报工作。全县林业有害生物防治面积100公顷（主要是薇甘菊防治面积），无公害防治率100%。

森林防火　2019年，揭西县加强管理217名专职护林员巡山护林工作，组织开展全县专职护林员扑火技能培训1次，开展森林消防队伍实战演练1次；编制《揭西县森林火灾应急预案》和《揭西县2019年清明期间森林防灭火工作方案》，印制并派发《关于上山扫墓禁止燃放烟花爆竹香纸等野外用火的通告》《倡导文明祭祀　保护森林资源》《广东省森林防火条例》等森林防火宣传资料15万余册。加大依法治火和典型森林火灾案例的宣传教育。进入森林特别防护期通过电视台、移动通信、联通通信、电信通信等向全县人民发送播放森林防火宣传短信，通过广泛宣传，增强群众防火意识，在全县营造森林防火浓厚氛围。全年未发生重大森林火灾、无人员伤亡。

2019年12月28日，揭西县森林消防专业队扑火安全演练在坪上镇连城村举办
（县林业局　供稿）

【林业执法】　2019年，揭西县组织开展“县林业局扫黑除恶专项工作”“绿卫行动”“红线行动”“打击非法占用林地等涉林违法犯罪”等专项行动，全年出动森林公安民警2600人次，出动警车1250次，办理案件158宗。其中刑事案件24宗，林业行政案件127宗，涉林治安行政案件7宗。刑事拘留30人，行政处罚127人。

【林场建设】　2019年，县国有林场全面做好护林防火工作，全县林场零山火发生；完成油桐林场、天宝堂林场2018年贫困林场扶贫项目工程建设工作，做好油桐林场、天宝堂林场公路硬底化资金申报工作；开展国有林场小水电基本情况调查工作。

【森林公园开发】　2019年，揭西县健全森林公园开发规划，加强森林公园建设管理，加快森林公园开发步伐，推进森林公园科学发展。至年底，全县有森林公园13个，面积共4038.66公顷，其中国家级森林公园1个，县级森林公园2个，镇级森林公园10个。

2019年揭西县森林公园一览表

表22

森林公园名称	地点	级别	面积（公顷）
广东大北山国家森林公园	揭西县南山镇	国家级	3067.2
揭西广德庵森林公园	揭西县河婆街道	县级	254.1
揭西县上砂开口石镇级森林公园	揭西县上砂镇	镇级	62.7
揭西县河婆街道明山镇森林公园	揭西县河婆街道	镇级	48.7
揭西县良田独山镇级森林公园	揭西县良田乡	镇级	65.47
揭西县京溪园粗坑村镇级森林公园	揭西县京溪园镇	镇级	126
揭西县五经富石祭墙硿镇级森林公园	揭西县五经富镇	镇级	54.4
揭西石灵寺森林公园	揭西县钱坑镇	县级	170.8
揭西县大溪镇清元洞镇级森林公园	揭西县大溪镇	镇级	51.7
揭西县南山镇南华洞镇级森林公园	揭西县南山镇	镇级	44.4
揭西县龙潭镇祥龙寺镇级森林公园	揭西县龙潭镇	镇级	30.93
揭西县金和镇锦林寺镇级森林公园	揭西县金和镇	镇级	30.13
揭西县五经富镇黄龙寺镇级森林公园	揭西县五经富	镇级	32.13

【自然保护区】 揭西李望嶂灵猫自然保护区于2003年建立，位于广东省揭西县西北部，揭西、丰顺、五华三县交界处，北回归线北缘，总面积7021公顷，是莲花山脉南麓大北山区的最高峰，海拔1222米。山高谷深，山体主要为沙页岩及小部分变质岩组成。上部表上为黄壤，中部为红壤，海拔400米以下为赤红壤。海拔800米以上的植被多为耐干旱的黄毛草、鹧鸪草、岗松及小灌木，中下部多为马尾松、大头茶、黄牛檀及小灌木。峰下有一石洞。根据揭西李望嶂灵猫自然保护区自然资源及其所处的地理位置和社会经济状况，确定其性质为：以保护国家重点保护野生动植物为重点，集生态系统保护、物种保护、水源保护、生态旅游为一体的综合性自然保护区。2019年，县林业局加强对李望嶂自然保护区监管保护，巡护512人次，未发现有破坏自然保护区动植物违法行为。

（温仲明　李婉玫）

畜牧业

【概况】 2019年，揭西县抓好畜牧业生产、重大动物疫病防控、生猪屠宰管理、畜产品质量安全监管、畜禽养殖污染整治、政策性畜牧业保险工作。全年畜牧业总产值17.23亿元，是年，全县生猪存栏21.74万头，其中能繁母猪存栏2.6万头，年出栏36.79万头；牛存栏9800头，年出栏1.18万头；羊存栏3300头，年出栏1.06万头；家禽存栏204.94万羽，年出栏1240.28万羽。

【畜牧品种】 2019年，揭西县养殖的动物主要有猪、牛、羊、鸡、鸭、鹅、珍禽等。其中猪的品种主要有：杜洛克、长白、大白和杜长大三元杂交猪，部分粤东黑猪、蓝塘猪等地方特色优质品种；牛主要是本地水牛、本地黄牛、有少量黑白花荷兰奶牛和摩拉杂交水牛；羊有：本地奶山羊、黑山羊等；家禽主要品种有石岐杂，海兰蛋鸡、樱桃谷鸭、本地杂交菜鸭、狮头鹅，阳江鹅、美国鹧鸪、肉鸽。

【畜牧养殖与经营】 2019年，揭西县以生猪养殖为畜牧业支柱产业，养殖模式主要有养殖公司、规模养殖场、专业户养殖；公司+农户养殖；少量散养户养殖；家禽养殖主要有规模养殖场和专业户养殖。牛、羊养殖大部分是农户养殖，规模场较少。

【畜产品质量安全监管】 2019年，揭西县开展对全县畜禽养殖场、饲料店、兽药店、屠宰场不定期进行检查，对畜产品进行抽样检测药物残留，对生猪养殖场、屠宰场随机采集尿液进行“瘦肉精”检测。全年采集尿液1469头份，经检测，全县未发现添加使用“瘦肉精”违法行为。

【防疫检疫】 2019年，揭西县主要做好非洲猪瘟，牲畜口蹄疫、高致病性禽流感等重大动物疫病的防控工作。强化养殖场、屠宰场消毒工作和生物安全防护工作；落实春季、秋季防疫注射工作，全年共免疫注射高致病性禽流感疫苗122万毫升；防疫注射牲畜口蹄疫疫苗51.6万毫升；防疫注射狂犬病疫苗2万头份。

【畜禽屠宰管理】 2019年，揭西县贯彻落实县府办《关于清理取缔非法定点屠宰场（点）的紧急通知》审定定点屠宰场，定点屠宰场基本能按国家有关法律法规要求进行生猪屠宰及代宰加工、检疫、对病死猪及产品进行无害化处理。

【畜禽养殖污染治理】 2019年，揭西县农业农村局按照揭西县人民政府关于印发《揭西县进一步加强畜禽养殖业污染综合整治行动工作方案》要求，会同揭阳市生态环境局揭西分局制订配套《揭西县生猪养殖场（户）污染防治配套设施建设技术指引》，委托“广东易佳测绘工程有限公司”对禁养区内畜禽养殖场养殖面积全面测量，总面积50.11万平方米。开展为期五个月的禁养区内畜禽养殖场清理整治行动，全年拆除养殖场面积13.04万平方米，去功能面积4.69万平方米。

【畜牧业政策扶持】 2019年，揭西县落实畜牧类政策性农业保险工作，会同中华联合财产保险股份有限公司揭阳市中心支公司依法对本县生猪规模养殖场的能繁母猪、生猪开展政策性保险业务，全年承保生猪14.01万头。扶持7家生猪规模养殖场落实畜禽养殖废弃物资源化利用建设设施。

2019年揭西县畜牧业产值、产品及数量情况表

表23

畜牧业产值（万元）	肉类总量（吨）	奶类总量（吨）	蛋类总量（吨）	生猪		牛		羊		家禽	
				存栏（万头）	出栏（万头）	存栏（万头）	出栏（万头）	存栏（万只）	出栏（万只）	存栏（万羽）	出栏（万羽）
172322	49164	474	10747	21.74	36.79	0.98	1.18	0.33	1.06	204.91	1240.3

（杨　华　林小君　彭志松）

水产业

【概况】 2019年，揭西县抓好渔业生态发展，推广水产健康养殖技术，开展水产品质量安全监管，加强渔业资源保护和渔船安全生产管理，完成2018年度渔船油价补贴和2019年度禁渔期渔民生产生活补助资金发放工作。全县水产养殖面积1860公顷，水产品总产量2.11万吨，比2018年增长0.97%，渔业总产值2.09亿元，渔（农）户年人均纯收入9123元。

【水产养殖】 2019年，揭西县鱼塘养殖面积1498公顷，大水面生态养殖面积574公顷，鱼、禽、果立体生态种养模式150公顷；开展标准化鱼塘整治改造，抓好全县水产种苗繁育场、培育场规范化建设，对全县6家鱼苗生产单位的场地环境、水质进行监测抽检，提升种苗繁育管理水平；加快名优品种鱼类引进推广。全县罗非鱼面积（含混养）650公顷，年产量7409吨，甲鱼面积30公顷，年产量20吨，大鲵（娃娃鱼）特种养殖面积7.5亩，年产量15吨。鲈鱼、生鱼、鲶鱼、淡水白鲳等优质品种面积9公顷，年产量69吨。引进加州鲈鱼、澳洲淡水龙虾及石金钱龟等新品种养殖；发展休闲渔业。以观光垂钓、农家乐餐饮为主的休闲渔业发展较快，全县休闲渔业年产值超100万元。

【技术推广】 2019年，揭西县农业农村局举办渔民转产转业水产养殖技能培训班，参加培训渔民100人次，提高渔民群众养殖水平，加强对全县各重点养殖场、养殖示范户指导，建立完善水产品标准化养殖制度，倡导绿色养殖、生态养殖理念，促进全县水产业健康养殖发展。做好水产养殖生产用药指导和服务，根据季节鱼病多发实际，开展水产养殖病害监控监测，抽样检测草鱼出血病、草鱼赤皮病和草鱼肠炎病共80例，检测结果均为阴性，未检出草鱼出血病、赤皮病、肠炎病，有效防止全县鱼病疫情发生。

【质量安全监管】 2019年，县农业农村局以水产品中药物残留、非法添加、违禁使用等突出问题为重点，开展水产品质量安全监督抽查，配合完成农业农村部、省厅、市局和县抽检任务工作，全年检查养殖场110家，抽

检水产品样品290批次，抽检合格率100%，未发现使用违禁药物情况；指导各乡镇街道建立完善质量安全生产管理制度，开展水产品质量安全普法宣传，推动监管人员自身和社会公众了解水产品质量法规条例内容，做到养殖户知晓全覆盖，形成社会共治的良好氛围，发放各种宣传资料约1000份。

【渔业资源保护】 2019年，县农业农村局成立榕江禁渔期执法领导小组，制订工作方案，开展2019年度榕江流域禁渔期工作，禁渔时间为3月1日至6月30日。全方位开展禁渔期宣传，在榕江河沿岸竖立多个禁渔宣传牌，印发《揭西县榕江流域禁渔工作告知书》，加强禁渔期执法巡查，设立举报电话，重点打击“三无”（无船名船号、无船舶证书、无船籍港）渔船及电、炸、毒鱼等非法捕捞行为，组织开展执法检查23场次，检查渔船85艘次，渔具销售点5家，查处违法捕捞2宗。

【渔船管理】 2019年，县农业农村局加强渔船安全生产管理，开展渔船安全生产隐患排查及专项检查行动；抓好渔业安全宣传教育，组织开展“安全生产月”活动，召开渔民安全生产会议，参加会议60人；落实渔民安全生产保障措施，渔船100%配备安全救生衣及灭火器，参加意外团体保险60人；落实国家渔业惠农政策，做好2018年度渔船油价补贴和2019年度禁渔期渔民生产生活补助资金发放工作，发放资金36.58万元，受补渔民59人。

2019年8月19日，2019年揭西县渔民安全生产培训班在县委党校举办
（县农业农村局 供稿）

2019年揭西县渔业生产情况表

表24

	合计	其中			
		池塘	水库	河涌	淡水捕捞
面积（公顷）	1860	1498	341	21	—
产量（吨）	21114	19986	593	205	330
产值（万元）	20927	19687	652	202	386

（杨　华　林小君　彭志松）

水　利

【概况】 2019年，揭西县水利局（简称县水利局）全力推进县城新建自来水厂、中小河流治理、塔头拦河闸重建等重点民生水利工程建设；压实河湖管护责任，常态化推进河长制工作；强化取水许可管理和水资源费征收，加强水资源保护和水土保持工作；水政执法力度持续加强，严厉打击涉水违法行为，提升依法治水能力；推进水库移民后期扶持工作，完善水库移民村基础设施建设，改善水库移民居住环境；强化工程管理，工程建设运行安全无事故；水旱灾害防御工

作成效明显，全年安全度汛。全县在建水利工程14宗，共投入水利建设资金1.79亿元，其中中央补助1470万元，省补助7869万元，县自筹8640万元，加固堤围6.95千米，渠道维修清淤5.2千米。

2019年10月9日，塔头拦河闸重建工程开工建设　（县水利局　供稿）

【机构改革及职能配置】　2019年，揭西县水务局更名为揭西县水利局，县水利局为县政府工作部门，正科级。设置人秘股、计财股、水政水资源股、工程建设管理股、水电水保移民股、河湖管理和防灾股、执法大队7个内设机构，行政编制20名、行政执法编制7名。设置局长1名，副局长3名，正股级7名，副股级6名。农田水利建设项目管理职责整合给新组建的县农业农村局，水资源调查和确权登记管理职责整合给新组建的县自然资源局，供水管理职责整合给新组建的县城管理和综合执法局（县自来水公司划归县城管理和综合执法局管理），县防汛防旱防风指挥部的职责整合给新组建的县应急管理局。揭西县水利水电工程质量安全监督站有关监督检查行政职能、水利水政监察大队有关水政监察职能及农村机电管理中心有关行政职能划归机关，对应机构均予以撤销；撤销县机电排灌管理总站，保留县城防洪工程管理所；整合原县农村机电管理中心、水利水电技术中心、县机电排灌管理总站公益性职能，组建农村机电与水电技术管理中心。调整后，揭西水利局现有所属事业单位13个（公益一类、正股级），分别为揭西县县城防洪工程管理所、水利水电工程建设管理中心、农村机电与水电技术管理中心、榕江南河指挥部、横龙线水利管理所、南乌水利管理所、五经富溪东西水利管理所、龙颈卅岭水利管理所、塔头拦河闸水利管理所、瓠杓岭引榕水利工程管理所、大溪拦河闸管理所，河辇水库管理所和下坊埔水库管理所。事业编制数185个，在职在编人员164名。

【重点水利工程】　2019年，县水利局推进县城新建自来水厂首期工程、中小河流治理工程、塔头拦河闸重建工程、瓠杓岭引榕灌区节水配套改造项目等重点水利工程建设。

揭西县城新建自来水厂首期工程　工程位于揭西县河婆街道乡肚村，规划供水总规模为日供水量12万吨，水源引自横江水库，厂区总占地面积6.67公顷。首期工程建设包含铺设原水输水管道及清水供水管道共7.3千米，新建提水泵房、过滤池、清水池、办公楼、加氯加药间和送水泵房等基础设施及设备安装工程，日供水规模各为4万吨。工程于2018年10月正式开工建设，2019年，完成厂区内管道铺设、送水泵房、加氯加药间、清水池、取水泵房、办公楼等工程。

中小河流治理工程　2019年，县水利局全面完成2017—2018年度中小河流治理项目，治理河长100.07千米，河道清淤100.07千米，加固堤防20.83千米，加固护岸41.29千米，总投资1.94亿元，全面完成治理目标。2019年度中小河流治理项目分别为榕江南河五云段、凤江段，五经富水京溪园段，灰寨河南山段、灰寨段、金和凤江段治理工程等6宗，计划治理河长85千米，河道清淤67.4千米，加固堤防11.4千米，护岸34.6千米，规划总投资1.67亿元。至年底，工程全部开工建设，完成治理河长54.63千米。

塔头拦河闸重建工程　2019年，项目完成施工招标、施工前期准备、施工征用地拆迁等工作，于10月9日正式开工建设，是年，完成围堰、导流渠工程，完成投资2165万元。

揭西县龙（髟+瓜?）岭引榕灌区节水配套改造项目 项目概算批复总投资2130.58万元，上级补助资金1829万元。节水配套改造项目仅对总干渠10.91千米渠道进行节水配套改造。2019年，完成对主干渠10.91千米的清淤清表工作，整治渠道7.7千米，完成投资约1747万元，占工程批复总投资的82%。

揭西县两河四岸象山拦河坝至两南桥堤段整治工程 工程位于榕江南河中上游左岸（尖田段）及右岸（宫墩—南联段），主要建设内容：按50年一遇的设计标准整治堤防共长2250米、堤顶宽6米，按设计要求堤顶需建设泥结石路面、迎水坡设M7.5浆砌石护坡、直播种草护坡，M7.5浆砌石护脚；背水坡直播种草护坡，坡脚设浆砌石排水沟等工程，总投资2440万元。

【水旱灾害防御工作】 2019年，县水利局把确保人民群众生命财产安全放在首位，落实各项防御措施；开展汛前水利防汛安全大检查，落实防汛责任，到各乡镇（街道）和水利工程管理单位进行检查督导，细致排查整治安全隐患，及时落实整改；加强水利工程防汛安全管理，加强水库、山塘、堤围、水闸、机电排灌泵站等防洪排洪工程的运行和管理工作，重点确保山塘水库“三个责任人”和“三个重点环节”真正落实到位；举办山洪灾害防治知识专题培训班，完成1个县级、16个乡镇街道、85个行政村山洪灾害防治预案修编工作，抓好病险水库、水电站、在建水利工程安全度汛，防范中小河流洪涝灾害和山洪地质灾害，统筹做好城市防洪排涝和农田排涝降渍工作，强化技术服务保障；安装和完善自动监测设备。县14宗小（1）型水库，1宗小（2）型水库和县管中型水库安装自动监测设备。现有山洪灾害预警系统2套，简易（半自动）雨量站85个，自动监测雨量站4个，自动监测水位/雨量站3个，卫星终端3套，短信群发设备1套，无线预警广播15套；加强水旱灾害防御物资储备，按照水旱灾害防御需求，对全县水旱灾害防御物资储备情况进行清查整理，制定物资管理和调运制度，为做好全县水旱灾害防御工作提供物资保障；落实24小时值班轮守，及时发布预警信息，汛期共启动防汛应急响应5次，发布山洪灾害预警212次，短信2204条，涉及责任人2204人。

【农田水利设施建设】 2019年，县水利局做好小型农田水利基础设施建设工作。根据市水务局《关于印发2018年度小型农田水利建设市级补助资金对应项目清单的通知》和县财政局《关于下达2018年度小型农田水利市级补县资金的通知》下达108万元小型农田水利建设市级补助资金到五经富镇、坪上镇、钱坑镇、灰寨镇人民政府用于农田水利基础设施工程的建设；根据县财政局《关于下达2018年冬修水利县级资金的通知》下达50万元冬修水利县级资金到坪上镇、上砂镇、凤江镇、灰寨镇人民政府用于农田水利设施毁坏工程的修复。是年，相关乡镇均完成小型农田水利基础设施工程建设任务。

【河湖长制管理体制】 2019年，揭西县完善县、镇、村党政三级河长体系，根据人员工作岗位变动情况及时进行调整更新。是年，确定县镇村三级河长391名，其中县级河长15名（县党政领导班子成员全部担任河长），镇级河长96名［各乡镇街道党（工）委、人民政府（办事处）主要负责人等均担任河长］，村级河长280名，凡有水域的行政村都设有村级河长。各级河长按照“全覆盖、抓重点、明责任”工作要求，加大对河道的巡查力度，全县各级河长全年共巡河1.19万人次，发现问题349宗，落实整改349宗。收到公众投诉21条，办理21条，办结率100%；加强河长制湖长制信息化建设，全县各级河长统一使用“广东智慧河长”系统巡河，通过对河长助理、镇级管理员、县直单位业务人员开展培训工作，提高各级用户下载和使用率。全县录入河长制用户744名，覆盖县镇村三级河长、领导小组成员单位负责同志及县镇两级河长制办公室人员。使用平台巡河1.49万次，发现问题473宗，处理问题462宗，处理率97.7%。公众投诉28宗，处理28宗，处理率100%；编制完成揭西县榕江南河（揭西段）、上砂河、梅江河、横江河、石肚河、龙潭河、灰寨河和五经富河8条河流“一河一档”基础信息，新增各安河支流揭西县段、螺河支流书村河揭西县段、河輋水库、下坊埔水库县级“一河一档”建立及信息录入工作，建立完整河湖档案。

【水利工程划界确权工作】 揭西县河湖及水利工程划界确权工作主要分为榕江南河干流管理范围与保护范围划定工作和河溪沟渠塘划界工作（含国管水利工程）两部分，2019年，完成榕江南河干流管理范围与保护范围划界工作，划界河长71.7千米（揭西境内），并于12月16日通过专家评审验收；完成流域面积50平方千米以上7条河流划界河长176.5千米；开展9宗国管水利工程划界工作，完成划界渠长155.8千米；完成部分乡镇河溪沟渠塘典型工程划界工作。

【水资源管理】 2019年，揭西县落实最严格水资源管理制度，强化取水许可管理和水资源费征收。全年安装取水计量水表11个，开展建设项目水资源论证2宗，续办取水许可证53套，新办取水许可证13套，征收水资源费119.2万元；严格水资源日常监督和考核，全年查处违法取水案件3宗；强化全县河、溪、沟、渠、塘“五水”范围水面漂浮物全面清理工作，常态化清理保洁“五水”水面。全年总投入资金1690多万元，出动清漂人员3.45万人次，钩机0.34万台班次，汽车0.49万辆次，打捞船0.1万艘次，清理水浮莲及漂浮物重约6.79万吨，设置铁栅拦44条，循环清理河、溪、沟、渠、塘总长约350多千米，清理面积13.9平方千米。

【水政监察】 2019年，县水利局保持严厉惩治涉水违法行为高压态势，依法严格查处河道违法采砂行为，发现一宗，查处一宗，维护河势稳定和河流生态平衡，保障防洪、供水及涉水工程安全。是年，县水利局执法大队外出执法巡查次数215次，巡查发现违法采砂行为，立即联合相关部门予以打击取缔；以扫黑除恶专项斗争为工作契机，强化执法督查力度，坚决打击涉水违法行为，共作出行政处罚13件，行政处罚罚款金额合计54.8万元，强制拆除河道违章面积1500多平方米。

【水土保持】 2019年，县水利局做好水土保持法律法规宣传工作，规范水土保持方案审批、监督检查、设施验收、规费征收、案件查处等办事程序。加大对重点区域、重点项目监管力度，严格把关，依法依规对开发建设项目的水土保持方案进行审批。全年对县域内各采石场、在建高速公路等开发建设项目水土保持工作进行监督检查52次，批复开发建设项目水土保持方案4宗，调查核实扰动图斑解译成果现场复核46处。

【水库移民后期扶持】 2019年，完成大中型水库移民直补资金发放654.66万元（含补发漏登人员2016年—2018年度直补资金），拨付移民建房补助42.43万元，大中型水库移民受益人口1.07万人；完成水库移民后期扶持资金、库区基金、小型水库扶助基金项目投资1106.73万元；验收建设项目15个，其中：移民美丽家园建设基础设施项目13个，生态及环境项目1个，生产开发项目1个。

【水库管理】 2019年，县水利局按照水利部和省水利厅开展小型水库安全运行专项督查工作、基础信息摸查录入、小型水库安全运行管理标准化等一系列工作要求，开展小型水库监督检查工作，落实专人逐宗实地检查，收集资料、照片，完善揭西县小型水库基础数据信息，组织全县水库主管单位在广东省水利工程监督管理平台填报水库数据。按照省水利厅要求，制定《揭西县小型水库安全运行管理标准化工作方案》，推进小型水库安全运行管理规范化发展。

（李庆裕　李巧波）

【小水电管理】 2019年，揭西县小水电公司（简称县小水电公司）实际发电量6814.71万千瓦时，完成理论计算任务5990.83万千瓦时的12.9%；比2018年（下同）增加3084.32万千瓦时，增加54.7%。

水库雨量　2019年，河輋水库降雨量2113.7毫米，比2018年（下同）增加550.8毫米，增加13.5%；下坊埔水库降雨量

2207.1毫米，增加479.55毫米，增加12.8%，降雨主要集中在上半年的“龙舟水”。其中，5月录得最高降雨量409毫米，8月1日录得单日最高降雨量104毫米，11月份最低降雨量为0毫米，主要原因是受大气流影响，降雨云系集中在东南沿海徘徊。

2019年揭西县小水电公司各级电站实际发电情况表

表25　　单位：万千瓦时

电站	2019年实际发电量	2019年理论计算发电量	同比差额	增/减
一级电站	560.27	559.82	0.45	+1%
二级电站	1201.34	1123.11	77.89	+10.7%
三级电站	3296.26	2966.08	330.19	+11.1%
四级电站	1756.84	1341.82	415.02	+13.1%
合计：	6814.71	5990.83	823.54	+11.4%

2019年揭西县小水电公司代管水库雨量数据表

表26

单位	2019年降雨量（毫米）	2018年降雨量（毫米）	同比差额（毫米）	增+/减−
河輋水库	2113.7	1562.90	550.8	13.5%
下坊埔水库	2207.1	1727.55	479.55	12.8%

2019年揭西县小水电公司代管水库年初与年未蓄水量数据表

表27

单位	2019年12月库容量（万立方米）	2019年1月库容量（万立方米）	同比差额（万立方米）	增+/减−
河輋水库	895.7	628.9	266.8	+142.4%
下坊埔水库	106.3	41.8	64.5	+254.3%

2019年揭西县小水电公司代管水库可增加发电量表

表28

单位	耗水率 立方米/千瓦时	河輋水库（万立方米）	下坊埔水库（万立方米）	增加库容量（万立方米）	可增加发电量（万千瓦时）
一级电站	2.6	266.8	—	266.8	102.6
二级电站	5.0	266.8	64.5	331.3	66.26
三级电站	2.69	266.8	64.5	331.3	123.15
四级电站	4.5	266.8	64.5	331.3	73.6
合计					365.61

（张国杰　彭彩珠）

水　库

【横江水库】 2019年，横江水库库区雨量偏少，无明显台风影响。横江水库库区总降雨量1974.2毫米。各水文站：良田水文站总降雨量1985.5毫米，中心雨量站总降雨量1961.7毫米，大板田雨量站总降雨量1970.5毫米。库区最大日降雨量发生在5月25日，为107.5毫米；5月27日上游最大进库流量为48.3立方米/小时；最高水位发生在6月15日，为71.4米，相应库容4974.8万立方米；最低水位发生在4月12日，为61.4米，相应库容为2675.8万立方米。水库进库总量1.58亿立方米。灌溉用水2097.6万立方米，发电用水1.38亿立方米。

横江水库　　（横江水库　供稿）

横江水库是揭西县县城唯一的人居饮用水水源，属广东省水利厅备案的一级保护水功能区。2019年11月，揭西县县城新建自来水厂首期工程在横江水库坝后电站开工。横江水库管理处继续加强水库水面巡逻，确保水资源安全，确保用水安全。

2015—2019年横江水库数据表

表29　　单位：万立方米、万千瓦时

年份	进库水量	出库水量	年末库存水量	发电量	完成上网电量
2015	12807.1	13475.9	3856.0	636.36	624.96
2016	24241.4	23266.8	4811.5	1342.48	1300.32
2017	15850.7	18161.3	2517.2	886.801	623.07
2018	11020.8	9510.8	3508.1	441.51	95.55
2019	15835.0	14874.1	4135.3	813.76	291.06

说明：2017年后按电网要求自供方式改变

（温自强　吕旭波）

【北山水库】 北山水库属榕江支流灰寨水上游，整个供水系统由黑潭、圆潭、曲尺水库和归善引水工程组成，其中黑潭水库为中型水库，圆潭、曲尺水库为小（1）型水库，水库具有防洪、发电、灌溉等功能，多年平均降雨量2506.58毫米，总集雨面积55平方千米，总库容5541.7万立方米。

北山水库 （北山水库 供稿）

2019年，北山水库全年最高水位为588.1米（设计正常水位598米），总进库水量6876.3万立方米，总出库水量6932.2万立方米，年末库存水量1455.5万立方米，全年总发电量10218万千瓦时，完成上网电度6896.34万千瓦时。受干旱气候影响，2019年降雨量低于多年平均降雨量，黑潭水库全年累计降雨量2227.1毫米，其中8月为全年降雨量最多月份，全月累计降雨量356毫米。

2019年，北山水电厂完成创建绿色小水电站工作，取得农村水电站安全生产标准化Ⅱ级证书。

2015—2019年北山水库数据表

表30 单位：万立方米、万千瓦时

年份	进库水量	出库水量	年末库存水量	发电量	完成上网电量
2015	6011.85	4363.25	1717.6	7139.77	5065.03
2016	10805.1	9144.9	3377.6	14420.7	11807.33
2017	5723.3	8847.5	253.4	12656.46	8463.378
2018	5935.38	4677.38	1594.6	7153	4553
2019	6876.3	6932.2	1455.5	10218	6896.34

（郑锐东 杨振江）

【龙颈水库】 龙颈水库分为上下两座水库，相距9千米。龙颈上库为大（2）型水库，汛期防洪水位为98米；龙颈下库为中型水库，汛期4月至10月防洪限制水位为54米。2019年，龙颈上库总进库水量4.26万立方米，总出库水量4.14万立方米，最高水位94.91米（防限水位98米），相应库容8799.3万立方米，年末库存水量6550.7万立方米。全年平均总降雨量2223.8毫米。其中，8月为全年降雨量最多月份，降雨量416.1毫米。全年总发电量6176.52万千瓦时。完成上网6860.55万千瓦时。

2015—2019年龙颈水库数据表

表31 单位：万立方米、万千瓦时

年份	进库水量	出库水量	年末库存水量	发电量	完成上网电量
2015	26446.5	27760.9	5605.1	3954.51	4147.74
2016	67970.3	66863.4	6735.1	9258.48	10021.32
2017	33538.4	35382.6	4887.9	5239.71	5697.28
2018	27568.7	27173.6	5267.0	3830.4	4109.77
2019	42670.5	41465.7	6550.7	6176.52	6860.55

（夏东银　邓　斌　李文涛）

龙颈水库　（龙颈水库　供稿）

工业

综 述

【概况】 2019年，揭西县立足“一园两区”发展定位，打造工业发展平台，出台和落实各项扶持政策，引导传统产业做优做大，发展新兴产业，合理推进产业发展。是年，完成规模以上工业总产值171.61亿元，规模以上工业增加值40.66亿元。

【工业平稳增长】 2019年，揭西县落实“政府领导+职能部门”对口帮扶企业工作制度，通过“县直—乡镇—企业”三级合力帮扶，助推企业发展。5月，召开县帮扶企业工作会议，落实“梁柱”企业走访调研工作，制定帮扶方案，推进精准帮扶；以项目带动全面技术改造，推动企业加大资金投入，扩能增产。是年，全县工业投资35亿元，比2018年（下同）增长15.1%，技改投资8.32亿元，下降0.9%。

【新兴产业发展】 2019年，揭西县立足本地区自然资源和产业优势，引导传统产业做优做大，转型升级，适应市场新需求，优化产业结构。新兴产业处于起步阶段，龙潭镇引进的揭西鑫昌顺电子科技有限公司，从事生产智能电子配套产品，是年建成试产；新兴产业主要以白云山威灵药业有限公司为代表。白云山威灵药业有限公司是揭阳市重点企业、揭西县制药龙头企业，是年被广东省科学技术厅认定为广东省工程技术研究中心。

【经贸工业】 2019年，揭西县经贸工业以电线电缆、生物制药和电子电器为主，经贸工业企业53家。动员企业参加第二届中国国际进口博览会、广东省第八届粤东侨博会各类展览会及赴芬兰、瑞典、丹麦等地开展经贸交

“梁柱”企业——广东雅都包装印刷有限公司生产车间

（县工信科技局 供稿）

流活动，帮助企业开拓国内国际市场，扩大全县进出口规模。

【民营企业】 2019年，揭西县围绕政策扶持、品牌培育和融资服务等，有针对性帮扶民营企业。政策方面，7月，举办揭西县企业情况综合数据采集暨政策法规宣讲会和企业对接服务活动，推动政策落地生效，实现银企融资对接；品牌方面，组织企业参加2019年“创客广东”创业大赛，鼓励企业打响自身知名度，推介产品；融资方面，推荐11家企业进入“揭阳市中小微企业贷款风险补偿资金企业库”，解决贷款难问题。

（邹锐豪　李冰曼　黄伟旋）

工业园区

【概况】 2019年，揭西县电线电缆产业园区管委会（简称县电线电缆产业园区管委会）加快产业引进步伐，推进金塔产业园区以电线电缆、大北山生态园区以旅游开发为重点的产业引进和产业转型升级；加强与发达城市合作，推动县招商引资工作，推进乡贤回归，与珠三角地区开展产业共建，全年引进项目21个。

【招商引资】 2019年，县电线电缆产业园区管委会推动县招商引资工作，鼓励乡贤回归，加强与珠三角地区开展产业共建，引进一批拉动能力强、发展前景优、生态环保项目。至年底，引进项目21个，计划总投资28.25亿元，完成投资4.93亿元，3个项目处于洽谈意向阶段。

【创新体制机制】 2019年，县电线电缆产业园区管委会创新招商引资激励机制，研究完善招商引资优惠政策，落实招商引资工作目标责任，调动各级、各部门招商引资积极性。建立重大招商项目协调机制，制定重大招商引资项目建设管理工作制度，加强对前期签约、落地开工、履约评估、政策兑现、项目实施等环节的跟踪、服务，建立重大招商项目领导联系制度，协调解决项目实施过程重大问题。创新招商方式，实行采取重大招商项目主要领导亲自挂帅、一个重大招商项目一套专门班子的招商工作机制。

【揭西县电线电缆生态产业园】 2019年，揭西县于3月启动全长1.82千米潮惠高速灰寨出口至揭西县电线电缆产业园连接线工程，总投资2.99亿元。推进园区污水处理厂、园区综合服务中心等配套设施建设，完善园区功能，着力将产业园打造成为一个集工业、物流、仓储、商贸于一体的绿色生态工业综合园。全年争取6个项目落户园区。

（朱镇藩　张　华）

轻工业

【概况】 2019年，揭西县轻工业以食品加工、生物制药、电线电缆、电子电器和五金塑料为主。是年，五大支柱产业规模以上总产值95.56亿元。其中电线电缆产业9.25亿元、电子电器产业17.26亿元、五金塑料产业32.71亿元、食品加工产业32.30亿元、生物制药产业4.04亿元。

【电线电缆产业】 2019年，揭西县电线电缆产业依托棉湖等工业镇，壮大行业规模，提升技术水平，产业结构渐趋合理。规模以上电线电缆企业14家，主要分布在棉湖镇，金和镇、凤江镇等地零星分布，总产值9.25亿元。

【电子电器产业】 2019年，揭西县电子电器产业代表性民营企业有美声电子电器有限公司、揭西县小天使电子电器有限公司等6家。其中揭西县小天使电子电器有限公司是一家专业制造电子琴、电钢琴等电子乐器企业，是年，成功申报认定为高新技术企业；年产值5.46亿元，产品远销欧洲、非洲、南美、东南亚等地。至年底，规模以上电子电器企业年产值17.26亿元。

【五金塑料产业】 2019年，揭西县规模以上五金塑料企业有广东复兴五金塑料制品有限公司、广东钢精不锈钢有限公司等8家，主要分布在棉湖镇、凤江镇。龙头企业广东钢精不锈钢有限公司是主要生产各式铝制品、不锈钢制品及炊事车箱、塑胶制品，年产值8.95亿元。至年底，规模以上五金塑料企业总产值32.71亿元。

农夫山庄生产车间　　（县工信科技局　供稿）

【食品加工产业】 2019年，揭西县食品加工产业以水果、蔬菜加工为主，发展无公害、绿色、有机食品。龙头企业为广东志诚食品有限公司、广东亿心、星期八、农夫山庄等休闲食品企业，主要分布在凤江镇、棉湖镇和金和镇，产品有罐头食品、凉果、坚果炒货等。至年底，规模以上食品加工企业12家，年总产值32.30亿元。

【生物制药产业】 2019年，揭西县有白云山威灵药业有限公司和广东粤威制药有限公司2家规模以上生物制药企业。其中白云山威灵药业有限公司年产值3.74亿元。至年底，规模以上生物制药产业总产值4.04亿元。

（邹锐豪　李冰曼　黄伟旋）

电力工业

【概况】 2019年，广东电网揭阳揭西供电局有限责任公司（简称揭西供电局）供电辖区覆盖全县13个乡镇（除京溪园镇、南山镇、良田乡以外）、河婆街道，用户23.61万户；供电量13.95亿千瓦时，比2018年（下同）增长1.5%；售电量13.38亿千瓦时，增长2.2%；线损率4.1%；电费回收率100%；年累计停电时间8.17小时/户；供电可靠率99.9%；综合电压合格率100%。全年未发生电力人身、设备事故，连续安全生产2922天。获国家专利3项（具有高防护性的电力管切割装置、具有高稳定性的电力接地柱、可调式电力电缆分类固定装置）。第三方客户满意度85分，位居揭阳市供电系统第一，首获地方政府公共服务评价第一名。

【电网规划】 2019年，揭西供电局结合揭西县经济社会发展需求和区域负荷发展情况，科学规

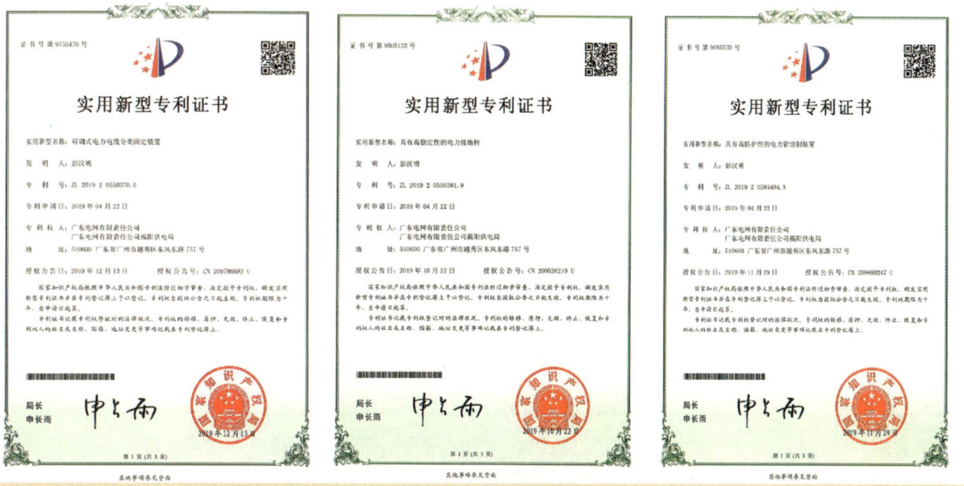

国家专利3项（具有高防护性的电力管切割装置、具有高稳定性的电力接地柱、可调式电力电缆分类固定装置）证书　（揭西供电局　供稿）

划，精准投资，优化电网网架结构，解决配变重过载和设备残旧问题。梳理全局基础资料数据，完成年度配电网规划问题库及项目库。优化揭西10千伏主干线路网架结构，完善自动化开关布点。响应国家扶贫政策，开展贫困村户均容量2.0千伏安可研立项工作，户均配变容量关键指标达国家要求。开展新农村建设，整治“三线”（电力线、通信线、广播电视线）问题，杜绝私拉乱接，消除安全隐患。

【电网建设】　2019年，揭西供电局完成年度配电网建设工作。完成配网基建项目178个，新建、改造10千伏线路73.49千米、低压线路536.96千米，新建公共变压器133台，总容量5.40万千伏安，总投资7576万元。良田乡农网改造工作开工。建成业扩配套及充电桩项目53项。

【电力供应】　2019年，揭西供电局把握区域各时段用电需求，落实有序用电方案。提升设备运维水平，推进自动化工程建设，配网自动化覆盖率95.6%、馈线自动化覆盖率67.9%。运用无人机、在线检测等新技术开展修理项目现场监控，实现地面至空中全方位管控。

【电力收费】　2019年，揭西供电局利用网上微信和支付宝等缴费渠道，提高电费回收进度，电费回收率100%，无旧欠电费。制定《揭西供电局进一步深化提升供电服务水平优化营商环境实施计划》，加强非现金缴费宣传，解决客户用电问题。执行国家免费电政策，免费电惠及所有低保户、特困户。

【节能降耗】　2019年，揭西供电局配合符合条件光伏客户并网发电，按照优化并网流程、简化并网手续、提高服务效率原则，为分布式光伏发电并网提供绿色通道。是年，接入光伏发电项目50个，总容量3584.23千瓦。建立能效服务工作机制，把节能降耗告知、节能合理化建议等客户能效服务等环节常态化，完成年度节能项目11个，节约电量145.80万千瓦时。

【应急体系】　2019年，揭西供电局以应急知识培训及应急预案为抓手，开展配网设施特巡、夜巡工作，做好设备运维、客户优质服务及工程施工安全等工作，及时消除各种安全隐患，防范和遏制各类电力生产安全事故。有序应对台风抗灾抢险工作，全年未发生受台风影响损失事件。

【客户服务】　2019年，揭西供电局以客户为中心，推进客户全方位服务体系建设，严抓高投诉风险客户问题一次性解决，重点严控提级投诉和重复投诉，实现客户投诉数比2018年减少15宗，全年未发生“12398”投诉，投诉管控指标在揭阳各县（市、区）供电局中排名第一。第三方客户满意度85分，位居揭阳市供电系统第一，首获地方政府公共服务评价第一名。

2019年配网基建项目情况表

表32

项目名称	主要任务内容（包括投资规模/万元）	牵头单位	完成时间
配网基建项目	配网基建项目178个，新建、改造10千伏线路73.49千米、低压线路536.96千米，新建公共变压器133台，总容量5.40万千伏安，总投资7576万元	揭西供电局	2019.12

2019年揭西县不同消费群体、行业用电消费情况表

表33

项目	用电量（万千瓦时）		增长率（%）	占全社会用电量的比重（%）
	2019年	2018年同期		
全社会用电量	132870	130611	1.6	100.0
一、农、林、牧、渔业合计	3792	4225	−10.7	3.2
二、工业用电	78201	78915	-0.1	60.4
其中：轻工业	7394	10874	−28.8	8.3
重工业	70807	68041	-5.1	52.1
其中：线路损失电量	5500	6473	−15	
（以下按工业行业大类分组）				
三、建筑业	1872	1422	34.9	1.1
四、交通运输、仓储及邮政业	1074	636	68.8	0.5
五、信息传输、计算机服务和软件业	2122	2125	−0.7	1.6
六、商业、住宿和餐饮业	4591	3929	19.2	3.0
七、金融、房地产、商务及居民服务业	772	802	3.7	0.6
八、公共事业及管理组织	4507	4215	4.5	3.2
九、城乡居民生活用电合计	35935	34342	2.8	26.3
其中：城镇	16811	16093	2.0	12.3
乡村	19123	18249	3.5	14.0

（邹绍快　李伟杰）

商品购销

【概况】 2019年，揭西县供销合作联社（简称县供销社）以建设助农服务综合平台和助农服务中心为主要载体，按照《中共揭西县委　揭西县人民政府印发关于深化供销合作社综合改革的实施方案的通知》，继续推进供销社综合改革工作。全年实现商品总购进1亿元，比2018年（下同）增长3%；商品总销售1.06亿元，增加9.7%；利润亏损19.06万元，减亏4.2%；所有者权益791.95万元，社会贡献总额466.01万元。

2019年7月24日，揭西县助农服务中心现场推进会在河婆供销社龙潭助农服务中心举行　（县供销社　供稿）

【助农服务中心】 2019年，县供销社以推进新型乡村助农服务示范体系建设为重点，建设县社各股室挂钩联系镇村助农服务中心建设的“责任挂钩制”，合理调配各基层社力量，加快把县供销合作社助农服务平台打造成为农民生产生活服务综合服务平台。是年，完成11个镇村助农服务中心建设。其中，9个服务中心投入运营。

2019年揭西县助农服务中心情况一览表

表34　　单位：万元

名称	地点	成立时间	销售品种	2019年销售额
河婆供销社龙潭助农服务中心	龙潭镇	2019.4	农资、农械	121
塔头镇供销社助农服务中心	塔头镇	2019.6	农产品购销加工	110
南山镇供销社助农服务中心	南山镇	2019.10	农资、日用品	32.5
钱坑供销社助农服务中心	钱坑镇	2019.10	农资、日用品	44.7
五云镇供销社助农服务中心	五云镇	2019.10	农资、农械	41
金和供销社（和南）助农服务中心	金和镇	2019.10	农资、农械	21
五经富供销社助农服务中心	五经富镇	2019.11	农资、日用品	21.5
京溪园镇供销社助农服务中心	京溪园镇	2019.12	农产品购销加工	12
大溪供销社助农服务中心	大溪镇	2019.10	农资、农械	11
良田供销社助农服务中心	良田镇	2019.12	农资、农械	—
上砂供销社助农服务中心	上砂镇	2019.12	农资、农械	—

【供销企业管理】 2019年，县供销社根据直属企业运行状况，结合现代企业人事制度改革基本方向，制订《关于印发〈揭西县供销社企业管理人员招聘管理制度〉的通知》，加强揭西县供销社系统所属企业劳动用工管理，规范所属企业员工招聘录用工作。

【网点经营】 2019年，县供销社推进新供销天润粮油连锁店进县入镇工作，完善监管体系、规范经营行为。是年，全县新供销天润粮油连锁店8家，销售放心粮油135万元，其中新供销天润粮油配送中心1家，镇级新供销天润粮油连锁店7家。

2019年揭西县新供销天润粮油连锁店情况一览表

表35　　单位：万元

名称	地点	成立时间	销售品种	2019年销售额
上砂连锁店	上砂镇马草博西栋15-16号	2014.4	大米、食用油	16
河西连锁店	河西宝塔路126号	2014.4	大米、食用油	20
五经富连锁店	五经富镇新市边邮局对面	2014.4	大米、食用油	15
大溪连锁店	大溪镇	2014.4	大米、食用油	13
军田洋连锁店	县城百家楼侧	2014.4	大米、食用油	22
良田连锁店	良田乡金坑村建下陇门市	2016.1	大米、食用油	13
霖都连锁店	霖都大道58号	2016.1	大米、食用油	20
新供销天润粮油配送中心	霖都大道128号	2013	大米、食用油	126

【农业生产资料购销】 2019年，县供销社开展农技服务业务，重点开展测土配方施肥和农资技术咨询服务。县农资总公司发挥配送中心作用，依托覆盖县域10家直营店、211家加盟店组成的农资供应配送网络。全年实现主要农资销售6878万元；化肥供应13611吨，其中氮肥6368吨、复合肥2145吨、磷肥3618吨、钾肥1480吨。

2019年揭西县主要农资购销情况表

表36　　单位：万元

月份	2018年购进	2019年购进	同期对比+、-%	2018年销售	2019年销售	同期对比+、-%
1	347	928	167.4%	481	628	30.6%
2	168.98	569	236.7%	518.57	718	38.5%
3	347.76	900	158.8%	711.5	938	31.8%
4	188.88	523	176.9%	589.29	728	23.5%
5	232.14	500	115.4%	415	498	20.0%
6	193	550	185.0%	340	568	67.1%
7	193	546	182.9%	205	336	63.9%
8	193	480	148.7%	425	680	60.0%
9	190	500	163.2%	364	628	72.5%
10	190	600	215.8%	200	353	76.5%
11	190	400	110.5%	200	342	71.0%
12	200.76	450	124.2%	350	461	31.7%
合计	2634.52	6946	163.7%	4799.36	6878	43.3%

（刘春会　黄伟旭）

粮食流通

【概况】　2019年，揭西县粮食管理部门（简称县粮食部门）做好粮食储备、粮食应急和粮食仓储体系建设，加强军粮供应管理及市场调节服务，粮食供应和价格基本稳定，全县粮食供求平衡。全年储备粮总规模2.30万吨，其中：稻谷2.26万吨、大米300吨（折稻谷441吨），储备食用油180吨。

【粮食管理】　2019年，县粮食部门建立粮食企业信用管理体系，健全完善事中事后监管机制；制定《揭西县粮油市场主要品种价格双周报表》并定期向社会公布；实施“优质粮食工程”方案，县粮食部门与县财政局联合印发《揭西县粮食安全检验监测体系建设实施方案》《揭西县“中国好粮油”行动计划实施方案》《揭西县粮食产后服务体系建设实施方案》；储备粮推陈储新，制定出台《揭西县县级储备粮轮换实施细则》；全面提高粮食企业储粮业务素质，定期举办《国家粮食流通统计制度》《广东省安全生产守则》《中华人民共和国安全生产法》“一规定二守则”等业务培训。

【粮食储备】　2019年，县粮食部门依法管理地方储备粮，加强储备粮安全管理，强化日常监管，落实粮食储备安全生产有关要求。4月18日，揭阳市粮食和物资储备局到揭西县金和镇粮库督导检查政策性粮食库存大清查工作。是年，全县储备粮总规模2.30万吨，其中：稻谷2.26万吨、大米300吨（折稻谷441吨），储备食用油180吨。

【仓储建设】　2018年，揭西县在用粮食储备库区6个，仓库14座，仓库总建筑面积3.15万平方米，分别位于金和镇、五云镇、钱坑镇、南山镇、京溪园镇、龙潭镇。是年，五云镇和金和镇两处库区粮库实行智能化提升改造，改造后环流熏蒸和粮情检测功能仓容1.84万吨，占全县总仓容2.34万吨的78.3%；机械通风功能仓容1.92万吨，占全县总仓容2.34万吨的81.8%，低温（空调）仓容500吨，占全县总仓容2.34万吨的2.1%。

【粮食购销】 2019年，揭西县健全粮食购销体制，加强粮食市场管理，稳定粮食市场。全县储备粮购销通过竞价交易方式进行，是年，全县购进储备粮稻谷1.22万吨；轮换大米600吨、食用油180吨，完成年度粮油轮换任务。

【粮食安全】 2019年，县粮食部门修订《揭西县粮食安全责任考核办法》《揭西县粮食安全责任考核表》《县有关单位考核工作职责》《揭西县粮食责任考核工作实施方案》，完成粮食安全责任考核基础工作；进行全国政策性粮食库存大清查和政策性粮食库存秋季普查，落实储备任务及质量监督检查工作，开展县域收获期间粮食质量安全监测。

【粮食应急机制】 2019年，县发改局印发《粮食流通管理条例》《广东省安全生产条例》，在金和直属粮库举办学习培训活动。局粮食管理股及储备粮经营中心各库点人员参加活动，活动增强粮食工作人员对储粮安全和安全生产认知、认同，完善粮食应急机制体制，促进粮食安全生产工作、粮食流通统计、监督检查执法工作开展。

（张优欣　林洁漫）

食盐专卖

【概况】 2019年，广东省盐业集团揭阳有限公司揭西分公司（简称揭西盐业公司）完善食盐批发环节专营制度、食盐国家储备工作。按照省政府要求，全力打造“粤盐”品牌，做好主渠道供应，全县设立食盐直供点超40个，实现直接配送销售门店近200家；完成各类食用盐产品调运1128吨，其中：食品加工用盐487吨，小包装加碘盐641吨。全县食盐供应稳定。

【盐类销售】 2019年，揭西盐业公司严格执行购进、销售计划，落实省集团公司“四盐方针”和“三品一优”发展战略，全年购进食盐1128吨，销售食盐1525吨。丰富盐产品种类，各类高中低小包装盐产品14个，推进非碘盐销售点设定和上架，供群众自主选择。

【食盐市场秩序】 2019年，揭西盐业公司加强食盐营销渠道管理，掌控销售终端；同步进行集中宣传和日常辅助执法宣传，参与“食品安全宣传周”宣传活动。加强宣传，提高盐产品经营者守法经营、诚信自律意识，不经营来路不明、没有票证、不可追溯盐产品；对所有客户分类建档，直配直送；加强群众安全意识，引导群众理性消费、参与监督，倡导群众树立健康科学用盐理念。

【盐政执法】 2019年，揭西盐业公司根据《国务院关于印发盐业体制改革方案的通知》《广东省人民政府关于印发广东省盐业体制改革实施方案的通知》《揭西县关于印发食盐监管体制改革实施方案的通知》要求，落实食盐辅助执法机制，协助相关部门巡查食盐市场，巡查监督主副食品加工企业、零售商店、公共食堂等重点区域，依法实时管控查验食盐经营者进销存台账，严防买卖和使用违规违法盐产品。

（袁克雄　彭瞻）

烟草专卖

【概况】 2019年，揭西县烟草专卖局（简称县烟草专卖局）全年卷烟销售总额（含税）9.9亿元，比2018年（下同）减少2.4%；实现税利总额2.58亿元，减少2.5%；利润总额1.05亿元，减少0.8%。打假打私高压不减，全年办理涉烟违法案件93宗（其中行政案件86宗，移送公安7宗），查获各类非法卷烟279.92万支，缴获制假烟机9台。

【卷烟经营】 2019年，县烟草专卖局卷烟营销管理工作强化品牌培育，提升卷烟结构，引导需求稳步向一、二类卷烟转移和拓展；优化送货线路，全年进行2次送货线路调整，把11条配送线路整合为10条配送线路，提高配送效率；加强文明吸烟环境建设，坚持政府主导建设思路，将吸烟点纳入市政配套设施建设范畴，是年，在县政府内建成2个室内吸烟室、全县各乡镇设置177个室外吸烟点；加快推进20支烟草全零售现代网络建设，揭西县首家广东省20支形象店于12月31日开张营业，加快推进加盟店建设，提报有意向加入加盟店的零售客户12户，其中符合要求并确认装修中的5户；全年实现卷烟销量14.20亿支。

【营销服务】 2019年，县烟草专卖局为全县合法卷烟零售户提供卷烟商品和优质服务，完善网上订货、配送服务，卷烟入网销售率100%；电子结算成功率99.5%；卷烟零售户满意率91.7%；现代零售终端占比15.4%；自律互助小组覆盖率94.0%；网上订货率100%；卷烟送货准确率100%；卷烟配送服务零售客户满意率100%，实现卷烟配送服务零投诉。

【专卖打假】 2019年，县烟草专卖局重点推动卷烟打假责任制落实。在县政府主导下，与各乡镇负责人签署《打假责任书》并协调各乡镇将打假责任制落实到村一级，推进卷烟打假网格化管理工作；打击“二次批发、左右价格、扰乱市场”违法行为，强化“大户违法违规卖烟”“大户控制小户”问题治理力度；推进自律互助小组建设。通过专卖、营销两个部门优势互补、协同推进，促进小组建设速度和质量“双提升”。全县建成零售户自律互助小组153组，有效参与零售客户2421户，覆盖率94.0%；深化“放管服”改革，坚持“宽进严管”原则，制定并实施零售许可证负面清单制度；是年，全县有效持证（照）入网零售户2577户。

（陈英俊　吴长穆）

揭西县首家广东省烟草20支形象店——20支凤凰新城店　（县烟草局　供稿）

物资供应

【概况】 2019年，揭西县物资总公司（简称县物资总公司）抓好企业内部管理和基层党建工作，推进全县物资供应工作。机关工作人员7人，离退休14人，全系统在册干部职工135人，下岗职工106人，退休职工175人。是年，全县物资系统实现商品总购进4712万元，商品总销售5223万元，比2018年增长5%。

【企业管理】 2019年，县物资总公司协调下属公司管好用好国有资产，防范资产流失，保障资产保值增值。落实安全生产责任制，实现全年安全生产无事故。总公司资产清查工作领导小组为企业改革、职工安置做好前期调查工作，配合县国有资产办公室，对下属关停企业（揭西燃料公司）和特困企业（揭西县民用爆破器材物资供应公司、揭西县机电设备公司、揭西县汽车贸易公司、揭西县物资贸易公司、揭西县化工建材公司、揭西县金属材料公司）开展资产清查工作，完成逐个摸清家底，设立台账，建立数据库，核实企业的资产负债，拖欠职工工资，拖欠职工社保费、医疗费等情况，以12月30日为基准日上报相关部门，为企业改制、重组做好前期准备工作。关心18名在职退伍安置军人的社保缴纳问题、关心企业困难党员、困难职工生活，做好对部分生活困难党员、困难职工关心慰问。加强党支部基层建设，加强党员理想信念，宗旨意识，党性意识教育，利用微信等媒体载体，全系统包括下岗党员共78人的学习教育全覆盖。

（刘立强）

市场物业

【概况】 2019年，揭西县市场物业管理局（简称县物业局）加强市场升级改造，优化市场经营环境，提升市场服务质量；加强市场物业建设与维护，强化市场安全工作管理，落实消防安全管理制度，确保市场人、财、物安全，全年市场无安全事故。县物业局管辖10个市场物业管理所，全年市场摊位费总收入162.7万元。

【市场物业管理服务】 2019年，县物业局以农贸市场为重点，开展“环境卫生提质行动”，主要加大市场食品安全、卫生保洁和经营秩序等进行全面集中整治，推进文明市场创建各项工作；加强市场经营户食品安全宣传教育，提高市场经营户食品安全意识；维护和完善市场配套设施、器材管理；加强市场周边管理工作，加强管理随街摆卖、占道行为，维护市容市貌；加强市场租户法纪宣传教育，引导市场内租户守法诚信经营，规范经营行为；加强市场摊位出租管理，加大招商力度，适当提高市场摊位租金，全年市场摊位费总收入162.7万元，完成全年总任务109%。

【市场物业建设与维护】 2019年，县物业局落实市场管理责任制，加强市场管理维护。各市场物业管理所“任务分解到位，责任落实到位，人员工作到位”，抓好市场内摊位日常安全和经营秩序等方面管理维护工作。县物业局加强市场安全工作检查和督导，落实消防安全管理制度，强化市场安全管理责任；加强安全宣传教育，定期对市场安全工作进行检查和督导，及时全面掌握市场安全动态，建立市场安全生产管理台账；各市场物业管理所严格落实市场值班制度，特别在重大节日、汛期和防台风期间，加强防范，防止市场安全事故发生。全年县物业局投入市场维修改造资金18.6万元，维护市场形象，保障全县市场正常运作。

2019年揭西县主要市场情况一览表

表37

市场名称	市场面积（平方米）	主要经营范围	年营业额（万元）
河婆中心市场	2710	工业品、成衣、鞋类、百货、家私	789
棉湖南门市场	1200	工业品、成衣、鞋类、百货	725
五经富新市场	920	家私、用具、成衣、鞋类	465
金和市场	1862	成衣、鞋类、副食品等	440
河婆大同市场	1003	肉类、鱼类、蔬菜及其他副食品	750
河婆河山市场	731	肉类、鲜鱼、蔬菜及其他农副产品	740
上砂综合市场	2080	肉类、鲜鱼、蔬菜及其他农副产品、成衣	600

（李友谊　廖秋萍）

商业集团

【概况】　2019年，揭西县商业企业（集团）公司（简称商业集团），商业集团机关内设人秘部、财务计划部、经营管理部、办公室4个职能部门，集团机关下辖14个股级公司。其中，食品总公司下辖17个基层站，商业贸易总公司下辖6个专业分公司。是年，全系统干部职工629人，离退休1581人，新增退休55人，补缴社保380.72万元。县商业集团负责下属14个股级公司协调、管理工作，抓好企业内部管理和基层党建工作，做好生猪定点屠宰，规范肉品市场秩序，保障肉品卫生安全。

【食品经营】　2019年，县商业集团指导食品总公司做好生猪屠宰管理工作，定期召开各基层站长会议，共同商讨所面临的困难以及各项急需解决的问题，配合职能部门，做好生猪定点屠宰各项工作，做好非洲猪瘟防控各项工作，稳住以县城为中心经济区域的生猪定点屠宰管理秩序，保障肉品市场安全。做好屠宰行业改革前期工作，按照上级工作部署，统筹研究，做好生猪定点屠宰行业改革前期准备工作，制订《揭西县食品总公司深化屠宰行业改革建议意见》，推进小型屠宰厂（点）整合撤并。

（李志明　张丽娇）

电子商务

【概况】　2019年，揭西县完善电子商务基础配套，顺丰、韵达、中通、申通等十多家快递企业在揭西设立分支机构，快递业务覆盖全县，延伸到重点村居，逐步打通物流“最后一公里”，为电商发展提供保障。

【电商效益】 2019年，揭西县线上电商交易额呈增长趋势。农特产品电商销售以蜂蜜、苦笋、炒茶等为主要品种，代表性电商销售户有西田蜂蜜、蓝天果蔬等。支持和鼓励农业科技型企业、合作社与贫困村、贫困户有效对接、精准帮扶，发展特色产业，吸纳就业，增加贫困户收入。

金和“互联网+农业扶贫”创业园——农特产品展示区

（县工信科技局 供稿）

【金和“互联网+农业扶贫”创业园】 2019年，金和镇借助农村电商培训平台，加强对贫困户就业技能培训，解决贫困户就业问题，推动就业扶贫，参加培训317人次。在电商创业园设立广东省益农信息社揭西县运营中心，利用农业信息进村入户项目，通过“企业/镇（村）信息站+基地+农户”模式，将农业信息发送到种植户，畅通信息传播渠道，使农户准确把握市场需求，促进农业生产。针对该镇农村电商创业潮放缓趋势，收回部分空置商户，重新评估使用，提高使用效率。

（邹锐豪　李冰曼　黄伟旋）

对外贸易

【概况】 2019年，揭西县加快外贸转型升级，探索新形势下发展对外经营、贸易措施，对外贸易总体呈增长态势。是年，全县申报外贸出口经营权企业14家，外贸进出口额4.90亿元，比2018年（下同）增长11%（以亿元计量）；实际利用外资68万美元。

【商品展销】 2019年，揭西县落实《转发广东省商务厅关于印发中央财政2020年度外经贸发展专项资金（开拓重点市场事项）项目入库（第一期）申报指南的预通知》，为企业申请1.80万元展位补助，鼓励企业参加境外展览会，多渠道拓展国际市场。组织揭西县大华紧固件有限公司参加2019年俄罗斯莫斯科国际紧固件展览会。

【外贸企业】 2019年，揭西县外贸经济以电线电缆、农副产品（茶叶）为主，有外贸企业53家，其中纺织企业8家、木制品6家、塑料4家、电子9家、电线电缆11家、食品10家、其他行业5家；电线电缆出口0.25亿美元，占全县出口总额41%。

【外贸扶持政策】 2019年，揭西县加大企业扶持力度，落实各项优惠政策，从金融、税务等方面促进企业开展出口业务，落实外贸发展专项资金，鼓励企业开拓市场，扩大出口。是年，广东龙腾兆业家居用品实业有限公司等3家企业符合奖励条件，发放奖励金11.21万元。

（邹锐豪　李冰曼　黄伟旋）

交通管理

【概况】 2019年，揭西县交通运输局（简称县交通局）统筹推进交通基础设施和“四好农村路”建设，推进城乡客运体制改革。全年完成交通基础设施投资0.95亿元，完成“四好农村路”建设66.7千米。全县17个乡镇（街道）、280个行政村共建有汽车客运等级站3个、简易站3个、候车亭282个；全县农村客运班线18条，运行农村客运班车65辆1537座，平均日发班次210班次。全年查处违章违规营运案件340宗，超限超载车辆186宗，卸货4989.9吨。

【交通建设】 2019年，揭西县基本完成县道X094五黄线（K0+000—K16+000）路段改造工程，启动省道S228线揭西新洪村至张厝段（原乡道Y781京棉公路所属路段）长18.61千米路面改造及配套工程项目，对四类病害桥梁金鲤大桥（全长260米）进行维修加固、金和大桥（全长81米）开展危桥拆除重建前期工作。全年完成“四好农村路”建设66.7千米，投入资金7627万元，其中：农村道路畅反不畅完成9.3千米，投入资金572万元；路面硬化及砂土路改造23千米，投入资金1271万元；通景区旅游公路完成25.2千米，投入资金5619万元；通现代农产业园公路完成9.2千米，投入资金880万元。完成县道X097京梅线、X099径上线绿化补植39.3千米，投入资金273.6万元。完成农村公路的正常小修保养管理养护工作（包括人工、材料、机械及小水毁的抢修及修复费用）1162千米，投入资金621万元。

【行业监管】 2019年，县交通局把做好安全生产工作摆在重要位置，根据安全生产“党政同责、一岗双责、齐抓共管、失职追责”制度要求，对安全生产与应急管理内容进行分解，签订安全生产目标责任书34份，全面落实安全生产“主体责任”，构建横向到边、纵向到底安全管理格局。全年召开各类安全工作会议45次，分析和研判安全生产形势，按照安全生产会议制度要求，坚持每月召开安全工作会议，听取客运、货运、维修、驾培等各企业开展安全生产检查、督导情况汇报，分析研究工作中存在问题，及时调整工作重点和方向，推进安全管理各项工作落实位。主动深入各行业监管站点，跟踪、督促、指导各类事故隐患排查治理工作。全年督促、指导各企业、站、点开展安全管理工作79次，调整工作重点和方向15次，利用手机转发警示信息5700余条。县交通局组织5家客货运企业开展2019年安全生产应急演练专题活动，增强现场整体自防自救能力。全年悬挂横幅46条、张贴标语2260余幅，设立咨询服务台5处，设置宣传展板及警示标志86块，向进站候车旅客及司乘人员发放宣传材料7300余份。

【客运体制改革】 2019年，县交通局落实审查客货运企业安全生产管理制度和经营管理制度，对辖区运输企业和客货运站（场）安全生产管理制度、各项管理机制建设情况开展全面检查，重点检查安全生产组织、驾驶人教育培训、车辆安检维保、安全隐患排查、应急处置演练、违规行为奖惩等“六大制度”，企业、车辆、驾驶人营运资质报备，“一人一档、一车一档”户籍化管理等落实情况，落实监督营运车辆GPS卫星监控平台动态监管情况，在全县建立标准统一、动态监管、分级监控的重点企业管理模式。开展客运车辆变相挂靠自查自纠工作，对揭西县二运第二汽车运输公司和揭西县五云运输服务站发出停业整顿通知责令停业整改，注销其道路经营许可。结合县全域旅游示范区创建工作需求，制订《揭西县新能源公交系统城乡一体化建设方案》，委托华南理工大学开展揭西县城乡公共交通一体化规划编制工作，完成揭西县城乡公共交通一体化调研工作，进入规划编制阶段。全县17个乡镇、280个行政村，建有汽车客运等级站3个、简易站3个、候车亭282个；全县运行农村客运班车65辆，拥有农村客运班线18条。

【交通执法】 2019年，县交通局在春运、国庆期间执法人员进驻河婆客运站和棉湖客运站，指导和监督检查车辆安检工作。以“两客一危”车辆（从事旅游的包车、三类以上班线客车和运输危险化学品、烟花爆竹、民用爆炸物品的道路专用车辆）为重点，加强县城、各乡镇客流较多地点和路段、高速路口的巡查力度。采取不定时间、不定地点的日常巡查、联合辖区交警中队、高速路交警大队、市局执法大队的形式，严厉查处客运车辆超范围运营、无资质非法营运以及客运车辆违规站外揽客揽货、不按规定线路行驶、包车客运违规、私家车非法网约、非法巡游营运等违法违规行为和对非法客运票点的整治。开展货运车辆超限超载治理，按照整治公路货车违法超限超载行为专项行动有关要求和“依法严管、标本兼治、立足源头、长效治理”治超工作原则，联合交警部门、公路路政部门，严格按照执法规范和程序，打击超限超载运输违法行为，保障公路运输安全畅通。深入货物运输源头进行广泛宣传，提高经营者守法意识。全年出动执法人员4850人次，检查货运车辆1592辆次，检查客运车辆709辆次，查处违章违规营运案件340宗，其中客运违规案件29宗（客运包车违规12宗，客运班车违规12宗、非法网约5宗）、货运违规案件122宗（非法改装39宗，扬撒18宗，无从业资格证49宗，无道路运输证16宗）、驾培违规案件2宗、源头装载违规1宗；查处超限超载车辆186宗，卸货4989.9吨。清理整顿非法售票点29家；拆除没收非法广告招牌871块；清理违规摆摊设点、占道堆物79处；取缔驾培机构违规设点4家。联合公路局路政所、政府相关部门，加强联合巡查，强化路政执法，做好公路干线及公路两侧有关违法行为的清理整顿工作。牵头开展道路沿线“三清三拆”专项整治，排查出县道红线内问题81宗全部清拆，红线外问题4131宗（含各乡镇排查2843宗），清拆2470宗。

（陈耿晋　周　桐）

2019年10月25日，县交通运输执法人员在棉湖镇开展运输市场秩序整治行动　（林坤荣　摄）

汽车运输管理

【概况】　2019年，揭西县汽车运输总公司（简称县汽运总公司）加强对车辆、客运站、办公区域隐患排查，强化驾驶员安全学习教育，通过GPS监控、车辆防爆装置、限速装置等技术手段，深化安全管理工作。全年通报车辆违章事件55宗，约谈违章车辆司机55人；公司对所有营运车辆进行隐患排查24次，发现65项安全隐患，限时完成整改65项，整改率100%；召开安全学习会24场次，共1512人次参加安全学习；组织15名员工到清远市以及县职业技术学校参加安全生产管理培训和售票管理培训；举办6场应急演练。是年，县汽运总公司有70部车，其中营运63部车、7辆停运；在职人员98人，其中下岗分流人员21人、在职人员77人；完成客运量约38万人次，客运周转量1.02亿人千米；上缴国家税费105万元，上缴社会劳动保险金98万元。

【站场管理】　2019年，县汽运总公司完善河婆汽车客运站、棉湖汽车客运站配套工程建设和围墙修复工程，投资约28万元。审核材料增加易燃品、易爆品、危险品三品检验机；候车厅和购票窗口分开设置为人员分流起到安全作用；"厕所革命"改善原来卫生状况。各客运站严格按照《中华人民共和国安全生产法》《道路旅客运输企业安全管理规范》《安全生产管理制度》等相关规定，全面落实实名制购票乘车，抓实做好易燃品、易爆品、危险品"三品"安检工作，加强车辆日常检查工作，落实车辆例检制度。

河婆汽车客运站　河婆汽车客运站坐落在揭西县河婆镇霖都大道124号，站场占地面积1.04万平方米，其中停车场面积3800平方米，候车室有座位109座。2013年7月15日，河婆汽车客运站被广东省交通厅批准为三级站。2019年，河婆汽车客运站到站车辆44部，完成客运量5.95万人次，客运周转量1596.3万人千米，上缴国家税费63万元。是年，河婆客运站举办2场消防应急演练，每月开展一次安全例会。

棉湖汽车客运站　棉湖汽车客运站坐落在揭西县棉湖镇道汇路，站场占地面积1.07万平方米，其中停车场面积7622平方米，候车室有座位75座。2009年1月4日，棉湖汽车客运站被广东省交通厅批准为三级站。2019年，棉湖汽车客运站到站车辆19部，完成客运量5.36万人次，客运周转量1730.8万人千米，上缴国家税费42万元。是年，棉湖客运站举办2场消防应急演练，每月开展一次安全例会。

【车辆管理】　2019年，县汽运总公司强化安全生产工作，坚持"安全第一、预防为主、综合治理"方针，建立健全各项规章制度，形成安全管理体系，遵循不

2019年7月18日，揭西县公安局交警大队与县汽运总公司联合召开创建"零酒驾"专题宣传会
（县汽车运输总公司　供稿）

安全不生产、生命高于一切生产安全理念。坚持以人为本，加强企业内部管理，建立内部管理制度；以开展安全生产教育为主线，抓好“三不进站，六不出站”（危险品不准进站、无关人员不准进站、无关车辆不准进站；不准超员、安检不合格、驾驶员无从业资格证、运营车辆证件不齐全、出站登记无审核、乘客和驾驶员不系安全带）管理制度，严格执行“三检”（出车前检查、行驶中检查、收车后检查）制度，严把从业人员教育培训关、安全监督检查关、驾驶员安全教育培训关，全面开展全员安全教育培训，强化安全生产意识。建立营运车辆动态监控信息平台，为所有营运车辆安装动态监控车载装置，进行24小时不间断监控管理，控制车辆的超速、超员、超载和疲劳驾驶等行为；为客运站配备行包检测仪及安检机，确保乘车安全。

（蔡明珠　李依蔓）

国省道公路建设

【概况】 2019年，揭西县公路事务中心（简称县公路事务中心）推进县境内国道、省道建设，养护和管理，提升公路安全生产能力，确保路段安全畅通。是年，省养公路建设重点完善公路基础设施，续建项目2个，年度项目建设投入资金1296万元；道路绿化投入资金304.8万元，做到应绿尽绿。

【机构改革及职能配置】 2019年11月14日，根据中共揭西县委机构编制委员会《关于印发〈揭西县公路事务中心机构编制方案〉的通知》文件精神，揭西县公路局更名为揭西县公路事务中心，为揭西县交通运输局管理的公益一类正科级事业单位。主要负责全县国省道公路、桥梁养护和管理；公路工程改造技术指导，质量监督，工程施工管理；安全生产管理，路产、路权维护，控制违章建筑以及县委、县政府交办的其他事项。内设人秘股、工务股、财务股、安全管理股。核定参公人员编制25名，公勤4名，事业人员编制150名。

【公路建设】 **国道G238线揭西坪上桥改造工程** 国道G238线揭西坪上桥位于揭西县坪上镇，桥梁中心桩号为K278+406，该桥建于1995年，2014年该桥被评定为四类桥梁。2017年7月，省公路局批准该项目施工图设计。该桥于2018年11月开工建设，按二级公路技术标准设计，设计速度60千米/小时，重建桥梁桥宽18米，桥长106米，桥梁上部采用5×20米预应力混凝土小箱梁，下部采用柱式墩台，钻孔灌注桩基础，投资1246.72万元。2019年完成桥梁左幅15片主梁吊装，投入资金685万元，占总投资55%。

国道G235线揭西径下桥改造工程 国道G235线揭西径下桥位于揭西县五云镇，桥梁中心桩号为K259+202，该桥建于1967年，2016年该桥被评定为四类桥梁。2017年7月省公路局批准该项目施工图设计。桥梁重建工程于2018年11月动工，该桥按二级公路技术标准设计，设计速度60千米/小时，桥宽16.1—16.5米（弯桥），桥长126米，桥梁两端连接段共620米，投资2039.1万元。2019年，完成桥梁8条立柱、8条系梁等下部构造施工，投入资金611万元，占总投资30%。

高速公路出入口综合整治工程 2019年，县境内有汕湛高速公路、甬莞高速公路出入口共6处，其中汕湛高速公路出入口2处（揭西出入口：位于揭西县河婆街道东星村，其名称为“揭西出入口”、龙潭镇出入口），甬莞高速公路出入口4处（凤江镇、灰寨镇、大溪镇、河婆街道出入口）。县域6个高速公路出入口综合整治工程项目由揭阳市公路局负责工程建设方案的编制报批、勘察设计及监理的招投标和报批工作，揭西县人民政府负责工程的征地拆迁、施工招投标和工程建设管理工作。相关镇政府负责征地拆迁；县公路局负责施工招投标和工程建设管理。10月，工程设计施工图由揭阳市交通运输局审批并按法定程序进行项目招投标工作。11月底完成工程招标和办理完成工程施工许可手续以及征地拆迁，项目于11月底全面动工，工期3个月。

【公路养护】 公路绿化 2019年，揭西县投入道路绿化资金304.8万元对穿城镇、乡村路段及其他路段，种植绿化树，补植缺株，做到应绿尽绿，实现“无缺株、无断带、全覆盖”目标。国省道补植共107.4千米，补植樟树4534株，仁面子1134株。其中国道G235线K2086+807—K2141+353段，长54.5千米，补植樟树1001株，仁面子250株；国道G238线K854+873—K892+140段，长30.6千米，补植樟树707株，仁面子177株；省道S234线K0+000—K1+600段，长1.6千米，补植樟树35株，仁面子9株；省道S237线K0+000—K20+650段，长20.7千米，补植樟树2791株，仁面子698株。

路段日常管养 2019年，县公路事务中心按照《广东省公路小修保养工作制度》和公路养护“畅、洁、绿、美”要求，坚持日常养护保洁，重点抓路面、路基以及构造物，确保水沟排水畅通，路面整洁、平整。投入8万元整修路肩、修复与完善路缘石108.99千米；投入117.2万元修补国道G235线5660平方米，京明公路3206平方米，京梅公路1139平方米，凤江邮政局圆盘至棉湖大道650平方米的沥青路面工程。

道路扬尘污染防治管理 2019年，县公路事务中心开展公路领域扬尘污染防治工作。是年，投入5部公路扫路车清扫公路共1200车次，投入1部喷洒车喷洒道路152车次，投入养护作业人员760人次，投资82.5万元治理道路扬尘工作，有效遏制二次扬尘。

【路政管理】 2019年，县公路事务中心按揭阳市委、市政府有关部署，推进《揭阳市推进道路沿线“三清三拆”专项行动方案》重点整治县境内国省道道路沿线环境“脏乱差”问题。制订具体行动措施。是年排查问题319宗（其中排查红线内问题167宗，红线外问题152宗）；做好道路宣传工作，特别是沿线“三清三拆”专项行动宣传工作。是年，发出《爱路护路倡议书》2000多份，悬挂横幅6条，张贴宣传标语75条，出动宣传车20余次；按照道路沿线“三清三拆”专项行动措施步骤，分批对县境内公路沿线杂乱搭建、破弃建筑、乱堆物料、乱设标牌、破旧广告进行清理。按照道路红线内（路内）无违章建筑，无违章占道；道路红线外（路外）至临路建筑范围实现无杂乱搭建、无破弃建筑、无乱堆物料、无乱设标牌、无破旧广告、无垃圾渣土、无黄土裸露、无水体漂浮物（简称“8个无”）标准进行清理拆除。红线内清理清除广告牌165宗，投入叉车5台次，出动清拆人员100多人次；抓好路网日常巡查管理。是年，上路巡查271天，里程1.43万千米，查获破坏路产路权行为12宗，结案12宗，收回路产赔偿费8.72万元。

【高速公路建设】 汕湛高速公路东段（揭西段） 该工程起于揭西与普宁交界的金和镇金坑村，途经金和镇、钱坑镇和大溪镇、路线长13.7千米，工程造价约10.1亿元。由广东长宏建设集团有限公司承建。2019年，完成县

2019年12月23日，建设中的五云镇径下桥 （林程渊 摄）

境路段总工程量的89%。

兴汕高速（华陆高速） 兴汕高速公路五华至陆河段（简称华陆高速）是广东省高速公路网规划中的“二纵”（汕尾至江西瑞金省界）的重要组成部分，项目主线采用双向车道高速公路技术标准，设计速度100千米/小时，路基宽度26米，揭西段主线19.28千米。项目由广东省交通集团有限公司下属广东华陆高速公路有限公司负责建设、经营和养护管理。2019年，完成县境桥涵96%，路基91%，隧道100%。

（陈国富　刘　杰）

邮　政

【概况】 2019年，中国邮政集团公司广东省揭西县分公司（简称揭西邮政）设职能管理部门5个（综合办公室、市场营销部、渠道平台部、金融业务部、集邮与文化传媒部）和寄递事业部，下设17个邮政网点（14个金融综合网点、1个纯邮务网点、2个邮务+汇兑网点）。全年业务总收入6409.4万元，比2018年增长12.2%。是年，县分公司职工之家被广东省邮政工会授予“模范职工之家标兵”称号，塔头支局被揭阳市邮政分公司评为先进集体，金融业务部被揭阳市邮政分公司授予“巾帼文明岗”称号。

2019年1月，中国邮政集团公司广东省揭西县分公司获广东省邮政“模范职工之家标兵”称号　　（揭西邮政　供稿）

【网点建设】 2019年，揭西邮政全面升级网点服务形象和服务功能，逐步对网点进行集团公司网点标准化改造；对网点营业系统进行升级，完成14个金融网点“统一柜面系统”上线工作，全面优化前台操作系统，简化业务办理流程，提升客户办理业务的服务体验；加大对揭西邮政各乡镇网点新型智能设备投放力度，在全县各乡镇投放自助设备44台，其中存取款机27台，存折一体机6台，高速存款机2台，存折补登机1台，智能柜员机8台，提升客户到网点办理业务的体验，分流柜面压力，通过优化网络布局，加大对贫困地区网点新型智能设备投放力度，提高网点服务效率和自助化水平，减少客户办理业务等待时长，提高客户厅堂服务体验。

【代理金融业务】 2019年，揭西邮政实施“普惠金融·服务民生”发展策略，推进邮政金融销售化转型服务工作。发挥全国邮政近4万个联网金融网点遍布城乡优势，为揭西中小企业和个体工商户提供全国通存通兑便捷金融结算服务；主动承担社保金发放、低保金发放、新农保等金融服务工作，其中2019年代发新农保金1.8亿元、社保金4.38亿元；组织做好投单汇款兑付工作，服务偏远农村居民，践行最佳绿色金融服务；在业务经营上满足广大人民群众需求，注重产品创新、业务创新和服务创新，针对客户个性化需求，推出个人协议利率存款、结构性存款、大额存单、个人理财、保险、基金、国债等多元化产品，为客户提供优质资产配置服务。

【邮政类业务】 寄递服务　2019年，揭西邮政开展便民寄递服务，推出身份证、临时身份证、出入境证件、车牌等寄递服务，让群众享受到便捷、高效的邮政寄递服务；举办揭西邮政“邮您相连，服务永远”服务大提升之投递员岗位技能竞赛活动，提升县邮政投递员业务素质和操作技能，提高邮政投递服务水平，打造一支作风过硬、业务精通、操作娴熟的专业队伍，以全新面貌服务群众；加强绿色环保包装推广和应用，推进科学打包法，促进包装绿色化、减量化，推行包裹电子面单广泛使用，是年，收寄量219.53万件，投递量226万件。

函件服务 2019年，揭西邮政为政府和企业提供个性化宣传服务，融入地方经济，创新商函产品，帮助中小企业以发广告商函形式拓展市场空间。通过邮政与腾讯合作推出的函件新媒体，为广大客户提供发布广告平台，实现精准营销。

报刊集邮 2019年，揭西邮政在河婆街道和棉湖镇开展优秀图书展销活动，满足人民群众文化需求；组织爱心捐赠图书活动；配合当地政府发行党报党刊，及时将党的声音传播给广大党员和人民群众；举办集邮“尊享会”等活动，为广大集邮爱好者提供便捷、高效、丰富的集邮服务。

电子商务 2019年，揭西邮政通过“一站式”电子商务平台，为群众提供代办机票、代缴费、代理车险、简易保险等便捷服务；持续推进三年电商扶贫，为农户提供综合邮政服务，利用邮乐购站点、邮乐小店助农惠农，通过线上线下相结合的方式宣传推广农产品，助推农产品返城，助力精准扶贫，至年底，共建设邮乐站点389个，标杆点29个，标准点7个，开通邮乐小店6916个；为偏远山区西田岸洋村，推广“高山红薯”销售1036箱，蜂蜜系列产品980件，绿茶550件。

机要通信 2019年，揭西邮政落实邮政机要通信保密管理规定各项工作要求，加强内部检查，清除安全隐患，是年，县邮政机要通信安全畅通。

【客户服务】 2019年，揭西邮政开展“3·15”金融消费者权益日活动、“反假人民币，爱护人民币，维护持币权益”活动、防范电信网络新型违法犯罪宣传活动、反洗钱互评估报告公布主题宣传活动、金融知识进万家，邮政服务伴您行等活动，从营业厅扩展到各社区、村落，为社区居民、偏远村民和金融知识缺乏的村落普及金融知识，提高村民基本金融常识；上线“邮储食堂”增值服务功能，为广大客户提供会员低价优惠商品直供，优质商品直邮到家，打造泛生活服务平台；通过“双微赋能”项目，为商户提供支付结算便利，丰富支付场景，构建支付生态圈，给商户及消费者改善用卡、活卡环境；获得退役军人发卡资格，为退役军人办理退役军人专用卡并提供优质服务；响应国家政策号召，推广ETC业务，在全县各乡镇、各网点为广大车主提供客户开卡、绑定、激活ETC电子标签的一站式服务；在营业厅设置老年客户专座，提供“一杯水”服务，开展“党员我带头”“党员先锋岗”等活动。

2019年揭西县邮政主要业务经营情况表

表38

种类	储蓄规模（亿元）	函件（万张）	汇票（万件）	包件（万件）	快递包裹（万份）	报纸期发数（万份）	杂志期发数（万份）
数量	29.17	4.61	0.86	220.35	219.53	170.65	8.08

（蔡 冕 蔡 澈）

信息业

信息化建设

【概况】 2019年，揭西县把握互联网创新思维，推进“互联网+”信息化建设。通过大数据、云计算、物联网等综合信息化服务方案实现政务信息化，提升政府管理水平及工作效能。按照县政府“创建全域旅游示范区”工作要求，搭建揭西县旅游大数据展示平台，助推揭西全域旅游发展；助力教育行业打造“互联网+智慧校园”平台项目，推进揭西教育信息化建设，为校园安全提供保障。利用三大基础电信运营企业信息化服务能力，推动企业“上云上平台”。助力县司法局打造为社区矫正人员提供电子手环定位信息化服务、县卫健局打造健康系统自动化办公服务系统，助力公检法系统打造智能人脸识别项目，为各行局提供定制化视频彩铃服务，推动“智慧揭西”建设，丰富地方信息应用产品体系。

【基础设施建设】 2019年，揭西县实施《揭西县信息基础设施建设三年行动计划（2018—2020年）》，加大投资建设力度，营造良好发展环境，提升宽带接入速率，构建网上高速公路。是年，全县新建移动光纤宽带信息点2.80万个，新增联通光纤端口数1013个；建设开通移动NB（NB-IoT窄带物联网）站点75个，电信C网基站16个，电信1.8G基站（含4个小基站）8个，联通4G基站29座；替换移动老旧站点380个和升级站点230个，完成电信EPON（以太网无源光网络））点退网30个，AG（接入网关）设备退网12个，主干退铜6.07万线对千米。移动率先开通5G基站23

2019年10月29日，县工信科技局邀请揭阳市无线电监测站到揭西县进行监测和执法检查 （县工信科技局 供稿）

个，实现对县政府、县公安局等政府场所5G网络覆盖。

【无线电管理】 2019年，揭西县借助网络安全宣传周活动，牵头组织三大基础电信运营企业开展无线电知识宣传，提高全社会依法设台、维护电波秩序法制意识。不定期邀请揭阳市无线电监测站进行监测和执法检查。是年，联合惩治“黑广播”“伪基站”违法犯罪1起，为非法站台发射广播播音频段。

【网络与信息安全保障】 2019年，揭西县开展“网络安全为人民，网络安全靠人民”网络安全宣传周活动，发送公益宣传短信超20万条；落实三大基础电信运营企业加强网站和IP地址备案管理，加强准入审查和违规关停；加强保密意识教育，严禁在论坛、微博等互联网平台发布、传播相关信息。

【信息化培训】 2019年，揭西县开展信息化培训，发展数字经济，促进数字经济同实体经济融合发展，打造新技术、新产业、新模式、新产品。是年，县三大运营商开展信息化业务培训12期，包括5G网络、智慧工程师、天翼云、移动大数据、智能光网、云计算、物联网、IDC（主机托管）和工业互联网等新一代信息技术，参加培训656人次。

（邹锐豪　李冰曼　黄伟旋）

通信业

综　述

【概况】 2019年，揭西县通信运营商有中国电信揭西分公司、中国移动揭西分公司和中国联通揭西分公司。三大运营商从客量比拼向提升网络质量和服务上转变，改善网络深度覆盖，推进宽带城乡覆盖，落实网络提速降费和明显降低家庭宽带、企业宽带、专线使用费等措施。至年底，全县固定宽带家庭15.13万户，普及率65.8%；光纤接入用户13.68万户，占比96.8%；移动宽带用户54.56万户，普及率63.7%；百兆以上宽带11.46万户，占比81.1%；67个省定贫困村20户以上自然村245个，全部覆盖光纤宽带网络，建档立卡贫困户9935户实现手机网络信号全覆盖。

【通信业发展】 2019年，揭西县完善通信业基础设施建设，落实网络提速降费政策，加强信息服务，拓宽服务渠道，优化客户服务。全年新建电信光缆360皮长千米、移动光缆505皮长千米；新建电信4G基站16个、联通4G基站29座、移动4G基站273个，开通移动5G基站23个；新增联通光纤端口数1013个。

（邹锐豪　李冰曼　黄伟旋）

电信通信

【概况】 2019年，中国电信揭西分公司（简称揭西电信）完善网络结构，推进光网和无线网建设，拓宽电信业务发展渠道，强服务树品牌，以服务促发展健全企业管理。是年，净增天翼移动用户1.29万户，累计11.30万户，移动过网份额提升至19.3%；净增宽带0.17万户，累计6.62万户，户均带宽100兆以上；净增电信电视（ITV）0.18万户，累计5.20万户。

【设施建设】 2019年，揭西电信加大800兆频段LTE（4G无线宽带技术标准）网络建设和高带宽光网建设。全年补点建设267个片区，新建OBD（光纤分配箱）端口5513个；新建光缆360皮长千米，纤芯5253千米。开通LTE（4G）基站16个、1.8G基站（含4个小基站）8个、800M NB－IOT物联网（窄带物联网）

基站15个，完成棉湖镇厚埔村视频监控项目上线，该项目具有先进智能识别凶器预警系统，标志揭西县在视频监控领域进入新阶段；落实“三线整治”（供电线、通信线、广播电视线）工作，推进整村光改退铜，完成室外铜缆设备62套，接入网铜缆设备退网10个，主干退铜3.67万米，合计1.08万线对千米，助力美丽乡村建设。

【电信业务】 2019年，揭西电信以300兆+大带宽优质光宽为引领，主推100兆以上融合套餐；推出一系列智慧家庭产品，其中天翼看家260户、全屋Wi-Fi 6513户、家庭云326户。推进工业互联网建设，在县工业信息化和科技局指导下，推进美通线路板厂企业工业云的建设，实施依托电信天翼云平台、VPN电路等产品，使企业增加生产、物料、质量、设备等管理模块，实现工厂生产透明化、数据及时准确、方便问题溯源、减少设备故障、提高管理质量等功能。协助卫生系统完成揭西县医疗急救“120”指挥中心接听平台和数字化网络线路改造工作。完成IPRAN（无线接入网IP化）电路17条、高考考场云专线6条，开通调测揭西本地网高清视频会议VPN（虚拟专用网络）46条；完成希桥酒店Wi-Fi网络改造，京明度假村IPPBX（网络电话交换机）设备的升级割接；交付云主机工单175张；开展电话会议调测、会议保障、高考电路保障等工作165次；处理大客户各类故障331户次。做好揭西平安视频监控故障处理管控工作。

【品牌宣传】 2019年，揭西电信重点打造高带宽、流量畅享融合套餐，智慧家庭、平安乡村云监控、美丽乡村电视台和高质量服务的通信行业品牌。配合县委县政府推广“学习强国”APP，设计推出使用“学习强国”的“学习卡”套餐，发展“学习卡”用户1万多户。制作、下发宣传物料到各支局，全年制作业务宣传横幅500条、海报3800张、宣传单张3万多张、业务宣传光缆吊牌1.36万个。

【宽带业务】 2019年，揭西电信面向各消费层次用户推出相应套餐，针对中高端用户，主推大带宽畅享全融合套餐129元至299元档，以畅享流量提供丰富智能应用（智能组网、家庭云、天翼看家、ITV等）；针对低消费用户，主推59/79元大流量融合套餐和单宽带套餐100元100兆/160元200兆档、单ITV20元，主动做好宽带提速服务工作，丰富用户选择。

【信息服务】 2019年，揭西电信实施光网络建设、电子政务外网、电子商务进农村等民生项目，提升政府信息化和民生服务水平，推动政务服务和公共服务向农村基层延伸覆盖，优先拓展脱贫急需的生产生活服务功能；通过平安乡村天翼云视频监控项目、天翼大喇叭建设和美丽乡村电视台建设，提高农村治安环境治理水平，为打造和谐美丽农村提供信息支撑。配合完成坪上大桥重建、棉湖污水处理项目、下砂高速路出口、南山火炬红色村线路整治、金和山湖村整治等通信线路整治；配合开展美丽乡村建设，加快光网络覆盖农村地区，重新规划布局镇、村寨线路，完成杆路迁改150千米，新

2019年8月19日，中国电信揭西分公司党员在河婆新城免费为用户提供网络测速、排除故障、提速降费，清洁终端等服务 （揭西电信 供稿）

立电杆1200条，布放光缆90千米，割接光缆5000多芯；完成“龙舟赛”“千人徒步”“梅花节”“厨师大赛”等重大旅游活动的现场通信保障；配合县政府做好小产权房通信接入管制工作。

【客户服务】 2019年，揭西电信强化服务工作，加快农村渠道网点布局。全县新建农村“合伙人”网点758个，覆盖262个行政村，502个自然村，覆盖率41.9%，逐步在农村网点上线套餐升级（提速降费）、智慧家庭产品（天翼看家、全屋Wi-Fi等业务）办理，开展“铸铅行动”惠民便民活动209场，组织干部员工上门开展网络测速、排除故障、提速降费，清洁终端等无偿服务4167户，每季度开展总经理接待日活动，针对客户提出的服务、维修、资费等问题。落实2019年光宽质量及装维人员服务提升专项工作，提升装维人员主动服务意识。落实“当日装，当日修，慢必赔”举措，快速装机、及时修障、耐心解释、微笑服务，为用户提供网络提速优化1万多人次。加强装维服务规范预约和装移机催单工作，开展宽带测速达标、光衰达标整治，推进标准组网，支撑高清视频业务发展等系列提质服务，提高装维服务质量。

（温永松　郭璐丹）

移动通信

【概况】 2019年，中国移动揭西分公司（简称揭西移动）借助大数据分析提升民生信息化服务，让传统业务焕发新活力、5G业务带来新体验、新兴业务满足新需求。至年底，客户规模38.27万户，运营收入2.10亿元；新建4G基站273个；累计基站1700个，其中4G基站1010个，5G基站23个。是年，揭西移动被广东省工商行政管理局评为“2019年度广东省守合同重信用企业”，揭西移动党支部被广东省移动公司党委评为“六好”（班子建设好、党员管理好、组织生活好、制度落实好、基础工作好、作用发挥好）党支部、被揭阳市移动公司评为“先进单位”。

【设施建设】 2019年，揭西移动加强网络信息化和重点项目建设，推进全县各行政村网络全覆盖。开通5G基站23个，完成对县委县政府、县公安局等场所5G网络覆盖。发展农村信息化，推进光纤入户，建设光纤宽带信息点2.80万个；加强基础管线覆盖深度和密度，建设光缆505皮长千米；强化网络安全保障能力，构建应急通信保障体系，完成“广东揭西首届国际水舞狂欢节”“大洋茶旅文化节”、揭西县“榕江杯”端午龙舟赛、“广东揭西火炬村红色之旅千人徒步活动”“揭阳首届潮客粤菜师傅乡厨厨艺邀请赛暨全市全域旅游工作现场会”等通信保障工作。

【移动业务】 2019年，揭西移动传统业务侧推出移动花卡、视频权益包等业务，为广大用户使用抖音、爱奇艺等视频APP提供定向免流服务；5G业务侧推出5G专属套餐打折、2000+档位5G终端等，使用户畅享最新高速的5G网络体验；新兴业务侧以视频彩铃、咪咕视频等产品为主打开展交叉运营，助力政府打造“全域旅游”城市，在咪咕视频专区上架揭西旅游宣传片，触及近40万用户；为超3000名机关、事业单位公职人员免费开通视频彩铃业务体验，让其他用户在拨打其电话时即可看到宣传片，扩大

2019年中国电信揭西分公司主要业务经营情况表

表39

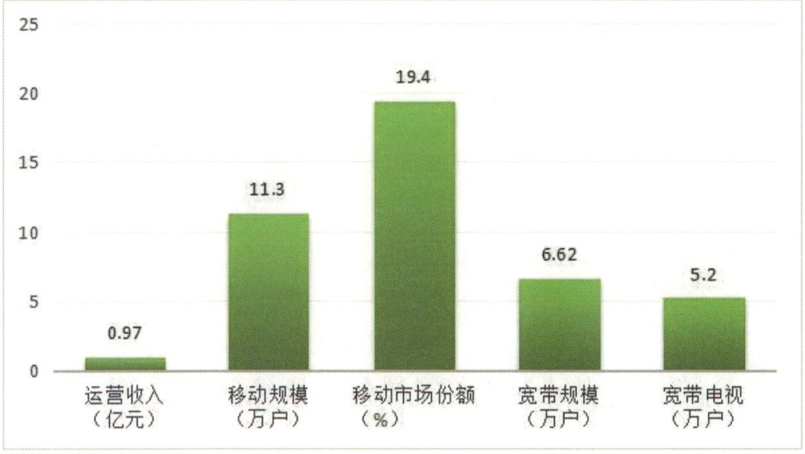

宣传揭西旅游城市。到农村、厂区、社区等场景，开展“移动业务送到家门口”惠民服务活动2000场以上。

【品牌宣传】 2019年，揭西移动升级全球通、动感地带、神州行三个品牌，结合时代特点注入5G、权益、业务等新基因。践行互联网创新思维，配合推进揭西县“互联网+”信息化建设。通过大数据、云计算、物联网等综合信息化服务方案，助力县司法局打造为社区矫正人员提供电子手环定位信息化服务，助力县卫健局打造健康系统自动化办公服务系统，助力公检法系统打造智能人脸识别项目，提供定制化视频彩铃服务，推动“智慧揭西”建设，丰富地方信息应用产品体系。搭建揭西县旅游大数据展示平台，助力创建全域旅游示范区；助力教育行业打造“互联网+智慧校园”平台项目，推进揭西教育信息化建设，为校园安全提供技术保障。

2019年3月12日，揭西移动联合团县委在灰寨镇东联小学举行第十批“青年移动书屋”挂牌仪式暨关爱农村留守儿童活动 （揭西移动　供稿）

【宽带服务】 2019年，揭西移动推动新农村信息化建设，扩大宽带业务规模，提升城乡宽带覆盖率，缩小城乡数字鸿沟。推进“光纤村村通”，对圈定400多个农村地区，开展宽带覆盖率和宽带业务使用率“双提升”专项攻坚行动，针对落后偏远地区用户制定专属优惠以降低接入门槛，农村地区宽带用户净增0.70万户，累计4.2万户。推动智能音箱、固话及和目安防等产品融合发展，打造智慧家庭生态圈，为商户提供一体化宽带产品服务。

【客户服务】 2019年，揭西移动践行“不换卡、不换号、便捷开通5G”服务承诺，提供“10086”服务热线优先接入、免停机服务等专属服务；推进“携号转网”，建立“携号转网”专席，开展多轮次、全覆盖全员专项业务培训，提供多通道咨询或办理“携号转网”服务，严格遵守工信部关于携号转网各项规则要求并落实相关服务标准；每季度开展不同主题“总经理客户接待日”特色服务，由公司负责人在服务前台受理客户业务咨询、办理，自上而下了解客户的服务需求。

（林奕森　李小婧）

2019年中国移动揭西分公司主要业务经营情况表

表40

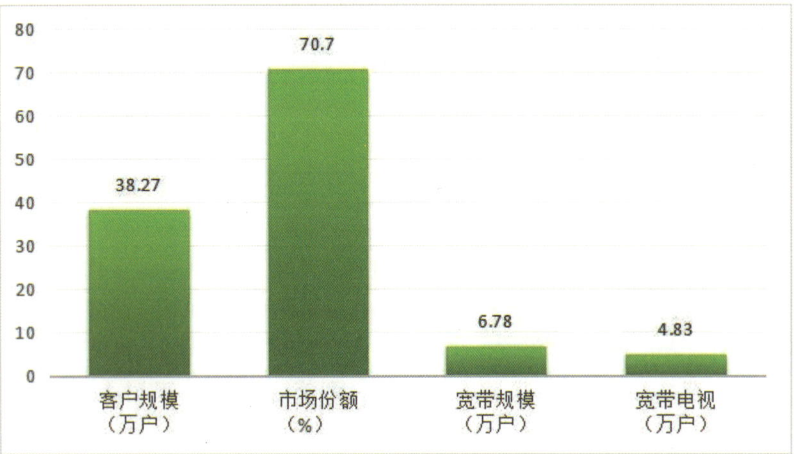

联通通信

【概况】 2019年，中国联通揭西县分公司（简称揭西联通）以党建为引领，高质量发展转型收

揭西联通营业厅　　（蔡淑霞　摄）

获新成效；加大对4G网络开通、腾讯大王卡等品牌宣传；践行“客户为本”核心价值观，落实“三个一切”经营管理理念，以客户为中心，用服务促发展。全年实现主营收入2248万元，完成率82%。

【设施建设】 2019年，揭西联通开展4G精品网建设和光纤网络覆盖，新增光纤端口数1013个，光纤端口数4.10万个；新增4G基站29座，4G基站220座。基本实现“千兆光纤进小区、百兆光纤进家庭”，支撑4K电视等高带宽业务普及应用，实现三网融合。完善揭西4G网络基站和室内分布系统建设，推进4G网络入乡进村，基本实现县城及重点乡镇移动网络覆盖。

【联通业务】 2019年，揭西联通推出冰激凌流量放心用套餐、腾讯王卡、沃教通等产品，依托品牌，细分社渠、厂区、校园等群体开展营销活动，结合传统行业改造升级相关需求。在政务方面，与县政府签署“互联网+”战略合格框架协议，在政务、农业、旅游、教育、制造等重点行业领域提供数字政府建设信息化解决方案。助力建设揭西农产品溯源平台，为公安局提供舆情分析服务，做好政务网、卫生专网、银行专网、教育云桌面等业务运行维护，开展工业互联网重点制造企业转型升级调研，试点建设能耗云服务，为揭西旅游景区提供升A调研和咨询服务。

【品牌宣传】 2019年，揭西联通升级改造营业厅，通过互联网、电子广告、海报单张等形式开展5G品牌宣传；借助村委、厂商等资源，开展联通服务进村、进厂、进校园，加强宣传联通冰激凌、腾讯大王卡、校园沃派等明星产品。开展“5·17”电信日品牌宣传活动、“网络安全为人民，网络安全靠人民”网络安全宣传周活动和服务进村、进厂、进校园活动。全年拓展目标20个，专项促销活动20多场。

【客户服务】 2019年，揭西联通以“百倍用心　10分满意”切入，打造品牌软实力，提升服务质量，树立良好企业形象，助力用户体验再升级；开展节假日重保服务保障，组织热点问题专项整治。不定期对营销服务人员进行业务培训，提高服务质量，为用户提供“10分满意”服务。

2019年中国联通揭西分公司经营情况表

表41

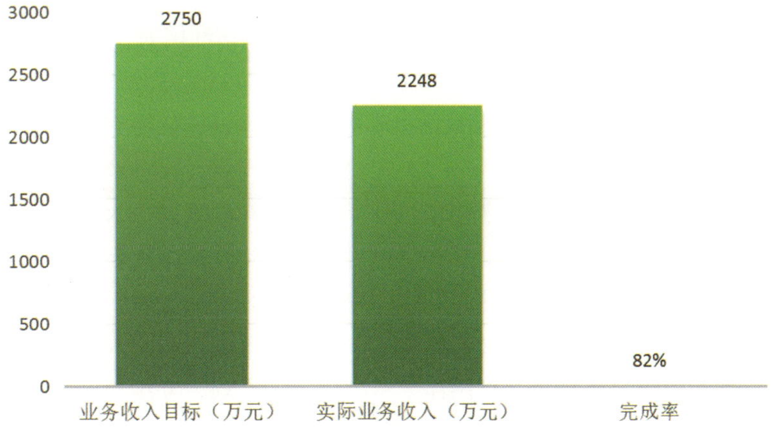

（林国龙　蔡淑霞）

城乡建设　生态环境

城乡规划

【概况】 2019年，揭西县自然资源局（简称县自然资源局）履行职责，推进城乡规划工作，组织编制各项城乡规划250项；编制土地征收供应控规单元规划指引64宗，合计面积495.70公顷；出具拟出让地块规划设计条件29宗，合计面积66.20公顷。

【城乡规划编制】 2019年，县自然资源局完成规划编制250个，分别为揭西县行政村村庄规划210个、乡镇高速公路出入口辐射区控制性详细规划（修改）3个、乡镇卫生院控规单元规划3个、乡镇粮所控制单元规划7个、县城西部城区南部城区控制性详细规划、县域乡村建设规划、县国家森林城市建设总体规划、仙径山——禅·生态文化旅游区旅游发展总体规划、棉湖镇物流园控制性详细规划、棉湖镇岭南居住区控制性详细规划、钱坑镇中心区南部控制性详细规划、大溪镇中心区控制性详细规划、金和镇山湖村（麻厂片区）控制性详细规划、东部商贸城客潭洋综合开发项目修建性详细规划（优化）、县中心城区给水工程专项规划、县中心城区排水专项规划、县中心城区消防专项规划、东园镇总体规划（2015—2035）（修改）、中园新城控制性详细规划、东部商贸城溪西片区控制性详细规划（修改）、东部商贸城控制性详细规划（修改）、通保化工有限公司三旧改造项目控制性详细规划、五经富虎峰小学控规单元规划、金和镇鱼苗场片区控制性详细规划、大溪镇坎头村片区控制性详细规划、钱坑镇陶瓷厂片区控制性详细规划、良田乡龙岭村（三旧）改造项目控制性详细规划、棉湖镇中心城区控制性详细规划、棉湖镇南部城区控制性详细规划、县城北部（养老院片区）控制性详细规划、龙潭镇井下片区控制性详细规划。按照“同步启动、同步编制、同步审查”工作原则，市、县协同推进全县国土空间规划工作。

【城乡规划管理】 2019年，县自然资源局按照“统一规划、成片开发、聚焦发展、盘活存量、加快旧改”思路以及“征地为了供地，供地是目标，征地是手段”原则，加强和规范土地征收整合储备和供应管理工作，编制土地征收供应控规单元规划指引64宗，合计面积495.70公顷；出具拟出让地块规划设计条件29宗，合计面积66.20公顷。

【重点项目规划】 2019年，县自然资源局组织编制210个行政村村庄规划；市县镇三级联动推进县域国土空间规划编制。

210个行政村村庄规划编制 组织210个行政村村庄规划编制工作，并于8月9日批准实施。至年底，实现县域行政村村庄规划全覆盖。

县域国土空间规划编制 完成县域国土空间开发保护现状评估专题；推进“一张图”数据库工作，基本完成县域“现状拼合一张图”和“规划拼合一张图”；开展调研，明确镇街、行局发展诉求；开展现状分析，形成全县开发保护总体格局初步判断。

【市政规划】 2019年，县自然资源局组织编制县中心城区给水工程专项规划、县中心城区排水专项规划、县中心城区消防专项规划，经县人民政府批复实施，夯实县城基础配套设施基础，明确全县市政工程基本现状，补充和完善市政工程规划设计序列，指导市政工程规划设计与建设。

【交通规划】 2019年，县自然资源局组织修改完善坪上、钱坑、塔头3个乡镇高速公路出入口辐射区控制性详细规划，提升重要交通节点服务能力，增强对外交通联络度，服务揭西县“一园两区”战略定位及打造国家全域旅游目的地战略布局。

【村镇规划】 2019年，县自然资源局重点推动村镇规划工作，组织编制县域乡村建设规划、210个行政村村庄规划、棉湖镇物流园控制性详细规划、棉湖镇岭南居住区控制性详细规划、钱坑镇中心区南部控制性详细规划、大溪镇中心区控制性详细规划、金和镇山湖村（麻厂片区）控制性详细规划、东园镇总体规划（2015—2035）（修改）、中园新城控制性详细规划、棉湖镇中心城区控制性详细规划、棉湖镇南部城区控制性详细规划等。

（张朋辉　吴锐佳）

国土资源管理

【概况】 2019年，揭西县自然资源局（简称县自然资源局）履行保护资源、保障发展职责，主动服务，严格规范管理，开展各项自然资源管理工作，推进自然资源节约集约利用，强化自然资源管理规则、标准、制度的约束性作用，做到服务便民高效，提升管理现代化水平，为全县打造“一园两区”生态发展示范区提供自然资源管理工作保障。全年新增建设用地指标26.93公顷；挂牌出让国有建设用地9宗，协议出让1宗；登记颁发不动产权证书1201本，颁发不动产登记证明1478份；发现、制止违法用地391宗，查处违法用地案件546宗。

【机构改革及职能配置】 2019年3月8日，揭西县自然资源局正式挂牌。根据改革方案，作为新组建部门，整合原揭西县国土资源局和县城乡规划局等职能。负责履行全民所有土地、矿产、森林、草原、湿地、水等自然资源资产所有者职责和所有国土空间用途管制职责，负责自然资源调查监测评价，自然资源统一确权登记工作，自然资源的合理开发利用及自然资源资产有偿使用工作，建立空间规划体系并监督实施，城乡建设规划管理，统筹国土空间生态修复，管理地质勘查行业和全县地质工作，测绘地理信息管理工作，自然资源行政执法工作。按照“三定方案”规定，县自然资源局内设人秘股、规划股、开发利用股、建设管理股、确权登记股、生态保护股、矿产资源股和执法大队，在17个乡镇（街道）各设1个自然资源管理所。揭西县自然资源局，核定行政编制28名，行政执法专项编制68名。下辖揭西县土地储备中心、揭西县土地开发整理中心、揭西县自然资源测绘队、揭西县自然资源信息中心、揭西县不动产登记中心5个事业单位。

【土地规划】 2019年，揭西县新增建设用地指标26.93公顷。坚持“总量控制、有保有压、区别对待、统筹分配”原则，使用新增建设用地指标28.10公顷，分别用于县城东部新城项目、揭西中园新城项目、棉湖镇北部新城项目、龙潭镇电子科技业项目和金和基地场商住项目。

【国土空间总体规划】 2019年11月，揭西县正式启动揭西县国土空间总体规划编制工作。是年，完成启动部署工作、制订工作方案、成立编制工作领导小组和召开编制工作动员会等工作，县自然资源局及技术团队全面开展资料收集、现状调研及专题研究等相关工作。国土空间规划构建以空间规划为基础、用途管制为主要手段的国土空间和开发保护制度，发挥国土空间规划指导和约束作用，提升国土空间规划现代化水平；坚持按照产业生态化、生态产业化的思路，坚持在保护中发展、在发展中保护，因地制宜发展山水旅游、农业旅游、乡村旅游，打造国家全域生态旅游目的地和全市生态发展示范区。

【耕地保护】 2019年，揭西县完成坪上镇四新村垦造水田项目，建设总规模13.17公顷，计划新增水田面积12.40公顷。制订《揭西县配合省建工集团垦造水田工作方案》，明确补偿标准，落实保障措施。完成凤江镇、坪上镇、五云镇垦造水田项目立项、招标工作，建设规模30.51公顷，计划新增水田28.93公顷。印发《关于加快推进折旧复垦项目实施的通知》，做好农村建设用地拆旧复垦工作，推动土地节约集约利用。完成2018年度揭阳市下达揭西县拆旧复垦任务10公顷，竣工验收并完成系统备案面积10.93公顷，全部指标成功交易。是年，市下达揭西县拆旧复垦任务10.6公顷，立项完成规划设计8.15公顷，竣工验收并上报交易。

【建设用地管理】 2019年，县自然资源局制定揭西县建设管理业务流程和普通个人自建房报建实施方案。制订《揭西县村民建房规划管理实施意见（征求意见稿）》和《普通个人自建房报建审批相关意见》（暂行）规范推进建设用地管理工作。核发选址意见书14宗、建设用地规划许可证22宗、建设工程规划许可证及建设工程规划核实合格证25宗。完成国有农用地和公共服务用地基准地价编制工作，在部基准地价系统备案；开展城镇基准地价、标定地价和集体建设用地、集体农用地基准地价等编制工作，开展国有土地资源资产核算工作和征收农用地区片综合地价制定工作。

【土地储备开发】 2019年，县自然资源局做好征地报批工作。县城东部樟树坑商住项目4.49公顷，上报省厅并批复同意；东园镇中园新城项目用地、龙潭镇工业用地、棉湖镇北部新城项目和金和镇基地场项目用地合计23.46公顷，上报省厅待审批。全县13个乡镇的14个污水处理厂征地报批并开展征地预公告程序；是年，推进大溪镇坎头中学1.80公顷、棉湖镇北部新城（贡山片）项目14公顷、金和镇商住项目5.33公顷征地项目。

【国有土地供应】 2019年，县自然资源局优化土地供应结构，引导市场需求，推进国有土地供应工作。县自然资源局加强与各乡镇（街道）及相关部门联系，做好国有土地出让工作。至年底，完成挂牌出让国有建设用地9宗，总面积26.20公顷，出让金额5.19亿元；协议出让1宗，面积0.63公顷，出让金额533万元。

【“三旧”改造】 2019年，县自然资源局将“十三五”期间难以实施改造的“三旧”（旧城镇、旧厂房、旧村庄）改造项目删减后，全县确认纳入标图进库“三旧”改造地块17宗，总面积65.55公顷。“三旧”改造年度实施计划项目8宗，其中工业用地5宗、旧村庄3宗，总面积8.71公顷。

【地籍管理】 2019年，县自然资源局开展第三次全国土地调查工作。农村土地利用调查方面，完成重点核查图斑上报4.15万个，举证上报图斑审核意见，其中审核通过率75.2%，高于全省平均水平（74%）。城镇村细化调查方面，1月，基本完成全部城镇村图斑的外业核查工作及外业调查举证成果进行城镇村边界的衔接工作，占比100%。6月28日，按时按质完成数据库建设工作。

【不动产管理】　2019年，县自然资源局投入239.5万元，升级提升不动产登记信息管理基础平台，压缩办理时限，实现抵押登记3个工作日内办结、其他登记类型5个工作日内办结，实现交易、税务和登记业务一窗式受理。实现与房产部门数据协同共享。是年，登记颁发不动产权证书1205本，颁发不动产登记证明1478份。

【测绘管理】　2019年，县自然资源局加强宣传《中华人民共和国测绘法》《地图管理条例》等政策法规，于8月29日开展测绘法宣传日暨国家版图意识宣传周宣传活动，以《地图管理条例》宣传贯彻为主题，突出重点，增强测绘法制观念，提高各级干部及测绘单位、测绘成果管理单位对测绘管理工作的认识。推进全县2000国家大地坐标系应用，在完成数字揭西地理空间框架建设工作基础上，推进数字揭西工作成果应用，服务农村地籍调查、不动产统一登记发证等工作。完成县城新水厂选址、管道征地、13个乡镇污水处理厂选址测量等重点工作。

【矿产管理】　2019年，县自然资源局抓好辖区内2个矿产勘查项目和8个持有采矿许可证矿业权人的监督管理工作。按照《国土资源部关于印发〈矿业权人勘查开采信息公示办法（试行）〉的通知》要求，组织矿业权人填报矿产资源勘查开采年度信息并公示，采取书面检查、实地核查、网络检测等方式检查公示信息。加强矿产资源开发利用巡查，重点检查是否越界开采、是否按照矿产资源开发利用方案开采和矿山地质环境保护等。每季度牵头组织县林业局、县水利局、县公安局、揭阳市生态环境局揭西分局、县应急管理局等单位开展联合巡查，通过现场查看、调阅档案资料等方式，检查开采现场、安全生产、水土保持、环境保护、炸药使用、林地复绿等方面，逐一列出存在问题和整改措施，要求矿业权人限期整改。制订《揭西县2019年度绿色矿山建设工作方案》，对坪上镇石圳坑采石场和大坪采石场开展绿色矿山建设，石圳坑采石场于10月底完成绿色矿山县级初审工作。做好安全生产相关工作，结合县政府、安委办组织的持续推进非煤矿山领域安全生产专项整治行动，县自然资源局检查工作组人员排查每一个采石场，发现安全生产隐患，要求立即整改排除，书面指出存在问题，要求限期整改。

【地质灾害防治】　2019年，县自然资源局调整汛期地质灾害防治值班人员，据上年度汛期地质灾害情况和危险程度，结合地质灾害调查结果，组织人力排查全县地质灾害隐患点地质灾害隐患点35个、削坡建房危险点21个，落实责任人和监测人，修改地质灾害警示牌。启动三级预警地质灾害巡查9次，出动巡查人员966人次，转移人员23人。利用2018年度广东省下达揭西县省级地质灾害防治专项资金223万元及市、县配套资金47万元，对河婆街道北坑村北新小学、灰寨镇三坝村下坝、京溪园镇大岭下小学、五云镇梅江村等边坡崩塌地质灾害治理4个治理项目开展勘查、施工。是年，揭西县接收省、市级地质灾害防治专项资金318万元，计划用于京溪园镇长滩日新学校、龙潭镇富光村一期、五经富镇龙山村等边坡崩塌地质灾害治理，完成勘查设计工作。

【土地执法监察】　2019年，县自然资源局开展涉土违法违规整治专项行动，重点整治农村“三乱”（乱租、乱占、乱建）等违法违规行为。整治违法违规用地行为，规范土地管理秩序，维护社会稳定。至年底，发现、制止违法用地464宗，总面积26.01公顷；查处违法用地案件546宗，拆除建筑物面积12.76公顷，复耕复绿面积50.08公顷，移送公安机关立案侦查15宗；查处违建别墅2宗，拆除建筑总面积1662平方米，其中楼房面积217平方米；接到扫黑除恶线索35宗。受理群众来信来访8件，办结率100%。

（张朋辉　彭志怀）

城乡建设

【概况】 2019年，揭西县城市管理和综合执法局（简称县城管执法局）推进市政基础设施建设，改善路灯和绿化景观，提高城市管理水平。是年，市政基础设施有县城道路路面标线和标志、京明路路灯工程、县城城东入口和霖都大道路灯更换工程，重点项目建设工程有县城温泉路升级改造工程和县城两河四岸毓秀工程三期项目（即原揭西县榕江南河两岸整治第三期工程）。

【机构改革及职能配置】 2019年3月22日，揭西县城市管理和综合执法局正式挂牌。县城市管理和综合执法局整合县环境卫生管理局行政职能，县住房和城乡建设局建设监察职责及相关机构的市政公用、市容环卫、园林绿化、路灯、供水管理、城乡管理执法等职责。县城市管理和综合执法局设置6个内设机构：人秘股、法规股、市政股、环卫股、园林股、执法大队，4个事业单位：揭西县环卫中心、揭西县路灯管理所、揭西县供水中心、揭西县园林管理中心。核定行政编制40名，其中行政编制8名、行政执法编制32名。

【市政基础设施】 2019年，县城管执法局完成县城道路路面标线和标志项目，在县城河堤路、金凤路、特美思大道、河山路、新东路、温泉路、农化路、新安路、河山横路、霖都大道（含党校路）、大庙路、环城东路、河江大道等路段进行道路路面标线标志；完成京明路路灯工程，主要拆除原有京溪园入口至塔头月新村路段两边旧纳灯灯具，安装控制箱4台，更换LED250瓦路灯灯具270套，更换部分供电线路，总投资44.81万元。完成县城城东入口、霖都大道更换8米单臂路灯柱配LED100瓦路灯200只。

【重点基础设施】 2019年，县城管执法局推进各项重点工程项目建设和管理。县城温泉路升级改造工程，建设内容包括：K0+420—K0+847段排污、雨水管道铺设及供水管安装，4%水泥稳定石屑铺设及5%水泥稳定级配碎石路基敷设2989平方米，路沿石和人行道砖铺设；工程完成进度60%。县城两河四岸毓秀工程三期，包括：横江河及榕江南河双江交汇滨水区景观改造，河婆大桥至滨江公园思乡亭沿江北岸景观绿化提升，滨江公园思乡亭至象山拦河闸段沿江北岸景观改造；工程基本完工。

（张　斌　林丹琪）

城乡管理

【概况】 2019年，县城管执法局加大巡查力度，鼓励群众举报，开展侵占公共地方违建整治工作，开展专项整治和日常执法巡查，清理整治乱摆乱卖、占道经营现象严重路段，强化市容和环境卫生管控。全年立案查处违建77宗；查处沿街门市占道3370处。

【行政执法】 2019年，县城管执法局加大违建查处整治力度，形成常态化巡查和联合执法合力，维护建设秩序。在县城各区域开展拉网式排查，牵头组织相关部门开展专项行动40余次；在全县查封、断水断电和扣留施工工具等139宗，其中立案查处违建77宗，查处总面积75.02公顷，拆除总面积2.08公顷，防止违建者顶风抢建。加大对全县各类餐饮企业执法力度，打击未安装油烟净化装置、乱排放油烟等违法行为。

【市容市貌整治】 2019年，县城管执法局推动市容市貌整治，开展专项整治和日常执法巡查，按照“主干道严抓、次干道严控、背街小巷井然有序”管理原则，清理整治乱摆乱卖、占道经营现象严重路段。至年底，查处沿街门市占道3370处，整治流动商贩乱摆乱卖经营1000处，拆除吊挂雨篷、遮阳伞等780个，没收、销毁遮阳伞水泥墩400个，拆除乱拉乱挂横幅320条，没收移动式招牌广告600个，拆除塑料、水泥台阶沿坡500个，拆除车位地锁80个。

（张　斌　林丹琪）

【城乡生活垃圾处理】 2019年，揭西县住房和城乡建设局（简称县住建局）以“户收集、村集中、镇转运、县处理”开展生活垃圾收运处理工作，不定期随机巡查、督查各乡镇（街道）垃圾转运情况。全县农村生活垃圾处理率95%以上，生活垃圾得到收集、转运和处理的行政村318个，行政村保洁覆盖率100%。废止《广东省主体功能区产业准入负面清单》，推进建筑垃圾消纳场项目，项目处于可研设计阶段。

（李进雄　李美荣）

【城乡污水处理】 2019年，揭西县推进生活污水处理设施及配套管网建设，补齐环保基础设施短板，改善乡村宜居环境，实现县城污水处理率85%以上，乡镇一级污水处理设施全覆盖，农村生活污水处理率80%以上。推进全县生活污水处理设施建设PPP（政府和社会资本合作）项目，新建镇级污水处理厂14座和农村污水处理站218座，日处理能力4.41万吨。抓好县城污水处理厂配套管网建设，县城污水处理厂二期工程建成通水，日处理能力由1.33万吨提升至4万吨，排放标准由一级B提升至一级A；启动县城污水处理厂及配套管网三期工程，新建管网长4.15千米。棉湖污水处理厂二期工程日处理能力由2万吨提升至4万吨，排放标准由一级B提升至一级A，新建截污管网26.33千米；凤江镇污水处理厂建成通水，日处理规模1万吨，截污管网6.20千米，排放标准一级A；启动凤江镇内河涌水质改善提升项目，建设管网4.25千米；龙潭镇黄竹溪水质提升工程，建设规模约1000立方米/天畜禽养殖及生活污水混合处理的污水处理站及配套管网，管网长度约4.56千米；金和段（金里片区）水质保护工程，建设处理规模1500立方米/天的A^2/O生化处理工艺生活污水处理站1座，铺设配套管网1.25千米，改造配套管网1千米。推进五经富河饮用水源保护工程，在北部片区铺设集污管网4.5千米，在西岸片区铺设集污管网4千米。抓好坪上镇湖光村、金和镇山湖村、东园镇月湄村3个农村污水处理站运营，日总处理规模800吨，出水基本稳定达标排放。推进农村雨污分流工程建设，加强生活污水治理工作，全县1066个20户以上自然村雨污分流工程开工1062个，开工率99.6%；完工

2019年4月23日，县城管执法局执法大队在县城河山路清理整治非法占道经营

（县城管执法局　供稿）

771个，完工率72.3%。

（李进雄　李炳雄）

【农村困难群众住房改造】　2019年，揭西县加大贫困户住房安全保障，推进危房改造。执行各项审批程序，联合相关部门，对拟纳入2019年度农村危房改造任务改造对象逐户核查；联合县有关职能部门对全县2019年农村危房改造户62户实地核查验收；补助资金实行专项管理、专账核算、专款专用，对验收合格的直接将补助资金支付到危房改造农户“一卡（折）通”账户。至年底，全县农村危房改造开工62户，竣工62户，拨付补助资金206万元。

（李进雄　张正勇）

城市供水

【概况】　2019年，揭西县自来水公司（简称县自来水公司）供应县城、河婆街道近20万人口生活饮用水及少数工业用水，监控水源，检测水质安全，维修供水设施，保证用水安全稳定。是年，新装水表313个，改造维修主管240多米、巷管4718米，维修供水设施1356次，维修、更换水表180次，应急抢修168次。

【供水经营】　2019年，县自来水公司供水收入992万元，其中水费收入809万元，比2018年（下同）增加56万元；安装收入183万元，增加91万元。全年抽水量657.1万立方米，增加23.8万立方米。全年售水量525.6万立方米，增加19万立方米。

【水质检测】　2019年，县自来水公司采用地表水为饮用水水源，主要采用传统工艺包括混凝、沉淀、过滤、消毒4部分。公司化验室配备浊度仪、721型分光光度计、电子天平秤等设备。主要检测项目17项：色度、浑浊度、臭和味、肉眼可见物、PH值、铁、锰、氯化物、硫酸盐、氟化物、总硬度、耗氧量、硝酸盐、余氯、氨氮、总大肠菌群和菌落总数。新国标规定检测项目多技术含量高、检测难度大，公司在设备和技术手段滞后现实情况下，主要每日进行水源水的浑浊度、色度、臭和味、肉眼可见物、耗氧量、氨氮6项，及出厂水浑浊度、色度、臭和味、肉眼可见物、耗氧量、细菌总数、总大肠菌群、氨氮、余氯9项检测，每月2次进行管网水浑浊度、色度、臭和味、余氯、细菌总数、总大肠菌群、耗氧量检测。为保证水质，每月委托揭西县疾病预防控制中心及汕头市为民水质检测有限公司检测出厂水、水源水、末梢水，全部符合生活饮用水安全标准。

（张国旭　朱雪芳）

燃气管理

【概况】　2019年，揭西县有液化石油气企业7家，分别为揭西县五经富石油气储配站、县灰寨金辉燃化有限公司、县棉湖联达石油液化气有限公司、县金和安乐石油气有限公司、县三和石油气有限公司、县商业石油液化气有限公司、县河婆燃辉石油气站。至年底，燃气普及率95%，全县液化石油气企业液化石油气库存量800吨；城乡居民液化石油气消费量1.59万吨。

【燃气安全生产监管】 2019年，揭西县做好燃气安全生产监管，强化日常监管，落实企业主体责任，规范燃气生产标准，加强宣传，提升企业与群众燃气安全意识。至年底，开展燃气企业安全检查50次，排除安全隐患140处。全年实现燃气行业零事故。

2019年揭西县城镇燃气经营企业情况统计表（液化石油气、人工煤气）

表42

企业名称	气种	储气设计能力（吨）	存气总容量（吨）	存气量可供天数（日）	季度总购气量（吨）				进货价（元/吨）	季度总销售量（吨）	销售价（瓶装气）（元/15千克）	企业负责人姓名	企业所有制性质	企业气站等级	企业地址
					合计	外省气	进口气	炼厂气							
揭西县五经富石油气储配站	液化石油气	50	50	15	560		460	100	4700	560	70	陈晓华	有限责任公司	3	五经富徐屋岭
棉湖联达石油液化气有限公司		100	50	6	630		630		4180	630	65	韦金叶		3	棉湖甲埔村
揭西县商业石油液化气有限公司		200	100	30	320		320		5500	320	82	陈自现		3	坪上徐巴岭
揭西县安乐石油气有限公司		50	45	4	950		950		4100	950	75	林基立		3	金和金鲤开发区
揭西县金辉燃化有限公司		100	100	10	450		450		4200	450	76	袁奕群		3	灰寨河伍村
揭西县燃辉石油气站		50	45	5	410		230	180	5000	410	80	彭志响		3	河婆坪门径
揭西县三和石油气有限公司		50	50	7	220		220		4900	220	82	李耀辉		3	金和杜塘村

（李进雄　李美荣）

建筑业

【概况】 2019年，揭西县住房和城乡建设局（简称县住建局）强化建设工程质量安全监督管理，规范招投标行为，推进市场诚信管理，引导建筑业健康有序发展。全年全县施工项目18个，施工面积70.83公顷，总造价18.12亿元；房建市政工程招标37项，中标价3.11亿元。

【工程勘察设计】 2019年，揭西县暂无人申办工程勘察劳务类资质许可。县住建局加强对外来勘察设计单位管理，凡进入揭西县勘察设计企业必须到“揭阳市建筑业诚信信息管理平台”录入备案；要求其建立健全质量管理体系，落实勘察设计质量责任制，强化专业技术人员的责任意识，严格按照现行规范标准进行勘察设计，严格执行“三级校审”制度，设计成果提交建设单位时，必须有设计、校对、审核、审定人签字（设计、校对、

2019年揭西县在库资质以内建筑企业情况表

表43

企业名称	等级	所在地
揭阳市揭西建筑安装工程总公司	二级	揭西河婆街道
揭阳市宏通路桥建设有限公司	三级	揭西县京溪园镇
揭西县东日工程建设有限公司	三级	揭西县灰寨镇
揭西长安建设实业有限公司	二级	揭西县河婆街道
揭阳市揭西建筑集团公司	一级	揭西县河婆街道
揭西县安华电力工程有限公司	三级	揭西县河婆街道
广东汉筑建筑有限公司	三级	揭西县大溪镇
广东潮远幕墙有限公司	三级	揭西县东园镇
揭西县恒宇混凝土有限公司	搅拌站无分资质等级	揭西县河婆街道
揭西县新塔混凝土有限公司		揭西县龙潭镇
揭西县巨塔混凝土有限公司		揭西县东园镇
揭阳市凯盛混凝土有限公司		揭西县河婆街道
揭阳市宏通路桥建设有限公司		揭西县京溪园镇
揭阳市揭西建筑安装工程总公司		揭西县河婆街道

审核、审定人不能兼任)。

【建筑市场管理】 2019年，县住建局扶持建筑企业发展，全县各建筑企业及时注册并纳入全市诚信管理体系。至年底，新增资质以上建筑企业1家——广东潮远幕墙有限公司。全县在库资质以内建筑业企业14家，其中一级资质建筑企业1家，二级资质建筑企业2家，三级资质建筑企业5家，专业承包不分等级资质6家。全县建筑企业诚信状况良好，无出现不良行为。是年，建筑业实现增加值5.9亿元，比2018年增长40.5%。

【建筑工程招投标】 2019年，县住建局规范招投标行为，严格监督招投标工作。按照《中华人民共和国招投标法》执行建筑项目应招投标，各类招投标均符合相关法律规定。至年底，房建市政工程招标标37项，中标价3.11亿元。惩治房屋建筑和市政基础设施工程建设领域中恶意竞标、强揽工程、转包、违法分包等突出问题。

【建筑工程报建】 2019年，县住建局按照《建筑工程施工许可管理办法》，加强建筑工程报建管理，规范建筑工程报建程序，强化批后管理工作。全年全县施工项目18个，施工面积70.83公顷，总造价18.12亿元，包括商住楼、公共建筑、市政工程。

（黄　南　王智敏）

【建筑节能】 2019年，县住建局推进建筑节能建设，发展绿色建筑，建立绿色建筑暨建筑节能工作目标责任制和考核制度，在新建绿色建筑建设、既有建筑节能改造、可再生能源建筑应用、建筑运行节能监管等领域推进绿色建筑行动。新建民用建筑的规划、设计、建设均采用一星以上绿色建筑标准；在建工程项目完成新建绿色建筑（二星级）面积12.20公顷，设计阶段绿色建筑节执行率100%。

【工程质量管理】 2019年，县住建局加强全县建设工程质量监管，随机抽查建筑材料和工程实体，合格率100%，并监管工程实施全过程。是年，新增质量注册项目15项，竣工验收14项，一次性验收合格率100%。

【工程安全监督】 2019年，县住建局强化工程安全监督，主要是监管五方责任体安全行为，实施动态管理，对违反安全管理人员动态记分。全年出动检查人数220人次，发出建筑工程隐患整改通知单44份，发现隐患188条，全部落实整改。依据《广东省住房和城乡建设厅关于房屋建筑和市政基础设施工程施工质量安全动态管理办法》，对建设、勘测、设计、施工、监理、检测单位及其质量安全相关人员未履行质量安全责任情况量化记分，发出建筑工程施工质量安全动态记分71份。全年未发现重大质量安全隐患。

【工程造价管理】　2019年，县住建局结合市局信息价，加强与建设单位、施工企业、造价咨询企业工程结算情况信息交流，调查全县的建筑材料价格，每月及每季度编制揭西县建筑材料信息价，提高材料价格信息的准确性和及时性，客观全面反映材料价格市场行情。

2019年各建筑集团公司承建主要工程一览表

表44

工程名称	建筑面积（平方米）	投资总额（万元）	建设单位	施工单位
曾少波宿舍楼	20350	1750	曾少波	揭阳市揭西建筑安装工程总公司
揭西县妇幼保健住院综合大楼、门诊大楼、医技楼工程-1#住院综合大楼	22465.68	6008.73	揭西县妇幼保健院	
揭西金溪润园住宅小区	48233	17000	广东创贤房地产开发有限公司	
揭西县五经富中心卫生院新建住院综合大楼	11311	2619	揭西县五经富中心卫生院	
揭西县河婆街道中心幼儿园新建教学楼	1891	511.86	揭西县河婆街道中心幼儿园	
揭西县河婆街道星曜城花园（一期）建设工程	305990.7	93354.78	揭西县胜兴房地产开发有限公司	
温泉路升级改造工程	0.85千米	960.57	揭西县城市综合和执法局	
揭西县凤江污水处理厂及配套管网（一期）	2320.8	6679.47	汕头市建筑工程总公司	汕头市建筑工程总公司
揭西县龙潭卫生院住院综合大楼	1291	375	揭西县龙潭卫生院	广东弘禹建筑工程有限公司
揭西县人民医院住院综合楼	32357	11227.5	揭西县人民医院	广东强雄建设集团有限公司
揭西碧桂园（一期）	475154.48	127980.73	揭西碧桂园置业开发有限公司	广东兴宁市第二建筑工程有限公司
揭西县棉湖污水处理项目二期工程PPP项目	6188	11789	广东省环境工程装备有限公司	广东省环境工程装备有限公司
揭西县棉湖镇镇区道路升级改造二期工程	0.88千米	4522.26	棉湖镇人民政府	广东建邦兴业集团有限公司
东园碧桂园（标段一）	93490.69	22146	揭西东园碧桂园房地产开发有限公司	深博建智慧建造科技有限公司
宏和·金水湾A区	111442	20951	揭西县宏和投资有限公司	太原市第一建筑工程集团有限公司公司
揭西县凤江镇内河涌水质改善提升项目	—	1392.9	凤江镇人民政府	揭西长安建设实业有限公司

（黄　南　蔡冬鸣）

房地产业

【概况】 2019年，揭西县有房地产开发企业19家，其中三级资质房地产企业6家，分别是揭西县城市建设综合发展公司、广东创贤房地产开发有限公司、揭阳市凯瑞投资有限公司、揭西县湖坡建设开发有限公司、揭西县盛发房地产开发有限公司和揭西县宏和投资有限公司。是年，一手房交易办理不动产权证481宗，销售面积7.23万平方米；二手房交易122宗，销售面积1.83万平方米；商品房销售总额4.31亿元，销售均价4756元/平方米。

【房地产开发】 2019年，揭西县开工建设房地产开发项目有揭西碧桂园置业开发有限公司开发于河婆街道樟树坑村地段的揭西碧桂园，揭西东园碧桂园房地产开发有限公司开发于东园镇中洲村河猪坑（中园新城）地段的东园碧桂园，揭西县胜兴房地产开发有限公司开发于河婆街道沿江东路以东的星曜城花园，广东创贤房地产开发有限公司开发于大溪镇华阳大道的金溪润园住宅小区，揭西县宏和投资有限公司开发于棉湖镇沿江路以东片地段的宏和·金水湾（A区）。

【房地产市场管理】 2019年，揭西县于9月底投入运行商品房预售网签子系统，加强房地产市场监管，提高市场透明度，防止阴阳合同、一房多卖，保护购房者权益，同时完善市场监测分析，了解市场供求信息，为政府提供决策依据。实施商品房（预）销售现场检查制度，规范商品房销售行为，查处违法违规行为，维护房地产市场秩序，保护消费者合法权益。

【房地产市场与交易】 2019年，揭西县加强房地产市场监管，规范房地产交易程序。全年全县一手房交易办理不动产权证481宗，销售面积7.23万平方米；二手房交易122宗，销售面积1.83万平方米；商品房销售总额4.31亿元，销售均价4756元/平方米。

【保障性住房建设】 2019年，揭西县保障性住房工作重心由建设转为后期管理，强化与社区、乡镇（街道）人民政府、县民政局等部门配合协调，完善不符合继续保障条件住房租户退出机制。是年，全县保障性住房383套（其中河婆216套、棉湖167套），企事业单位投资建设380套，合计763套，分配完成率100%。

【物业管理】 2019年，县住建局加强物业管理住宅小区消防安全管理工作，要求各物业服务企业组织检查消防安全责任是否落实及消防管理制度、消防设施设备和火灾防范措施是否到位，组织全县物业小区消防安全检查。指导物业服务企业加强电动车停放、充电设施安全管理，规范电动车停放充电行为；要求缺少电动车充电停放场所住宅小区分批增建、改建电动自行车充电场所。全年解决物业管理问题102宗。

【住宅建设】 2019年，揭西县落实住宅建设相关规范制度，推进全县住宅建设。全年全县在建住宅小区有揭西碧桂园、东园碧桂园、星曜城花园、金溪润园住宅小区和宏和·金水湾（A区）等。是年，房地产开发投资额4.36亿元，在建施工面积64.35万平方米。

（刘向东　曾振星）

生态环境

【概况】 2019年，揭西县践行生态文明思想，围绕“生态发展示范区”定位，健全环保规划，加强环境管理，强化环境监测和监察，加大污染治理力度，推进污染防治攻坚工作，全县环境质量持续优化。全年完成建设项目环评审批55个，完成环保（固废）验收项目28个，发放排污许可证52份；环境执法部门送样监测30家次、44个水样，监督性监测40家次、80个水样。

【机构改革及职能配置】 2019年，揭西县组建揭阳市生态环境局揭西分局，作为揭阳市生态环境局派出机构，不再保留揭西县环境保护局。5月9日，揭阳市生态环境局揭西分局于正式挂牌。揭阳市生态环境局揭西分局为县政府工作部门，整合国土、水利、农业等部门部分职能和分散的生态环境保护职能，充实污染防治、生态保护职能领域，加强统一监管。揭阳市生态环境局揭西分局设置5个内设机构：办公室、管理股、执法一股、执法二股、执法三股，1个事业单位：揭西县环境监测站，核定行政编制26名（其中行政编制1名、行政执法编制25名）、暂保留后勤服务人员数4名。

【环境质量】 2019年，揭西县环境质量持续改善。环境空气自动监测系统24小时不间断监测大气，全年空气质量良好，二氧化硫、二氧化氮、可吸入颗粒物的年日均值分别为0.006毫克/立方米、0.017毫克/立方米、0.036毫克/立方米，均符合《环境空气质量标准》GB3095-1996二级标准，空气质量日报优良率97.4%，达到2019年省环保1号令下达的年度目标（≥93%），实现六项指标全面达标成效。城市饮用水源水质达标率100%，榕江南河东园断面和龟山塔断面水质均达《地面水环境质量标准（GB-3838-2002）》Ⅱ类标准。区域环境噪声质量处于较好水平，达到声环境质量标准。

【环保规划】 2019年，揭西县以“生态发展示范县”为定位，树立绿色低碳发展理念，推行清洁生产，引导企业提高生产技术和工艺水平，鼓励企业建立循环经济联合体，加快形成资源消耗低、环境污染少、资源利用水平高的产业发展新格局，倡导绿色消费、低碳消费理念，推动实现产业结构低碳化、城市空间低碳化、生活方式低碳化和政府管理低碳化。

【环境管理】 2019年，揭阳市生态环境局揭西分局（简称市生态环境局揭西分局）严格执行《建设项目环境保护管理条例》和《中华人民共和国环境影响评价法》等有关法律法规，严把建设项目审批关，杜绝污染重、耗能高项目上马。全年完成建设项目环评审批55个，完成环保（固废）验收项目28个，发放排污许可证52份。

【环境监测】 2019年，市生态环境局揭西分局围绕生态文明建设，加强环境监测，为做好环境规划和环境执法提供科学依据。是年，对榕江南河流域水质预警监测47次，对全县23个河长制“考核”断面取样检测26次，环境执法部门送样监测30家次、44个水样，协助环境执法部门处理噪声投诉案件9宗，监测站参与案件自采样13家次、34个水样，客观反映污染治理成效，强化对生态环境污染的成因分析、预测预报和风险评估。空气质量自动监测系统建设完成并投入运行。

【环境监察】 2019年，市生态环境局揭西分局联合相关部门及各乡镇（街道）人民政府，启动“5+2”“白+黑”模式，对辖区企业（厂），尤其是涉水企业采取日夜不间断方式全方位、地毯式检查，出动执法人员2800多人次，检查企业1400多家次，发出责令通知书42份，查封扣押1宗，立案查处41宗；移送公安部门案件8宗（其中涉行政案件6宗，刑事拘留2宗，刑事拘留1人）；行政拘留案件6宗，行政拘留6人；取缔“散乱污”企业24宗，处罚金额459.65万元。

【饮用水源保护】 2019年，市生态环境局揭西分局采用定期取水监测和第三方服务，监测饮用水源保护区，结果显示地表水环境质量标准基本项目及集中式生活饮用水地表水源地补充项目均符合《地表水环境质量标准》（GB3838—2002）Ⅱ类标准要求，饮用水源地水质达标率100%，水质良好。加强饮用水源地水源保护区范围的执法检查，并投资1300多万元，实施揭西县各建制镇集中式生活饮用水源保护区标准化设置工程，在钱坑饮用水源一级保护区、五云镇饮用水源一级保护区、上砂镇饮用水源一级保护区、水打坝水库饮用水源一级保护区、北山水库饮用水源一级保护区、横江水库饮用水源保护区、揭西县饮用水源保护区、五经富饮用水源一级保护区、龙颈水库饮用水源一级保护区、榕坑溪饮用水源保护区10个饮用水源地一级保护区范围内按照规范要求设置围网工程及界牌、界桩、警示牌，加强管理，确保取水安全，促进水资源合理利用。

【污染治理】 2019年，市生态环境局揭西分局围绕重点流域、重点区域、重点行业的突出环境问题精准发力，加大执法力度，严厉惩治环境违法行为。制订《揭阳市生态环境局揭西分局环境监管网格化管理工作方案》，将全县划分为17个单元网格，落实网格化监管责任，构建纵向到底、横向到边的环境监管网络。集中饮用水源地河江大桥每季度监测一次，分析项目66项，每年第三季度进行一次全析109项；揭西县五经富镇联和村川天王饮用水源地每半年监测一次，分析项目66项；榕江东园断面、横江水库、龙颈水库每逢单月取水监测一次。集中排查整治污染问题，对严重污染环境的企业坚决整顿，对未批先建、违法排污、偷排直排污染物等违法行为坚决查处，从严处罚，发现一起，查处一起。

【固体废物管理】 2019年，市生态环境局揭西分局推进固体废物进口管理制度改革，严厉打击非法转移倾倒固体废物行为；强化危险废物规范化管理，督促、指导企业及时做好申报登记、管理计划、危废产生台账、合法转移等工作，全县在广东省固废平台完成注册的企业45家，完成申报登记企业45家，完成率100%。

【水污染治理】 2019年，揭西县以榕江南河水环境质量全面达标为目标，加强污水处理基础设施建设。建设揭西县农村生活污水处理设施PPP项目、揭西凤江镇内河涌水质提升工程、县城污水处理厂配套管网三期工程、揭西县黄竹溪龙潭段水质提升工程、榕江南河揭西县金和段（金里片区）水质保护工程等设施；推进雨污分流工程建设，投资8.21亿元建设农村雨污分流工程，建设管网2453.86千米；推进中小河流治理工程，完成河道治理61千米；抓好水浮莲及漂浮物打捞工作，打捞水浮莲及漂浮物6.82万吨，清理“五水”（河、溪、沟、渠、塘）水面长度1333千米、面积152.70平方千米；加强

2019年6月6日，市生态环境局揭西分局在凤江镇举行“6·5”环境日宣传活动
（市生态环境局揭西分局 供稿）

入河排污口管理，利用雨污分流工程或其他初期雨水截留工程，将入河排污口纳入市政污水管网中，完成入河排污口整治11个。全县饮用水源水质达标率100%，省控龟山塔断面水质达Ⅱ类标准，市控东园后寮断面水质达Ⅱ类标准。

（刘讯涛　林灿豪）

环卫工作

【概况】 2019年，揭西县县城日常环境卫生工作由外包服务公司承担，县城市管理和综合执法局负责监督管理。通过政府购买公共服务，将县城环卫综合服务工作外包给福建龙马环卫装备股份有限公司。县城清扫保洁区域覆盖2个片区（城中片、城东片）、8个居委、5个行政村，主要是各级道路和广场；负责运营管理公厕8座、中转站3座。揭西县北控威保特环境科技有限公司负责揭西县老虎坷垃圾填埋场无害化填埋处理工作，北京沁润泽环保科技有限公司负责渗滤液处理工作，江苏生久环境科技有限公司负责除臭灭蝇工作，广东伟创科技开发有限公司负责渗滤液处理在线监控工作。

【县城环卫管理】 2019年，揭西县环境卫生管理中心加强县城环境卫生管理及对服务外包公司监管。县城主要街道保洁时间在16小时以上，次要街道保洁时间在12小时以上，并根据实际情况适当延长保洁时间。实行全天候定时、定人、定岗巡回保洁制度；生活垃圾定时定点收运，做到日产日清；落实“门前三包”（包卫生，包绿化，包秩序）制度；加强社会管理力度，遏制乱丢、乱倒垃圾行为；推进“创文创卫”工作，参与环境卫生综合整治活动。

【环卫基础设施建设】 2019年，揭西县扩容续建揭西县老虎坷垃圾填埋场。扩容续建项目被揭阳市、揭西县分别列为重点项目工程，占地面积4.66万平方米。5月，完成工程建设，新增库容48万立方米，新增160吨/天DTRO（碟管式反渗透）渗滤液处理设备1套。是年，揭西县老虎坷垃圾填埋场无害化处理全县城乡生活垃圾13.50万吨。

（张壮厅　蔡美玲）

2019年6月29日，三吨洗扫车在滨江公园前开展清扫作业　（罗庆跃　摄）

旅游业

综　述

【概况】 2019年，揭西县旅游工作围绕“打造生态发展示范区，以‘生态之美’美‘揭西之美’，加快推进生态产业化、产业生态化步伐”发展战略定位，加强党政统筹，创新体制机制，丰富供给体系，完善基础设施，提升公共服务。成为广东省首批全域旅游示范区，跻身广东省旅游综合竞争力十强县。至年底，全县旅游接待1341.30万人次，比2018年（下同）增长12.4%，其中过夜接待385.40万人次，增长13.1%；旅游总收入78.87亿元，增长15.0%。

【旅游产业规模】 2019年，揭西县有国家AAAA级旅游景区2家，国家AAA级旅游景区1家，国家级森林公园1个，省级旅游度假区1个；有揭西希桥酒店、揭西县京明温泉度假村、大洋云雾山庄等各类旅游接待酒店51家，客房2970间，床位4180个；有霖都旅行社、揭之旅国际旅行社、新世纪旅行社等6家旅行社，导游43人（初级导游）。

2019年揭西县主要酒店一览表

表45

酒店	地址
揭西县京明温泉度假村	广东省揭阳市揭西县京溪园镇新洪村1号
揭西大北山国家森林公园京明度假村	揭西县南山镇大北山国家森林公园京明度假村
揭西希桥酒店	揭西县河婆街道
大洋云雾山庄	揭西县五经富镇
大洋国际生态旅游度假区	揭西县五经富镇

表46

2019年揭西县主要旅行社一览表

旅行社名称	成立时间	联系电话	地址
揭西县新世纪国际旅行社有限公司	2007.8	0663—5252618	揭西县棉湖镇湖西大道南湖41—42号新世纪国际旅行社
揭西县霖都旅行社有限公司	2008.1	0663—5591116	揭西县城霖都大道183号
揭西县揭之旅国际旅行社有限公司	2011.6	0663—5535869	广东省揭西县滨江公园侧彩虹桥转圆边
揭西星程国旅	2015.5	0663—5282128	揭西县棉湖镇湖西大道59—60号
揭阳市视界旅游有限公司揭西县棉湖分公司	2017.4	0663—5228228	揭西县棉湖镇湖西大道中段
揭西县环游国际旅行社有限公司	2019.5	0663—5661868	揭西县城特美思大道22号

【旅游发展规划】 2019年，揭西县以打造乡村旅游产业带为目标，指导乡村旅游示范点编制乡村旅游规划，编制《揭西县金和镇山湖村旅游总体规划》《揭西县京溪园镇旅游风情小镇旅游总体发展规划》等特色小镇和乡村旅游项目规划。

【旅游公共服务】 2019年，揭西县通过创建国家全域旅游示范区，提升公共服务，完善基础设施。出台《揭西县旅游厕所评级奖励实施方案（试行）》和《揭西县关于鼓励民宿（农家乐）发展的实施意见（试行）》文件。投入150万元，设置37块旅游交通导向标识牌；投入1000多万元，新（改）建核心景区、乡村旅游示范点等65个旅游厕所，在主要景区和休闲街区设置60个游客服务中心（驿站）和学雷锋志愿服务站点。

【重大旅游活动】 2019年，揭西县投入340多万元，举办广东揭西第三届梅花节、广东揭西首届冰雕美食文化节、广东揭西第二届樱花节、广东揭西首届茶旅文化节、广东揭西首届国际水舞狂欢节、2019广东揭西“火炬村”红色之旅千人徒步活动、广东揭阳首届潮客粤菜师傅乡厨厨艺邀请赛等节庆活动，引进珠三角地区客源到揭西县旅游消费，带动当地农副产品和特色旅游商品的销售。

（陈　燕　何丽珊）

旅游市场开拓

【概况】 2019年，揭西县完善景区景点基础设施和公共设施建设，加快推进旅游项目建设，强化旅游宣传推介，发展乡村旅游，开拓旅游市场。是年，京溪园镇被广东省文化和旅游厅评为首批广东省旅游风情小镇，樱山花谷景区被广东省农业农村厅、广东省文化和旅游厅评为广东省休闲农业和乡村旅游示范点。

【旅游项目建设】 2019年，县文广旅体局牵头打造旅游重点项目“和天下”特色康养建设项目。至年底，完成建设2个旅游厕所、发电机房、练习场防撞隔离栏、景区主干道反光镜、花卉中心、核心景区规划设计，以及游步道、茶文化观光园、教育基地、茶叶培育基地升级改造等，累计投资1.87亿元。

【旅游宣传推介】 2019年，揭西县依托电视、报刊、微博、微

2019年11月16日，广东第八届粤东侨博会在汕尾市举行。图为揭西擂茶参展现场
（县文广旅体局　供稿）

信等载体开展旅游宣传推介，投入156.69万元在揭阳市、汕头市、潮州市、汕尾市、梅州市等地电视台和《中国旅游报》《南方日报》等报刊投放揭西旅游宣传广告；加强与发达地区及周边县区的旅游交流与合作，组织重点旅游企业走出去，赴昆明市、中山市、佛山市、惠州市、汕尾市等地开展旅游宣传推介，参加2019广东国际旅游产业博览会、2019年广东文化旅游产业投融资对接会等。

【乡村旅游发展】 2019年，揭西县结合各地特色自然人文资源，开发利用潮客文化、山水风光等乡村特色资源，打造金和镇山湖村、京溪园镇樱山花谷、棉湖镇鲤鱼沟村、南山镇火炬村、龙潭镇关山村等一批乡村旅游示范点，挖掘打造特色旅游。打造良田旅游小镇和以“梅文化”为主题的坪上万梅谷文化小镇。京溪园镇被广东省文化和旅游厅评为首批广东省旅游风情小镇，樱山花谷景区被广东省农业农村厅、广东省文化和旅游厅评为广东省休闲农业和乡村旅游示范点。成功申报金和镇山湖村、棉湖镇南门里社区为首批广东省文化和旅游特色村（社区）。“潮风客韵，民俗文化”揭西三天两夜乡村旅游线路、“观瀑赏玉”揭阳两天一夜乡村旅游线路（跨区县）被广东省文化和旅游厅评为首批广东省乡村旅游精品线路。

【重点景区景点】 京明温泉度假村　京明温泉度假村位于揭西县京溪园镇，是国家AAAA级旅游景区、全国农业旅游示范点、国民旅游休闲示范单位、广东省体育旅游示范基地、广东省养生旅游示范区、广东省中医药文化养生旅游示范基地，也是中国养生茶文化主题度假村之一。度假村规划总面积744.8公顷，其中湖水面积80公顷，茶园146.67公顷，橡胶林53.33公顷，果林33.33公顷。主要景点有水上世界、动物观赏园、橡胶园、盘古文化园、京明长城等。度假村是一个集生态农业、观光休闲、养生度假于

京明温泉度假村　（李维照　摄）

一体的综合性旅游度假区。拥有10幢仿欧式建筑楼房，标准客房、套房和总统套房350间（套）；有可容纳400多人的多功能会议厅和可容纳2000多人的文化场馆；餐饮方面有按四星级装修的京都酒楼和潮客食苑，京都酒楼以菜肴“紫气东升”获得2019年揭阳首届潮客粤菜师傅乡厨厨艺邀请赛金奖；休闲场所有按中国古典风格装修的湖心茶馆和茶艺馆；娱乐方面有温泉休闲中心和水上世界等。

黄满寨瀑布旅游区 黄满寨瀑布旅游区位于揭西县京溪园镇，被誉为“岭南第一瀑”，是国家AAAA级旅游景区、省地质公园、广东省国民休闲旅游示范单位、揭阳美丽10佳景区之一，是揭西县生态旅游名片。黄满寨瀑布自上而下分五级：一级是宽82米、落差56米，被誉为“岭南第一瀑”的飞虹瀑布；二级是银河崆瀑布；三级是落差120多米的落九天瀑布；四级是三叠谷瀑布；五级是斗方崆瀑布。五级瀑布直奔狂泻，落差300多米，到达寿星潭。景区内“黄满寨民俗村”于2012年建成开放，内有农家文化区、农家度假区、茶园观赏区、农家餐厅区、农家乐综合服务区、旅游接待区、亲水活动区和游客中心等项目，是半山客民俗展区。

大北山国家森林公园 大北山国家森林公园地质古老，属莲花山余脉，平均海拔700多米，总面积3466.67公顷。园区内动植物资源丰富，拥有南亚热带季风常绿阔叶林、其他天然林等多种植物及国家重点保护野生动物，植物148科700多种，其中福建柏（国家一级珍稀濒危保护植物）约70公顷、大头茶（黄牛檀）林1933公顷、原始自然林1149公顷、毛竹林67公顷。公园内森林覆盖率在85%以上，负氧离子含量高，是一个天然“大氧吧”。园区主要景观有十八湾瀑布、龙潭崆瀑布、九县崇、天子壁、北山日出、北山枫林以及毛竹园、茶园风光等。园区内有大北山革命历史纪念馆、知青楼、革命旧址红军寮、潮汕人民抗征

黄满寨瀑布旅游区 （李维照 摄）

大洋国际生态旅游度假区 （李维照 摄）

队后方医院、司令部及红军纪念馆等红色旅游资源。

大洋国际生态旅游度假区 大洋国际生态旅游度假区位于揭西县五经富镇大洋，1996年由知名华侨邹顺达创建，占地800公顷，平均海拔约800米，最高峰乌岽峰海拔1000米，年平均气温19℃，负氧离子浓度长期保持1200个/立方厘米，是一处以“健康长寿、和谐自然、采茶品茗、休闲健身”得天独厚的避暑度假胜地。2012年起由广东宏和集团投资，以“避暑胜地”和“养生天堂”为主要发展目标，结合健身运动与休闲观光，打造成集旅游、度假、休闲、会议、教育为一体的综合型旅游度假区。度假区拥有情人湖（瑶池月）、乌岽峰、火焰山、万寿山风景区、广东省第一座高山18洞高尔夫球场、兰花科普基地等30多个景点；配套大型停车场、游客服务中心、100多套马来西亚风格的度假别墅、会议中心和中西餐厅等设施；夏秋季节每周末举办“茶山云海，悠然大洋”主题大型露营篝火活动；设置越野基地、香格里拉部落、山景灯光秀、水幕电影、马术表演及骑马体验等娱乐项目。2017年12月，大洋国际生态旅游度假区被评为国家AAA级旅游景区。

樱山花谷景区 樱山花谷景区位于揭西县京溪园镇曾大寮村，是以樱花为主题特色，集赏

樱山花谷景区 （县文广旅体局 供稿）

三山国王祖庙 （李维照 摄）

金和山湖村 （李运生 摄）

花游景、休闲玩乐、科普研学和农事体验为一体的乡村休闲旅游景点。景区规划面积41.66公顷，建成13.33公顷，种植中国红、广州樱、小乔等樱花品种，亮叶木莲、法斗木莲等珍稀木兰品种和各式花海，建有樱花小舍、一角茶地和儿童乐园等休闲场所。景区发展特色乡村旅游，先后成功举办中国樱花节、灯光文化节等活动，长期与多所学校合作，开展形式多样的农事体验、科普研学活动。樱山花谷是广东省休闲农业和乡村旅游示范点，揭阳市巾帼创业示范基地、科普教育基地、农村创业青年培训示范基地、"诗意潮汕"美丽乡村创作写生基地。

三山国王祖庙 三山国王祖庙位于揭西县河婆街道，又名霖田祖庙、三山国王庙、三山神庙、明贶庙，俗称大庙。肇迹于隋、显于唐、封于宋，迄今有1400多年历史，是全球1.6万座三山国王庙的祖庭，三山国王文化的发祥地，是省级文物保护单位、省海峡两岸交流基地。三山国王祭典是省级非物质文化遗产代表性项目。

金和镇山湖村 金和镇山湖村位于金和、塔头、凤江三镇交界处，面积450公顷，耕地面积143.33公顷。山湖村三面环水，自古有"水上莲花"之称，33.33公顷天然湖环绕山村，33.33公顷竹笋错落有致，33.33公顷花果木四季飘香，北面134公顷的山园地顺势托起，可谓"一水抱村流，山湖若碧玉"。该村水域资源丰富，盛产淡水鱼；种植水稻、甘薯、橄榄、荔枝等；村民自发开荒山，利用水质好、土肥沃的优势种植甜笋，赢得"鱼米之乡"美誉。山湖村主要景观有连理古榕、古寨门、湖景山色、青竹庵、五百年芒果树、仙福湖、飞鹅山、飞鹅水库等，还有棉湖战役遗址、古典祖祠、传统贝灰三合土潮式民居、潮瓷装饰屋顶的青竹庵等历史文物资源，是省级新农村连片建设主体村，全省重点旅游扶贫村、省级美丽乡村特色村、广东省首批文化和旅游特色村。

棉湖镇南门里社区 棉湖镇南门里社区地处"千年古镇"揭西县棉湖镇核心区域，占地面积9公顷，是广东省首批文化和旅游特色村、揭西县首批特色文化名村，有"揭西'小江南'"之

郭氏大夫第 （李维照 摄）

称。南门里社区拥有省级文保单位郭氏大夫第、省级文保单位兴道书院、县级文保单位永昌古庙暨云湖庵，以及林景拔翰林第旧址、糖水灶祖师宫、卓兴旧居等历史人文遗迹。

大北山革命历史纪念馆　　（县文广旅体局　供稿）

【红色旅游】 **大北山革命历史纪念馆**　大北山革命历史纪念馆位于揭西县南山镇大北山国家森林公园内，建于2008年，是解放战争时期原中国人民解放军闽粤赣边纵队二支队司令部旧址，占地2000多平方米。布置展厅15个，陈列大革命时期、土地革命时期、抗日战争时期以及解放战争时期粤东人民开展革命斗争的史料。

知青楼　知青楼位于揭西县南山镇大北山国家森林公园内，2007年按1∶1比例异地重建于此，占地面积1248平方米，52间，呈回形结构，两层砖瓦房，是一座具有地方和时代特色的建筑物。门楼匾额采用毛泽东手书体，楼内设有简介室、知青生活陈列室和知青厨房等，二楼为农家特色小吃餐厅。

兴道书院（棉湖战役东征军指挥部旧址）　兴道书院位于揭西县棉湖镇，建于清雍正八年（1730），重修于同治十一年（1872）虎门水师提督方耀兴学时。书院内三乐堂是棉湖战役东征军指挥部旧址，现为棉湖战役展览室。1925年3月，黄埔军校校长蒋介石、政治部主任周恩来等率领东征军进驻棉湖，以兴道书院为黄埔军总部驻地，指挥现代军事史上以少胜多的战役——棉湖战役。兴道书院成为当时实际战场以外的标志性遗址，是揭阳市爱国主义教育基地。

粗坑村　粗坑村位于揭西县京溪园镇黄满寨瀑布旅游区入口处，始建于1804年，至今有200多年历史。粗坑村建筑呈庄重严肃的宫殿式格局，融进潮汕“四点金”“下山虎”建筑特色，传承客家围龙屋传统，同时巧妙运用苏州园林优雅的格调。粗坑村是大革命时期古大存、曾广等老一辈革命家及潮汕人民抗征队开展革命活动地，也是解放战争时期潮汕地区第一份红色党报——《团结报》（《汕头日报》前身）

知青楼　　（县文广旅体局　供稿）

三乐堂——棉湖战役展览室　　（县文广旅体局　供稿）

的创刊地。2006年，粗坑村被广东省旅游局评为“广东最美丽乡村示范点”；2015年，被国家旅游局誉为“中国乡村旅游模范村”。

火炬村　火炬村位于揭西县南山镇，是广东省红色党建示范村。解放战争时期，凭借进可攻退可守的战略位置和广泛可靠的群众基础，成为潮汕人民抗征队诞生地和根据地。村内有天宝堂——潮汕人民抗征队诞生地，李氏祖祠——中共潮汕地委旧址，应升公厅——潮汕军政法庭旧址、进兴居——潮汕人民抗征队看守所及后方医院旧址，潮汕人民抗征队司令部、后勤部旧址等革命旧址。火炬村坚持党建引领，打造“红色村”党建示范工程，推动省定贫困村创建社会主义新农村示范村建设。

粗坑村　（李维照　摄）

2019年揭西县主要旅游景点一览表

表47

名称	地址
京明温泉度假村（国家AAAA级）	京溪园镇
黄满寨瀑布旅游区（国家AAAA级）	京溪园镇
大洋国际生态旅游度假区（国家AAA级）	五经富镇
大北山国家森林公园	南山镇
三山国王祖庙	河婆街道
樱山花谷	京溪园镇

2019年揭西县旅游路线行程安排表

表48

一日游行程安排

线路1	京明温泉度假村（国家AAAA级）→黄满寨瀑布旅游区（国家AAAA级）→京溪园镇粗坑村
线路2	京明温泉度假村（国家AAAA级）→大北山国家森林公园→大北山革命历史纪念馆、知青楼→南山镇火炬村
线路3	京明温泉度假村（国家AAAA级）→三山国王祖庙
线路4	京明温泉度假村（国家AAAA级）→京溪园镇樱山花谷景区
线路5	京明温泉度假村（国家AAAA级）→棉湖古镇
线路6	大洋国际生态旅游度假区（国家AAA级）→黄满寨瀑布旅游区（国家AAAA级）
线路7	大洋国际生态旅游度假区（国家AAA级）→京溪园樱山花谷景区
线路8	三山国王祖庙→上砂开口石风景区
线路9	三山国王祖庙→大北山国家森林公园→大北山革命历史纪念馆、知青楼
线路10	三山国王祖庙→棉湖古镇

二日游行程安排

线路1	第一天：京明温泉度假村→黄满寨瀑布旅游区→大北山国家森林公园（住宿） 第二天：大北山国家森林公园→大北山革命历史纪念馆、知青楼→南山镇火炬村
线路2	第一天：京明温泉度假村→京溪园镇樱山花谷景区→棉湖古镇（住宿） 第二天：棉湖古镇→金和镇山湖村
线路3	第一天：京明温泉度假村→大洋国际生态旅游度假区（住宿） 第二天：大洋国际生态旅游度假区→大北山国家森林公园→大北山革命历史纪念馆、知青楼
线路4	第一天：三山国王祖庙→坪上石内特色小镇→京明温泉度假村（住宿） 第二天：京明温泉度假村→黄满寨瀑布旅游区→京溪园镇粗坑村
线路5	第一天：三山国王祖庙→大北山国家森林公园（住宿） 第二天：大北山国家森林公园→大北山革命历史纪念馆、知青楼→大洋国际生态旅游度假区

主题体验游行程安排

"潮风客韵，民俗文化"揭西三天两夜乡村旅游精品线路	三山国王祖庙→大北山革命历史纪念馆、知青楼→大北山国家森林公园、大北山国家森林公园京明度假村（住宿）→京溪园镇粗坑村→黄满寨瀑布旅游区→大洋国际生态旅游度假区（住宿）→京溪园镇樱山花谷
"观瀑赏玉"揭阳二天一夜精品线路	产业园磐东街道阳美村→望天湖生态旅游度假区→揭西京明温泉度假村（住宿）→揭西黄满寨瀑布旅游区
大北山生态体验游	大北山国家森林公园→大北山革命历史纪念馆、知青楼→京明温泉度假村→黄满寨瀑布旅游区→大洋国际生态旅游度假区
特色古镇古村体验游	坪上万梅谷特色小镇→井美古村→顶联湖眉古村（大夫祖祠）→金和镇山湖村→棉湖古镇→月湄古村→灰寨新宫林
红色文化体验游	棉湖古镇（兴道书院）→大北山革命历史纪念馆、知青楼→南山镇火炬村
三山国王文化体验游	三山国王祖庙→独山景区

【旅游商品】 2019年，揭西县加大旅游商品开发设计，打造特色旅游商品。是年，"金丰财"牌河婆米程（米花脆）、"雅味园"牌潮汕二宝、金龙洞泉酒厂有机柠檬酒、"蓝天果蔬"牌九制五味蒜蓉萝卜、"刘向明"牌桂花蜜、广东京溪园罐头食品有限公司生产的野生大洋苦笋罐头6家企业产品入选"揭阳十大旅游手信"名单。

【酒店选介】 揭西希桥酒店 揭西希桥酒店位于县城东部入口

希桥酒店 （县文广旅体局 供稿）

处，是一家按照国家五星级标准设计建造商务型酒店。酒店占地面积约8万平方米，酒店主楼16层，建筑面积4万平方米，附楼4层，建筑面积3万平方米。内设客房219间，床位217个；配套有酒店大堂、大堂吧、商务中心、商场、西餐厅、自助餐厅、中餐大厅、茶艺大厅、茶艺包房、棋牌室、健身房、桌球室、乒乓球室、足浴大厅、桑拿包房28间、KTV包房6间、会议室7间，及可容纳80席、960位的宴会厅。

大北山国家森林公园京明度假村 大北山国家森林公园京明度假村位于揭西县南山镇，主楼高5层，附楼高7层，有豪华客房286间，设有国际会议中心、中西餐厅、茶艺馆以及大北山革命历史纪念馆、知青楼、绿茶生产制作中心等设施，中餐厅可同时容纳800多人用餐。国际会议中心有大、小会议室10间，拥有同声传输系统、自动摄像系统等服务设施。

大洋云雾山庄 （县文广旅体局局 供稿）

大北山国家森林公园京明度假村 （县文广旅体局 供稿）

大洋云雾山庄 揭西大洋云雾山庄位于揭西县五经富镇大洋云景湖度假村旁，项目计划总投资1.5亿元，占地面积2.93万平方米，完成投资1亿元，建筑总面积1.1万平方米。内设客房86间，床位136个；餐厅大厅可坐26围，座位数260人，大、中、小会议室3间，茶艺馆总包厢2间和KTV总包厢4间。

（陈 燕 何丽珊）

旅游行业管理

【概况】 2019年，揭西县健全旅游行业管理制度，加强旅游市场监督，落实旅游安全责任制，加大旅游教育培训力度，规范旅游行业秩序。全年开展旅游安全检查32场次，出动检查人员120人次，检查旅游企业10家（32场次），发现安全隐患18处；受理旅游投诉13宗，办结13宗；无发生重大旅游质量投诉案件，实现旅游安全无事故。

【旅游市场监管】 2019年，揭西县旅游部门依照有关法律法规，对旅行社的经营行为、旅游服务合同、旅游从业人员服务行为实施监督管理，规范旅游市场秩序；按照《揭西县人民政府办公室关于印发揭西县未开发景区景点安全管理办法的通知》要求，严格规范未开发景区经营行为；推进文明旅游行动，培养、引导公民文明旅游意识，规范文明出游行为。全年无发生重大旅游质量投诉案件。

【旅游安全管理】 2019年，揭西县旅游部门贯彻落实《中华人民共和国旅游法》，加大旅游执法力度，开展旅游市场秩序专项整治，执行旅游安全用车制度，创建旅游安全大环境。启动安全检查联动机制，联合县消防、林业、交通、公安等部门，推进旅游景区社会治安综合治理工作。全年开展旅游安全检查32场次，出动检查人员120人次，检查旅游企业10家（32场次），发现安全隐患18处，其中现场整改10处，限期落实整改8处。是年，全县实现旅游安全无事故。

【旅游教育培训】 2019年，揭西县文广旅体局联合揭西县关工委，在京溪园镇樱山花谷联合举办农村创业青年培训班，邀请广东省社会科学院环境与发展研究部副主任庄伟光围绕《乡村振兴下乡村高质量发展：赋能青年“双创”》课题专题辅导，全县17个乡镇（街道）近100名农村创业青年参加培训。

（陈　燕　何丽珊）

揭阳大北山生态旅游产业园区管理委员会

【概况】 2019年，揭阳大北山生态旅游产业园区管理委员会（简称大北山产业园区管委会）立足“绿色崛起示范县、潮客文化融合发展传承区”发展定位，贯彻新发展理念，完成年度产业园区重点项目建设计划。是年，重点项目建设完成年度投资4.4亿元。

【重点项目建设】 2019年，黄满寨瀑布旅游区、京明温泉度假村联创国家AAAAA级旅游景区提升项目年度投资1.5亿元，升级改造京明温泉度假村景区、配套完善盘古文化园配套工程和黄满寨瀑布旅游区等。黄满寨景区换乘中心项目年度投资3000万元，新建停车场及配套设施，总占地面积2.78公顷。揭阳大北山生态旅游产业园项目年度投资2.6亿元，建设409平方千米生态旅游园区及配套设施。

【旅游品牌创建】 2019年，大北山产业园管委会加强对大北山旅游度假区整合和推介，参与全域旅游发展规划和创建行动计划，促进优质旅游建设，推进旅游度假区标准化建设和品牌创建工程，扩大园区度假旅游品牌影响力，申报揭阳大北山旅游度假区创建省级旅游品牌。

【旅游规划管理】 2019年，大北山产业园区实施《广东揭阳大北山生态旅游产业园区总体规划（2011—2025）》，协调推进产业园区升级打造，督促完善产业园区消防、治安、环保等制度建设；加强重大节日节点和恶劣天气时点对产业园区安全保障和应急机制的监督检查，实行台账制度；引导、配合产业园区相关企业、景区争取资金、申报项目、开展活动等工作。

（朱镇藩　张　华）

教育　科技

教　育

综　述

【概况】　2019年，揭西县深化教育体制机制改革，加大教育经费投入，加强教育督导，健全学校安全管理制度，完善教育信息化建设，推进德育和教研工作。全年全县各类学校389所，学生及幼儿12.43万人；在职专任教师9438人，其中新招聘教师9人；高考本科上线1699人，其中上一批226人；全县教学仪器设备总价值2.3亿元。各阶段学校生均教学仪器设备值、图书、新增图书比例全部达到规定标准。是年，棉湖中学校长杨洪生被评为全国优秀工作者，张武帮中学老师扶祥发被评为全国优秀教师；全县学生被评为广东省优秀学生3名、揭阳市优秀学生干部65名、揭阳市三好学生131名。

【机构改革及职能配置】　2019年，揭西县教育局（简称县教育局）更名、新组建以下机构：将揭西县招生委员会办公室承担的行政职能全部划归机关，并更名为揭西县考试中心；揭西县教育局教研室更名为揭西县教育局教研中心，揭西县教育局教学仪器站更名为揭西县教育局教育装备中心。揭西县考试中心，主要组织和管理全县高考、学考、中考、成人考、自学考等考试工作和招生录取工作；揭西县教育局教研中心，主要负责基础教育、特殊教育、中等职业教育课程的教育教学研究和指导，履行教学业务管理职能，发挥理论指导、实验研究、决策咨询作用；揭西县教育局教育装备中心，主要负责中小学教学仪器装备工作，督促、指导建设实验室及开展实验教学，协助做好小学科学实验教师培训工作。县教育局是县人民政府主管全县教育工作职能部门，正科级单位，内设秘书股、计财股、教育股、政教股、人事股、审计股、考试中心、教研中心、装备中心九个职能股室。核定行政编制26名，其中设局长1名，副局长3名。正股级领导职数6名，副股级领导职数7名。暂保留后勤服务人员数5名。

【教育事业发展】　2019年，揭西县全面推进教育领域综合改革，巩固推进教育现代化先进县创建成果。加大教育资金投入，完善教育专项资金监管制度体系，强化资金预算执行和内审监督；加强教育人才队伍建设，分层次开展各级各类教师培训，强化骨干教师培养，实施教师信息化水平提升工程；强化教学常规管理，常规教研与网络教研相结合，利用录播教室和教育云平台实现信息技术与学科教学的资源整合；开展教科研工作，推进课题实验研究；开展常态性师德教育活动，以德育带动校园文化建设，加强德育队伍建设，开展“法治进校园”教育活动，推进文明校园、平安校园建设、无烟学校创建；落实教育扶贫政策，关心关爱特殊群体学生，建立从学前教育到高中（中职）教育全覆盖的学生资助体系。全年108个课题分别立项、开题、开展实验研究工作；创建全国青少年校园篮球特色学校3所，全国校园足球特色学校12所，省校园足球推广学校20所，广东省中小学艺术教育特色学校2所；安排全县981名进城务工人员子女到公办学校接受无差别教育，安排全县241名适龄残疾儿童随班就读，为90名残疾儿童提供送教上门服务。是年，分配下达中小学校维修改造中央、省级、县配套资金1884万元，教育发展专项资金学前教育发展资金1399万元，支持学前教育中央资金119万元等各级各类专项资金；制定《揭西县中小学骨干教师培养实施办法》《揭西县教育信息化培训帮扶项目实施方案》。

【教育经费投入】 2019年，揭西县教育经费总投入15.36亿元，比2018年（下同）增长19.3%，其中国家财政性教育经费总投入13.99亿元，增长19.4%。一般公共预算教育经费10.12亿元，增长3.5%。生均一般公共预算教育经费增长情况：中职增长1.9%，普通高中增长14.3%，普通初中增长5.5%，普通小学增长1.0%，幼儿园增长33.4%。实现“两个只增不减”，即一般公共预算教育支出只增不减，在校学生人数平均一般公共预算支出只增不减。

【教育改革】 2019年，县教育局对标对表全县教育工作大会精神，将教育体制机制改革目标分解成37项具体工作任务。优化资源配置，促进城乡教育均衡发展，推进麻雀学校撤并工作；优化教师资源配置，联合县编办合理配置教育系统编制资源，建立城镇教师到农村或薄弱学校任教服务制度、县域内城乡教师定期交流制度，推动城乡学校均衡发展，交流89名教师到缺编乡镇任教，选派153名初中教师到边远乡镇小学支教，各乡镇根据实际安排小学教师到镇内边远小学支教；定向培养50名教师补充小学师资。理顺中小学校管理体制，明确乡镇（街道）教育组作为县教育局派出机构，核定为公益一类正股级事业单位，负责所辖乡镇（街道）学前、小学、初级中学业务管理和指导，编制按5—9名独立核定；将初级中学、小学、幼儿园机构级别调整为不定级别；推进教育管理现代化，建立健全学校各项管理制度，制定修订规章制度12项；深化人事管理制度改革，严格规定教育组长、校长和教育组人员任职条件；实施中小学教师“县管校聘”，按照同一职位任满6年须刚性交流原则，交流教育组组长、中小学校校长147人，免去中小学校长16人；健全教师激励机制，制定出台《关于进一步完善中小学绩效工资分配办法的通知》，实行奖励性绩效工资；强化骨干教师培养，制定《揭西县中小学骨干教师培养实施办法》；实施教师信息化水平提升工程。加强教学管理，以教研教改提升教学质量；加强教学质量管理和监测，提高备考质量；修订《揭西县中小学教学质量综合评价奖励办法》，印发《揭西县义务教育教学质量监测评价制度》，完善教学质量监控制度，加强义务教育质量监测。

【学校安全管理】 2019年，揭西县各学校均未发生安全责任事故。各学校配备专兼职安保人员，实现视频监控和一键式报警系统全覆盖，提升校园技防能力。推进安全教育进课堂，把安全教育课纳入常规教学计划。定期组织师生参加预防地震、火灾等安全演练活动。举办全县教育系统基层应急队伍培训班和校车驾驶员培训班。利用校园安全教育信息化平台，实现学校安全教育课网络化教学。开展防溺水、防交通事故等安全教育。定期联合相关部门开展涉校安全隐患排查和其他各类专项整治检查，组织对全县中小学幼儿园开展安全管理量化考核。做好校园“净化、绿化、美化、文化、特色化”建设工作，发挥校园环境隐性课程育人功能，净化社会文化环境。广泛开展中小学生禁毒宣传教育，开展“平安校园”“绿色校园”等创建活动。全县96辆校车100%取得校车使用许可及校车标牌。

【教育督导】 2019年，揭西县开展教育督导评估，规范办学行为，提高学校（园）管理水平。5月，揭西县21所中小学校参加国家义务教育质量监测工作，完成各项任务。揭西县被教育部基础教育质量监测中心推荐为“2019年国家义务教育质量监测实施县级优秀组织单位”。完成89所幼儿园督导评估工作，其中公办幼儿园19所、民办幼儿园70所。

【德育工作】 2019年，揭西县中小学校开展养成教育、诚信教育和文明礼仪教育等主题教育活动，培养和践行社会主义核心价值观，加强未成年人思想道德建设。“揭阳市名班主任扶祥发工作室”组织学员、成员集训，举办专项课题研究活动。开展“三好学生”和“优秀学生干部”评选工作，被评为广东省优秀学生3名、揭阳市优秀学生干部65名、揭阳市三好学生131名、揭西县优秀学生干部277名、揭西县三好学生535名。开展文明校园创建活动，有15所中小学被评为市级文明校园，74所中小学被评为县级文明校园。创建示范校，93所中小学评为市级依法治校达标学校，钱坑中学等18所学校被授予2019年度“揭西县中小学德育示范学校”。创建五云中学等8所省级毒品预防教育示范学校，至年底，全县毒品预防教育示范学校24所，形成“涵盖普通中小学校和职业教育学校、城乡区域布局合理”毒品预防教育示范校网络格局。

2019年12月6日，揭阳市中小学名班主任扶祥发工作室第二周期第八次德育研讨会在纪达中学举行（县教育局 供稿）

【教研工作】 2019年，县教育局组织教师参加广东省中小学AAA课堂教学范式资源征集及展示活动，县教育局教研室被广东省教育研究院评为“资源展示优秀集体”；组织教师参加教学课例、教学论文、教学设计评比，获省一等奖5人、二等奖7人、三等奖2人，获市一等奖10人、二等奖15人、三等奖16人，获县一等奖14人、二等奖85人、三等奖124人。重视骨干教师培养，在全县教育系统开展“比技能展形象提升教学质量”中小学优秀课例评比活动，评出优秀课例54个，其中19个一等奖课例在揭西县教育云平台展播。推进课题实验研究，获省级课题立项4个；市级“十三五”规划重点课题开题1个，结题12个；县级课题开展实验研究62个，结题53个。组织教研员、学校教学管理人员及学科骨干教师到北京师范大学参加新高考改革专题研修。组织语文、道德与法治、历史3科教师参加人民教育出版社统编教材网络培训及县级培训。组织学生参加首届全国“汉韵薪传”公益朗读大会，7人晋级全国朗读展示总榜，4位老师获“优秀指导教师”称号，2所中学获“优秀组织奖”。南山镇道南小学被揭阳市教育局、市语言文字工作委员会确立为第八批市级规范汉字书写教育特色学校，龙潭镇龙文小学被确立为第九批市级语言文字规范化示范校。

【信息化建设】 2019年，揭西县重视教育信息化建设，以深化“三通”（校校通、班班通、人人通）工程为重点，推进教育主干网的升级换代优化和各级各类学校带宽提速扩容。完成揭西县教育信息化平台“互联网+智慧教育”项目建设，包括新建教育云录播教室28间；升级各级各类学校带宽提速扩容，实现光纤到校，总扩容带宽2.98万兆，平均每校扩容106兆；建成集网络、教育教学管理、教学信息化应用、资源库于一体的教育信息化综合平台。依托揭西县智慧教育云平台，全县100%学校自行设计、建成具有各校特色的学校门户网站和教育教学管理平台，100%开通学校空间、教师空间和初中以上学生的网络学习空间，实现校本资源、区域资源协同共享。

【平安校园】 2019年，揭西县推进平安校园创建工作。全年创建市级“平安校园”4所，复评市级“平安校园”7所；复评县级“平安校园”74所。至年底，全县有“广东省安全文明校园”7所，市级“平安校园”50所，县级“平安校园”229所。

各类教育

【概况】 2019年，揭西县加强义务教育学校标准化建设和职业教育优质特色发展，推动基础教育优质均衡发展，推进教育现代化建设。完善特殊教育体系，坚持特殊教育公益性。是年，全县各类学校389所，其中义务教育阶段学校255所、幼儿园120所（含民办园99所）、特殊教育学校1所、中职学校2所、完全中学7所、普通高中学校3所；在校学生及幼儿12.43万人，其中在园幼儿2.88万人、小学生5.66万人、初中生2.44万人、高中生1.41万人、中职教育在校生321人、特殊教育学生473人。

【幼儿教育】 2019年，揭西县有独立幼儿园120所，其中公办独立园21所，民办幼儿园99所（其中普惠性幼儿园86所），公办幼儿园和普惠性幼儿园覆盖率94.8%。在园（班）幼儿2.88万人，入园（班）率94.5%，公办及普惠性幼儿园在园（班）幼儿数占比94.8%。推进落实《揭西县学前教育三年行动计划第三期》目标任务，重新制定《揭西县普惠性民办幼儿园认定、扶持和管理办法（试行）》，认定普惠性幼儿园63所；投入280万完成灰寨镇中心幼儿园改建搬迁工作，增加公办学位60个；投入320万，完成全县18所公立幼儿园消防设施安装。组织各幼儿园学习贯彻《3—6周岁儿童学习与发展指南》《幼儿园工作规程》。组织教师参加业务技能比赛，龙潭镇中心园选送的游戏案例《有趣的易拉罐》入选“广东省幼儿园优秀游戏活动案例”；在市教育局组织开展的“本土文化融入幼儿园课程”优秀案例评选活动中，龙潭镇中心园黄欣欣创编的《有趣的竹编》、五云镇中心园彭丽媛创编的《客家艾粄香又甜》分获市一、二等奖；9月，在揭西县中心幼儿园举办“2019年揭西县幼儿园教师专业技能大赛”。

【义务教育】 2019年，揭西县发展九年义务教育，有小学222所，初中33所，小学在校生5.66万人，适龄儿童入学率100%，小学五年保留率100%；初中在校生2.44万人，年辍学率0.02%，毕业生升学率94.01%，适龄残疾儿童、少年入学率97%。全县中小学生体质健康学校上报率100%，合格率97.4%，优良率41.4%。组织开展全县义务教育阶段学校依照《义务教育学校管理标准》开展对标研判工作。合理调整义务教育学校布局，优化整合教育资源。依照《揭西县义务教育防流控辍工作整改方案》，做好防辍工作。实行免试就近入学，开齐课

2019年12月18日，2020年揭西县中考备考推进会在龙潭中学召开

（县教育局 供稿）

2019年10月15日，东园中学师生在生物园开展课堂答疑　（县教育局　供稿）

程、开足课时，消除大班额。

【高中教育】　2019年，揭西县普通高中学校10所，其中县一级高中2所（上砂中学和灰寨中学），市一级高中6所（霖田中学、棉湖二中、南侨中学、钱坑中学、北山中学和五云中学），国家级示范性高中2所（河婆中学和棉湖中学），在校生1.41万人，毛入学率91.5%。是年，全县高考报名人数5730人（含3+证书），普通高考上线人数5406人，上线率94.3%；其中本科上线1699人，专科上线3707人。

【中职教育】　2019年，揭西县中职学校2所，为揭西县第一职业技术学校和揭西县职业技术学校职校。开设信息技术、财经商贸、教育三大类专业。中职教育招生106人，在校生321人。开展教学工作诊断与改进工作，努力壮大办学规模。按省属重点中职学校打造揭西县第一职业技术学校，增配汽车运用与维修实训室1个，教室录播系统11套，电工电子实训室数码应用实训室1个，电子阅览室1个（内有40台电脑）等教育教学设施，改善办学条件。

【成人教育】　2019年，揭西开放大学有教职工27人，其中本科学历25人，高级职称3人，中级职称20人。教育本科班6个，开设行政管理、法学、小学教育、学前管理、英语（教育）、汉语言文学（教育）、公共事业管理（教育管理）、财务管理、思想政治教育、金融学、中医学、护理、中药学等专业。在校生465人，毕业128人；专科班11个，开设行政管理、法学，在校生534人，毕业317人。县教师进修学校和华南师范大学联合开设中小学教师本科学历网络教育，开设行政管理、教育管理等专业，在校生335人，毕业生140人。县教师进修学校开展小学校长（幼儿园长）任职岗位资格培训198人，负责全县教师年度继续教育培训7000人。

【民办教育】　2019年，揭西县各类民办学校（幼儿园）101所，其中义务教育阶段学校2所，在校生6870人；幼儿园99所，在园幼儿1.47万人。县教育局按照有关民办教育法律法规，认定普惠性民办幼儿园86所，规范民办幼儿园办园行为。

【特殊教育】　2019年，揭西县义务教育阶段残疾儿童少年在校生473人，其中县特殊教育学校在校生92人，入学率97%。建成资源教室13间，提高残疾儿童少年义务教育普及水平和质量。残疾儿童少年随班就读支持保障体系基本健全。

教师队伍

【概况】　2019年，揭西县推进教师队伍管理体制改革，加强教师队伍培训，优化乡村教师队伍结构，强化师德师风建设，提升教师专业素质能力，提高教师待遇。是年，选派教师参加国家级培训33人次、省级培训912人次、市级培训27人次；棉湖中学校长杨洪生被评为全国优秀工作者，张武帮中学老师扶祥发被评为全国优秀教师。

【教师培训】　2019年，县教育局委托韩山师范学院承办教师教学与科研能力提升、高考改革专题培训和督学能力提升班等250人。选派校长、教师参加培训，其中教师参加国家级培训33人次、省级培训912人次、市级培训27人次、县级培训5812人次、镇级和校本培训12.28万人次。举办中小学信息技术应用培训班，参训教师90人；举办义务教育道德与法治、语文学科教师培训班，参训教师1986人；举办小学“三科”教师新教材培训班，培训教师1624人；举办中小学教师继续教育公需课培训，参训教师7893人；组织中小学教师继续教育全员培训7893人次。

【教师待遇】 2019年，揭西县教师月人均工资7099元，工资福利待遇高于当地公务员。完善奖励性绩效工资制度，打破教师队伍“吃大锅饭”现状。规范奖励性绩效工资核拨和分配，健全中小学奖励性绩效工资分配方案，根据专任教师、班主任、行政管理、教学辅助等不同岗位特点，实行工作绩效分类考核，坚持“多劳多得、优绩优酬”原则，发挥绩效工资激励导向作用，促进学校提升教育教学质量。

【师德师风】 2019年，县教育局围绕“自觉爱国守法，潜心教书育人”主题，组织开展师德建设主题教育月活动。以社会主义核心价值观作为教师崇德修身基本遵循，引领教师自觉践行师德规范，维护教师形象。解决社会反响强烈的师德突出问题，严禁教师从事讲习班、补习班、辅导班等有偿教学活动，严禁教师从事经商、办厂等校外兼职活动，严禁教师参与传销、“六合彩”、“赌球”等违法活动。对禁而不止的教师，依法依规严肃处理。是年，棉湖中学校长杨洪生被评为全国优秀工作者，张武帮中学扶祥发被评为全国优秀教师；河婆中学黄玉等15人被评为揭阳市优秀教师；上砂中学庄巧青等90人被评为县优秀教师。

学校选介

【揭西县龙潭龙文学校】 龙文学校创办于1936年，位于河棉公路

2019年揭西县教师获市级以上表彰情况一览表

表49

姓名	工作单位	职务（职称）	称号
扶祥发	揭西县张武帮中学	教师	全国优秀教师
杨洪生	揭西县棉湖中学	校长	全国教育系统先进工作者
蔡旭丽	揭西县教育局	教研员	揭阳市优秀教师
张丁胜	揭西县特殊教育学校	副校长	揭阳市优秀教师
黄　玉	揭西县河婆中学	教师	揭阳市优秀教师
刘金并	揭西县河婆中学	教师	揭阳市优秀教师
黄秋平	揭西县棉湖中学	教师	揭阳市优秀教师
蔡美娜	揭西县宝塔实验学校	教务副主任	揭阳市优秀教师
张志国	揭西县张武帮中学	教师	揭阳市优秀教师
张优胜	揭西县张武帮中学	副主任	揭阳市优秀教师
温秋瑜	揭西县龙潭中学	教师	揭阳市优秀教师
张燕妮	揭西县纪达中学	教师	揭阳市优秀教师
刘晓涛	揭西县棉湖镇实验学校	教师	揭阳市优秀教师
张琳芳	揭西县灰寨镇灰寨小学	教师	揭阳市优秀教师
林丹娜	揭西县凤江镇东光小学	教师	揭阳市优秀教师
韩海燕	揭西县河婆街道东风小学	教师	揭阳市优秀教师
曾春媚	揭西县五经富镇新和小学	教导主任	揭阳市优秀教师

龙文学校　　（县教育局　供稿）

旁、龙潭镇人民政府侧面。龙文学校是一所完全小学，占地面积1.23公顷，建筑面积3209平方米。有教学楼1幢，综合楼1幢，标准运动场1个，篮球场1个，足球场1个；配有录播室、科学室、美术室、学生电脑室、音乐室等教学设施。2019年，教学班7个，附设幼儿班2个。在校学生235人，在校幼儿49人；专任教师18人，其中大专学历14人，本科学历4人。小学高级教师1人，一级教师11人，二级教师2人；幼教二级教师2人，三级教师2人。是年，被揭阳市平安办、市教育局评为“揭阳市平安校园”，被教育局、市精神文明建设委员会办公室授予“揭阳市文明校园”称号。连续多年被评为龙潭镇“教育先进单位”。

【揭西县东园中学】　东园中学创建于1968年，占地面积2.89公顷，建筑面积1.12公顷。有综合楼、教学楼、教师宿舍楼、运动场等功能场室。教职工78人，学生853人，设教学班18个。坚持“以人为本，依法治教，从严治校，特色发展”办学理念，注重学生行为习惯养成。2019年中考，全校考生265人，考上揭阳一中10人，居全市公立学校前列，综合排名列全县第六名。举办安全教育、感恩教育、励志教育、诚信教育和礼仪教育等活动；成立学生会、广播站、文学社、书法社、舞蹈队、琴社、篮球队等社团；定期出版《少年行》文学报刊；每年举办元旦文艺会演、书法展览、学生运动会；每周开展两节第二课堂，开设书法、美术、朗诵、古筝、口风琴、吉他、舞蹈、潮州大罗鼓、小品、篮球、武术、阳光体育等科目。是年，获县“教学质量一等奖”和“德育先进单位”称号。

【揭西县南侨中学】　南侨中学创办于1938年夏，位于金和镇和南村委石牛埔，是一所完全中学，揭阳市一级学校。抗日战争时期，是潮汕地区一所非常有影响力的革命学校，1996年，被评为市级爱国主义教育基地。建筑面积约2公顷，配备标准运动场、篮球场、排球场、乒乓球场，物理、化学、生物实验室，及教师、学生电脑室。2019年，教学班28个，学生1249人，其中初中部教学班12个，学生529人；高中部教学班16个，学生720人；教职工147人，本科学历82人，初中部教职工70人，高中部教职工77人；高级教师23人，一级教师47人。坚持教学强校、质量兴校宗旨，教学质量稳定，多次获“揭西县教育先进单位”称号。

南侨中学教学楼　　（县教育局　供稿）

2019年揭西县幼儿园一览表

表50

学校	地址	学校等级	在园幼儿数（人）	教职工数（人）
揭西县中心幼儿园	河婆街道	市一级幼儿园	662	52
揭西县教育局幼儿园	河婆街道	县一级幼儿园	421	28
揭西县阳光幼儿园	河婆街道	—	458	37
揭西县艺术幼儿园	河婆街道	—	368	27
揭西县中英文实验幼稚园	河婆街道	—	418	43
河婆街道宝塔幼儿园	河婆街道	—	67	8
河婆街道宝童幼儿园	河婆街道	—	98	8
河婆街道大华幼儿园	河婆街道	—	71	7
河婆街道东方世纪幼儿园	河婆街道	—	405	35
河婆街道凤凰幼儿园	河婆街道	—	333	45
河婆街道河洪幼儿园	河婆街道	—	108	12
河婆街道河山居委幼儿园	河婆街道	—	130	10
河婆街道河山幼儿园	河婆街道	—	84	7
河婆街道河西幼儿园	河婆街道	—	327	35
河婆街道金蓓蕾幼儿园	河婆街道	—	90	7
河婆街道金色摇篮婴幼园	河婆街道	—	347	53
河婆街道蓝精灵幼儿园	河婆街道	—	52	9
河婆街道蓝天幼儿园	河婆街道	—	596	37
河婆街道霖田幼儿园	河婆街道	—	55	5
河婆街道龙腾幼儿园	河婆街道	—	220	13
河婆街道商业城幼儿园	河婆街道	—	115	10
河婆街道童心幼儿园	河婆街道	—	96	11
河婆街道童星幼儿园	河婆街道	—	103	10
河婆街道小天使幼儿园	河婆街道	—	136	10
河婆街道新小博士幼儿园	河婆街道	—	45	4
河婆街道怡景幼儿园	河婆街道	—	215	16
河婆街道中心幼儿园	河婆街道	县一级幼儿园	180	8
河婆街道中英艺术幼儿园	河婆街道	—	185	16
大溪镇博智幼儿园	大溪镇	—	224	16
大溪镇好幼儿园	大溪镇	—	87	13
大溪镇金蕾幼儿园	大溪镇	—	269	30
大溪镇中心幼儿园	大溪镇	县一级幼儿园	52	6
东园镇芳菲幼儿园	东园镇	—	41	6
东园镇金太阳幼儿园	东园镇	—	153	9
东园镇玉新幼儿园	东园镇	—	40	6
东园镇中心幼儿园	东园镇	县一级幼儿园	139	7
凤江镇贝贝岛幼儿园	凤江镇	—	100	11
凤江镇嘉艺幼儿园	凤江镇	—	268	19

续表50

学校	地址	学校等级	在园幼儿数（人）	教职工数（人）
凤江镇蓝精灵中英文幼儿园	凤江镇	—	101	12
凤江镇旅社幼儿园	凤江镇	—	109	11
凤江镇上等好幼儿园	凤江镇	—	122	32
凤江镇星星文武幼儿园	凤江镇	—	125	9
凤江镇知乐幼儿园	凤江镇	—	44	6
凤江镇中心幼儿园	凤江镇	县一级幼儿园	290	10
灰寨镇世纪之星幼儿园	灰寨镇	—	274	27
灰寨镇童新幼儿园	灰寨镇	—	117	16
灰寨镇中心幼儿园	灰寨镇	县一级幼儿园	211	9
金和镇锋荣幼儿园	金和镇	—	73	12
金和镇金贝贝幼儿园	金和镇	—	140	14
金和镇乐贝儿幼儿园	金和镇	—	190	16
金和镇星湖幼儿园	金和镇	—	147	34
金和镇中心幼儿园	金和镇	县一级幼儿园	156	7
京溪园镇星星幼儿园	京溪园镇	—	128	14
京溪园镇长滩中心幼儿园	京溪园镇	—	130	15
京溪园镇中心幼儿园	京溪园镇	县一级幼儿园	105	5
良田乡中心幼儿园	良田乡	县一级幼儿园	35	10
龙潭镇蓝天使幼儿园	龙潭镇	—	85	10
龙潭镇汤坝村幼儿园	龙潭镇	—	32	9
龙潭镇中心幼儿园	龙潭镇	县一级幼儿园	91	10
棉湖镇爱儿乐幼儿园	棉湖镇	—	82	7
棉湖镇宝宝乐幼儿园	棉湖镇	—	68	7
棉湖镇宝宝幼儿园	棉湖镇	—	70	10
棉湖镇宝贝幼儿园	棉湖镇	—	68	7
棉湖镇道江幼儿园	棉湖镇	—	46	10
棉湖镇方围幼儿园	棉湖镇	—	73	10
棉湖镇贡山幼儿园	棉湖镇	—	93	7
棉湖镇哈美幼儿园	棉湖镇	—	613	60
棉湖镇湖滨幼儿园	棉湖镇	—	43	5
棉湖镇佳佳幼儿园	棉湖镇	—	40	7
棉湖镇金宝贝幼儿园	棉湖镇	—	76	10
棉湖镇金轩幼儿园	棉湖镇	—	84	7
棉湖镇精英幼儿园	棉湖镇	—	50	7
棉湖镇君林蓝天幼儿园	棉湖镇	—	239	30
棉湖镇贸易中心幼儿园	棉湖镇	—	88	10
棉湖镇棉湖中学实验学校幼儿园	棉湖镇	—	577	75
棉湖镇诺贝中英幼儿园	棉湖镇	县一级幼儿园	218	34
棉湖镇培蕾幼儿园	棉湖镇	—	72	10
棉湖镇启迪幼儿园	棉湖镇	—	163	29
棉湖镇双佳幼儿园	棉湖镇	—	72	10
棉湖镇泰安幼儿园	棉湖镇	—	73	10

续表50

学校	地址	学校等级	在园幼儿数（人）	教职工数（人）
棉湖镇糖厂中英文幼儿园	棉湖镇	—	90	7
棉湖镇童心幼儿园	棉湖镇	—	60	7
棉湖镇童馨幼儿园	棉湖镇	—	110	16
棉湖镇童英幼儿园	棉湖镇	—	125	13
棉湖镇旺旺幼儿园	棉湖镇	—	95	13
棉湖镇未来星幼儿园	棉湖镇	—	100	16
棉湖镇小博士幼儿园	棉湖镇	—	49	8
棉湖镇小太阳幼儿园	棉湖镇	—	93	8
棉湖镇小天使幼儿园	棉湖镇	—	84	10
棉湖镇新湖幼儿园	棉湖镇	县一级幼儿园	285	11
棉湖镇新星幼儿园	棉湖镇	—	92	10
棉湖镇英贝特幼儿园	棉湖镇	—	456	45
棉湖镇迎宾幼儿园	棉湖镇	—	71	7
棉湖镇育才幼儿园	棉湖镇	—	92	10
棉湖镇植槐幼儿园	棉湖镇	—	175	21
棉湖镇中心幼儿园	棉湖镇	县一级幼儿园	212	10
南山镇丽友幼儿园	南山镇	—	115	17
南山镇小叮当幼儿园	南山镇	—	81	4
南山镇新新幼儿园	南山镇	—	188	15
南山镇中心幼儿园	南山镇	—	151	10
坪上镇向日葵幼儿园	坪上镇	—	102	12
坪上镇中心幼儿园	坪上镇	县一级幼儿园	118	8
钱坑镇东兴幼儿园	钱坑镇	—	130	9
钱坑镇童心幼儿园	钱坑镇	—	105	10
钱坑镇艺苗幼儿园	钱坑镇	—	111	10
钱坑镇育苗幼儿园	钱坑镇	—	72	2
钱坑镇中心幼儿园	钱坑镇	县一级幼儿园	237	8
上砂镇欢乐童年幼儿园	上砂镇	—	200	31
上砂镇中心幼儿园	上砂镇	县一级幼儿园	311	21
塔头镇金辉小天才幼儿园	塔头镇	—	103	11
塔头镇中心街幼儿园	塔头镇	—	204	14
塔头镇中心幼儿园	塔头镇	县一级幼儿园	292	12
五经富镇朝阳幼儿园	五经富镇	—	66	10
五经富镇陈江幼儿园	五经富镇	县一级幼儿园	103	4
五经富镇富洋幼儿园	五经富镇	—	70	6
五经富镇中心幼儿园	五经富镇	县一级幼儿园	150	6
五云镇鹏岭星光幼儿园	五云镇	—	200	15
五云镇五云幼儿园	五云镇	—	191	12
五云镇中心幼儿园	五云镇	县一级幼儿园	182	12
合计			19042	1807

2019年揭西县小学一览表

表51

学校	地址	在校幼儿数（人）	在校小学生数（人）	教职工数（人）
河婆街道东风小学	河婆街道	—	2335	99
河婆街道建新小学	河婆街道	115	639	33
河婆街道河山小学	河婆街道	—	1565	76
河婆街道河婆小学	河婆街道	—	1552	68
河婆街道大同小学	河婆街道	239	1520	60
河婆街道南光小学横江教学点	河婆街道	2	22	6
河婆街道溪西小学	河婆街道	43	245	14
河婆街道大华小学	河婆街道	142	345	21
河婆街道东风小学客潭教学点	河婆街道	13	30	6
河婆街道乡肚小学新四教学点	河婆街道	5	38	9
河婆街道乡肚小学	河婆街道	24	133	13
河婆街道北新小学	河婆街道	29	113	10
河婆街道后埔小学	河婆街道	30	169	14
河婆街道下滩小学	河婆街道	30	150	13
河婆街道岭丰小学	河婆街道	10	722	40
河婆街道马跃小学	河婆街道	44	179	15
河婆街道南光小学欣堂教学点	河婆街道	5	21	7
河婆街道南光小学南新教学点	河婆街道	12	21	6
河婆街道南光小学	河婆街道	30	196	18
河婆街道昌黎小学	河婆街道	30	184	11
河婆街道文昌小学	河婆街道	23	103	11
河婆街道河山小学三星教学点	河婆街道	16	30	5
河婆街道东星小学	河婆街道	14	135	12
棉湖镇中心小学	棉湖镇	196	1052	63
棉湖镇林少卿纪念学校	棉湖镇	83	337	23
棉湖镇武德小学	棉湖镇	9	67	12
棉湖镇厚埔小学	棉湖镇	77	373	23
棉湖镇甲埔小学	棉湖镇	49	215	15
棉湖镇境潭小学	棉湖镇	47	336	18
棉湖镇下浦小学	棉湖镇	17	67	11
棉湖镇永光学校	棉湖镇	31	194	13
棉湖镇贡山小学	棉湖镇	118	630	30
棉湖镇湖西小学	棉湖镇	69	179	15
棉湖镇四乡小学	棉湖镇	140	384	20

续表51

学校	地址	在校幼儿数（人）	在校小学生数（人）	教职工数（人）
棉湖镇花园小学	棉湖镇	37	211	20
棉湖镇湖东小学	棉湖镇	351	1407	66
凤江镇凤湖小学	凤江镇	80	811	53
凤江镇东光小学	凤江镇	59	379	25
凤江镇东锋慈云学校	凤江镇	36	244	21
凤江镇东新小学	凤江镇	38	194	18
凤江镇阳南小学	凤江镇	51	370	23
凤江镇阳西小学	凤江镇	22	208	18
凤江镇凤西小学	凤江镇	56	208	17
凤江镇鸿西小学	凤江镇	338	259	26
凤江镇鸿江小学	凤江镇	151	931	54
凤江镇赤岭小学	凤江镇	44	185	16
凤江镇莪萃小学	凤江镇	46	135	14
凤江镇凤湖小学碧潭教学点	凤江镇	30	103	7
凤江镇阳南小学林寮教学点	凤江镇	17	30	4
金和镇金光小学	金和镇	69	304	21
金和镇金园小学	金和镇	185	471	27
金和镇金新小学	金和镇	53	176	13
金和镇金溪小学	金和镇	95	259	19
金和镇仙坡小学	金和镇	56	231	14
金和镇南联小学	金和镇	197	340	27
金和镇径口小学	金和镇	50	231	20
金和镇和南小学	金和镇	103	320	22
金和镇和光小学	金和镇	53	192	18
金和镇和光小学和联教学点	金和镇	25	68	9
金和镇和西小学	金和镇	122	284	24
金和镇和东小学	金和镇	78	400	36
金和镇和东小学和兴教学点	金和镇	14	89	12
金和镇和新小学	金和镇	38	154	14
金和镇山湖世乔小学	金和镇	192	405	23
金和镇河内小学	金和镇	116	287	20
五经富镇陈江小学	五经富镇	39	205	11
五经富镇文联小学	五经富镇	35	97	12
五经富镇道源学校	五经富镇	48	187	13

续表51

学校	地址	在校幼儿数（人）	在校小学生数（人）	教职工数（人）
五经富镇建一小学	五经富镇	33	191	11
五经富镇镇江小学	五经富镇	18	64	7
五经富镇虎峰小学	五经富镇	93	535	26
五经富镇经富小学	五经富镇	73	432	34
五经富镇泮坑小学	五经富镇	28	96	12
五经富镇新和小学	五经富镇	36	128	13
五经富镇营盘小学	五经富镇	20	58	7
五经富镇中和学校	五经富镇	48	207	15
五经富镇朝阳小学	五经富镇	20	66	7
五经富镇联和小学	五经富镇	45	159	13
五经富镇联南小学	五经富镇	54	191	13
五经富镇新仓小学	五经富镇	35	102	11
五经富镇新联小学	五经富镇	43	130	10
大溪镇金味希望小学	大溪镇	15	141	13
大溪镇大东小学	大溪镇	22	164	19
大溪镇溪新小学	大溪镇	53	218	22
良田乡坪上小学	良田乡	20	53	15
良田乡中心小学	良田乡	13	63	19
良田乡桐树坪小学	良田乡	13	17	7
良田乡岸洋小学	良田乡	10	33	8
上砂镇华南小学	上砂镇	121	604	32
上砂镇径心小学	上砂镇	41	154	13
上砂镇维新小学	上砂镇	42	200	13
上砂镇联东小学	上砂镇	34	207	15
上砂镇新东小学	上砂镇	207	528	32
上砂镇下联小学	上砂镇	33	138	13
上砂镇荷营小学	上砂镇	66	202	15
上砂镇一洲小学	上砂镇	54	273	19
上砂镇光华小学	上砂镇	7	56	8
上砂镇香山小学	上砂镇	17	97	10
上砂镇上林小学	上砂镇	11	65	10
上砂镇龙山小学	上砂镇	14	93	10
上砂镇新岭小学	上砂镇	20	134	10
上砂镇活动小学	上砂镇	52	257	20

续表51

学校	地址	在校幼儿数（人）	在校小学生数（人）	教职工数（人）
上砂镇美丰小学	上砂镇	8	29	6
上砂镇双丰小学	上砂镇	7	45	9
上砂镇三水小学	上砂镇	28	140	11
京溪园镇甲溪小学	京溪园镇	41	185	14
京溪园镇日新学校	京溪园镇	58	362	21
京溪园镇新洪小学	京溪园镇	38	160	17
京溪园镇大岭下小学	京溪园镇	24	91	10
京溪园镇京溪园小学	京溪园镇	16	84	12
京溪园镇员墩小学	京溪园镇	25	131	12
京溪园镇美德华侨学校	京溪园镇	—	408	21
京溪园镇竹尾沟小学	京溪园镇	—	71	7
京溪园镇石湖山小学	京溪园镇	21	48	7
京溪园镇上陇毓哲学校	京溪园镇	56	177	16
京溪园镇鹿洋小学	京溪园镇	17	67	9
京溪园镇曾寮小学	京溪园镇	51	210	14
塔头镇塔头小学	塔头镇	—	531	29
塔头镇阔西小学	塔头镇	39	222	13
塔头镇阔园小学	塔头镇	34	84	12
塔头镇潭溪小学	塔头镇	48	142	15
塔头镇潭新小学	塔头镇	35	208	12
塔头镇龙光小学	塔头镇	21	170	13
塔头镇新园小学	塔头镇	18	122	13
塔头镇山寮小学	塔头镇	31	146	11
塔头镇石牌小学	塔头镇	18	72	11
塔头镇顶埔小学	塔头镇	25	178	12
塔头镇新溪小学	塔头镇	19	69	10
塔头镇大丰小学	塔头镇	31	185	12
塔头镇锦龙小学	塔头镇	13	76	10
塔头镇旧住小学	塔头镇	26	59	11
五云镇赤告小学	五云镇	55	156	17
五云镇梅江小学	五云镇	88	266	24
五云镇育英小学	五云镇	28	130	16
五云镇鹏岭小学	五云镇	62	276	28
五云镇鸿翔小学	五云镇	16	95	15

续表51

学校	地址	在校幼儿数（人）	在校小学生数（人）	教职工数（人）
五云镇龙江小学	五云镇	23	131	15
五云镇培正小学	五云镇	34	165	26
五云镇下洞小学	五云镇	51	404	44
五云镇京埔小学	五云镇	—	184	16
五云镇下硿小学	五云镇	31	198	15
五云镇硿下小学	五云镇	9	92	16
五云镇岭新小学	五云镇	22	77	9
五云镇保新小学	五云镇	67	221	16
五云镇峚坑小学	五云镇	12	66	9
五云镇坡苏小学	五云镇	23	121	12
钱坑镇钱坑小学	钱坑镇	96	534	52
钱坑镇钱江学校	钱坑镇	0	685	42
钱坑镇钱南小学	钱坑镇	70	446	32
钱坑镇钱西小学	钱坑镇	188	385	33
钱坑镇湖侨小学	钱坑镇	87	0	2
钱坑镇纯正学校	钱坑镇	13	110	15
钱坑镇钱园华侨学校	钱坑镇	36	202	19
钱坑镇大茶石小学	钱坑镇	6	51	8
灰寨镇河五小学	灰寨镇	—	24	6
灰寨镇上角小学	灰寨镇	—	23	6
灰寨镇向阳中心小学	灰寨镇	89	225	22
灰寨镇秀文小学	灰寨镇	22	72	11
灰寨镇新图小学	灰寨镇	17	105	10
灰寨镇灰寨小学	灰寨镇	155	795	45
灰寨镇灰龙小学	灰寨镇	42	108	12
灰寨镇东联小学	灰寨镇	18	114	12
灰寨镇后洋小学	灰寨镇	—	—	0
灰寨镇行知小学	灰寨镇	52	173	14
灰寨镇柑坑小学	灰寨镇	0	49	7
灰寨镇马路小学	灰寨镇	76	213	14
灰寨镇金星小学	灰寨镇	9	30	6
坪上镇红旗小学	坪上镇	2	31	10
坪上镇坪上小学	坪上镇	—	255	28
坪上镇连城小学	坪上镇	23	138	17
坪上镇四新小学	坪上镇	10	26	9
坪上镇四和小学	坪上镇	14	46	10

续表51

学校	地址	在校幼儿数（人）	在校小学生数（人）	教职工数（人）
坪上镇湖光学校	坪上镇	14	71	15
坪上镇员东小学	坪上镇	4	18	7
坪上镇员西小学	坪上镇	23	70	14
坪上镇五联小学	坪上镇	5	19	8
坪上镇南联小学	坪上镇	33	131	17
坪上镇尖田小学	坪上镇	10	157	17
坪上镇成全小学	坪上镇	11	40	13
龙潭龙园小学	龙潭镇	33	182	15
龙潭道安学校	龙潭镇	17	91	14
龙潭龙文学校	龙潭镇	49	235	23
龙潭龙泉小学	龙潭镇	14	123	15
龙潭团结学校	龙潭镇	16	44	8
龙潭镇龙田学校	龙潭镇	37	128	15
龙潭镇龙溪学校	龙潭镇	15	99	13
龙潭龙东学校	龙潭镇	25	109	13
龙潭高田学校	龙潭镇	13	46	12
龙潭双龙学校	龙潭镇	5	68	12
龙潭富光学校	龙潭镇	9	41	12
龙潭育英学校	龙潭镇	—	258	21
龙潭镇汤坝小学	龙潭镇	27	137	13
东园镇东园小学	东园镇	240	478	43
东园镇桃围小学	东园镇	49	197	18
东园镇赤岩小学	东园镇	198	359	37
东园镇古福小学	东园镇	59	367	28
东园镇四联小学	东园镇	50	221	19
东园镇三犁小学	东园镇	16	92	14
南山镇西友小学	南山镇	37	118	14
南山镇分水小学	南山镇	15	55	11
南山镇前锋小学	南山镇	26	106	13
南山镇北溪小学	南山镇	50	156	22
南山镇道南小学	南山镇	—	519	38
南山镇南山学校	南山镇	138	503	43
大溪镇渔梁小学	大溪镇	—	350	25
大溪镇中心小学	大溪镇	52	367	27
合计		9611	48561	3768

2019年揭西县初级中学（含九年一贯制学校）一览表

表52

学校	在校幼儿数（人）	在校小学生数（人）	在校初中生数（人）	教职工数（人）
纪达中学	—	—	1572	127
张武帮中学	—	—	629	71
第二华侨中学	—	—	417	42
湖西中学	—	—	367	57
城北中学	—	—	589	59
凤江中学	—	—	746	60
第三华侨中学	—	—	321	38
第四华侨中学	59	343	280	65
阳夏华侨中学	—	—	494	65
金坑中学	—	—	527	49
金和初级中学	—	—	669	64
五经富中学	—	—	570	63
大洋初级中学	—	—	114	12
上砂第一中学	—	—	803	68
第一华侨中学	—	—	196	30
京溪园中学	—	—	354	46
塔头中学	—	—	417	49
塔头第二中学	—	—	766	61
云岭中学	—	—	171	34
下砂中学	—	—	230	32
坪上中学	—	—	305	52
坪上振文学校	39	172	57	37
绵基中学	—	—	400	49
龙潭中学	—	—	735	97
东园中学	—	—	853	74
南山中学	—	—	437	37
南山第二中学	—	—	542	58
大溪中学	—	—	494	44
良田中学	—	57	68	32
宝塔实验学校	—	2230	1417	197
第一中学	—	—	1643	160
棉湖中学实验学校	—	1649	997	151
棉湖镇实验学校	57	3591	1550	257
合计	155	8042	19730	2337

2019年揭西县高中阶段（含完中、中职）学校一览表

表53

学校	地址	学校等级	在校初中生数（人）	在校高中生数（人）	在校中职学生数（人）	教职工数（人）
河婆中学	河婆街道	省一级学校、广东省国家级示范性普通高中	—	4267	—	296
霖田高级中学	河婆街道	市一级学校	—	1585	—	159
棉湖中学	棉湖镇	省一级学校、广东省国家级示范性普通高中	—	4227	—	278
棉湖第二中学	棉湖镇	市一级学校	1023	1552	—	245
南侨中学	金和镇	市一级学校	529	720	—	141
北山中学	五经富镇	市一级学校	440	344	—	98
上砂中学	上砂镇	县一级学校	681	462	—	117
五云中学	五云镇	市一级学校	628	352	—	128
钱坑中学	钱坑镇	市一级学校	881	409	—	139
灰寨中学	灰寨镇	县一级学校	484	136	—	112
揭西县第一职业技术学校	河婆街道	—	—	—	150	79
揭西县职业技术学校	棉湖镇	—	—	—	171	32
揭西教师进修学校	河婆街道	—	—	—	—	27
合计			4666	14054	321	1851

2019年揭西县高考各中学上线人数统计表

表54

学校	报考人数	上线人数	高分优先					本科					专科				
			小计	普通	体育	音乐	美术	小计	普通	体育	音乐	美术	小计	普通	体育	音乐	美术
全县合计	5625	5406	226	223	2	—	1	1699	1548	8	3	21	5406	5338	18	10	40
河婆中学	1576	1574	117	116	1	—	—	875	752	1	1	1	1574	1567	3	2	2
五云中学	171	156	—	—	—	—	—	2	1	—	—	1	156	155	—	—	1
灰寨中学	57	50	—	—	—	—	—	2	2	—	—	—	50	50	—	—	—
北山中学	166	136	—	—	—	—	—	10	6	—	—	4	136	129	2	—	5
棉湖中学	1579	1579	106	106	—	—	—	755	750	3	1	2	1579	1550	9	6	14
南侨中学	323	281	—	—	—	—	—	6	6	—	—	—	281	280	—	—	1
钱坑中学	157	150	—	—	—	—	—	4	4	—	—	—	150	150	—	—	—
上砂中学	187	138	—	—	—	—	—	2	2	—	—	—	138	137	—	1	—
棉湖二中	740	721	1	—	—	—	1	25	14	1	1	9	721	706	1	1	13
霖田中学	669	621	2	1	1	—	—	18	11	3	—	4	621	614	3	—	4

（张美胜　李文标　彭新友）

科学技术

【概况】　2019年，揭西县实施创新驱动发展战略，引导企业开展科技创新，提高科技成果转化，宣传科技政策，开展科技进步活动月活动。全年新建省工程技术研究中心1家、市工程技术研究中心1家，通过高新技术企业认定1家，广东省高新技术产品认定4件。

2019年11月25日，县工信科技局联合县统计局在县委党校2号楼三楼召开揭西县工信科技系统工作推进会暨高新技术企业申报认定培训会　（县工信科技局　供稿）

【科技创新】　2019年，揭西县以科学发展为主题，以加快经济发展方式转变为主线，实施创新驱动发展战略，优化创新环境，集聚创新资源，推进以企业为主体、市场为导向、产学研相结合的技术创新体系建设。是年，引导企业申报高新技术企业认定和高新技术产品认定，动员符合条件企业参与2019年科技型中小企业评价，加强建设新型研发机构等创新平台，推动全县产业结构优化升级和经济发展方式转变，实现科技创新发展。

【科技项目】　2019年，揭西县指导企业申报省、市科技项目，推荐申报2019年广东省科技专项资金（“大专项+任务清单”）项目获立项4项，推荐2019年市级卫生医疗项目获立项3项，推荐2019年揭阳市科技创新发展专项资金项目获立项3项，预申报2020年广东省科技专项资金（“大专项+任务清单”）项目7项，预申报2020年揭阳市科技创新发展专项资金项目2项。

【科技企业】　2019年，揭西县鼓励企业增强科技创新能力，组织有创新动力和发展潜力企业开展科技型中小企业评价工作，全县入库登记2家。揭西县小天使电子电器有限公司通过2019年高新技术企业认定，全县高新技术企业累计4家。

【科研中心建设】　2019年，揭西县加强建设新型研发机构等创新平台，广东蓝天果蔬农业科技开发有限公司被评为广东省现代农业科技创新中心，白云山威灵药业有限公司组建广东省工程技

2019年揭西县技术创新专业镇一览表

表55

级别	乡镇（街道）	专业镇名称
省级	河婆街道	电子琴专业镇
省级	棉湖镇	五金电线电缆专业镇
省级	京溪园镇	旅游专业镇
市级	大溪镇	淮山种植专业镇
市级	灰寨镇	毛巾专业镇
市级	凤江镇	凉果加工专业镇
市级	金和镇	彩印专业镇
市级	塔头镇	冬瓜种植专业镇
市级	良田镇	山地特色水果专业镇

术研究中心，广东粤威制药有限公司组建揭阳市工程技术研究中心。

【专业镇建设】 2019年，揭西县落实“一镇一品”战略，提升中小企业和特色产业竞争力，加快产业聚集，形成产业经济规模，带动镇级经济发展，依靠科技进步推动全县经济发展。全县有省级技术创新专业镇3个（河婆街道、棉湖镇、京溪园镇），市级技术创新专业镇9个（河婆街道、棉湖镇、京溪园镇、大溪镇、灰寨镇、凤江镇、金和镇、塔头镇、良田乡）。

【科普宣传】 2019年，揭西县工业信息化和科技局（简称县工信科技局）联合县委宣传部、县科协等单位围绕“创新引领未来，科技惠及民生”主题，开展2019年科技进步活动月活动，重点展示科技创新成果、科技支撑美好生活体验等，宣传与人民生活相关科技创新成果，开展科技服务企业、青少年和农村活动，组织系列科普活动，加大科普教育和科技宣传力度，提高全民科学素养，营造学科学、讲科学、用科学氛围。

【产学研合作】 2019年，揭西县推进企业开展省、部、院产学研合作，加大技术研发创新，加快科技成果转化，增强企业创新能力和竞争力。至年底，开展实施科技特派员制度农业企业5家，工业企业与高等院校、科研院所开展“产学研”合作11家。

（邹锐豪　李冰曼　黄伟旋）

气象工作

【概况】 2019年，揭西县气象部门做好气象防灾减灾工作，提供气象预报服务，完善气象服务体系，不定期组织气象（防雷）安全专项联合检查。全年平均气温22.6℃，较历年平均偏高0.8℃；极端最高气温37.4℃，极端最低气温5.0℃；降雨总量2084.8毫米，比历年偏多20.9毫米；日照总时数1837.0小时，比历年偏多88.3小时；出现大雾天气13次，高温天气24次。

【天气特点】 2019年，揭西县平均气温偏高，年降水总量偏多。降水时间分布不均匀，1月、6月、7月、9月和11月降水量持续偏少，其他月份持续偏多。7月高温日数（日最高气温≥35.0℃）为7天，主要出现在中下旬，其中7月15—19日出现持续性高温天气。8月24日到26日，台风“白鹿”给全县造成暴雨，并伴有雷雨大风等强对流天气。

气温 2019年，揭西县平均气温22.6℃，比历年平均偏高0.8℃，其中1月、2月、3月、4月、6月、7月、9月、10月、11月、12月平均气温分别偏高1.4℃、2.6℃、1.5℃、1.4℃、0.7℃、0.2℃、0.2℃、0.8℃、1.0℃、1.5℃；5月与8月平均气温偏低0.5℃和0.4℃。全年极端最高气温为37.4℃，极端最低气温为5.0℃。

降水 2019年，揭西县降雨总量2084.8毫米，比历年偏多20.9毫米，1月、6月、7月、9月和11月降水量持续偏少，2月至5月、8月、10月和12月降水量持续偏多。4月18日到21日，受切变线和高空槽共同影响，全县出现普降大雨、局部暴雨强降水过程，18日08时到21日08时，平均累积雨量124.3毫米。

日照 2019年，揭西县年日照总时数1837.0小时，比历年偏多88.3小时。

台风 2019年，对揭西县有影响的台风有1个：台风“白鹿”。8月24日到26日，第11号台风“白鹿”造成全县普降暴雨，并伴有雷雨大风等强对流天气。24日20时到26日20时，全县平均雨量72.3毫米，五经富中联村录得全县最大雨量109.4毫米；极大风速平均值为9.4米/秒

（5级），五经富龙颈水库录得最大风速13.2米/秒（6级）。

【气象公共服务】　决策气象服务　2019年，揭西县气象部门提供《重大气象信息快报》21期，《重要气象信息专报》6期，《高考专项气象服务》9期，《中考专项气象服务》4期，《端午龙舟竞赛气象专项服务》2期，《天气报告》10期，发布决策气象短信328次，受益67.99万人次。

重大灾害性天气预报服务　2019年，揭西县气象部门及时准确发布气象灾害预警信号，为政府部门防灾减灾指挥决策及社会公众防御灾害性天气提供科学依据。做好台风“白鹿”气象预报服务。全年发布暴雨预警信号37次，台风预警5次，雷雨大风预警10次，高温预警15次，寒冷预警2次，森林火险预警11次，大雾预警2次；与国土部门联合发布地质灾害气象风险预警5次。

专题气象服务　2019年，揭西县气象部门在春节、中秋、国庆等重大节日期间及高考、中考期间等重要节点发布专题预报16次。

揭西县气象局业务平台，即突发事件预警信息发布中心　（县气象局　供稿）

【防雷减灾】　2019年，揭西县气象部门加强气象（防雷）安全巡查。4月26日，揭西县政府组织对22家气象灾害防御重点单位防御责任人和应急管理人40余人开展培训，该培训班邀请汕头市气象局防雷办主任林荣基讲课。8月14日，县气象局联合县应急管理局、住房和城乡建设局、教育局、水利局开展气象灾害防御专项执法检查，抽查5家单位，对不符合要求的单位提出整改意见，限期责令整改。

【气象现代化建设】　2019年，揭西县气象部门构建揭西县生态气象监测网络和生态气象服务体系，加强气象要素的监测站网布局和建设。县气象局牵头开展“中国天然氧吧”创建工作，布设2套生态气象主站和6个生态气象监测站子站、8套户外彩色显示屏，开发揭西“中国天然氧吧”网站和微信小程序，7月12日，揭西县获评“中国天然氧吧”称号；完成全县自动站通信系统升级改造，加密建设5个自动站；推进揭西县一般气象站山洪工程业务平台配套设施建设项目，打造现代化业务平台。

2019年揭西县气候简要情况表

表56　　单位：摄氏度、毫米、小时

要素＼月份	1月	2月	3月	4月	5月	6月	7月	8月	9月	10月	11月	12月	全年
平均气温	15.5	17.8	18.5	22.7	24.1	27.5	28.4	28.3	27.1	24.5	20.2	16.3	22.6
平均最高气温	20.7	22.5	22.8	26.9	28.0	31.9	32.7	33.5	32.7	29.9	26.5	22.0	27.5
平均最低气温	12.1	15.0	15.6	19.9	21.5	25.0	25.7	25.3	23.4	20.8	15.5	12.5	19.4
降水量	13.2	31.6	195.6	261.1	271.4	284.6	335.8	341.7	89.0	203.3	0.0	57.5	2084.8
日照时数	119.2	71.7	92.4	88.5	82.3	145.9	147.3	181.3	241.6	236.4	264.5	165.9	1837.0

（黄培枫　金立远　李晓桃）

防震减灾

【概况】 2019年，揭西县地震局（简称县地震局）按照地震监测预报、地震灾害预防和地震紧急救援三大体系要求，坚持“预防为主，防御与救助相结合”方针，做好防震减灾工作，提高管理与服务水平。推进国家地震烈度速报与预警工程广东子项目建设，加强重要工程抗震设防规范化建设，开展地震科普知识宣传工作。是年，完成揭西县碧桂园、河婆街道星曜城花园、棉湖镇汇龙湾花园等重要建设工程地震安全性评价项目9项。

【监测预报】 2019年，县地震局推进国家地震烈度速报与预警工程广东子项目建设，协助省地震局施工队建设南山镇龙跃小学地震预警台站工程，按期完成龙跃小学国家级地震预警台站地下钻井钻探工程。做好上砂镇径心村省微测震台日常维护工作，开展巡视检查，确保正常运行。建立防震减灾联络员和地震宏观观测员工作制度，加强全县17个乡镇（街道）防震减灾助理员个人信息更新管理，做好地震监测预报工作。

【应急处置】 2019年，县地震局做好地震应急准备工作。县工信科技局成立地震应急管理工作领导小组，由局长任组长，副局长任副组长，各股长、地震局、中小中心负责人为成员，实行统一管理、专人负责，实现应急管理工作常态化、规范化。11月上旬，县地震局指导全县中小学校制订地震应急预案，县工信科技局联合县教育局针对中小学地震应急预案，建立动态抽查长效机制。根据《揭西县地震应急预案》，要求各成员单位根据各自职责，共同做好地震灾害应急处置工作。

【防灾宣传】 2019年，县地震局开展科技进步活动月、全国科普日等防震减灾宣传教育活动，到学校、社区进行防震减灾科普宣传。9月中旬，联合县科学技术协会、县农业农村局、县卫生健康局等单位在县城东风广场举办全国科普日宣传活动，向群众发放《市民防震要点》《家庭防震避震常识》《如何在地震中求生》等科普宣传资料，现场接受群众咨询；9月下旬，在河婆街道东风社区联合县委宣传部、县农业农村局等单开展2019年科技进步活动月科普宣传活动，向群众发放防震减灾宣传资料，展出防震减灾知识展板和挂图，讲解地震自救互救技巧并接受咨询。

（邹锐豪　李冰曼　黄伟旋）

2019年9月25日，县地震局在县城文化广场开展揭西县科技进步活动月活动暨防震减灾宣传　（县工信科技局　供稿）

文　化

综　述

【概况】 2019年，揭西县文化广电旅游体育局（简称县文广旅体局）实施文化惠民工程，加强文化遗产资源保护，规范文化市场管理，推进公共文化服务体系建设，推动广播电视事业健康发展，为全县经济社会发展营造良好文化环境。是年，举办广东揭西首届冰雕美食文化节、广东揭西首届茶旅文化节、广东揭西首届国际水舞狂欢节等节庆文艺演出，开展“揭西美·潮客情”优秀群众文艺作品巡演24场次、客家山歌剧350场次、潮剧120场次、戏曲进校园20场、戏曲进农村全覆盖238场等惠民文化演出。成功申报钱坑大夫祖祠、棉湖战役东征军指挥部旧址2处第九批省级文保单位，全县省级文保单位增至7处。

【机构改革及职能配置】 2019年，揭西县根据县委、县政府机构改革方案，将原县文化广电新闻出版局的文化、广播电视管理职责和原县旅游局、原县体育局行政职能整合，组建县文化广电旅游体育局，于3月11日挂牌成立。按照“三定方案”规定，县文广旅体局设置7个内设机构：人秘股、公共文化股、文化遗产股、旅游发展股、广电股（市场股）、体育事业股、执法大队，6个事业单位：揭西县图书馆、揭西县文化馆、揭西县博物馆、揭西县潮剧演艺中心、揭西县青少年业余体校、揭西县旅游数据中心，核定行政编制26名（其中行政执法专项编制9名、行政编制17名）。机构改革启动以来，县文化广电旅游体育局如期完成班子搭建、机构挂牌、人员转隶、集中办公、制定“三定方案”等目标，完成机构改革相关工作。

【文化行政审批】 2019年，县文广旅体局政务服务事项46项，其中行政许可25项、公共服务10项、行政确认4项、其他事项7项。是年，办理歌舞娱乐场所延续证件21家，文艺表演团体延续证件2家，新设立文艺表演团体2家，注销上网服务营业场所3家，变更上网服务营业场所法人代表1家。网上申办服务事项实现100%可网上办理，办事结果实现100%物流快递。

【文化市场监管】 2019年，县文广旅体局开展不定期巡查与专项行动，强化对重要时间节点、关键领域的监督管理，重点监管网吧、歌舞娱乐等文化场所。联合公安、消防、疾控中心等有关部门，组织开展消防安全知识培训会议、消防演练，签订《守法经营承诺书》《安全生产责任书》，落实企业安全主体责任。

【文艺艺术创作】 2019年，县文广旅体局选送的8件文艺作品获“共筑中国梦”——揭阳市庆祝中华人民共和国成立70周年群众文艺作品相关奖项，其中由蔡常维创作的《西坑梅花开》《光荣大北山》分别获音乐类金奖及银奖，由刘钊勃创作的《我们身后》《红色力量》分别获音乐类优秀奖，由李均柔创作的《现代胡树民诗——誓言》、刘怡然创作的《现代何新扬——中国梦》，蔡加怡创作的《吴承曙现代——中国梦》，杨茵创作的《现代沈殿——美梦成真》分别获书法类优秀奖。是年，刘兴元、张伟耀联合创作的客家山歌剧《珍珠衫》、张伟耀创作客家山歌剧《抗婚》获得好评。

【公共文化服务】 2019年，县文广旅体局指导和组织县图书馆、县文化馆、县博物馆开展“文化和遗产日”“博物馆日”“流动文化馆、图书馆、博物馆”“道德模范图片展”等各类送文化进基层活动106场次。完成县博物馆红色资源展厅建设工作，面向公众免费开放。组织开展“庆新春”、庆“五一”、“庆祝中华人民共和国成立70周年中国共产党成立98周年暨‘揭西美·潮客情’”等群众文艺晚会24场次；组织县潮剧演艺中心赴潮阳、汕头等地开展潮剧交流演出120场次。

【文化产业发展】 2019年，县文广新局加强对棉湖战役东征军指挥部旧址、郭氏大夫第、棉湖打铁街、乐善处等文物保护单位与三山国王祭典、大溪李氏宗祠祭典等省级非遗项目开发利用，注重历史文化遗产保护利用，将其转化为旅游资源产品，形成以核心景区为核心、县域重点文物单位为依托的区域文化品牌，推动全县文化产业发展。是年，钱坑镇发挥“木雕”国家级非物质文化遗产优势，以埔龙尾村为中心，建设木雕博物馆，发展旅游文化产业。《花开富贵》《九狮》等6件作品在第十五届中国（深圳）国际文博会上获金奖1个，银奖1个，铜奖4个；其中林少党创作的《九狮》获“中国工艺美术文化创意奖”金奖，林泽旺创作的《三友迎春》获“中国工艺美术文化创意奖”银奖，林五弟、林隆发创作的《八骏马》、林佳才创作的《七鸟戏梅》、林少党创作的《水淹金山》、林洁鑫创作的《花开富贵》分别获“中国工艺美术文化创意奖”铜奖。

【文化交流合作】 2019年，县文广旅体局选送2支合唱队（揭西县老干部大学合唱团（纪念奖）、棉湖二中合唱团）、2位独唱选手（刘钊勃、曾兰婷）参加“我和我的祖国——广东省第十三届‘百歌颂中华’歌咏活动”，两支合唱队均获铜奖。个人少儿舞蹈《客家妹子》、张宏宇小朋友作品参加广东省先进单位群众艺术花会（少儿艺术），均入围省复赛，其中《客家妹子》获2019年广东省群众艺术花会（少儿艺术）铜奖。是年，由广东省文化和旅游厅主办的广东省公共文化服务“三百工程”进基层到揭西开展文化交流活动，在河婆街道、塔头镇分别开展文艺晚会及图片展览各1场，到县图书馆开展《地方文化特色与幸福感》专题讲座。

【文化设施建设】 2019年，县文广旅体局研究制订《揭西县文

五云镇综合文化站　　（县文广旅体局　供稿）

化馆图书馆总分馆制建设实施方案》，建设河婆街道、棉湖镇、五经富镇、南山镇、钱坑镇5个图书馆分馆和15个村（社区）综合文化服务中心建设服务点。推进17个乡镇（街道）综合文化站达标建设。完成73个行政村（社区）综合性文化服务中心完善提升建设工作。完成五云镇、南山镇、凤江镇3个乡镇示范文体广场建设。

【文化队伍培育】　2019年，县文广旅体局在县城文化馆一楼和四楼大厅设置舞蹈室和美术室，在南山镇上寮文化公园、关西文苑设置书法公益免费培训分点，聘请多名教学经验丰富的老师进行教学，教学对象为县内8-15岁在校中小学生，招生750人30班次。以免费文化培训为抓手，丰富广大少年儿童文化艺术生活，加快青年文化队伍培育，推动全县文化繁荣发展。

公共文化

【概况】　2019年，揭西县联合县财政部门下达免费开放资金，保障县图书馆、县文化馆、县博物馆和各乡镇街道综合文化站等公共文化场馆全面实施免费开放；提升县级“三馆”（县公共图书馆、县文化馆、县博物馆）免费开放服务措施和服务水平，优化服务效能。

【文化品牌创建】　2019年，县文广旅体局立足揭西潮客交融文化底蕴，因地制宜持续打造“揭西美·潮客情”群众文化品牌，到河婆街道、棉湖镇、京溪园镇等乡镇（街道）开展优秀群众文艺巡演，持续将优质文化资源送达基层一线，送至老百姓家门口，丰富基层群众的精神文化生活，形成品牌“雁阵效应”。

【文化志愿服务】　2019年，县文广旅体局依托基层公共文化设施成果，坚持以培育社会主义核心价值观为根本，聚焦主流价值引领，突出鲜明价值导向，深入开展文艺汇演、主题图片展览、讲座论坛、免费培训等文化志愿活动。

群众文艺创作　2019年，刘兴元、张伟耀改编大型山歌剧《珍珠衫》、张伟耀创作大型山歌剧《抗婚》，由揭西县山歌剧团演出。揭西县潮剧演艺中心廖少韩创作潮曲《揭西人民永向前》《看俺揭西今朝美》。黄伟仁创作大型山歌剧《巧换缘》。刘钊勃创作《我们身后》《红色力量》《四号线》《小七》等歌曲。蔡秋芳、凡荣创作舞蹈《客家妹子》。

博物馆　2019年，揭西县博物馆健全安全管理制度，落实安全责任，加强消防安全知识培训及日常安全巡查，完善各项应急预案，健全安全防范体制，提高人防、物防、技防的综合防范能力，确保馆藏文物安全无事故。在原有革命文物展室基础上，打造红色文化资源展厅，发挥爱国主义教育基地作用。馆内收藏二级文物1件套，三级文物26件套，未定级文物565件套。

公共图书馆　2019年，揭西县图书馆设有图书外借室、少儿阅览室、少儿外借室、报刊阅览室等学习活动室16个，图书总藏量20万多册，分别有中文图书类、盲文类图书、电子图书等各类藏书；设有电子图书馆，网址为http://jxxtsg.superlib.libsou.com，含电子图书4万册。馆内网络基础设施有电脑90台，供读者使用

2019年7月14日，县图书馆在一楼展厅举办“五四之光”图片展览活动
（县文广旅体局　供稿）

80台。

文化馆 2019年，揭西县文化馆到基层特别是省定贫困村开展文艺巡演、主题图片展等文化惠民活动，丰富人民群众精神文化生活、宣传党的路线方针政策。是年，举办馆内及各乡镇（街道）开展少儿舞蹈、少儿美术、少儿潮乐等30期，开展主题图片展29场。

2019年11月21日，县文广旅体局执法大队工作人员在五经富镇新时代书店检查出版物市场经营情况 （县文广旅体局 供稿）

文化市场

【概况】 2019年，县文广旅体局强化文化市场监管，开展“众剑行动”“扫黑除恶”等专项行动，突出重点时段、重要场所、重大活动，采取日常检查与突击检查、错时检查、联合检查、专项整治相结合的方式，加强对网吧、歌舞娱乐、游艺娱乐、音像制品、印刷复制业、广电站等文化经营单位日常巡查检查，维护意识形态安全。全年出动行政执法人员923人次，立案查处违法违规经营行为7宗。是年，县文广旅体局获国家版权局2018年查处侵权盗版案件有功单位三等奖；县文广旅体局党组书记、局长巫丽琼获2019年广东省“扫黄打非”先进个人。

【文化市场整治】 2019年，县文广旅体局查处接受委托印刷注册商标标识、未按条例规定验证注册商标使用许可合同复印件、未经著作权人许可发行其作品、擅自从事出版物发行业务等违法案件7宗，没收金额1.30万元，罚款金额2.60万元，执法大队以案件查办为抓手，加大市场整治力度，规范文化市场经营秩序。

文化遗产申报和保护

【概况】 2019年，县文广旅体局加强文化遗产保护，推进文化遗产申报工作，贯彻“保护为主，抢救第一，合理利用，加强管理”工作方针，指导和督促县内各级文物保护管理机构落实文物保护管理责任，定期开展文物保护单位安全检查，及时掌握文物保护单位安全状况。是年，全县省级文物保护单位7处，市级文物保护单位9处，县级文物保护单位39处。

【文物保护】 2019年，县文广旅体局成功申报钱坑大夫祖祠、棉湖战役东征军指挥部旧址2处为第九批省级文保单位，全县省级文保单位增至7处。申请省级文物保护单位专项资金用于5处省级文保单位日常维护管理。实施乐善处维修和消防设施建设、棉湖战役东征军指挥部旧址抢险加固和县级文保单位“四有”（有保护范围、有保护标志、有记录档案、有保管机构）完善等文物保护项目。申请省级专项资金，争取实施乐善处修缮工程、打铁街作坊群危急建筑抢修、大夫祖祠修缮工程设计方案、天宝堂抢险加固及陈列展示、郭氏大夫第智慧消防管理系统、棉湖战役东征军指挥部旧址（兴道书院）智慧消防管理系统、揭西县博物馆升级改造、揭西县流动博物馆图片展览等项目。

【文物展览】 2019年，县博物馆策划打造主题突出、导向鲜明、内涵丰富的革命文物陈列展览精品，加强解读藏品与历史文化间联系，提高讲解质量，促进揭西革命老区振兴发展。打造红色资源展厅，以革命文物类为依托，建设爱国主义教育示范基地和中共党史教育基地，推介揭西红色旅游资源。开展“流动博物馆”进校园主题图片展40场次。

【非物质文化遗产普查】 2019年，县文广旅体局组织开展第五批县级非物质文化遗产名录项目申报工作，经单位申报、专家组评审，确定林十三发酵法蜜果制作技艺（传统手工技艺）、上林木偶（传统戏剧）、向阳村青狮制作技艺（传统手工技艺）、张元快柿饼制作技艺（传统手工技艺）、宫墩划龙舟（传统体育、游艺与杂技）5个项目为第五批揭西县非物质文化遗产。至年底，全县省级非物质文化遗产保护项目7个，非物质文化遗产保护项目传承人8人；市级非物质文化遗产保护项目22个，非物质文化遗产保护项目传承人20人；市级传承保护基地6个；市级传承生产基地2个；县级非物质文化遗产保护项目42个。

【非物质文化遗产申报】 2019年，县文广旅体局组织申报公布林十三发酵法蜜果制作技艺、上林木偶、向阳村青狮制作技艺、张元快柿饼制作技艺、宫墩划龙舟为第五批县级非遗项目。成功申报林十三发酵法蜜果制作技艺、上林木偶为第六批市级非遗项目。成功申报揭西方言灯谜传承人黄哲生、大龙香制作技艺传承人林少潮为第六批省级非物质文化遗产代表性项目代表性传承人推荐名录。做好三山国王祭典申报国家级非物质文化遗产项目前期申报文本、相片拍摄、视频录制的资料申报准备整理工作。

【非物质文化遗产保护】 2019年，县文广旅体局参与由“学习强国”平台发起的广东乡村微视频大赛，统筹全县现有非遗项目宣传片，加强包装，选送参加比赛，《鸿江侯氏朱家教拳》《黄麻布传统技艺》等6部片子入围参加展示评选。做好县非物质文化遗产资源展厅展品征集、展厅设计、文化资料撰写等前期筹备工作。

2019年揭西县县级以上文物保护单位情况表

表57

文物保护单位名称	详细地点	年代	一级分类	级别
省级文保单位（7个）				
打铁街作坊群	棉湖镇解放路北侧	清	古建筑	省
郭氏大夫第	棉湖镇永昌古庙后左侧	清	古建筑	省
三山祖庙遗址	河婆镇庙角村	清	其他	省
植丰园	揭西县金和镇	中华民国	近现代重要史迹及代表性建筑	省
乐善处	揭西县灰寨镇	清	古建筑	省
棉湖战役东征军指挥部旧址	棉湖镇南隅	中华民国	古建筑	省
大夫祖祠	钱坑镇顶联村	清	古建筑	省
市级文保单位（9个）				
大溪李氏宗祠	大溪镇井美村	清	古建筑	市
南山墓园	钱坑镇钱东	明	古墓葬	市
赤岩村寺庙群	东园镇赤岩村	清	古建筑	市
大溪李氏墓	普宁石鸟山、南洋山揭西钱坑	明—清	古墓葬	市
五云彭氏宗祠	五云镇京铺村	明	古建筑	市
上砂庄氏宗祠	上砂镇上联村下屋楼	清	古建筑	市
李天生大楼	大溪镇井美村	清	古建筑	市

续表57

文物保护单位名称	详细地点	年代	一级分类	级别
凤南舜祖祠	凤江镇凤南村	清	古建筑	市
井新古寨	大溪镇井新村	清	古建筑	市
		县级文保单位（39个）		
中华医院	河婆街道排灌站旁	大革命时期	近现代重要史迹及代表性建筑	县
大同医院	河婆街道内	大革命时期	近现代重要史迹及代表性建筑	县
大光学校	河婆街道内	大革命时期	近现代重要史迹及代表性建筑	县
湖西祠堂	棉湖镇	土地革命时期	近现代重要史迹及代表性建筑	县
义亨公祠	金和镇	清末	古建筑	县
潮汕人民抗征队诞生地旧址——天宝堂	南山镇	解放战争时期	近现代重要史迹及代表性建筑	县
河婆塔	河婆街道西北1千米处横江河旁	清	古建筑	县
广德庵	河婆街道老虎岽山腰	明	古建筑	县
天竺岩	河婆街道明山山腰	南宋	古建筑	县
潮梅人民行政委员会旧址——道南小学	南山镇	解放战争时期	近现代重要史迹及代表性建筑	县
潮揭丰人民行政委员会旧址——三德堂	南山镇田心村	解放战争时期	近现代重要史迹及代表性建筑	县
过路塘风景区	坪上镇尖田村	明—清	古建筑	县
花果寺	棉湖镇竹园内居委	明	古建筑	县
上山仔教堂	上砂镇上山仔村	清	近现代重要史迹及代表性建筑	县
永昌古庙暨云湖庵	棉湖镇北爷门	明—清	古建筑	县
慈济古庙暨古戏台	棉湖镇米街居委	明—清	古建筑	县
天后圣庙	棉湖镇沙坝尾	明—清	古建筑	县
李氏花园	棉湖镇新寨	清咸丰八年（1858年）	古建筑	县
黄奇遇墓	棉湖镇贡山鸡心岭	清康熙五年（1666年）	古墓葬	县
宇祖古庙	棉湖镇湖东大路口	清	古建筑	县
棉善古庵暨城隍庙	棉湖镇方围居委三角埕	明—清	古建筑	县
帝君古庙	棉湖镇新寨南门埕	清	古建筑	县
三官寺祠庙群	凤江镇鸿江乡	清	古建筑	县
小溪陈氏宗祠	五经富镇小溪村	明	古建筑	县
林广业墓	钱坑镇钱南村白石山	明	古墓葬	县
林惠叟墓	钱坑镇钱东村月地岭	明	古墓葬	县
彭如干观察第	五云镇龙江村下江寨	清	古建筑	县
凤湖杨氏祖祠	凤江镇凤南村	清	古建筑	县
阔口园吴氏家庙	塔头镇阔口园村	清	古建筑	县

续表57

文物保护单位名称	详细地点	年代	一级分类	级别
林先锋墓	灰寨镇金星村峡仔山	明	古墓葬	县
吴氏宏祖祠	东园镇赤岩村	清	古建筑	县
登云轩	五云镇岭仔村	清	古建筑	县
聚祖公祠	凤江镇东丰村仙堀	清	古建筑	县
允庄楼	良田乡龙岭村领下村	清	古建筑	县
二楼吴民居	棉湖镇镇方围社区	清	古建筑	县
阳夏敬义祖祠	凤江镇东光村	明末清初	古建筑	县
林敬义墓	钱坑镇钱西村	明	古墓葬	县
钱西大寨祠堂群	钱坑镇钱西村	清	古建筑	县
钱西古庙	钱坑镇钱西村	清	古建筑	县

2019年揭西县县级以上非物质文化遗产名录

表58

项目名称	级别	项目传承人	公布时间	公布批次
省级非物质文化遗产（7个）				
三山国王祭典	省级	刘高望	2007.6	第二批
大溪宗祠祭典	省级	李江叙	2007.6	第二批
锣鼓标旗巡游	省级		2007.6	第二批
揭西客家红酒酿造技艺	省级	曾小环	2012.2	第四批
木偶戏（提线木偶）	省级	高礼华	2012.2	第四批
灯谜（揭西方言灯谜）	省级	黄哲生	2013.11	第五批
大龙香制作技艺	省级	林少湖	2018.5	第七批
市级非物质文化遗产（15个）				
潮州音乐	市级	—	2007.4	第一批
烟花火龙	市级	—	2007.4	第一批
木雕	市级	—	2007.4	第一批
石雕	市级	—	2007.4	第一批
揭西擂茶	市级	—	2007.4	第一批
客家山歌（揭西客家山歌）	市级	—	2009.3	第二批
潮剧	市级	—	2007.4	第二批
揭西炒茶制作技艺	市级	—	2009.3	第二批
黄麻布织造技艺	市级	—	2011.6	第三批
揭西炒茶制作	市级	—	2011.6	第三批
英歌（厚埔英歌）	市级	李木华	2017.2	第五批
狮舞（刘厝寨金狮）	市级	刘茂荣	2017.2	第五批
朱家教拳（鸿江侯氏）	市级	侯少雄	2017.2	第五批

续表58

项目名称	级别	项目传承人	公布时间	公布批次
祭祖习俗（上砂庄氏祭典）	市级	庄倍炎	2017.2	第五批
祭祖习俗（南山墓园祭典）	市级	林良定	2017.2	第五批
县级非物质文化遗产（20个）				
揭西擂茶传说	县级	—	2009.4	第二批
三山神传说	县级	—	2009.4	第二批
河婆古塔的由来	县级	—	2009.4	第二批
缺鼻牛与跳水石的传说	县级	—	2009.4	第二批
五经富传说	县级	—	2009.4	第二批
湖光民乐	县级	—	2009.4	第二批
大溪油漆传统制作技艺	县级	—	2009.4	第二批
大溪木工传统制作技艺	县级	—	2009.4	第二批
大溪豆腐豆干制作技艺	县级	—	2009.4	第二批
联南陈德河接骨秘方	县级	—	2009.4	第二批
娘妈生	县级	—	2009.4	第二批
揭西潮汕功夫茶	县级	—	2009.4	第二批
出花园	县级	—	2009.4	第二批
揭西过路塘传说	县级	—	2011.4	第三批
棉湖小吃制作技艺	县级	—	2011.4	第三批
林十三发酵法蜜果制作技艺	县级	林汉文	2019.5	第五批
上林木偶	县级	—	2019.5	第五批
向阳村青狮制作技艺	县级	杨武灵	2019.5	第五批
张元快柿饼制作技艺	县级	张元快	2019.5	第五批
宫墩划龙舟	县级	—	2019.5	第五批

（巫丽琼　刘树隆）

档案　地方志

档案工作

【概况】 2019年，揭西县档案馆（简称县档案馆）加强档案管理，开展档案业务督导，规范档案进馆业务流程，强化档案宣传推介，提高档案管理水平和服务能力；利用馆藏档案资料，开展档案编研工作，完成编写《档案政策法律法规汇编（十一）》。至年底，馆藏档案全宗59个，档案2.57万卷、970件，馆藏资料4996册。全年接待档案查阅200多人次。

【机构改革及职能配置】 2019年，揭西县档案局行政职能划入县委办公室，县委办公室对外加挂县档案局牌子。揭西县档案馆为县委直属公益一类正科级事业单位，加挂揭西县地方史志办公室牌子（原揭西县史志办公室行政职能划入县委办公室）。县档案馆内设人秘股、接收保管股、史志编纂股3个股室，核定事业编制15名，设馆长（主任）1名、副馆长（副主任）2名。

【档案资源建设】 2019年，县档案馆推进档案资源建设，加大到期档案接收进馆力度，加强机构改革中撤消、合并档案归宿和流向控制与管理工作，做好撤销、合并、更名单位档案处置工作，对机构改革中合并、更名单位的档案流向和归宿做统一协调和具体安排，强化机构改革中档案安全保障，推动机关到期档案接收进馆工作。全年接收档案541卷，民生档案占馆藏总量50%。

【档案综合管理】 2019年，县档案馆健全档案管理方式，提高综合管理水平。构建人防、物防、技防“三位一体”档案安全防范体系，及时发现和排除档案安全隐患，全面提升档案安全体系建设能力，组织人员对馆藏档案进行抽检，全年抽检2000余卷；优化调整馆藏档案储藏条件，一次性购置档案柜52套，对馆藏1万多卷档案进行移库，提高提档调档效率，优化档案存放序列，增强查阅管理便捷性。

【馆藏档案数字化】 2019年，县档案馆加快馆藏档案数字化进程，提高档案现代化管理水平，做好馆藏档案纸质材料及目录数字化工作，创造条件对县委、县政府、县委组织部等单位重要全宗档案进行数字化管理工作。至年底，累计完成档案数字化扫描3万多页，电子目录9万条。

档案馆专门库房一角　（刘　梅　摄）

【档案业务督导】 2019年，县档案馆根据机构改革安排，加大对涉改单位档案业务督导，重点从档案工作重视程度、归档文件分类范围、归档文件整理原则等方面，督促各归档单位及时做好档案收集、整理、保管、利用和清点、交接工作，确保档案齐全、完整与安全。至年底，原县人事局、原县外事侨务局档案全部移交进馆。

【档案公共服务】 2019年，县档案馆坚持重点推进，提高档案馆公共服务能力。为全县经济建设、落实政策、机关查考、调解纠纷、核实工龄、工作调动、户口迁移、复退伍军人安置、学术研究等方面提供第一手资料。全年接待利用者200多人次，提供利用档案资料500余卷。

【档案业务宣传】 2019年，县档案馆完善档案宣传机制，加大档案工作宣传力度，运用传统媒体和新媒体，普及档案知识，宣传档案法规，传播档案文化，增强全社会档案意识。扩大和同行业合作交流，拓宽档案工作视野，提升档案工作社会影响力。

（陈玉华　刘　梅）

地方志工作

【概况】 2019年，揭西县史志办公室（简称县史志办）加强学习地方志各项工作规定、条例，强化地方志成果开发利用，推进自然村落历史人文普查、综合年鉴编纂出版以及年报资料收集等工作。至年底，《揭西年鉴》从2009年创刊以来共出版11卷，其中内部出版3卷、公开出版8卷；完成出版社反馈修改意见《全粤村情·揭阳市揭西县卷（一）》2次、《全粤村情·揭阳市揭西县卷（二）》1次。

【地方综合年鉴编纂】 2019年，县史志办加强地方综合年鉴编纂规范，完善年鉴编纂工作流程，创新年鉴内容展现形式。按照省志办、市志办关于《广东年鉴（2019）》《揭阳年鉴（2019）》揭西部分组稿要求，组织人员进行资料搜集、整理、组稿，按时按质完成《广东年鉴》《揭阳年鉴》揭西部分撰稿任务；强化对《揭西年鉴（2019）》各承报单位年鉴编修工作业务指导，年鉴编辑部对年鉴稿件多次进行整理编辑、校对，提升年鉴编纂质量。丰富年鉴编纂形式，《揭西年鉴》首次采用全彩色印刷。至年底，《揭西年鉴（2019）》由线装书局审核出版；是年，《揭西年鉴（2018）》获得第六届全国地方志优秀成果（年鉴类）县区级综合年鉴一等年鉴、广东省县区级综合年鉴一等年鉴。

【地方志资料年报】 2019年，县史志办推进地方志资料年报工作。5月24日，由县委办、县政府办联合发文通知，部署年报工作。县史志办加强对各承报单位业务指导和审查验收，对质量达不到要求的，退回原单位重写，对符合要求的，进行审核验收。至年底，上交资料年报单位86个。

【揭西县自然村落历史人文普查】 2019年，县史志办推进自然村落历史人文普查工作。加强与省、市地方志办、出版社沟通联系，根据反馈修改意见及时与各乡镇（街道）协调，做好稿件修改工作。全年完成出版社反馈修改意见《全粤村情·揭阳市揭西县卷（一）》2次、《全粤村情·揭阳市揭西县卷（二）》1次。

（林少红　邓　智）

传播媒体

新闻出版

【概况】 2019年，揭西县强化党对新闻出版工作领导，加强对新闻出版内容创作、生产引导和市场监管，创新载体形态，重点查处侵权盗版案件，查缴非法出版物、非法印刷活动、非法经营行为，推动传统媒体与新兴媒体融合发展。全年检查印刷企业21家。

【出版工作】 2019年，揭西县做好出版物和印刷复制企业管理，以惩治非法政治性出版物为重点，加强对非法出版物查处；督促辖区内印刷企业落实安全生产责任制、印刷委托书备案制和执行印刷业五项管理制度检查，检查印刷企业21家；开展“保护著作权宣传周”宣传活动，引导社会增强版权意识；完善政府机关使用正版软件长效管理制度，推进机关使用正版软件工作，政府机关软件正版率88%。

（杨一帆　李显荣）

揭西县广播电视台

【概况】 2019年，揭西县广播电视台（简称县广电台）加强基础设施建设，严抓安全播出管理，把握正确舆论导向，推进新闻宣传、精品创作、媒体融合、有线网络电视等方面发展。全年电台、电视台共播出新闻4124条（每条播出4次）、专题116条、公益标语和广告3.06万条次。

【宣传报道】 2019年，县广电台开设《壮丽70年·奋斗新时代》《建国70周年巡礼》《庆祝祖国70华诞》等栏目，全面宣传报道全县70年变化、发展；开设《不忘初心、牢记使命》等相关专栏，宣传各地各单位主题教育全过程；开设《学习贯彻县委十一届五次全会精神》《学习贯彻县委十一届六次全会精神》《两会报道》《政府工作回顾》《政协工作回顾》等，及时主动开展县人大、政协“两会”宣传报道，形成全方位、多角度报道。继续宣传报道全县开展“三学三推”党建主题教育活动开展情况，播报“三学三推”宣传标语，营造舆论氛围；开设《“三清三拆三整治”系列报道》《“拆违大行动”系列报道》等专栏，全面宣传“拆违”“三清三拆”重要意义，推介先进典型；开设《社会主义核心价值观》专栏，宣传社会主义核心价值观意义和影响；开设《平安揭西 人人参与》新闻专栏和公益广告专栏，做好法治揭西宣传报道工作；开设《新时期精准脱贫》等专栏，做好新时期精准扶贫和问题村整治工作宣传；开设《揭西县机构改革方案摘录》《新机构、新职责、新面貌》专栏，做好机构改革宣传，多角度深层次宣传各地各部门推进重点项目工作进展和成效；组织办好“村村通广播”节目，宣传党的政治路线、方针政策、法律法规、农科技术等。全年，电台、电视台共播出新闻4124条（每条播出4次）、专题116条、公益标语和广告3.06万条次；向中央台和省、市台上送新闻、专题节目493条，其中：电视类493条，省台播出3条、市台播出208条。

2019年11月12日，揭西县广播电视台检测安全播出预警发布系统
（县广电台 供稿）

【栏目建设】 2019年，县广电台整合资源，完善广播电视栏目建设，强化栏目特质化建设，提高收听收视率。开办广播栏目《最美揭西》，主要推介揭西旅游景点、介绍揭西特色美食。全年《最美揭西》制播96期；加强落实文艺节目制作、播出工作，发掘片源，组织节目内容，严把审核关。全年电视剧栏目播出35部1124集。

【数字有线电视建设】 2019年，县广电台加强网络基础设施，推进数字有线广播电视建设，强化服务功能。集中力量建设县城新建小区有线电视网络，加大各方面投入，完成县城新建成小区有线电视网络规划设计和架设布线等工作；及时处理用户故障，对乡镇联网线路进行重点维护，排除故障；实施发射中心配套基础设施工程，项目包括新建发射塔护塔、供水塔、周边路灯等。抓好发射中心发射机、供电等设备维护管理。完善发射中心基础设施，提高无线覆盖工作水平，无线覆盖率95%。

（黄钰栋 张 波）

【广播电视安全播出】 2019年，县文广旅体局做好广播电视安全播出工作，维护广播电视安全播出秩序，落实意识形态安全工作责任，与县广播电视台和各乡镇广播电视站签订《年度广播电视安全播出责任书》，制订《揭西县开展打击非法卫星电视接收设施专项整治活动实施方案》，开展集中打击治理“黑广播”“伪基站”违法犯罪专项行动，加强有线电视联网专项整治与播出传输机构违规插播商业广告管理工作，督促各播出机构依法依规播出。

（巫丽琼 刘树隆）

卫生 体育

卫生事业

综 述

【概况】 2019年，揭西县推进医药卫生体制改革，加强公共卫生服务管理、医疗综合服务能力建设等工作。揭西县卫生健康局（简称县卫健局）有所属事业单位24个，其中县级公立医院4个（县人民医院、县中医医院、棉湖华侨医院、县妇幼保健院），公共卫生机构4个（县疾病预防控制中心、县慢性病防治站、县医疗急救120指挥中心、县采血站），基层医疗卫生机构16个（乡镇卫生院15个、社区卫生服务中心1个）。全县医疗卫生机构编制床位数1987张，年末实有床位数1961张；人员编制数3024人，年末在职人数2320人；全县门诊、急诊104.09万人次，比2018年（下同）增长2.1%；收治住院病人7.31万人次，增长8.2%；医疗卫生机构业务收入6.44亿元，增长11.8%。无偿献血4028人次；120指挥中心接到求救电话1.13万次，指派救护车有效出车1096次，救治病人1052人。全县未发生严重扰乱医疗秩序事件、挂牌督办重大案件、伤害医务人员犯罪案件，公安机关现场依法制止“医闹”事件次数为零，处理医疗纠纷12起。

【机构改革及职能配置】 2019年3月8日，揭西县卫生健康局正式挂牌。根据改革方案，将县民政局关于拟订应对人口老龄化、医养结合政策措施，综合协调、组织推进老龄事业发展，承担老年疾病防治、老年人医疗照护、老年人心理健康与关怀服务等老年健康工作职能划转到县卫生健康局。按照“三定方案”规定，县卫健局是县政府工作部门，为正科级。县卫健局设置9个内设机构：秘书股、人事股、财务股、疾控股、基层股、医政股（中医股、红十字会）、人口家庭股（县计划生育协会）、爱卫办、执法大队，所属事业单位24个，核定行政编制29名。

【卫生设施基础建设】 2019年，揭西县以项目建设为重点，推进卫生强县创建工作。按照揭西县医疗卫生事业发展“十三五”规划、区域卫生规划、医疗机构设置规划，推进医疗卫生基础设施建设，投入资金2.40亿元，其中县人民医院住院综合大楼建设项目进入室内二次装修收尾阶段；县妇幼保健计划生育服务中心建设项目，完成住院综合大楼主体工程建设，开展内外墙砌砖等二次装修工程建设和主要设备采购以及科室深化设计装修工程建设。棉湖华侨医院住院综合大楼建设项目主体工程于10月29日竣工验收并投入使用。完成11家乡镇卫生院标准化建设，龙潭卫生院、东园卫生院、凤江卫生院进行项目主体建设。完成全部277家村卫生站公建规范化建设项目。5月底，完成120指挥中心升级改造项目建设，11月完成项目验收工作，正式交付使用。

【医疗设备】 2019年，揭西县投入6294.7万元，县人民医院、棉湖华侨医院等先后购进集成制氧系统、医用气体及对讲系统、彩色多普特超声、数字化X射线系统、电子鼻咽喉镜、模块化生化免疫分析系统、病人中央监护仪、全自动尿液分析仪、血透用水处理系统和高压氧仓等医疗设备641台（件）。

【行风建设】 2019年，县卫健局纠正卫生健康行业不正之风，规范医务人员从业行为，出台《揭西县卫生健康系统开展突出问题专项整治工作方案》。是年，查处不合理处方26张、不合理检查5例、不合理用药13例，谈话提醒8人次。全县基层医疗卫生单位与医药公司签订《廉洁购销合同》52份。

【公共卫生】 2019年，揭西县推进国家基本公共卫生项目及家庭医生签约服务，做好老年人、孕产妇、儿童以及高血压、糖尿病、结核病等慢性病和严重精神障碍患者的健康管理工作。累计建立健康档案68.11万份，建档率79.4%。组织健康教育大型宣传活动8次、健康教育讲座212次，参加人数1.34万人次，咨询活动167次，参加人数1.84万人次，印制宣传材料426种，播放各类音像资料6191次。卡介苗、脊髓灰质炎糖丸、百白破三联制剂、麻疹疫苗、乙肝疫苗、乙脑疫苗等基础免疫接种率均在99%以上。登记传染病例数4863例；活产数7456人，新生儿规范管理人数6705人。0—6岁儿童保健管理5.00万人，0—36个月儿童接受中医药健康管理1.42万人。孕产妇产后访视人数6016人。65岁及以上老年人7.65万人，其中接受健康管理4.46万人。高血压管理3.59万人，规范管理2.15万人；糖尿病管理1.27万人，规范管理数6052人。登记在册精神障碍患者人数4805人，规范管理人数3961人。确诊并通知基层医疗卫生机构管理的结核病患者250人，纳入管理249人。

【爱国卫生】 **环境卫生整治工作** 2019年，揭西县开展“城乡环境卫生整洁行动”，围绕“清洁家园，共享健康”“除四害，保健康”主题，结合“三个一”（每年一次爱卫月活动，每月一次爱国卫生统一行动，每周一次环境卫生大扫除）环境卫生整治活动、以防蚊灭蚊为重点的夏秋季防控登革热爱国卫生运动等，累计出动人员8.5万人次，使用灭蚊药物38.20吨，清理垃圾超1万吨。

创建卫生镇村工作 2019年，揭西县开展创建省市卫生村、卫生乡镇工作，开展爱国卫生运动，改善城乡人居环境，保障人民群众健康。至年底，全县申报省卫生村37个，五云镇宗坑村等37个村通过省卫生村检查验收。

【医疗卫生体制改革】 2019年，揭西县推进公立医院综合改革，提高公立医院技术水平。1月1日起，全县医疗单位全面取消医用耗材加成，相应调整医疗服务价格，逐步建立以成本和收入结构变化为基础医疗服务价格动态调整机制。是年，医疗业务收入6.44亿元，基层医疗卫生机构门、急诊22.30万人次，县级公立医院门急诊81.79万人次；县级公立医院医疗费用5.92亿元，增长率16.3%，其中药占比30.7%、医疗服务收入占比33.7%，取消药品加成后补偿资金90.88万元，实施临床路径管理病例数占出院病例数8.6%。

【家庭医生签约服务】 2019年，揭西县推进家庭医生签约服务工作，提升基层医疗机构服务能力，为群众提供综合、连续、协同基本医疗、基本公共卫生和健康管理服务。组建家庭医生签约团队79个，常住人口签约率54.7%，重点人群签约率68.7%。

【全国卫生城市创建】 2019年，揭西县巩固广东省卫生县城创建成果，有序推进国家卫生县城创建工作。投入2.36亿元，升级改造市政基础设施。投入99.20万元，购买环卫公共服务和病媒生物防制专项服务，降低县城建成区蚊、鼠、蝇、蟑密度水平。县城清洁专业化100%，降尘率40%以上，道路清扫保洁、垃圾清运、公厕管理等各项工作对标达标。快速检测农贸市场食用农产品（蔬菜）4012批次、水产品369批次，依法没收快检不合格蔬菜21批次并作无害化处理。推进量化分级管理和“明厨亮灶”工作，完成量化分级评定1610家（A级32家、B级345家、C级1233家），实现“明厨亮灶”餐饮单位1472家。《揭西新闻》专栏播出“五城同创”新闻内容656条次、公益广告736条次，倡导群众健康生活。公共场所醒目位置张贴禁烟宣传标语，放置禁烟标志牌。加大辖区烟草广告监测和巡查力度，实地检查烟草经营店堂、烟柜，依法依规查处违反广告法相关规定的行为。全县食品安全、生活饮用水及公共场所卫生工作扎实开展，无重大食品安全事故、饮用水污染事故和职业危害事故。

【慢性病综合防控示范区建设】 2019年，揭西县开展创建“省级慢性病综合防控示范区”工作。开展健康单元创建活动，建设健康单位6个，健康学校5所，健康食堂、健康餐厅11家，健康社区102个，健康家庭1020个，健康主题公园1个，健康一条街1处，健康步道2条；实施烟草控制，实现医疗卫生机构无烟单位全覆盖，全县4家二级医院设立戒烟门诊；开展慢性病防治、健康教育宣传，举办全民健康生活方式宣传周及“三减三健”助力健康中国行徒步活动，引导广大群众加强自身健康管理；开展学校学生体检及各机关、企事业单位职工健康体检工作；开展口腔疾病防治，实施全县二年级小学生窝沟封闭项目，开展社区“全国爱牙日”活动；开展死因监测和肿瘤随访登记，抓好慢性病及相关危险因素监测；开展慢性病防控社会因素调查，掌握辖区居民慢性病发生情况、流行趋势及影响因素，向群众发布核心信息，提高群众健康意识。12月31日，揭西县被广东省卫健委评为省级慢性病综合防控示范区。

（张锻炼　张丰良　刘俊达）

医政管理

【概况】 2019年，揭西县健全医政管理制度，完善医疗急救体系标准化建设工作，加强医疗科研教育，深化医疗废物废水管理，推进农村卫生工作。全年新注册医师62人、护士84人；全县完成建设乡镇卫生院中医馆16家；建成污水处理系统医疗卫生机构12家；全县村卫生站366家、乡村医生366人。

【医护管理】 2019年，揭西县建立医护管理体制，加强医务人员管理。县卫健部门动员、组织医师参加资格考试，全县281名考生通过资格审核。是年，医师新注册62人，护士新注册84人，全县累计注册医师1341人，累计注册护士1385人。

【科研教育】 科研立项　2019年，揭西县医疗卫生单位加大科研立项投入，县人民医院、中医医院、妇幼保健计划生育服务中心、棉湖华侨医院、县疾控中心、慢性病防治站、金和中心卫生院、钱坑镇卫生院、东园镇卫生院、五云镇卫生院分别申报医学领域市级科研立项课题，投入科研资金100多万元，发表科研论文50多篇。经评审，确定为2019年度市医学科学技术研究项目42项。是年，通过广东省卫生健康委高级职称评审37人（正高职称8人，副高职称29人）。县政府对每年晋升高级职称卫生专业技术人才拨给卫生科研经费每人2万元。

继续教育　2019年，揭西县全科医生规范化培训招收15人，助理全科医生规范化培训招收21人，全科医生转岗培训招收24人，全科医生岗位培训招收102人，儿科医师转岗培训招收8人，产科（助产士）医师转岗培训招收11名，助理全科医生带教师资培训招收13人。

基层培训　2019年，揭西县人民医院开展全县基层培训工作，400余人次接受专家们指导，重点加强村医实施基本公共卫生项目、健康管理、中药辨证使用、健康教育等服务能力以及针灸、推拿按摩、刮痧、足浴熏蒸等中医适宜技术应用能力学习。揭西县中医医院举办揭西县基层卫生技术人员中医药知识与技能培训班，参加培训基层医疗卫生单位中医馆骨干医生16名。

【院感防控】　2019年，县卫健局组织医院院感防控管理人员、重点临床科室人员参加专题培训130人次。7月4日，成立揭西县医院感染管理质量控制中心，对各级各类医疗机构医院感染管理工作实施技术性指导和质量控制，年内督导检查2次，未发生医院感染事件。

【中医工作】　2019年，县中医医院加强耳鼻咽喉科（揭阳市重点专科）、内科、外科、妇科、儿科、针灸、推拿、骨伤、肛肠、老年病等中医特色优势专科建设。设立门诊中医专病特色专科6个，重点设置中药库、中药房及煎药室，以中医治疗、中医养生、急危重症救治和康复为主线，组织医务人员接受中医药相关知识进修。推广实施30个以上病种中医诊疗方案。采取巡回医疗、定期义诊、技术培训等形式，对乡镇医疗卫生机构开展中医药业务指导。县中医医院和县人民医院作为揭西县基层中医药适宜技术推广基地，对村卫生站推广6种以上中医药适宜技术，结合实际技术培训和门诊带教，确保每个卫生站至少掌握6种以上中医药适宜技术。县中医医院设立“治未病”科，拓展中医药服务领域，探索建设适应县中医工作实际和群众需求的中医特色预防保健服务体系，开展中医预防保健服务（治未病）。是年，全县乡镇卫生院中医馆完成建设16家，社区卫生服务中心、乡镇卫生院和85%村卫生站能够提供中医药服务。

【医疗废物废水管理】　2019年，县卫生健康局组织全县医疗机构（包括卫生站、个体诊所）医疗废物废水管理知识学习培训3场次，做好医疗废物分类和处置，做好医疗废水无害化处置。开展专项检查，发现部分医疗卫生机构存在环保手续不齐全、医疗废物管理不规范、医疗废水处理设施未完善，提出整改意见。各乡镇（社区卫生服务中心）村卫生站负责人员定期将医疗废物分类运送到医院指定医疗废物贮存室，并签收登记。全县医疗废物由揭阳市民康医疗废物处理有限公司转运处理，不存在医疗废物流失情况。医疗废水管理方面，建成污水处理系统医疗卫生机构12家，完善或提交环保相关手续19家。

2019年9月24日，揭西县中医医院在大溪镇大东村文化活动中心举行“传播中医药健康文化，提升民众中医药健康文化素养”主题义诊活动　（县卫健局　供稿）

【农村卫生】　2019年，县卫健部门规划和配置村卫生站资源，审批村卫生站设置及乡医准入，加强乡村医生队伍建设，开展乡村医生培训和考核，加强村卫生站监督管理，推广中医适宜技术，实施国家基本药物制度，提升农村卫生服务能力，完善村卫生站补偿机制等。是年，全县村卫生站366家，乡村医生366人，符合享受农村卫生站省财政补贴对象242人，拨款金额484万元。村卫生站公建规范化三年建设任务277家全部完工，完成医生派驻工作。

（张锻炼　张丰良　刘俊达）

妇幼健康

【概况】　2019年，揭西县加强儿童、孕产妇系统管理，强化新生儿疾病筛查，推进重大公共卫生妇幼项目。全年活产数8623例；产妇数8582例；孕产妇管理数7828人；新生儿先天性甲状腺功能减低症筛查7702例；预防艾滋病、梅毒和乙肝（“三病”）检测人数1.15万人次。

【基本数据及生命指标】 2019年，揭西县活产数8623例，其中本地区活产数6392例；产妇数8582例，其中本地区产妇数6365例；没有发生孕产妇死亡，新生儿死亡率1.3‰，婴儿死亡率1.9‰，5岁以下儿童死亡率2.3‰，均控制在广东省的指标范围内。

【儿童、孕产妇系统管理】 2019年，揭西县0—6岁儿童健康数5.68万人，0—6岁儿童健康管理数4.89万人，儿童健康管理率86.1%；0—3岁系统管理人数2.37万人，0—3岁儿童系统管理率92.2%，新生儿访视率94.2%。孕产妇管理数7828人，早孕建册率98.1%，产后访视率92.9%，均达广东省基本公共卫生考评指标。

【新生儿疾病筛查】 2019年，揭西县新生儿疾病筛查方面，先天性甲状腺功能减低症筛查7702例，葡萄糖-6-磷酸脱氢酶缺乏症筛查7702例，苯丙酮尿症筛查7702例；0—6岁儿童听力筛查5352例，0—6岁儿童视力筛查4.89万例。

【重大公共卫生妇幼项目】 2019年，县妇幼保健和计划生育中心推进重大公共卫生服务，开展出生缺陷综合防控项目。预防艾滋病、梅毒和乙肝（“三病”）检测人数1.15万人次。住院分娩产妇数8582人，其中“三病”检测人数8521人，检测率99.3%，孕期检测率96.2%。乙肝阳性产妇所生婴儿乙肝免疫球蛋白注射率98.4%。中央补助“两癌”检查项目任务数纳入省级补助“两癌”检查项目统计，省级补助“两癌”检查项目2017至2019年三年累计任务数4.82万人，在广东省妇幼卫生信息系统录入“两癌”个案4.40万份，建档完成率91%，累计完成宫颈癌检查2.32万人，累计完成乳腺癌检查2.29万人。增补叶酸预防神经管缺陷新增叶酸服用人数任务数7000人，新增叶酸服用人数7032人，完成率100.4%。地中海贫血防控血常规筛查1.01万对，血红蛋白电泳检测909对，基因诊断93对，双方同型地贫22对，行产前诊断16人，终止妊娠例数3人。产前唐氏筛查4193例，筛查阳性93人。胎儿超声筛查4540人，其中筛查阳性47人。

（张锻炼　张丰良　刘俊达）

卫生监管

【概况】 2019年，揭西县规范卫生行政许可行为，加强公共场卫生、生活饮用水、学校卫生、医疗卫生和职业卫生监督。全年新办理公共场所卫生许可证单位45家，延续单位5家，变更单位4家，注销7家；检查公共场所292家次；完成266所学校卫生综合评价工作任务。

【卫生行政许可】 2019年，县卫健部门以国家相关行业卫生标准为依据，结合卫生监督体系评估要求，对符合基本卫生条件公共场所单位进行验收、发证和核证工作。新办理公共场所卫生许可证单位45家，延续单位5家，变更单位4家，注销7家。

【公共场所卫生监督】 2019年，县卫健部门开展公共场卫生监督专项检查工作，出动执法人员351人次、车辆84辆次，检查公共场所292家次。开展住宿场所卫生问题专项整治工作，随机抽查住宿场所10家，各卫生指标均合格；开展游泳场所卫生监督检查专项行动，检查各类游泳场所8家，检测游泳池水浑浊度、游离性余氯、pH值、细菌总数、大肠菌群、尿素和浸脚池水余氯7项指标，游离性余氯和浸脚池余氯不符合国家标准7家（其中游离性余氯、浸脚池余氯和pH值三项指标不符合规定3家）。完成国家随机监督抽查公共场所计划任务，通过政府网站向社会公示检测结果。

【生活饮用水监督】 2019年，县卫健部门对揭西县自来水公司、揭西县第三自来水厂有限公司开展监督专项检查，其管理规范、岗位制度完善，建立应急预案，供水人员全部持有健康证和卫生知识培训合格证上岗，所使用涉水产品均做到索证索票，基本上建立管理制度和配备专项管理人员，水质净化设施、消毒设施运转正常，建立水质检验室并开展日常水质检测。

【学校卫生监督】 2019年，县卫健部门开展学校卫生综合评价工作。全年学校卫生管理评价经标化后合格数120所，完成全部266所学校卫生综合评价工作任务。完成托幼机构、校外培训机构和学校采光照明“双随机”抽检工作，检测结果通过政府网站向社会公示。

【医疗卫生监督】 2019年，县卫健部门开展医疗机构感染监督执法、儿童青少年近视矫正、单采血浆站依法执业专项监督检查。完成国家随机监督抽查计划、传染病防治分类监督综合评价并及时公开。是年，卫生监督综合评价结果均合格。开展打击非法医疗美容专项行动，派出卫生监督员114人次、车辆26辆次，监督检查医院12家、美容场所34家，未发现从事医疗美容服务行为；开展“以案促管”专项行动，派出卫生监督员394人次、车辆80辆次，查处牙科19家、诊所6家，并作出行政处罚，处罚人民币8.44万元；接到投诉举报1宗，行政处罚1宗，处罚人民币4000元。

【职业卫生监督】 2019年，揭西县完善职业卫生监督管理规定，加强职业卫生监管，规范职业卫生监督程序。县卫健部门开展尘毒危害专项监督和危险化学品综合治理，出动卫生监督员120人次，监督企业38家次，对存在问题企业发出卫生监督意见书，要求立即整改。

（张锻炼　张丰良　刘俊达）

疾病预防与控制

【概况】 2019年，揭西县健全疾病预防与控制规划，完善传染病管理，强化艾滋病防控和慢性病与地方病防治，加强卫生监测，推进全民健康教育。全年全县乙类传染病病例1301例、丙类传染病病例2989例；管理艾滋病感染者和艾滋病病人共142人。

【传染病管理】 2019年，县卫健部门加强法定传染病监测和疫情管理，没有甲类传染病发生。乙类传染病病例1301例，发病率152.54例/10万，比2018年同期（下同）下降14%，其中排名前三为：病毒性肝炎640例，肺结核302例，梅毒256例。丙类传染病病例2989例，发病率350.45例/10万，增加59.2%，其中排名前三为：其他感染性腹泻1139例、手足口病1038例、流感795例。犬伤暴露人群182例，其中伤口处理182例，接种狂犬疫苗167例，接种狂犬免疫球蛋白37例。

【艾滋病防控】 2019年，揭西县报告HIV（艾滋病病毒，下同）感染者19例、艾滋病病人4例（其中县域内报告HIV感染者11例、艾滋病病人2例，外地报至该地HIV感染者8例、艾滋病病人2例）。管理HIV感染者/艾滋病病人142人。为80名暗娼提供艾滋病防治干预服务，开展病例随访。县卫健部门配合揭西县看守所、强制戒毒所对被监管人员进行HIV初筛277人份。完成自愿咨询检测333例，其中HIV初筛阳性4例，确诊阳性3例。

【死因登记管理】 2019年，县卫健部门加强全人群死因登记及统计管理工作，及时、准确收集全县居民死亡登记信息。全县22家医疗卫生机构通过中国疾病预防控制信息系统平台上“人口死亡信息登记管理系统”网络报告死亡信息。是年，全县报告户籍居民死亡4914例，月平均人口粗死亡率576.15例/10万（省指标死亡率≥5‰）；发放《医学死亡证明书》5100份。

【慢性病防治】 *结核病控制* 2019年，揭西县接诊疑似病人475人，列入管治257人；广东省下达揭西县活动性肺结核病人数352例，完成257例；完成初治涂阳病人数63例，复治涂阳病人16例，初治涂阴病人173例，复治涂阴病人4例，单纯结核性胸膜炎1例。其中报告学校结核病肺确诊收治师生16人，对学校师生密切接触者筛查583人，未发现结核病疑似患者。

麻风病防治 2019年，揭西县累计登记麻风病例816例，治愈816例。治愈存活67人，死亡718人，失访31人。治愈存活67人中，有3人留医在揭东区西坑

医院（全是愈后致残病人，其生活和治疗费用由县财政按规定标准给予救济）。筛查麻风可疑症状病例570例，无发现新病例。

严重精神障碍 2019年，揭西县重性精神疾病以院内外排查核实管治累计病人数5670例，造册管理4811例。病例中患病报告率5.6‰，管理率93.0%，规范管理率82.3%，服药率78.1%，规律服药率40.2%，精神分裂症服药率81.7%，精神分裂症规律服药率42.7%。年面访率80.9%。根据《关于做好严重精神障碍患者监护责任和补偿保险工作的通知》要求，提高严重精神障碍患者肇事祸所致民事赔偿、医疗救治、家庭自助等能力，县卫健局与江泰保险经纪股份有限公司广东营业部签订保险合同，完成4492例精神障碍患者监护责任补偿保险投保工作。

【全民健康教育】 2019年，县卫健部门以村、社区为基础宣传网络，重点向居民宣传中国公民健康素养、高血压病糖尿病预防保健、老年人运动饮食等知识。以全民健康生活方式行动为契机，结合预防接种宣传日、结核病防治日、世界无烟日等，开展健康教育宣传活动，不定期在微信公众号“揭西疾控”、信息网论坛发布宣教知识。是年，举办宣传活动5场、健康素养巡讲活动2场；发放卫生宣传材料10种1.36万份和预防登革热宣传资料6万份。

【规划免疫】 *基础免疫接种* 2019年，县疾病预防控制中心（简称县疾控中心）推行第一类疫苗免费接种工作。全县卡介苗基础免疫接种率99.7%、脊髓灰质炎糖丸基础免疫服食率99.7%、百白破三联制剂免疫接种率99.7%、麻类疫苗免疫接种率99.8%、乙肝疫苗接种率99.8%、乙脑疫苗接种率99.6%。是年，未接到严重副反应报告，没有免疫接种事故发生。

AFP病例监测 2019年，县疾控中心加强AFP（急性弛缓性麻痹）病例监测，发现AFP病例6例。做到及时采集粪便、及时送检、及时随访。

【地方病防治】 2019年，县疾控中心完成碘缺乏病和地氟监测工作。抽取各乡镇（街道）居民食用碘盐学生家中食用盐200份、孕妇食用盐100份和学生尿200份、孕妇尿100份进行监测，其中合格碘盐295份，不合格碘盐5份，碘盐合格率98.3%。地方性氟中毒监测，原地氟病区（河婆街道东埔村、塔头镇月潭村、良田乡下村）监测水样6份，均未超标。

【饮用水检测】 *国家生活饮用水监测* 2019年，县疾控中心完成省城市饮用水、农村饮水安全工程水质监测（枯水期、丰水期）水样112份，合格率95%。超标项目主要是浑浊度、色度。

农村饮水安全工程 2019年，揭西县17个乡镇（街道）农村饮水安全工程覆盖率100%；监测357份，合格265份，合格率74.2%，超标项目是浑浊度、色度、镉、铁、硝酸盐、氟化物、锰、锌。

自来水厂供水监测 2019年，揭西县自来水厂供水监测108份，合格96份，合格率88.9%。第一自来水厂监测66份，合格60份，合格率90.9%，超标项目是铁、锌、硝酸盐、浑浊度和pH；第二自来水厂监测20份，合格16份，合格率80%，超标项目是氨氮、pH；第三自来水厂监测22份，合格20份，合格率90.9%，超标项目是氨氮。

【卫生监测】 2019年，县卫健部门加强医疗机构消毒质量管理，动态监测消毒效果65次，监测项目包括空气、物表、使用中消毒液、医护人员手、治疗用水、医疗器械、一次性医疗用品等，检样本539份，合格535份，合格率99.3%；抽查农村卫生站45家，合格43家，不合格2家，合格率95.5%。

【卫生应急】 2019年，县卫健部门加强卫生应急体系和能力建设，强化卫生应急装备，提升突发公共卫生事件应急处置水平。开展防控登革热工作，制订《揭西县疾病预防控制中心应急处置预案》《揭西县疾病预防控制中心登革热防控工作方案》。组织全县乡镇卫生院及医疗机构防疫人员开展登革热防控知识培训和消杀演练。购进灭蚊药物600箱、烟雾剂240瓶、烟雾机6台、高效氯氰菊酯740箱，发放到各级乡镇政府、机关单位。应急储备高效氯氰菊酯240箱（500毫升×20）、烟雾剂32瓶、漂白粉1吨、次氯酸钠25桶，保满足灭蚊所需。是年，出动消杀人员500人次，在公共场所重点部位开展药物喷雾灭蚊；确诊报告登革热病例27例。

（张锻炼　张丰良　刘俊达）

乡镇卫生院选介

【揭西县塔头镇卫生院】　揭西县塔头镇卫生院建于1965年，占地面积2700平方米，建筑面积1998平方米。卫生院负责1个居委和14个村委近7万人医疗卫生保健与基本公共卫生服务工作，管理督导辖下19间卫生站工作；是“城镇职工医疗保险定点医疗机构”“农村合作医疗定点医疗机构”，集医疗、预防、妇幼保健、爱国卫生于一体的综合性卫生院。

2019年，塔头镇卫生院在编在岗职工56人，取得专业职称人员70%以上。医院开放病床数20张，设置预防保健科、全科医疗科、内科、外科、妇产科、妇女保健科、儿科、医学检验科、医学影像科、中医科等诊疗科目。医疗设备有彩超、全自动生化分析仪、尿液十项分析仪、心电图机、胎儿/孕产妇监护仪、电解质分析仪等。专业特长为运用中西医结合治疗心脑血管病。全年业务收入103.60万元；门诊5609人次，住院170人次。

【揭西县南山镇卫生院】　揭西县南山镇卫生院位于南山镇南山圩，始建于20世纪60年代，门诊综合楼于2003年12月建成使用，综合住院楼2019年5月建成使用；占地面积3064平方米，建筑面积约3165平方米。卫生院担负南山镇19个村（居委）近3万人医疗卫生保健与基本公共卫生服务工作，管理督导辖下19间卫生站工作。

2019年，南山镇卫生院在编在岗职工39人，聘用14人，卫技人员占87%。其中副主任医师1人，主治医师1人，执业助理医师7人，主管护师2人，执业护师5人，执业护士5人；获全科医师岗位培训2人；检验士3人，药士3人，医学影像技士2人。开放病床数45张，设置中医内科门诊、计划免疫门诊、急诊科、住院综合科、妇产科、公共卫生科、检验科、B超室、心电图室、中药房、西药房、供应室等科室。医疗设备有彩超、全自动生化分析仪、尿液十项分析仪、心电图机、胎儿/孕产妇监护仪、婴儿培养箱、电解质分析仪等。全年业务收入77.89万元；门诊9847人次，住院6人次。

2019年揭西县卫生健康局所属事业单位基本情况表

表59

项目	单位	总计	县级公立医院	基层医疗卫生机构	公共卫生机构
1. 机构数	个	24	4	16	4
2. 编制人数	人	3024	1426	1490	108
3. 年末在职职工人数	人	2320	1186	1042	92
其中：卫技人员	人	2101	1092	936	73
高级职称人员	人	129	119	8	2
中级职称人员	人	319	209	94	16
初级职称人员	人	1653	764	834	55
4. 实际床位数	张	1849	1263	580	6

2019年揭西县医疗卫生机构一览表

表60

单位名称	地址	联系电话	备注
揭西县人民医院	揭阳市揭西县河婆街道党校路7号	5592804	
揭西县中医医院	揭阳市揭西县京溪园镇长滩村、新洪村老虎径地段	5333622	南方医科大学第二附属医院——珠江医院托管
揭西县妇幼保健计划生育服务中心	揭阳市揭西县河婆镇霖都大道47号	5530396	
揭西县慢性病防治站	揭阳市揭西县河婆街道新安路2号	5591923	
揭西县疾病预防控制中心	揭阳市揭西县河婆街道河东好日子广场左侧	5598058	
揭西县采血站	揭阳市揭西县河婆街道党校路9号	5592837	
揭西县医疗急救120指挥中心	揭阳市揭西县河婆街道党校路9号	5596918	
揭西县河婆街道社区卫生服务中心	揭阳市揭西县河婆街道宝塔区岭峰路段	5514393	
揭西县棉湖华侨医院	揭阳市棉湖镇洪棉路旁135号	5266600	
揭西县大溪镇卫生院	揭阳市揭西县大溪镇华阳道	5811670	
揭西县上砂镇中心卫生院	揭阳市揭西县上砂镇	5681642	
揭西县坪上镇卫生院	揭阳市揭西县坪上镇坪新路42号	5631531	
揭西县京溪园镇卫生院	揭阳市揭西县京溪园镇	5853933	
揭西县良田乡卫生院	揭阳市揭西县良田乡龙岭圩	5661163	
揭西县东园镇卫生院	揭阳市揭西县东园镇	5382405	
揭西县塔头镇卫生院	揭阳市揭西县塔头镇塔头市场	5822208	
揭西县凤江镇卫生院	揭阳市揭西县凤江镇鸿江管区上田村前	5351542	
揭西县龙潭镇卫生院	揭阳市揭西县龙潭镇	5323122	
揭西县五云镇卫生院	揭阳市揭西县五云镇鸡麻湖开发区旁	5669633	
揭西县南山镇卫生院	揭阳市揭西县南山镇	5793469	
揭西县钱坑镇卫生院	揭阳市揭西县钱坑镇	5891967	
揭西县五经富镇中心卫生院	揭阳市揭西县五经富镇	5869822	
揭西县灰寨镇中心卫生院	揭阳市揭西县灰寨镇	5762839	
揭西县金和镇中心卫生院	揭阳市揭西县金和镇石牛埔河棉公路旁	5722523	
揭西明康眼科医院	揭西县河婆街道温泉大道西A1栋15-21号	5558896	民营医院
揭西皓凡精神病医院	揭西县河婆街道河西居委庙垅村	5982888	民营医院

2019年揭西县民营医疗机构基本情况表

表61　　单位：人

机构名称	法定代表人	编制床位数	年末在职职工人数					机构设立时间
			总计	卫技人员			后勤人员	
				高级职称人	中级职称人	初级职称人		
揭西明康眼科医院	张永康	50	58	3	4	24	27	2018年
揭西皓凡精神病医院	蔡洪华	69	35	1	3	26	5	2018年

（张锻炼　张丰良　刘俊达）

体育事业

【概况】 2019年，揭西县文化广电旅游体育局以提高人民群众身体素质、健康水平和生活质量为根本目标，完善符合县情、覆盖城乡、可持续的全民健身公共服务体系，开展全民健身活动，普及群众体育、竞技体育，推进体育设施建设。是年，新增揭西县龙舟协会、揭西县跆拳道协会、揭西县户外协会3个体育单项协会，全县体育协会增至15个。有健身气功站1个。

2019年揭西县体育协会一览表

表62

协会名称	成立时间	项目	规模	是否营利部门
揭西县篮球协会	2006.12	篮球	约30人	否
揭西县武术协会	2013.3	武术	约120人	否
揭西县老年人体育协会	2008.10	运动健身	约1100人	否
揭西县乒乓球协会	1991	乒乓球	约130人	否
揭西县自行车协会	2016.6	自行车	约50人	否
揭西县车友协会	2015.12	汽车文化活动	约150人	否
揭西县龙狮协会	2017.3	传统文化活动	约200人	否
揭西县信鸽协会	2016.2	信鸽文化活动	约250人	否
揭西县中国象棋协会	2013.3	象棋	约60人	否
揭西县围棋协会	2018.6	围棋	约60人	否
揭西县围棋院	2018.9	围棋	约60人	否
揭西县李家教拳研究中心	2018.9	武术	约60人	否
揭西县龙舟协会	2019.6	龙舟	约60人	否
揭西县跆拳道协会	2019.5	跆拳道	320人	否
揭西县户外协会	2019.4	户外活动	150人	否

【群众体育】 2019年，县文广旅体局举办各类群众体育活动。6月16日，举办揭西县第一届“体彩杯”少年儿童围棋赛，参赛学生220名。8月3日，举办2019年揭西县“承瀚杯”象棋公开赛，来自全国六个省份的参赛选手282名，其中成年组120名、少儿组162名。8月8日—16日，举办2019“全民健身日"暨广东省第二十届“体育节”活动，开展千人广场舞、舞狮、柔力球等全民健身活动，同时各乡镇（街道）开展相关活动。10月1日—7日，在棉湖镇云湖公园举办庆国庆70周年全民健身活动。全年县文广旅体局利用春节、国庆等节假日活动，组织开展篮球、乒乓球、羽毛球等比赛和各类全民健身系列展示活动20场次。

【竞技体育】 2019年，揭西县在县城举办“榕江杯”端午龙舟竞赛活动，参赛队伍16支，经过激烈角逐，棉湖镇、河婆街道、五云镇代表对获得前三名，同时选送棉湖、河婆、钱坑、坪上4支队伍参加揭阳市首届"贤德揭阳”端午龙舟竞赛。8月25日，县文广旅体局组织揭西县代表队参加揭阳市第一届“市长杯”羽毛球赛，获甲组第二名、乙组第五名。由县文广旅体局培训输送的运动员刘奕铭分别在全国第二届青年运动会和2019年广东省“中国体育彩票”青少年跆拳道锦标赛获男子64公斤级第五名及乙组男子63公斤级第一名。

【体育彩票】 2019年，县体育部门通过宣传广告栏、横幅标语、网站和广播电视台载体，宣传各种赛事和体育彩票。在县文化广场举办体育彩票咨询活动，引导人们关心体育、支持体育、购买体育彩票。至年底，全县累计体育彩票网点28个，销售总额796万元。

【全民健身运动】 2019年，揭西县完成棉湖镇湖东新寨村、方围居委和大溪镇杨林村委3个体育场地设施示范点的场地规划建设和器材配套安装。经现场勘查和场地合理规划，县文广旅体局争取资金采购一批体育健身器材，分别安装到良田乡桐树坪村、金和镇南山头村、坪上镇红旗村、凤江镇花寨村、凤江镇东新村和东园镇桃围村6个村级体育活动中心，满足群众体育健身需求。至年底，全县有体育资金投资建设的全民健身广场16个、健身园1个、社区体育公园2个、标准田径场1个、游泳池1个；各行政村均建有篮球场，配备乒乓球台。

【社会体育指导员培训】 2019年，县文广旅体局组织三级社会体育指导员在棉湖镇、河婆街道开设培训班，培训三级社会体育指导员256人，培训社会体育指导员2100多人，其中国家级3人、一级15人、二级246人、三级2095人，从事篮球、乒乓球、太极拳、广场舞等项目的培训工作。

【国民体质测试】 2019年，县文广旅体局开展国民体质测试，在东方世纪幼儿园、阳光幼儿园、云湖公园、钱坑镇钱东村等地现场解答群众关于体育健身咨询事项，科学指导群众合理体育锻炼，参与测试人数600多人次，获取数据600多份。

（巫丽琼　郑嘉铎）

2019年8月25日，县文广旅体局组织揭西县代表队参加揭阳市第一届“市长杯”羽毛球赛

（县文广旅体局　供稿）

社会生活

人口与健康

【概况】 2019年，揭西县健全工作体制机制，加强计划生育综合治理，开展优生健康惠民工程，推进人口与健康工作。全年完成免费孕前优生健康检查3289对；发放计划生育四项奖励金267.86万元。是年，全县户籍人口103.01万人，其中常住人口66.53万人。

【计划生育综合治理】 2019年，揭西县户籍人口103.01万人，其中常住人口66.53万人，已婚育龄妇女15.95万人。人口出生率13.7‰，政策生育率76.6%，人口自然增长率8.9‰，出生人口性别比114.38。全县新增出生人口1.42万人，比2018年增长3.8%。

【优生健康惠民工程】 免费孕前优生健康检查　2019年，县卫健部门完成免费孕前优生健康检查3289对，初筛检查发现双方地贫30对、G6PD缺乏症234例、梅毒4例、RH血型异常15例以及其他异常情况，并及时送检确诊和跟踪随访。提供计生政策、优生优育、避孕节育和生殖保健等宣传咨询1.37万人次，免费发放避孕药具4580人次，免费查环查孕98人次。

计划生育四项奖励金　2019年，揭西县发放计划生育四项奖励金267.86万元，其中领取广东省农村部分家庭计划生育奖励金1378人，总额193.32万元；领取特别扶助金11人，总额10.56万元；领取城镇独生子女父母奖励金531人，总额49.25万元；领取揭西县“幸福工程”奖励金247人，总额14.74万元。

（张锻炼　张丰良　刘俊达）

2019年3月4日，棉湖华侨医院在棉湖镇贡山村开展学雷锋“送健康”志愿服务义诊活动

（县卫健局　供稿）

人力资源·社会保障

人 事

【概况】 2019年，揭西县人力资源和社会保障局（简称县人社局）健全人才发展体制机制，完善人才公共服务体系，实施公开招聘制度，加强专业技术人才队伍建设，加大专业技术人才选拔培养力度，深化专业技术职称制度改革，推进机关事业单位工资制度改革。全年全县9132人参加继续教育培训；公开招聘事业单位工作人员76人，公开招聘政府购买服务人员103人。

【机构改革及职能配置】 2019年3月25日，根据《中共揭西县委办公室 揭西县人民政府办公室关于印发〈揭西县人力资源和社会保障局职能配置、内设机构和人员编制规定〉的通知》，揭西县人力资源和社会保障局是县政府正科级工作部门，内设人秘股、就业促进股、事业单位管理股、工资福利股、社会保险股和执法大队，行政编制20名、行政执法专项编制5名，暂保留后勤服务人员数5名。7月30日，根据县委机构编制委员会《关于印发〈揭西县人力资源和社会保障局所属事业单位调整方案〉的通知》，撤销县人才管理办公室，将县劳动就业服务管理中心、县人才管理办公室公益职能和事务性工作与县劳动力人才市场整合，组建县就业服务中心，加挂县人才交流中心牌子，为公益一类正股级事业单位，事业编制15名。

【人事考试】 2019年，县人社局坚持按需设岗、按岗招聘，严格按照公开招考、聘用工作程序，推进人事考试工作。全年公开招聘事业单位工作人员76人，其中揭西县卫生计生事业单位专业技术人员67人、揭西县教师9人；公开招聘政府购买服务人员103人，其中揭西县基层社会救助经办服务人员48人、揭西县村（社区）党群服务中心专职人员55人。

【人才服务与引进】 2019年，县人社局加大人才引进力度，简化人才引进手续，在就业核准报到、档案转移和社保接续等方面提供便捷优质服务，为未就业人员提供档案管理等便利服务。全年接收非师范类专科以上高校毕业生档案5100多份；网上报到系统报到人数3100多人。

【专业技术人才】 2019年，县人社局组织和指导各主管部门、有关单位做好专业技术人员专业科目和个人选修科目学习。全年全县9132人参加继续教育培训；全县事业单位专业技术人才1.06万人，其中教学人员7853人、卫生技术人员2065人、工程农业专业技术人员154人、其他类别专业技术人才497人，其中高级职称513人、中级职称5202人、初级职称4854人。是年，全县新增评审通过职称发证727人，其中高级职称87人、中级职称65人、初级职称575人。

【机关事业单位工资与福利】 2019年，县人社局推进机关事业单位工资与福利各项工作。做好正常晋升工资、学历变动、职务晋升、工作调动人员工资变动及退休审批等工作，全年审核审批正常晋升工资1.16万人次，办理学历变动、新进人员、职务晋升、工作调动、事业人员岗位变动、工勤人员岗位变动、转正定级、乡镇工作补贴变动、受处分人员工资变动、解除处分人员工资变动等3300人次，审批审核退休人员249人（其中事业干部99人、机关事业单位工人150人）；全年审核审批抚恤金发放173宗，遗属供养61人；联合县财政局、县住建局请示县政府同意，从1月1日起调整机关事业单位住房公积金缴存基数和比例，单位和个人由原按基本工资8%提取缴存调整为按基本工资加上地方规范津贴补贴（绩效工资）总额12%提取缴存。

（温贵明　李俊强　蔡秋娜）

【年度考核与任免奖惩工作】　2019年，揭西县委组织部加强干部队伍建设，发挥年度考核导向、激励和约束作用；强化考核结果使用，把年度考核结果作为公务员日常登记管理、工资福利、奖励惩戒和提拔使用重要依据。以客观公正、注重实绩为原则，严把考核程序，督促指导各乡镇（街道）及县直各单位开展公务员年度考核工作。全年县直机关科级以下公务员（含参公人员）参加考核2242人，其中确定为优秀等次339人、称职等次1685人，受党纪政务处分确定为不称职等次3人、不定等次39人，试用期不定等次176人。

（李焕然　庄园园）

人力资源管理

【概况】　2019年，揭西县人力资源和社会保障局（简称县人社局）完善人力资源管理，优化人力资源有效配置，促进人力资源合理流动，强化就业创业政策宣传指导，组织开展公共就业服务活动和职业技能培训，加大劳动监察综合执法力度，妥善化解劳动纠纷问题，加强劳动用工综合管理，推动就业创业政策落地落实，维护劳动关系和谐稳定。全年举办招聘会8场次；受理仲裁调解3宗；检查各类用人单位80多户次。是年，全县城镇新增就业4365人，城镇失业人员再就业1400人，就业困难人员再就业281人，劳动力技能晋升培训1940人，办理高校毕业生求职登记19人，办理失业登记2人，推荐就业2人，城镇登记失业率2.7%。

【就业服务】　2019年，县人社局搭建就业服务平台，落实供需对接、政策支持，组织开展“春风行动”“就业援助月活动”“南粤春暖行动”“高校毕业生公共就业服务活动”等公共就业服务活动。全年开展劳动和社会保障法律法规咨询活动2场次，发放政策宣传资料2810份；举办招聘会8场次，进场设摊招聘企业152家，提供工作岗位1158个，进场求职2500多人，达成就业意向652人。严格使用就业专项资金，落实创业担保贷款政策，全年发放创业担保贷款10笔共209万元。

【劳动关系】　2019年，县人社局落实劳动合同制度，推进集体协商和集体合同制度，统筹处理促进企业发展和维护职工权益关系，维护劳动关系和谐稳定。加强劳动合同管理，巩固劳动合同签订率，推动用人单位和劳动者签订合同，全县劳动合同签订率95%；发挥三方协调机制作用，推进集体协商和集体合同签订，集体合同签订率82.1%。

【职业培训】　2019年，县人社局强化培训需求分析，掌握全县技能人才需求状况，增强就业培训针对性和有效性。与县荣华职业培训学校、县索达职业培训学校、县凤凰职业培训学校、县杰茜职业培训学校等培训机构合作，开展美容师、育婴师、中式烹调师等技能培训，为劳动力就业提供技能支持。全年1940人参

2019年3月6日，县人社局在县城文化广场举行揭西县“南粤春暖·春风行动”暨“精准扶贫”专场招聘会
（县人社局　供稿）

加技能晋升培训并获得相关证书。

【技工教育】 2019年，县人社局健全技工教育机制，加强对揭西技工学校管理和引导，加大企业青年技能人才培育力度，推动校企合作和定向培训，提高技工教育水平。揭西技工学校开设有学前教育、会计电算化、电子商务等专业，在校生26人。

【劳动调解仲裁】 2019年，县人社局严格贯彻劳动争议调解仲裁相关法律法规，指导、监督劳动人事争议调解、仲裁工作，加强劳动人事争议预防工作，规范案件处理程序，依法处理人事争议案件，维护当事人合法权益。全年受理仲裁调解3宗，涉及补偿金额112万元。

【劳动监察】 2019年，县人社局推进执法检查、调处劳资纠纷、工伤认定、社保稽核等工作。全年检查各类用人单位80多户次；调解工伤8宗，涉及赔偿金额98.51万元；解决劳资纠纷11宗，涉及金额25.61万元；受理市县信访、“12345”等转办案件15宗，解决15宗；受理各类投诉举报及咨询83人次；受理社保基金移送案件1宗；依法受理工伤认定1宗，工伤认定咨询10多人次。完成2018年度保障农民工工资支付、考核等实地核查、迎检和考核等有关工作。

（温贵明　李俊强　蔡秋娜）

社会保险

【概况】 2019年，揭西县深化社会保险体制机制改革，突出保障和改善民生，做好社会保险参保缴费与基金支付工作，强化基金管理，完善退休人员管理，推进机关事业单位养老保险制度改革。是年，全县参加企业职工养老保险6.05万人，机关事业单位养老保险1.42万人，城乡居民基本养老保险34.23万人，失业保险4.08万人，工伤保险2.9万人。

【机构改革及职能配置】 2019年8月27日，根据揭西县委机构编制委员会《关于印发〈揭西县社会保险基金管理局机构编制方案〉的通知》，揭西县社会保险基金管理局为揭西县人力资源和社会保障局管理的公益一类副科级事业单位，内设人秘股、计划财务股、企业养老保险关系股、企业养老保险待遇核发股、城乡居民基本养老保险股、机关事业单位养老保险关系股、机关事业单位养老保险待遇核发股。撤销医保服务股、城乡居民基本医疗保险股，相关医保经办业务职责划转给县医疗保障局，撤销社会保险稽核股，将“对医疗保险经办机构及参保人的稽核职责”划转给县医疗保障局，改革后事业编制29名。

【社会保险参保缴费与基金支付】 2019年，揭西县做好企业职工养老保险、机关事业单位养老保险、城乡居民基本养老保险和失业保险缴费工作。全年全县企业职工养老保险参保6.05万人，年末退休3.35万人。基金总收入3.94亿元，其中征缴收入3.75亿元，支出8.83亿元，当年结余-4.89亿元；机关事业单位养老保险参保1.42万人，领取机关事业单位养老保险待遇6239人。总收入12.59亿元，支出12.62亿元，当年结余-0.03亿元；城乡居民基本养老保险参保34.23万人，年末领取养老待遇12.42万人。总收入2.77亿元，支出2.59亿元，结余0.18亿元；失业保险参保4.08万人，基金收入283.17万元，支出54.17万元，结余229万元。

【基金管理】 2019年，揭西县社会保险基金管理局（简称县社保局）加强基金风险防控，严格养老保险待遇领取资格审核，做好疑似重复领取待遇核查、疑似死亡人员核查、生存状态身份核查等工作，对疑似重复领取待遇的人员采取暂停或终止发放待遇措施，对确认重复领取待遇人员全力追回多发养老金。全年追回疑似死亡人员76人，追回养老金14.05万元；追回服刑人员4人，追回养老金1.25万元；追回疑似重复领取人员295人，追回养老金78.34万元；追回违规办理提前退休3人，追回养老金14万元。全面取消集中认证，扩宽养老金领取资格认证渠道，通过手机APP、微信公众号、网点、上门等方式，方便群众认证，全年核查领取企业养老保险待遇退休人员3.16万人，核查领取城乡居民养老保险待遇退休人员11.88万人。通过县民政部门“去世人员登记管理系统”和“省社保局城乡居保系统”进行数据对碰，查出疑似死亡冒领待遇人员和重复领取待遇人员4250人，及时停发待遇4250人。

【退休人员管理】 2019年，揭西县提高企业养老金、机关事业单位养老金、城乡居民养老金水平。1月，对2018年12月31日前已领取基本养老金的企业退休人员调整基本养老金，涉及调整人数3.25万人，人均增加136.99元，调整后月人平均养老金1950.38元；对2018年12月31日前已领取基本养老金的机关事业单位退休人员调整基本养老金，涉及调整人数6124人，人均增加209.51元；1月1日起，全县城乡居民基础养老金标准从每月148元提高到每月170元。是年，受理审核企业养老待遇1204人，办理一次性退费176人，办理退休死亡待遇核发487人。

【机关事业单位养老保险制度改革】 2019年，揭西县推进机关事业单位养老保险制度改革，做好机关事业单位养老保险参保缴费和待遇发放工作。6月，县人民政府印发《揭西县机关事业单位职业年金征缴工作方案》，8月底对2014年10月至2018年7月个人应缴职业年金进行全程补缴，并从2019年1月起，做实单位和个人缴费部分；启动机关事业单位工伤保险征缴工作，将机关事业单位工作人员纳入工伤保险制度统筹管理，2019年全县机关事业单位工作人员参加工伤保险1.42万人。9月30日，县政府召开全县机关事业单位养老保险基金清算工作会议后，下发《关于做好机关事业单位养老保险基金清算工作的通知》，明确养老保险基金清算范围和对象、清算时段和清算内容、清算方法、流程等内容。至年底，全县应纳入基金清算单位450个，完成447个；应纳入基金清算人数1.41万人，完成清算1.39万人。

（温贵明　陈联发　李晓丰）

2019年9月30日，揭西县在县机关大院附楼三楼召开揭西县机关事业单位养老保险基金清算工作会议　（县人社局　供稿）

医疗保障

【概况】 2019年，揭西县医疗保障局（简称县医保局）完善医疗保障体系，加强医疗保险基金监管，推进医疗保险扩面征缴，落实好大病保险和困难群体医疗救助工作，提升医疗保障服务水平。至年底，全县医疗保险参保80.95万人次；城乡居民基本医疗保险参保缴费78.29万人，职工基本医疗保险参保人数为2.66万人；医疗救助3572人次，支出资金724.51万元；生育保险参保缴费2.8万人，生育保险收入288万元，全年支付生育保险待遇514人次，费用207万元。

【机构改革及职能配置】 2019年3月11日，揭西县医疗保障局正式挂牌，为新组建的县政府工作部门，正科级单位。县医保局整合原属县人社局城镇职工和城乡居民基本医疗保险、生育保险，县发改局药品和医疗服务价格管理，县民政局医疗救助等职责。改革后，县医保局完善统一城乡居民基本医疗保险制度和大病保险制度，推进医疗、医保、医药“三医联动”改革。按照“三定方案”规定，县医保局设置3个内设机构：人秘股、保险救助股、价格监管股，核定行政编制8

名，暂保留工勤编制1名；下属事业单位1个：揭西县医疗保险服务中心，核定事业编制16名。

【医疗保险】 2019年，揭西县城乡居民基本医疗保险参保缴费78.29万人，征收1.41亿元，各级财政配套4.07亿元，基金总收5.48亿元，支出6.11亿元；职工基本医疗保险参保人数为2.66万人，基金收入7121万元，支出5507万元。2019年度城乡居民基本医疗保险和城镇职工基本医疗保险每人每年基金支付限额均为30万元。至年底，城乡居民基本医疗保险住院报销9.36万人次，特殊门诊3765人次，普通门诊4338人次；城镇职工基本医疗保险住院报销5765人次，特殊门诊573人次。是年，开通基层普通门诊统筹定点医院13家，与广州市、深圳市、珠海市、汕头市、惠州市、东莞市等市医院联网结算904家，申请即时结算报销7.72万人次。

【医疗救助】 2019年，县医保局及时与县民政部门进行城乡医疗救助业务衔接，规范申请条件和办理流程；加强政策宣传，依托乡镇（街道）公共服务中心开展救助政策宣传，及时告知城乡医疗救助申请条件、流程、申请材料等内容；完善医疗救助工作，加强特困群众医疗帮扶力度。全年医疗救助3572人次，支出资金724.51万元，其中医疗救助"一站式"结算1916人次，医疗救助款157.5万元。

【大病医疗保险制度】 2019年，揭西县健全大病保险制度，提高基本医疗保险覆盖率，提升大病保险待遇。城乡居民基本医疗保险、城镇职工基本医疗保险每人每年限额分别为20万元和40万元。全年发放大病医疗保险待遇1.23万人次，其中城乡居民基本医疗保险参保人享受大病医疗保险待遇1.18万人次、城镇职工基本医疗保险参保人享受大病医疗保险待遇432人次。

2019年4月20日，县医保局在县人社局一楼人力资源市场举办"打击欺诈骗保维护基金安全暨医疗保险政策宣传咨询"活动 （县医保局 供稿）

【医疗基金监管】 2019年，县医保局加强医疗基金监管，严厉打击欺诈骗保行为，强化政策宣传和检查监督。4月20日，举办"打击欺诈骗保维护基金安全暨医疗保险政策宣传咨询"活动，现场发放宣传资料300张。4月20—27日，在揭西电视台播放打击欺诈骗保宣传标语；同时段县内23家定点医疗机构利用医院窗口滚动电子屏、发放宣传资料等多种渠道加强宣传，发放医保宣传海报和宣传折页共1000张。是年，协助上级部门对部分医疗机构进行飞行检查，查处医保违规行为6例，涉及金额4.2万元。

（廖文伟 江惜漫）

2019年揭西县定点医疗服务点情况表

表63

定点医疗机构名称	医疗机构地址	联系电话
揭西县人民医院	揭西县河婆街道党校路	0663-5598133
揭西县第二人民医院（原棉湖华侨医院）	揭西县棉湖镇洪棉公路旁135号	0663-5266600

续表63

定点医疗机构名称	医疗机构地址	联系电话
揭西县妇幼保健院	揭西县河婆街道霖都大道大同路口	0663-5530253
揭西县中医医院	揭西县京溪园镇	0663-5850213
揭西县骨伤科医院	揭西县五经富镇	0663-5869093
上砂镇中心卫生院	揭西县上砂镇	0663-5681639
五云镇卫生院	揭西县五云镇	0663-5669633
良田乡卫生院	揭西县良田乡	0663-5661163
坪上镇卫生院	揭西县坪上镇	0663-5631531
龙潭镇卫生院	揭西县龙潭镇	0663-5323122
南山镇卫生院	揭西县南山镇	0663-5793469
灰寨镇中心卫生院	揭西县灰寨镇	0663-5761294
京溪园镇卫生院	揭西县京溪园镇	0663-5857706
钱坑镇卫生院	揭西县钱坑镇	0663-5891967
大溪镇卫生院	揭西县大溪镇	0663-5811670
金和镇中心卫生院	揭西县金和镇	0663-5722523
塔头镇卫生院	揭西县塔头镇	0663-5822208
东园镇卫生院	揭西县东园镇	0663-5382405
揭西县慢性病防治站	揭西县河婆街道霖都大道红绿灯路口	0663-5582489
河婆镇卫生院	揭西县河婆街道宝塔居委河婆古塔旁	0663-5514393
凤江镇卫生院	揭西县凤江镇凤江大桥旁	0663-5351542
揭西县明康眼科医院	揭西县河婆街道温泉大道西A1栋15-21号	0663-5558881
揭西县皓凡精神病医院	揭西县河婆街道河西居委庙垅村	0663-5982999

民　政

综　述

【概况】　2019年，揭西县民政局（简称县民政局）以保障和改善民生、加强和创新社会管理为重点，完善社会救助体系，落实好低保、特困、孤儿、残疾人补助资金社会化发放工作，加强基层政权和社区建设，强化社会服务能力建设，推进各项社会事务管理工作，提升婚姻登记、社会组织登记、区划地名等各项民政公共事务工作水平。全年全县享受最低生活保障对象6385户2.01万人；城镇低保标准提高到743元，农村低保标准提高到541元；依法登记社会组织36个；办理结婚登记6157对，办理离婚

1269对；发放困难残疾人生活补贴339万元，重度残疾人护理补贴1095万元。

【机构改革及职能配置】 2019年，揭西县民政局调整相关职责，退役军人优抚安置职能整合并入新组建的县退役军人事务局，救灾职能整合并入新组建的县应急管理局，医疗救助职能整合并入新组建的县医疗保障局。县民政局内设机构5个，分别是人秘股、社会救助股、社会事务股、基层政权股、社会组织股；行政编制13名，设局长1名，副局长3名，正股级领导职数5名，副股级领导职数2名，暂保留后勤服务人员3名。

【基层政权建设】 2019年，县民政局完善乡村治理政策，基本形成基层党组织领导、基层政府负责的多方参与、共同治理城乡社区治理体系；深化村民自治实践，健全党组织领导下村民自治机制，出台村（居）民委员会工作职责事项指导目录，依法维护村民委员会基层群众性自治组织特别法人地位和权利；选好配齐村委会班子成员、村务监督委员会成员和村民小组长，加强农村女干部培养，提高农村妇女当选成员比例；将社区工作者队伍建设纳入各级人才发展规划，将农村群众性自治组织成员纳入社区工作者队伍统筹管理；推广村民小组“五有”（有班子、有规划、有程序、有制度、有机制）规范化建设经验，加强村民小组工作指导；与县纪委、县委组织部、县财政局、县人民法院、县公安局、县人社局等部门相互配合，做好全县正常离任村干部信息录入、审核工作；到村（居）指导和督查城乡社区治理重点工作。全年接受办理县扫黑除恶办转来涉黑涉恶线索核查通知8宗，县民政局组织核查组到各乡镇（街道）村寨进行走访核查，依法办结8宗（其中1宗为移交纪检监察部门案件，7宗为协助配合完成案件）。

（曾子光　张　健）

社会福利

【概况】 2019年，县民政局健全社会福利运行机制，规范审批程序，提升最低生活保障能力和特困人员供养水平，做好慈善救助工作，完善社会福利设施建设，加强社会福利彩票管理。全年全县享受最低生活保障对象6385户、2.01万人，年支付保障资金7255.76万元；城镇低保标准提高到743元，农村低保标准提高到541元；城乡特困供养对象3909人，年发放城乡特困人员供养经费4283.7万元；县慈善总会募集社会捐赠收入1751.44万元，支出1483.04万元。

【最低生活保障】 2019年，县民政局加强低保工作管理，完善低保工作监管机制，规范低保工作审核审批程序，强化低保对象核查工作，提高最低生活保障救助标准和补助水平。全县开展农村低保专项治理，集中治理“人情保”“关系保”“错保”“漏保”；对未纳入低保的精准扶贫贫困户等其他困难群众，落实主动发现机制，入户进行调查核实，注销856户、2696人，新增1057户、2863人。至年底，全县享受最低生活保障对象6385户、2.01万人，其中城镇享受最低生活保障对象447户、1099人、农村享受最低生活保障对象5938户、1.90万人，全县年支付保障资金7255.76万元。是年，城镇低保标准提高到743元，农村低保标准提高到541元；城镇低保补差水平人均提高到572元，农村低保补差水平人均提高到272元。

【特困人员供养】 2019年，揭西县城乡特困供养对象3909人，其中，城镇特困人员186人，每人每月供养标准1189元；农村特困人员3723人，每人每月供养标准900元。全县年发放城乡特困人员供养经费4283.7万元。至年底，全县敬老院17间，其中关停8间，运营9间，每间敬老院给予2500元运营工作经费；全县敬老院集中供养特困人员61人，每人每月1100元。

【慈善事业】 2019年，揭西县加强慈善组织建设，健全慈善组织管理制度，引导基层慈善组织参与特殊困难群众精准帮扶活动，提升基层社会救助经办能力，发展社区志愿服务组织，鼓励志愿服务组织参与基层社会救助，关爱救助对象及其家庭，推动慈善事业高质量发展。是年，全县慈善组织46个。

2019年揭西县公益慈善组织情况表

表64

单位名称	法人	单位名称	法人
揭西县凤江凤湖乡紫云寺福利会	杨晓遇	揭西县爱心慈善超市	张晋辉
揭西县灰寨镇新宫林毅友福利会	李永庭	揭西县棉湖镇华侨慈善会	李扬德
揭西县塔头镇里厝寮村福利会	吴金龙	揭西县上砂镇耀德慈善会	庄远动
揭西县金和镇金坑福利会	林树宽	揭西县河婆街道清奇慈善会	韩树声
揭西县棉湖华侨医院福利会	李扬德	揭西县河婆下滩慈善会	张祝辉
揭西县灰寨镇龙溪福利会	李添财	揭西县良田慈善会	刘利坚
揭西县河婆街道鉴玄福利会	韩庆光	揭西县河婆街道溪西新寨慈善会	刘之南
揭西县绵基福利会	蔡家汪	揭西县种德慈善会	陈细拔
揭西县金和镇河内福利会	王春明	揭西县鸿盛昌慈善会	张双有
揭西县上砂镇红星村扶助发展福利会	庄乃祥	揭西县慈善总会	彭仕浩
揭西县河婆街道马头村老人福利会	黄益轩	揭西县大溪镇涂晋慈善会	李豪裕
揭西县大溪镇大溪福利会	李绪成	揭西县金和同诚慈善会	陈　欢
揭西县五经富镇老人福利会	曾令忠	揭西棉湖崇诚慈善会	杨茂春
揭西县大洋乡应龙福利会	邹发明	揭西县五经富镇广惠慈善会	钟留见
揭西县河婆街道侨联武帮福利会	黄少南	揭普棉湖永福慈善会	蔡建华
揭西县耀华福利会	刘国基	揭西县塔头同心慈善会	刘三扇
揭西县儿童福利会	李秀琼	揭西县嶂上村莞揭互助协会	刘永居
揭西县凤江阳夏同济慈善会	龚福明	揭西县良田乡双水村互助发展会	陈任良
揭西县东园旅深慈善会	吴金锋	揭西县棉湖镇乐心互助协会	石　宋
揭西县上砂法祖家庙慈善会	庄永亮	揭西县蓝天救援志愿者协会	杨奕海
揭西县五云慈善会	彭志响	揭西县五经富志愿者协会	吕学国
揭西县河婆街道东星慈善会	蔡美典	揭西县客家志愿者协会	蔡明亮
揭西县上砂镇梅林慈善会	庄衍湖	揭西县志愿者协会	林　平

【社会捐赠】 2019年，揭西县统筹各类民生保障资源和社会力量，合法合理募集各类救助款项；加强慈善信息公开，强化监督。全年县慈善总会募集社会捐赠收入1751.44万元，支出1483.04万元。是年，县慈善总会募集扶贫济困资金232.57万元，全部用于精准扶贫和精准脱贫工作，其中支持兴建公益事业17万元。

【社会福利设施建设】 2019年，揭西县完善社会福利设施建设。全县社区养老服务设施108个，其中城市社区设施养老服务设施9个、乡镇社区养老服务设施5个、农村社区养老服务设施94个；公办养老服务机构18所，床位1379张，除揭西县福利院以及上砂镇、五云镇、坪上镇、灰寨镇、大溪镇、钱坑镇、金和镇、塔头镇、棉湖镇9个镇敬老院有入住特困对象正常运转外，其他乡镇敬老院均未收住老人（暂时关闭）。是年，全县养老床位4977张，每千名老人拥有床位数33张。

【社会福利彩票】 2019年，县民政部门做好福利彩票发行宣传工作，普及福利彩票公益性群众知晓率，利用宣传车在全县各乡镇（街道）周边巡回宣传福利彩票相关知识。彩票公益金由揭阳市福利彩票中心统一管理和使用，主要用于老年人福利、残疾人福利、儿童福利、社会公益等方面。

（曾子光　张　健）

社会事务管理

【概况】　2019年，县民政局推进社会事务服务能力建设，提升社会组织登记、婚姻登记、区划地名等各项社会事务工作水平。全年全县依法登记社会组织36个；办理结婚登记6157对，办理离婚1269对；社会散居孤儿供养标准提高到每人每月1025元，集中供养孤儿供养标准提高到每人每月1685元；发放困难残疾人生活补贴339万元，重度残疾人护理补贴1095万元。

【行政区划与地名管理】　2019年，县民政局加强行政区域界线管理，巩固行政区域界线勘定成果，创建和谐平安边界。完成梅揭线五华——揭西段界线界桩联检工作，界线总长64.8千米，埋设3颗界桩；完成梅揭线丰顺——揭西段界线界桩联检工作，界线总长46.37千米，埋设界桩2颗；完成揭西县与普宁市边界线联检工作。加强地名命名、更名管理，严格遵守《广东省地名管理条例》等法律法规，全年建筑物（住宅小区）命名2个。

【社会组织建设】　2019年，县民政局深化社会组织管理制度改革，加强社会组织管理水平，推进社会组织党建工作，规范登记程序。是年，依法登记社会组织36个，其中社团15个、民办非企业21个。至年底，全县依法登记社会组织累计294个，其中社团157个、民办非企业登记137个。

【婚姻登记】　2019年，揭西县完善婚姻登记管理，推进全县婚姻登记机关规范化、标准化建设，加强婚姻登记监督指导工作，规范婚姻登记办理程序。至年底，全县婚姻登记机关17个，办理结婚登记6157对，其中国内结婚登记6075对；办理离婚1269对，其中国内离婚登记1264对。补领婚姻证633宗。

【殡葬管理】　2019年，县民政局健全殡葬管理规章制度，加强殡葬管理，完善干部包干责任制，加大殡改工作宣传力度，强化监督，落实以治理乱埋乱葬坟墓专项工作为重点的综合治理措施。全年配合相关部门核查、落实、巡查、责令整改复绿违规建坟33宗。是年，县殡仪馆火化遗体5545具，遗体火化率100%。

【社会救助】　2019年，揭西县加强救助工作，完善社会救助体系，严格审核救助人员，强化救助站设施设备建设和改造，规范和提高救助工作水平，做好孤儿救助、事实无人抚养儿童和流浪人员救助工作。是年，全县社会散居孤儿159人，每人每月供养标准1025元，比2018年度人月提高75元，年发放散居孤儿生活费231万元。集中供养孤儿11人，每人每月供养标准1685元；事实无人抚养儿童306人，每人每月救助标准541元，全年发放事实无人抚养儿童基本生活费174万元；投入救助资金71.45万元，救助流浪乞讨人员242人次。

2019年10月8日，县民政局工作人员到灰寨镇金星村慰问高龄老人
（县民政局　供稿）

【残疾人“两项补贴”】 2019年，县民政局落实残疾人“两项补贴”（困难残疾人生活补贴和重度残疾人护理补贴）政策，完善和实施重度残疾人护理补贴和困难残疾人生活补贴制度。全年发放补助资金1434万元，其中困难残疾人生活补贴2737人，发放补助资金339万元；重度残疾人护理补贴8971人，发放补助资金1095万元。

【老龄工作】 2019年，县民政局组织发放80周岁以上及100岁以上高龄老人生活津贴，全县80周岁以上特殊困难群众（特困、低保对象）2160人，每人月津贴60元，县财政年支付生活津贴157.0万元，其他高龄老人每月津贴15元，全县高龄老人2.25万人，全年支付津贴406.6万元；100周岁以上高龄老人110人，每人月津贴500元，县财政年支付生活津贴67.3万元；为全县特困人员投保人身意外保险3956人，投入资金19.78万元。

（曾子光　张健）

革命老区建设

【概况】 2019年，揭西县老区建设促进会（简称县老促会）围绕老区脱贫攻坚、乡村振兴等重点发展工作，推进落实《关于进一步推动我省革命老区和原中央苏区振兴发展的意见》和《海陆丰革命老区振兴发展规划》，优化老促会机构建设，加强老区基础设施建设，强化红色资源保护利用，拓宽革命老区宣传渠道。全年完成249个革命老区村“广东省革命老区村”牌匾发放悬挂工作；为23名符合条件烈士后裔学生发放助学金共3.1万元。

【革命老区建设工作】 2019年，揭西县制定并印发《揭西县贯彻落实〈中共广东省委　广东省人民政府关于进一步推动我省革命老区和原中央苏区振兴发展的意见〉实施方案》，推动全县革命老区建设工作；县老促会加强与县发改局、县农业农村局、县水利局等部门沟通联系，及时了解掌握全县各相关部门推进老区建设进展及成效，并与上级老促会及其他县区老促会交流对接情况；开展革命老区村挂牌工作。县老促会筹备全县革命老区村悬挂“广东省革命老区村”牌匾工作，将“广东省革命老区村”牌匾发放到249个革命老区村，明确悬挂标准和要求，指导各乡镇街道做好悬挂工作；向上级老促会推荐申报京溪园镇粗坑村、南山镇火炬村、金和镇山湖村为红色旅游村。

【革命老区宣传】 2019年，县老促会挖掘革命老区故事宣传报道素材，编纂革命发展史书，参加革命老区图片展，推动全县革命老区宣传工作。收集整理揭西革命老区相关革命历史资料，重点选取南山镇火炬村和良田乡下村两个革命老区村，整理潮汕人民抗征队司令部、后勤部、兵工厂、武器弹药存放仓库、潮汕军政法庭、看守所及后方医院和南方银行旧址等革命活动历史资料，配合揭阳市地方志办、揭阳日报社、揭阳广播电视台拍摄“讲述老区革命故事”系列专题片，推动老区精神弘扬和传承；协调县史志、文化等相关部门和有关文史人员，组成编撰小组，召开多次专题会议，组织编撰《揭西老区革命发展史》；8月，组织开展老区图片、资料收集整理工作，选送揭西革命老区图片参加《光荣与梦想——广东革命老区图片展》遴选。

【关爱革命烈士后裔】 2019年，县老促会加强与县民政局和各乡镇（街道）联系，严格筛选标准，寻找符合条件革命烈士后裔学生，做好关爱革命烈士后裔工作，推进革命烈士后裔扶贫助学工作。全年确定23名符合条件烈士后裔学生，共发放助学金3.1万元。

（邱渭灵　蔡中东）

乡镇（街道）建设

上砂镇

【概况】　上砂镇位于揭西县境西北端，地处揭阳市、梅州市、汕尾市3市交界点。西南与汕尾市陆河县螺溪镇毗邻，东南与五云镇相连，西北与梅州市五华县桥江镇、梅林镇、肖芳镇接壤，镇区距县城27千米。2019年，土地面积126.89平方千米，下辖社区居民委员会1个，村民委员会22个，自然村143个。新出生人数964人，人口出生率1.6‰，人口自然增长率1‰。至年底，总户数1.25万户，户籍人口5.79万人，常住人口3.21万人。海外华侨1600人。港澳台同胞780人。土特产主要有油茶、上山茶。主要旅游景点有峰子岩佛门世界、开口石生态旅游风景区。

【基层党建】　2019年，上砂镇加强理论学习，组织开展各项主题教育活动，强化基层党组织队伍建设，推动基层党建工作。全年组织开展党员集中学习444场次，参与主题党日党员人数742人；开展革命传统教育37场次，开展先进典型和警示案例教育75场次；组织党员开展志愿服务232场次；组织党员为身边群众办实事好事79件；组织18位村（社区）党支部书记参加揭阳市委党校举办村（社区）党组织书记轮训班；组织253人次村（社区）党支部书记、主任参加县、镇级党校培训。完成对23个村（社区）党支部书记绩效考核，通过实绩考核和民主测评，评出5位优秀党支部书记。至年底，全镇党基层组织39个，其中党委1个、党总支1个、党支部37个；党员1221人，其中农村党员862人、镇直机关及各单位在职党员和退休干部党员共359人。是年，新吸收党员18人；新吸收预备党员17人；发展入党积极分子25人；上砂镇新东村作为全镇基层建设示范点。

【经济发展】　2019年，上砂镇工农业总产值4.55亿元，比2018年（下同）增长1.1%，其中工业总产值1.61亿元，农业总产值2.94亿元。地方公共财政预算收入2039.49万元，增长1%；地方公共财政预算支出2039.49万元，增长1%。全年固定资产投资1.25亿元，社会消费品零售总额7.93亿元。各项税收收入312.90万元。镇内有农村商业银行1家，邮政储蓄银行1家，其中农村商业银行年末各项存款余额3.30亿元，各项贷款816万元。

农业　2019年，上砂镇农业总产值2.94亿元，增长1.1%，其中种植业产值2.04亿元，林业产值1510.12万元，牧业产值5108.28万元，渔业产值129.9万元，农林牧渔业其他产业2300万元。全镇耕地面积1788公顷，粮食播种面积1848.6公顷，粮食总产量1.07万吨，主要农作物有稻谷、玉米、番薯、大豆等。水稻种植面积1226公顷，总产量6840吨；薯类种植面积165.8公顷，总产量3485吨；蔬菜种植面积368.8公顷，总产量1.45万吨；水果种植面积695公顷，总产量9840吨。柑桔种植面积107公顷，总产量1218吨；茶叶种植面积313.3公顷，总产量1452吨；林业总产值1510.12万元，完成荒山荒（沙）地造林面积325.2公顷，有林地造林面积148.9公顷，未成林抚育204.5公顷。全年生猪出栏8778头、家禽（鸡、鸭、鹅）出栏10.52万只，水产养殖总产量119吨。

工业 2019年，上砂镇工业生产以副食品加工、石材加工为主，工业企业122家，其中有石材加工4家，从业人员42人。有小型水力发电站8座。是年，实现工业总产值1.61亿元，增长1%。

商业 2019年，上砂镇有农贸市场1个，占地面积896平方米，主要经营农副产品。镇内大小商铺400多间，主要经营五金家电、服装鞋帽、日用百货等商品。全年社会消费品零售总额7.93亿元，增长1.2%。

2019年6月24日，兴汕高速公路大坪隧道贯通仪式在上砂镇径心村举行（上砂镇　供稿）

【乡村振兴】 2019年，上砂镇加强人居环境综合整治，推进重点项目建设和新农村建设。突出5个重点村示范效应，制定工作实施方案，逐村逐组建立台账，细化任务清单。完成五个省定贫困村雨污分流管网铺设33.49千米，集中供水34.03千米，道路硬化49.41千米。创建上山村、联东村自办生态美丽宜居乡村示范村，按照县优化农村小型项目建设流程指导意见抓好项目前期推进工作。完成面上村雨污分流20.69千米，纳污户数1926户；推进实施一批基础设施项目。加快推进兴汕高速公路上砂段建设，协调做好用地补征，及时修复被施工损坏生产生活设施，妥善解决群众反映问题。投入资金3700万元，基本完成污水处理厂主体厂区建设和镇区管网铺设。理顺径心村、径上村农村电网改造，开展改造前期工作。22个村级卫生站、12个公共厕所通过验收使用，完善自然村道路硬底化工程；推进镇自来水厂建设，取用水源水质评估论证达标，水厂厂址初步完成变更设计。省道S508线路面改造工程列入普通国省道改造目标类项目，上砂段途经径心村、径上村、联东村、下联村。申请高速公路出口升级改造。中小河流域整治项目获得批复立项。全年全镇拆除危房1006宗面积13.99万平方米，拆除旧猪牛羊栏和废弃露天厕所320宗面积9375平方米，拆除乱搭建122宗面积2062平方米，拆除违规广告牌等75宗。

【精准扶贫】 2019年，上砂镇贫困人口644户、2050人，其中一般贫困户241户、1026人，低保户209户、808人，五保户195户、216人；有劳动能力贫困户367户、1649人，无劳动能力贫困户277户、401人。全镇省定贫困村5个，分散贫困村17个。全镇实行定户、定人帮扶，22个村贫困户全部落实精准结对帮扶。落实三奖补资金（产业扶贫“以奖代补”、技能帮扶“以奖代补”、就业帮扶“以奖代补”）197.83万元，资金全部发放到户；红星村、联东村2个村光伏项目产生实际收益，联东村结算产生收益0.99万元，红星村结算产生收益0.93万元。至年底，脱贫642户、2043人；完成农村危房改造6户；全镇产业扶贫项目落地6个。是年，4个省定贫困村脱贫退出。

【特色农业】 2019年，上砂镇特色农业以种植茶叶、蜜柚和沙糖桔为主。有上山村绿茶生产基地、美丰村三红蜜柚种植基地、三水村沙糖桔种植基地，上联村、活西村油茶种植基地。是年，种植绿茶303公顷，年产量0.17万吨，年产值2000万元；种植三红蜜柚2.1公顷，年产量54吨，年产值640万元；种植沙糖桔15公顷，年产量204吨；种植油茶78公顷，年产量80吨。

【科教文体卫】 教育 2019年，上砂镇有公办幼儿园1所，在职幼儿教师15人，在园幼儿311人。民办幼儿园1所，在园幼儿200人；小学17所，小学生3222人，附设幼儿班学生762人，教职工238人（高级教师1人）；中学2所，在校学生1484人，教职工183人（中学高级教师职称21人，中学一级教师职称68人）；高中1所，在校学生462人。小学适龄儿童入学率100%、小升初率100%。

文化体育 2019年，上砂镇有文化站1个，广播站1个，有线电视转播站1个，村级广播站22个，文化活动广场2个，老人文化活动中心3个，农家书屋22间，敬老院1个。是年，上砂镇举办“乡乡乐起来”“木偶戏剧表演”“中秋节文艺会演”和乒乓球赛、篮球赛等文体活动，开展爱老敬老慰问演出，全年举办群众性文艺会演11场次，开展文化体育活动27场次。

卫生 2019年，上砂镇有卫生院1所，医务人员71人，医生22人，编制床位4张，配备有X光、B超、心电图、脑电图、血球计数仪、生化分析仪、尿液分析仪、全自动生化、全自动血凝等医疗设施。乡村卫生站24个，医务人员24人。是年，全镇各医疗机构门诊量1.3万人次，收治住院病人1502例，医疗卫生单位业务收入约700万元。

【安全生产】 2019年，上砂镇加强安全生产管理，开展道路交通、消防、建筑施工、危险化学品和烟花爆竹、大型群众性活动、旅游、非煤矿山、食品安全等行业领域专项整治，强化落实安全生产责任制。全年出动检查车辆42辆次，出动人员236人次，检查企业15家，检查沿街商户420家次，落实商铺整改42家。全年没有发生重大安全生产事故。

【社会治安综合治理】 2019年，上砂镇加大违法犯罪惩治力度，强化社会治安综合治理，加强社会治安宣传，推动扫黑除恶专项行动深入开展。全年组织48次全镇范围内集中巡查活动，出动红袖章人员3927人次，出动警力99人次，排查重点行业、场所2229处，未发现违法犯罪案件；张贴扫黑除恶内容宣传大型海报2张、宣传横幅33幅，海报、公告等3000多份。全年受理信访件36宗，办结36宗；接待来访群众25批次，126人次，受理群众来信来访反映的矛盾纠纷33宗，成功调处33宗，办结率100%。镇领导班子成员主动深入到基层下访群众46批次，123人次，解决群众关心热点、难点问题8起。

2019年上砂镇主要社会经济指标表

表65

项目	单位	指标	项目	单位	指标
土地总面积	公顷	12689	粮食总产量	万吨	1.07
总人口	万人	5.79	水产总产量	吨	119
农业人口	万人	5.54	水果总产量	吨	9840
总户数	万户	1.25	蔬菜总产量	万吨	1.45
社区居委会	个	1	生猪出栏量	头	8778
村委会	个	22	牛存栏量	头	9492
农业总产值	亿元	2.94	家禽出栏量	万只	10.52
工业总产值	亿元	1.61	中学（高中也算中学）	所	3

续表65

项目	单位	指标	项目	单位	指标
工业企业	家	122	小学	所	17
规模以上企业	家	—	中小学在校学生	人	5182
高新技术企业	家	—	中小学在职教师	人	428
固定资产投资	亿元	1.25	幼儿园	所	2
本级财政总收入	万元	2039.49	在园幼儿	人	511

2019年上砂镇各村（居）委会情况表

表66

村（居）委会名称	所辖自然村
上山村	方坑村、水口村、光裕村、矮寨村、甘屋村、百吉楼村、
上林村	新寨村、荷树角村、下排村、黄畚坳村、桐树排村
汤畚村	荷树肚村、龙颈背村、池潭村、四背村、上屋村
龙门村	撑石炉村、社门前村、龙门村
上联村	白石排村、上埔村、龙凤各村、礤子各村、河背村、下屋村
下联村	山圳背村、下营村、上营村、河江村、石坡坑村、楼塘村、付坑村
新东村	新屋家村、六保证村、来龙四村、东洞村、庙背村、东山寨村
联东村	下梅林村、下芒村、崩江村、径背村、灰塘村、塔下村、新楼村、炉下村、
红星村	田唇村、垅下村、背坜村、正巷村、蓝田村、下角村、胜江村、龙江村、
联中村	山下村、田饶背村、树塘村
径上村	大坪村、肖屋村、双沛村、岭背村、大路排村、排子里村、围子里村、田督尾村
径心村	塘尾村、塅心村、军田村、合石村、黄泥畚村、枫树椰村、石牙下村、黄布村、桥头埔村、下坡寨村、坜背村、岘头村
活动村	开口石村、沙塘村、坑背村、围子里村、径尾村、桐树下村、径子里村、炉子下村、连塘村、龙首村、油根地村、下江门村、大坪里村、荷坡村
活西村	丹竹坑村、下段村
新岭村	水尾村、川龙背村、赤岭寨村、赤界塘村、寨头村、樟门村、雷公塘村、上下排村、中心村、青湖村
双丰村	大畚村、下各窝村、江子排村、楼坪村、河背村、上各村
美丰村	四下村、上坑村、下径村、上径村
三水村	苏坪寨村、石桥头村、山下铺村、黄沙坑村、苗眉头下村、桃子坪村、湾子里村、将军排村、楼下村、下寮村、九洋江村
古塘村	石垄窝村、简子肚村、社角村、新屋村
北湖村	湖光村、礤下村、北湖村、水入石村
竹苏村	苏坪村、大窝村、矮方见村、竹围村、上屋仔村、黄宝寨村、大环村
新丰村	峰仔岩村、中巢村、荷树坪村、寮子凸村
社前居委	无

（庄森焱　庄瑞芝）

五云镇

【概况】 五云镇位于揭西县南部，东与河婆街道、坪上镇相连，西北与上砂镇接壤，西南与汕尾市陆河县螺溪镇相接，东南与陆河县水唇镇交界，北与梅州市五华县棉洋镇接壤。距县城8千米。国道G238线、G235线呈T字形穿过镇区，潮惠高速公路五云段在该镇南部经过。2019年，土地面积144.8平方千米，下辖社区居民委员会1个，村民委员会20个，自然村106个。全镇新出生人数887人，人口出生率14.9‰，人口自然增长率10.8‰。至年底，总户数1.46万户，户籍人口5.69万人，常住人口4.51万人。海外华侨约1万人。港澳台同胞约1000人。土特产有米程、蜂蜜、龙眼干、竹笋干、茶叶等。主要矿产资源有水晶石、钾长石、稀土、铁矿等。主要旅游点有龙江村“九厅十八井”、五云革命烈士纪念碑、新圩五云彭氏宗祠、宝石村猴面石等。地方方言为客家话。

【基层党建】 2019年，五云镇发挥党建指导员和“第一书记”作用，指导村级党组织抓好规范化建设，提升基层党组织组织力。加大基层党组织治理，完成岭新村、罗洛村两个软弱涣散党组织整治，成功摘帽。强化村级干部队伍建设，高标准调整村级党建指导员，按不低于1：2比例选取人员，精准选配基层党组织书记后备队伍。至年底，全镇党基层组织57个，其中党委1个、党总支1个、党支部55个；党员1664人，其中农村党员1203人，镇机关及各单位党员461人。全年，新吸收预备党员31人；发展入党积极分子94人。

【经济发展】 2019年，五云镇工农业总产值4.22亿元，比2018年（下同）下降48.4%，其中工业总产值0.5亿元，农业总产值3.72亿元。地方公共财政预算收入5193.09万元，下降8.3%；地方公共财政预算支出5193.09万元，下降8.3%。全年固定资产投资1.26亿元，社会消费品零售总额8.37亿元。各项税收收入496.97万元，增长16.7%。镇内有农村商业银行1家，邮政储蓄银行1家。

农业 2019年，五云镇农业总产值3.72亿元，增长15.5%，其中种植业产值1.88亿元，林业产值3608.01万元，牧业产值1.4亿元，渔业产值611.99万元，农林牧渔服务业180万元。全镇耕地面积1829.66公顷，粮食播种面积2100.73公顷，粮食总产量1.56万吨。主要粮食作物有水稻、甘薯、玉米。水稻播种面积2040.73公顷，总产量1.24万吨；水果种面积518.6公顷，总产量5240吨；蔬菜种面积396.7公顷，总产量1.59万吨。完成造林面积276.7公顷，木材采伐972立方米。全年生猪出栏2.47万头，家禽（鸡、鸭、鹅）出栏48.74万只，水产养殖总产量492吨。

工业 2019年，五云镇工业生产以建筑用模板、装修装饰用石板、加工生产不锈钢水塔和各类铝合金门窗为主，有工业企业12家，其中规模以上工业企业2家。主要民营企业有凌锋胶合板厂、揭西县永恒木屑加工厂、瑞发石材加工厂、粤威制药厂、雄飞门厂等。是年，实现工业总产值0.5亿元，下降89.9%。

商业 2019年，五云镇镇区沿街商铺167家，主要经营陶瓷、五金、家用电器、日用品、粮油副食品等。镇区有日用品批发商店3家、自选商场1家、五金建材店5家、酒店2家，经营客家小吃（细粄、煎堆、红桃粄）店铺5家。有农村淘宝店11家，顺丰、圆通、中通、优速、天天、申通、全峰等7家快递公司在镇区设点。美宜家连锁店在镇区设点。全年社会消费品零售总额8.37亿元，增长7.3%。

【乡村振兴】 2019年，五云镇改善农村基础设施，加强农村人居环境和榕江流域综合整治，推进“三清三拆三整治”、畜禽养殖污染专项整治、农村“厕所革命”工作，推动新农村建设。全镇20户以上自然村全部完成“三清三拆”并通过市县验收。完成梅江村、赤告村、双岭村3个行政村农村电网改造扫尾工作，供电由南方电网公司接管。完成宝石村宝螺路硬底化工程项目。抓好龙江村、京埔村、郑塘村3个省定贫困村创建社会主义新农村示范村建设，基本完成雨污分流、村道巷道硬底化、村卫生站等项目建设。推进砼下村创建生态宜居美丽乡村示范片建设。

【精准扶贫】 2019年，五云镇贫困户718户、1923人，其中一般贫困户74户、319人，低保贫困户415户、1375人，五保贫困户229户、229人；有劳动能力户355户、1446人，无劳动能力户363户、477人。省定贫困村3个，分散贫困村17个。推行“以奖代补”和“小额贷款”政策，全年发放“以奖代补”补助资金131.98万元，受益贫困人口327人；发放小额信贷212万元，受益62户、217人。郑塘村争取帮扶单位支持，投入60万元、78.32万元分别用于投资镇办小水电站项目和建设并网分布式光伏发电站。

【特色农业】 2019年，五云镇特色农业以种植茶叶、沉香为主。茶叶种植主要是龙江村五斗径种植专业合作社，种植单枞、鸭屎香等品种茶叶47公顷，总产量0.69吨，总产值11.3万元；种植湿地松14.62公顷，2.4万株；林下养殖走地鸡1500多只，年产值14.5万元。保新村、京埔村等种植沉香167公顷，用沉香叶片制作沉香茶，年产沉香茶0.31吨，年产值4.7万元。

郑塘村新农村建设一角　　（五云镇　供稿）

【科教文体卫】 科技 2019年，五云镇鼓励民营企业加大资金投入，优化生产流程，提高产品竞争力。凌锋胶合板厂、豪威胶合板厂更新改造生产线；聘请培训机构，邀请培训老师，对全镇有劳动能力贫困人口进行培训。全年举办各类培训16次，培训人员1000多人次。

教育 2019年，五云镇有独立幼儿园3所（公办幼儿园1所、民办幼儿园2所），在园幼儿572人，教职工32人；小学15所，在校生3103人（小学生2582人，小学幼儿班和附设园幼儿521人），教职工278人（小学副高级职称教师2人）；中学3所，在校生1381人，教职工194人（中学高级教师职称11人）。全年撤并麻雀学校3所。是年，适龄儿童入学率100%，小学巩固率100%，学前三年入园（班）率93%，“三残”（智残、体残、肢残）适龄儿童入学率100%。

文化体育 2019年，五云镇有文化广播站1个、有线电视转播站6个、村级广播站21个、文化活动广场3个、老人文化活动中心9个、农家书屋20间、老人福利院1个。是年，完成五云文化公园综合楼主体建设。全年举办群众文艺活动2场次。

卫生 2019年，五云镇有卫生院1所，床位20张，医务人员94人（专业技术职称69人），医生29人，护士38人；乡村个体医疗站20个，医务人员34人。是年，五云镇卫生院主动到各村开展义诊活动4次；完成砼下村公建民营村卫生站建设。全年各医疗机构门诊量1.55万人次，收治住院病人1016例，医疗卫生单位业务收入420万元。

【安全生产】 2019年，五云镇落实安全生产和消防安全责任制以及汛期24小时值班制度和领导带班制度，加强对重点行业、重点领域安全监管，加大食品药品安全、公共安全、交通安全等领域监管力度，抓好应急管理、防汛抗旱、森林防火、防震减灾等工作，组建应急抢险队伍，提升应急处置和救援能力。全年开展安全隐患专项排查整治12次；组织开展安全生产专项检查31次，例行检查行动55次，出动检查826人次。全年没有发生安全生产责任事故，实现安全度汛。

【社会治安综合治理】 2019年，五云镇健全信访工作机制，加强打击违法犯罪行为，强化社会治安管理，开展社会治安专项斗争，推进“平安五云”建设。开展领导干部直接联系群众工作和周一上午领导干部接访制度；严厉打击非法采砂、洗砂、挖土、采石等行为。全年受理矛盾纠纷33宗，调解23宗，调解成功率70%。受理网上信访件34宗，成功调解22宗，办结率100%；开展大型法律宣传6场次，受教育面4765人次；法庭办理案件260宗，结案259宗，结案率99.6%。

2019年五云镇主要社会经济指标表

表67

项目	单位	指标	项目	单位	指标
土地总面积	公顷	14480	粮食总产量	万吨	1.56
总人口	万人	5.69	水产总产量	吨	492
农业人口	万人	5.40	水果总产量	吨	5240
总户数	万户	1.46	蔬菜总产量	万吨	1.59
社区居委会	个	1	生猪出栏量	万头	2.47
村委会	个	20	牛存栏量	万头	0.16
农业总产值	亿元	3.72	家禽出栏量	万只	48.74
工业总产值	亿元	0.5	中学	所	3
工业企业	家	12	小学	所	15
规模以上企业	家	2	中小学在校学生	人	3963
高新技术企业	家	—	中小学在职教师	人	472
固定资产投资	亿元	1.26	幼儿园	所	3
本级财政总收入	万元	5193.09	在园幼儿	人	1093

2019年五云镇主要企业基本情况表

表68

企业名称	企业性质	职工人数（人）	主要特色产品	年产值（万元）	年上缴税收（万元）
粤威制药厂	有限公司	155	风湿膏	2981.3	234
揭西县永恒木屑加工厂	民营	21	木颗粒	2010.7	60

2019年五云镇各村（居）委会基本情况表

表69

村（居）委会名称	所辖自然村名称
赤告村	水口村、中心村、尾村
双岭村	上角村、径肚村、麻岭村、赤告岭村、赤屯下村
梅江村	马塘村、下阁村、岭下村、马石牌村、山下村、上巷村、黄泥塘村
石陂村	大斜村、石坡寨村、马岭村、崩岗头村、石坡排村
鹏岭村	塘背楼村、上鹏村、下鹏村
岭仔村	下井沥村、社背头村、塘肚面村
龙江村	上江村、下江村、李坑村、林和村、泥坑角村、下坝村、角田村、石碣头村
罗洛村	洛布村、罗斜村、林西村、长隆村、庄田村、田螺塘村、正仔村、林坑村、伯公凹村
下洞村	九斗村、梳子金村、东山岭村、神前村、天中村、老寨村、信竹村
京埔村	面前埔村、莲塘村、杨梅塘村、庙山下村、车仔村、观音山村、埔尾村
富厚村	富厚村
砼下村	横楼村、径下圩村、军田村、大水坑村、粟子排村、寨子角村
郑塘村	田心村、担水塘村、担干山村、三角塘村
流坪村	长流坪村
下碇村	下埔村、竹园下村、石阶前村、新楼下村、营前寨村、坪门山村
坡苏村	排下埔村、苏子屋村、山子头村、江尾村、前坑村、坡梅村、赤犁村
保新村	新寨村、桐树坪村、旺龙村、圳唇村、祥和村、砱石村、富美村、塘背村、保全村
岭新村	大盆岭村、石头斗村、坪山村、枫树椰村、麻竹角村、新村
宝石村	坜背村、锡匀村、洋塘村、水口村
岽坑村	樟树下村、线坑村、麻塘村、寨子岽村
新圩社区	水利塘村

（胡　磊　刘荣丰）

良田乡

【概况】　良田乡位于揭西县境西北部，东连五经富镇，南连河婆街道，东南与南山镇、龙潭镇为邻，西与梅州市五华县棉洋镇接壤，北与梅州市丰顺县八乡山镇毗邻。榕江南河支流良田河贯穿全境，线长30千米。距县城20千米。2019年，土地面积116.67平方千米，下辖社区居民委员会1个，村民委员会10个，自然村65个。新出生人数357人，人口出生率15.4‰，人口自然增长率11.1‰。至年底，总户数4010户，户籍人口2.20万人，常住人口2998人。海外华侨5人。港澳台同胞1人。土特产主要有咸菜、苦笋、茶叶。主要旅游景点有全县最高山峰——李望嶂，海拔1222米；“横石穿缺”“铁扇关门”等自然景观。地方方言为客家方言。

【基层党建】 2019年，良田乡加强基层组织理论学习，开展主题教育活动，严把人才入口关，逐步完善村党组织后备干部队伍信息库，实施基层党组织“头雁”工程，创建“大山深处党旗飘”党建品牌，推进新一轮规范化建设。全年开展50次先进典型教育、25次革命传统教育、2次形势政策教育和2次警示教育；培养选拔后备队伍人员22名；对入库后备干部进行履职评估，其中优秀2名、良好18名、更换调整后备书记2名；选派11名优秀年轻干部到各村（居）担任党建指导员；各支部党员开展志愿服务42场次，参与党员690人次，组织党员为身边群众办实事好事42件，参与党员415人次；整顿软弱涣散村级党组织1个。至年底，全乡党基层组织31个，其中党委1个、党总支3个、党支部27个；党员676人，其中农村党员480人、机关及各单位在职党员140人、退休干部党员56人。是年，新吸收党员11人；发展入党积极分子12人。

2019年6月3日，良田乡关于创建“大山深处党旗飘”党建品牌启动仪式在乡政府会议室召开 （良田乡　供稿）

【经济发展】 2019年，良田乡农业总产值1.92亿元，比2018年（下同）增长2.1%。地方公共财政预算收入2937.74万元，增长16.2%；地方公共财政预算支出2937.74万元，增长16.2%。全年固定资产投资0.59亿元，社会消费品零售总额1.8亿元。各项税收收入255.23万元，下降8.8%。

农业 2019年，良田乡农业生产总值1.92亿元，其中种植业产值1.68亿元，林业产值1292.78万元，牧业产值957.27万元，渔业产值93.02万元。全乡农田保护区666公顷，山地面积2666.67公顷，耕地面积1.09万公顷，粮食播种面积701公顷，粮食总产量4593吨。水稻播种面积510公顷，总产量2927吨；蔬菜种植面积96公顷，总产量4801吨；水果种植面积741公顷，总产量8630吨；茶叶种植面积408公顷，总产量2240吨。林地面积1.41万公顷，森林覆盖率86.1%。全年生猪出栏2130头、家禽（鸡、鸭、鹅）出栏2.4万只，水产养殖总产量84吨。

商业 2019年，良田乡有镇区商铺30多家，主要经营生活日用品、农产品等。全年社会消费品零售总额2.2亿元，下降18.1%。

【乡村振兴】 2019年，良田乡统筹谋划乡村全面振兴，发展特色产业，促进产业兴村；强化农村环境整治，推进新农村建设。召开50多次研讨会研究讨论推进乡村振兴战略相关工作部署。依托“一村一品、一镇一业”发展机遇，成功申报一村一品项目，是年，良田乡被认定为省级“一村一品、一镇一业”专业镇，茶叶是此次入选专业镇主导产品。持续推进“三清三拆三整治”工作，全乡65个自然村全部通过“三清三拆”验收，拆除危旧房、猪牛羊栏、露天厕所茅房1226宗、约3万平方米；清理村巷道及生产工具、建筑材料乱堆乱放219宗；清理房前屋后和村巷道杂草杂物、积存垃圾178吨；清理沟渠池塘溪河淤泥、漂浮物和障碍物176吨，基本完成干净整洁村建设，并建立农村保洁长效机制。加快推进雨污分流工程建设，全乡49个自然村完成三级化粪池建设；16个自然村实施雨污分流工程，至年底，7个自然村完工。全面推进农村“厕所革命”，100%实现户厕改革。

【精准扶贫】 2019年，良田乡贫困户122户、206人，其中一般贫困户1户、1人，低保贫困户40户、122人，五保贫困户81户、83人；有劳动能力户18户、70人，无劳动能力户104户、136人。全乡无省定贫困村。扶贫户全由乡政府自扶，无劳动能力贫困户全部纳入政策兜底，由县财政资金统筹支付；有劳动能力扶贫户扶贫开发资金由乡政府统筹，以投资揭西县嵩林种养专业合作社获取收益，总投资100万元，年收益5%，期限3年，年收益分给精准扶贫户。是年，全乡“以奖代补”资金7.38万元，带动贫困人口17户、26人。全乡建档立卡学生27人，全部领取教育生活补贴。至年底，脱贫121户、200人。

【特色农业】 2019年，良田乡特色农业以种植茶果为主，主要农产品有茶叶、青梅、李子、桃子、玉米、咸菜、青榄、大蒜、佛手果等。全乡有下村佛手果种植基地、河水村大蒜种植基地、桐树坪村嵩林种养合作社、下村青坪八方种植合作社等种植场所。是年，种植佛手果24公顷，产量41吨；种植大蒜4公顷，产量2.50吨；种养嵩林17公顷；金坑村种植青梅、青榄、茶叶和李子等果树，种植面积1157.8公顷，产量98吨。

【科教文体卫】 **教育** 2019年，良田乡有幼儿园1所，在园幼儿35人，教职工8人；完全小学2所、非完全小学2所，在校小学生160人，幼儿班学生56人（小学附设幼儿班），教职工55人（初中高级教师1人，小学一级教师38人）；九年一贯制学校1所，在校小学生63人，在校初中生68人，教职工31人（初中高级教师2人，初中一级教师21人）。是年，坪上小学被评为揭阳市“文明校园”，桐树坪小学、崇德小学、龙江小学、和良田中学被评为揭西县“文明校园”，良田中学、双水小学、龙江小学、金坑小学被评为揭西县“依法治校示范校”，坪上小学、中心幼儿园被评为县级“平安校园”，桐树坪小学、崇德小学、龙江小学和良田中学通过县级德育绩效评估验收。10月，金坑小学、龙江小学、双水小学、崇德小学，中心村小学撤并到良田中学。

文化体育 2019年，良田乡有文化站1个，广播站1个，村级广播站11个，文化活动广场10个，老人文化活动中心5个，农家书屋11间。9月30日（国家公祭日），在良田革命烈士碑前举行公祭活动，悼念革命先贤。12月13日，良田乡以“揭西美、潮客美”为主题，在下村举办走进下村文艺晚会。

卫生 2019年，良田乡有卫生院1所，内设儿科、妇科、防疫科、B超室、门诊部和住院部，医护人员28人，床位8个；乡村卫生站10个，村医5人。全乡各医疗机构门诊量4460人次，医疗卫生业务收入7.6万元。是年，完成新建良田卫生院门诊住院综合楼并投入使用，完成4个村级卫生站规范化建设。

【安全生产】 2019年，良田乡加强宣传消防、安全生产和森林防火有关法律法规知识，做好消防安全、安全生产、森林防火和三防应急工作。是年，落实专职安全生产监督检查员2人；进行拉网式大检查5次，安全专项检查12次，发放安全生产宣传资料1000多份。全年全乡没有较大安全事故发生。

【社会治安综合治理】 2019年，良田乡打好防范化解重大风险攻坚战，开展扫黑除恶专项斗争，纵深推进“众剑行动”，完成“综治+网格化+信息化”建设。实施社会矛盾隐患排查化解，抓好矛盾纠纷调处工作。全年乡党政主要领导接访群众115人次，下访次数60次，解决群众疑难问题18件，乡调解会成功调解疑难纠纷12件，村委会成功调解矛盾纠纷40多件。派出所全年刑事案件立案4宗，破获案件1宗，抓获犯罪嫌疑人1人，查处违法人员4人。

2019年良田乡主要社会经济指标表

表70

项目	单位	指标	项目	单位	指标
土地总面积	万公顷	1.16	粮食总产量	吨	4593
总人口	万人	2.2	水产总产量	吨	84
农业人口	万人	2.01	水果总产量	吨	8630
总户数	户	4010	蔬菜总产量	吨	4801
社区居委会	个	1	生猪出栏量	头	2130
村委会	个	10	牛存栏量	头	71
农业总产值	亿元	1.92	家禽出栏量	万只	2.4
工业总产值	亿元	—	中学	所	1
工业企业	家	—	小学	所	4
规模以上企业	家	—	中小学在校学生	人	291
高新技术企业	家	—	中小学在职教师	人	78
固定资产投资	亿元	0.59	幼儿园	所	1
本级财政总收入	万元	2937.74	在园幼儿	人	35

2019年良田乡各村（居）委会情况表

表71

村（居）委会名称	所辖自然村
金坑村	古石村、金坑村、竹坑村、坪上村、长江村、水背村、岭下排村
下村	洋德坑村、思茅坪村、水井头村、横石村、贵山村、田坑村、新建楼村、田心村、石下塅村、供尾村
嶂上村	嶂上村
龙岭村	大坪村、各坵村、黄泥溜村、朴树拳村、老石下村、新石下村、龙江村、高田村、龙新村、桥头村、仓下村、过水坵村、新屋家村、岭下村
双水村	墩下村、段面村、三对门村、碓坑村、寨顶村、寨下村、高岭美村
河水村	下屋村、上屋村、炉下村
河新村	罗地村、罗地下村、上肚村、马宗地村、献花村
中心村	老寨村、保善楼村、湖洋排村、黄枝头村、上新屋村、门前段村、岭背村
桐树坪村	老寨村、溪尾楼村、上禾坪村、下三片村、细溪背村、叶锡坑村
岸洋村	老寨村、寨子排村、大段村、陈屋排村
良田居委	下坊埔村

（刘会林　温致裕）

坪上镇

【概况】 坪上镇位于揭西县南部，地处榕江上游，在榕江南河、石内河、龙潭河交汇之处。东与大溪镇相连，东南与普宁市石牌交界，南与普宁市南阳相接，西和五云镇毗邻，西南与汕尾市陆河县交界，北和龙潭镇、河婆街道接壤，境内地势南高北低，镇区距县城6千米。2019年，土地面积93.33平方千米，下辖社区居民委员会1个，村民委员会19个，自然村44个。新出生人数602人，人口出生率13.4‰，人口自然增长率7.9‰。至年底，全镇总户数1.13万户，户籍人口4.36万人，常住人口2.3万人。海外华侨2.6万人。港澳台同胞6000人。矿产资源主要有铁矿、铜矿等，土特产主要有青梅、青榄、乌榄、茶叶、淮山、萝卜、咸菜、竹笋等。主要旅游景点有石内河漂流、过路塘、石盆庵、玉泉庵、石内溪、莲花山生态林等。地方方言为客家方言。

【基层党建】 2019年，坪上镇坚持以政治建设为统领，开展各项主题教育活动，加强思想政治建设；完善镇委党校规范建设，定期开展镇级党校培训班，全年开展教育培训10期；按照规定巩固基层组织规范化建设成果，规范提升20个村级活动场所管理使用效率、村级组织工作效率和服务水平；推进落实直联制度，及时解决群众反映强烈困难和问题；加强村（社区）两委服务能力；做好村务公开民主管理工作，健全村务监督委员会工作制度，完善村民自治组织体系。至年底，全镇党基层组织63个，其中党委1个、党总支6个、党支部56个；党员1299人，其中农村党员813人、镇直机关及各单位在职党员285人、非公有制企业及社会组织党员18人、退休干部党员183人。是年，新吸收党员14人；新吸收预备党员15人；发展入党积极分子10人。

【经济发展】 2019年，坪上镇工农业总产值10.75亿元，比2018年（下同）增长2%，其中工业总产值6亿元，农业总产值4.75亿元。地方公共财政预算收入0.83亿元，下降26.5%；地方公共财政预算支出0.83亿元，下降26.5%。全年固定资产投资1.08亿元，社会消费品零售业总额6.03亿元。各项税收收入967.82万元。镇内有农村商业银行1家、邮政储蓄银行1家，各项存款余额4.85亿元，各项贷款1800万元。

农业 2019年，农业总产值4.75亿元，下降4.6%，其中种植业产值2.47亿元，林业产值5407万元，畜牧业产值1.20亿元，渔业产值1463万元，农林牧渔其他产值3919万元。全镇耕地面积1360公顷，粮食播种面积1602.5公顷，粮食总产量1.06万吨，有湖光洋、员埔洋、南森洋三大粮食生产基地。主要农作物有蔬菜、水稻、花生、淮山、萝卜、玉米等。水稻种植面积1075公顷，总产量0.65万吨；蔬菜种植面积494公顷，总产量1.83万吨；水果种植面积1166公顷，总产量4.5万吨，其中种植青梅604公顷、乌榄33公顷。林地面积6800公顷，生态林面积869.3公顷。全年生猪出栏2.52万头、家禽（鸡、鸭、鹅）出栏4.9万只，水产养殖总产量1609吨。

工业 2019年，坪上镇工业生产以电站、线业、石料加工、塑胶等为主，有工业企业18家，从业人员134人，规模以上工业企业1家；水电站12座，装机总容量7575千瓦。是年，实现工业总产值6亿元，增长3.8%，其中规模以上工业产值1.25亿元，增长11.8%。

商业 2019年，坪上镇有农贸市场1个，占地面积6000平方米，市场主要经营农副产品。全镇有商贸企业（含营业单位）6家，个体商户367家，主要经营五金电器、服装鞋类、日常用品等。是年，累计限额以上商业企业25家。全年社会消费品零售总额6.03亿元，增长7.1%。

【乡村振兴】 2019年，坪上镇加强新农村建设工作，推进农村污水管网铺设、雨污分流、污水处理点等环保基础设施建设，强化环保整治工作，加强城乡生活垃圾处理。9月底，投资300多万元完成国道G238线坪上段6.3千米两侧灯光亮化工程，并全面投入使用。投资679万元，建设非省定贫困村创建社会主义新农村示范村，樟树下村、石硖村、五星村新农村建设开工，其中雨污分流项目完工并投入使用。基本完成揭西县石肚河（坪上段）中小河流治理项目工程建设，石硖至树下段进行亮点打造，在1月梅花节启动前投入使用。全镇20个村（居）全部建立垃圾收运体系，建立垃圾收集点52个，配备保洁员共61名，基本实现农村生活垃圾日产日清。全镇完成户厕改造1.06万户，普及率100%，完成无害化户厕改造1.06万户，普及率100%，建成卫生公厕31座，新建标准公厕6座。基本完成榕江南河象山拦河坝至潮惠高速连接线左岸河道二期清淤工程项目建设，清淤物按照规定定点堆放，由上级部门进行挂牌拍卖处理。完成两南桥至潮惠高速连接线桥左岸河道堤路工程项目，9月下旬组织完工验收。全镇7个省定贫困村，面上村樟树下村、五星村完成雨污分流工程，完成其他9个面上村雨污分流规划、图审工作。河湖“清四乱”（乱占、乱采、乱堆、乱建）清除养鸡场、工棚等共11宗，其中销号10宗。推进畜禽养殖污染整治工作，彻底拆除养殖场22宗，去功能化133宗，通过验收146宗。“三清三拆三整治”工作，全部自然村通过验收，清理乱堆乱放1207宗，清理杂草杂物、积存垃圾等871吨，清理溪河淤泥、漂浮物等渠池塘溪河淤泥、漂浮物和障碍物1164吨。累计拆除危房2820宗，拆除面积14.97万平方米，拆除猪牛羊栏和露天厕所189宗，拆除面积8505平方米，拆除乱搭建59宗，面积约4720平方米，拆除违规广告牌等12宗。

2019年12月16日，坪上镇湖光村鸿霖蔬菜种植基地 （张益敏 摄）

【精准扶贫】 2019年，坪上镇贫困户704户、1702人，其中一般贫困户156户、473人，低保贫困户338户、1008人，五保贫困户210户、221人；有劳动能力贫困户301户、1138人，无劳动能力403户、564人。全镇省定贫困村7个。到位扶贫开发资金1837.5万元，拨付使用扶贫开发资金1837.5万元，资金使用率100%。产业扶贫项目27个，全部落地实施；申请以奖代补项目369户次，申请金额107.2万，全部通过验收并拨款。至年底，脱贫703户、1695人，预脱贫率99.5%；4个省定贫困村脱贫退出。

【特色农业】 2019年，坪上镇特色农业以蔬菜、果树种植为主。全镇有湖光村优质蔬菜生产基地、员埔洋基地、石内青梅种植集中地，其中湖光村优质蔬菜全部免检销往中国香港地区，种植优质蔬菜150公顷，产量8500多吨，年产值6000多万元；石内片区种植青梅660多公顷，年产量2万多吨，产值8000多万元；成全村发展大棚蔬菜，种植大白菜、菜心、芥菜、南瓜、萝卜、油麦等蔬菜20公顷。

【科教文体卫】 教育 2019

年，坪上镇有幼儿园2所，在园幼儿220人，幼儿教师20人（公立幼儿教师8人，私立幼儿教师12人）；小学12所，小学生1174人，教职工173人（小学高级教师146人，小学一级教师职称20人，大专以上文化程度169人）；初级中学2所，九年一贯制学校1所，在校学生762人，教职工138人（大专以上文化程度143人，中学高级教师职称8人，中学一级教师职称84人）。是年，全镇适龄儿童入学率100%，小升初率100%，“三残”（智残、体残、肢残）适龄儿童入学率100%；完成普通高中送招115人。其中坪上中学和绵基中学、振文学校考取揭阳一中、河婆中学等重点学校人数62人。

文化体育　2019年，坪上镇有文化站1个，广播站1个，有线电视转播站1个，村级广播站19个，文化活动广场21个，农家书屋19间，老人福利院1个，老人协会1个。是年，全镇举办各种文艺活动、群众文艺汇演活动8场，参与人数7000多人次。

卫生　2019年，坪上镇有卫生院1所，占地面积1500平方米，建筑面积2550平方米，医务人员46人，病床12张，内设内科、外科、妇科、妇产科、防疫组、检验室、B超室、公共卫生办公室等科室；全镇乡村卫生站19个，卫生站医务人员20人。是年，各医疗机构门诊量1.25万人次，收治住院病人8人，医疗卫生业务收入28万元。全年未发生任何传染病，全镇儿童计划免疫率100%。

【安全生产】　2019年，坪上镇加强安全生产监督检查，强化治理安全隐患，落实安全生产责任制，深化专项整治，对排查出隐患单位要求立即整改或责令限期整改。至年底，全镇开展专项整治检查60多场，整改隐患240多宗。全年坪上镇实现安全生产零事故。

【社会治安综合治理】　2019年，坪上镇加强社会综合治理能力，开展综治维稳和平安创建活动，强化矛盾纠纷排查调处工作，整治社会秩序、惩治各种违法犯罪活动，深化社会治安综合治理。全年受理矛盾纠纷17宗，调解纠纷13宗；立刑事案件11宗，侦破7宗，刑事拘留7人；受理行政案件28宗，行政拘留6人。

2019年坪上镇主要社会经济指标表

表72

项目	单位	指标	项目	单位	指标
土地总面积	公顷	9333	粮食总产量	万吨	1.06
总人口	万人	4.36	水产总产量	吨	1609
农业人口	万人	4.17	水果总产量	万吨	4.5
总户数	万户	1.13	蔬菜总产量	万吨	1.83
社区居委会	个	1	生猪出栏量	万头	2.52
村委会	个	19	牛存栏量	万头	0.04
农业总产值	亿元	4.75	家禽出栏量	万只	4.9
工业总产值	亿元	6	中学	所	2
工业企业	家	18	小学	所	12
规模以上企业	家	1	中小学在校学生	人	1936
高新技术企业	家	—	中小学在职教师	人	311
固定资产投资	亿元	1.08	幼儿园	所	2
本级财政总收入	亿元	0.83	在园幼儿	人	220

2019年坪上镇主要企业基本情况表

表73

企业名称	企业性质	职工人数（人）	主要特色产品	年产值（万元）	年上缴税收（万元）
荣盛辉线业	私营	96	各种针织线	2538.22	101.21

2019年坪上镇各村（居）委会基本情况表

表74

村（居）委会名称	所辖自然村名称
红旗村委	上咸村、下咸村、上江坑村、下江坑村、杨梅滩村、瓜田村、南坑村、西坑村、际光村
石硖村委	石峡村
树下村委	樟树下村
五星村委	新月村、斜禾岗村、福兴楼村
潭角村委	潭角村
东南村委	东南村
连城村委	连城村
四新村委	四楼村、员山坝村
四和村委	新塘埔村、石圳坑村、黄连湖村
坪上村委	坪上村、杨梅塘村
员西村委	员西村
员东村委	员东村
五联村委	车墩村、且楼村、塔下村、里埔村、井楼村
南联村委	九斗村、龙仔村、新寮村、坑下村、下坑村、下马石村
尖田村委	尖田村、上岭村
新榕村委	新榕村
成全村委	成全村
上仓村委	上仓村
湖光村委	曲湖村、龙西村
坪新社区居委	无

（陈森峰　张益敏　黄洁琪）

河婆街道

【概况】　河婆街道位于揭西县境西南部，东连龙潭镇，西接五云镇，东南邻坪上镇，北毗良田乡和梅州市五华县七畲径，居独山、明山、巾山三山环抱之中，地势由西北向东南逐渐变缓，西北为中低山区，东南为低山丘陵区，中部为丘陵河谷地带，形似小盆地，横江、榕江两水交汇于此，是揭西县人民政府驻地，全县政治、经济、文化中心，为广东省中心镇之一。2019年，河婆街道土地面积102平方千米，其中城区面积12平方千米，下辖社区居民委员会9个，村民委员会26个，自然村91个。新出生人数1509人，人口出生率10.9‰，人口自然增长率6.4‰。至年底，总户数3.93万户，户籍人口13.20万人，常住人口12.07万人。土特产主要有米程、青榄、茶叶、油甘等。重点文物保护单位有大光学校、大同医院、中华医院等40多个。主要旅游景点有三山国王祖庙、天竺岩、广德庵风景区、河婆古塔等。地方方言为客家方言。

【基层党建】　2019年，河婆街道制定街道下属全体党员轮训计划，对农村、社区、机关、双管、“两新”党组织共89名书记开展专题培训6轮，组织基层党员集中学习培训1272人次。报送“初心·使命”微电影微视频3条，其中《党建引领全域旅游—河婆街道三山国王祖庙》微视频在揭阳市“初心·使命”微视频观摩交流活动中获得网络投票第1名。整顿新四村软弱涣散党组织，查找突出问题3宗，研究制定解决问题整改措施6条。开展堡垒行动，选派35名党建指导员和210名党员干部组成“第一书记+党建指导员+驻点直接联系团队”三支队伍服务基层。抽调督查组对行政村、社区、机关、双管、“两新”89个党组织进行全覆盖督查4次。依据《乡镇（街道）驻村（直联）干部责任追究办法（试行）》追责驻村干部4人，其中谈话提醒4人。是年，河婆街道村（居）务监督委员会35个，监督委员会委员109人。至年底，河婆街道党基层组织101个，其中党工委1个，党总支1个，党支部99个；党员3018人，其中农村党员1785人，镇直机关及各单位党员1233人（含预备党员24人）。是年，新吸收党员24人；新吸收预备党员24人；发展入党积极分子55人；上交党费44.9万元。

【经济发展】　2019年，河婆街道工农业总产值99.33亿元，比2018年（下同）增长14.5%，其中工业总产值93.52亿元，农业总产值5.81亿元。地方公共财政预算收入8017.70万元，下降17.5%；地方公共财政预算支出8017.70万元，下降17.5%。全年固定资产投资8.28亿元，社会消费品零售总额28.50亿元。各项税收收入7335.82万元，增长19.0%，辖区内有农村商业银行、农业银行、工商银行、建设银行、中国银行、邮政储蓄银行等多家金融机构。

农业　2019年，河婆街道农业生产总值5.81亿元，下降7.0%，其中种植业产值2.48亿元，林业产值0.21亿元，牧业产值2.47亿元，渔业产值0.15亿元，农业服务业产值0.49亿元。农业生产以种植水稻、番薯为主，经济作物主要有花生、豆类、蔬菜等。全街道耕地面积1280公顷，粮食播种面积2992公顷，粮食总产量1.31万吨。水稻播种面积1273公顷，总产量7389吨；木薯、番薯、马铃薯播种面积742公顷，总产量4750吨；蔬菜种植面积556公顷，总产量2.16万吨；水果种植面积777公顷，总产量1.53万吨；完成造林面积1170公顷，更新造林771公顷，木材采伐569立方米。全年生猪出栏7.6万头、家禽（鸡、鸭、鹅）出栏63.42万只，水产养殖总产量1464吨。组织防疫人员下乡注射禽流感疫苗10.1万只，猪口蹄疫、猪瘟疫苗1.5万头。完成鸦雀陂渠道加固，秀才岭、三条龙、大新塘、马头、南新5座水库竖立责任人公示牌5个、风险警示牌5个，更新河长制公示牌24个，全年完成水利工程4宗，土方300立方米，石方180立方米。

工业 2019年，河婆街道工业生产以制药、电子电器为主，工业企业765家，规模以上工业企业13家。外贸出口主要产品为电子琴，出口企业有小天使电子电器有限公司、美乐斯电子电器实业有限公司、美科电子电器厂、新韵电子电器有限公司等。全年实现工业总产值93.52亿元，下降15.0%，其中规模以上工业产值40.64亿元，下降2.6%。

商业 2019年，河婆街道有农贸市场4个，建筑面积约6000平方米，大小商铺6000多间，主要经营五金电器、服装鞋类、日常用品、农副产品等。主要商业企业有揭西县丰源汽车贸易有限公司、广信商务宾馆等；规模以上服务业累计3家。是年，新增限额以上商业企业2家，累计13家；社会消费品零售总额28.50亿元，增长7.4%。

【乡村振兴】 2019年，河婆街道落实《关于推进乡村振兴战略的实施意见》，成立街道实施乡村振兴战略工作领导小组，建立党工委统一领导、办事处负责、农业办公室统筹协调、各部门广泛参与农村工作领导体制，加强工作指导，推进乡村振兴战略各项工作。全面推行“河长制”，建立健全责任明确、协调有序、监管严格、保护有力河道管理保护工作机制，全年设立河长制公示牌24块，总河长及各村（社区）河长完成巡河1300多次，发现问题并落实整改68宗。投入挖掘机、铲车等机械设备285台次，拆除旧厕所524间、拆除旧猪（牛）栏286间、拆除旧柴房153间、拆除破旧住房1440间，5个省定贫困村基本完成“三清理”“三拆除”“三整治”工作。加快推进“厕所革命”，加强公厕环境综合整治，规范开放村内公共单位厕所13个。推进“四好农村路”建设，5个省定贫困村投入840万元，完成道路硬底化45千米，自然村基本完成村内道路硬底化、通200人以上自然村村道硬底化；面上村（非省定贫困村）铺设路沿石道路5.64千米。5个省定贫困村投入资金总额5079.95万元，基本完成雨污分流、村道硬底化、集中供水、公共卫生站等项目建设。客潭村、溪东村、溪角村、马头村4个行政村纳入县城市政污水处理系统。依法拆除榕江河边非法生猪养殖场3处。

【精准扶贫】 2019年，河婆街道贫困户512户、1182人，其中有劳动力贫困户210户、778人，无劳动能力贫困户302户、404人；省定贫困村5个。健全完善最低生活保障制度，对无劳动能力贫困户302户、404人实行政策性保障兜底，帮助相对贫困户538户、1216人参加城乡居民基本医疗保险和城乡基本养老保险，帮助贫困户子女申请助学金和落实生活费补助193人。开展贫困户劳动技能培训，统筹农民工职业培训、富裕劳动力转移就业培训、农民适用技术培训等各类培训，开办专题培训班5期，培训贫困人口720多人次，实现对外转移劳动力92人，解决就业145人；优先把有劳动能力建档立卡贫困人员选聘进入生态公益林管护队伍、卫生保洁等岗位就业。发挥乡贤咨询委员会、新农村建设咨询委员会和社会组织、

2019年11月11日，河婆街道在办公大楼六楼会议室举行精准扶贫贫困户技能培训业务会议 （河婆街道 供稿）

热心乡贤优势，多形式、多渠道、多方位筹集资金，推进贫困村人居环境改善工作。其中，宫墩村投入30万元完成村道硬底化工程，投入资金15万元用于饮水沉淀池维修改造及排洪桥工程；乡新村投入资金878.99万元，完成乡新村公园、道路硬底化、公厕等项目，投入资金500多万元规划建设吉庆大桥项目；欣堂村投入资金60多万元，实施路、水、电等“先导工程”，完成村内主干道供电线路改造、路灯配套、水泥硬底化及排水沟加盖封闭工程，帮扶单位揭阳市住建局动员恒大集团揭阳公司出资100多万元捐建欣堂村文化广场。全年申请小额信贷项目数3个，贷款贫困户22户，发放贷款金额约65.5万元；申请以奖代补项目数216个，发放金额77.27万元，受益贫困户216户。至年底，贫困户全部脱贫退出；3个省定贫困村脱贫退出。

【特色农业】 2019年，河婆街道特色农业主要有种植砂糖桔、生产甜玉米罐头、养殖鹧鸪等。甜玉米罐头是由广东志诚食品公司生产，主要样品有“超甜玉米粒”“玉米羹”“玉米笋”等，平均年产量1万多吨，年产值约750万元；河婆街道与广东省志诚食品公司签订合作协议，鼓励贫困户种植甜玉米，形成“公司+基地+合作社+农户”等经营模式。是年，河婆街道专业合作社3家，其中种植类2家，养殖类1家。

【科教文体卫】 **科技** 2018年，河婆街道以电子琴技术专业镇为基础，发展好电子电器、食品加工、制药等支柱产业，支持企业开展产品研发、技术改造和申报品牌专利，引导企业走科技创新道路。是年，河婆街道申请专利10个。

教育 2019年，河婆街道有幼儿园25所，在园幼儿4890人，幼儿教师455人；小学17所，小学教学点5个，在校学生1.35万人，教职工561人（小学高级教师2人，小学一级教师职称464人，大专以上文化程度518人）；初级中学3所，九年制学校1所，在校学生5251人，教职工533人（中学高级教师职称82人，中学一级教师职称259人，大专以上文化程度491人）；高中学校2所，在校学生5954人，教职工449人（高级教工84人，一级教师职称196人）。是年，小学适龄儿童入学率100.1%，小升初率100.1%。揭西县张武帮中学、揭西县宝塔实验学校被评为揭阳市“文明校园”。建新小学、大同小学、揭西县宝塔实验学校、下滩小学、南光小学、昌黎小学被评为县级文明校园。河婆小学被评为“揭阳市平安校园”；东风小学、揭西县宝塔实验学校、溪西小学、北新小学、岭丰小学、东星小学、揭西县第一中学进行县级依法治校创建工作；东风小学、河山小学、溪西小学、北新小学、昌黎小学进行县级平安校园创建工作。开展科研课题研究和校本教研活动，在2019—2020学年度第一学期第3—5周开展县级教研活动，6、7、8周分别在东风小学、大同小学、河山小学举行六年级语文数学英语街道公开研讨课。

文化体育 2019年，河婆街道有文化站1个，广播站1个，村级综合性文化服务中心26个，农家书屋26间，村级文体广场26个。加强基层文体设施建设，完善公共文化服务体系，村（社区）“村村通广播”完成升级改造，至年底，村（社区）广播站35个。春节和重大地方性庆典活动开展文艺会演、舞狮、篮球及乒乓球比赛等群众性文化体育活动。开展“文明村居”“文明家庭”“星级文明户”等群众性精神文明创建活动，全年评选出县“最美家庭”1户、“星级文明户”1848户。

卫生 2019年，河婆街道有社区卫生院1所，在编人员78人，其中卫生技术人员57人，包括中级职称10人、初级职称47人、执业医师12人、执业助理医师21人；卫生站36个，村医生36人。社区卫生院内设公共卫生科、急诊科、检验科、中医科、药房、康复科等，公共卫生科下设预防保健组、妇保组、儿保组、老高糖组、卫生监督协管组、精防组等，固定资产总值约1102万元，其中专业设备有手术床、麻醉机、心电监护仪、信息化健康体检一体机、全自动生化分析仪、全自动血液细胞分析仪、血球计数仪、尿液分析仪、神经损伤治疗仪、颈腰椎治疗多功能牵引床、颈腰椎综合治疗仪、救护车、多功能体检机、B超仪、心电图机等。全年卫生院门诊量2.77万人次，医疗卫生业务收入69万元。

【安全生产】 2019年，河婆街道落实安全生产责任制，强化安全生产培训和宣传，严厉打击非法生产经营烟花爆竹、超量库存成品油等涉及安全生产问题。与35个村（居）委及相关企事业单位签订《卷烟大家责任书》，形成街道、村（社区）、企业三级安全生产目标管理体系。组织开展消防宣传教育活动5次，社区专职消防员消防技能演练1次，组织8家企业17人次参加揭西县安全生产继续教育培训。组织开展安全生产及消防安全大检查20次，排查发现各类安全或消防隐患200余处。查处非法储存烟花爆竹百货店2家，查封烟花爆竹一批。12月，查处分别位于乡肚村和下滩村两处私售成品油窝点。加强对7家加油站、1家燃气站等危化品存储、经营点检查，检查“三小场所”（小档口、小作坊、小娱乐场所）4000多家。

【社会治安综合治理】 2019年，河婆街道加大各类违法犯罪活动打击力度，加强基层基础工作，开展矛盾纠纷排查调处工作，建立群防群治防线。落实村（社区）综治工作站在网格化管理中定位和职责，完成综治网格划分和网格管理员队伍组建，明确网格员职责任务。至年底，街道9个社区，26个村共划分75个基础网格，网格员负责做好综合采集信息、开展便民服务、收集社情民意、开展平安创建四个方面工作，并使用手机平台系统及时将有关事件上传到综治信息系统。全年受理群众来信来访来电、上级交办转送信访件共61宗，办结58宗，办结率95%；全街道建立治保会、调解会各35个，治保人员230多人，建立健全基层网格化治理体系，划分一级网格35个，二级网格135个；分级分类管控社会面吸毒人员135人，排查辖区内严重精神障碍患者（三级以下）356人，严重精神障碍患者（三级以上）1人；设置“扫黑除恶”专项斗争宣传栏40块，发放“扫黑除恶”倡议书3.2万份，宣传海报6000多张，挖掘“扫黑除恶”线索7条，全部提交核查报告；河婆、河西派出所共破获刑事案件74宗，抓获犯罪嫌疑人101人，刑事拘留94人，查处治安案件77宗130人；开展刑释解教和安置帮教工作，全年接收社区矫正对象198人，解矫159人，在矫社区矫正对象40人；推进一村（社区）一法律顾问和“七五”普法工作，全街道驻村律师8人，开展法制讲座140场次；开展平安建设创建和反邪教警示教育宣传活动，全年邪教组织案件发案率为零。

2019年河婆街道主要社会经济指标表

表75

项目	单位	指标	项目	单位	指标
土地总面积	万公顷	1.02	粮食总产量	万吨	1.31
总人口	万人	13.20	水产总产量	吨	1464
农业人口	万人	6.56	水果总产量	万吨	1.53
总户数	万户	3.71	蔬菜总产量	万吨	2.16
社区居委会	个	9	生猪出栏量	万头	7.60
村委会	个	26	牛存栏量	万头	0.08
农业总产值	亿元	5.81	家禽出栏量	万只	63.42
工业总产值	亿元	93.52	中学	所	3
工业企业	家	765	小学	所	17
规模以上企业	家	13	中小学在校学生	万人	2.47
高新技术企业	家	1	中小学在职教师	人	1543
固定资产投资	亿元	8.28	幼儿园	所	25
本级财政总收入	万元	8017.70	在园幼儿	人	4890

2019年河婆街道主要企业基本情况表

表76

企业名称	企业性质	职工人数（人）	主要特色产品	年产值（万元）	年上缴税收（万元）
广东省揭西县白云山威灵药业有限公司	国企	489	医药制造业	37396	721
揭西县美科电子电器厂	私企	105	电子琴	5543	123
揭西县小天使电子电器有限公司	私企	307	电子琴	54592	896
揭西县志城食品有限公司	私企	267	食品罐头	49350	931
揭西县美声电子电器厂	私企	107	电子琴	4634	94
揭西县新韵电子电器有限公司	私企	312	电子琴	56338	882
广东广信食品机械有限公司	私企	221	食品包装	7201	158

2019年河婆街道村（居）委会基本情况表

表77

村（居）委会名称	所辖自然村名称
六一村	六一村
南新村	南新村
后埔村	后埔村
湖洋村	湖洋村
马头村	马头村
欣堂村	欣堂村
溪角村	溪角村
河东村	河东村
三星村	三星村
客潭村	客潭村
庙垅村	庙垅村
南和村	起凤楼、明山楼
西坑村	西坑村、古竹排村
宫墩村	宫墩村、龙尾村
新建村	白地村、朱盆岭村、高湖村
乡新村	上新村、学新村、营新村
庙角村	庙角村、凤尾村、下角村
新楼村	文山楼、坎下楼、高士楼
下滩村	桥头村、寨肚村、群丰村、五联村、广田村
东星村	军田村、上楼村、西门村、东门村、汤埔村
溪东村	枫东村、枫西村、和坑村、和福村、公平市
新四村	水班头村、木石坑村、富屋寨村、长秋坑村、新建寨村、风门凹村
北坑村	对门岭村、永岭村、老寨村、居之安村、上楼村、坑尾村、新兴楼村
溪西村	埔尾村、苏屋楼村、洪屋楼村、张家围村、细山下村、新寨村、大山下村、樟树坑村

续表77

村（居）委会名称	所辖自然村名称
岭丰村	上楼村、中楼村、下楼村、忍炉村、曲江弟村、翻身楼村、八斗种村、新祠堂村、浮岗山村
乡肚村	荆下村、坑背楼村、上春村、中春村、下春村、祠堂坝村、上径背村、下径背村、吉庆楼村、农光村、小坑村、营背村、东升村、交古潭村、坝尾楼村、金星楼村、南美山村
新村居委	无
河西居委	无
宝塔居委	无
建新居委	无
东风居委	无
军田居委	无
大同居委	无
河山居委	无
新安居委	无

（吴庭鸿　张裕坤）

龙潭镇

【概况】 龙潭镇地处揭西县境中部，东接南山镇，西邻河婆街道，南与坪上镇接壤，北倚大北山。距县城5千米。2019年，土地面积77.96平方千米，下辖社区居民委员会1个，村民委员会15个，自然村79个。新出生人数595人，人口出生率14.8‰，人口自然增长率9.2‰。至年底，总户数9518户，户籍人口3.89万人，常住人口2.72万人。海外华侨3万多人。港澳台同胞8000多人。土特产有沙塘橘、焦柑、糯米酒、青橄榄、乌榄。主要旅游景点有井下村祥龙寺、关山村网红坝等。地方方言为客家方言。

【基层党建】 2019年，龙潭镇履行抓基层党建主体责任，落实“三会一课”制度和加强基层党组织组织力提升建设，夯实基层党建。推进基层党组织“头雁”工程，培育32名村（社区）党组织书记后备干部。建立健全基层党组织学习培训制度，加强对“六个规范化”建设深化学习，打牢党务知识基础。建立村（社区）“两委”干部档案82份，理顺高田村行政管理体制问题。完成镇级党校阵地建设，利用镇街党校，开展党员集中轮训529人次，实现轮训全覆盖。加强边远山区基层、省定贫困村、美丽宜居新农村党建工作，以富光村为试点开展“大山深处党旗飘”活动；以关山村为试点开展乡村旅游创建；以陂尾村为党建引领据点，强化“美丽宜居”目标导向，突出抓党建促民生。整顿南福田村软弱涣散党组织，查找突出问题2宗，制定解决问题措施12条，召开党员群众座谈会28次，走访党员群众196户，建立健全各项规章制度7项。至年底，全镇党基层组织39个，其中党委1个、党总支2个、党支部36个；党员1180人，其中农村党员815人、镇直机关及各单位在职党员223人、退休干部党员137人，非公企业党员5人。是年，新吸收预备党员16人；发展入党积极分子16人。

【经济发展】 2019年，龙潭镇工农业总产值8.96亿元，比2018年（下同）增长22.1%，其中工业总产值5.15亿元，农业总产值3.81亿元。地方公共财政预算收入6586.35万元，下降40.7%；地方公共财政预算支出6586.35万元，下降40.7%。全年固定资产投资1.37亿元，社会消费品零售总额5.33亿元。各项税收收入516.51万元，增长19.8%。镇内有农村商业银行1家，各项存款余额3.94亿元，各项贷款974万元。

农业 2019年，龙潭镇农业总产值3.81亿元，增长1.3%，其中种植业产值1.71亿元，林业产值0.53亿元，牧业产值1.38亿元，渔业产值0.19亿元。全镇耕地面积1070公顷，粮食播种面积1369公顷，粮食总产量7960吨，种植业以种植稻谷、甘薯、蔬菜为主。水稻种植面积1300.5公顷，总产量7431吨；蔬菜种植面积491.7公顷，总产量1.73万吨；水果种植面积357.3公顷，总产量4204吨。林地面积7183.3公顷，生态林1028.3公顷。全年生猪出栏4.2万头、家禽（鸡、鸭、鹅）出栏49.52万只，水产养殖总产量1803吨。

工业 2019年，龙潭镇工业生产主要以电子配件加工、服装制造、乐器制造为主，有10人以上的工业企业10家，从业人员540人，其中规模以上工业企业1家，为广东德煌电力设备有限公司。全年实现工业总产值5.15亿元，增长26.5%。

商业 2019年，龙潭镇有大小商铺232间，镇区沿街商铺112家，主要经营五金电器、日用百货、餐饮、服装鞋类、农副产品等。是年，限额以上商业企业1家；社会消费品零售总额5.33亿元，增长0.8%。

【乡村振兴】 2019年，龙潭镇全面推进“三清三拆”（清理村巷道及生产工具、建筑材料乱堆乱放；清理房前屋后和村巷道杂草杂物、积存垃圾；清理沟渠池塘溪河淤泥、漂浮物和障碍物。拆除危旧房、废弃猪牛栏及露天厕所茅房；拆除乱搭乱建、违章建筑；拆除非法违规商业广告、招牌等）专项行动，深入推进新农村建设。至年底，全镇清理村巷道及生产工具、建筑材料乱堆乱放1134宗，清理房前屋后和村巷道杂草杂物、积存垃圾1572吨，清理沟渠池塘溪河淤泥、漂浮物和障碍物596吨；拆除危旧房、废弃猪牛羊栏、露天厕所共2184宗11.24万平方米。79个自然村全部通过市县“三清三拆”督查组验收。菜仔园村、龙跃村、北联村、井田村、井下村、龙东村、关山村7个省定贫困村新农村建设EPC项目全面完成垃圾日清、污水处理、村道硬化、人畜分离工作，共铺设雨污分流管网7.96万米、铺设集中供水管网2.8万米、实施道路硬底化4.7万平方米、设置垃圾收集屋44个。推动陂尾村、富光村省定生态宜居美丽示范村建设。全面推进面上村雨污分流及相关工程建设，南福田村、泉水塘村、团结村、汤坝村、双龙村、陂尾村、富光村、高田村8个面上村共40个自然村实施雨污分流工程，至年底，全面完工。推进农村“厕所革命”，全镇标准化公厕建设任务8座，完成关山村和北联村2座标准化公厕建设。推进农村生活垃圾处

关山村新农村建设——穿衣戴帽 （龙潭镇 供稿）

理，按照“户分类、村收集、镇转运、县处理”方式，落实村庄保洁长效机制，实现垃圾日产日清。

【精准扶贫】 2019年，龙潭镇建档立卡贫困户513户、1262人。其中一般贫困户117户、485人，低保贫困户199户、561人，五保贫困户197户、216人；其中有劳动能力户196户、806人，无劳动能力户317户、456人。全镇7个省定贫困村和8个面上村，其中省定贫困村贫困户371户、988人，面上村贫困户142户、272人。全年全镇贫困户人均可支配收入1.33万元。发放春季教育补助209人共68.4万元（其中小学到高中平均每人一年3000元，中专平均每人一年3000元）。井下村、南福田村、泉水塘村、团结村、陂尾村、北联村6个村实施光伏发电项目，每人每年可以享受1000多元发电收益。至年底，除北联村外其他光伏发电项目全部完成并网，并开始发电。莱仔园村、龙跃村、北联村、井田村、关山村、井下村、高田村、双龙村、富光村、龙东村10个村通过入股企业分红扶贫项目，每年共收益95.7万元分红到户，平均每户每年享受分红收益4932元（平均每人每年享受分红收益1260元）。是年，全镇“以奖代补”项目补助共180户、64.28万元，其中产业扶贫“以奖代补”项目补助64户、22.45万元；就业扶贫“以奖代补”项目补助88户、29.86万元；技能类“以奖代补”项目补助28户、11.97万元。至年底，全镇脱贫510户、1252人；6个省定贫困村脱贫退出。

【特色农业】 2019年，龙潭镇特色农业以种植沙糖桔、生姜、乌榄、蔬菜、茶叶为主。构建绿香茗茶叶种植专业合作社、莱仔园种养专业合作社、汤坝种植专业合作社、龙盛种植专业合作社、吉旺种植专业合作社等一批特色农业龙头合作社生产格局，形成团结村茶叶、莱仔园村蔬菜、汤坝村乌榄、龙跃村大棚蔬菜、龙东村柑橘、南福田村柑橘等一批特色农业专业村，培育荣轩、刘氏蜂业、龙源、龙柯等一批生态农业发展公司。是年，龙源农业科技发展有限公司种植香蕉约20公顷，年产量约900吨，年产值约360万元；绿香茗茶叶种植专业合作社种植竹姜约6.66公顷，年产量约150吨，产值约150万元，茶叶种植面积约800公顷，年产量4.8吨，产值约320万元；龙东龙盛果园种植柑橘9500株，面积14.67公顷，产量约200吨，产值约150万元。莱仔园种养专业合作社，建有蔬菜大棚26个，蔬菜总种植面积4.66公顷，种植蔬菜种类约40个，年产值约330万元。

【科教文体卫】 **教育** 2019年，龙潭镇有幼儿园5所，其中公办幼儿园1所、附设幼儿园2所、民办幼儿园2所，在园幼儿约500人，幼儿教师30人；小学13所，在校学生1560人，教职工186人（小学一级教师146人，本科及以上学历85人）；中学1所，在校学生735人，教职工97人（中学高级教师7人，中学一级教师75人，本科及以上学历77人）。全镇适龄儿童入学率100%，小学巩固率100%，初中毛入学率100%，残疾儿童入学率100%，学前三年入园（班）率98%。是年，在2019年全县教育教学质量综合评价中，龙潭镇教育组获二等奖，龙潭中学获一等奖；龙潭镇教育组和龙潭中学被揭西县教育局评为“教育先进单位”。龙文学校被揭阳市教育局评为“文明校园”“平安校园”。

文化体育 2019年，龙潭镇有镇级文化站1个，广播站1个，文化活动广场1个，村综合文化活动中心覆盖建设15个，乡镇文体广场示范点南辉示范广场1个，基层综合性文化服务中心示范点3个，敬老院1个。联合县文广旅体局在汤坝村开展文艺演出；春节元宵期间，在陂尾村组织篮球赛活，龙跃、泉水塘等行政村组织醒狮表演、文艺会演等活动；协助县博物馆在各村开展“流动博物馆展览”“流动图书馆”活动。协助县电影公司在各村巡回播放爱国主题教育电影活动：组织妇女同志参加龙跃舞蹈队广场舞培训班；开展儿童之家活动。全年开展群众文艺活动20多场次。

卫生 2019年，龙潭镇有卫生院1所，占地3544平方米，建筑面积3064平方米，医务人员32人，病床20张，内设内科、外科、儿科、妇科、妇产科、防疫组、检验室、B超室、公共卫生办公室等科室；乡村个体医疗站19个，乡村医生人员19人。全年各医疗机构门诊量3.2万人次，收治住院病人82例，医疗卫生单位业务收入91万元。全年全镇未发生任何传染疾病，儿童计划免疫率98%。是年，新建一栋三层住院综合楼，一楼设置计划免疫门诊，二楼设置住院病房，三楼设置手术室、分娩室；新建标准化村级卫生站15所，全部由原各村卫生站乡村医生进驻。

【安全生产】 2019年，龙潭镇构建安全生产长效机制，强化安排部署、隐患排查检查、整改落实等措施，推动企业主动履行安全生产主体责任，推进安全生产工作落实。全年对重点领域进行定期巡查，组织开展安全生产检查50多次，参加人员400多人次，检查企业、商铺180多家，发现事故隐患49项，全部落实整改。发放资料80多份，开展安全演练1次，安全生产培训1次。全年无重大安全事故，无严重伤亡事件发生。

【社会治安综合治理】 2019年，龙潭镇严厉打击各类违法犯罪活动，完善排查化解机制，加强法制宣传，开展社会治安综合治理专项行动。结合“法律六进”活动，开展法制宣传活动。镇司法所组织驻村律师到中小学校开展法律讲座。全年举办普法宣传讲座21场次，组织宣传活动3次，发放宣传资料5000多份，张贴宣传标语50多幅，受教育人数上万人，解答法律咨询1000多人次；完善一村一法律顾问制度，全镇16个村（社区）全部配备法律顾问。全年受理信访件40宗，办结40宗，办结率100%；受理网上信访件18宗，办结18宗，办结率100%；接到上级转来扫黑除恶线索5条，全部办结，办结率100%。派出所破获刑事案件7宗，抓获各类违法犯罪人员30人；行政案件21宗；抓获吸毒人员4人，强制戒毒人员2人；调处因土地纠纷案件12宗；破获2宗盗窃系列案，抓获犯罪嫌疑人3人。

2019年龙潭镇主要社会经济指标表

表78

项目	单位	指标	项目	单位	指标
土地总面积	公顷	7796	粮食总产量	吨	7960
总人口	万人	3.89	水产总产量	吨	1803
农业人口	万人	3.04	水果总产量	吨	4204
总户数	户	9518	蔬菜总产量	万吨	1.73
社区居委会	个	1	生猪出栏量	万头	4.2
村委会	个	15	牛存栏量	头	157
农业总产值	亿元	3.81	家禽出栏量	万只	49.52
工业总产值	亿元	5.15	中学	所	1
工业企业	家	10	小学	所	13
规模以上企业	家	1	中小学在校学生	人	2295
高新技术企业	家	1	中小学在职教师	人	283
固定资产投资	亿元	1.37	幼儿园	所	5
本级财政总收入	万元	6586.35	在园幼儿	人	500

2019年龙潭镇主要企业基本情况表

表79

企业名称	企业性质	职工人数（人）	主要特色产品	年产值（万元）	年上缴税收（万元）
广东德煌电力设备有限公司	私企	345	电力变压器、电力节能器、高压电力计量箱及相关配套产品	51521.6	1648.6

2019年龙潭镇村（居）委会情况表

表80

村（居）委会名称	所辖自然村
菜籽园村	上新村、下楼村、黄枝塘村、曲仓村、坪山村、上寨村、老屋村、塘背坜村、大埔村、大寨村、新屋村
南福田村	上寨村、下寨村、联塘村、上横塘村、龙墩村、大埔村、田背园村
龙跃村	玉竹园村、龙田楼村、大埔头村、福安楼村、李园下村、天昌楼村、新寨村、华萼楼村、高墩村
泉水塘村	泉水塘村
北联村	柑园村、半埔围村、下塘村
团结村	起龙围村、乌石楼村、到背村、山蕉洋村、硿仔肚村、留晋纯村、浮岗山村、鸭麻寮村
井田村	井田村
关山村	新屋村、溪背村、小黄岭村、上龙岗村、下龙岗村、邓公坪村、崇坑村、南寮村
汤坝村	汤坝村、打石坪村、陂角楼村、埔下楼村、江屋寨村、岭下村
井下村	井下楼村、李公坡村、下角坝村、坡洋村、东坑村
陂尾村	陂尾楼村
富光村	富美楼村、长江楼村、罗丝角村、河南拳村
双龙村	田心村、石头山村、小布角村、埔仔村、老寨下村、坑尾村、永居楼村
龙东村	深溪围村、长江岭村、杨屋楼村、墩仔村、灰寨村、仓下村、坡坪村、砂隆村
高田村	高田村
新圩居委	无

（韩建庭　陈锦江）

南山镇

【概况】 南山镇地处揭西县境中部丘陵区，东与京溪园镇、灰寨镇接壤，西和龙潭镇、良田乡相连，南与大溪镇交界，东北与五经富镇大洋毗邻，距县城16千米。2019年，土地面积134.5平方千米。下辖社区居民委员会1个，村民委员会18个，自然村50个。新出生人数436人，人口出生率11.5‰，人口自然增长率5.8‰。至年底，总户数9135户，户籍人口3.79万人，常住人口2.76万人。土特产主要有苦笋、茶叶等。主要旅游景点有大北山森林公园度假区。地方方言为客家方言。

【基层党建】 2019年，南山镇围绕实施加强党的基层组织建设三年行动计划，谋划全镇基层党建工作。定期召开党委会议专题研究推进党建工作，加强全镇基层党组织“三会一课”、党员管理、组织生活、全面从严治党等党建工作。强化党内法规制度学习贯彻，组织学习贯彻《中国共产党支部工作条例（试行）》《中国共产党农村基层组织工作条例》等有关党内法规制度；推进党支部标准化规范化建设。加强驻点直联工作，落实党建指导员、村第一书记和组宣办业务部门到全镇党支部指导、督促党建工作，针对排查出来问题逐项进行整改完善；抓好火炬村红色党建示范村建设，以示范促带动，健全完善各党组织建设；推动软弱涣散村党组织整顿工作，到南河村调查研究，针对存在问题，制定问题台账和整改措施，化解“村两委班子组织动员能力弱、带领致富能力不强、土地矛盾纠纷”等问题，通过市、县验收；实施党员先锋工程，发挥党员先锋模范作用，组织党员亮身份、作表率，发挥以上率下作用；坚持教育管理，强化干部队伍建设，抓好“头雁”工程建设。落实党组织书记培训和管理制度，组织参加集中轮训村（社区）书记57人次；加强村“两委”干部队伍建设，完成19个村、居“两委”班子运行情况分析研判和村级党组织书记后备干部履职评估工作，培养村（社区）党支部书记后备人选38人；落实村“两委”班子和党组织书记考核激励机制，利用考核评价制度，规范管理“两委”干部；严把党员入口关，加强对预备党员资格审查，保证新吸收党员符合标准要求，优化党员队伍结构；抓严抓实党员教育培训，依托镇党校培训阵地，组织镇党员集中学习培训1264人次，各村（社区）党支部不存在连续三年未发展党员情况；抓好机关党组织建设，完成镇机关支部升格为党总支部，并设置第一、第二支部委员会。至年底，全镇党基层组织45个，其中党委1个、党总支2个、党支部42个；党员1197人，其中正式党员1180人、预备党员17人。是年，新吸收预备党员16人。

【经济发展】 2019年，南山镇工农业总产值7.92亿元，比2018年（下同）增长13%，其中工业总产值4.52亿元，农业总产值3.4亿元。地方公共财政预算收入1125.63万元，下降73.6%；地方公共财政预算支出1125.63万元，下降73.6%。全年固定资产投资1.42亿元，社会消费品零售业总额5.25亿元。各项税收收入622.59万元。镇内有农村商业银行1家，邮政储蓄银行1家，各项存款余额5.13亿元，各项贷款350万元。

农业 2019年，南山镇农业总产值3.4亿元，增长17.6%，其中种植业产值2.2亿元，林业产值3867万元，牧业产值6732万元，渔业产值1730万元。全镇耕地面积963公顷，粮食播种面积1309公顷，粮食总产量7830吨。农作物主要有粮食作物、经济作物、其他作物、水果、茶叶等。水稻播种面积909公顷，总产量5290吨；蔬菜种植面积401公顷，总产量1.60万吨；水果种植面积448公顷，总产量4994吨；茶叶播种面积399公顷，总产量1852吨。林地面积1.09万公顷，完成造林面积306公顷，人工造林面积21.53公顷，木材采伐量2570立方米，小毛竹采伐量22.39万

火炬村村貌 （李维照 摄）

根，杂竹采伐量9.11万吨。全年生猪出栏1.08万头，家禽（鸡、鸭、鹅）出栏57万只，水产养殖总产量1667吨。

工业 2019年，南山镇工业生产以毛线制品为主，有工业企业62家，其中规模以上工业企业2家，主要民营企业有揭西县瀚鑫制线有限公司、揭西县崇发塑料制品有限公司。是年，实现工业总产值4.52亿元，增长10%，其中规模以上工业产值3.12亿元，增长14.7%。

商业 2019年，南山镇有农贸市场2个，商品交易市场交易额604万元。全镇营业面积50平米以上的综合商店或超市有11个，主要经营五金电器、服装鞋类、日常用品等。全年社会消费品零售总额5.25亿元，增长7.4%。

【乡村振兴】 2019年，南山镇强化基层党组织领导力，全面实施乡村振兴战略。推进社会主义新农村建设，全镇3个省定贫困村合计投入资金3300多万元，完成雨污分流、集中供水、道路水泥硬底化、村卫生站、公厕、垃圾转运站、村标等项目建设。推进社会主义新农村建设，到村实地研究解决碰到困难和问题。开展人居环境综合整治，抓好全镇所有自然村“三清三拆三整治”、畜禽养殖业污染综合治理工作，并通过上级检查验收。全面清理禁养区内养殖场（户）67个，拆除栏舍总面积1.67万平方米。开展涉土违法违规整治专项行动，规范土地监督管理，全年拆除整改违法用地18宗，拆除面积1.16公顷，复耕复绿1.16公顷。推进省定和自办生态宜居美丽示范村创建工作，通过再次规划编制，建设上寮村雨污分流、道路硬底化及提升、村标、滨河公园码头、游龙广场和南山村雨污分流、南山公园及基础设施等项目。加快推进面上村雨污分流工程建设，实施建设全镇48个自然村雨污分流工程。

【精准扶贫】 2019年，南山镇贫困户452户、1209人，其中一般贫困户98户、352人，低保贫困户252户、752人，五保贫困户102户、105人；有劳动能力228户、883人，无劳动能力224户、326人。全镇省定贫困村3个，分散贫困村15个。落实各项扶贫政策，推进扶贫工作，巩固脱贫工作成效。落实扶贫产业“以奖代补”政策，发放“以奖代补”资金130.99万元，惠及贫困户278户；落实贫困户子女生活费补助186人，落实率100%；落实政府全额资助贫困人口参加基本医疗和养老保险政策；加大特困、受灾及临时救助帮扶力度，落实无劳动能力贫困户政策性保障兜底；推进扶贫小额信贷工作，完成小额信贷26户99万元。至年底，完成精准扶贫户452户、1209人申报预脱贫，贫困户445户、1187人脱贫；3个省定贫困村全部脱贫退出。

【特色农业】 2019年，南山镇特色农业以种植茶叶为主，镇内主要种植罗京水茶、洋梅坪茶等特色茶叶。种植茶叶村落主要有罗京水村、洋梅坪村、归善村、石结到村等，从业人口2000多人，以散户种植为主。是年，全镇茶叶产量1852吨，年产值4000多万元。

【科教文体卫】 **科技** 2019年，南山镇为农户提供茶叶销售、加工、运输、贮藏以及与生产经营有关技术、信息等服务。是年，全镇有农业技术服务机构1个。

教育 2019年，南山镇有独立幼儿园3所，小学附设幼儿园（班）6所，在园幼儿804人，幼儿教师46人；小学9所，在校小学生1457人，教职工136人（小学一级教师106人）；初级中学2所，在校学生979人，教职工104人（中学高级教师职称4人，一级教师职称39人）。是年，全年适龄儿童入学率100%，小升初率100%，“三残”（智残、体残、肢残）适龄儿童入学率100%。

文化体育 2019年，南山镇有文化站1个，广播站1个，有线电视转播站1个，村级广播站18个，文化活动广场14个，农家书屋19间，老人福利院1个。是年，举办群众文艺汇演活动11场，参与人数4200多人次。6月23日，“广东揭西火炬村红色之旅千人徒步活动”在火炬村举办。

卫生 2019年，南山镇有卫生院1所，占地面积3064平方米，建筑面积3165平方米，医务人员36人，病床45张，内设内科、外科、妇产科等科室；乡村个体卫生站19个，乡村医生10

个。是年，全镇医疗机构门诊量9847人次，收治住院病人6例，各医疗卫生单位业务收入77.89万元。

【安全生产】 2019年，南山镇落实安全生产责任制，加强日常隐患排查，强化日常管理与专项整治，推进安全生产监督管理工作经常化、制度化、规范化。开展交通运输、非煤矿山、烟花爆竹、中小学校安全等方面安全专项整治和消防安全专项整治，开展全镇密集场所、易燃易爆单位、建筑施工工地、“三小”（小档口、小作坊、小娱乐场所）场所和宾馆消防安全大排查，严格落实安全隐患整改。要求企业建立健全安全生产责任制度，按照安全生产分门别类细化分解工作任务。加强执法力度，限期整改每一次行动中企业所排查出来的安全隐患，并由镇派工作组进行整改验收，形成闭环管理。全年开展工矿企业、森林防火、建筑施工、烟花爆竹等安全生产专项整治85次。

【社会治安综合治理】 2019年，南山镇及时排查和化解各类社会矛盾纠纷，集中精力化解基层矛盾；惩治制毒制假等各类违法犯罪行为，加强社会治安宣传工作，开展专项行动和涉黑涉恶犯罪线索摸排工作。全年设置LED显示屏4个，宣传横幅21条，户外宣传牌26个，发放宣传资料2400多份，宣传扫黑除恶工作；收到并处理群众举报“保护伞”线索2条；镇村“众剑行动”工作组开展摸底排查工作，出动人员4100多人次，对各村、商户、企业等场所进行多轮次地毯式巡查。全年受理各类信访案件31宗，办结31宗，处理上级交办信访件8宗，办结率100%；受理矛盾纠纷28宗，调解纠纷28宗，调解率100%；全年接收矫正对象1人，解矫4人，在矫社区矫正对象2人。镇派出所破获刑事案件10宗，抓获犯罪嫌疑人5人，刑事拘留5人；查处治安案件16宗，拘留3人，处罚8人。

2019年南山镇主要社会经济指标表

表81

项目	单位	指标	项目	单位	指标
土地总面积	万公顷	1.35	粮食总产量	吨	7830
总人口	万人	3.79	水产总产量	吨	1667
农业人口	万人	2.9	水果总产量	吨	4994
总户数	户	9135	蔬菜总产量	万吨	1.60
社区居委会	个	1	生猪出栏量	万头	1.08
村委会	个	18	牛存栏量	头	623
农业总产值	亿元	3.4	家禽出栏量	万只	57
工业总产值	亿元	4.52	中学	所	2
工业企业	家	62	小学	所	9
规模以上企业	家	2	中小学在校学生	人	2436
高新技术企业	家	—	中小学在职教师	人	240
固定资产投资	亿元	1.42	幼儿园	所	9
本级财政总收入	万元	1125.63	在园幼儿	人	804

2019年南山镇主要企业基本情况表

表82

企业名称	企业性质	职工人数（人）	主要特色产品	年产值（万元）	年上缴税收（万元）
揭西县瀚鑫制线有限公司	私营企业	102	塑料绳、索、缆制造	22735	199
揭西县崇发塑料制品有限公司	私营企业	82	塑料餐具	8475	74

2019年南山镇村（居）委会基本情况表

表83

村（居）委会名称	所辖自然村名称
西友村委	谢洞村、大隆村、大成岭村
分水村委	分水村
前锋村委	石船村、西湖楼村、金营埔村、埝坑村、世昌楼村
榕光村委	新村、榕树楼村
北河村委	上条河村、下条河村、新联村
北溪村委	细溪村、田心村、李屋寨村
上寮村委	上坎村、下坎村、关刀丘村、老寨村、长岭排村
关西村委	上关西村、下关西村
大新村委	公益圩村、新寮村、大埔村
新联村委	溪头洋村、塘背岭村、新丰村、径尾头村
火炬村委	老寨村、新寨村
南山村委	南山村、桐树下村
南河村委	永南村、高楼下村、排下村、龙西下寨村、龙西上寨村、龙西新寨村、坝子村、南山圩村
罗京水村委	湖坪村、三派村、寮子坑村
称沟潭村委	称沟潭村
归善村委	归善村
洋梅坪村委	洋梅坪村
石结到村委	石结到村
道南居委	无

（张义山　林洁丰）

灰寨镇

【概况】 灰寨镇位于揭西县中部丘陵地带，东南与京溪园镇和塔头镇相接，西面与大溪镇相邻，南面与金和镇交界，北部与南山镇接壤，灰寨镇人民政府驻地位于灰圩居委，距县城22千米。地理区域东起后洋岭，西到龙湖田心，南达南洋陈太埔，北至向阳章洲坝。2019年，土地面积53.6

平方千米，辖居民委员会1个和村民委员会16个，自然村69个。新出生人数622人，人口出生率13.4‰，人口自然增长率8.8‰。至年底，全镇总户数1.1万户，户籍人口4.36万人，常住人口2.77万人。全镇姓氏以李、温、杨三姓为主，少部分人姓黄、洪等其他姓氏。海外华侨2万人。港澳台同胞1万人。主要矿产资源有稀土。土特产有三棱橄榄、水粄、糯米酒、寿仙菜等。主要旅游景点有新宫林苏式古建筑群，同福桥、岚川塔风景区等。地方方言为客家话和潮汕话。

【基层党建】 2019年，灰寨镇发挥基层党建对全镇发展引领作用，开展各项主题活动，加强基层党组织建设，建立基层党组织后备人才库，选优配强村级党组织书记。全年补齐缺位村级党组织书记2人，选派6名年轻党组织书记参加学历教育，其中3人取得大专学历；选拔“准书记”34人，后备干部45人。至年底，全镇党委下设党组织71个，其中党支部64个、党总支部7个；党员1535人，其中村级党组织党员1039人、镇直机关及各单位党员371人、离退休党员108人、“两新”组织党员17人。是年，新发展党员16人。

【经济发展】 2019年，灰寨镇工农业总产值11.86亿元，比2018年（下同）增长11.2%，其中工业总产值7.63亿元，农业总产值4.23亿元。地方公共财政预算收入5911.98万元，增长174.6%；地方公共财政预算支出5911.98万元，增长175%。固定资产投资0.3亿元，社会消费品零售业总额6.42亿元。各项税收收入270.32万元，增长28.4%。辖区内有中国农业银行、中国邮政储蓄银行和广东揭西农村商业银行三大行、5个网点，各项存款余额11.01亿元，其中居民储蓄存款10.41亿元；各项贷款3667万元。

农业 2019年，灰寨镇农业总产值4.23亿元，增长15.8%，其中种植业产值2.22亿元，林业产值0.38亿元，畜牧业产值1.08亿元，渔业产值0.18亿元，农副业产值0.03亿元，农林牧渔服务业产值0.34亿元。全镇耕地面积951.4公顷，粮食播种面积1025公顷，粮食总产量5990吨。水稻种植面积989.6公顷，总产量5656吨；蔬菜种植面积496公顷，总产量2.14万吨；水果种植面积507.7公顷，总产量6226吨，其中柑橘类种植面积119.8公顷，产量2010吨。林地面积2892.47公顷，生态林188.1公顷，完成育林面积214.7公顷，林业采伐面积15.28公顷，木材采伐蓄积1191.5立方米，出材714.9立方米，其中桉树采伐蓄积702.1立方米，出材421.26立方米；马占树采伐蓄积489.4立方米，出材293.64立方米。全年生猪出栏1.73万头、家禽（鸡、鸭、鹅）出栏共55.53万只，水产养殖总产量1641吨。

工业 2019年，灰寨镇工业生产以毛巾纺织品、运动用品为主，主要民营企业有揭西县国樱运动用品厂和揭西县礼兴达纺织有限公司，从业人员739人。是年，实现工业总产值7.63亿元，增长8.8%，其中规模以上工业产值5.54亿元。

商业 2019年，灰寨镇有农贸市场1个，占地面积1公顷，镇区沿街商铺358家，主要商品有毛巾纺织、农机、家具等行业，全镇外贸出口主要企业有揭西县国樱运动用品厂（来料加工型台资企业）。全年社会消费品零售总额6.42亿元，增长7.3%。

【乡村振兴】 2019年，灰寨镇加强新农村建设工作，加强城乡基础设施建设，开展人居环境整治工作，推进乡村振兴工作。后联村、东联村、柑坑村三个省定贫困村投入建设资金2959.66万元，完成雨污分流、集中供水、村道巷道硬底化、公共卫生间、卫生站、垃圾收集点等项目建设，共完成雨水管网铺设7.67千米，污水管网铺设12.21千米，供水管道铺设、迁改9.26千米，村道巷道硬底化14.34千米，建成6个公共卫生间、3个卫生站和3个标准垃圾收集点，并投入使用；开展“三清三拆三整治”，清理乱堆乱放杂物6385宗，清运积存垃圾4413吨，清除水体淤泥、漂浮物909.5吨，拆除危旧房屋、猪牛栏舍、露天厕所、乱搭乱建等2204宗3.37万平方米；落实城乡生活垃圾收集转运，持续完善城乡生活垃圾收运系统，配齐村级保洁员，加强对引进专业保洁公司监督，实行网格化管理；推进“五路绿化”“绿满家园”建设，投入资金75.45万元，在灰大公路后联段、柑坑段、沿溪线等路段种植绿化树1600余株，绿化道路5.9千米；投入资金21.1万元，在各村实施见缝插绿式绿化，美化绿化各进村路口及村中荒地、拆后空地共0.41公顷。

【精准扶贫】 2019年，灰寨镇贫困人口446户、1206人，其中一般贫困户119户、498人，低保贫困户178户、542人，五保贫困户156户、166人；有劳动能力贫困户218户、893人，无劳动能力贫困户227户313人。全镇无劳动能力227户、313名帮扶对象全面实行兜底帮扶，落实教育、医疗、住房等保障政策；218户、893名有劳动能力的帮扶对象根据致贫原因精准落实产业帮扶、项目帮扶、就业帮扶等措施。全年完成产业扶贫项目20个，下拨产业扶贫项目资金1222.37万元，发放以奖代补资金176笔共84.19万元。全年脱贫445户、1201人；3个省定贫困村全部脱贫退出。

【特色农业】 2019年，灰寨镇特色农业以种植青榄为主。镇内橄榄种植业龙头企业揭西天鹅湖水果种植有限公司，占地面积75.33公顷，种植三棱橄榄面积73公顷，年产量250吨，年产值5000万元，打造250亩高标准青榄种植基地，推动农业产业转型升级。是年，全镇青榄种植面积348公顷，年产量1136吨，年产值9874万元。

【科教文体卫】 科技 2019年，灰寨镇运用网络教育、有线电视等渠道，开展群众性科学技术知识普及工作，鼓励各生产行业依靠科技创新，推动产业向规模化、科技化、品牌化发展。全年组织开展技能培训3场。

教育 2019年，灰寨镇有公办幼儿园1所，在园幼儿211人，幼儿教师15人；小学10所，在校学生1931人，在校幼儿学生480人，教职工154人（其中小学一级教师职称109人，二级教师职称35人，三级教师职称10）；完全中学1所，高中在校学生136人，初中在校学生484人，教职工125人（初级教师职称44人，中级教师职称76人，中学高级教师职称5人）。落实教改政策，完成第一阶段后洋、三坝小学2所“麻雀学校”就近撤并至东联小学工作，受惠学生32人；投入45.64万元升级建设灰寨中学地理园、生物园等教学场地，并购置教学设备；新成立灰寨镇新图村李曼奖学奖教基金会，全镇奖学助学组织共奖励资助学生70万元，受奖受助学生125人，其中硕博士研究生9人，受助贫困学子40人。是年，灰寨镇小学适龄儿童入学率100%、小升初率100%，灰寨中学考取揭阳一中、河婆中学、棉湖中学等重点学校人数共46人。

文化体育 2019年，灰寨镇有文化站1个、广播电视站1个、村级广播站17个、有线电视转播站2个、农家书屋17间、老人福利院1个、灰寨书画院1个。各村利用节假日开展乒乓球赛、篮球赛等群众性体育活动；新建和改造柑坑村民活动中心、马路村党建主题广场，举办“揭西美·潮客情”群众文艺晚会；开展“乡乡乐起来”、农村流动博物馆等群众性文化活动，全年全镇开展群众性文体娱乐活动24场。

卫生 2019年，灰寨镇有卫生站18所，村医生18人；卫生院1所，占地面积1万平方米，在编

2019年2月18日，灰寨镇在侨联广场举办迎新春篮球赛 （灰寨镇 供稿）

人员86人，其中卫生技术人员78人。全年投入212万元，完善卫生院医疗设备，其中购置专用设备7套共198万元，购买办公设备4套共14万元。是年，新建村级公建规范化卫生站11个。全年各医疗机构门诊量1.5万人次，住院1270例，医疗卫生单位业务收入500万元。

【安全生产】 2019年，灰寨镇加强生产安全工作监督，完善消防安全、食品安全工作管理，开展安全生产专项整治检查。进一步推进省道S237灰寨段沿线消防一条街建设；对一些人员较为集中的娱乐场所、学校、医院、企业、网吧进行消防安全排查；加强对生猪屠宰规范管理。全年开展专项整治检查21场次，定期、不定期检查及复查行动21次；查出消防安全隐患5宗，予以当场整改隐患5宗，限期整改隐患5宗；出动41人次对农贸市场进行巡查。全年灰寨镇实现安全生产零事故。

【社会治安综合治理】 2019年，灰寨镇深化社会治安综合治理，集中惩治各类违法犯罪活动，持续开展各项社会治安综合治理专项行动。全年镇维稳中心受理矛盾纠纷30宗，调解25宗；村级工作站受理矛盾纠纷64宗，调解64宗。镇派出所全年刑事案件立案14宗，破获案件6宗，抓获犯罪嫌疑人11人，查处违法人员13人。全年没有发生较大社会治安事故。

2019年灰寨镇主要社会经济指标表

表84

项目	单位	指标	项目	单位	指标
土地总面积	公顷	5360	粮食总产量	万吨	0.59
总人口	万人	4.63	水产总产量	吨	1641
农业人口	万人	3.92	水果总产量	吨	6226
总户数	万户	1.1	蔬菜总产量	万吨	2.14
社区居委会	个	1	生猪出栏量	万头	1.73
村委会	个	16	牛存栏量	头	229
农业总产值	亿元	4.23	家禽出栏量	万只	55.53
工业总产值	亿元	7.63	中学	所	1
工业企业	家	2	小学	所	10
规模以上企业	家	2	中小学在校学生	人	2551
高新技术企业	家	—	中小学在职教师	人	279
固定资产投资	亿元	0.3	幼儿园	所	1
本级财政总收入	万元	6415.24	在园幼儿	人	211

2019年灰寨镇主要企业基本情况表

表85

企业名称	企业性质	职工人数（人）	主要特色产品	年产值（万元）	年上缴税收（万元）
揭西县国樱运动用品厂	来料加工	561	体育用品	7414	18.96
揭西县礼兴达纺织有限公司	纺织	173	毛巾	48166	33.69

2019年灰寨镇各村（居）委会情况表

表86

村（居）委会名称	所辖自然村
河五村委	朱屋楼村、老坎塘村、新坎塘村、河坑村、红卫村
向阳村委	章坝村、岭下村、内富村、新寨村、松围村、上点村、岐圩村、中点村、红点村
上角村委	墩下村、新丹竹村、老丹竹村、何树下村
后联村委	后埔村、拳黄村
新图村委	新图村
新宫林村委	新宫林村
老宫林村委	老宫林村、塘房下村、下拳村
溪背圩村委	溪背圩村、车子村
灰龙村委	老寨村、五福田村、新埔村、文山楼村、赤那村、潭唇村
三坝村委	上坝村、下坝村、高墩村、上岩村、下岩村
东联村委	高龙村、乔上村、陈屋寮村
后洋村委	后洋村、岭完村
南洋村委	后背村、寨内村、新寮埔村、朝阳村、汕头埔村、南门段村、青潭岭村、圆潭村、山下村、溪背上寨村、溪背下寨村、新南村、陈太埔村、新径村
柑坑村委	柑坑村
马路村委	马路村、下寮园村、红旗村、墩子下村、老坪村、新坪村、深园村
金星居委	龙湖村、乌黎村、田心村
灰圩居委	灰圩村

（温惠祥　曾　维）

京溪园镇

【概况】　京溪园镇位于揭西县东北部，西与灰寨镇、南山镇相邻，东、北与五经富镇、揭阳产业转移工业园卅岭开发区接壤，南与塔头镇交界，东南与东园镇相接，距县城30千米。2019年，土地面积73.36平方千米。下辖社区居民委员会1个，村民委员会13个，自然村82个。新出生人676人，人口出生率13.2‰，人口自然增长率7.3‰。至年底，总户数1.32万户，户籍人口5.13万人，常住人口3.12万人。主要矿产资源有稀土。土特产有有机茶叶、青橄榄等。主要旅游景点有京明温泉度假村、国家AAAA级旅游景区——黄满寨瀑布旅游区、广东樱山花谷景区、广东最美乡村——粗坑村等。地方方言为客家方言。

【基层党建】　2019年，京溪园镇加强对基层党组织书记及后备干部培训和管理，开展轮训6期、132人次；建立党组织书记信息库和后备干部，优化调整确定党组织书记后备干部28名。加强村级“两委”干部队伍建设，调整人岗不匹配干部9名，新选拔任用干部4名；建立村级“两委”干部档案80份。加强中小学党建，根据教育系统机构改革实际对全镇中小学党组织进行优化配置，将原来1个党总支和10个党支部整合优化为1个党总支和4个党支部，推动中小学党组织全覆盖。全年组织党员集中学习302场次6342人次，开展“送学上门”活动15场次和志愿服务189场次，为身边群众办实事好事234件；开展镇委党校专题培训9场次；全镇党员实现“学习强国”注册上线率100%。至年底，全镇党基层组织60个，其中党委1个、党总支6个、党支部53个，党员1334人，其中农村党员983人、镇直机关及各单位在职党员231人、退休干部党员120人。是年，新吸收党员19人；新吸收预备党员19人；发展入党积极分子64人。

【经济发展】 2019年，京溪园镇工农业总产值24.3亿元，比2018年（下同）增长9.8%，其中工业总产值20.39亿元，农业总产值3.91亿元。地方公共财政预算收入4762.88万元，增长29.3%；地方公共财政预算支出3891.01万元，增长7.0%。全年固定资产投资1.05亿元，社会消费品零售总额6.87亿元。各项税收收入454.34万元，下降29.4%。镇内有农村商业银行1家，网点4个；邮政储蓄银行1家，各项存款余额9.12亿元，各项贷款余额0.1亿元。

农业 2019年，京溪园镇农业总产值3.91亿元，增长8.3%，其中种植业产值2.70亿元，林业产值1784.53万元，牧业产值7915.37万元，渔业产值1694.35万元，农林牧渔服务业产值770万元。全镇耕地面积951.47公顷，粮食播种面积1909.4公顷，粮食总产量1.16万吨。农作物主要有水稻、玉米、花生。水稻播种面积1066公顷，总产量6084吨；蔬菜种植面积480.5公顷，总产量1.71万吨；水果种植面积1072.5公顷，总产量1.10万吨；茶叶种植面积330.67公顷，总产量1837吨。完成造林面积388.67公顷，木材采伐460立方米。全年生猪出栏8981头、家禽（鸡、鸭、鹅）出栏84.71万只，水产养殖总产量1608吨。

工业 2019年，京溪园镇工业生产主要以农副产品加工为主，辅以五金、塑料、建筑建材等行业，有工业企业189家，从业人员4688人，其中规模以上工业企业8家。主要民营企业有京溪园罐头食品有限公司、桂竹园饼业有限公司、广东凯城管业有限公司等。是年，实现工业总产值20.39亿元，增长10.1%，其中规模以上工业产值17.80亿元，增长10.1%。

商业 2019年，京溪园镇有农贸市场1个，占地面积0.15公顷，主要经营农副产品。镇区沿街商铺285家，其中营业面积50平方米以上超市（含综合商店）20个，主要经营五金电器、服装鞋类、日常用品、农副产品等。是年，限额以上商业企业3家；全镇社会消费品零售总额6.87亿元，增长6.5%。

【乡村振兴】 2019年，京溪园镇结合实施乡村振兴战略，推进农村人居环境综合整治工作。新洪村建立垃圾中转站1座，至年底，全镇13个行政村垃圾点基本实现覆盖；全镇垃圾清理工作由京溪园镇运通垃圾清运服务部外包，采用“户收集，镇转运”垃圾处理模式，垃圾实现日产日清日处理；推进“三清理三拆除三整治”工作，至年底，全镇初步完成“三拆三清”任务，80个自然村通过市县督查验收小组验收，通过率100%；全镇各村建立公厕共69座；推进农村雨污分流及相关工程建设和水利“三清三拆”专项行动，落实“河长制”

2019年4月13日，京溪园镇在甲溪村召开“三清三拆三整治”工作现场会
（京溪园镇　供稿）

制度，推行“一河一策”，对镇区主要河段打捞通过购买社会服务方式，委托第三方公司进行“打包管理”，在全镇河溪沟渠塘全面开展清污、清漂、清淤、清障、清违等“五清”及农村人居环境“三清三拆”水利专项行动；省定贫困村大鹿村基本完成污水管网铺设，12个面上村49个工程包中的9个工程包完成招投标并基本完成雨污分流建设工作。

【精准扶贫】 2019年，京溪园镇贫困户503户、1033人，其中一般贫困户109户、392人，低保贫困户140户、360人，五保贫困户254户、281人；有劳动能力138户、537人，无劳动能力365户、496人。全镇省定贫困村1个，分散贫困村12个。加强对贫困户走访，结合贫困户家庭实际情况，采用分类施策办法对贫困户进行帮扶。12个村通过与企业合作，共使用扶贫资金841.7万元；全年增加14个扶贫就业岗位。秋季档立卡贫困户学生生活费补助全部落实发放到位，发放金额345.8万元（大专学历以下每人每年3000元，大专学历每人每年7000元），发放总人数1150人，其中九年义务教育1112人、高中17人、中职4人、高职1人、大专8人、本科7人、研究生1人。无劳动能力贫困户全部纳入财政兜底。全年“以奖代补”项目产业扶贫、就业扶贫共补助贫困户39.59万元，受益贫困户91户、433人；完成小额扶贫信贷6户共19万元。至年底，全镇贫困户全部脱贫退出；省定贫困村大鹿村脱贫退出。

【特色农业】 2019年，京溪园镇特色农业以茶叶、甜玉米生产加工、蕉柑种植为主，龙头企业有京溪园罐头食品有限公司、京明茶叶发展有限公司。京溪园罐头食品有限公司开发多种食品罐头，“龙江牌”甜玉米粒罐头被认定为广东省名牌产品，拥有美国甜玉米种植基地1000公顷，年加工3万多吨。京明茶叶发展有限公司开发建成标准化茶园133.33公顷，主要生产红茶、绿茶和乌龙茶，是年，进行野生炒茶、心茶研发。

【科教文体卫】 科技 2019年，京溪园镇引导企业加大技术创新力度，强化科技管理。京溪园罐头食品有限公司投入904.5万元进行三文鱼罐头技术研究；京明茶叶发展有限公司投入1001.5万进行野生炒茶心茶机采机制多茶类高效益技术集成研究。开展群众性科学技术普及工作，全年开展农机、职业培训会3场次，培训人员360多人次。

教育 2019年，京溪园镇有幼儿园3所，在园幼儿710人，幼儿教师29人；小学12所，在校学生1994人，教职工134人（其中高级教师3人，一级教师83人，大专以上文化程度126人）；初级中学2所，在校学生550人，教职工75人（其中大学本、专科学历以上75人，高级教师5人，一级教师37人）。是年，小学适龄儿童入学率99.9%、小升初率100%；完成普通高中送招180人。

文化体育 2019年，京溪园镇有文化站1个，广播站1个，有线电视转播站2个，村级广播站13个，敬老院1个。13个行政村均有篮球场。组织群众开展舞狮、演木偶剧、猜灯谜、篮球赛等各类文体活动，全年举办群众性文艺活动43场次，开展文化体育活动21场次。

卫生 2019年，京溪园镇有卫生院1所，执业（助理）医师21人，医务人员81人，病床40张；村级卫生站18个。是年，新增全自动生化分析仪，病人监护仪，电脑中频治疗仪等医疗设备。全年各医疗机构门诊量8655人次，收治住院病人198例，医疗卫生单位业务收入128万元。完成对全镇居民健康体检，建立居民健康档案4万多份。儿童计划免疫率95%，全年发现疑似传染病12例。

【安全生产】 2019年，京溪园镇加强安全生产重点领域整治工作，落实限期整改、停产整顿、关闭取缔、从重处罚打击措施，强化安全生产主体责任。全年出动安全大检查120余次，检查企业46家，发现安全隐患25处，现场整改20处，其余完成限期整改。

【社会治安综合治理】 2019年，京溪园镇强化矛盾纠纷排查化解，落实信访积案化解，推进基层治安联防，开展“扫黑除恶”“众剑行动”专项行动和“民主法治村”建设，深化“无邪教创建”工作。至年底，全镇完成14个“民主法治村”创建工作，并以岭溪村、大岭下村、员墩村为试点，设立示范性乡镇公共法律服务工作站和示范性村公共法律服务工作室；组织治安联防队伍15支，专职和兼职治安人员185人；制定《京溪园镇信访化解奖惩办法》，接待群众来访65批112人次，受理信访件61宗，办结54宗；全镇开展社会矛盾排查26宗，解决26宗。全年核查扫黑除恶线索19条，全部办结，无涉黑涉恶情况。发放“无邪教创建”宣传手册3000本，张贴海报300张，并通过宣传车、电视专题视频等多渠道加强法制教育。全年立刑事案件18宗、治安案件24宗，抓获犯罪嫌疑人14人，立案处理14人。

2019年京溪园镇主要社会经济指标表

表87

项目	单位	指标	项目	单位	指标
土地总面积	公顷	7336	粮食总产量	万吨	1.16
总人口	万人	5.13	水产总产量	吨	1608
农业人口	人	8263	水果总产量	万吨	1.10
总户数	万户	1.32	蔬菜总产量	万吨	1.71
社区居委会	个	1	生猪出栏量	头	8981
村委会	个	13	牛存栏量	头	255
农业总产值	亿元	3.91	家禽出栏量	万只	84.71
工业总产值	亿元	20.39	中学	所	2
工业企业	家	189	小学	所	12
规模以上企业	家	8	中小学在校学生	人	2544
高新技术企业	家	—	中小学在职教师	人	209
固定资产投资	亿元	1.05	幼儿园	所	3
本级财政总收入	万元	4762.88	在园幼儿	人	710

2019年京溪园镇主要企业基本情况表

表88

企业名称	企业性质	职工人数（人）	主要特色产品	年产值（万元）	年上缴税收（万元）
京溪园罐头食品有限公司	私企	183	蔬菜、水果罐头	49998.6	500
桂竹园饼业有限公司	私企	92	饼干	22747.5	227.5
广东凯城管业有限公司	私企	130	塑料零件及其它塑料制品	7319.8	26.8

2019年京溪园镇各村（居）委会情况表

表89

村（居）委会名称	所辖自然村名称
粗坑村	坪坑村、粗坑村、孔下村
九磜村	楼下村、九磜村、水头洋村、东南村
甲溪村	甲溪村、湖宏塘村、塘尾村、大片田村、翁溪村、光头洋村
新洪村	隆衣村、背头埔村、黄竹坡村、新寮村、且村、新书斋村、义全围村、洪角村、老寨村、新寨村、双付洋村、塘卜村、更子村、细科村、大隆村、石一种村
长滩村	长滩一村、长滩二村、长滩三村、江坝村、祠堂下村、含水堀村
大岭下村	大岭下村、沙坝巷村
岭溪村	陈牙石村、京溪园村、蛇头村
员墩村	员墩村、丰田岭村、大坪埔村、塘仔唇村、新塘湖村
上陇村	大溪湖村、石头塘村、洋仔沙村、燕角村、新楼村、四村、五村、六村、七村、八村、九村
新联村	石湖山村、中央村、溪唇寨村、桥头寨村、狮龙围村
美德村	三村、四村、五村、六村、七村、八村、九村、大坷湖村
大鹿村	上鹿村、巷口村、下鹿村
曾大寮村	新寨村、老寨村、寨后村、新苑村、渝池村、池美村、龙苑村、沟围村、竹围村、蓝苑村
京溪园居委	无

（高许生　陈婉茹）

五经富镇

【概况】 五经富镇位于揭西县东北部，是“两市”（揭阳市、梅州市）“三县（区）”（揭阳产业转移工业园、揭西县、梅州市丰顺县）交界点，东与揭阳产业转移工业园龙尾镇、揭阳高新技术产业开发区以及梅州市丰顺县埔寨镇接壤，北与梅州市丰顺县八乡山镇毗邻，西与南山镇、良田乡交界，南连京溪园镇，距县城32千米，是潮汕平原西进山区的主要通道，为广东省中心镇之一。2019年，土地面积182平方千米，下辖社区居民委员会2个，村民委员会26个，自然村92个。新出生人数702人，人口出生率11.8‰，人口自然增长率6.7‰。至年底，总户数1.49万户，户籍人口5.79万人，常住人口4万人。主要矿产资源有稀土。土特产主要有腊肠、蜂蜜、苦笋、茶叶、番薯、咸菜。主要旅游景点有大洋风景区、龙山自然风景区、黄龙寺风景区、龙颈水库等。方言为客家话。是年，五经富镇被广东省农业农村厅评为“2019年省级‘一镇一业’专业镇”。

【基层党建】 2019年，五经富镇建立健全村务监督委员会，依托村民代表会议、村民议事会、村民理事会、村民监事会，加强农村基层党组织建设。优化调整驻村干部结构，均衡各驻村组工作能力，提升直联组工作水平；采取包干到组、挂钩到户、责任到人模式，形成“网格化、全覆盖”直联格局，强化督查，规范直联工作。推进村级党组织标准化建设，全面向贫困村、软弱涣散村和经济薄弱村党组织派驻第一书记。实施基层党组织“头雁”工程，健全“两委”干部任职资格联审机制，落实“两委”干部任职回避制度，规范“两委”班子职数，选优配齐全镇各党支部书记，通过法定程序补齐第四村、中和村、建一村等村委会主任。实施党员先锋工程，倡议党员“戴党徽、亮身份、做奉献”，抓好党员学习培训，全年组织镇村党员集中学习65场次，举办专题培训班9期。至年底，全镇党基层组织56个，其中党委1个、党总支1个、党支部54个；党员2093人，其中农村党员1085人、镇机关及各单位党员1008人。是年，新吸收预备党员30人；发展入党积极分子41人。

【经济发展】 2019年，五经富镇工农业总产值16.35亿元，比2018年（下同）增长5.9%，其中工业总产值11.86亿元，农业总产值4.49亿元。地方公共财政预算收入2549.08万元，增长7.8%；地方公共财政预算支出2549.08万元，增长7.8%。全年固定资产投资0.35亿元，社会消费品零售总额8.27亿元。各项税收收入586.19万元，下降17%。镇内有农村商业银行1家，农业银行1家，邮政储蓄银行1家，各项存款余额3500多万元。

农业 2019年，五经富镇农业总产值4.49亿元，增长15.7%，其中种植业产值2.29亿元，林业产值6023万元，牧业产值1.46亿元，渔业产值1296万元。全镇耕地面积2859公顷，粮食播种面积2073公顷，粮食总产量1.3万吨，主要农作物有稻谷、玉米、番薯、大豆等。水稻种植面积1271公顷，总产量7352吨；蔬菜种植面积507公顷，总产量2万吨；水果种植面积369公顷，总产量4825吨。林地面积631公顷，生态林4公顷。全年生猪出栏1.14万头、家禽（鸡、鸭、鹅）出栏190万余只，水产养殖总产量993吨。

工业 2019年，五经富镇工业生产主要以轻工业为主，有工业企业38家，从业人员8755人，其中规模以上工业企业2家。主要民营企业有力威纺织厂、天高食品厂。全年实现工业总产值11.86亿元，增长2.6%，其中规模以上工业产值3.49亿元，增长3%。

商业 2019年，五经富镇有市场3个，镇区商铺460多家，主要经营服装鞋类、日常用品、五金电器、农副产品、餐饮等。是年，限额以上商业企业2家；社会消费品零售总额8.27亿元，增长7.3%。

【乡村振兴】 2019年，五经富镇推进新农村建设，投入资金2495.94万元，用于泮坑村、联和村、新和村3个省定贫困村新农村建设；投入资金1121万元，用于文联村、陈江村等23个面上村雨污分流工程项目。逐步实行村内全域“雨污分流”，37个自然村基本完成雨污分流工程建设。全镇建成26个卫生站，8个投入使用；剩余18个卫生站中，完成装修16个。全镇76个自然村“三清三拆三整治”通过验收，通过率为100%，全年清理乱堆乱放1384宗，杂草杂物、积存垃圾等2.88万吨，渠池塘溪河淤泥、漂浮物和障碍物5217吨，拆除危房2041宗、8.76万平方米，拆除猪牛羊栏和露天厕所1128宗、1.72万平方米，拆除乱搭建194宗、8167.46平方米，拆除违规广告牌等171宗，完成垃圾乱扔乱放整治152宗，开展污水乱排乱倒整治73宗，开展“三线”（供电、通信、有线电视线路）乱搭乱接整治78宗，完成面积绿化6000平方米，安装村口小牌坊路灯252套。是年，成立现代茶业产业园示范区，占地面积693公顷，年产值1.25亿元。

【精准扶贫】 2019年，五经富镇贫困户427户、1056人，其中一般贫困户136户、497人，低保贫困户141户、409人，五保贫困户150户、150人；有劳动能力户206户、774人，无劳动能力户221户、282人。全镇3个省定贫困村（新和村、联和村、泮坑村）和23个面上村。成立以镇委书记担任组长的精准扶贫工作领导小组，并建立精准扶贫专班，推进扶贫工作；出台政策严格落实挂钩帮扶贫困户制度，落实全镇干部职工和26个行政村村两委干部全部挂钩到贫困村，结对帮扶贫困户，每个干部对口帮扶2—4户贫困户，做到对口帮扶责任到人；推进镇书记、村书记遍访工作，全年完成入户访问427户，遍访率100%。落实教育保障164人、落实率100%；落实医疗保障1056人，落实率100%。完成危房改造8户。3个省定贫困村光伏发电项目全部完成，并投入使用，总计装机容量323.6千瓦；新和村建成茶叶加工厂，并与梅州市均保实业有限公司合作运营，设立“狮子嶂”自有茶叶品牌商标，是年，生产红茶625公斤，绿茶125公斤，贫困户人均增收1401元。至年底，脱贫425户、1051人；3个省定贫困村全部脱贫退出。

【特色农业】 2019年，五经富镇抓好现代茶业产业园示范区建设，推进“一村一品、一镇一业”，打造现代特色农业品牌。重点扶持大洋片区村庄，发展壮大大洋高山农产品产业，基本形成大洋茶叶、苦笋、番薯、蜂蜜等特色农业产业带。茶业产业园占地693公顷，年产量2284吨，年产值1.25亿元。是年，扩建新茶园80公顷。10月，五经富镇被广东省农业农村厅评为“广东省‘一村一业一镇一业’专业镇”。

【科教文体卫】 **科技** 2019年，五经富镇推进农村科技发展，加强从业人员培训。全年开展农技、职业技术培训会24场次，培训人员300人次。

教育 2019年，五经富镇有幼儿园5所（公办幼儿园2所、民办幼儿园3所），在园幼儿1405人，幼儿教师120人；小学16所，麻雀学校撤并工作顺利完成，其中恒星小学撤并到联和小学，岐凤小学撤并到虎峰小学。小学在校学生2866人，教职工180人（小学一级教师85人）；初级中学3所，在校学生1202人，教职工131人（中学高级教师职称10人，中学一级教师职称60人）；高级中学1所，在校学生491人，教职工58人（中学高级教师职称10人，中学一级教师职称48人）。是年，小学适龄儿童入学率100%、小升初率100%；完成普通高中送招640人。

2019年1月9日，广东省文联电视艺术家协会捐赠一批近2万元影视器材给五经富镇联和村联和小学并建立美育工程“影视小屋” （五经富镇 供稿）

文化体育 2019年，五经富镇有文化站1个，广播站1个，有线电视转播站2个，村级广播站28个，镇级文化活动广场1个，村文化活动中心18个，敬老院1个，篮球场23个，乒乓球台32台。是年，举办乡乡乐起来文艺活动2场、各种体育比赛15场次、电影和皮影戏42场。

卫生 五经富镇有揭西县骨伤科医院1所，病床100张，医务人员132人。配有X光机、B超机、生化分析仪、CT等医疗设备。内设门诊科、急诊科、妇产科、医技检查科、住院内科、住院外科、住院伤科、骨伤康复科；有乡村个体医疗站29个，医务人员29人。是年，揭西县骨伤科医院门诊量1.41万人次，收治住院病人1462例，业务收入1144万元。

【安全生产】 2019年，五经富镇健全安全生产管理机制，强化依法监管，突出重点、深化安全专项整治，落实安全生产目标管理责任制，开展企业安全生产主体责任行动和安全生产“大排查、大整治”行动。全年检查监管对象55家，出动检查组87次，出动检查人员420人次，出动车辆55台次，宣传横幅10条，宣传标语1500份，发现安全隐患48处，现场整改42处，6处限期整改，全部整改到位。全年没有发生安全生产和食品安全事故。

【社会治安综合治理】 2019

年，五经富镇深化平安五经富建设，开展扫黑除恶专项行动，严厉惩治黑恶势力，化解信访积案，依法解决群众合理诉求，维护社会和谐稳定。全年领导接访102次、下访148次，排查矛盾纠纷46宗，化解纠纷46宗，受理调处46宗，预防群体性事件2宗；落实化解信访件109宗，7宗涉黑涉恶案件移交公安机关处置。派出所立刑事案件28宗，侦破9宗，刑事拘留15人，受理行政案件31宗，行政拘留13人；司法所排查民间矛盾纠纷73件，其中由司法所直接介入调解1件；利用各种途径开展法律宣传122次，受教育面3800人次；矫正人员49人，解矫43人，在册人员6人。

2019年五经富镇主要社会经济指标表

表90

项目	单位	指标	项目	单位	指标
土地总面积	万公顷	1.82	粮食总产量	万吨	1.3
总人口	万人	5.82	水产总产量	吨	993
农业人口	万人	5.17	水果总产量	吨	4825
总户数	万户	1.51	蔬菜总产量	万吨	2
社区居委会	个	2	生猪出栏量	万头	1.14
村委会	个	26	牛存栏量	万头	0.17
农业总产值	亿元	4.49	家禽出栏量	万只	190
工业总产值	亿元	11.86	中学	所	3
工业企业	家	38	小学	所	16
规模以上企业	家	2	中小学在校学生	人	4559
高新技术企业	家	—	中小学在职教师	人	369
固定资产投资	亿元	0.35	幼儿园	所	5
本级财政总收入	万元	2549.08	在园幼儿	人	1405

2019年五经富镇主要企业基本情况表

表91

企业名称	企业性质	职工人数（人）	主要特色产品	销售额（万元）	年上缴税收（万元）
广东天高食品厂有限公司	有限责任公司	25	橄榄、柠檬、李子、金桔、芒果等凉果制品	2000	73

2019年五经富镇村（居）委情况表

表92

村（居）委会名称	所辖自然村名称
龙山村	龙德村、海南村、观音村、张何孔村、桃仔坪村、坑背村、剑门村、茶园坑村、下寮村、鱼条村、园山村
文联村	径背村、排子村、丰山尾村、茅园村、丰山新村
陈江村	陈江村
建二村	大寮村、富斗寨村、汤边村、迎上围村、埔子围村

续表92

村（居）委会名称	所辖自然村名称
建一村	上陂头村、下陂头村、建中圩村、新寨村、禾坪头村、水磨村、龙湖村
第八村	八村
第七村	石印村、坑尾头村
第六村	六村
第五村	五村
第四村	四村
第三村	三村
第二村	二村
第一村	一村
新和村	珍子围村、上车村、大江村、见龙围村
营盘村	营盘村、红围村、下田村
中和村	庵背村、中和新村、新寨村、青塘角村、山子下
朝阳村	约所村、中和圩村、低坪村、友德村、新塘村
联和村	高村、罗屋村
联南村	鸭母湖村、小溪村、塘背村、井潭村
恒星村	下坝村、青溪村、圆潭村、耀地村、曲潭村、西山下村、良滩村、龙新村
泮坑村	泮坑老寨村、洋寮段村、蛇地龙村、见背村、南门村、龙仔村
五新村	老屋下村、光裕楼村、官屋埔村、陈屋墩村、新开田村、新岭村
新安村	新铺村、何树窟村、山下墩村
中联村	赖屋岭村、田心村、梅花村
新仓村	新仓老寨村、新仓新寨村
新其村	新其老寨村、新其新寨村、移民新村
长潭居委	无
陂头居委	无

（姚妙旋　刘遂生）

大溪镇

【概况】 大溪镇位于县境东南部，东与灰寨镇接壤，西毗邻龙潭镇、坪上镇，南连钱坑镇，北与南山镇交界，距县城15千米，土地面积35.5平方千米。2019年，下辖社区居民委员会1个，村民委员会16个，自然村32个。新出生人数446人，人口出生率15.5‰，人口自然增长率10.1‰。至年底，总户数6530户，户籍人口2.81万人，常住人口1.97万人。华人华侨1.37万人。港澳台同胞约800人。主要农产品有淮山、青橄榄、乌橄榄、荔枝、龙眼、茶叶、元宵柚等，尤以大溪淮山、乌橄榄最为出名。大溪镇有省、市、县非物质文化遗产名录8项，其中省级非遗1项："大溪宗祠祭典仪式"，市级非遗2项："大溪宗祠祭典仪式""揭西炒茶"，县级非遗5项："大溪宗祠祭典""揭西炒茶""油漆工艺""做木工技艺""做豆干技艺"；广东省历史文化名村、广东省古村落——井美（老寨、新寨）村；大溪李氏宗祠、李氏祖墓群、李天生故居、井美新寨古寨场等市级文物保护单位；涂晋庵、金山清元洞、金山大仙脚印石等历史景点；林美烈士墓等爱国主义教育基地。地方方言为潮汕方言。是年，大溪镇井美村被广东省林业局评选为2019年广东省首批"国家森林乡村"。

【基层党建】 2019年，大溪镇加强党的建设及基层治理，推进"三会一课"制度，完善基层党建设施建设，强化基层干部培训。全年组织开展镇党委理论学习中心组集中研讨学习12次；完成17个村（社区）党群服务中心规范化建设，完成16个村（社区）基层党群服务中心"一厅五室"建设；调整党组织书记1人，培养基层后备干部49人，其中妇女、年轻党员干部26人。选派党建指导员17人，全镇"三支队伍"［第一书记、村（居）党建指导员、驻点直接联系团队］团队共102人；镇委党校举办培训班12期，培训党员干部412人次。至年底，全镇基层党组织34个，其中党委1个、党总支1个、党支部32个；党员845人，其中农村党员610人、镇直机关及各单位在职党员156人、退休干部党员75人、其他党员4人。是年，吸收预备党员15人，培养入党积极分子22人。

【经济发展】 2019年，大溪镇农业总产值1.7亿元，比2018年（下同）增长8.2%。地方公共财政预算收入4530.67万元，下降9.9%；地方公共财政预算支出4530.67万元，下降9.9%。全年固定资产投资1.89亿元，社会消费品零售总额3.55亿元。各项税收收入总额257.76万元。镇内有邮政储蓄银行、农村商业银行2家，各项存款余额3.61亿元，各项贷款547万元。

农业 2019年，大溪镇农业总产值1.7亿元，增长8.2%，其中种植业产值8047.47万元，林业产值718.72万元，牧业产值6978.13万元，渔业产值1056.70万元，农林牧渔其他产业200万元。全镇耕地面积642.98公顷，粮食播种面积761.67公顷，粮食总产量4466吨。主要农作物有水稻、小麦、玉米、甘薯、淮山等。水稻种植面积724.67公顷，总产量4207吨；玉米种植面积37公顷，总产量259吨；蔬菜种植面积220公顷，总产量6966吨；水果种植面积149.27公顷，总产量2205吨，其中荔枝种植面积33.47公顷，产量190吨，龙眼面积20公顷，产量106吨；林地面积1588.13公顷，完成造林面积173公顷，木材采伐1200立方米，森林覆盖率55.9%以上。全年生猪出栏1.6万头、家禽（鸡、鸭、鹅）出栏9.6万只，水产养殖总产量973吨。完成第三次全国农业普查。

商业　2019年，大溪镇镇区商铺100多家，主要经营服装鞋类、日常用品、五金电器、农副产品、餐饮等。全年社会消费品零售总额3.55亿元，下降1.3%。

【乡村振兴】　2019年，完善道路基础设施建设，强化人居环境整治工作，惩治违法违规用地行为，推进新农村建设工作。镇区道路升级改造及配套工程项目计划总投资510万元，中标价为392.1万元，至年底完成人行道铺设、给排水、监控及路灯等配套设施建设，完成投资100万元。新园村生态宜居美丽乡村项目规划总投资1500万元，至年底完成雨污分流相关工程、第一期三线整治，完成新园自然村公厕项目工程和路灯工程招投标，完成投资185万元。推进畜禽养殖污染防治工作，禁养区内共429户养殖户，栏舍面积5.84万平方米，通过县验收275户2.56万平方米，其中，全拆除90户1.23万平方米，去功能化185户1.33万平方米。推进重点项目建设，“金溪润园”高级住宅小区项目，总用地面积8004平方米，设计总建筑面积4.94万平方米，项目总投资约1.4亿元，至年底，完成两幢商品楼封顶，投入建设资金1.12亿元，项目完成进度80%。组织对沿省道S239线两侧违章构筑物依法依规全面清理拆除，出动大型钩机162台次、炮机138台次、运输车辆158台次，出动人员近2000人次，拆除省道S239线沿线违章构筑物近50宗，长度近5.6千米，面积3000多平方米。全镇完成“三清三拆”并通过验收自然村24个，验收率75%。持续推进省定贫困村新农村建设，完成井美村、井新村、大东村、新楼村雨污分流管网铺设、集中供水管道铺设、村巷道硬化、卫生站、公厕、牌坊主体建设，完成新农村建设总进度约98%。统筹推进面上村雨污分流建设，全镇16个自然村开工建设，开工率64%；9个自然村竣工，竣工率36%；完成雨污分流、集中供水工程建设约30%工程量。举行广东省市场监督管理局携手碧桂园集团共建大东村美丽乡村项目培土奠基仪式，加快大东村改革发展。

【精准扶贫】　2019年，大溪镇建档立卡贫困人口481户、1535人，其中一般贫困户167户、768人，低保贫困户201户、653人，五保贫困户113户、114人；有劳动能力289户、1271人，无劳动能力192户、264人。全镇4个省定贫困村（井美村、井新村、大东村和新楼村），分散贫困村12个。落实对建档立卡贫困户学生免除普通高中学杂费及各教育阶段建档立卡贫困户子女学生生活费补助政策；构建全面覆盖贫困人口基本医疗卫生站建设，推进

李天生大楼　　（大溪镇　供稿）

基本公共卫生服务均等化；落实政府全额资助贫困人口参加城乡居民基本医疗保险政策，加大医疗救助帮扶力度；全面落实60周岁以上贫困人口享受养老金；建立农村低保与扶贫开发数据互通平台，实现动态监测、资源共享；将省扶贫标准以下农村低保对象全部纳入扶贫范围建档立卡，将所有符合条件贫困户纳入低保范围；加大特困、受灾、医疗及临时救助帮扶力度。至年底，全镇脱贫478户、1527人；省定贫困村井美村、大东村脱贫退出。

【特色农业】 2019年，大溪镇特色农业以种植淮山为主，有广东省巾帼创业示范基地——揭西县兴园淮山种植专业合作社，种植淮山、姜薯等10.67公顷，年销售额150万元；有大东村、大园村、井美村、井新村、大光村、后洋村、赤寨村淮山种植专业村7个，种植户2050多户，农产品主要销往珠三角地区。是年，全镇淮山种植面积210公顷，年产值3000多万元。

【科教文体卫】 **科技** 2019年，大溪镇加强引导企业研发创新，加大企业发展扶持力度。是年，揭西县继求科技有限公司申报高温润滑油脂发明专利1项。

教育 2019年，大溪镇有幼儿园4所（公办幼儿园1所、民办幼儿园3所），在园幼儿600人，教职工29人；小学5所，在校学生1250人，教职工112人（其中小学一级教师职称65人）；中学1所，在校学生494人，教职工46人（其中大学本、专科学历以上46人，中学高级教师职称8人，中学一级教师职称26人）。大溪镇认真落实全县教育体制机制改革工作部署，抓好撤并麻雀学校及党建等工作，全镇4所麻雀学校已提前顺利完成撤并工作，教育系统设1个党总支和6个党支部。是年，全镇适龄儿童入学率100%，小学巩固率99.8%，初中毛入学率98%，“三残”适龄儿童少年入学率95%，学前三年入园（班）率99%。大溪中学在全县教育教学质量综合评价中获二等奖。

文化体育 2019年，大溪镇有综合文化站1个，文化服务中心17个，广播站1个，有线电视站1个，村级广播站17个，文化活动广场21个，老年活动中心3个，农家书屋17间，敬老院1个。12月，揭西县文广旅体局、揭西县文化馆联合大溪镇在星光村文化广场举行美丽乡村迎新春暨“揭西美·潮客情”文化进万家群众文艺晚会。全年举办群众文艺汇演活动11场，参与人数5800人次。

卫生 2019年，大溪镇有卫生院1个，医务人员27人，医生8人，床位10张，配备B超、血液常规、生化分析仪、尿分析仪、心电图机、多普勒胎心仪等医疗设施；新型农村合作医疗定点补偿站13个，医务人员13人。推进公建民营卫生站建设，全镇16个行政村全部完成卫生站建设。全年全镇医疗机构门诊量6616人次，收治住院病人0例，各医疗卫生单位业务收入36万元；儿童计划免疫率98%。

【安全生产】 2019年，大溪镇加强安全生产管理，开展安全生产专项行动，推动安全生产各项工作开展。对辖区各生产经营单位开展62次安全生产专项行动，重点加强对辖区内“三小”场所（小档口、小作坊、小娱乐场所）、公共聚集场所、建筑施工场地安全生产开展专项整治行动，出动1169人次，检查“三小”、公共聚集场所、建筑施工场地260家，发现隐患98家，现场发出整改通知书93份，落实整改93家。

【社会治安综合治理】 2019年，大溪镇强化社会治安综合治理，健全社会治安工作机制，完善矛盾纠纷排查调处工作，加强集中整治，开展“众剑行动”及扫黑除恶专项斗争。全年受理信访件62宗，办结57宗，办结率92%。全年扫黑除恶专项行动开展119场次，出动执法人员3000多人次。派出所办理刑事案件13宗，刑事拘留5人，破案7宗；治安案件35宗，行政拘留8人。

2019年大溪镇主要社会经济指标表

表93

项目	单位	指标	项目	单位	指标
土地总面积	公顷	3550	粮食总产量	吨	4466
总人口	万人	2.81	水产总产量	吨	973
农业人口	万人	2.69	水果总产量	吨	2205
总户数	户	6530	蔬菜总产量	吨	6966
社区居委会	个	1	生猪出栏量	万头	1.6
村委会	个	16	牛存栏量	头	282
农业总产值	亿元	1.7	家禽出栏量	万只	9.6
工业总产值	亿元	—	中学	所	1
工业企业	家	—	小学	所	5
规模以上企业	家	—	中小学在校学生	人	1744
高新技术企业	家	—	中小学在职教师	人	158
固定资产投资	亿元	1.89	幼儿园	所	4
本级财政总收入	万元	4530.67	在园幼儿	人	600

2019年大溪镇村（居）委会情况表

表94

村（居）委会名称	所辖自然村名称
金星村委	金星村、大寮村、山头村、渔福村
星光村委	星光村、棉篮村
金光村委	大堀头村、下埔村
庆光村委	庆光村、小埔村、柑园村
井美村委	井美村、凤地村
井新村委	井新村、新莲村
大岭埔村委	大岭埔村
大东村委	东良村
大园村委	新光村、顶光村、深光村
新楼村委	新楼村、新凤村
赤寨村委	赤寨村、围埔村
后洋村委	后洋村
新园村委	新园村、顶园村
坎头村委	坎头村、蟹地村
大光村委	大丘母村、大堀村
杨林村委	杨林村
大溪圩居委	无

（李勉鸿　黄庆彬　钟东峰）

钱坑镇

【概况】 钱坑镇位于揭西县东南部，潮汕平原西北部，榕江南河中上游，东接金和镇，北与大溪镇、灰寨镇分界，南与普宁市里湖镇、大池农场、普侨区交界。榕江南河穿越辖区长9千米，东岸为新架山脉，西岸为金山山脉，两山夹江对峙，山地广阔，地貌以山地和丘陵为主，镇区距县城27千米。2019年，土地面积46.68平方千米。下辖社区居民委员会1个，村民委员会13个，自然村67个。新出生人数704人，人口出生率14.6‰，人口自然增长率8.5‰。至年底，总户数1.13万户，户籍人口4.61万人，常住人口3.81万人。土特产主要有淮山、火龙果、三棱橄榄。主要旅游景点有揭西县钱坑仙径山风景区、揭阳市钱坑木雕博物馆、钱西古村落、顶联大夫祖祠等。地方方言为潮汕方言。

【基层党建】 2019年，钱坑镇全面加强农村基层自治和党的建设。加强思想建设，组织开展镇党委理论学习中心组集中研讨学习18次；全镇干部职工、村（社区）两委干部撰写学习心得体会2000多篇（次），推送“微党课”等200多条，参加主题党日活动1230人次，开展革命传统教育、形势政策教育、先进典型教育和警示教育910人次；直联走访群众1.98万人，帮助解决实际问题46个；严格抓好村财镇管，压实驻点干部工作职责，解决联系服务群众“最后一公里”问题；推进党支部建设标准化工作，做好钱北村“党建规范化建设”示范点、长三水村“大山深处党旗飘”党建活动创建村及钱东村“基层治理建设”示范点党建规范化建设工作；规范支部“六个规范化”建设和基层党群服务中心“一厅五室”建设，全镇14个村（社区）全部完成“一厅五室”设置。至年底，全镇党基层组织62个，其中党委1个、党总支部7个、党支部54个；党员1374人，其中农村党员983人、镇直机关及各单位在职党员253人、离退休人员138人。是年，新吸收党员13人；预备党员转正13人；发展入党积极分子52人。

【经济发展】 2019年，钱坑镇工农业总产值6.85亿元，比2018年（下同）增长8.4%，其中工业总产值3.42亿元，农业总产值3.43亿元。地方公共财政预算收入3843万元，下降8.7%；地方公共财政决算支出3843万元，下降8.7%。全年固定资产投资2.87亿元，社会消费品零售总额6.47元。各项税收收入316.49万元，增长22%。镇内有农村商业银行2家、邮政储蓄银行1家，各项存款余额7.75亿元，其中居民储蓄存款7.35亿元；各项贷款4680万元。

农业 2019年，钱坑镇农业总产值3.43亿元，增长15.1%，其中种植业产值1.60亿元，林业产值1297万元，牧业产值1.45亿元，渔业产值2487万元。全镇耕地面积831公顷，粮食播种面积995公顷，粮食总产量5553吨。基本农田保护区面积1000公顷，其中水田面积971公顷。农作物主要有水稻、淮山等。水稻播种面积954.8公顷，总产量5292吨；蔬菜种植面积385.6公顷，总产量1.59万吨；水果种植面积283公顷，总产量3033吨。林地面积422公顷，完成造林面积209.67公顷，木材采伐896立方米。全年生猪出栏2.75万头、家禽（鸡、鸭、鹅）出栏52.45万只，水产养殖总产量1052吨。

工业 2019年，钱坑镇工业生产以木雕工艺、服装加工、家具制作、石材加工为主，有工业企业42家，从业人员1800多人，其中规模以上工业企业1家，主要民营企业是揭西县辉瑞织造有限公司。是年，实现工业产值3.42亿元，增长2.4%。

商业 2019年，钱坑镇有农

贸市场2个，面积3000平方米；小型自选商场4家，镇区沿街商铺400多家；从事个体服务网点1000多个，经营人数4000多人。主要经营金漆木雕、五金电器、服装鞋类、日常用品、农副产品等。是年，全镇社会消费品零售额6.47亿元，增长4.9%。

【乡村振兴】 2019年，钱坑镇抓项目、强设施、促产业、治环境，推进社会主义新农村建设，全面实施乡村振兴战略。投入810万元完善重点项目石灵寺风景区藏经阁、后山石桥及台阶，栈道建设、山门修复和景区绿化更新配套工程；强化交通设施建，完善镇区道路交通划线工作，完成镇区中心大道改造工程路面规划设计、钱池路钱南二期改造工程拆迁、大茶石行政村石亭村道1000米道路硬化以及月翁村堤围路修复；完善旅游公共服务体系建设，推进乡村悠闲游。“南山墓园”旅游厕所建成投入使用。设立钱坑旅游驿站。5月，顶联村大夫祖祠被广东省人民政府列为省级文物保护单位。形成“仙径山风景区—钱西古村落—顶联大夫祖祠（省级文物保护单位）—埔龙尾木雕”乡村休闲游旅游线路。揭阳钱坑镇木雕博物馆接待参观人数1.5万人次；完成大茶石村、钱北村和月翁村三个省定贫困村雨污分流和集中供水建设。推进十个面上村雨污分流项目建设，长三水行政村中寨村、埔龙尾行政村山顶村完成建设任务，其他村全部完成设计、图审、财审程序，其中7个行政村完成招标程序并全面开工；持续整治优化人居环境，全年拆除危旧房505宗1.98万平方米、废旧猪牛栏和露天厕所2512宗4.98万平方米、乱搭乱建1421宗3.93万平方米、违规广告牌86宗，拆除整改违法用地40宗1.48公顷，复耕复绿0.39公顷。

【精准扶贫】 2019年，钱坑镇贫困户636户、1550人，其中一般贫困户107户、436人，低保贫困312户、894人，五保贫困户217户、220人；有劳动能力259户、1009人，无劳动能力377户、541人。全镇省定贫困村3个，分散贫困村10个。强化落实扶贫责任，推进扶贫政策落实，完成全镇4户精准扶贫户危房改造工作；为全镇638户精准扶贫户申请以中央财政扶贫专项发展资金解决自来水入户施工费用；推动产业扶贫工作，全镇收到精准扶贫产业扶持资金10批共1444.84万元，全部下达分解至各村，各村投入养殖业和光伏发电等产业使用产业扶持资金共1303.89万元，人均增收约1000元。是年，全镇贫困户全部脱贫退出；3个省定贫困村达到退出标准，退出率100%。

【特色农业】 2019年，钱坑镇特色农业以种植淮山、三棱榄、火龙果、金山柑、茶叶为主，主要通过“种养合作社+基地产业化”建设发展特色农业。是年，全镇种植淮山50公顷，年产量约2780吨，年产值868万元；火龙果种植面积16公顷，年产量62吨，年产值14万元；位于海拔627米的金山三棱橄榄基地，三棱榄种植面积35公顷，年产量12吨，年产值120万元。

【科教文体卫】 科技 2019年，钱坑镇在农技推广上坚持“科学引进、示范推广、农民接受、注重实效”原则，引进优质常规稻品种“金农丝苗”，指导农户采用“三控”技术或“测土配方施肥”技术科学种植水稻。

教育 2019年，钱坑镇有幼儿园8所（公办幼儿园1所、小学附设幼儿园3所、民办幼儿园4所），在园幼儿1010人，教职工66人；小学7所，在校生2414人，教职工203人（小学一级教师148人，大专以上文化程度195人）；中学1所，在校生1290人，教职工147人（大学本、专科学历以上147人，中学高级教师职称20人，一级教师职称54人）。推进教育均衡配置，促进义务教育均衡和优质提升，全年完成4所“麻雀”学校撤并工作。是年，小学适龄儿童入学率100%、小升初率100%；钱坑中学高考上本科线4人，上省线153人，上线率97.5%。

文化体育 2019年，钱坑镇有文化站1个、广播站1个、有线电视转播站1个、村级广播站14个、文化活动广场12个、文化活动中心13个、农家书屋13间、老人福利院1个。全镇13个村委会均有篮球场、乒乓球场、羽毛球场，并配套部分健身器材。完成镇综合性文化服务站和14个村（社区）综合性文化服务中心建设；举办“揭西美·潮客情”优秀群众文艺晚会、灯谜会、春节英歌巡演、喜迎中华人民共和国成立70周年歌咏大赛、篮球赛、“书香机关、全民阅读”等系列活动。钱坑龙舟代表队参加揭阳市首届“贤德揭阳”端午节传统龙舟表演赛。

卫生 2019年，钱坑镇有医院1所，床位16个，医务人员49人；拥有专业技术职称38人，其中中级职称5人；医生21人；乡村个体医疗站20个，医务人员20人。钱坑镇做好登革热、感染H7N9禽流感和非洲猪瘟疫情防控工作，红光村、白石村、埔龙尾村、竹园内村4个村级公共卫生站完成选址并开工建设。全年全镇医疗机构门诊量9389人次，收治住院病人307例，各医疗卫生单位业务收入126.95万元。

2019年1月24日，学习贯彻习近平总书记视察广东重要讲话精神“揭西美·潮客情”优秀群众文艺晚会在钱坑镇顶联村举办（钱坑镇 供稿）

【安全生产】 2019年，钱坑镇落实“一岗双职”责任制，抓好节假日安全生产工作，加强安全生产监督检查，强化安全生产宣传，开展专项整治工作。全年日常检查、重大节日前后阶段检查出动安全生产检查280人次，检查商铺及家庭作坊、生产经营单位150多家次，开展专项整治检查及复查行动42次，发现安全隐患60处，发出整改通知书15份，完成隐患整改60处；开展“安全生产月”系列安全生产法律法规宣传活动，发放宣传资料2000份。全年没有发生重、特大安全事故，全镇安全生产形势保持稳定。

【社会治安综合治理】 2019年，钱坑镇健全镇村信访调解机制，坚持领导干部接访工作制度，完善网格化管理体系，严厉打击各类违法犯罪活动，推进“平安镇”“平安村（居）”和镇村“三个最”创建工作，开展全民禁毒、众剑行动、扫黑除恶等工作，打造平安社会环境。全年受理信访件12宗，成功调解12宗，办结率100%。派出所刑事立案26宗，破案14宗；查处行政案件21宗，调解民事纠纷4宗；抓获各类违法犯罪人员40人；刑事拘留17人，逮捕14人；行政拘留40人；查处吸毒人员7人，强制戒毒2人。

2019年钱坑镇主要社会经济指标表

表95

项目	单位	指标	项目	单位	指标
土地总面积	公顷	4668	粮食总产量	吨	5553
总人口	万人	4.61	水产总产量	吨	1052
农业人口	万人	3.76	水果总产量	吨	3033
总户数	万户	1.13	蔬菜总产量	万吨	1.59
社区居委会	个	1	生猪出栏量	万头	2.75
村委会	个	13	牛存栏量	头	204
农业总产值	亿元	3.43	家禽出栏量	万只	52.45
工业总产值	亿元	3.42	中学	所	1

续表95

项目	单位	指标	项目	单位	指标
工业企业	家	42	小学	所	7
规模以上企业	家	1	中小学在校学生	人	3704
高新技术企业	家	—	中小学在职教师	人	350
固定资产投资	亿元	2.87	幼儿园	所	8
本级财政总收入	万元	3843	在园幼儿	人	1010

2019年钱坑镇各村（居）委会情况表

表96

村（居）委会名称	所辖自然村名称
长三水村	中寨村、三角园村、塔新村、塔尾埔村、三美村
钱北村	好巷头村、莲角湖村、新寨村
顶联村	顶园村、寨后山村、叶下桃村、四房村、油寮村、后寮村、土楼村、龟头村、池尾村
红光村	湖垅村、老圩村
钱西村	大寨村、新埔仔村、西畔园村、新园村、新厝村、南河村、西岩村
钱东村	夏葛园村、口围村、仁福村、 大寨村、茨巷村、河沟村、山东兴村、象山村
大茶石村	石亭村、大幅旗村、茶山村
月翁村	新翁村、老翁村、月眉村
钱南村	九座村、南群村、钱兰里村、老寨村、南丰村、全合村
埔龙尾村	老寨村、山顶村、大埔村
竹园内村	老寨村、新寨村
南光村	豪江宅老寨村、豪江宅新寨村、怡合村、大弼村、乌落洋村
白石村	下白石村、顶白石村、龙村、山顶村
老圩居委	无

（王朝辉　林俊华　邓清锴　柯思燕）

金和镇

【概况】 金和镇位于揭西县境东南部，东邻凤江镇，西连钱坑镇，北与塔头镇、灰寨镇接壤，南与普宁市里湖镇隔榕江南河相望。距县城27千米。2019年，土地面积48.46平方千米，下辖社区居民委员会1个，村民委员会13个，自然村96个。新出生人数1187人，人口出生率14.3‰，人口自然增长率9.76‰。至年底，总户数1.72万户，户籍人口7.83万人，常住人口6.15万人。土特产主要有蓝天无公害蔬菜、甜玉米、山湖竹笋等。主要旅游景点有蜈蚣岭、山湖仙福湖、南侨爱国主义教育基地、锦林寺等。地方方言为潮汕方言。

【基层党建】 2019年，金和镇强化政治理论学习，加强基层组织培训，严格出入境备案管理工作，推进基层党建和基层治理各项工作，打造山湖党建示范村。全年镇党校举办培训班次9期，培训1073人次，组织镇村干部参加市、县党校各类专题培训70人次。完成省定贫困村第一书记、驻村党建指导员期满考核、轮换工作，考核第一书记4名、党建指导员14名，选派驻村第一书记5名、驻村党建指导员14名，借助"领头雁工程"推荐村"两委"干部参加大专教育8名，着重培养28名村级党组织书记后备干部。按照规范化标准统一更新14个村级党员活动室。15个远教站点每月开机率100%。全年以来更新出入境备案人员17名。清除违法违纪党组织书记1名。山湖村增设31块党建宣传牌，建立"山湖外出党员联系群"，选配90后大学生1名进入山湖村"两委"班子，落实山湖总支及下属5个支部"三会一课"制度，全年组织山湖村部分"两委"干部及党员代表外出参观学习3次。至年底，全镇党基层组织105个，其中党委1个、党总支12个、党支部92个；党员1926人，镇直机关及各单位在职党员313人、离退休干部党员192人、农村党员1421人。是年，新吸收党员22人。

【经济发展】 2019年，金和镇规模以上工业总产值7.24亿元，比2018年（下同）增长3.7%；农业总产值6.13亿元，增长5.9%。地方公共预算收入0.71亿元，增长18.3%；地方公共预算支出0.71亿元，增长20.3%。全年固定资产投资2.45亿元，社会消费品零售总额11.41亿元。各项税收收入1149.11万元，增长27.9%。镇内有农村商业银行2家，邮政储蓄银行1家，农业银行1家，各项存款余额13.6亿元，各项贷款3352万元。

农业 2019年，金和镇农业总产值6.13亿元，其中种植业产值2.3亿元，林业产值1.14亿元，牧业产值2.15亿元，渔业产值0.25亿元，农林牧渔其他产业产值0.29亿元。全镇耕地面积1691公顷，粮食播种面积2962公顷，粮食总产量1.81万吨。主要农作物有水稻、甜玉米等。水稻种植面积1881公顷，总产量1.17万吨；蔬菜种植面积663公顷，总产量2.13万吨；水果种植面积378公顷，总产量5119吨。全年生猪出栏3.24万头、家禽（鸡、鸭、鹅）出栏140万只，水产养殖总产量2555吨。全年发放耕地地力补贴资金237.32万元，受惠农户1.11万户。

工业 2019年，金和镇工业生产以印刷包装、食品加工为主，有金桥、金栅、飞鹅3个工业小区，小区有企业73家，从业人员711人。规模以上企业5家，主要民营企业有广东飞鹅包装彩印有限公司、广东广网线缆实业有限公司、广东金辉科技印务实业有限公司、广东雅都包装印刷有限公司、广东富之源铜业有限公司。是年，规模以上工业总产值7.24亿元，增长3.7%。

商业 2019年，金和镇有农贸市场2个，建筑面积6500平方米，主要经营农副食品、服装等。实施"乡贤回归工程"，加强与乡贤企业家沟通联系，全年引进500万元以上投资项目全部投产7个，总投资2.45亿元，年底完成投产。是年，限额以上商业企业3家；社会消费品零售总额11.41亿元，下降0.9%。

2019年金和镇引进500万以上投资项目一览表

表97

项目名称	项目金额（万元）	所属村居
金和镇省级新农村连片示范建设项目	8716.55	—
金和镇新农村示范村建设项目	3983	—
广东穗美仁食品有限公司	3469	金园村
揭西县鸿椿铜业有限公司	3285	南山尾村
揭西县利金轩金属制品有限公司	2645	和南村
揭西县缔纳贸易有限公司	2469	和南村

【乡村振兴】 2019年，金和镇实施乡村振兴战略领导责任制，深化农村制度改革，实施产业振兴，开展农村人居环境综合整治，加大对河道巡查力度，推进生态兴村。成立以镇委书记为组长的乡村振兴战略领导小组，统筹协调全镇各相关部门、单位及各村（社区）乡村振兴工作。全镇村级集体经济组织通过镇“三资”交易平台发包出租集体铺面、池塘、山林12宗，为村集体经济组织增收57.30万元。建立健全卫生保洁长效管理机制，落实门前“三包”责任制，率先通过“一事一议”筹资筹劳，在全镇13个行政村中配备134名专职保洁员，建立区域网格化管理制度，实现了垃圾日产日清常态化。推进道路沿线“三清三拆”专项行动，出动挖掘机196台次、转运车辆464辆次，参与拆违人员2479人次，完成清拆全镇五条主要道路40千米、2159宗杂乱搭建，清拆面积18万平方米，在揭阳市范围内率先垂范，市先后组织3场现场会交流学习金和镇“三清三拆”工作经验。全年清理村巷道及生产工具、建筑材料乱堆乱放4330宗、清理房前屋后和村巷道杂草杂物、积存垃圾4000吨，清理沟渠池塘溪河淤泥、漂浮物和障碍物820吨，拆除危旧房591宗面积3.84万平方米，拆除猪牛羊栏、露天厕所茅房2385间（面积5.96万平方米）、拆除乱搭乱建2280宗面积19.38万平方米。建立区域与流域相结合的镇、村（社区）二级河长制组织体系，对主要河流落实具体责任人，定期召开河长工作会议，加大对河道巡查力度，设立河长制公示牌12块，镇级河长巡河70次，村级河长巡河400多次，共发现并落实整改问题10个。推进社会主义新农村建设，13个行政村全部启动雨污分流及相关工程建设。山湖村启动创建省级社会主义新农村示范村建设，示范引领全镇各村建设生态宜居美丽乡村，投入2500万元基本完成雨污分流、村巷道硬底化、戏台广场、环湖路等重点项目建设。是年，山湖村被评为“揭阳市十大美丽乡村”，先后被列为广东揭阳首届潮客粤菜师傅乡厨厨艺邀请赛、全市生态宜居美丽乡村示范村建设现场推进会参观点。

【精准扶贫】 2019年，金和镇贫困户977户、3189人，其中一般贫困户404户、1910人，低保贫困户357户、1046人，五保贫困户216户、233人；劳动能力户580户、2606人，无劳动能力户397户、583人。全镇省定贫困村4个，分散贫困人口村9个。发展扶贫产业，山湖村苗圃场采取“公司+合作社+基地+贫困户”模式，每年不低于40万元利润全部用于贫困户脱贫增收，带动21户贫困户通过分散种植苗木直接脱贫。在仙坡村引进农业综合体项目，发展现代立体农业，探索“互联网+农业”发展模式；统筹精准扶贫资金1559万元在全镇各村建设光伏发电项目；创新金融量化入股，在征得贫困户意愿的基础上，协助省定贫困村金溪村和统筹其他9个分散村扶贫开发资金量化入股2家企业，共投入资金650万元，预计每年固定收益不低于金额10%，收益全部用于贫困户脱贫增收；推动劳动力就业转移扶贫，省交通集团驻村工作队组织山湖村26人转移到高速公路收费站就业，每人每年收入5万元以上，使26个贫困家庭

山湖村新农村建设 （金和镇 供稿）

共130个贫困人口实现稳定脱贫，金溪村、河内村等村安排部分贫困户加入该村保洁员队伍，使贫困户通过就业获得收入。至年底，脱贫975户3182人，贫困户退出率99.7%；省定贫困村山湖村、杜塘村、金溪村三个村脱贫退出。

【特色农业】 2019年，金和镇特色农业主要以生产加工优质蔬菜、种植甜竹笋、养殖努比亚黑山羊为主，龙头企业有广东蓝色果蔬农业科技开发有限公司、广东仙福湖生态农业旅游有限公司、揭西县新农生态牧业有限公司。山湖村竹笋产业是金和镇农业主导产业，4月申报入库为镇"一镇一业、一村一品"项目，项目主体公司（广东仙福湖生态农业旅游有限公司）拥有可种植土地面积66.66公顷，至年底，种植竹笋20公顷，年产值600万元；通过镇"一村一品"项目。以原料储备供应为基础，建设竹笋加工厂房生产竹笋干，通过线上电商物流、线下传统营销方式销售竹笋干；推进山湖村苗圃场发展，联合揭西县潮风客韵有限公司开发农业综合体、山湖村"互联网+农旅结合乡村综合体项目"，发展现代农业、乡村旅游、农村电商。

【科教文体卫】 教育 2019年，金和镇有幼儿园5所（公办1所、民办4所），在园幼儿843人，幼儿教师73人；小学16所，在校生4216人，教师319人（小学一级教师职称231人）；中学3所，在校生2445人，教职工270人（中学高级教师职称37人，中学一级教师职称124人）。是年，适龄儿童入学率100%，小升初率100%。

文化体育 2019年，金和镇有综合文化站1个，广播电视台1个，有线电视转播站4个，14个（社区）综合性文化服务中心通过验收合格，老人福利院1个。是年，举办山湖村"揭西美·潮客情"文艺晚会1场，山湖村、金光村送春联下乡2场。山湖村成立潮曲票友会，不定期开展潮乐潮曲活动，全年开展几十场对外演出。举办美丽山湖——儿童之家系列活动和金溪村"儿童之家"亲子教育活动，丰富乡村儿童文化生活。评选表彰镇级"星级文明户""五好家庭"750余户。

卫生 2019年，金和镇有卫生院1所（金和镇中心卫生院），医务人员94人，医生39人，病床85张，配备有X光机、B超机、半自动生化仪、血液分析仪等医疗设施；乡村卫生站28个，医务人员28人。是年，各医疗机构门诊量4.16万人次，收治住院病人2007例，全镇医疗卫生单位业务收入923.37万元。是年，全镇4个村（金光村、金新村、和西村、河内村）申报公共卫生站建设，至年底，完成主体建设。

【安全生产】 2019年，金和镇开展安全生产检查工作和风险源危险点管控工作，落实道路交通、消防、危化品、建筑施工、特种设备等重点行业安全生产监管工作。建立安全生产、消防、森林防火应急预案和重大事故隐患档案，督导用人单位建立健全安全生产档案和考核、奖惩制度，并落实专人责任制。结合各项安全生产专项活动，全年组织消防和安全生产大检查24次，"地毯式"清理清查4次，出动人员450多人次，检查企业150家次，小作坊25家，小档口85家，中小学校17所，石油气、加油站4家，并对可能存在隐患输电线路、商店、超市、服装商场等地方进行检查，对该整改的逐个登记造册，整改企业12家。全年没有发生重特大事故。

【社会治安综合治理】 2019年，金和镇抓好联席会议工作机制，让党政领导参与各类矛盾纠纷排查调处全过程，对重大问题进行联动协调解决；开展社会治安专项整治行动，深化治安综合治理。全镇13个村委会和1个居委会共调处民间各类纠纷案件109宗，其中镇司法所介入参与调解63宗；利用各种途径开展法律宣传14次，受教育面5000多人次；受理群众来信来访1宗，受理网上信访件17宗，办结18宗，成功化解8宗。全年破获开设赌场案件3宗、盗窃案件3宗、强奸案件2宗、诈骗案件2宗、故意伤害案件2宗、敲诈勒索案件1宗；受理行政案件55宗，抓获犯罪嫌疑人23名，行政处罚48人。

2019年金和镇主要社会经济指标表

表98

项目	单位	指标	项目	单位	指标
土地总面积	公顷	4846.2	粮食总产量	万吨	1.81
总人口	万人	7.83	水产总产量	吨	2555
农业人口	万人	7.5	水果总产量	吨	5119
总户数	万户	1.72	蔬菜总产量	万吨	2.13
社区居委会	个	1	生猪出栏量	万头	3.24
村委会	个	13	牛存栏量	头	895
农业总产值	亿元	6.13	家禽出栏量	万只	140
工业总产值	亿元	—	中学	所	3
工业企业	家	73	小学	所	16
规模以上企业	家	5	中小学在校学生	人	6661
高新技术企业	家	—	中小学在职教师	人	589
固定资产投资	亿元	2.45	幼儿园	所	5
本级财政总收入	万元	7141.78	在园幼儿	人	843

2019年金和镇主要企业基本情况表

表99

企业名称	企业性质	职工人数（人）	主要特色产品	年产值（万元）	年上缴税收（万元）
广东广网线缆实业有限公司	有限责任公司	73	制造加工销售网络线	6298.8	23.6
广东金辉科技印务实业有限公司	有限责任公司	144	包装装潢及其他印刷	32542	553
广东飞鹅包装彩印有限公司	有限责任公司	144	包装装潢及其他印刷	13224	241
广东雅都包装印刷有限公司	有限责任公司	132	包装装潢及其他印刷	12526.7	35.2
广东富之源铜业有限公司	有限责任公司	64	生产铜杆	7582.4	35.2

2019年金和镇各村（居）委会情况表

表100

村（居）委会名称	所辖自然村名称
金光村	庵场村、城仔内村、高西村、红光村、金普村、老芋村、湳洋村、仁安里村、四十亩村、塔脚村、塗普村、新芋村、洋埔村、洋心村
金园村	庵园村、坑美园村、前宅园村、桥头园村、龙马村、面前园村、高田村、刘厝园村、柑园村
金新村	油寮村、涂寨村、新园村、后埔村、玉堂村、莲湖村、三福村、竹宅村、竹和里村、竹安里村
金溪村	高园村、新高园村、溪园村、安境村、径湖村、陈厝林村、客堂村
仙坡村	大寨村、宫头山村、后畔园村、角山村、岭头山村、埔上村、崎沟村、青园村、山前园村、山仔村、桶山村、枝山村
南山头村	南山头村

续表100

村（居）委会名称	所辖自然村名称
南山尾村	南山尾村
和南村	上栅村、郭厝园村、莲池村、径口村、深坑仔村、后溪村、石牛埔村、圩内村、田心围村
和东村	池畔村、裕安村、章厝寨村、下林村、新厝村、庵湖村、上埔村
和西村	枫山后村、枫山顶村、古塘村、枫山园村、新寨仔村、面前洋村、下林村、老寨村、新寨村、官池山村
山湖村	西门村、北门村、南门村、北星村、虎光村、内寮村、新寨村
杜塘村	杜塘村
河内村	墙基顶村、宫头寨村、油车村、大寨村、口寨村、大功山村、新堂村、茋藤村
金埔居委	无

（曾洪斌　吴妍苹　黄煜雅）

凤江镇

【概况】　凤江镇位于揭西县东南部，东临榕江南河，与棉湖镇隔河相望，西接金和镇，北连塔头镇，南与普宁市梅塘镇毗邻，距县城40千米。2019年，土地面积33.68平方千米，下辖社区居民委员会1个，村民委员会15个，自然村86个。新出生人数1301人，人口出生率14.2‰，人口自然增长率9.1‰。至年底，总户数1.81万户，户籍人口8.78万人，常住人口7.25万人。土特产主要有橄榄、凉果、芥菜、冬瓜等。地方方言为潮汕方言。

【基层党建】　2019年，凤江镇加强基层党的建设，深化党组织规范化建设，实现组织建设全面提升。加强思想政治建设，开展各项主题教育活动，镇委党校举行培训7场次，培训干部400多人次；加强基层组织建设，推进政治统领等十项基层党建工程，定期召开党委会议研究推进党建工作，强化全镇基层党组织“三会一课”、党员管理、组织生活、全面从严治党等党建工作，选派12名优秀干部挂村指导基层党建工作，落实党建指导员、第一书记和组宣办业务部门到党支部指导、督促党建工作，针对排查出来问题逐项进行整改；深化党支部建设标准化工作，撤销设置不合理党组织3个，排查整顿软弱涣散村1个，做好阳西村党建示范村建设，完成全镇16个村（居）党群服务中心建设，整顿提升1个软弱涣散基层党组织；强化干部队伍建设，抓好“头雁”工程建设，撤销党组织书记3人，储备后备书记人选32人，完成16个村（社区）“两委”班子运行情况分析研判；加强党风廉政建设，召开警示教育大会2次。至年底，全镇党基层组织122个，其中党委1个、党总支15个、党支部106个；党员2043人，其中农村党员1515人、镇直机关及各单位在职党员350人、退休干部党员178人。是年，预备党员转正34人；新吸收预备党员22人。

【经济发展】 2019年，凤江镇规模以上工业产值11.46亿元，比2018年（下同）增长21.4%；农业总产值4.94亿元，增长18.8%。地方公共财政预算收入6328.54万元，下降0.9%；地方公共财政预算支出6328.54万元，下降0.9%。全年固定资产投资0.9亿元，社会消费品零售总额11.38亿元。各项税收收入1254.44万元，增长34.3%。辖区内有揭西农村商业银行和邮政储蓄银行。

农业 2019年，凤江镇农业总产值4.94亿元，其中种植业产值2.57亿元，林业产值5619万元，畜牧业产值1.25亿元，渔业产值1520万元，副业产值4073万元。全镇耕地面积1530.2公顷，粮食播种面积2496公顷，粮食总产量1.52万吨。种植业以种植水稻为主。水稻播种面积1778.27公顷，总产量1.05万吨；木薯、番薯、马铃薯播种面积共641.73公顷，总产量4074吨；蔬菜种植面积743.6公顷，总产量2.98万吨；水果种植面积136.13公顷，总产量2040吨，主要有贡柑、沙糖橘、荔枝、龙眼、香蕉、芒果等。完成造林面积18公顷，木材采伐1212立方米。全年生猪出栏1.22万头、家禽（鸡、鸭、鹅）出栏88.65万只；水产养殖总产量1377吨。

工业 2019年，凤江镇工业生产以凉果、电线电缆、塑料、针织加工为主，有工业企业303家，其中规模以上工业企业8家。各行业布局主要是阳东片凉果加工、鸿江片电线塑料、凤湖片针织加工。是年，规模以上工业产值11.46亿元，增长21.4%。

商业 2019年，凤江镇有综合市场2个，分别为凤江综合市场（占地面积3000平方米）和阳夏综合市场（占地面积5000平方米），主要经营服装、五金、家电、日常用品、农副产品、餐饮等。镇内有个体工商户1472家。是年，社会消费品零售总额11.38亿元，增长7.1%。

【乡村振兴】 2019年，凤江镇推进“三清三拆三整治”专项行动、农村基础设施建设、农村“雨污分流”工程建设，逐步完善农村各项建设，优化农村生态环境。全年全镇清理乱堆乱放1845宗，清理垃圾3450吨，拆除危旧房596宗、2.48万平方米，拆除猪牛羊栏和露天厕所3687宗、7.98万平方米，拆除乱搭乱建2270宗、8.62万平方米，完成垃圾乱扔乱放整治218宗，开展污水乱排乱倒整治44宗，开展“三线”（供电线、通信线、广播电视线）乱搭乱接整治38宗。推进揭西县凤江污水处理厂（一期）工程项目、莪萃桥连接线（莪碧段）工程建设项目、揭西县凤江镇内河涌水质改善提升项目（一期）、创建社会主义新农村建设等4个重点项目建设，至年底，完成揭西县凤江污水处理厂（一期）工程项目建设，完成投资6698万元；完成莪萃桥连接线（莪碧段）工程建设项目；完成揭西县凤江镇内河涌水质提升项目（一期）建设管网长4.27千米，并在丰吉渠设截污口，将丰吉、青头庵污水引至凤江污水处理厂处理，项目总投资1827.33万元，至年底，完成投资约300万元；推进创建社会主义新农村建设项目，省定贫困村新农村建设EPC项目完成雨污分流、村巷道硬化、卫生站、公厕、村牌、集中

2019年12月2日，揭西县凤江镇污水处理厂及配套污水管网（一期）工程竣工通水仪式在揭西县凤江镇污水处理厂举行 （凤江镇　供稿）

供水等建设，其中铺设雨污分流管网3.45万米、集中供水管网5.9千米、村道巷道硬底化18.85千米；11个面上村64个自然村完成雨污分流、村巷道硬化、集中供水等工程财审工作，预算投资5353.7万元，至年底，全面开工建设。完成碧潭文化广场、青龙村文化广场建设，并布置篮球场、乒乓球桌等运动器材，建成文化活动中心。建成公厕16座，新增植树植绿7.32千米，种植樟树、阴香树、风铃木、胶东树、秋枫、鸿运当头等树木共2552棵。

【精准扶贫】 2019年，凤江镇贫困户816户、2688人，其中一般贫困户361户、1631人，低保户283户、860人，五保户161户、162人；有劳动能力户514户、2243人，无劳动能力户291户、410人。全镇4个省定贫困村，11个面上村。建立健全镇、村主要领导负总责制度，落实镇委书记遍访贫困户制度及干部联系帮扶制度，出台《凤江镇新时期精准扶贫精准脱贫党员干部结对帮扶贫困户工作方案》；制订《揭西县凤江镇精准扶贫开发资金使用、监督、管理办法》，加强扶贫资金管理，规范扶贫资金使用，强化扶贫资金使用效能；落实帮扶政策，推进产业扶贫。通过投资商铺、产业帮扶项目等，全年获得总收益275万元，新投入资金614.11万元；完成危房改造3户，贫困学生生活补助578人，参加合作医疗2678人。全镇发放“以奖代补”项目93户21.29万元，其中赤新村58户13.98万元；凤南村3户0.47万元；东丰村12户2.15万元；阳西村20户4.69万元。镇政府统筹9个面上村在棉湖镇曙光君和园商业街购买商铺3间共614.12万元，年收益率8%，人均年增收565.35元。是年，剔除不符合条件11户37人，新增符合条件18户57人。至年底，全镇贫困户全部脱贫退出；省定贫困村东丰村、赤新村2个村脱贫退出。

【特色农业】 2019年，凤江镇特色农业以水稻为主。阳东片（东光村、东新村、东丰村）主产蔬菜；阳西村主要种植水果、反季节蔬菜（大芥菜）；鸿江片（鸿江村、鸿新村、莪萃村）是粮食丰产区；赤新片（赤新村、洪湖村）主营淡水养殖。东新村种植大棚反季节空心菜34.67公顷，年产量3250吨，年产值1300万元左右，主要销往广州市、深圳市、汕头市等地。

【科教文体卫】 **教育** 2019年，凤江镇有幼儿园8所（公办幼儿园1所、民办幼儿园7所），在园幼儿2186人，幼儿教师151人；小学11所，九年一贯制学校1所，初级中学3所，在校小学生4400人、初中生1841人，小学教职工286人（小学高级教师2人，小学一级教师职称232人，大专以上文化程度286人）、初中教职工197人（中学高级教师职称10人，中学一级教师职称101人，大专以上文化程度197人）。是年，适龄儿童入学率100%，小学巩固率100%，“三残”适龄儿童少年入学率100%，学前三年人园（班）率80%。全镇有网络多媒体教室208间，计算机室20多间，其他功能室、实验室等近200间。是年，阳南小学、凤西小学被揭阳市精神文明建设委员会办公室和揭阳市教育局评为“揭阳市文明校园”；阳南小学、莪萃小学、中心幼儿园、揭西县阳夏华侨中学被揭西县教育局评为“平安校园”；莪萃小学、揭西县第三华侨中学被揭西县精神文明建设委员会办公室和揭西县教育局评为“文明校园”；凤江中学被揭西县教育局评为“教育先进单位”。

文化体育 2019年，凤江镇有文化站1个，广播站1个，有线电视转播站4个，村级广播站15个，文化活动广场15个，老人文化活动中心15个，农家书屋15间，老人敬老院1个。健全“村村通广播”机制，开展文化惠民“流动博物馆”系列文化活动。是年，完成辖区内16个行政村（社区）新时代文明实践站建设；全镇举办各种文艺活动、群众文艺汇演活动17场次，参与人数1.23万人次。

卫生 2019年，凤江镇有医院1所，占地面积4741.73平方米，总建筑面积3675平方米，医务人员73人（专业技术职称54人，其中中级职称8人），医生32人，病床23张，配备全自动生化仪、血液分析仪、尿液分析仪、彩色B超、500毫安X光机、心电图等医疗设施；乡村卫生站19个，医务人员19人。是年，完成辖区内16个行政村（社区）村级卫生站建设。全镇各医疗机构门诊量1万人次，收治住院病人245例，医疗卫生单位业务收入220万元。

【安全生产】 2019年，凤江镇强化安全生产监管，落实责任制，开展安全生产宣传活动普及相关法规，通过安全生产专项整治和安全生产大检查等活动，狠抓打非治违，对发现重大安全隐患及违法行为依法查处。召开多场次全镇安全生产工作会议，提高镇干部职工责任意识；开展“安全生产月”和“安全生产万里行”活动，结合安全生产宣传教育活动，进村入户发放宣传手册；开展安全生产大排查大整治、危险化学品安全生产大检查、各项安全生产重点攻坚行动，重点检查“三合一”（住宿与生产、仓储、经营一种或一种以上使用功能违章混合设置在同一空间内的建筑）、企业、厂场、危险化学品从业单位、公共密集场所等。全年出动宣传车12次、播放广播电视30多次；组织“地毯式”检查6次，重点突击检查20多次；检查在建工程56家次，加油站12家次，学校68家次，对烟花爆竹经营点、危险化学品等重点行业和规模企业进行全面排查整治672家次，落实整改112家，查处非法储存汽油危险化学品3家。

【社会治安综合治理】 2019年，凤江镇全面落实信访工作各项措施，加强综治信访管理工作，深化社会治安综合治理，开展各项社会矛盾专项治理。全年受理群众信访件35宗，解决35宗。受理“12345”投诉件134宗，解决133宗；全面深入开展社会治安综合治理“众剑行动”和“扫黑除恶”专项斗争，在全镇范围内组织46次集中巡查活动，出动红袖章人员约8300人次，出动警力约500人次。

2019年凤江镇主要社会经济指标表

表101

项目	单位	指标	项目	单位	指标
土地总面积	公顷	3367.5	粮食总产量	万吨	1.52
总人口	万人	8.78	水产总产量	吨	1377
农业人口	万人	8.51	水果总产量	吨	2040
总户数	万户	1.81	蔬菜总产量	万吨	2.98
社区居委会	个	1	生猪出栏量	万头	1.22
村委会	个	15	牛存栏量	头	185
农业总产值	亿元	4.94	家禽出栏量	万只	88.65
工业总产值	亿元	—	中学	所	4
工业企业	家	303	小学	所	11
规模以上企业	家	8	中小学在校学生	人	6241
高新技术企业	家	—	中小学在职教师	人	483
固定资产投资	亿元	0.9	幼儿园	所	8
本级财政总收入	万元	6328.54	在园幼儿	人	2186

2019年凤江镇各村（居）委会情况表

表102

村（居）委会名称	所辖自然村名称
东光村	新祠堂村、金湖村、埔双村、宫里村、仁里围村、埔美村、后厝村、里厝园村、夏美园村、丰西村、丰东村
东丰村	新湖村、新厝村、仙堀村、仙大村、口园村、口新村
东新村	柚园村、新园村、五乡村、竹头园村、湖坣村、溪下村、溪顶村
阳南村	林厝寮村、芋园埔村、巷口埔村、下丕埕村、胶水飞村、赤坎村、双红村、瓜园村
阳西村	双山村、南山洋村、胶走山村、把水村、葫芦村
凤西村	客林埔村、赤竹坑村、胜洪村、陈厝地村、古竹林村
凤南村	后西村、后南村、后北村、青龙村、凤开村
凤北村	双凤村、城内园村、新坵田村、凤德村、新围村、草湖村、碧潭村
赤新村	赤料村、彭厝园村、王厝寨村、老坛头村、新坛头村、何厝园村
花寨村	花寨村
鸿西村	山头村、田心围村、竹置城村
洪湖村	洪湖村、茨内村、茨外村、潭口村、高美园村
鸿江村	旧南村、旧北村、埔上围村、塔下村、祠堂头村、上田村、柑园村、口园村
鸿新村	下厝村、城内村、新置寨村、塗库村
莪萃村	莪萃村、槐园村、青老村、青新村、金沟围村
桥头居委	无

（杨炎宏　黄增波　林海漫）

棉湖镇

【概况】 棉湖镇位于揭西县东部、榕江南河中游东岸，东面、南面与普宁市赤岗镇、南溪镇、大坝镇邻接，西面、北面与凤江镇、东园镇隔榕江南河相望，距县城42千米。镇区处于榕江南河中游平原，西北为榕江南河环绕，南北有云湖水系贯通。2019年，土地面积29.87平方千米，其中镇区面积14平方千米。下辖社区居民委员会13个，村民委员会14个，自然村29个。新出生人数1302人，人口出生率14.3‰，人口自然增长率10.3‰。至年底，总户数2.31万户，户籍人口10.59万人，常住人口20多万人。华人华侨4万多人。土特产主要有棉湖瓜丁、春饼、鸡蛋饼、糯米饭、乌膜豆仁、小米粉粿、姜薯汤、粿肉、卷章、红脚芥兰、六角糕等。地方方言为潮汕方言。

棉湖镇为广东省历史文化名城、揭西县中心镇之一，旅游资源丰富，素有“土田肥美，民物殷饶，衣冠之族，弦诵之家，甲於通邑”美誉。古建筑有郭氏大楼、李氏花园、龙头城王氏大宗祠、曾习经进士第、亭脚杨氏府第等；古寺庙类有永昌古庙暨云湖庵、慈济古庙暨古戏台、天后圣庙、花果寺、字祖古庙、溪头宫等；近现代重要史迹和代表性建筑有兴道书院、湖西祠堂、洪万兴祠、洪鉴兴楼等；古墓葬类有黄奇遇墓、龚姑娘墓、王敏墓等；石刻类有棉湖书院旧址碑刻、永昌古庙碑刻、杨宅地界碑、吴氏百岁亭碑刻、德智堂碑刻、揭阳县棉湖警察分所布告、潮州府正堂禁棉湖聚行告示碑、同治棉湖寨界碑、修捐马头石路碑记等。

是年，棉湖镇被评为“中国淘宝镇”，湖西村被评为“中国淘宝村”；12月31日，鲤鱼沟村被评为“全国乡村治理示范村”，入选第二批“国家森林乡村”名单。

【基层党建】 2019年，棉湖镇学习贯彻有关基层党建和党内法规制度，推进基层组织建设。重点整顿软弱涣散基层党组织2个，全面完成党支部规范化、标准化建设119个；实施基层党组织“头雁”工程，落实村党组织书记县级党委备案管理制度，以农村基层党组织书记队伍建设为重点，定期组织村（社区）书记开展教育培训5场次，组织村（社区）党组织书记及后备人选参加大专学历教育3批共19名；加强党对基层组织和基层工作领导，组织党员开展志愿服务119场次，为身边群众办实事好事200多件；结合揭阳市委巡察组反馈问题，解决形式主义、官僚主义突出问题460条；健全党组织领导乡村治理机制，推行村党组织书记通过法定程序担任村委会主任和村级集体经济组织、合作经济组织负责人8名，培养选拔村（社区）党组织书记后备人选52名，后备“两委干部”64名；推进党建示范镇、示范村建设，实施“一镇一个党建示范村”创建计划，以“两委”班子建设、党员队伍建设、制度建设、阵地建设等作为创建内容，培育打造鲤鱼沟村党建示范村；全面规范27个村（社区）党群服务中心建设，配齐配强党务工作者119名；实施党员先锋工程，开展党员亮身份、作表率系列活动，做好规范佩戴党员徽章工作，完成“共产党员之家”挂牌1516户；全镇选派党建指导员27人、“三支队伍”（直联，党建指导员，第一书记）驻点团队124人。至年底，全镇党的基层组织134个，其中党委1个、党总支14个、党支部119个；全镇党员3041人，其中农村党员983人。是年，新吸收党员25人；发展入党积极分子53人；上缴党费60万元。

【经济发展】 2019年，棉湖镇工农业总产值135.04亿元，比2018年（下同）增长8.2%，其中工业总产值132.12亿元，农业总产值2.92亿元。财政拨款收入1.56亿元，下降0.6%；财政拨款支出1.56亿元，下降0.6%；全年固定资产投资7.43亿元，社会消费品零售总额20.91亿元。各项税收收入4409.41万元，下降32.5%。镇内金融机构有工商银行、农业银行、建设银行、中国银行、农村商业银行、邮政储蓄银行6家。

农业 2019年，棉湖镇农业总产值2.92亿元，增长16.3%，其中种植业产值1.53亿元，林业产值0.33亿元，畜牧业产值0.74亿元，副业产值0.23亿元，渔业产值0.09亿元。全镇农作物总种植面积2009公顷，其中粮食作物种植面积1517.4公顷、经济作物种植面积75.6公顷、其他作物种植面积416公顷，粮食总产量8999吨。粮食作物主要以种植谷物、豆类、薯类为主，其中谷物（稻谷、玉米）种植面积1133.7公顷，总产量6662吨；豆类种植面积7.67公顷，总产量32吨；薯类种植面积376公顷，总产量2305吨。经济作物主要有甘蔗、油料作物（花生）等，甘蔗种植面积13.07公顷，总产量643吨；油料作物种植面积62.5公顷，总产量324吨。其他作物主要有蔬菜、青饲料等，蔬菜种植面积410.3公顷，总产量1.5万吨；青饲料种植面积5.33公顷，总产量155吨。完成造林面积12公顷，低产低效林改造面积8.2公顷，未成林抚育实际面积23.3公顷，成林抚育面积70公顷。全年肉猪出栏1.12万头、家禽（鸡、鸭、鹅）出栏58.2万只，水产养殖总产量703吨。

工业 2019年，棉湖镇工业生产主要以生产加工电线、电缆为主，有工业企业485家（含个体户），其中电线电缆企业193家，规模以上工业企业27家。是年，实现工业总产值132.12亿元，增长8%，其中规模以上工业产值66.35亿元，增长8.8%。

商业 2019年，棉湖镇有市场4个，分别为中心第一、二市场（合计占地约1000平方米）、第三市场（占地3000多平方米）、南门市场（占地1000多平方米），主要农贸产品有蔬菜、瓜果、水产品、禽蛋、肉类及其制品、粮油及其制品、豆制品、熟食、调味品、土特产等各类农产品和食品。有大型超市4个，包括惠丰超市、世纪天润、旭日超市、家家乐等，主要经营各类日常生活用品。有大小商铺2880户，主要经营日用品、药品、服装、电子数码产品、家居用品等商品。是年，新增限额以上商业企业3家；社会消费品零售总额20.91亿元，增长7.6%。

【乡村振兴】 2019年，棉湖镇推进4个省定贫困村新农村建设，至年底，新农村建设到位省级资金4800万元全部使用（其中736.04万元上缴到县用于面上村雨污分流工程），到位市级资金295万元使用市级资金106.56万元。4个省定贫困村完成“三清三拆”、垃圾日清、雨污分流、村道硬底化、公厕、卫生站等项目建设。其中贡山村新建修复给水管7.3千米，完成村道、巷道硬底化1.3万平方米，新建公厕1间、卫生站1间；鲤鱼沟新建修复给水管5.4千米，完成村道、巷道硬底化8241.85平方米，新建公厕1间、卫生站1间；下浦村新建修复给水管6.6千米，完成村道、巷道硬底化2.2万平方米，新建公厕4间、卫生站1间；考溪村新建修复给水管3.09千米，完成村道、巷道硬底化1.1万平方米，新建公厕1间、卫生站1间。开展10个非贫困村（包括23个自然村）雨污分流及相关工程建设，完成23个自然村雨污分流及相关工程设计，完成23个非贫困自然村图审工作，投入资金1211.8万元，新增管网铺设约69千米，20个自然村雨污分流工程建设全面完工。投资5800万元完成榕江（贡山溪）治理工程；乡贤倡导捐资450万元完成云湖引水工程建设，改善云湖水质环境；开工建设农村微型污水处理站8个；优化交通环境，投资4522万元完成湖西路南段、榕云路和工业一路道路升级改造。10月16日，棉湖镇与棉湖乐心互助协会联合举办“庆祝广东省第26届环卫工人节慰问活动暨抑尘车捐赠仪式”。

2019年10月16日，棉湖镇庆祝广东省第26届环卫工人节慰问活动暨抑尘车捐赠仪式在棉湖镇办公楼三楼会议室举行 （黄子佳 摄）

【精准扶贫】 2019年，棉湖镇贫困户547户、2026人，其中一般贫困户222户、1103人，低保户256户、854人，五保户69户、69人；有劳动能力364户、1724人，无劳动能力贫困户183户、302人。全镇省定贫困村4个，分散贫困村10个。全年全镇“以奖代补”项目3个，申请补助82.44万元，补助资金全部发放，其中产业扶贫“以奖代补”项目申请通过农户数158户，补助资金总额共63.04万元；就业帮扶“以奖代补”项目申请通过农户数55户，申请补助资金总额共18.6万元；技能帮扶“以奖代补”项目申请通过农户数2户，申请补助资金总额共0.8万元。全镇到位扶贫专项资金2824.22万元，使用2743.46万元，使用率为97.1%，建成产业扶贫项目6个，其中资产收益性扶贫项目5个（购置商铺），产业扶贫项目1个（光伏发电）。至年底，全镇贫困户全部脱贫退出；省定贫困村全部脱贫退出。

【科教文体卫】 教育 2019年，棉湖镇有幼儿园38所，在园幼儿6408 人，幼儿教师548人；小学13所，在校学生1.07万人，教职工555人（小学一级教师343人，大专以上文化程度548人）；初级中学3所，在校学生4942人，教职工396人（大学本、专科学历以上396人，中学高级教师职称41人，中学一级教师职称185人）；有九年一贯制学校2所；完全中学1所（棉湖第二中学），在校学生2575人，教职工243人（大学本科学历以上210人，中学高级教师职称39人，中学一级教师职称94人），高考人数720人（本科24人，上高分优先投档线1人），中考人数357，上线率80%；高级中学1所（棉湖中学），在校学生4227人，教职工274人（大学本科学历以上269人，中学高级教师职称68人），高考人数1459人（本科率50%，上高分优先投档线102人）。是年，小学适龄儿童入学率100%、小升初率100%，完成普通高中送招1501人。

文化体育　2019年，棉湖镇有文化站1个，广播电视站1个，村级广播站27个，文化活动广场6个，老人文化活动中心5个，农家书屋14间，老人福利院1个。主要地方特色文化活动组织有潮乐社、灯谜协会、书画学会、盆景协会、象棋协会、老年体育协会、乒乓球协会、武术协会、汉剧社等；主要地方文化活动有棉湖僻语、舞龙、舞狮、英歌、灯会、灯谜、花卉盆景展、庙会、赛龙舟、说书等；民间传统工艺有木雕、竹编、剪纸、石刻等。是年，总投资20万元，完善配套村文化室6个；全镇举办文化惠民群众文化活动10场次。

卫生　2019年，棉湖镇有医院1所（揭西县第二人民医院棉湖华侨医院），床位400个，医务人员384人（拥有专业技术职称348人，其中高级职称9人、中级职称62人），医生113人；有乡村个体医疗站32个。揭西县第二人民医院棉湖华侨医院全年门诊量25万人次，收治住院病人1.8万例，医疗卫生业务收入1.25亿元。10月29日，棉湖华侨医院住院综合大楼启用，全年完成投资3150万元，累计完成投资1.01亿元。至年底，新增医疗设备价值3709万元，包括进口麻醉机、呼吸机等。

【安全生产】　2019年，棉湖镇加强安全生产监督管理，强化安全生产宣传，完善公共消防设施建设和消防事业建设，开展“奋战50天　全年保平安”安全生产重点攻坚行动等专项整治活动。组建专项工作组，对辖区内各工业区、公众聚集娱乐场所等，开展地毯式安全生产排查；定期、不定期对辖区内企事业单位、公众聚集地及“三小”（小档口、小作坊、小娱乐场所）场所开展安全生产大排查大整治。全年开展安全生产大检查20多次，出动3000多人次，检查企业1200多家，排查隐患830多处，现场落实整改460处，限期整改370处；投入约13万元，整治各类生产经营场所火灾隐患；投入约6万元，开展安全生产宣传工作；取缔“三合一、多合一”（住宿与生产、储存、经营等一种或几种用途混合设置在同一连通空间内的场所）场所8家。全年辖区内没有重大安全事故发生。

【社会治安综合治理】　2019年，棉湖镇受理各类信访案件33宗，全部办结；调解劳动纠纷21宗；调解工资纠纷11宗，为农民工追回拖欠工资17万元；加强社会治安综合治理，加大违法犯罪打击力度，开展黄赌毒及黑恶“保护伞”问题集中整治工作，联合派出所、市监所、安全办等部门开展联合行动，重点围绕涉黑涉恶、黄赌毒、环保打假等问题进行地毯式清查，组织开展社会治安综合清理清查专项行动26次，出动390人次，协助上级查处假烟窝点1处；辖区内两个派出所共立刑事案件173宗，破案41宗，行政案件受理163宗，查处吸毒人员10人，惩治黑恶案件11宗、两抢一盗案件17宗、涉黄案件4宗、涉赌案件10宗。

2019年棉湖镇主要社会经济指标表

表103

项目	单位	指标	项目	单位	指标
土地总面积	公顷	2987	粮食总产量	万吨	8999
总人口	万人	10.59	水产总产量	吨	703
农业人口	万人	4.18	水果总产量	吨	2656
总户数	万户	2.31	蔬菜总产量	万吨	1.5

续表103

项目	单位	指标	项目	单位	指标
社区居委会	个	13	生猪出栏量	万头	1.13
村委会	个	14	牛存栏量	头	164
农业总产值	亿元	2.92	家禽出栏量	万只	58.2
工业总产值	亿元	132.12	中学	所	6
工业企业	家	485	小学	所	13
规模以上企业	家	27	中小学在校学生	万人	2.24
高新技术企业	家	—	中小学在职教师	人	1468
固定资产投资	亿元	7.43	幼儿园	所	38
本级财政总收入	亿元	1.56	在园幼儿	人	6408

2019年棉湖镇主要企业基本情况表

表104

企业名称	企业性质	职工人数（人）	主要特色产品	销售额（万元）	年上缴税收（万元）
揭阳市长越建筑材料有限公司	私营有限责任公司	8	建材批发	16719.80	329.76
广东程通电线电缆厂有限公司	集体企业	17	电线、电缆制造	19665.27	286.05
揭西县宝讯电缆有限公司	私营有限责任公司	13	电线、电缆制造	6936.93	102.67
揭西恒利丰贸易有限公司	私营有限责任公司	16	灯具、装饰物品批发	19573.29	102.43
揭西县同力电器有限公司	私营有限责任公司	7	家用视听设备批发	19467.22	101.93
广东万泰塑胶科技有限公司	私营有限责任公司	18	日用塑料制品制造	7750.49	97.59
揭西县锦生电线电缆实业有限公司	私营有限责任公司	15	电线、电缆制造	8051.46	97.34
揭西县威潜电线电缆厂	私营独资企业	16	电线、电缆制造	13893.45	93.58
广东纳和线缆实业有限公司	私营有限责任公司	17	电线、电缆制造	6162.09	76.40
揭西县伟成达铜材有限公司	私营有限责任公司	9	铜压延加工	3424.69	69.39
广东胜达通电缆实业有限公司	私营有限责任公司	8	电线、电缆制造	4965.61	69.05
广东复兴五金塑料制品有限公司	私营有限责任公司	21	电力供应	16820.64	67.53
揭西县萌冠电线电缆厂	私营独资企业	13	电线、电缆制造	4285.27	64.92
广东省福利永兴彩印有限公司	私营有限责任公司	24	包装装潢及其他印刷	3701.44	64.21
广东安普恒业电线电缆有限公司	其他有限责任公司	12	电线、电缆制造	3491.73	61.95
揭西县联润塑料有限公司	私营有限责任公司	8	日用塑料制品制造	4318.1	61.55
广东科兴宇电缆实业有限公司	其他有限责任公司	8	电线、电缆制造	3718.16	58.14
揭西县顺利达电线电缆有限公司	私营有限责任公司	9	电线、电缆制造	2755.44	52.11
广东雅畅线缆实业有限公司	私营有限责任公司	7	电线、电缆制造	3277.57	51.36
广东诺标线缆有限公司	私营有限责任公司	11	电线、电缆制造	3716.49	50.46
广东穗达电线电缆有限公司	私营有限责任公司	8	电线、电缆制造	3956.63	49.04
广东亿心食品工业有限公司	私营有限责任公司	12	糖果、巧克力制造	2516.63	47.79

续表104

企业名称	企业性质	职工人数（人）	主要特色产品	销售额（万元）	年上缴税收（万元）
广东建兴电线电缆有限公司	私营有限责任公司	10	电线、电缆制造	2927.01	45.78
揭西县祥合网络电缆有限公司	私营有限责任公司	11	电线、电缆制造	2449.19	43.05
广东越东机械有限公司	私营有限责任公司	8	电工机械专用设备制造	2820.15	42.30
广东威潜电缆实业有限公司	私营有限责任公司	10	电线、电缆制造	16093.56	40.8
广东新荔湾电缆有限公司揭西分公司	私营有限责任公司	9	电线、电缆制造	2214.46	38.89
揭阳市炫胜电缆有限公司	私营有限责任公司	8	电线、电缆制造	4213.39	36.44
揭西县荣华大酒店有限公司	其他有限责任公司	9	正餐服务	1010.34	36.28
广东雄电电线电缆有限公司	私营有限责任公司	8	电线、电缆制造	2444.24	36.02

2019年棉湖镇各村（居）委会情况表

表105

村（社区）委会名称	所辖自然村名称
四乡村委	刘厝寨村、口寨村、灰陂村、横港村、大港村
湖西村委	湖西村
新湖村委	新光村、湖坡村、南群村、湖东村、永丰村、鸿光林村
厚埔村委	厚埔村
上浦村委	上浦村、林厝堀村
甲埔村委	甲埔村
境潭村委	芰苈池村、境潭村、日路村、沈厝场村
下浦村委	下浦村、浦溪村、方栅村
考溪村委	考溪村
贡山村委	贡山村
鲤鱼沟村委	鲤鱼沟村
贡东村委	贡东村
新陂村委	新陂村
玉石村委	玉石村
竹园内居委	无
桥头居委	无
解放路居委	无
米街居委	无
方围居委	无
南门居委	无
云湖居委	无
花园居委	花园村
道江居委	无
湖滨居委	无

续表105

村（社区）委会名称	所辖自然村名称
岭南居委	无
兴中居委	无
东新居委	无

（何锋城　黄子佳　林钊立）

东园镇

【概况】　东园镇位于揭西县境东部边陲，东与棉湖镇、揭东县白塔镇接壤，西与塔头镇毗邻，南隔榕江南河与凤江镇相望，北与京溪园镇交界，距离县城42千米。2019年，土地面积26.36平方千米，下辖社区居民委员会1个，村民委员会10个，自然村38个。新出生人数508人，人口出生率12.6‰，人口自然增长率7.7‰。至年底，总户数8682户，户籍人口4.02万人，常住人口3.19万人。海外华侨1.5万人。港澳台同胞1万人。土特产主要有布仔豆干、古福咸菜等。主要旅游景点有碧岩寺、月湄村（省市历史文化名村、中国传统村落、揭阳市卫生村）。地方方言为潮汕方言。

【基层党建】　2019年，东园镇加强基层党组织学习教育，完善基础设施建设，强化基层干部培训，推进基层党建工作。投资19万元，采用租借方式完成联丰村党总支下属5个党支部及古福村党总支下属4个党支部标准党员活动室配套建设，并在全镇范围内推广。继续实施“头雁”工程，选派4批次9人参加揭西县广播电视大学法学专业学习；组织村书记参加市委党校培训8期8人次；农村党员干部县委党校轮训25期580人次、镇党校培训7期613人次；报备后备干部51人，调整配备省定贫困村党建指导员5名。抓好市委驻镇巡村专项巡察和县委第五轮巡察东园镇反馈意见整改落实工作。至年底，全镇党基层组织59个，其中党委1个、党总支7个、党支部51个；党员1114人，其中农村党员779人、镇直机关及各单位在职党员301人、退休干部党员34人。是年，新吸收党员21人，发展预备党员15人，发展入党积极分子31人，新党员培训150人次。

【经济发展】　2019年，东园镇农业总产值3.3亿元，比2018年（下同）增长16.3%。地方公共财政预算收入4600.4万元，下降60.6%；地方公共财政预算支出4600.4万元，下降60.6%。全年固定资产投资1亿元，社会消费品零售总额5.51亿元。各项税收收入283.59万元，下降20.3%。镇内有农村商业银行1家，设东园、古福营业厅2个，各项存款余额5.7亿元，增长14%；贷款余额2458万元，增长68.3%。

农业　2019年，东园镇农业总产值3.3亿元，增长16.3%，其中种植业产值1.5亿元，林业产值7608.4万元，牧业产值5837.31万元，渔业产值1253.38万元，农、林、牧、渔服务业产值2707万元。全镇耕地面积803公顷，粮食播种面积1516公顷，粮食总产量8961吨。农作物主要有水稻、蔬菜、水果等，水稻播种面积969公顷，总产量5461吨；蔬菜种植面积397公顷，总产量1.73万吨；水果种植面积307公顷，总产量4794吨。完成造林面积121公顷，木材采伐1233立方米。全年生猪出栏1.03万头、家禽（鸡、鸭、鹅）出栏49.78万只，水产养殖总产量1072吨。

商业 2019年，东园镇有农贸市场2个，分别为东桥园农贸市场（占地面积0.54公顷）、古福农贸市场（占地面积0.17公顷），市场主要经营农副产品。镇内有小型自选商场2家，镇区沿街商铺40多家，商业服务行业50多家，主要商品有五金电器、服装鞋类、日常用品、农副产品等。是年，阿里村淘服务站10个；限额以上商业企业1家；全年社会消费品零售总额5.51亿元，增长7%。

东园镇玉湖村村标 （东园镇 供稿）

【乡村振兴】 2019年，东园镇推进文明和谐美丽乡村建设，加快推动重点项目建设。推进省定贫困村创建社会主义新农村示范村建设，5个省定贫困村共完成雨污分流管道铺设65.73千米、巷道硬底化8.61万平方米、自来水管道铺设16.66千米，建设公厕17座、垃圾集中点5个、村标识牌5处、村卫生站5个；推进面上村雨污分流和相关工程建设，5个非省定贫困村全部开工建设雨污分流工程，开工率100%。玉湖村作为省定生态宜居美丽示范村，完成滨水游步道建设、村标、古树休憩空间改造、运动广场景观提升、五之楼改造提升等项目设计；月湄村作为自办生态宜居美丽示范村，投入资金700多万元，铺设雨污分流管道3200米、给水管道2600米，建设公厕2座，结合中国传统村落建设，完成老寨排水、排污、供水、巷道、寨前池挡土墙、环池路等工程建设。完成揭西县中小河流治理工程新福河东园段、镇区污水处理厂和9个农村微型污水处理站、东园中学大礼堂工程、揭西中园新城规划调整、首期用地征地等建设工作，完成首批用地5.52公顷挂牌出让。启动碧桂园——金域名府建设。全年拆除危旧房511宗，猪牛羊栏和露天厕所2024宗，乱搭建2134宗，清理乱堆乱放5278宗，清理积存垃圾4546吨，全镇38个自然村基本完成清拆任务。

【精准扶贫】 2019年，东园镇贫困户598户、2240人，其中一般贫困户211户、1065人，低保户贫困户291户、1079人，五保户贫困96户、96人；其中有劳动能力贫困户421户、1974人，无劳动能力贫困户177户、266人。实施光伏发电项目7个，投入资金570.60万元；帮扶单位中国出口信用保险公司广东分公司和东莞市茶山镇人民政府共引导资金到位331.2万元，投入234.59万元；发放技能“以奖代补”资金6万元，就业“以奖代补”资金57人共9.0万元。至年底，全镇贫困户全部脱贫退出；5个省定贫困村全部脱贫退出。

【特色农业】 2019年，东园镇深化农业供给侧结构性改革，以现有冬瓜、蔬菜、淡水养殖基地为基础，引进农业开发专业公司，推动土地承包集约，建立农产品质量安全体系和培育连片种植基地、种植大户、龙头企业，引进现代农业发展模式，深入实施互联网+“生态农业”、“农户+基地+专业合作社”以及农产品“生产、加工、销售、服务”一体化工程。是年，全镇种植蔬菜397公顷，年产量1.7万吨，年产值6383万元；养殖罗非鱼年产量455吨，年产值337万元。

【科教文体卫】 **教育** 2019年，东园镇有幼儿园6所（公办园3所、民办园3所），在园幼儿

983人，教职工56人（含临聘教职工）；小学6所，在校学生1712人，教职工103人（小学一级教师98人，大专以上文化程度159人）；初级中学1所，在校中学生853人，教职工78人（大学本、专科学历以上78人，中学高级教师职称4人，中学一级教师职称43人）。是年，考上揭阳一中录取分数线12人，考上揭阳二中录取分数线50人，考上棉湖中学录取分数线136人。

文化体育　2019年，东园镇有文化站1个，广播站1个，有线电视转播站1个，村级广播站11个，敬老院1个。10个行政村均有篮球场。是年，开展“乡乡乐起来”、“元旦”文艺汇演等群众文艺活动14场次。

卫生　2019年，东园镇有卫生院1所，执业（助理）医师17人，病床24张，内设预防保健科、全科医疗科、内科、外科、妇产科、儿科、眼科、耳鼻咽喉科、口腔科、急诊医学科、麻醉科、医学检验科、医学影像科、中医科等。全镇有乡村卫生站10个，乡村医生9人。是年，各医疗机构门诊量2.4万人次，收治住院病人473例，医疗卫生单位业务收入188.16万元。全年儿童计划免疫率100%，未发生任何传染病。

【安全生产】　2019年，东园镇强化安全生产“一岗双责”制度，开展安全生产大检查和风险点危险源管控工作，加强日常安全隐患排查整治，结合安全生产特别防护期、“奋战50天　全年保平安”等重要时间节点和重点攻坚行动，落实道路交通、消防、危险化学品、建筑施工、特种设备等重点行业安全生产工作，通过经常性开展日常巡查和专项检查督促企业落实主体责任，及时有效消除安全隐患。全年组织开展大检查220家次，检查超市、商铺、企业等220家次，发现隐患63次，落实整改隐患63次，整改率100%。全镇没有发生重特大安全事故。

【社会治安综合治理】　2019年，东园镇坚持扫黑除恶与“众剑行动”、基层“拍蝇”和加强基层组织建设相结合，落实政治安全和综治责任制，开展维护政治安全专项行动和“众剑行动”扫黑除恶专项斗争，构建并形成“中心+网格化+信息化”工作体系，推进“一村（社区）一法律顾问制度。重新排查登记严重精神障碍患者222人落实监护人全部签订监护责任书，落实监护人责任；开展法治建设“三级同创”活动主题宣传活动，出动宣传车6辆次，宣传横幅100多条，发放宣传资料5000多份，开展宪法宣传讲座和禁毒等法制讲座35场次。全年受理各类信访件8宗，调处8宗，调处率100%；摸查报送涉黑涉恶线索3条，抓获犯罪涉嫌人5名。

2019年东园镇主要社会经济指标表

表106

项目	单位	指标	项目	单位	指标
土地总面积	公顷	2635.97	粮食总产量	吨	8961
总人口	万人	4.02	水产总产量	吨	1072
农村人口	万人	3.15	水果总产量	吨	4794
总户数	户	8682	蔬菜总产量	万吨	1.73
社区居委会	个	1	生猪出栏量	万头	1.03
村委会	个	10	牛存栏量	头	178
农业总产值	亿元	3.3	家禽出栏量	万只	49.78
工业总产值	亿元	—	中学	所	1
工业企业	家	7	小学	所	6
规模以上企业	家	—	中小学在校学生	人	2565
高新技术企业	家	—	中小学在职教师	人	181
固定资产投资	亿元	1	幼儿园	所	6
本级财政总收入	万元	4600.36	在园幼儿	人	983

2019年东园镇主要企业基本情况表

表107

企业名称	企业性质	职工人数（人）	主要特色产品	年产值（万元）	年上缴税收（万元）
揭西县巨塔混凝土有限公司	个体私营	45	混凝土	3145.78	14.3
亿家福食品加工厂	个体私营	10	糖果加工	201.6	1.7
揭西县庆鸿混凝土有限公司	个体私营	10	混凝土	544.576	2.3

2019年东园镇村（居）委会情况表

表108

村（居）委会名称	所辖自然村
桃围村委	桃围村、仙宝村、中洲村、官田村
玉湖村委	玉湖村
东桥园村委	大寨村、耀东村、新寨村、西兴村、柑园顶村、洲兴村
联丰村委	后畔园村、巷垅村、金湖村、西湖村、厝前村、鹊湖村、月眉山村
赤岩村委	赤岩村、西山村、白木城村、柑园村、新兴村
古福村委	虎埕村、寨内村、砖埕村、池顶村、口寨村、旗坑村、下洲村、上洲村
月湄村委	月湄村
炉清村委	炉清村
后寮村委	后寮村、金湖村
三犁村委	老宅村、新宅村、宅埔村
东联居委	无

（林史创　李秉江）

塔头镇

【概况】 塔头镇位于揭西县东南部，五经富河中下游，东北邻东园镇，南邻凤江镇、金和镇，西连灰寨镇，北接京溪园镇，距县城32千米。2019年，土地面积29.35平方千米，下辖社区居民委员会1个，村民委员会14个，自然村42个。新出生人数821人，人口出生率14.6‰，人口自然增长率9.6‰。至年底，总户数1.24万户，户籍人口5.42万人，常住人口4.15万人。塔头镇盛产黑皮冬瓜，为揭阳市“一镇一品”工程示范镇。土特产有黑皮冬瓜、炒花生仁、薯干、甜笋干。地方方言为潮汕话与客家话。

【基层党建】 2019年，塔头镇加强基层思想政治学习，健全党组织领导乡村治理机制，实施“头雁工程”和党员先锋工程，落实各领域基层党建工作重点任务，推进基层党组织建设。学习贯彻基层党建党内法规，推进基层党建标准化规范化建设，党委中心组全年召开专题学习会12次，学习并研究党建工作。实施“头雁工程”，拓宽村级党组织书记干部来源渠道，建立健全村级党组织书记后备干部选拔、培养和管理工作机制，对全镇15个村（社区）党组织书记后备干部履职进行全面评估，建立动态管理制度，优化调整后备干部队伍，按不低于1：2比例完善党组织书记后备干部库。实施党员先锋工程，增强党员教育培训针对性实效性，利用微信、“学习强国”等网络平台，推进党员学习教育常态化制度化。组织党员亮身份、作表率，开展党员家庭挂牌活动。提高发展党员工作质量，注重结构性指导。至年底，全镇党基层组织64个，其中党委1个、党总支8个、党支部55个（其中“两新”组织党支部2个）；党员1388人，其中农村党员994人、社区党员48人、镇直机关及各单位党员346人。是年，新吸收预备党员17人；发展入党积极分子19人。

【经济发展】 2019年，塔头镇工农业总产值12.35亿元，比2018年（下同）增长6%，其中工业总产值8.19亿元、农业总产值4.16亿元。地方公共财政预算收入6095.84万元，下降26%；地方公共财政预算支出6095.84万元，下降26%。全年固定资产投资1.67亿元，社会消费品零售总额7.16亿元。各项税收收入229.48万元，下降34%。镇内有农村商业银行1家，邮政储蓄银行1家，各项存款余额9.7亿元，各项贷款1100万元。

农业 2019年，塔头镇农业总产值4.18亿元，增长19%，其中种植业产值2.36亿元，林业产值9681万元，牧业产值7706万元，渔业产值840万元。全镇耕地面积1181.37公顷，粮食播种面积1925.3公顷，粮食总产量1.18万吨。全镇农业生产以种植业为主，主要经济作物有冬瓜、甜玉米、笋竹等。水稻种植面积962公顷，年产量5675吨；蔬菜种植面积652公顷，总产量2.68万吨；水果种植面积192公顷，总产量2650吨；冬瓜种植面积405公顷，总产量1.35万吨；甜玉米种植面积97公顷，总产量766吨；笋竹4.36公顷，总产量122吨。林地面积291公顷，完成造林面积31公顷，木材采伐1375立方米。全年生猪出栏1.58万头、家禽（鸡、鸭、鹅）出栏72.17万只，水产养殖总产量1121吨。是年，发放种粮补贴141.60万元。

工业 2019年，塔头镇工业生产以食品加工、化肥生产加工为主，有工业企业128家，从业人员1335人，其中规模以上工业企业2家。主要企业有揭西县同心食品有限公司。是年，实现工业产值8.19亿元，增长0.6%，其中规模以上工业产值6.77亿元，增长9.7%。

商业 2019年，塔头镇有农贸市场1个，占地面积3000平方米，小型自选商场3家，镇区沿街商店有260多家，主要经营五金电器、服装鞋类、日常用品、农副产品及快递服务等。是年，社会消费品零售总额7.16亿元，增长6.7%。

【乡村振兴】 2019年，塔头镇强化环境整治工作，推进新农村建设，打造美丽宜居乡村。开展“三清三拆三整治”和禁养区整治工作，全镇所有自然村完成清拆整治任务，并通过检查验收，其中清理乱堆乱放186宗；清理积存垃圾、卫生死角等共204吨；清理溪河淤泥、漂浮物等共95吨；拆除危旧房503宗，拆除面积1.94万平方米；拆除猪牛羊栏和露天厕所2279宗，拆除面积3.01万平方米，拆除乱搭建和违规广告牌等418宗。全面完成6个省定贫困村新农村建设一期工程，包括生活垃圾日产日清、雨污分流、集中供水、道路硬化、20个标准化公厕和6个卫生站建成并投入使用，至年底，按揭阳市组织第三方评估考评实绩，完成一期工程量和资金投入96.5%；推进旧住村、锦龙村2个

2019年10月14日，潭溪村村干部和种植户查看冬瓜长势，交流种植经验 （塔头镇 供稿）

省定生态宜居美丽示范村建设，完成规划编制，开工建设8个项目，基本完成村道全面硬化、生活垃圾处理体系、雨污分流建设、供水到户及公共卫生户厕等项目，上级下拨1400万元建设资金拨付至村级账户；统筹推进其他8个面上村新农村建设，开工建设雨污分流工程，完成管道铺设40.8千米，建成小型污水处理站和污水处理池各1座，各村公厕和卫生站全面建成。

【精准扶贫】 2019年，塔头镇贫困户877户、2834人，其中一般贫困户301户、1373人，低保贫困户359户、1223人，五保贫困户217户、238人；有劳动能力533户、2347人，无劳动能力344户、497人。全镇省定贫困村6个，分散贫困村8个。发挥扶贫资金投入光伏发电、异地购置商铺出租、自建商铺等项目效益，实施以奖代补提升贫困户内生动力。推进三保障民生工程政策落实，完成2834人医疗保险政府全额资助工作，完成2018—2019学年562名在校生教育补助发放工作。落实无劳动能力及弱劳动能力户兜底保障，兜底保障344户497人。至年底，全镇贫困户全部脱贫退出；6个省定贫困村脱贫退出。

【特色农业】 2019年，塔头镇特色农业以种植冬瓜为主，冬瓜种植总面积405公顷，占全镇耕地面积2/5，覆盖全镇14个村，年产量1.38万吨，年产值3150万元。塔头镇黑皮冬瓜畅销省内各地及江西省、福建省、上海市和东北三省等地。塔头镇农户种植冬瓜有近30年历史，引进四川省优质黑皮冬瓜品种，黑皮冬瓜每年可种植2造，分别于3月、7月种植，7月、11月收获上市。

【科教文体卫】 科技 2019年，塔头镇利用有线电视、村级广播、远程教育等平台，开展群众性科学技术普及工作，鼓励各生产行业应用科技。是年，开展农技、职业技术培训会1场次，培训人员60人次。

教育 2019年，塔头镇有幼儿园4所（公办幼儿园2所、民办幼儿园2所），在园幼儿647人，幼儿教师37人；小学14所，在校学生2264人，教职工180人（小学高级教师126人，小学一级教师职称45人）；初级中学2所，在校学生1222人，教职工119人（中学高级教师职称4人，中学一级教师职称59人）。是年，全镇适龄儿童入学率100%，小学巩固率100%，初中毛入学率100%，学前三年入园（班）率91.2%。塔头中学、塔头二中2所中学考上高中学生244人，其中考上河婆中学、棉湖中学155人。

文化体育 2019年，塔头镇有文化站1个，广播站1个，有线电视转播站3个，村级广播站15个，文化活动广场18个，老人文化活动中心2个，农家书屋14间，老人福利院1个。全年举办群众性文艺活动17场次，开展体育活动10场次。

卫生 2019年，塔头镇有中心卫生院1所，占地面积2100平方米，建筑面积1800平方米，在编人员56人，病床20张，内设妇产科、内儿科、外科、五官科、骨伤科、烧伤科、防疫科、化验、X光、B超等科室。是年，医疗机构门诊量5609人次，收治住院病人170例，医疗卫生单位业务收入104万元。全镇儿童计划免疫率96%，未发生任何传染病。

【安全生产】 2019年，塔头镇强化安全生产监管，落实安全生产目标管理责任制，健全安全生产管理机制，加强安全生产宣传，深化安全专项整治，做好安全生产各项工作。是年，组织开展安全生产大检查8次，例行检查行动35次，出动检查375人次，排查隐患116项，整改率98%以上。

【社会治安综合治理】 2019年，塔头镇建立基层网格化工作管理体系，开展扫黑除恶、“众剑行动”等专项整治，推进社会矛盾化解工作。全年镇维稳中心受理矛盾纠纷42宗，调解42宗；村级工作站受理矛盾纠纷47宗，调解47宗；建立一级网格化15个、二级网格化55个、三级网格化55个；镇派出所破获盗窃案件2宗、吸毒案件2宗、寻性滋事3宗、故意伤害2宗、行政纠纷7宗，抓获嫌疑人32人；镇司法社区矫正在矫7人，全年新入矫3人，期满解除4人，其他（特赦）1人，全年总数13人；开展反邪教警示教育宣传活动，全年“法轮功”“全能神”及其他邪教组织案件发案均为零。

2019年塔头镇主要社会经济指标表

表109

项目	单位	指标	项目	单位	指标
土地总面积	公顷	2935	粮食总产量	万吨	1.18
总人口	万人	5.42	水产总产量	吨	1121
农业人口	万人	5.11	水果总产量	吨	2650
总户数	万户	1.24	蔬菜总产量	万吨	2.68
社区居委会	个	1	生猪出栏量	万头	1.58
村委会	个	14	牛存栏量	头	148
农业总产值	亿元	4.16	家禽出栏量	万只	72.17
工业总产值	亿元	8.19	中学	所	2
工业企业	家	128	小学	所	14
规模以上企业	家	2	中小学在校学生	人	3486
高新技术企业	家	—	中小学在职教师	人	299
固定资产投资	亿元	1.67	幼儿园	所	4
本级财政总收入	万元	6095.84	在园幼儿	人	647

2019年塔头镇主要企业基本情况表

表110

企业名称	企业性质	职工人数（人）	主要特色产品	年产值（万元）	年上缴税收（万元）
揭西县同心食品有限公司	责任有限公司	70	番薯干、芒果干	1800	35
揭西县潭溪砂砖制造有限公司	责任有限公司	85	砂砖	600	11

2019年塔头镇各村（居）委会情况表

表111

村（居）委会名称	所辖自然村名称
塔头村委	塔头村，袁厝寮村，竹林美村，大园村
潭新村委	月新村，月潭村，周厝埔村，黄厝寮村
保西村委	石牌村，分水岭村
山寮村委	山寮村
大丰村委	大坪埔村，大山脚村，丰文村
新园村委	新园村
阔西村委	田墘围村，里厝寮村，岐山坪村，新置寨村
阔园村委	三角丘村，新寨村，陈厝寮村，老寨村，苏厝巷村，下片园村
锦龙村委	龙山村，锦老村，锦新村
新溪村委	新队村，鹅毛溪村，新兴围村，柑园村，联桐村
旧住村委	旧住村
顶埔村委	顶埔村
潭溪村委	储美村，濂溪村，桃溪洲村，濂兴村，围内村
龙光村委	龙角池村，涂港村
塔头居委	无

（李欢庆　官国彬　林敏钰）

人物

2019年新任揭西县领导简介

【**魏洁林**】 男，汉族，1968年11月出生，揭阳市榕城区人，1989年1月参加工作，1991年12月加入中国共产党，大学学历。

主要简历：

1989年1月至1993年6月，任广东省东径劳改支队干警；

1993年6月至1994年11月，任揭阳市公安局办公室办事员；

1994年11月至1996年3月，任揭阳市公安局办公室科员；

1996年3月至1997年5月，任揭阳市公安局办公室情况股股长（其间：1996年6月高教自考中山大学法律专业，大专毕业）；

1997年5月至1999年8月，任揭阳市公安局110指挥中心副主任；

1999年8月至2004年12月，任揭阳市公安局警务督察队队长（其间：2000年6月高教自考中国公安大学公安管理专业学习，大学毕业）；

2004年12月至2007年12月，任揭阳市东山区委委员、区委政法委书记、东山公安分局局长、党组书记（其间：2003年9月至2005年6月，在中国政法大学法学院法律专业学习）；

2007年12月至2009年3月，任揭阳市公安局党委委员，东山区委政法委书记、公安分局局长、党组书记；

2009年3月至2011年9月，任揭阳市公安局党委委员、市公安局副局长（其间：2008年10月至2010年12月，在华南理工大学EMBA班学习，获工商硕士学位）；

2011年9月至2012年3月，任揭阳市委副秘书长（正处级）；

2012年3月至2013年4月，任揭阳市委政法委员会副书记，市维稳办主任（正处级）；

2013年4月至2013年5月，任中共揭西县委副书记，揭西县棉湖镇党委书记、人大主席（正处级）；

2013年5月至2013年12月，任中共揭西县委副书记、政法委书记，揭西县棉湖镇党委书记、人大主席（正处级）；

2013年12月至2014年3月，任揭阳市民政局副局长、党组书记（正处级）；

2014年3月至2018年10月，任揭阳市民政局局长、党组书记；

2018年10月至2019年3月，任中共揭西县委副书记，揭西县人民政府副县长、代县长、党组书记；

2019年3月起，任中共揭西县委副书记，揭西县人民政府县长、党组书记。

【**张永庆**】 男，汉族，1968年9月出生，广东揭西人，1990年7

月参加工作，1993年6月加入中国共产党，大学学历。

主要简历：

1990年7月至1991年9月，任揭西县河婆中学教师；

1991年9月至1993年5月，任揭西县人民政府办公室文教组干事；

1993年5月至1996年2月，任揭西县人民政府办公室文教组副组长；

1996年2月至1998年6月，任揭西县良田乡党委副书记、纪委书记；

1998年6月至1999年1月，任揭西县良田乡党委副书记、纪委书记、综治办主任；

1999年1月至1999年4月，任揭西县下砂乡党委副书记、乡政府主要负责人；

1999年4月至2003年9月，任揭西县下砂乡党委副书记、乡长；

2003年9月至2005年12月，任揭西县良田乡党委副书记、乡长；

2005年12月至2006年6月，任揭西县河婆镇党委副书记、镇长；

2006年6月至2006年11月，任揭西县河婆街道党工委副书记、办事处主任；

2006年11月至2010年8月，任揭西县五云镇党委书记、人大主席；

2010年8月至2014年1月，任揭西县河婆街道党工委书记（其间：2009年2月至2011年7月在中共广东省委党校公共管理专业学习，大学毕业）；

2014年1月至2014年2月，任中共揭西县委常委、河婆街道党工委书记；

2014年2月至2017年4月，任中共揭西县委常委、政法委书记，揭西县社会工作委员会副主任，河婆街道党工委书记；

2017年4月至2019年2月，任中共揭西县委常委、政法委书记，河婆街道党工委书记；

2019年2月至2019年3月，任中共揭西县委员会副书记、政法委书记，河婆街道党工委书记；

2019年3月起，任中共揭西县委员会副书记。

【官楚生】 男，汉族，1964年7月出生，广东普宁人，1983年12月参加工作，1986年9月加入中国共产党，大学学历。

主要简历：

1983年12月至1986年1月，任惠来县商业信托贸易公司职员；

1986年1月至1987年3月，任惠来县东港镇政府党政办资料员；

1987年3月至1988年6月，任惠来县东港镇政府党政办副主任；

1988年6月至1988年9月，任普宁市洪阳镇党政办资料员；

1988年9月至1991年4月，任普宁市洪阳镇政府办公室副主任（其间：1988年3月至1991年3月在中共广东省委党校政治专业学习，大专毕业）；

1991年4月至1993年5月，任普宁市洪阳镇财贸助理；

1993年5月至1996年4月，任普宁市洪阳镇党委委员；

1996年4月至1999年1月，任普宁市洪阳镇副镇长；

1999年1月至2001年4月，普宁市洪阳镇党委副书记；

2001年4月至2001年5月，任普宁市大坝镇党委副书记（主持镇政府全面工作）；

2001年5月至2002年1月，任普宁市大坝镇党委副书记、镇长；

2002年1月至2002年3月，任普宁市大坝镇党委书记；

2002年3月至2006年3月，任普宁市大坝镇党委书记、人大主席（其间：2000年9月至2002年12月在中共广东省委党校行政管理专业学习，大学毕业）；

2006年3月至2006年12月，任普宁市政府办公室副主任、主任科员、党组成员；

2006年12月至2007年5月，任普宁市军埠镇党委书记；

2007年5月至2011年7月，任普宁市军埠镇党委书记、人大主席；

2011年7月至2011年9月，任普宁市洪阳镇党委书记；

2011年9月至2014年1月，任普宁市洪阳镇党委书记、人大主席；

2014年1月至2014年2月，任普宁市洪阳镇党委书记、人大主席，普宁市英歌山工业园党工委书记、管理委员会主任；

2014年2月至2014年6月，任普宁市人民政府党组成员、大坝镇党委书记，普宁市英歌山工业园党工委书记、管理委员会主任；

2014年6月至2016年1月，

任普宁市人民政府党组成员，普宁市英歌山工业园党工委书记、管理委员会主任，普宁市大坝镇党委书记、人大主席（副处级）；

2016年1月至2016年3月，任普宁市人民政府党组成员，普宁市市场监督管理局党组书记（副处级）；

2016年3月至2016年11月，任普宁市人民政府党组成员，普宁市市场监督管理局局长、党组书记（副处级）；

2016年11月至2017年1月，任普宁市市场监督管理局局长、党组书记（副处级）；

2017年1月至2019年2月，任普宁市广播电视台台长、党组书记（副处级）；

2019年2月至2019年3月，任中共揭西县委常委；

2019年3月起，任中共揭西县委常委、宣传部部长。

【何亿】 男，汉族，1971年9月出生，广东惠来人，1993年8月参加工作，1996年5月加入中国共产党，大学学历。

主要简历：

1989年9月至1993年8月，中山大学哲学系哲学专业学习，大学毕业；

1993年8月至1994年9月，揭阳市榕城区委办公室工作；

1994年9月至1996年10月，任揭阳市榕城区委办公室资料组副组长；

1996年10月至1998年8月，任揭阳市榕城区委区政府办公室资料组、调研组副组长；

1998年8月至1999年11月，任揭阳市榕城区委区政府办公室调研组组长；

1999年11月至2001年12月，任揭阳市榕城区委区政府办公室副主任科员、调研组组长；

2001年12月至2003年7月，任揭阳市榕城区委区政府办公室副主任；

2003年7月至2005年8月，任揭阳市榕城区委区政府办公室主任科员、副主任；

2005年8月至2012年3月，任揭阳市榕城区政府党组成员、区委区政府办公室主任；

2012年3月至2017年12月，任揭阳市榕城区榕东街道党工委书记；

2017年12月至2019年2月，任揭阳市榕城区榕东街道党工委书记，区人大常委会榕东街道工作委员会主任；

2019年2月至2019年3月，任中共揭西县委常委、组织部部长；

2019年3月起，任中共揭西县委常委、组织部部长、党校校长。

【林育群】 男，汉族，1970年12月出生，广东揭西人，1991年10月参加工作，1994年7月加入中国共产党，大学学历。

主要简历：

1989年9月至1991年7月，汕头大学英中文秘书专业学习，大专毕业；

1991年10月至1994年7月，任揭西县抽纱公司人秘股资料员、生产股副股长；

1994年7月至1997年3月，任揭西县委办公室资料组干事；

1997年3月至1999年2月，任揭西县委办公室资料信息组副组长；

1999年2月至1999年5月，任揭西县大溪镇干部、列席党委会；

1999年5月至1999年7月，任揭西县大溪党委委员、组织委员；

1999年7月至2001年11月，任揭西县大溪党委委员、组织委员兼组织人事办主任；

2001年11月至2002年4月，任揭西县大溪党委委员、组织委员兼组织宣传办主任；

2002年4月至2003年6月，任揭西县大溪镇党委副书记、组织委员兼组宣办主任；

2003年6月至2006年2月，任揭西县大溪镇党委副书记（其间：2003年8月至2005年12月在中央党校经济管理专业学习，大学毕业）；

2006年2月至2008年1月，任揭西县塔头镇党委副书记、镇长；

2008年1月至2013年12月，任揭西县塔头镇党委书记、人大主席；

2013年12月至2016年7月，任揭西县棉湖镇党委书记、人大主席；

2016年7月至2019年2月，任揭西县棉湖镇党委书记；

2019年2月至2019年3月，任中共揭西县委常委、棉湖镇党委书记；

2019年3月起，任中共揭西县委常委、政法委书记。

【莫润波】 男，汉族，1979年10月出生，东莞市桥头镇人，1999年7月参加工作，2002年6月加入中国共产党，大学学历。

主要简历：

1996年9月至1999年7月，在东莞理工学校计算机应用专业学习，中专毕业；

1999年7月至2004年2月，东莞证券公司桥头营业部工作；

2004年2月至2004年12月，任东莞市桥头镇对外经济贸易合作办公室聘用人员（其间：2001年9月至2004年7月在广州金融学院金融专业学习，大专毕业）；

2004年12月至2006年8月，任东莞市桥头镇对外经济贸易合作办公室干部；

2006年8月至2011年10月，任东莞市桥头镇对外贸易经济合作办公室主任助理（其间：2006年3月至2009年1月在西南财经大学金融学专业学习，大学毕业）；

2011年10月至2016年8月，任东莞市桥头镇新莞人服务管理中心主任；

2016年8月至2016年11月，任东莞市桥头镇副镇长候选人、新莞人服务管理中心主任；

2016年11月至2019年5月，任东莞市桥头镇副镇长；

2019年5月起，任中共揭西县委常委（挂职）。

【黄钦志】 男，汉族，1972年12月出生，揭阳市榕城区人，1995年9月参加工作，1994年12月加入中国共产党，大学学历。

主要简历：

1993年9月至1995年6月，广东商学院城市经济管理系房地产经营管理专业学习，大专毕业；

1995年9月至1996年12月，揭阳市榕城区梅云镇党政办工作；

1996年12月至1997年8月，任揭阳市榕城区梅云镇法制办副主任；

1997年8月至1998年12月，任共青团揭阳市榕城区梅云镇委副书记（其间：1998年9月至1998年12月在广东省委党校函授学院行政管理专业学习，大学毕业）；

1998年12月至1999年11月，任共青团揭阳市榕城区梅云镇委书记；

1999年11月至2000年1月，任共青团揭阳市榕城区委副书记；

2000年1月至2002年3月，任共青团揭阳市榕城区委常委、副书记；

2002年3月至2003年7月，任共青团揭阳市榕城区委常委、副书记、青少部部长（兼）；

2003年7月至2004年3月，列席揭阳市榕城区仙桥镇（街道）党委会；

2004年3月至2007年1月，任揭阳市榕城区仙桥街道党工委委员；

2007年1月至2009年6月，任揭阳市榕城区仙桥街道党工委委员、办事处副主任；

2009年6月至3013年1月，任揭阳市榕城区仙桥街道党工委副书记（正科级）、纪工委书记；

2016年11月至2017年2月，任揭阳市榕城区仙桥街道党工委副书记、办事处主任（负责全面工作）；

2017年2月至2017年12月，任揭阳市榕城区仙桥街道党工委书记；

2017年12月至2019年3月，任揭阳市榕城区仙桥街道党工委书记、人大主任；

2019年3月至2019年12月，任揭阳市榕城区仙桥街道党工委书记；

2019年12月起，任中共揭西县委常委。

【陈统将】 男，汉族，1962年1月出生，广东揭西人，1981年7月参加工作，1985年12月加入中国共产党，大专学历。

主要简历：

1981年7月至1983年11月，任揭西县西田公社青团干事；

1983年11月至1987年11月，任揭西县西田区（公社）财粮办事员；

1987年11月至1990年11月，任揭西县西田乡财政所副所长兼总会计；

1990年11月至1993年5月，任揭西县西田乡财政所所长（其间：1986年3月至1989年2月在广东省委党校大专班学习，大专毕业）；

1993年5月至1995年3月，任揭西县西田乡副乡长、党委委员，财政所所长；

1995年3月至1995年8月，任揭西县西田乡党委副书记，财政所所长；

1995年8月至1996年2月，

任揭西县西田乡党委副书记；

1996年2月至1997年10月，任揭西县西田乡党委书记、乡长；

1997年10月至1999年2月，任揭西县西田乡党委书记；

1999年2月至1999年12月，任揭西县物价局副局长（正科级）；

1999年12月至2001年12月，任揭西县物价局局长；

2001年12月至2004年10月，任揭西县发展计划局副局长兼物价局局长（正科级）；

2004年10月至2008年9月，任揭西县发展和改革局副局长兼物价局局长（正科级）；

2008年9月至2019年2月，任揭西县统计局局长、党组书记；

2019年2月至2019年3月，揭西县人大常委会副主任候选人，任揭西县统计局局长、党组书记；

2019年3月起，任揭西县人大常委会副主任、党组成员。

【林俊伟】 男，汉族，1964年5月出生，广东揭西人，1981年1月参加工作，1986年6月加入中国共产党，大学学历。

主要简历：

1981年1月至1983年3月，任惠来县糖厂全民合同工；

1983年3月至1993年4月，任揭西县糖厂统计资料员、党政办副主任、主任；

1993年4月至1995年3月，任揭西县棉湖镇党政办副主任；

1995年3月至1996年2月，任揭西县金和镇党委副书记；

1996年2月至1996年5月，任揭西县钱坑镇党委副书记；

1996年5月至1999年3月，任揭西县钱坑镇党委副书记、纪委委员、纪检书记（其间：1988年6月在暨南大学统计专业自学考试学习，大专毕业）；

1999年3月至2002年4月，任揭西县钱坑镇党委副书记、镇长；

2002年4月至2006年11月，任揭西县钱坑镇党委书记、人大主席（其间：2001年8月至2003年12月中共中央党校法律专业学习，大学毕业）；

2006年11月至2011年5月，任揭西县委组织部副部长、县人事局局长兼机编办主任；

2011年5月至2011年12月，任揭西县委组织部副部长、县人事局局长、党组书记兼机编办主任；

2011年12月至2019年2月，任揭西县发展和改革局局长、党组书记；

2019年2月至2019年3月，政协揭西县委员会副主席候选人，任揭西县发展和改革局局长、党组书记；

2019年3月起，任政协揭西县委员会副主席、党组成员。

【翁育慧】 女，汉族，1974年11月出生，广东惠来人，1997年5月参加工作，致公党，大学学历。

主要简历：

1994年9月至1996年7月，广东工业大学会计专业学习，大专毕业；

1996年7月至1997年5月，在家待业；

1997年5月至2002年3月，任揭阳市审计局办事员（其间：1998年9月至1999年6月派驻惠来县靖海镇第二中学支援教育工作；1999年9月至2001年12月在广东省委党校经济管理专业学习，大学毕业）；

2002年3月至2007年3月，任揭阳市审计局科员；

2007年3月至2013年1月，任揭阳市审计局直属分局副局长（副科长）（其间：2010年10月至2012年10月挂职揭阳经济开发试验区溪南街道办事处副主任）；

2013年1月至2015年1月，任揭阳市审计局固定资产投资审计科科长；

2015年1月至2019年2月，任揭阳市审计局社会保障审计科科长；

2019年2月至2019年3月，任政协揭西县委员会副主席候选人；

2019年3月起，任政协揭西县委员会副主席。

（县委组织部）

2019年揭西县委委员名录

【揭西县委委员】 陈群峰、魏洁林、陈　河、陈俊强、张永庆、林金晓、方松青、林春雄、官楚生、何亿、林育群、莫润波、黄钦志、徐战略、张优产、李清闲、刘丽彬（女）、杨建宇、刘景新、黄书香、张剑辉、林新宏、林俊伟、林剑如（女）、杨文银、蔡育明、张远辉、蔡明专、陈少华、蔡建新、林伟哲、温贵明、林运标、杨　华、张琼华、汪浩源、曾瑞平、彭细展、邹锐豪、李庆裕、陈　峰、李志丰、廖文伟、杨杰生、林东卫、杨保强

【揭西县委候补委员】 张美胜、李秀琼（女）、林绪杰、黄万如、林世雄、林培福、林卓城、李锦秀（女）

（县委办）

2019年揭西县全国、省、市人大代表名录

【全国人大代表】 王玲娜（女）

【省人大代表】 蔡少松、温俊香（女）、潘佩娜（女）

【市人大代表】 陈群峰、魏洁林、陈河、张永庆、林育群、陈峰、蔡东、李文豪、张小燕（女）、庄瑞敦、李玉多（女）、黄俊生、彭康拿、刘文丰、刘寸英（女）、温庆文、黄明辉、蔡庆丰、吕凤清（女）、张茹（女）、蔡传健、刘旭平、蔡裕宁、李晓丹（女）、李粉容（女）、杨政江、温俊香（女）、温文波、刘先文、陈小洁（女）、李耀喜、李爱娜（女）、林少华、黄伊娜（女）、杨杰生、王春媚（女）、林春明（女）、林佩荣、吴小斌、陈瑶娟（女）、吴树荣、王晓童、沈彦娜（女）、李志敏、杨夏生

（县人大办）

2019年揭西县人大常委会组成人员名录

【揭西县十届人大常委会组成人员】 陈河、徐战略、张优产、李清闲、李文虹（女）、陈统将、黄志生、彭绍武、蔡常伟、叶俊新、温喜胜、陈新伟、李建航、杨和快、邓益些、陈增智、邹亿水、陈纪华、林绪杰、李秀琼（女）、黄劲松、林少英（女）、曾芝云（女）、刘妮（女）、刘如娟（女）、张赐荣、黄俊琳（女）

（县人大办）

2019年揭西县市政协委员名录

【市政协委员】 陈俊强、林金晓、庄小夸、王耿辉、李旭梅（女）、李俊锋、张臣、陈韬、郑文城、钟方城、黄文锋、曾翠萍（女）、温会暖（女）、谢旭彬、蔡桂珠（女）、谭智

（县政协办）

先进模范人物

广东省五一劳动奖章

【曾庆超】 男，1981年8月出生，广东揭西人，2000年10月参加工作，中共党员，广东电网揭阳揭西供电局有限责任公司供电服务中心主任。

曾庆超能够加强学习理论知识，发挥党员先锋模范作用，恪尽职守。2000年，揭西县实施“两改一同价”，他全面参与灰寨镇农网改造。2008年，揭西供电局划转为广东电网全资子公司，他带领灰寨供电所全面完成省级营销系统上线工作，提高营销管理规范化水平。

曾庆超兼备配网及营销技能，带领供电服务中心提升全县供电服务水平。推进揭西县贫困地区电网建设，细化新一轮农网升级改造规划编制。2016—2018年配网建设投资3.32亿元，涉及省定贫困村及新农村升级农网改造项目计划总投资4134万元。完成67个省定贫困村电网升级改造，完成光伏扶贫并网62个，总容量2578千伏安。供电可靠率99.8%，农村居民端电压合格率99.9%，智能电表覆盖率100%，低压集抄覆盖率100%，客户满意度由78分提升到82分；优化电力营商环境，节约客户用电成本。2018年为一般工商户节约用电成本 1098.79 万元，超额完成一般工商业电价平均降低10%任务。将用电报装流程精简为2—3个环节，推进业扩报装“三免服务”，全面缩短业扩报装时限，2018年低压、高压客户接电时间比2017年分别缩减54.5%和49.6%。推广“互联网+电力服务”，实现业扩报装远程办理，互联网业务办理占比81.4%，实现客户办电“一次都不跑”；助力小水电自供区改革发展，推进基本公共服务均等化。作为全省第一个实施接管小水电自供自管区的县级供电企业，先后接管上砂镇、良田乡等6个小水电自供区，接管工程投资4615万元，解决6.5万人口用电需求。针对全省

广东省五一劳动奖章证书 （县总工会 供稿）

"十三五"期间接管首个镇级自供区（良田乡），拟投资3107万元，将解决2.3万人口用电需求。

2019年4月22日，曾庆超获"广东省五一劳动奖章"。

（韩少师）

广东省五一巾帼奖

【张小燕】 女，1975年12月出生，广东揭西人，1997年7月参加工作，河婆中学办公室主任，高中语文高级教师。从事教育工作20多年来，她始终贯彻落实党的教育方针和政策，模范遵守国家法律法规，忠诚于党和人民的教育事业。

1997年大学毕业后，张小燕任教于县河婆中学，先后担任班主任、备课组长、办公室副主任、办公室主任等职务，长期担任高三级把关教师，曾获得揭西县"三八红旗手"、揭西县"优秀教师"、揭阳市"优秀教育工作者"等荣誉称号。2014年入选揭西县优秀专家和拔尖人才，2016年当选揭阳市第六届人大代表。

张小燕坚持科研型教学方式，从实际出发，不断研究新问题，总结经验，创新教学方式。录像课入选粤教版配套音像资料，多篇论文发表在县、市、国家级刊物，论文《关于整本书阅读的实践与思考》发表在全国首批中文核心期刊《语文教学与研究》2018年第12期。

张小燕重视因材施教，培养出学科尖子揭阳市语文单科第一名、广东省第七名彭思源，总分尖子北京大学学子蔡茂，复旦大学学子庄思爽、陈嘉良，上海交通大学学子刘喜声等优秀学生。

2019年4月，张小燕获"广东省五一巾帼奖"。

（韩少师）

广东省优秀职工之友

【洪彦哲】 男，1974年8月出生，广东揭阳人，1996年9月参加工作，中共党员，揭西县税务局党委书记、局长。

洪彦哲完善职工组织建设，强化管理，提高组织服务质量。2018年11月，国家税务总局揭西县税务局成立第一届工会委员会。工会成立后，洪彦哲配强组织队伍，保障工会经费，生活上贴心关怀，推进各项工作规范有序进行。健全规章制度，参照《中华人民共和国工会法》《工会章程》等法律法规和有关文件精神落实管理，结合税务特点，打造"职工之家"；开展形式多样活动，组织开展"月圆人更圆　欢乐迎佳节"趣味运动会、"改革峥嵘路，砥砺并肩行"春节文艺汇演、"感恩母亲　感恩祖国"庆祝中华人民共和国成立70周年诗歌朗诵活动等活动；建立工会会员定期健康体检制度，组织健康体检活动；建立工会会员信息档案，及时为会员送上生日祝福；通过座谈会、谈心谈话及时了解干部职工思想动态和实际困难，重点关注家庭困难或者长期身体不好的工会职工生活情况，及时为职工送去关心和温暖，帮助他们解决实际困难；完善配套设施落实，为职工营造舒适工作场所。

2019年11月，洪彦哲被广东省总工会命名为"广东省优秀职工之友"。

（韩少师）

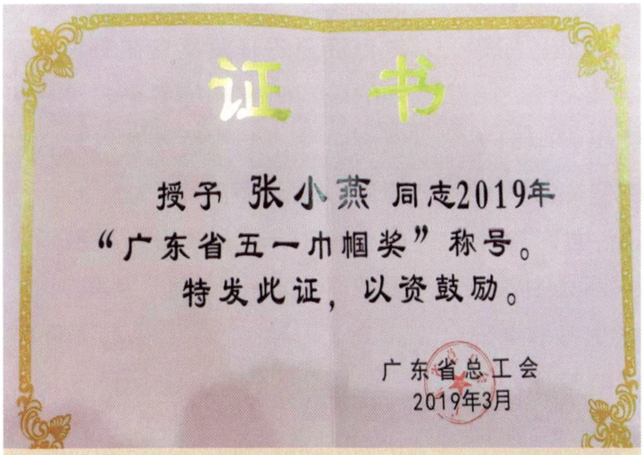

"广东省五一巾帼奖"证书　　（县总工会　供稿）

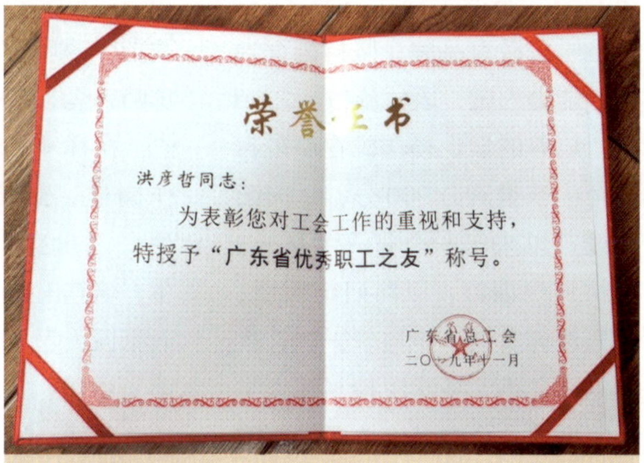

"广东省优秀职工之友"证书　　（县总工会　供稿）

全国教育系统先进工作者

【杨洪生】 男，1960年9月出生，揭西县棉湖镇人，高中数学高级教师。1981年7月参加工作。2014年8月起，任揭西县棉湖中学党总支书记、校长。

1981年大学毕业后，杨洪生先后任教于揭西县塔头中学、揭西县棉湖中学、揭阳市实验中学、揭阳一中南区学校，先后担任揭西县棉湖中学教务处主任、副校长、校长，揭西县教育局党组成员、副局长，揭阳市实验中学党支部书记、校长，揭阳一中副校长兼揭阳一中南区学校党支部书记、校长等职务。曾获“广东省中学特级教师”“广东省优秀共产党员”“南粤教坛新秀”“揭阳市十佳校长”“揭阳市优秀专家和拔尖人才”等称号。

杨洪生以立德树人、依法治校、创新提质为原则，以高质量发展为核心，全面推进素质教育。创新学校管理，加强师资队伍建设，坚持走创新发展之路，打造学校教育品牌；坚持德育为先，能力为重，因材施教。1999年，培养的学生杨佳雄在广东省高考中获得满分900分，是揭阳市建市以来第一个省高考状元；坚持科研创新，以科研促质量，以质量促发展，走科研兴教、科研兴校之路。多次主持《建立学校家庭社会合力育人协同机制的研究》等省、市科研课题研究。探索性论文《切实做好减负工作，全面提高教学质量》获全国科学学会论文二等奖，入选《21世纪学会学习与素质教育论丛》一书；《当前中学生道德失范分析与应对策略》获揭阳市人大常委会论文评比一等奖。

2019年9月5日，被人力资源社会保障部、教育部授予“全国教育系统先进工作者”称号。

（县教育局）

全国优秀教师

【扶祥发】 男，1973年11月出生，湖南省桂东县人，1994年7月参加工作。2015年起，任揭西县张武帮中学共青团书记、揭阳市中小学名班主任工作室主持人、中学语文高级教师。

1994年大学毕业后，扶祥发先后任教于南山中学、龙潭中学、张武帮中学，先后担任班主任、语文备课组长、语文教研组长等职务，长期担任初三毕业班语文教学工作负责人，曾获“广东省中小学名班主任”“广东省优秀指导老师”“广东省潮汕星河辉勇师表奖”等称号。

扶祥发长期坚守农村中学工作岗位，勤于家访，关爱后进生，以自身情操和品德影响学生。培养出2014年揭西县中考状元张振山等20多位学生考取揭阳第一中学；探索出“随笔化作文法”，开展“生活·生长”写作辅导课，指导范晓婷等50多位学生在《广东第二课堂》《揭阳教育周刊》等刊物发表作文；所带班级的中考语文成绩在全县名列前茅，培养出一批青年教学骨干，指导他们参加教学竞赛并获奖；受揭西县教师进修学校邀请，开展多次教育教学专题讲座；带领名班主任工作室团队，通过开展课题研究、网络研讨、德育沙龙等活动，在全市多所中小学开展30多场次专题讲座，传授班级管理智慧与方法。教学工作事迹曾在市、县电视台报道。

扶祥发以研促教，科教融合，撰写30多篇教育教学论文在《中国教师报》《师道》《中小学班主任》《广东教育》等国家、省级刊物发表。撰写的《当“凤”的羽毛失去了光泽》《问生哪得华如许，为由班级书香来》入选《新时代名班主任育人智慧》（南方日报出版社，2019年12月第1版）；《凝聚·辐射·延伸》入选揭阳市教育局组织编写的中小学名班主任工作室成果集《学思行悟》（《揭阳教育》2017年第10期增刊）；《班主任家访工作漫谈》获广东省中小学教育教学论文评比一等奖。主持《客家文化教育资源的开发及其在班级教育中的应用研究》等多个省、市级课题研究。编写校本教材《客韵德馨》《潮风客韵》。

2019年9月4日，被教育部授予“全国优秀教师”称号。

（县教育局）

先进单位

【中国电信集团工会揭西县委员会】 中国电信集团工会揭西县委员会（简称揭西电信工会）成立于1998年，下设一个工会委员会，24个工会小组，会员266名。

揭西电信工会学习贯彻中共十九大精神和工会十七大精神，围绕企业转型升级和深化改革总目标，强化责任担当，以服务职工为宗旨，完善职工组织建设，加强服务质量，深化职工关怀，开展创建职工之家工作。2018年投入近10万元开展“四小”（小食堂、小卫生间、小浴室、小活动室）建设，对营销服务中心修缮食堂并添置家用电器；完善员工活动室设施并定期开放，租用羽毛球馆场供员工训练，开放多媒体活动室为员工减压；建设“爱心妈妈小屋”帮助女员工度过特殊期，提升女工幸福；关注员工思想动态，多次举办座谈会，化解员工难题；开展服务职工活动，每年定期组织员工进行身体健康检查；做好困难家庭资助金申报工作，2018年有9名职工获得6万多元资助金；为一线职工开展“夏送清凉冬送温暖”活动；每年春节前开展“迎春送福”活动；对有子女参加中考、高考职工开展“家有考生”慰问活动；在职工生日时，为职工送蛋糕送祝福；及时组织春游、秋游活动。

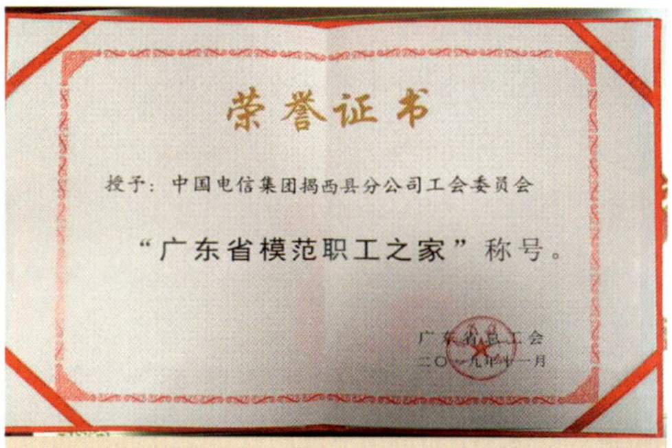

“广东省模范职工之家”荣誉证书（县总工会 供稿）

2019年11月，被广东省总工会命名为“广东省模范职工之家”。

（韩少师）

组织机构及负责人

【中国共产党揭西县委员会】

书　记：陈群峰

（2020年10月23日，陈群峰接受广东省纪委监委纪律审查和监察调查）

副书记：魏洁林

张永庆（2019.2起）

常　委：王群青（2019.2止）

陈少文

（2019.5止，挂职）

林金晓

巫树林（2019.8止）

方松青

林春雄

官楚生（2019.2起）

何　亿（2019.2起）

林育群（2019.2起）

莫润波

（2019.5起，挂职）

黄钦志（2019.12起）

纪委书记：方松青

组织部部长：

何　亿（2019.2起）

宣传部部长：

王群青（2019.3止）

官楚生（2019.3起）

统战部部长：林金晓

政法委员会书记：

张永庆（2019.3止）

林育群（2019.3起）

县委办公室主任：
巫树林（2019.9止）
杨　灿（副主任，2019.9起临时负责全面工作）
县直属机关工作委员会书记：
林伟哲（2019.3止）
县委机构编制委员会办公室主任：杨谦谋
县委巡察工作领导小组办公室主任：刘锦铭
县委农村工作办公室主任：
李旭晖（2019.3止）

【揭西县人民代表大会常务委员会】

主　任：陈　河
副主任：蔡育明（2019.2止）
张远辉（2019.12止）
徐战略
张优产
李清闲
李文虹
陈统将（2019.3起）

【揭西县人民政府】

县　长：魏洁林（2019.3起，2018.10至2019.3副县长，代县长）
副县长：林春雄
刘小电
刘丽彬
杨建宇
刘景新
黄书香
钟汉宏（2019.5止，挂职）
县政府党组成员、办公室主任、党组书记：吴国栋
县发展和改革局局长、党组书记：
林俊伟（2019.3止）
王喜发（2019.3起）
县经济和信息化局局长、党组书记：
林俊槐（2019.3止）
县工业信息化和科技局局长、党组书记：
邹锐豪（2019.3起）
县教育局局长、党组书记：
张美胜
县公安局局长、党组书记：
杨建宇
县民政局局长、党组书记：
贝平波
县司法局局长、党组书记：
黄锡龙（2019.3止）
林俊槐（2019.3起）
县财政局局长、党组书记：
高锐华
县人力资源和社会保障局局长、党组书记：彭双蛟
县国土资源局局长、党组书记：
李潮新（2019.3止）
县自然资源局局长、党组书记：
汪浩源（2019.3起）
县环保局局长、党组书记：
陈舜明（2019.4止）
县住房和城乡建设局局长、党组书记：
汪浩源（2019.3止）
李潮新（2019.3起）
县交通运输局局长、党组书记：
廖文伟（2019.3止）
陈国富（2019.3起）
县农业局局长、党组书记：
林运标（2019.3止）
县农业农村局局长、党组书记：
杨华（2019.3起）
县文化广电新闻出版局局长、党组书记：
巫丽琼（2019.3止）
县文化广电旅游体育局局长、党组书记：
巫丽琼（2019.3起）
县卫生和计划生育局局长、党组书记：
李文涛（2019.3止）
县卫生健康局局长、党组书记：
李文涛（2019.3起）
县审计局局长、党组书记：
温贵明
县统计局局长、党组书记：
陈统将（2019.3止）
林吉新（2019.3起）
县水务局局长、党组书记：
李庆裕（2019.3止）
县水利局局长、党组书记：
李庆裕（2019.3起）
县安全生产监督管理局局长、党组书记：
刘桂山（2019.3止）
县应急管理局局长、党组书记：
刘桂山（2019.3起）
县退役军人事务局局长、党组书记：
吴锦山（2019.3起）
县食品药品监督管理局局长、党组书记：
蔡远辉（2019.3止）
县市场监督管理局局长、党组副书记：
陈新伟（2019.3止）
蔡远辉（2019.3起）
县市场监督管理局副局长、党组书记：
蔡建新（2019.3起）
大北山生态旅游产业园区管理委员会副主任：
曾伟彬
（临时负责全面工作）
县人民政府综合政务服务管理

办公室主任、党组书记：
张子发（2019.3止）
县政务服务数据管理局局长、
党组书记：
张子发（2019.3起）
县医疗保障局局长、党组书记：
廖文伟（2019.3起）
县城市管理和综合执法局局长、
党组书记：
张　斌（2019.3起）
县信访局局长、党组书记：
蔡明力（2019.3起）
县林业局局长、党组书记：
杨和快（2019.3止）
陈少鹏（副局长、党组副书记，2019.3至2019.11临时负责全面工作）
温仲明（副局长、党组成员，2019.11起临时负责全面工作）
县法制局局长：
陈述万（2019.3止）
县民族宗教事务局局长：
林运标（2019.3起）

【中国人民政治协商会议揭西县委员会】

主　席：陈俊强
副主席：蔡明专（2019.3止）
黄志宝
张剑辉
林新宏
蔡育群
林俊伟（2019.3起）
翁育慧（2019.3起）

【中国共产党揭西县纪律检查委员会】

书　记：方松青
副书记：杨文银
李锦山
常　委：邓淑清
刘锦铭
刘广林
孙映生

【揭西县监察委员会】

主　任：方松青
副主任：杨文银
李锦山
委　员：邓淑清
孙映生
邱旭军
林秀武

【揭西县人民法院】

院长、党组书记：
陈少华（2019.4止）
周旭茂（副院长、代院长、党组书记，2019.4起）

【揭西县人民检察院】

检察长、党组书记：林剑如

【群团组织】

县总工会主席、党组书记：
张优产
中国共产主义青年团揭西县委员会书记、党组书记：
林绪杰（2019.11止）
李凌思（2019.11起）
县妇女联合会主席、党组书记：
李秀琼（2019.3止）
黄俊琳（2019.3起）
县工商业联合会主席：蔡传健
县文化艺术界联合会主席、
党组书记：邓演杰
县归国华侨联合会主席、党组
书记：
黄锦泉（2019.6止）
刘少方（副主席、党组成员，2019.6起、2019.11止临时负责全面）
彭绍兴（2019.11起）
县残疾人联合会理事长、党组
书记：张永毫
县科学技术协会主席、党组
书记：
王喜发（2019.3止）
陈美云（副主席、党组成员，2019.3起临时负责全面工作）

【县直事业单位】

县委党校校长：
何　亿（2019.3起）
县外事侨务局局长、党组书记：
张文生（2019.3止）
县科学技术局局长、党组书记：
黄俊琳（2019.3止）
县体育局局长、党组书记：
李建航（2019.3止）
县史志办主任、党组书记：
庄淑英
县档案局局长、党组书记：
邓进仕（2019.3止）
陈玉华（副局长、党组成员，2019.3起临时负责全面工作）
县公路局局长、党组书记：
陈国富
县旅游局局长、党组书记：
蔡喜生（2019.3止）
县物业局局长、党组书记：
陈会堂
县城乡规划局局长、党组书记：
吴锦山（2019.3止）
县水产局局长、党组书记：
蔡明力（2019.3止）

县广播电视台台长、党组书记：
邹亿水
县畜牧局副局长、党组成员：
杨贤广（临时负责全面工作，2019.3止）
县人民政府招商引资办公室主任、党组书记：张子发
县供销合作联社理事会主任、党组书记：张巧欧
县环卫局局长：张壮厅
县果蔬局局长：
刘惠强（2019.3止）
广播电视大学副校长：
张优武
（临时负责全面工作）
教师进修学校校长：黄惠时
河婆中学校长：张新喜
职业技术学校校长：曾文雄
第一职业技术学校校长：
曾奇志

【行政性公司】

县商业企业（集团）公司经理：
李志明
县物资总公司总经理：贝小雄
县二轻集体企业联社主任：
黄惠金

【乡镇、街道】

上砂镇：
党委书记：
杨　华（2019.3止）
杨伟华（2019.11起）
镇长：杨伟华（2019.11止）
彭剑彪（2019.11起）
良田乡：
党委书记：
蔡高端（2019.11起）
乡长：蔡志军（2019.11止）
李新健（2019.11起）
五云镇：
党委书记：
彭绍兴（2019.11止）
黄万如（2019.11起）
镇长：庄少柱
河婆街道：
党工委书记：
张永庆（2019.3止）
曾瑞平（2019.3起）
办事处主任：
黄万如（2019.11止）
张美仁（2019.11起）
坪上镇：
党委书记：温庆文
镇长：蔡高端（2019.11止）
陈森峰（2019.11起）
龙潭镇：
党委书记：
曾瑞平（2019.3止）
李旭军（2019.3起）
镇长：温美娜
南山镇：
党委书记：
彭细展（2019.3止）
张琼华（2019.4起）
镇长：张保才
灰寨镇：
党委书记：
邹锐豪（2019.3止）
彭细展（2019.3起）
镇长：温惠祥
京溪园镇：
党委书记：
邹锦城（2019.6止）
邱育辉（2019.11起）
镇长：邱育辉（2019.11止）
刘文烽（2019.11起）
五经富镇：
党委书记：
陈　峰（2019.4止）
刘耀雄（2019.4起）
镇长：林武忠
塔头镇：
党委书记：李志丰
镇长：王朝辉（2019.11止）
林　平（2019.11起）
东园镇：
党委书记：林卓城
镇长：吴少纯
棉湖镇：
党委书记：
林育群（2019.3止）
林东卫（2019.3起）
镇长：林世雄（2019.3止）
吴谦慎（2019.3起）
凤江镇：
党委书记：林培福
镇长：杨少波（2019.11止）
林国胜（2019.11起）
金和镇：
党委书记：
杨杰生（2019.3止）
杨保强（2019.3起）
镇长：王群雄（2019.3止）
杨少波（2019.11起）
钱坑镇：
党委书记：
林东卫（2019.3止）
杨杰生（2019.3起）
镇长：林国胜（2019.11止）
王朝辉（2019.11起）
大溪镇：
党委书记：
杨保强（2019.3止）
林世雄（2019.3起）
镇长：林　平（2019.11止）
林绪杰（2019.11起）

（县委组织部）

2019年揭西县国民经济和社会发展统计表

2019年揭西县生产总值

表112 单位：万元

项目	按当年价格计算			按2015年不变价计算		
	2019年	2018年	%	2019年	2018年	%
生产总值	2317612	2177919	6.4	2192039	2114274	3.7
农、林、牧、渔业	425231	368136	15.5	375724	355463	5.7
农、林、牧、渔服务业	22990	19888	15.6	21091	18468	14.2
工业	637182	606076	5.1	738851	712088	3.8
建筑业	133288	127793	4.3	112254	111716	0.5
交通运输、仓储和邮政业	31691	32325	-2.0	34932	32444	7.7
批发和零售业	429209	409316	4.9	398812	384147	3.8
住宿和餐饮业	39684	41995	-5.5	35754	39424	-9.3
金融业	66028	63305	4.3	49337	45898	7.5
房地产业	111311	120079	-7.3	86968	88001	-1.2
其他服务业	443988	408894	8.6	359407	345093	4.1
第一产业	402242	348248	15.5	354633	336995	5.2
第二产业	770354	733759	5.0	850913	823619	3.3
第三产业	1145016	1095912	4.5	986493	953660	3.4
人均生产总值（元）	27031	25401	6.4	25566	24659	3.7

说明：2019年揭西县生产总值数据为快报数。

2019年揭西县农业生产情况对照表

表113　　单位：亩、公斤、吨

项目 \ 数值	2019年			2018年		
	面积	亩产	总产	面积	亩产	总产
一、粮食作物合计	438318	402	176091	438020	390	170749
春收	67309	428	28822	65339	437	28583
夏收	174640	393	68622	180592	393	71022
秋收	196369	401	78647	192089	370	71144
1、稻谷	296496	389	115414	296376	382	113129
夏收	142773	390	55690	142653	402	57347
秋收	153723	389	59724	153723	363	55782
2、小麦						
3、旱粮	17476	541	9446	16297	510	8318
4、薯类	121656	415	50443	122960	395	48579
春收	57950	447	25908	59854	433	25934
夏收	32065	354	11344	31665	330	10449
秋收	31641	417	13191	31441	388	12196
5、大豆	2690	293	788	2387	303	723
二、花生	28782	298	8581	28084	281	7891
三、甘蔗	3084	3444	10621	2784	3470	9660
四、蔬菜	124398	2674	332700	122876	2542	312395

项目 \ 数值	2019年		2018年	
	面积	总产	面积	总产
五、水果	112521	89581	111680	83665
其中：菠萝	1735	2755	1704	2584
荔枝	16290	5990	16035	5621
柑桔橙	17091	16474	16901	15429
香蕉	13602	27516	13556	25763
六、茶叶（吨）	12430		12086	
七、生猪存栏（头）	217397		216500	
生猪出栏（头）	367931		378837	
八、牛存栏数（头）	9775		9743	
九、造林（亩）	4125		37995	
十、水产总量（吨）	21114		20911	
其中：海水				
十一、全县居民年人均可支配收入（元）	15602		14252.8	
十二、农林牧渔业总产值（万元）	680187		577260	

2019年揭西县全部工业总产值

表114 工业总产值按规模以上、规模以下分组　　单位：万元

数值/项目	工业总产值		工业增加值	
	2019年	比2018年±%	2019年	比2018年±%
总计	3465181	4.3	709190	4.3
规模以上	1713451	4.8	379690	4.6
规模以下	1751730	3.9	329500	3.9

说明：1. 规模以上：全部年主营业务收入2000万元及以上的工业法人企业；规模以下：年销售收入2000万元以下工业企业。

2. 绝对值按现价计算，增长速度按可比价计算；工业增加值按收入法计算。

3. 2019年揭西县全部工业总产值数据为年报初汇数。

2019年揭西县单位从业人员和劳动报酬情况

表115　　单位：人、千元

数值/项目	单位从业人员年末数			单位从业人员劳动报酬			平均人数			在岗职工平均工资（元）
	在岗职工	劳务派遣人员	其他从业人员	在岗职工工资总额	劳务派遣人员工资总额	其他从业人员劳动报酬	在岗职工	劳务派遣人员	其他从业人员	
总计	28261	185	215	1639356	5364	6544	28144	187	222	58054
国有经济单位合计	16295	181	206	1209098	5220	6044	16231	183	208	73981
城镇集体单位合计	9378			286969			9313			30814
其他单位合计	2588	4	9	143289	144	500	2600	4	14	55082

2019年揭西县社会消费品零售总额及销售额（营业额）

表116　　单位：万元

项目	2019年	2018年	%
社会消费品零售总额	913204	849500	7.5
批发业商品销售额	321514	180600	78.0
零售业商品销售额	771635	648900	18.9
住宿业营业额	39611	34400	15.1
餐饮业营业额	110976	119200	-6.9

2019年揭西县人口统计表

表117 单位：户、人

项目 单位	总户数	总人口	其中：城镇人口
合计	236711	982763	307609
河婆街道	39323	132011	132011
上砂镇	12530	57907	2492
五云镇	14580	56876	8038
良田乡	4010	22004	1896
坪上镇	11262	43595	5630
龙潭镇	9518	38975	8602
南山镇	9135	37937	8125
灰寨镇	10979	43618	7908
京溪园镇	13157	51264	5269
五经富镇	14860	57870	13220
金和镇	17269	78293	13801
塔头镇	12362	54237	9474
东园镇	8682	40275	8792
凤江镇	18098	87752	8482
棉湖镇	23104	105909	64083
大溪镇	6530	28101	1211
钱坑镇	11312	46139	8575

（县统计局）

文献

政府工作报告

——2019年3月27日在揭西县第十届人民代表大会第四次会议上

揭西县代县长

各位代表：

我代表县人民政府向大会作工作报告，请予审议，并请政协各位委员和其他列席人员提出意见。

2018年工作回顾

2018年是改革开放40周年，是一个极不平凡的丰收年。一年来，在上级党政和县委的坚强领导下，在县人大及其常委会和县政协的监督支持下，县政府坚持以习近平新时代中国特色社会主义思想为指导，深入学习贯彻党的十九大和习近平总书记对广东重要讲话精神，紧扣“一个龙头、两翼齐飞”工作思路，坚持稳中求进工作总基调，按照高质量发展要求，锐意进取，真抓实干，经济社会发展迈出新步伐。全年实现生产总值251.53亿元，比上年（下同）增长3.7%；地方一般公共预算收入5.26亿元，其中税收收入3.61亿元，均比增14.3%，增速在全市各建制县（市、区）中名列第一；城乡居民人均可支配收入14252.8元，比增7.5%。

过去一年，我们凝神聚力抓产业、谋崛起，发展工程扎实推进。圆满理顺揭西电线电缆产业园管理体制机制，稳妥解决长期制约园区发展的“以租代征”问题，顺利收回园区管理权、经营权，完成园区征地1580亩和3条配套道路建设，启动建设进园西路工程。全面实施创新驱动发展战略，投入技术改造资金8亿元，3家企业列入省拟认定高新技术企业名单。融资近2亿元，“一企一策”帮扶全县30家“梁柱”企业加快发展，新增规上工业企业11家。全年规模以上工业增加值37.44亿元，比增0.8%。招商引资取得实效，共引进项目44个，计划投资约40.9亿元。生态旅游加快发展，黄满寨旅游区顺利通过创5A景观质量省级评估，全省首个县级旅游数据中心建成投入使用。启动创建“中国天然氧吧”，揭西万梅谷文化小镇纳入省级特色小镇培育库，“揭西擂茶”成功申报国家地理标志商标，“三山国王”祖庙创建省海峡两岸交流基地，与广州等珠三角城市签订旅游战略合作框架协议，圆满举办梅花节、樱花节等旅游节庆活动，旅游服务水平、影响力和美誉度显著提升。全年旅游接待总人数1193.9万人次，比增11.7%；旅游总收入67.68亿元，比增12.5%。

过去一年，我们强化统筹抓项目、补短板，美丽工程成效明显。“百日百项大行动”项目建设全面推进，全年完成固定资产投资76.29亿元，比增14.5%。潮莞高速公路至县城连接线、国道238线五云至坪上路段灾毁恢复重建工程、中小河流治理工程、县城横江河左岸景观配套工程、亮化工程、北环一路和棉湖兴华路、湖西路、棉西路升级改造等一批基础设施项目顺利完成，汕湛高速揭西东段、兴汕高速揭西段、农村公路安全生命防护工程、县城新自来水厂、两河四岸毓秀工程、东部商住区、北部新城等项目扎实推进。“路边工程”“五路绿化”成效显著，创建国家森林城市总体规划通过专家评审并上报国家林业和草原局备案，进入全面实施阶段。“五城同创”“五河毓秀”“五水清漂”“五边清污”等工作全面开展，人居环境和营商环境持续优化。

过去一年，我们全力以赴抓重点、打基础，乡村振兴全面开展。全年农业总产值57.75亿元，比增4.4%。深入实施农业“一镇一品”工程，推进农业产业化发展，全县累计市级以上农业龙头企业12家。国家农产品质量安全县创建工作接受省核查验收。加快新农村建设步伐，累计投入省级专项资金6.4亿元，省定贫困村创建社会主义新农村示范村和非贫困村雨污分流及相关工程项目加快建设。第四批省级新农村连片示范建设扎实推进，以金和镇山湖村等为代表的新农村建设示范点全面铺开建设。农村土地确权登记颁证工作基本完成。土地出让工作取得新突破，自行垦造水田、高标准基本农田建设和农村建设用地拆旧复垦三项工作均全面完成任务，走在全市前列。农村“四拆”工作扎实有效，拆后复种复绿及规整面积57.8万平方米，村容村貌明显改善。

过去一年，我们千方百计抓民生、解民忧，惠民事业持续进步。全年投入民生资金42.83亿元，占一般公共预算支出的88.8%，比增19.6%。全县新增8所普惠性幼儿园，17个乡镇（街道）通过省教育强镇复评验收，“三通两平台”建设如期完成，成功创建省教育现代化先进县。卫生文化体育事业加快发展，完成10家标准化乡镇卫生院、110家村卫生站建设，县人民医院、棉湖华侨医院和县妇幼保健计划生育服务中心住院综合楼等项目建设顺利推进；新建3个乡镇文体广场、3个体育场地设施示范点、10个综合性文化服务中心示范点，完成318个行政村（社区）综合性文化服务中心建设。社会保障水平进一步提升，全县共6184户19929人享受最低生活保障，城镇低保标准提高到675元，农村低保标准提高到491元。脱贫攻坚取得扎实成效，至2018年底，全县累计9721贫困户27330贫困人口实现脱贫。县财政投入2067.1万元完成569户危房改造任务，并为148户五保户统一配置家具和生活用品。

过去一年，我们坚定不移抓治理、促和谐，社会建设全面加强。大力抓好重大金融风险防范，全县金融总体保持稳定。坚决打好污染防治攻坚战，完成县城污水处理厂及配套管网二期工程建设，加快建设棉湖污水处理二期工程和凤江污水处理厂；投资7.26亿元的农村生活污水处理设施建设PPP项目扎实推进，全县14个镇区污水处理厂和303个村级小型污水处理站全面开工建设。铁腕打击环境违法行为，严格执行“河长制”，加大巡河力度，榕江南河钱坑龟山塔、东园后寮两个考核断面水质稳定达标，基本实现水清岸绿。土地管理得到加强，卫片遥感监测图斑大幅度减少。大力整治问题楼盘，集中力量开展“两违”建筑和“小产权房”清理整治行动，规范房地产市场发展。深化道路客运体制改革，初步实现长途客车运营科学化、规范化。成功应对台风和强降雨袭击，共转移安置群众7423人，切实维护了人民群众的生命财产安全。着力加大市场监管、食品药品监管力度，深入开展安全生产大排查大整治和扫黑除恶专项斗争，全力排查化解信访维稳突出问题，社会大局保持和谐稳定。

过去一年，我们勇于担当抓改革、强效能，自身建设得到提升。县政府党组深入学习党的十九大和习近平总书记重要讲话精神，扎实推进“两学一做”学习教育常态化制度化，深入开展“三学三推”党建主题活动，党建工作不断加强。严格执行民主集中制和科学决策机制，自觉接受县人大及其常委会和县政协的监督，全年办理县人大建议7件、县政协提案13件。严格执行中央八项规定精神，持续抓好政府系统党风廉政建设，持之以恒正风肃纪。严格抓好《揭西县村财镇管实施办法（试行）》和《乡镇（街道）驻村（直联）干部责任追究办法（试行）》的落实，规范提升基层治理水平。全面落实“放管服”改革，推进网上中介服务超市建设，开展“减证便民”行动，共取消证明事项30项。深化“一门式一网式”政府服务改革，完成全县44个单位的政务服务事项实施清单“十统一”标准化梳理。政府机构改革工作按计划稳步推进。

此外，统计、史志、气象、档案、外事侨务、民族宗教、国防动员、妇女儿童、广播电视等工作也取得新成效。

各位代表！过去一年，我们各项工作实现了新的进步，这是上级党政和县委坚强领导的结果，也是县人大、县政协和社会各界有效监督、大力支持的结果，更是全县人民团结一心、奋力拼搏的结果。在此，我谨代表县人民政府，向全县广大干部群众致以崇高的敬意！向关心支持揭西经济社会发展的各界人士表示衷心的感谢！

同时，我们也清醒地认识到，我县经济社会发展还存在不少困难和问题：县域经济发展不平衡不充分，经济运行新动能乏力，高质量发展成效不明显；基础设施建设仍不完善，投资环境未能完全满足发展需要；教育、医疗、文化等优质资源供给不足，乡村振兴、脱贫攻坚存在较大短板；土地管理、环境保护等社会治理任重道远，行政效能亟待进一步提高，等等。对此，我们将高度重视，勇于担当，恪尽职守，采取切实有效措施加以解决。

2019年工作安排

2019年是新中国成立70周年，是全面建成小康社会关键之年，做好各项工作至关重要。根据县委工作部署，今年政府工作的总体要求是：以习近平新时代中国特色社会主义思想为指导，全面贯彻党的十九大和习近平总书记对广东重要讲话精神，统筹推进“五位一体”总体布局，协调推进“四个全面”战略布局，认真贯彻落实中央经济工作会议和省委十二届六次全会、市委六届六次全会、县委十一届五次、六次全会精神，紧扣“绿色崛起示范县、潮客文化融合发展传承区”的发展定位，围绕“一个龙头、两翼齐飞”的工作思路，坚持党建引领，坚持稳中求进工作总基调，坚持以新发展理念和高质量发展要求为统揽，以供给侧结构性改革为主线，全力构建“一园两区”发展新格局，推动揭西全面加快发展。

今年我县经济社会发展的主要预期目标是：生产总值增长6.8%；规模以上工业增加值增长7.4%；固定资产投资增长11.9%；社会消费品零售总额增长8.9%；外贸进出口总额增长3%；地方一般公共预算收入增长5.6%，税收收入增长9%；城乡居民人均可支配收入增长7%；城镇登记失业率控制在3.5%以内；节能减排约束性指标完成市下达年度计划。

为实现预期目标，必须重点抓好以下八方面工作：

一、聚焦功能区引领，推动经济高质量发展

以构建“一园两区”发展新格局为引领，推动县域经济加快发展。

践行生态发展理念。按照省“一核一带一区”和市“一轴一带一区”新格局要求，立足生态发展区的功能定位，深入贯彻习近平生态文明思想，坚决担负起生态文明建设的政治责任，自觉践行绿水青山就是金山银山的理念，坚持人与自然和谐共生，坚定不移走生产发展、生活富裕、生态良好的文明发展道路。坚持以绿色生态为产业发展的第一导向，构筑环境友好型产业发展格局。

做大做强电线电缆产业。加快电线电缆产业园建设，落实“项目+园区+产业”工作思路，组建园区管委会，抓好进园西路等配套设施建设，打造全县生态工业发展和招商引资重要平台。

制订投资优惠政策和入园条件等相关配套制度，全方位开展招商引资，争取引进5家以上规模大、科技含量高、创新研发能力强的电线电缆或相关企业进园投资建设。精准施策、靠前服务，支持龙头企业做大做强，带动中小企业转型升级，培育小微企业上规模、上档次。

做精做优生态旅游产业。积极申报创建“中国天然氧吧”，打造揭西生态旅游新品牌。继续推进国家全域旅游示范区创建工作，推动黄满寨瀑布旅游区和京明温泉度假村等主题景区联创5A、大洋国际生态旅游度假区创4A、樱山花谷景区创3A、大北山生态旅游度假区创建国家级旅游度假区，不断提升重点景区的档次和品位。加快文化旅游融合发展，推进大北山革命历史纪念馆、南侨中学、南方人民银行纪念馆分别申报国家、省、市爱国主义教育基地，南山镇火炬村打造省“红色村”党建示范工程，实现文化价值和经济效益的有机统一。改造拓宽、美化绿化全县高速公路出入口，打造县域主干道门户景观工程。加快制定出台鼓励民宿（农家乐）发展的政策，大力发展民宿经济。结合新农村建设“绿满家园”，广植树多种花，全面加快乡村旅游发展。积极引进有实力的专业公司，规划建设揭西万梅谷文化小镇，打造集花海观光、乡村美食、民宿体验等多功能于一体的综合型特色小镇。完善旅游综合服务区、旅游厕所、旅游集散中心等配套建设，做细做实做优旅游服务。举办首届潮客粤菜师傅（乡厨）旅游美食文化节等旅游节庆活动，创新旅游营销方式，加大宣传推介力度，全力打造“粤东花海·揭西乡愁”旅游城市品牌。

二、聚焦服务提升，培育经济发展新动能

大力提升服务经济发展的能力，有效壮大实体经济。

强化科技创新。推进实施新一轮技术改造三年行动计划，重点支持培育一批科技型中小企业。大力扶持创新能力强、产品档次高、发展前景好的企业，择优遴选3-5家企业建立高新技术企业培育储备库，发展壮大成为高新技术培育入库企业和高新技术企业。

强化招商引资。推进“湾区行动”，主动融入粤港澳大湾区建设。用好用足海陆丰革命老区和省扶贫开发重点县各项优惠政策，通过“走出去、请进来”，大力实施“乡贤回归”工程，精准招引一批优质项目落户建设，并对重大项目实行“契约式”服务，实现招商引资工作新突破。

强化企业帮扶。落实县委“10+3”改革总体布局，突破重点领域和关键环节改革，有效增强发展内生动力。推进商事制度改革，落实减税降费政策，构建亲清新型政商关系，坚定不移帮助和扶持民营企业发展壮大。加大领导挂钩帮扶企业力度，实行差别化、保姆式服务，推动“梁柱”企业做大做强，努力实现投资有回报、产品有市场、企业有利润、员工有收入、政府有税收、环境有改善。

三、聚焦乡村振兴，促进“三农”加快发展

坚持农业农村优先发展，全面实施乡村振兴战略，努力把短板变为“潜力板”。

发展富民兴村产业。坚持产业兴村，大力培育发展特色产业，积极创建省级“一村一品、一镇一业”富民兴村产业示范镇村。培育壮大家庭农场、农业合作社等新型农业经营主体，推广“龙头企业+合作社+农户”经营管理方式，推动农业规模化经营。坚持以工补农、以城带乡，积极申报创建揭西省级茶叶产业园项目，发展扩大供港蔬菜基地及供港食品，积极融入粤港澳大湾区农产品贸易合作。落实粮食安全和“菜篮子”负责制，深化屠宰行业改革，加强非洲猪瘟等动植物疫病防控，进一步强化农产品质量安全监管。

掀起新农村建设热潮。加快推进省定贫困村创建社会主义新农村示范村和非贫困村雨污分流、道路硬化、集中供水等相关工程建设，确保年底前全面完成建设任务。加快第四批省级新农村连片示范建设，着力完善和精细打造金和镇山湖村、棉湖镇鲤鱼沟村、塔头镇旧住村、大溪镇井美村、龙潭镇陂尾村等精品示范村，辐射带动全县美丽乡村建设。持续用力抓好“三清三拆”“五路绿化”“五水清漂”“五边清污”等美丽工程，推进垃圾清运、水岸同治、“厕所革命”、绿满家园等重点工作，优化农村人居环境，打造干干净净、整整齐齐、漂漂亮亮、和和美美的揭西乡村名片。

加强农村基础建设。加快建设移动网、宽带网、有线电视网等村村通工程，大力发展农村电商，补齐农村公共基础设施短板。全力推进榕江流域凤江段等6条中小河流治理工程建设，做好灌渠清淤整治和河砂集中整治，提升灌溉排水效能。推进农村集体产权制度改革，规范农村集体“三资”管理和村级组织议事决策程序，发挥乡贤咨询委员会作用，形成民事民议、民事民办、民事民管的基层协商治理格局。

四、聚焦三大攻坚战，有效夯实发展基础

突出问题导向和目标导向，持续打好三大攻坚战，为全面建成小康社会强基固本。

打好防范化解重大风险攻坚战。加强政府债务管理，积极谋划好项目，提高债券资金使用效益。坚持底线思维，增强忧患意识，提高风险管控能力，重点加强金融领域风险防控和应急处置，严厉打击金融违法犯罪行为，防范区域性系统性金融风险。深化政银企对接合作，推动金融资源更多投向实体经济。

打好精准脱贫攻坚战。完善建档立卡动态管理机制，实施到村到户到人的精准措施，确保“两不愁、三保障”全面落实到位，坚决防止已脱贫人口返贫。坚持扶贫与扶智、扶志相结合，帮助扶贫对象提升技能、转移就业、稳定就业，形成可持续收入来源。大力推广发展特色扶贫产业，通过产业扶持、就业帮扶等系列措施巩固提升脱贫成果，确保农村相对贫困人口全部实现稳定脱贫，67个相对贫困村全部出列，如期完成脱贫攻坚任务。

打好污染防治攻坚战。深入实施全县环保基础设施建设三年行动计划，加快推进包括14个镇区污水处理厂和303个村级污水处理站的农村生活污水处理设施建设PPP项目、棉湖污水处理二期工程、县城污水处理厂配套管网三期工程、凤江污水处理厂、饮用水源防护工程、空气自动监测站等环保项目建设，有效夯实环保工作基础。深化中央和省环保督察及“回头看”反馈问题整改，巩固提升凉果加工污染、畜禽污染整治成果，大力推进棉湖云湖水系、凤江青头庵、龙潭黄竹溪等内河涌水质提升工程建设，严厉打击各类环境违法行为。强化造林绿化工作，大力创建国家森林城市，筑牢绿色生态屏障。

五、聚焦基础设施建设，提升城乡一体化水平

以“谋振兴·百日百项大行动”为抓手，按照“重要工作项目化、重点项目责任化”的思路，全面加快重点项目建设。

推进城镇建设。全力推进县城扩容提质，盘活处置闲置土地，规划建设县城东部住宅小区，推进县城绣衣厂改制和白云山药厂老厂区改造，加快客潭洋综合开发项目、县城10条道路升级改造等项目建设，推动县城向东、西、北方向拓展。实施棉湖镇区道路和配套设施升级改造工程、五经富镇过境公路新建工程、大北山中药园等项目建设，提升中心镇综合竞争力，辐射带动周边乡镇加快发展。以东园镇为核心规划建设揭西东部新城，拓展发展空间，提高城镇品位。盘活国有农场土地资源，打造养生养老基地。每个乡镇（街道）启动建设一个以上“三旧”改造项目或房地产项目，引进知名房地产企业进驻揭西，满足人民群众住房需求。

强化城镇经营管理。以创文为抓手，通过持续不断的“专项行动+机制建设”常态化工作，构建“村居为基础，镇街为主体，县级抓统筹”的城镇管理运行体系。探索将城镇管理部分职能推向市场化，建立健全城市管理联合执法机制，采用绣花功夫，有效实现城市精细化、规范化管理。加快老虎坷垃圾填埋场扩容升级工程和揭西县建筑垃圾消纳场建设，进一步完善生活垃圾处理体系。加强和规范房地产市场管理，铁腕整治“小产权房”等违法建设行为，推进房地产市场健康有序发展。

加快交通基础设施建设。全力服务好兴汕高速揭西段、汕湛高速揭西东段两条高速公路建设，组织实施“四好农村公路”

建设计划，完成国道235线揭西径下桥改造、国道238线揭西坪上桥改造、县道094五黄线路段改建、金和新龙公路改建等工程，大力推进京棉公路升级改造、农村公路安全生命防护工程、金鲤大桥和金和大桥改造等交通设施建设，完善连接交通枢纽、中心镇、旅游景区的公路建设。在全县农村客运和县际客车增设新能源客车客运服务项目，推动城乡公交一体化，持续优化交通环境。

抓好水利能源建设。启动建设县城河江大桥上游堤防整治工程和龙潭联围塔头镇塔头村至桃溪洲电排治理工程，加快推进塔头拦河闸重建、瓠杓岭引榕灌区整治、象山拦河闸至坪上两南桥堤防加固工程、揭西经富输变电等项目，完成县城两河四岸毓秀工程三期、2019年供电新建配网等工程建设，不断完善水利能源基础设施。

六、聚焦民生发展，扩大优质资源供给

把人民对美好生活的向往作为奋斗目标，全面发展社会事业，有效提升公共服务水平。

办好教育文体事业。巩固提高“省推进教育现代化先进县”创建成果，全面提升教育信息化应用水平，促进信息技术与教育教学融合创新。深入开展幼儿园“小学化”专项治理工作，积极稳妥实施义务教育学校教师“县管校聘”管理改革，建设揭西县教师发展中心，提高全县教育整体水平。大力发展文化体育事业，完善提升基层综合性文化服务中心，建设一批镇村文体设施示范点，抓好文化遗产资源保护传承工作，落实文化惠民、全民健身。大力弘扬社会主义核心价值观，促进精神文明建设。

加快医疗卫生发展。全面深化医疗卫生体制改革，提升基层医疗卫生服务能力，抓好急救体系和紧密型医联体建设，创建卫生强县。完成县人民医院、棉湖华侨医院和县妇幼保健计划生育服务中心住院综合楼等项目，推进民营贝斯达医院建设，加快村卫生站公建规范化建设进程，实现每个行政村建设一个规范化卫生站。积极推动中医药事业发展。加强公共卫生服务，切实抓好卫生创建和季节性流行病预防控制等工作。

提升社会保障水平。实施就业优先战略，全面落实各项就业创业政策，发挥县职业技能公共实训基地作用，促进高校毕业生、农村劳动力、异地务工人员、退役军人等群体就业创业，稳妥做好军转干部安置工作。抓好城乡居民养老保险和医疗保险参保缴费工作，推进企业养老保险省级统筹和扩面征缴，稳步提高各项社保待遇水平。强化民生“兜底”，完善城乡低保、医疗救助、临时救助等社会救助体系，积极推进慈善事业和残疾人事业发展，扎实做好关爱保护农村留守老人和儿童各项工作，建设区域性敬老院，逐步建立适度普惠型养老服务体系。

全力办好十件民生实事。一是改造提升县城10条市政道路，推动每个乡镇（街道）至少改造1条通村（社区）道路，逐步解决路不通、路不平、路不畅等问题。二是加快县城新自来水厂建设，确保年底前完成首期工程建设。三是加强现状空地和边角地、插花地整治，建设3个以上“小公园+停车场”“小绿地+停车场”或局部景观小品。四是综合整治榕江南河9条内河涌，完成全县200个以上自然村的雨污分流工程建设项目。五是改、扩建8所中小学校和2所中心幼儿园，对全县18所公立幼儿园安全设施进行改造提升，保持公办幼儿园和普惠性民办幼儿园覆盖率达到80%以上。六是新开工88家村卫生站规范化建设项目。七是新建3个乡镇（街道）文体广场、3个体育场地设施示范点和5所乡村学校少年宫。八是为城乡居民基本养老保险和基本医疗保险等公共服务开通移动支付、银行转账等自助缴费方式。九是实施3个以上集贸市场标准化综合改造示范工程。十是规划建设和升级改造2所区域性敬老院，提高失能、半失能特困人员集中供养率。

同时，组织推进第四次全国经济普查、第三次全国国土调查、第二次污染源普查，做好新闻出版、广播电视、台港澳、军民融合、国防动员、民兵预备役、双拥、人防、外事、侨务、气象、地震、史志、民族宗教、妇女儿童等各项工作。

七、聚焦社会治理，维护社会和谐稳定

创新工作机制，着力营造共建共治共享社会治理格局。

加强土地资源管理。进一步强化土地执法动态巡查，严厉打击违法用地行为。严格按控规单元规范土地征收储备，加大用地促建、闲置土地清理、低效用地盘活和违法用地查处，提升土地资源使用效益。用活用足乡村振兴相关土地政策，加大“三旧”改造力度，促进土地资源节约集约利用。加大力度对全县农村旧住宅、废弃宅基地、空心村等闲置建设用地进行拆旧复垦，优化农村和城镇发展。

建立健全应急管理体系。深入开展安全生产攻坚行动和专项治理，全面抓好各领域安全隐患排查整治，预防和遏制各类安全事故。推进“大应急”指挥体系建设，建立系统完备、快速高效的应急处置工作体制机制，保障人民群众生命财产安全和社会稳定。

强化社会综合治理。完善市场监管体系，加强食品药品安全工作，创建省食品安全示范县。持续深化平安揭西、法治揭西建设，把扫黑除恶专项斗争同“众剑行动”、行业治理、基层治理、部门监管结合起来，重拳打击乡匪村霸、非法占用土地、非法买卖土地、盗采资源、污染环境等影响公平正义、破坏生态环境、“微腐败”黑恶势力，严厉打击假币、黄赌毒黑拐骗、“两抢一盗”等各类犯罪，以智慧新警务建设为抓手提升综合治理信息化水平，全力推动信访矛盾化解，健全社会矛盾纠纷排查化解机制，努力把揭西建设成为最安全稳定、最公平公正、法治环境最好的地区之一。

八、聚焦自身建设，树立政府良好形象

永葆初心本色，强化使命担当，建设人民满意政府。

建设法治政府。持续深入学习贯彻习近平新时代中国特色社会主义思想，全面加强党的领导，按照上级和县委的统一部署，组织政府系统深入开展“不忘初心、牢记使命”主题教育和“三学三推”党建主题活动，增强“四个意识”，坚定“四个自信”，坚决做到“两个维护”。严格遵守宪法和法律，按照法定权限和程序行使职权、履行职责，完善政府法律顾问和科学民主决策机制，加强行政复议和行政诉讼工作，健全行政执法与刑事司法相衔接的工作机制。自觉接受县人大、政协和社会监督，认真办理人大代表建议和政协委员提案，广泛听取民主党派、工商联、无党派人士和人民团体意见。

建设高效政府。大力弘扬新时代揭阳“走在前列”精神，培育打造忠诚干净担当和懂政策懂业务干部队伍，着力提升政府管理社会、发展经济的能力和水平，实现每项重大工作有部署、有督促、真落实、见成效。积极稳妥做好机构改革的整合和衔接工作，优化政府机构设置和职能配置，建立健全高效运转模式。落实“大专项+任务清单”预算制度改革，强化财政预算工作，推动预算管理提质增效。强化政府主导项目建设职责，严格落实基本建设程序。深化“放管服”改革，抓好“一门式一网式”政府服务模式改革，推进“互联网+政务服务”和数字政府建设，优化办事流程，营造高效政务环境，努力让老百姓办事“最多只跑一趟”。

建设廉洁政府。深入落实中央八项规定及其实施细则精神，密切关注“四风”隐形变异、改头换面等新动向，持之以恒整治“四风”。树立过“紧日子”思想，坚持厉行节约，严控“三公”经费预算，加大民生等重点领域支出，努力让人民群众过“好日子”。加强政府系统党风廉政建设，建立健全政府廉洁风险防控体系，适应监察体制改革，转变行政监督方式，加大审计监督和督查问责力度，念好“紧箍咒”，拧紧“螺丝帽”，守好“责任田”，完善公务员正向激励机制，营造风清气正的良好政治生态。

各位代表！风劲潮涌，自当扬帆破浪；任重道远，更需快马加鞭。让我们更加紧密地团结在以习近平同志为核心的党中央周围，高举习近平新时代中国特色社会主义思想伟大旗帜，在市委、市政府和县委的坚强领导下，闻鸡起舞、日夜兼程、风雨无阻，走正道、出实绩、谋振兴，以新担当新作为奋力开创揭西改革发展新局面！

（县政府办）

政府工作报告

——2020年5月22日在揭西县第十届人民代表大会第五次会议上

揭西县县长

各位代表：

我代表县人民政府向大会作工作报告，请予审议，并请政协各位委员和其他列席人员提出意见。

2019年工作回顾

2019年是新中国成立70周年，是全面建成小康社会、实现第一个百年奋斗目标的关键之年。一年来，县政府坚持以习近平新时代中国特色社会主义思想为指导，坚决贯彻落实上级党政和县委决策部署，在县人大及其常委会和县政协的监督支持下，以“不忘初心、牢记使命”主题教育为动力，围绕“五位一体”总体布局和“四个全面”战略布局，抢抓建设粤港澳大湾区和支持深圳建设中国特色社会主义先行示范区重大机遇，立足“生态发展示范区”功能定位，贯彻新发展理念，落实高质量发展要求，团结依靠全县人民，同心同德、攻坚克难，经济社会实现平稳健康发展。全年实现生产总值231.76亿元，比上年增长（下同）3.7%；地方一般公共预算收入4.7亿元，下降10.6%；城乡居民人均可支配收入15602元，比增9.5%。

——紧扣生态主题，绿色产业稳步发展。电线电缆产业园建设取得突破性进展，成立园区管委会，进园西路主体工程基本完工，新引进电线电缆企业2家。投入技术改造资金8.3亿元，新认定高新技术企业1家，累计4家；获评省科技型中小企业2家，组建市级工程技术研究中心1家，新增规上工业企业5家、限上商业企业6家，完成规模以上工业增加值40.66亿元，比增4.6%。成功创建粤东地区首个“中国天然氧吧”，成为广东省首批七个全域旅游示范区之一和广东省“旅游综合竞争力十强县”；京溪园镇获评首批广东省旅游风情小镇和“广东省休闲农业与乡村旅游示范镇”；圆满举办广东揭阳首届潮客粤菜师傅乡厨厨艺邀请赛暨全市全域旅游工作现场会等活动。乡村旅游渐入佳境，金和镇山湖村、棉湖镇南门里社区获评首批广东省文化和旅游特色村，棉湖镇鲤鱼沟村、南山镇火炬村、龙潭镇关山村等乡村旅游景点亮点纷呈，入选首批广东省乡村旅游精品线路2条。全年旅游接待总人数1341.3万人次，比增12.3%；旅游总收入78.9亿元，比增15%。完成全县社会消费品零售总额152.46亿元，比增7.3%。

——聚焦三农工作，乡村振兴初见成效。成功获评国家农产品质量安全县，揭西茶叶产业园确定为省级现代农业产业园，五经富镇、良田乡被评为省级“一村一品、一镇一业”专业镇，坪上供港蔬菜、大溪淮山、塔头冬瓜等一批农特产品加快发展，新增市级农业龙头企业2家，累计省名牌产品32个、绿色食品14个、有机认证产品13个，完成农业总产值67.24亿元，比增5.6%。大力实施“千村示范、万村整治”工程，棉湖镇鲤鱼沟村入选“全国乡村治理示范村”，金和镇山湖村被评为“广东美丽乡村特色村”，南山镇火炬村被列为广东省第一批“红色村”党建示范工程，坪上镇石内片、龙潭镇关山村等一批乡村景观建设成为“网红点”。非省定贫困村雨污分流等项目全面推进，自来水通村入户率、村巷道硬底化率逐步提高。“五路绿化”、“五边清污”、农村“厕所革命”、“三清三拆三整治”等工作取得扎实成效，改造建设无害化卫生户厕16.7万户、标准化公厕141座，农村人居环境日益优化。脱贫攻坚成效明显，累计2.88万相对贫困人口脱贫退出，退出率99.8%；54个相对贫困村达到出列标准，退出率80%。

——*狠抓项目建设，发展环境日臻完善*。全年实施重点项目104项，完成年度投资35.27亿元；完成固定资产投资87亿元，比增14%。汕湛高速揭西东段、兴汕高速揭西段、高速公路出入口综合整治、国道235线径下桥、国道238线坪上桥改造等项目抓紧推进，县道五黄线路面改造工程、五经富镇过境公路新建工程接近完成，建设“四好农村路”66.72公里，改造通村道路41.49公里，交通环境进一步优化。中小河流治理一期工程基本完成，塔头拦河闸重建工程、瓠杓岭引榕灌区节水配套改造项目全面动工，水利设施进一步完善。完成县城两河四岸毓秀二期三期工程、温泉路升级改造工程、老虎坷垃圾填埋场扩容升级工程和棉湖镇湖西路、兴华路道路改造等市政项目建设；县城新自来水厂加快推进，将于2020年6月底试通水；县城道路升级改造二期工程等项目加快建设，成功引进世界500强企业碧桂园开发建设，城镇化水平进一步提升。10个生活饮用水源保护区标准化工程建设顺利完成，增加围网4.9万米；县城污水处理厂扩容提质及配套管网工程建成通水运行，棉湖污水处理厂扩容提质及二期管网配套工程基本完成，城乡生活污水处理PPP项目加快推进，开工建设龙潭黄竹溪、金和金鲤桥头等水质提升工程，完成全县城镇170公里、农村2060公里的污水收集管网建设任务，精准纳污12.6万户，环保基础进一步夯实。严格落实以控规单元规范土地征收整合供给，共编制土地控规单元37个，征收整合储备用地6宗421.4亩，处置已批未供用地26宗2847.8亩，盘活已供未建用地2宗115.8亩，增补“三旧改造”项目入库2宗89.6亩，存量用地得到盘活，发展空间有效拓展。

——*强化综合治理，社会大局和谐稳定*。坚决守住不发生系统性、区域性金融风险底线，积极做好地方法人金融机构潜在风险化解工作和质押资产处置，全县金融行业稳健发展。全力打好污染防治攻坚战，关停“散乱污”企业24家，立案查处41宗。严格落实“河长制”，全力推进畜禽养殖业污染综合整治，累计拆除禁养区各类养殖场（户）1318个，拆除整治栏舍面积17.73万平方米。“省考”“市控”断面水质稳定达标，饮用水源水质达标率100%；空气质量6项指标全面达标，全年空气质量优良天数占比达到97.36%以上。牢牢守住林地红线，京溪园镇大鹿村、大溪镇井美村等8个村获评第二批“国家森林乡村”，森林覆盖率58.37%。集中开展涉土违法违规整治专项行动，共清理违法建设1443宗，查处违法用地案件667宗，拆除建筑物面积12.76万平方米，拆除违建别墅2座。全面加强安全生产、消防安全、三防、森林防火、道路交通安全等工作，全年没有发生较大以上安全生产事故，安全生产责任制及消防工作年度考核全市排名第一；排查化解社会矛盾，纵深推进扫黑除恶专项斗争，严厉打击违法犯罪行为，社会大局和谐稳定，群众安全感、满意度全市排名第一。

——*加强民生保障，群众福祉不断增强*。全年投入民生资金42.7亿元，占一般公共预算支出85.9%。十件民生实事基本完成。深化教育体制机制改革，落实教师绩效工资制度，撤并“麻雀学校”27所，公办幼儿园和普惠性幼儿园在园幼儿占比94.8%，有效促进教育均衡发展。“五城同创”持续加温，城乡文明程度、城市形象品质和市民素质整体提升。爱国卫生运动和全国卫生县城创建工作深入开展，获评“省级慢性病综合防控示范区”。建成棉湖华侨医院综合楼、县医疗急救指挥中心、8家标准化乡镇卫生院和88家村卫生站，县人民医院综合楼和妇幼保健院综合楼建设接近完成，即将投入使用。完成钱坑镇敬老院升级改造工程，全县共6489户20458人享受最低生活保障，城镇低保标准提高到743元，农村低保标准提高到541元。建成3个乡镇示范文体广场、3个体育场地示范点和73个行政村（社区）综合性文化服务中心。县工商联荣获全国“五好”县级工商联称号。

——*深化制度改革，治理效能有效提升*。以深入学习习近平新时代中国特色社会主义思想为主线，严格落实“第一议题”制度，扎实推进“不忘初心、牢记使命”主题教育和“三学三推”党建主题活动，政府系统党建工作全面加强。严格执行民主集中制和科学决策机制，自觉接受县人大及其常委会和县政协的监督，全年办理县人大建议16件、县政协提案12件。严格落实中央八项规定及其实施细则精神，突出整治形式主义和官僚主义，持续转变工作作风。圆满完成县级政府机构改革，调整政府工作部门6个，撤销县直事业单位31个，行政效能有效提升。加强法治政府建设，统筹推进“放管服”改革，全面优化营商环境，落实减税降费政策，为企业减免税费1.97亿元。全力推进“数字政府”改革建设，打通便民利企服务群众最后一公里。

此外，统计、史志、气象、档案、外事侨务、民族宗教、双拥共建、国防动员、妇女儿童、广播电视等工作也取得新成效。

各位代表！过去一年，我们各项工作实现了新的进步，这是上级党政和县委坚强领导的结果，是县人大、县政协和社会各界大力支持、有效监督的结果，更是全县人民团结一心、奋力拼搏的结果。在此，我谨代表县人民政府，向全县广大干部群众致以崇高的敬意！向关心支持揭西经济社会发展的各界人士表示衷心的感谢！

同时，我们也清醒地认识到，我县经济社会发展和政府自身建设仍存在不少短板和问题：县域经济发展不平衡不充分，经济弱县、财政穷县的状况没有根本改变；产业集聚度不高，传统产业升级不快、动能不足、附加值低，对经济贡献率不高；城市化水平较低，产业支撑能力、市场规模潜力和城市经济活力未能充分激发；重点项目建设成效不明显，经济发展缺乏大项目拉动；民生事业存在不少短板，教育、医疗卫生、文体等事业发展仍然滞后，距离人民群众对美好生活的向往需求仍有不少差距；生态环境历史欠账多，城乡规划管理仍需加强，企业偷排漏排、违法建设等行为屡禁不止，政府治理效能亟待进一步提高；干部队伍能力本领仍需提升，创新精神、较真劲头、担当意识不足，政府管理经济、赋能市场的能力还要增强，等等。对此，我们将高度重视，直面问题，勇于担当，采取切实有效措施加以解决。

2020年工作安排

2020年是决胜全面建成小康社会、打赢精准脱贫攻坚战、实现“十三五”规划收官之年，做好今年工作至关重要。

今年以来，面对新冠肺炎疫情带来的严峻考验，我县深入学习贯彻习近平总书记重要讲话和重要指示精神，坚决贯彻“坚定信心、同舟共济、科学救治、精准施策”总要求，严格落实“四早”和“四集中”措施，全力做好“外防输入、内防扩散”各项工作，全面动员、全面部署、全面防控，依法科学有序推动疫情防控取得阶段性胜利，全县2例输入性确诊患者全部治愈出院，无重症、危重和死亡病例，无聚集性感染病例，无医护人员感染病例。

新冠肺炎疫情不可避免对经济社会造成冲击，但我国经济长期向好的基本面没有改变，疫情的冲击是短期的、可控的，一季度全县生产总值42.59亿元，下降7.9%，与省、市情况大致相同，随着疫情防控形势持续向好和复工复产全面推进，经济社会运行加快恢复正常。当前，揭西正处于加快发展的“窗口期”，前景广阔，潜力巨大，大有可为，粤港澳大湾区和先行示范区建设“双区驱动”机遇极其难得，市委提出打造“生态发展示范区”功能定位为揭西发展指明了前进方向，省、市系列政策和资金扶持为揭西发展增添了强大动力，揭西得天独厚的自然资源禀赋和生态优势、人文优势是我们后发赶超的最大“底气”。我们要坚定信心、主动作为，抢抓全市“融湾建带”发展机遇，加快振兴步伐，奋力把揭西打造成为生态发展示范区。

根据县委工作部署，今年政府工作的总体要求是：高举习近平新时代中国特色社会主义思想伟大旗帜，全面贯彻党的十九大和十九届二中、三中、四中全会以及中央经济工作会议、习近平总书记关于统筹推进新冠肺炎疫情防控和经济社会发展系列重要讲话精神，认真贯彻落实省委十二届七次、八次、九次全会和市委六届七次、八次全会精神，按照县委十一届七次全会工作部署，落实新时代党的建设总要求，紧扣全面建成小康社会目标任务，统筹推进新冠肺炎疫情防控和经济社会发展，全面恢复生产生活秩序。坚持稳中求进工作总基调，坚持新发展理念，坚持以供给侧结构性改革为主线，坚持以改革开放为动力，贯彻落实省委“1+1+9”工作部署，围绕“生态发展示范区”功能定位，加快构建“一园两区”发展新格局，推动全县全域“融湾建带”，全面做好“六稳”工作，统筹推进稳增长、促改革、调结构、惠民生、防风险、保稳定，坚决打赢三大攻坚战，奋力夺取疫情防控和经济社会发展“双胜利”，确保全面建成小康社会和“十三五”规划圆满收官。

今年我县经济社会发展的主要预期目标是：生产总值增长6%左右；规模以上工业增加值增长2.8%；固定资产投资增长12.6%；社会消费品零售总额增长7.3%；外贸进出口总额增长0.5%；地方一般公共预算收入增长4%，税收收入增长6%；城乡居民人均可支配收入增长7%；城镇登记失业率控制在3.5%以内；节能减排约束性指标完成市下达年度计划。

实现以上目标，必须重点抓好以下九方面工作：

一、全面落实“双统筹”，坚决夺取疫情防控和经济社会发展“双胜利”

统筹推进疫情防控和经济社会发展，将疫情造成的影响降到最低，把时间抢回来，促进经济平稳运行。

*抓好常态化疫情防控。*严格落实“四早”“四集中”防治要求和“外防输入、内防反弹”措施，织密织牢联防联控、群防群控网络，着力提高工作针对性、精准度和有效性，坚决打赢疫情防控阻击战。加强发热门诊管理和检疫检验能力建设，确保重点人群核酸和抗体检测应检尽检、其他人群愿检尽检。压实社区、企业、学校、单位主体责任，对照各类疫情防控工作指引，严把重点场所“防疫关”，做好防控物资保障，确保企业经营、教育教学安全有序。

*全面恢复经济社会发展秩序。*深入开展“推进‘六稳’拉动消费”主题活动之“揭西人游揭西”“加快重点项目建设”等10项系列活动，积极扩大内需，刺激消费，加快恢复经济社会发展秩序。深入开展“暖企行动”，认真落实减税降费和省20条、市28条复工复产扶持政策，精准帮助企业纾困解难，共渡难关，推动企业全面复工复产达产。毫不松懈抓好农业生产，保持粮食种植面积和产量稳定，有效稳住农业基本盘。

*加快补齐医疗卫生短板。*围绕疫情暴露出的问题补短板、堵漏洞、强弱项，完善疾病预防控制体系，提升公共卫生应急管理和救治能力。建成县人民医院综合楼、县妇幼保健计划生育服务中心住院综合楼和乡镇卫生院标准化等项目，启动建设县人民医院感染科综合大楼、棉湖华侨医院门诊医技楼改建等医疗卫生项目，扎实推进紧密型县域医共体建设，完善提升村卫生站规范化及保障服务能力，提高国家基本公共卫生项目服务水平。持续深化创文创卫工作，全力创建国家卫生县城，争取尽早进入全国县级文明城市提名城市行列。

二、以“五本台账”为抓手，打造生态发展示范区

贯彻落实市“三中心一示范区”战略布局，落实落细“五本台账”，全面加快经济社会发展。

加快项目投资建设。落实重点项目台账，用系统化思维统筹推进年度计划投资60.29亿元的117项重点项目建设，夯实发展基础。全力服务好兴汕高速揭西段、汕湛高速揭西东段两条高速公路建设，完成高速公路出入口综合整治工程，加快推进省道508线揭西上砂至硁下段路面改造工程、“四好农村路”等28项交通运输类项目建设，打造互联互通交通网络。加快县城新自来水厂、中小河流整治、森林碳汇重点生态工程等11项农林水利类项目建设，打造“山水毓秀”景观工程。扎实推进县城道路升级改造二期、榕江南河右岸堤路综合整治等19项宜居城乡类项目建设，对东风广场、好日子广场、大同市场、河山市场、棉湖镇区道路等市政设施进行改造，提升城乡颜值品质。把握国家强化逆周期调控和促进形成强大国内市场等宏观政策“窗口期”，积极争取国家和省更多财政资金、债券资金，支持基础设施、重点项目建设。

做优重点产业项目。落实重点产业项目台账，用精准化的措施推进园区和产业发展，推动经济提质增效。加快电线电缆产业园投资服务中心、进园西路、污水处理厂等基础设施建设，优化园区投资营商环境，打造成为全县招商引资和承接粤港澳、珠三角工业发展的重要平台。规范园区土地出让工作，加大招商引资力度，力争引进4家以上企业入园投资，初步形成电线电缆产业集聚效应。强化投资拉动，加快推进19项投资1000万元以上重点产业项目建设，以大产业带动大发展。充分发挥“中国天然氧吧”品牌优势，加快推进京富洋旅游圈升级发展，力争引进知名旅游公司包装打造，盘活土地资源，转变经营管理模式，做大做优旅游产业，努力实现质的提升和量的大幅增长。加快揭西茶叶产业园、大北山中药园等项目建设，着力打造坪上供港蔬菜、龙潭“归来田园”、塔头冬瓜等一批产业基地，规划建设一批规模化、现代化畜禽养殖基地，积极深化粤港澳大湾区农产品贸易合作，实现湾区所需、揭西所能、“融湾建带”有所作为。

加强土地征储出让。科学编制国土空间规划，落实土地征收储备及供应计划台账，优化城乡空间布局，提高土地管理专业化水平。按照“盘活资源、突出重点、保障发展”的原则，重点做好31宗2190.65亩土地的征收整合储备和22宗1662.51亩建设用地的有序供应，做到土地统一规划、统一征收、统一报批、统一供给、统一建设。以控规单元为引领，遵循“单元整备、地块开发”原则，做到补边补角盘活存量、项目策划优化增量、统筹指标精准投放，促进土地再整合再开发再利用。

规范房地产管理。落实房地产项目台账，有节奏、有计划推进新谋划11宗486.88亩的房地产项目土地出让工作，加大招商选资力度，引进有品牌、有实力的房地产企业落户开发建设，激发房地产市场活力。加强星曜城等7个在建房地产项目监督管理，加快中园新城碧桂园二期等7个拟建房地产项目进度，盘活14个已供未建房地产项目用地，着力破解现有房地产存在的历史遗留问题，进一步规范房地产秩序，促进房地产市场健康有序发展。

强化预算执行管理。落实财政预算及资金管理台账，树立理财思想，规范资金使用管理。坚决把预算执行作为落实重点工作的重要抓手，抓好政府性基金收入、水田垦造和拆旧复垦指标交易工作，大力盘活县直企业和各部门的沉淀资金、存量资金。围绕“大专项+任务清单”，坚持“资金跟着项目走”，统筹整合专项资金，用好涉农资金，做到精准支付，防止“撒胡椒面”。加快35个总投资25.36亿元的代编基建项目资金支出进度，坚决把资金用在刀刃上，用在人民群众最迫切、最期盼的民生项目上。规范财政资金管理，严肃财经纪律，带头过“紧日子”，压缩一般性支出，统筹资金保工资、保运转、保基本民生。

三、加快三农发展，推进乡

村振兴上新台阶

坚持农业农村优先发展，全面实施乡村振兴战略，实现富民兴村。

发展富民产业。加快建成揭西茶叶产业园，建设茶叶产品体验及展示馆等项目，打造集旅游、康养为一体的产业园，形成具有揭西特色的茶叶品牌，示范带动全县农业产业现代化发展。抓好“一村一品、一镇一业”建设，以示范家庭农场、农民合作社、龙头企业等新型农业经营主体为依托，做大做强冬瓜、淮山、金线莲、橄榄、苦笋等特色农业，提高生产组织化、产业化、优质化程度，延伸农业产业链，增加农民收入。鼓励发展绿色生态健康养殖产业，强化农资市场、农产品质量、生猪屠宰等综合执法监管，确保农副产品市场稳定、质量安全。

建设美丽乡村。深入推进“千村示范、万村整治”工程，加快生态宜居美丽示范县、示范镇创建工作，着力推进5个省级新农村连片示范主体村、64个省定贫困村、30个新创办示范村和灰寨镇马路村共100个新农村示范村建设。持续深入开展“三清三拆三整治”专项行动，加强农房风貌管控，不断提升农村人居环境水平。积极推广“农民工匠”模式，加快农村雨污分流、村巷道硬化、集中供水、人畜分离、绿满家园等项目建设，确保上半年全县1066个自然村全面完成农村雨污分流工程，精准纳污15.8万户；100个示范村达到美丽宜居村标准，着力建设一批看得见山、望得见水、留得住乡愁的生态宜居美丽乡村。

打造示范工程。以示范村为点，串珠成链打造一批美丽乡村示范片，形成各具特色、各美其美的乡村景观带。结合创建万梅谷文化小镇，连片建设坪上镇五星、石峡、樟树下3个示范村与省定贫困村潭角村，打造以万梅谷为主题的宜居美丽乡村示范片；结合黄满寨瀑布旅游区，连片建设京溪园镇粗坑、甲溪2个示范村，打造特色乡村旅游示范片；结合县城发展布局，连片建设龙潭镇陂尾、富光2个示范村和坪上镇新榕、成全2个省定贫困村，打造城郊型美丽乡村示范片；结合南山镇火炬村省“红色村”党建示范工程建设，连片建设南山镇上寮、关西2个示范村，打造红色文化示范片；结合省级新农村连片示范建设，沿国道连片建设灰寨镇新宫林、灰龙、南洋以及金和镇和西、和南5个示范村，打造美丽乡村示范片；结合中小河流整治工程，连片建设塔头镇旧住、锦龙和东园镇玉湖3个示范村，打造美丽水乡示范片。

深化农村改革。建立健全农村土地承包经营权流转机制，规范农村宅基地管理，试点成片集中流转开发土地，促进农业生产规模化、机械化、现代化。规范农村集体“三资”管理和村级组织议事决策程序，加强涉农资金使用监管，最大限度发挥资金使用效益。深化屠宰行业改革，完善屠宰管理体制机制。加大垦造水田和拆旧复垦工作力度，实施好“米袋子”“菜篮子”“果盘子”系列培育工程，保障粮食安全供应。

四、注重品牌打造，做优生态旅游产业

充分发挥绿色生态这个最大的优势和潜力，全力创建国家全域旅游示范区，以“生态之美”美“揭西之美”。

打造精品景区。进一步推动黄满寨瀑布群打造“全国三黄瀑布之一”品牌，联合京明温泉度假村创建国家5A景区，打造融入粤港澳大湾区的龙头旅游景区，成为外地人游粤东的首选目的地。全力推进大洋国际生态旅游度假区创建国家4A景区，金和镇山湖村创建国家3A景区，提升重点景区档次和水平，形成精品景区和精品旅游线路。加快推进大洋国际生态旅游度假区特色康养、旅游数据中心二期项目和大北山、黄满寨旅游公路等基础设施建设，打造1个高品质餐饮街区，提升旅游公共服务配套功能。

发展乡村旅游。大力发展“美丽经济”和生态康养产业，推动旅游与农业、林业、康养、研学等深度融合，把绿水青山打造成金山银山。深挖革命历史文化底蕴，结合传统文化、潮客文化

等元素，支持鼓励发展民宿经济，着力推动乡土文化同红色文化深度融合，乡村旅游同美丽乡村建设同步发展。以京溪园镇粗坑村、金和镇山湖村、棉湖镇鲤鱼沟村、南山镇火炬村、坪上镇石内片区等美丽乡村为示范点，先行打造花海观光、乡村美食、民宿体验、文化创意等乡村旅游项目，积极推行“不收费、促消费”模式，吸引游客来揭西体验更多更好的生态之美和红色文化内涵。

强化宣传推介。持续开展“揭西人游揭西”活动，加大旅游营销推广力度，做到“季季有节庆，乡乡有活动”。充分发挥本地、周边及珠三角等地区媒体宣传推介作用，坚持“走出去”与“请进来”相结合，密切与粤港澳等发达地区的旅游协作，着力把更多的游客引进来，把城市消费能力吸引来，推进旅游产业“融湾建带”。牢固树立“处处都是旅游环境，人人都是旅游形象”的理念，强化目的地居民的旅游参与意识、形象意识和责任意识，形成“全域旅游、全民参与、全民共建”的大旅游工作格局。

五、坚持问题导向，坚决打赢三大攻坚战

聚焦打好打赢三大攻坚战，全力以赴补短板、强弱项，着力破解发展难题。

决战决胜脱贫攻坚。坚持“摘帽不摘责任、摘帽不摘政策、摘帽不摘帮扶、摘帽不摘监管”，组织开展脱贫人口“回头看”工作，及时做好返贫人口动态监测和帮扶，全覆盖落实“两不愁三保障”政策，进一步巩固脱贫成果。加快产业扶贫资金使用进度，精准实施产业项目，发展地方特色扶贫产业，大力实施消费扶贫，拓宽扶贫产品销路，实现稳定增收，确保未退出15户55人和13个未出列贫困村6月底前全部脱贫退出，真正实现小康路上一人不落、一户不少。

铁腕开展污染防治。突出精准治污、科学治污、依法治污，推动生态环境持续好转。以“一厂一网一专班”“一河一策一专班”为抓手，完成县城污水处理厂三期、棉湖污水处理厂二期、五经富污水处理厂二期等配套管网建设；全面推进城乡生活污水PPP项目建设，确保年底前基本完成14个污水处理厂、218个小型污水处理站、263公里主管网建设任务，实现污水处理全覆盖。认真做好全县污水管网和污水处理厂、污水处理站的精准接驳工作，确保污水彻底收集、达标处理。健全“户分类、村集中、镇转运、县处理”农村垃圾治理体系，加快揭西县环保能源产业园和建筑渣土消纳场建设，率先启动县城、棉湖垃圾分类试点工作，建成1个分散式餐厨垃圾处理项目，促进全县垃圾处理体系更完善、运作更及时、处理更环保、成效更显著。采取最严格的环保措施，切实抓好上级环保督察问题整改落实。大力推进禁止露天焚烧和柴油货车污染治理工作，完成9台10蒸吨及以下燃煤锅炉淘汰及销账任务，巩固提高空气质量优良天数比例。持续推行“河长制”，扎实推进9条支流（河涌）治理工作，严厉打击凤江镇、金和镇凉果等企业污染环境行为，加大畜禽养殖业规范整治力度，实现水清、岸绿、景美。

防范化解重大风险。聚焦金融领域风险防控，积极推动地方法人金融机构以清收压降不良贷款和处置股权为抓手，用好省对口帮扶机制，实现金融行业健康发展；积极引导金融更好服务“三农”工作，增设农村金融机构网点，提升金融服务地方经济的能力。突出源头防控、重点稳控，健全完善风险防控工作体系，有效防范道路安全、自然灾害、应急事件等风险发生，确保社会大局平安稳定。

六、做强实体经济，全面推进“融湾建带”

走实走深“生态产业化、产业生态化”两化路，推动揭西“融湾建带”取得扎实成效。

坚持生态发展。立足“一园两区”发展新格局，坚持生态优先、绿色发展，牢牢把握粤港澳大湾区和先行示范区“双区驱动”发展机遇、发展红利、资源要素，发挥比较优势，实施差异化发展，以湾区所需、揭西所能推动“融湾建带”落地落实，在

全市全域“融湾建带”中实现新作为。优化发展理念，深挖生态潜力，大力发展供港蔬菜、茶叶等生态产业，把生态资源转变为经济资源，把生态效益转化为经济效益、社会效益，推动经济加快发展。

实施创新驱动。以4家国家级高新技术企业为示范引领，抓好电线电缆、生物制药、电子电器、电力设备等传统产业技改升级，扶持发展一批竞争力强、拥有自主知识产权的生态龙头企业。加大科技创新投入力度，支持工业企业实施新一轮技术改造，推动小微企业转型发展。建立创新奖励机制，为广大中小企业、年轻人发展创造有利条件，着力营造“大众创业、万众创新”的浓厚氛围。

优化营商环境。出台加快企业发展的各项扶持政策措施，推动企业用地、用电、用水、用气便利化，激发市场活力，支持企业稳产、增产、扩产。落实“一企一策”帮扶措施，全力支持具备条件的小微企业转型升级为规上（限上）企业，做大做强实体经济。加快“数字政府”建设，大力推广运用“粤商通”“粤政易”，着力推进并联审批，压缩审批时限，提升行政审批效率。深化“放管服”和商事制度改革，营造优质政务服务环境。

七、发展民生事业，增强群众获得感幸福感

坚持在发展中保障和改善民生，用心用情用功办好民生实事，让人民群众的获得感、幸福感、安全感更充实、更有保障。

办好人民满意教育。继续深化教育体制机制改革，进一步巩固教育“创先”成果，实施义务教育薄弱环节改善与能力提升工程，撤并17所“麻雀学校”。完善学前教育管理体制和办园体制，新（改、扩）建一批公办幼儿园和普惠性民办幼儿园，推进学前教育均衡规范发展。优化中小幼教师资源配置，加快县教师发展中心建设，实行奖励性绩效工资，充分调动教师工作积极性。

提升公共服务水平。完善建设乡镇（街道）综合文化站和行政村（社区）综合性文化中心，启动大北山革命历史纪念馆红色革命遗址保护利用工程建设，加强文化遗产保护传承，促进文化繁荣发展。深入实施全民参保计划，及早开展企业职工养老保险扩面征缴、城乡居民基本养老保险续缴费和城乡居民医疗保险征收工作。全面落实拥军优属政策，妥善做好军转干部、退役士兵安置工作。加快县福利中心建设，完善城乡低保、社会孤儿保障、残疾人社会保障、老年人保障等体制机制，扎实推进关爱保护农村留守老人和儿童各项工作，着力构建“大救助、大养老、大儿童保障、大慈善、大社会治理”五大民政工作体系。

全力办好十件民生实事。一是增加学前教育和义务教育公办学位供给。新（改、扩）建10所公办幼儿园，新增学前教育公办学位700个；整合17所以上“麻雀学校”，改造13所义务教育薄弱学校办学条件，优化（含新增）义务教育公办学位680个。二是实施技能提升工程。培训潮菜师傅100人次以上、南粤家政330人次以上，城乡劳动力技能晋升培训2500人次以上。三是推进“四好农村路”和“万里碧道”建设。完成农村公路砂土路路面硬化108.36公里，实现全县农村公路等级公路比率达到99%、路面铺装率达到77%。建设“万里碧道”5.1公里。四是完善疫苗接种管理体系建设。建设和改造1家疾控机构冷链系统，实现17家预防接种门诊数字化。五是加强地质灾害防治。组织实施3处地质灾害工程治理，5处大型以上地质灾害专业监测。六是深化“厕所革命”。基本实现农村户厕无害化改造全覆盖，新建或改造114座农村公厕；改造3所中小学厕所；新改扩建城市公厕（旅游厕所）5座。七是加强食品安全保障。强化溯源管理和社会共治，实现全县校园食堂“互联网+明厨亮灶”全覆盖。食品检验量达到每千人5批次，抽检不合格食品核查处置率达到100%。八是提高低保、特困人员、孤儿基本生活及困难残疾人两项补贴保障标准，加强残疾儿童康复救助工作。城镇、农村低保对象最低生活保障人均补差水平，分别从

每月571元、271元提高到626元、301元；特困人员基本生活标准达到不低于本地最低生活保障标准的1.6倍；孤儿基本生活最低养育标准集中供养和分散供养水平，分别从每人每月1685元和1025元提高到1820元和1110元；困难残疾人、重度残疾人护理补贴分别从每人每年1980元、2640元提高到2100元、2820元。按照标准补助0-6岁残疾儿童康复救助基本服务。九是实施城市生活垃圾分类处理试点。新建、改造升级垃圾转运站2座，在城市生活垃圾分类处理示范区配置320个以上生活垃圾分类收集容器。十是在河婆街道、棉湖镇、五经富镇等9个乡镇（街道）建设社会化足球场地；新建3个体育设施示范点；完成文化馆总分馆制建设任务。

同时，组织编制“十四五”发展规划，开展第七次全国人口普查，完成第四次全国经济普查、第二次污染源普查，做好新闻出版、广播电视、台港澳、军民融合、国防动员、双拥、人防、外事、侨务、气象、地震、地方志、档案、民族宗教、妇女儿童等工作。

八、强化社会治理，营造稳定发展环境

依法推进社会平安治理，提升社会治理能力，实现和谐安定新局面。

提升应急管理能力。建立健全应急管理体系，一体化推进指挥协调、现场救援、物资储备等各方面能力建设，提高防灾减灾救灾水平。落实安全生产和消防安全责任制，持续开展重点区域、重点行业安全生产和消防安全专项整治，坚决遏制重特大安全生产事故发生。坚持预防为主，做好景区、林场、自然保护区等重点区域森林防灭火工作，加强三防、地质灾害等监测预警预报，提升应急处置和救援能力，全力保障人民群众生命财产安全。

提升行政管控能力。纵深推进扫黑除恶专项斗争，彻底铲除“黑恶”势力滋生土壤。坚决打好“两违”治理攻坚仗，做到去存量、遏增量，提高城市综合承载能力。加强全县建筑工程五方责任主体的监管工作，确保工程领域的国家强制性标准在揭西得到落实，保证建设工程质量安全。铁腕开展货运行业乱象专项整治，严厉打击货运车辆违法超限超载行为。大力整治乱搭乱建乱占等违规行为，加大河婆、棉湖、五经富3个中心镇执法力度，规范城镇管理秩序，确保市容市貌干净、整洁、有序。强化食品药品重点领域监管，加快创建省食品安全示范县，全力保障人民群众“舌尖上的安全”。

提升综合治理能力。完善社会治安防控体系，严厉打击“两抢一盗”、电信诈骗等违法犯罪行为，提升人民群众的安全感。严格落实信访案件领导包案责任制，深入开展信访矛盾化解攻坚专项行动，全力推进信访积案和矛盾纠纷排查化解工作，维护社会大局和谐稳定。

九、加强自身建设，不断提升政府服务水平

把“不忘初心、牢记使命”作为永恒课题，提高治理能力和治理水平，努力建设人民满意政府。

强化政治建设。坚持把政治建设放在首位，深入学习贯彻习近平新时代中国特色社会主义思想，树牢“四个意识”，坚定“四个自信”，做到“两个维护”。扎实推进政府系统党建工作，进一步落实意识形态工作责任制，把初心使命真正贯彻到改革发展各项具体工作中去，推动干部思想能力作风进入新时代。

强化法治建设。健全完善各项规章制度，促进政府工作规范化、制度化。做好机构改革“后半篇文章”，转变优化政府职能，稳步推进事业单位改革。全面加强法治政府建设和政务公开，提高依法行政水平。自觉接受县人大、政协和社会监督，认真办理人大代表建议和政协委员提案，广泛听取民主党派、工商联、无党派人士和人民团体意见，让权力在阳光下运行。

强化作风建设。严格落实中央八项规定及其实施细则精神，持之以恒纠正“四风”，把为基层减负措施落到实处。发扬斗争精神，增强斗争本领，推动政府系

统队伍认真想事、主动谋事、务实干事。扎实推进政府系统党风廉政建设和反腐败斗争，严肃查处损害群众利益行为，营造亲企清政发展环境。树牢为民宗旨，转变工作作风，提高工作效率，努力用党员干部的劳累一点、辛苦一点，换取揭西发展好一点、群众幸福多一点。

各位代表！汗水浇灌收获，实干笃定前行。让我们更加紧密地团结在以习近平同志为核心的党中央周围，以习近平新时代中国特色社会主义思想为指导，在市委、市政府和县委的坚强领导下，不忘初心、牢记使命，以“只争朝夕，不负韶华”的奋斗姿态，以“抓铁有痕，踏石留印”的坚定决心，全力把揭西打造成为生态发展示范区，为夺取全面建成小康社会的伟大胜利作出应有的贡献！

附件1：

名词解释

1.“一园两区”：“一园”是指打造粤东后花园；“两区”是指推动形成以县城为中心、大北山为腹地的生态发展区和以棉湖为中心、电线电缆产业园为依托的产城融合发展区。

2.“三中心一示范区”：在粤东城市群中，揭阳中心城区(包括榕城区、揭东区、空港经济区、揭阳产业园)和普宁市区是成熟的城市中心，揭阳滨海新区“一城两园”要建设成为新城市中心，揭西县要打造生态发展示范区。

3.“五本台账”：重点项目台账、重点产业项目台账、土地征收储备及供应计划台账、房地产项目台账、财政预算及资金管理台账。

4.“六稳”：稳就业、稳金融、稳外贸、稳外资、稳投资、稳预期。

5.“六保”：保居民就业、保基本民生、保市场主体、保粮食能源安全、保产业链供应链稳定、保基层运转。

6.“两不愁三保障”：不愁吃、不愁穿，义务教育、基本医疗、住房安全有保障。

7.“三清三拆三整治”：“三清理”是指清理村巷道生产工具、建筑材料乱堆乱放；清理房前屋后和村巷道杂草杂物、积存垃圾；清理沟渠池塘溪河淤泥、漂浮物、障碍物。“三拆除”是指拆除危旧房、废弃猪牛栏及露天厕所茅房；拆除乱搭乱建、违章建筑；拆除非法违规商业广告、招牌等。“三整治”是指整治垃圾乱扔乱放；整治污水乱排乱倒；整治“三线”(电线、电视线、通信线)乱搭乱接。

8.“四早”：早发现、早报告、早隔离、早治疗。

9.“四集中”：集中患者、集中专家、集中资源、集中救治。

10.“四风”：形式主义、官僚主义、享乐主义和奢靡之风。

11.“三黄瀑布”：即贵州黄果树瀑布、黄河壶口瀑布、揭西黄满寨瀑布。

12.建筑工程五方责任主体：承担建筑工程项目建设的建设单位项目负责人、勘察单位项目负责人、设计单位项目负责人、施工单位项目经理、监理单位总监理工程师。

13.“两违”治理攻坚仗：集中治理违法用地、违法建设的攻坚仗。

（县政府办）

文件

揭西县机构改革方案

根据《中共中央关于深化党和国家机构改革的决定》、《深化党和国家机构改革方案》、《关于地方机构改革有关问题的指导意见》和《广东省关于市县机构改革的总体意见》，结合实际，制定揭西县机构改革方案。

一、机构改革的总体部署

以习近平新时代中国特色社会主义思想为指导，全面贯彻党的十九大和十九届二中、三中全会精神，深入贯彻落实习近平总书记视察广东重要讲话精神，认真贯彻落实习近平总书记关于深化党和国家机构改革的重要论述，牢固树立政治意识、大局意识、核心意识、看齐意识，坚持和加强党的全面领导、坚持以人民为中心的发展思想、坚持社会主义市场经济改革方向、坚持优化协同高效、坚持以法治方式推进改革、坚持在中央统一领导下充分发挥地方积极性。

认真贯彻落实中央和省确定的改革目标和任务要求，中央明确的改革任务坚决落实到位，主要机构设置同中央和省保持基本对应，坚决维护党中央集中统一领导和国家法制统一、政令统一、市场统一。以推进机构职能优化协同高效为着力点，改革机构设置，优化职能配置，深化转职能、转方式、转作风，提高效率效能，全面推进体制机制创新，积极构建系统完备、科学规范、运行高效的机构职能体系，促进各方面改革有机衔接、协调联动，发挥改革整体效应，为推动形成揭西“一园两区”新格局提供有力的体制机制保障。

深化机构改革，要在党中央集中统一领导和省委、市委具体部署下，由县委负总责，不折不扣落实好各项改革任务。

二、调整优化县级党政机构和职能

（一）对应中央和省级机构改革，调整优化相应机构和职能。

1.建立健全和优化县委对重大工作的领导体制机制。

（1）组建县监察委员会。落实党中央关于深化监察体制改革的部署，将县监察局的职责，以及县人民检察院查处贪污贿赂、失职渎职及预防职务犯罪等反腐败相关职责整合，组建县监察委员会，同县纪律检查委员会合署办公，履行纪检、监察两项职责，实行一套工作机构、两个机关名称。不再保留县监察局。

（2）组建县委审计委员会，作为县委议事协调机构。县委审计委员会办公室设在县审计局。

（3）组建县委教育工作领导小组，作为县委议事协调机构。县委教育工作领导小组办公室设在县教育局。

（4）将县委全面深化改革领导小组改为县委全面深化改革委员会，作为县委议事协调机构。县委全面深化改革委员会办公室设在县委办公室。

（5）将县委全面依法治县工作领导小组改为县委全面依法治县委员会，作为县委议事协调机构。县委全面依法治县委员会办公室设在县司法局。

（6）将县委网络安全和信息化领导小组改为县委网络安全和信息化委员会，作为县委议事协调机构。县委网络安全和信息化委员会办公室设在县委宣传部，县委宣传部对外加挂县互联网信息办公室牌子。

（7）组建县委外事工作委员会，作为县委议事协调机构。县委外事工作委员会办公室设在县委办公室。将县外事侨务局的外事工作行政职能划入县委办公室。

2.加强县委职能部门的统一归口协调管理职能。

（1）县委组织部统一管理县委机构编制委员会办公室。将县机构编制委员会改为县委机构编制委员会，作为县委议事协调机构。调整优化县委机构编制委员会领导体制。县委机构编制委员会办公室为县委机构编制委员会的办事机构，承担县委机构编制委员会日常工作，作为县委工作机关，归口县委组织部管理。

（2）县委组织部统一管理公务员、直属机关党的工作和老干部工作。将县人力资源和社会保障局承担的有关公务员管理职责划入县委组织部，对外加挂县公务员局牌子。将县直属机关工作委员会并入县委组织部，保留县直属机关工作委员会牌子。将县委组织部老干部局更名为县委老干部局，仍在县委组织部挂牌。

不再保留单设的县直属机关工作委员会。

（3）县委宣传部统一管理新闻出版和电影工作。将县文化广电新闻出版局（县版权局）的新闻出版、电影管理职责划入县委宣传部，对外加挂县新闻出版局（县版权局）牌子。

（4）县委统一战线工作部统一管理民族宗教、侨务、台港澳事务工作。将县外事侨务局的侨务、港澳事务管理行政职能划入县委统一战线工作部，对外加挂县台港澳事务局、县侨务局牌子。将县委台湾工作办公室更名为县委台港澳工作办公室，仍在县委统一战线工作部挂牌。县民族宗教事务局列入县政府工作部门序列，不计入机构限额。将县外事侨务局的海外华人华侨社团联谊等行政职能划归县归国华侨联合会行使。

不再保留县外事侨务局。

3.新组建和优化职责的机构。

（1）组建县自然资源局。将县国土资源局的职责，以及县发展和改革局的配合组织编制主体功能区规划职责，县城乡规划局的相关职责，县水务局的水资源调查和确权登记管理职责，县林业局的森林、湿地等资源调查和确权登记管理职责等整合，组建县自然资源局。

不再保留县国土资源局、县城乡规划局。

（2）组建县农业农村局。将县农业局（县委农村工作办公室）的职责，以及县发展和改革局的农业投资项目、县财政局的农业综合开发项目、县国土资源局的农田整治项目、县水务局的农田水利建设项目管理职责，相关机构的水产、畜牧、果蔬管理行政职能等整合，组建县农业农村局，加挂县扶贫开发办公室牌子。县委农村工作办公室设在县农业农村局。

不再保留县农业局。

（3）组建县文化广电旅游体育局。将县文化广电新闻出版局的文化、广播电视管理职责，县旅游局、县体育局的行政职能整合，组建县文化广电旅游体育局。

不再保留县文化广电新闻出版局、县旅游局、县体育局。

（4）组建县卫生健康局。将县卫生和计划生育局的职责，以及县民政局的老龄工作职责，县安全生产监督管理局的职业安全健康监督管理职责整合，组建县卫生健康局。县老龄工作委员会的日常工作由县卫生健康局承担。

不再保留县卫生和计划生育局。

（5）组建县退役军人事务局。将县民政局的退役军人优抚安置职责，县人力资源和社会保障局的军官转业安置职责，以及军队有关职责等整合，组建县退役军人事务局，按中央有关改革部署实施。

（6）组建县应急管理局。将县安全生产监督管理局的职责，以及县政府办公室的应急管理职责，县公安局的消防管理职责，县民政局的救灾职责，县国土资源局的地质灾害防治职责，县水务局的水旱灾害防治职责，县林业局的森林防火职责，相关机构的震灾应急救援行政职能，县防汛防旱防风指挥部、县减灾委员会、县抗震救灾指挥部、县森林防火指挥部的职责整合，组建县应急管理局，按中央有关改革部署实施。

不再保留县安全生产监督管理局。

（7）重新组建县司法局。将县司法局的职责，以及县政府办公室（县法制局）的法制工作职责整合，重新组建县司法局。

（8）优化县审计局职责。将县发展和改革局的重大项目稽察职责，县财政局的本级预算执行情况和其他财政收支情况的监督检查职责、国有企业领导干部经济责任审计和国有企业监事会职责等划入县审计局。

（9）重新组建县市场监督管理局。将县市场监督管理局的职责，县食品药品监督管理局的职责，以及县发展和改革局的价格监督检查和反垄断执法职责，县经济和信息化局的经营者集中反垄断相关职责，相关机构的专利管理、市场物业管理行政职能等整合，重新组建县市场监督管理局，加挂县知识产权局牌子。县食品安全委员会的具体工作由县市场监督管理局承担。

不再保留县食品药品监督管理局。

（10）组建县医疗保障局。将县人力资源和社会保障局的城镇职工和城乡居民基本医疗保险、生育保险职责，县发展和改革局的药品和医疗服务价格管理职责，县民政局的医疗救助职责等整合，组建县医疗保障局。

（11）重新组建县林业局。将县林业局的行政职能，以及县国土资源局、县住房和城乡建设局、县水务局等部门的自然保护区、风景名胜区、自然遗产、地质公园管理职责等整合，重新组建县林业局，由县自然资源局统一领导和管理。

（12）理顺县档案局（县档案馆）职责。将县档案局的行政职能划入县委办公室，县委办公室对外加挂县档案局牌子。县档案馆作为县委直属事业单位。

不再保留与县档案馆合并设立的县档案局。

（13）组建县政务服务数据管理局。将县政府综合政务服务管理办公室的职责，以及相关机构的政务数据资源管理利用职责整合，组建县政务服务数据管理局，统一负责政务服务管理、“互联网+政务服务”、政务数据管理等工作。

不再保留县政府综合政务服务管理办公室。

（14）按照中央有关部署，配合做好国税地税征管体制改革。

（15）按照省和市有关部署，配合做好生态环境管理体制改革。

4.不再设立的机构。

（1）不再设立县社会治安综合治理委员会及其办公室、县维护稳定工作领导小组及其办公室，有关职责交由县委政法委员会承担。

（2）将县委防范和处理邪教问题领导小组及其办公室职责交由县委政法委员会、县公安局承担。

（二）与中央和省级机构基本对应的其他机构和因地制宜设置的机构。

1.与中央和省级机构基本对应的其他机构。

县委办公室、县委巡察工作领导小组办公室作为县委工作机关；县政府办公室、县发展和改革局、县教育局、县工业信息化和科技局、县公安局、县民政局、县财政局、县人力资源和社会保障局、县住房和城乡建设局、县交通运输局、县水利局、县统计局、县信访局作为县政府工作部门。其中：

（1）优化县发展和改革局职责。将县经济和信息化局、县民政局等部门的组织实施重要物资和应急储备物资收储、轮换和日常管理职责，以及县经济和信息化局的有关电力能源管理、节能管理职责，相关机构的公共机构节能管理行政职能等划入县发展和改革局。将县粮食局更名为县粮食和物资储备局，仍在县发展和改革局挂牌。

（2）组建县工业信息化和科技局。将县经济和信息化局的职责，以及相关机构的科学技术管理、产业引进行政职能等整合，组建县工业信息化和科技局，加挂县商务局牌子。

不再保留县经济和信息化局。

（3）优化县住房和城乡建设局职责。将县政府办公室的人防工程建设质量监督管理职责划入县住房和城乡建设局。

（4）优化县交通运输局职责。将相关机构的公路管理行政职能等划入县交通运输局。

（5）将县水务局更名为县水利局。

（6）在县委办公室信访工作职责基础上，组建县信访局，作为县政府工作部门。

2.因地制宜设置的机构。

县城市管理和综合执法局作为县政府工作部门。

（1）组建县委国家安全委员会，作为县委议事协调机构。县委国家安全委员会办公室设在县委办公室。

（2）组建县城市管理和综合执法局。将县环境卫生管理局的行政职能，以及县住房和城乡建设局城乡建设监察职责，相关机构的市政公用、市容环卫、园林绿化、路灯、供水管理、城乡管理执法等职责整合，组建县城市管理和综合执法局。

（3）不再保留县社会工作委员会。

机构改革后，共设置党政机构34个。党委机构8个，其中，纪检监察机关1个，工作机关7个。政府工作部门26个。（详见附件）

三、统筹推进其他各项改革

（一）深化县级人大、政协机构改革和群团组织改革。

1.深化县人大机构改革。适应新时代我国社会主要矛盾变化和揭西县实际，完善专门委员会设置，更好发挥其职能作用。为加强社会建设，创新社会管理，组建县人大社会建设委员会。组建县人大监察和司法委员会，增加配合深化监察体制改革、完善监察制度体系、推动实现党内监督和政府机关监督有机统一方面的职责。

2.深化县政协机构改革。推进人民政协履职能力建设，加强人民政协民主监督，优化政协专门委员会设置，更好发挥其作为专门协商机构的作用。在整合相关专门委员会职责的基础上，组建县政协农业和农村委员会。

3.深化群团组织改革。贯彻落实中央和省关于群团改革工作的部署要求，继续推进群团组织改革创新。推动群团组织增强政治性、先进性、群众性，着力解决“机关化、行政化、贵族化、娱乐化”等问题，优化机构设置，完善管理模式，创新运行机制，坚持眼睛向下、面向基层，将力量配备、服务资源向基层倾斜。促进党政机构同群团组织功能有机衔接，支持和鼓励群团组织承担适合其承担的公共服务职能，增强群团组织团结教育、维护权益、服务群众功能，更好发挥群团组织作为党和政府联系人民群众的桥梁和纽带作用。

（二）深化县委县政府直属事业单位改革和承担行政职能的事业单位改革。

切实抓好县委县政府直属事业单位改革，按照精干高效原则设置县委县政府直属事业单位。全面推进承担行政职能的事业单位改革，除行政执法机构外，完全、主要和部分承担行政职能的事业单位，均纳入改革实施范围。在全面清理行政职能的基础上，按照能转职能的不转机构、确需转机构的实行综合设置的原则，区分情况推进改革。将承担行政职能的党委和政府直属事业单位并入相关党政机构，将承担行政职能的部门所属事业单位的行政职能回归机关。行政职能剥离划转后，余下职能任务饱满的，可继续保留原事业单位，重新明确其职责任务和类别。改革后，除行政执法机构外，不再保留或新设承担行政职能的事业单位，改革后保留设置的事业单位，名称不再称“委、办、局”。衔接主管部门及其职责调整情况，同步划转和改革部门所属事业单位。按照中央和省改革部署推进公益类事业单位改革。加大经营服务类事业单位转企改制力度。

（三）深化综合行政执法改革。

按照中央和省部署，深化行政执法体制改革，统筹配置行政执法职能和执法资源，全面梳理、规范和精简执法事项，相对集中行政处罚权、行政强制权。结合省、市工作部署，切实推进市场监管、文化市场、卫生健康领域行政执法体制改革，继续完善交通运输、农业、城市管理等领域行政执法体制改革。

1.改革市场监管综合执法体制。整合工商、质监、食品、药品、物价、反垄断、商标、专利、商务、盐业等执法职责和队伍，组建市场监管综合执法队伍。县市场监督管理局实行“局队合一”体制，直接承担执法职责。

2.深化文化市场综合执法体制改革。将旅游市场执法职责和队伍整合划入文化市场综合执法队伍，统一行使文化、文物、出版、广播电视、电影、旅游市场、体育行政执法职责，并承担“扫黄打非”有关工作任务。县文化广电旅游体育局实行“局队合一”体制，直接承担执法职责。

3.完善交通运输综合执法体制。县交通运输局实行“局队合一”体制，直接承担执法职责。

4.完善农业综合执法体制。在前期改革基础上，继续完善农业综合执法体制。将县渔政执法队伍等划归县农业农村局管理，并与农业综合执法队伍合并设置。县农业农村局实行“局队合一”体制，直接承担执法职责。

继续推进城市管理综合执法体制改革。整合公共卫生、医疗卫生、计划生育、中医药、职业安全健康等监督执法职能和队伍，组建卫生综合监督行政执法队伍，统一行使卫生与健康执法职责。

按照整合队伍、提高效率的原则，大幅减少执法队伍种类，合理配置执法力量。推动整合同一领域或相近领域执法队伍，实行综合设置。

推进执法力量向基层和一线倾斜。在锁定行政执法编制的基础上，建立完善体现综合执法特点的编制管理方式，逐步规范综合执法队伍人员编制管理。可通过政府购买服务等方式，补充有关辅助人员，建立健全网格化管理机制。完善执法程序，严格执法责任，做到严格规范公正文明执法，推进全县行政执法标准化、信息化建设，加强执法监督，不断提高执法水平。

（四）深入推进基层政权建设和审批服务便民化改革。

夯实基层基础，压减政府部门权责清单事项数量，承接好上级下放的经济社会管理事项，尽可能将资源、服务、管理放到镇街。重点强化基层政府社会管理、公共服务职能，相应加强社会管理、民生保障部门，让基层政府在服务保障群众需求上有更大作为。机构改革调整出来的编制全部用于充实基层工作力量。整合县级审批、服务、执法等方面的力量和职能，优化机构设置，推动建立简约高效的基层管理体制。

按照《中共中央关于深化党和国家机构改革的决定》有关要求，深化镇街行政管理体制改革。充分发挥镇街党委（党工委）领导核心作用，加强党的全面领导，强化党组织统筹协调功能，夯实党在基层的执政基础。镇街工作重心要转到加强党的建设和公共服务、公共管理、公共安全上来。优化机构设置和职能配置，整合机构编制资源，在机构限额内统筹设置党政办、组织办、经济服务办、社会事务办等综合性办公室，完善镇街组织架构体系。以权责清单管理为抓手，理顺县与镇街职责关系，优化事业站所管理体制，加强镇街对事业站所的统筹管理，推动机构编制资源向镇街倾斜，县级事业单位改革调整出来的编制用于充实镇街工作力量，使镇街有人有权有物，保证镇街事情镇街办、镇街权力给镇街、镇街事情有人办。加快转变镇街政府职能，强化服务功能，大力推进审批服务标准化和集中办理，全面推行审批服务“马上办、网上办、就近办、一次办”，实现“一枚公章管审批”。深化镇街综合行政执法体制改革，整合各类执法队伍、职责，实现“一支队伍管执法”；整合优化基层治理网格，实现“多网合一、一员多能”，提升基层监管执法服务能力。

把机构改革同深化简政放权、放管结合、优化服务改革有机结合起来。加强权责清单管理，有效规范和约束行政权力运行。持续开展“减证便民”行动，减少盖章、审核、备案、确认等各种繁琐环节和手续。加快推进部门政务信息联通共享，着力提升“互联网＋政务服务”水平。推进供水、供电、供气等人民群众经常打交道的公共事业部门便民化改革，最大限度方便企业群众办事。

（五）强化机构编制管理刚性约束。

强化党对机构编制工作的集中统一领导。全面清理限额外行政机构，规范管理合署办公机构、挂牌机构、临时机构、派出机构、议事协调机构及其办事机构。党政机关合署办公的，实行一套工作机构、两个机关名称。挂牌机构不得设为实体机构。合署办公机构、挂牌机构不增加领导职数。议事协调机构一般不单设办事机构，具体工作由相关部门承担。联席会议不挂牌子、不刻公章、不单独行文。临时机构要在阶段性、临时性任务完成后及时撤销。精简整合规范各类派出机构。统一规范内设机构规格和名称，加大内设机构综合设置力度，综合性内设机构不超过内设机构总数的三分之一。整合归并的党政机构，综合性内设机构合并为一套，业务机构要根据工作的内在联系进行重新设计和整合，该精简的精简，该加强的加强。

强化编制总量控制，严禁擅自增加编制种类、超编进人、超职数配备领导干部。统筹使用各类编制资源，加大部门间、地区间编制统筹调配力度，打破编制分配之后地区所有、部门所有、单位所有的模式。全面清理取消擅自设置的机构和岗位、擅自配备的职务。严格控制编外聘用人员，从严规范适用岗位、职责权限和各项管理制度。坚决整治上级部门通过划拨经费、项目审批、考核督查、评比表彰等方式，要求下级增设机构、提高规格、增加人员编制或领导职数等“条条干预”行为。健全机构编制同组织人事、财政预算管理共享的信息平台，全面推行机构编制实名制管理。加大机构编制违法违纪行为查处力度，切实维护机构编制管理的严肃性和权威性。

四、组织实施

（一）加强组织领导。县委深化机构改革工作领导小组具体负责全县机构改革的组织领导、总体设计、统筹协调和督促落实。县各有关部门要相应建立领导和协调机制，组建工作专班，明确责任主体和工作进度，抓好本部门机构改革组织实施工作。县委主要负责同志要牵头挂帅，靠前指挥，当好改革的“施工队长”，及时研究解决改革遇到的突出问题，协调解决重大事项，督促改革工作有序推进。

（二）细化工作进度。坚持蹄疾步稳、紧凑有序推进改革，2019年3月底前基本完成县级机构改革。

（三）稳妥有序推进。全面贯彻“先立后破、不立不破”原则，有组织、有步骤、有纪律推进机构改革，把握好改革发展稳定关系，确保机构改革期间各项工作连续稳定，防止出现空档期。深入做好思想政治工作，密切关注干部职工思想动态，稳定好干部职工队伍，做到思想不乱、工作不断、队伍不散、干劲不减。按照“编随事走、人随编走”的原则，提前谋划和统筹做好相关政策研究及保障工作，明确涉改部门领导班子调整配备、人员转隶、资产划转、集中办公、富余人员安排、离退休干部管理服务等方面的具体措施和办法。加强宣传和舆论引导，凝聚改革共识，坚定改革信心，为改革顺利开展营造良好环境。

（四）严明纪律规矩。按照中央和省要求，严格执行机构改革政治纪律、组织纪律、机构编制纪律、干部人事纪律、财经纪律、保密纪律。党委（党组）主要负责同志要当好第一责任人，对中央和省委明确的改革任务要坚决落实到位，涉及机构变动、职责调整的部门，要服从大局，确保机构、职责、队伍等按要求按时限调整到位，不允许迟滞拖延，不允许搞变通，不允许突击提拔和调整干部。将机构改革实施情况纳入重大决策部署督察任务和巡察范围进行督促检查，严肃查处违纪违法行为。

附件：1.中共揭西县委机构设置表

2.揭西县人民政府机构设置表

附件1

中共揭西县委机构设置表

纪律检查委员会监察委员会机关	办公室	组织部	宣传部	统一战线工作部	政法委员会	全面深化改革委员会办公室（设在办公室）	全面依法治县委员会办公室（设在县司法局）	国家安全委员会办公室（设在办公室）	网络安全和信息化委员会办公室（设在宣传部）	外事工作委员会办公室（设在办公室）	机构编制委员会办公室	审计委员会办公室（设在县审计局）	教育工作领导小组办公室（设在县教育局）	农村工作办公室（设在县农业农村局）	巡察工作领导小组办公室

说明：

揭西县委设置纪检监察机关1个，计入机构限额的工作机关7个（设在相关部门的县委议事协调机构的办事机构不计入机构限额）。其中，纪律检查委员会与监察委员会合署办公，实行一套工作机构、两个机关名称；办公室挂保密委员会办公室（县国家保密局）、机要局（县密码管理局）、县档案局牌子；组织部挂直属机关工作委员会、老干部局、县公务员局牌子；宣传部挂精神文明建设委员会办公室、县新闻出版局（县版权局）、县互联网信息办公室牌子；统一战线工作部挂台港澳工作办公室（县台港澳事务局）、县民族宗教事务局、县侨务局牌子。

附件2

揭西县人民政府机构设置表

办公室	发展和改革局	教育局	工业信息化和科技局	公安局	民政局	司法局	财政局	人力资源和社会保障局	自然资源局	住房和城乡建设局	交通运输局	水利局	农业农村局	文化广电旅游体育局	卫生健康局	退役军人事务局	应急管理局	审计局	市场监督管理局	统计局	医疗保障局	城市管理和综合执法局	信访局	政务服务数据管理局	林业局

说明：

揭西县人民政府设置工作部门26个。其中，办公室挂金融工作办公室、人民防空办公室牌子；发展和改革局挂粮食和物资储备局牌子；工业信息化和科技局挂商务局牌子；农业农村局挂扶贫开发办公室牌子；市场监督管理局挂知识产权局牌子。民族宗教事务局列入政府工作部门序列，不计入机构限额。

（县委办）

进驻揭西县政务服务中心单位一览表

小一门单位名称	窗口联系电话	小一门单位名称	窗口联系电话
税务局	5589039	市生态环境保护局揭西分局	5232313
市场监督管理局	5232600	卫生健康局	5232647
公安局	5232644	交通运输局	5232623
教育局	5232638	自然资源局	5232640
民政局	5232620	揭阳市公共资源交易中心揭西分中心	5232612

大一门单位名称	单位联系电话	大一门单位名称	单位联系电话
发改局	5584377	县委编办	5582099
城管执法局	5512765	财政局	5582617
气象局	5596002	水利局	5529611
公安消防大队	5536635	应急管理局	5584366
人防办	5584566	外事侨务局	5584555
文广旅体局	5514332	统计局	5583466
农业农村局	5583411	档案馆	5586292
林业局	5582089	供电局	5598028
工信科技局	5584511	自来水公司	5512219
烟草专卖局	5584410	住建局	5584522
民宗局	5584405		

（县政数局）

揭西县便民服务中心一览表

名称	地点	联系电话
揭西县政务服务中心	县城环城东路原东山中学内	5537999
河婆街道公共服务中心	河婆街道办事处内	5513204
棉湖镇公共服务中心	棉湖镇镇政府内	5255512
坪上镇公共服务中心	坪上镇镇政府内	5631631
塔头镇公共服务中心	塔头镇镇政府内	5821286
东园镇公共服务中心	东园镇镇政府内	5383468
五经富镇公共服务中心	五经富镇镇政府旁	5862249
南山镇公共服务中心	南山镇镇政府内	5793550
良田乡公共服务中心	良田乡乡政府内	5661113
凤江镇公共服务中心	凤江镇镇政府内	5351859
灰寨镇公共服务中心	灰寨镇镇政府内	5761251
京溪园镇公共服务中心	京溪园镇镇政府内	5853026
金和镇公共服务中心	金和镇镇政府内	5723000
大溪镇公共服务中心	大溪镇镇政府内	5811113
上砂镇公共服务中心	上砂镇镇政府旁	5681288
五云镇公共服务中心	五云镇镇政府内	5652863
龙潭镇公共服务中心	龙潭镇镇政府内	5323705
钱坑镇公共服务中心	钱坑镇镇政府内	5891112

（县政数局）

主题索引

说 明

一、本索引采用主题分析方法，款目按汉语拼音字母（同音字按声调）顺序排列。

二、文中类目题，分目题用黑体字标明，其余用宋体字排印。表格在其款目注明“表”。

三、索引款目后的数字表示内容所在的页码，数字后英文字母（a、b、c）表示栏别（即版面的1、2、3栏）。

四、同一主题的内容在文中多处出现的，在其款目后用不同的页码标明。

五、本索引对《图片专辑》等不作内容主题分析。

D

E

F

F

H

J

M

N

P

Q

T

W

X